新时代文化馆：改革 融合 创新

2019中国文化馆年会征文获奖作品集

魏大威　主编

国家图书馆出版社

图书在版编目（CIP）数据

新时代文化馆：改革　融合　创新：2019中国文化馆年会征文获奖作品集 / 魏大威主编 . — 北京：国家图书馆出版社，2019.12

ISBN 978-7-5013-6888-4

Ⅰ . ①新… Ⅱ . ①魏… Ⅲ . ①文化馆—发展—中国—文集 Ⅳ . ① G249.23-53

中国版本图书馆 CIP 数据核字（2019）第 258913 号

书　　名	新时代文化馆：改革　融合　创新——2019 中国文化馆年会征文获奖作品集	
著　　者	魏大威　主编	
责任编辑	张　颀　王炳乾	
编辑助理	张晴池	
封面设计	耕者设计工作室	

出版发行　国家图书馆出版社（北京市西城区文津街 7 号　　100034）
　　　　　　（原书目文献出版社　北京图书馆出版社）
　　　　　　010-66114536　63802249　nlcpress@nlc.cn（邮购）

网　　址	http://www.nlcpress.com	
排　　版	九章文化	
印　　装	北京鲁汇荣彩印刷有限公司	
版次印次	2019 年 12 月第 1 版　2019 年 12 月第 1 次印刷	

开　　本	880×1230（毫米）　1/16	
印　　张	32.5	
字　　数	687 千字	
书　　号	ISBN 978-7-5013-6888-4	
定　　价	180.00 元	

本书编委会

主　　编：魏大威

副 主 编：颜　芳

执行副主编：赵保颖

编　　委（按姓氏笔画排序）：

于　洋　闫晓东　阮　可　李　斗　李晓林

巫志南　陈艳平　孟祥也　赵保颖　段少卿

康尔平　颜　芳　颜宗成　潘洪枝　魏大威

目 录

一等奖

二等奖

三等奖

公共文化服务社会化背景下文化馆的"危"与"机"

韩骐隆（天津市武清区文化馆）

在公共文化服务社会化的大背景下，文化馆必须正确解决"危"与"机"之间的关系，做到正确化解"危机"，及时抓住"机遇"，在新时代改革开放的大潮中，站稳脚跟，发展壮大。

应该看到，自从中央提出"公共文化服务社会化"的方针政策以来，公共文化服务社会化发展很快，立足于"服务人民"的社会化服务体现出很多优势。以天津市武清区为例，2017年（镇）街文化惠民演出首次尝试了面向市场购买公共文化服务的工作方式，累计购买各类演出166场。这些演出活动的方案由文化主管部门协同文化馆制定，面向社会招标，采取公平竞争的方式，由社会文化机构承办。这种做法弥补了文化馆力量不足的缺点，有助于公共文化向基层的延伸，取得了不错的效果。

但是也应该看到，公共文化服务社会化的发展时间短、任务重、要求高，在发展中还存在一些亟待解决的关键性问题，与建立完善成熟的现代公共文化服务体系的客观要求存在着较大差距。由于上马较快，相关单位，特别是文化主管部门以及文化馆等公益性文化事业单位在思想认识上还不清晰，工作还不成熟，在提高公共文化服务效能方面还有待于改进和落实。

一、应当正确理解公共文化服务社会化的实质

中央提出公共文化服务社会化以后，各地行动开展得比较迅速，但也存在一个很值得注意的问题，即把"社会化"简单地理解为"包出去"。这同在改革开放初期将"大包干"视为解决矛盾的唯一举措一样，是十分明显的短视行为。

由于将公共文化服务的各项活动转手"包出去"容易收到比较明显的效果，因此在文化主管部门以及文化馆等公益性事业单位便出现对这一问题的两种极端认识。一种，就是认为今后文化馆的工作越来越好干了，文化馆只要做好"转包"工作，就可以万事大吉，活动结束后只要做好验收工作就可以了。另一种，就是认为文化馆已经丧失了"政府设立的文化事业单位"的优势，今后有可能会成为社会文化公司的附庸，甚至会被取代。这两种想法之所以极端，就在于没有认识到公共文化服务社会化的实质。

公共文化服务社会化的实质就在于政府服务职能从"办文化"向"管文化"过渡，清晰地做到"管办分开"。

公共文化服务是政府公共服务的重要组成部分,公共文化服务社会化的提出,与我国公共服务型政府建设的进程相向而行。公共文化服务社会化是指在政府主导前提下,文化馆等公益性文化单位和参与公共文化服务的社会组织、企业和个人,接受政府委托管理,按照政府的统一部署和要求面向全体人民群众提供公共文化服务。准确理解公共文化服务社会化的实质,才能够正确面对当前的形势,处理好文化馆各项工作与社会化的关系,化"危"为"机",进一步发展文化馆事业。

二、公共文化服务社会化中,文化馆"危"在何处

公共文化服务社会化,是一种新的运作方式。不可避免地会对传统的文化事业发展模式形成冲击,文化馆面对的是新的"危机",准确地说是新的"挑战"。

从中华人民共和国建立以来,文化馆便是党和政府建立的公共文化服务事业单位。通俗一点讲,我们是"官办的""吃皇粮的"。文化馆早已习惯了这种传统的文化事业的发展模式,即文化服务主要由政府和公益性文化单位负责提供。如今,公共文化服务"社会化"了,向文化馆的发展模式提出了挑战,这些挑战体现在以下几方面。

(一)公共文化服务的"领军"地位风光不再

公共文化服务社会化,推动在文化领域加快形成小政府、大社会的发展格局。政府放下了"事",增强了"管",与各种具体的公共文化服务事务拉开了距离。这一做法客观上提高了政府应有的主导地位和规划、指导、管理、监督、评价等功能,但也同时让文化馆与政府"拉开了距离",失去了天然主导公共文化的社会地位。这种社会认知会在很大程度上考验文化馆的应变能力和转型能力。转型不成功,就很容易被时代淘汰,当然很具"挑战"。

(二)公共文化服务中的"垄断"优势已被打破

社会化在公共文化领域引入了与社会主义市场经济体制相适应的竞争体制。过去由政府包办,由文化馆等公益性文化单位垄断的陈旧状态将会打破。《中华人民共和国公共文化服务保障法》明确规定,社会力量可以合理合法进入公共文化领域。竞争必然逐步消除垄断,必然对文化馆等公益性文化单位深化改革、提高效能形成倒逼机制。文化馆如果不能顺应潮流,提升自己,就会在市场竞争中败下阵来。

(三)文化馆"办文化"的能力受到挑战

文化馆的工作人员大多经过专业院校的教育,有的还在专业艺术院团或部队文工团工作过,来到文化馆从事熟悉的工作,曾经很具自信力。因此,多年来尽管政府始终强调"文化馆应当从办文化过渡到管文化",并提出文化馆的主要任务并不只是"搞演出、办展览",应当把主要的力量放到基层,加强对于基层文化的组织发动工作,但文化馆的许多干

部始终对于"办文化"乐此不疲。甚至经常以"自己是业务干部"自居,守着自己的"一亩三分地"不放,对自己业务之外的活动不感兴趣,甚至认为是"不务正业"。

如今"狼来了"。社会力量的参与,扩大了公共文化服务的主体阵营,拓宽了公共文化产品和服务的生产供给来源。这些社会力量大多以文化公司的形式出现,业务能力丝毫不逊于文化馆的干部,有的就是当今文艺团队的一线主力。更重要的是,这些文化公司对于活动的组织很有经验,有些就是文化馆的人员"跳槽"过去的,其有专业的方案,并且在服装、舞美、灯光、道具、效果上比文化馆更加专业。

(四)文化馆容易在"市场运作"方面出现短板

文化公司等社会力量熟悉市场运作模式,而且在经济管理上也比较符合财经纪律的要求,能尽可能地避免犯错误。与之相较,文化馆在市场运作方面缺乏竞争力,这是不言而喻的,不再赘言。

三、面对公共文化服务社会化,文化馆充满机遇

上面历数了文化馆在公共文化服务社会化方面面临的"危机"。但这不是说文化馆就会失去存在的意义。相反,文化馆今后的责任更大、担子更重,只要化"危"为"机",就一定能够抓住"机遇",继续发展,在公共文化服务的舞台上更加充满活力。

(一)党和政府对文化馆的重视是我们的立身之本

公共文化服务社会化,绝不意味着政府在甩包袱,而是政府回归公共服务"管"的本位,以"指导者、管理者、裁判员"的身份,对公共文化服务进行全过程、全领域的指导和管理。文化馆是政府设立的公益性文化事业单位,是政府的助手,应在法律的保障下,协助政府,做好"社会化",这一地位是受到法律保护的。

公共文化社会化不是意图在竞争中弱化文化馆等公益性文化单位,而是按照"三公"原则,在公平竞争的新环境中,更加合理地确立公益性文化单位的核心地位,更加有效地发挥公益性文化单位的骨干作用。在新的社会化环境中,文化馆等公益性文化单位只要在政府的支持下,大力增强面向全社会的公共文化服务组织指导、价值引领、管理行业、服务群众、创作创新等核心功能,就一定能够做政府的好帮手、好伙伴。

(二)"社会力量"良莠不齐,使文化馆的"中坚地位"更受重视

公共文化服务社会化不是任何社会力量都可以随意为之的。公共文化服务是党和政府重要的思想文化阵地,事关基层文化认同和公民精神文化素养,必须牢固树立社会主义核心价值观。

社会化其实质是提高了公共文化服务领域的准入要求。但是由于社会准备不足,符合条件的社会公共文化服务主体十分稀缺。这一阶段极易导致条件不符的各种主体乱

入、潜入、混入。一些地区已经出现境外宗教组织或其他境外势力打着"社会化服务"的旗号,大张旗鼓进入公共文化服务领域的现象。这些打着公共文化服务幌子,进行谋私利、传播非主流意识形态等所谓的社会力量,必须将之拒于公共文化服务门外。只要牢牢坚持意识形态方面的纯洁性,以及在"两个维护"方面的坚定性,文化馆必定会成为行业发展中的中坚力量和领头羊。

现在天津市武清区的重要活动仍然由文化馆承办。如武清区迎新春文艺晚会、五一劳动节慰问老干部专场演、汉沽港津溪桃源桃花节、"昂首奋进新时代,同心共筑中国梦"宣传党的十九大文艺演出等。尤其是宣传贯彻党的十九大精神文艺小分队所起的作用更是"社会力量"无法媲美的。小分队共完成"农民点戏,戏进农家"演出 29 场,吸引观众 30 万人次,为基层群众送上高品质的文化食粮,受到了基层群众的肯定和欢迎。

(三)"公益性"使文化馆在社会竞争中居于优先地位

相比较文化馆等公益性文化机构,从事公共文化服务的社会力量成分复杂,变化频繁,存在明显的"趋利"现象。如果社会力量掌握大量公共文化资源形成态势,那么如何趋利避害,化害为利,是各级政府不得不考虑的问题。

始终秉承"公益性"的文化馆必然会成为社会关注的焦点。政府应在规划指导、有序发展的前提下,以购买服务为杠杆,健全和完善面向社会力量的培育、遴选、监管、评估制度体系,坚持择优汰劣,选择紧密围绕政府服务职能、较为稳定可靠的社会力量提供公共文化服务。文化馆只要坚持"公益性",坚持党的领导,那么在被选择的对象中,无疑具有强大的竞争力。

总之,文化馆作为公益性文化单位,只要按照政府委托的要求,依法依规履行服务职责,始终将社会效益摆在首位,时刻不忘政府公共文化服务的性质或初心,时刻不忘巩固党和政府基层文化阵地、提高人民群众的文化认同,把党和政府的温暖送到百姓心中,就必然会在参与公共文化服务的竞争中,不断提高自身的社会价值、责任意识、精神素养、文化品位和服务效能,达到化"危"为"机"的目的,成功完成转型,在与社会力量的竞争中继续发展自己、壮大自己,为人民再立新功。

深圳市文化馆"周末剧场"文化品牌的创办路径与思考

曾淑倪（深圳市文化馆）

文化馆是我们国家公共文化服务体系不可或缺的重要组成部分。作为公益文化单位，深圳市文化馆全年365天对外开放，每天开放时间12小时，设置免费开放活动厅室19个，馆内常设的群众性重点文化活动项目有公益培训、展览、讲座、艺术沙龙、周末剧场、共享工程等10多项。

党的十九大报告中指出，新时期我国社会的主要矛盾已经转化为了人民日益增长的美好生活需要和不平衡不充分的发展之间的矛盾，要把人民对美好生活的向往作为奋斗的目标。这就要求文化馆提供更多更好的公共文化服务。早在2006年，深圳市文化馆就踏上了努力创新公益性文化服务的道路。经过多年实践与摸索，公益艺术培训、"周末剧场"演出等项目已成为全市文化馆、站公益文化服务的典范，并开创了一条富有深圳特色的群众文化之路。本文围绕"周末剧场"成功创办和运行发展进行分析与思考。

一、"周末剧场"系列演出活动推出历史背景

深圳市文化馆坐落在闻名世界的华强北电子商业区。20世纪80、90年代，这里有华强、赛格、三洋、松下、桑达、南光等世界著名的电子厂，是产业工人十分密集的区域。

当时深圳艺术中心（群众艺术馆的前身，后更名为深圳市文化馆）是居民及大批产业工人文化休闲娱乐的"唯一"好去处。中心内设的影剧场无论放电影，还是文艺演出、文化活动，场场爆满，开设的歌舞厅要动用安保人员维持秩序，中心举办的交谊舞、舞蹈、声乐、书画美术等培训班人山人海，就连公共大堂与过道都用做培训交谊舞。艺术中心先后开展过多种形式的"以文补文"经营活动，开设广告、招牌设计公司、招待所、餐厅、歌舞厅、演出服装租赁、影剧场独立经营等。

进入21世纪，随着华强北区的产业升级，工业区的产业及工人外迁，居民结构发生改变，加之互联网时代的到来，曾几何时繁华热闹的艺术中心，有了几分落寞。这时艺术中心的影剧场上演的电影常常上座率不到10%，白白耗费了水电、人力、设备、场地等成本，服务效率极低。

2002年11月，党的十六大首次把文化建设区分为文化事业和文化产业，把文化馆纳入文化事业范畴，使文化馆的职责发生重大转变。2005年10月，党的十六届五中全会提出公共文化服务体系概念，确立了群众艺术馆、文化馆的公益性质和公共文化服务体系骨

干身份,并赋予了文化馆巨大的责任和使命,同时也对文化馆的建设和发展提出了新的更高的要求。

早在 2003 年 3 月,深圳市政府在《政府工作报告》中提出"文化立市"战略。因此深圳市文化局局党委班子希望市文化馆在深圳文化建设中发挥更大的作用,同时社会和人民群众也对文化馆寄予更高的期望。各级党委、政府的厚望,人民群众的期盼,成为新时期文化馆建设与发展等各项工作的改革与创新动力与源泉。形势倒逼文化馆几代领导班子必须重新思考馆设影剧场的定位与运用。

二、"周末剧场"系列演出活动的成功打造与运营

2006 年下半年开始,文化馆领导班子着手策划以市文化馆影剧场为主阵地的"周末剧场"演出方案。

2007 年 3 月 24 日,经过精心研讨和筹备,由深圳市文化局(现深圳市文化广电旅游体育局)主办、深圳市文化馆总承办、六区文化馆承办的"周末剧场"系列演出活动正式启动。从此,深圳市民每周五晚可在市文化馆影剧场观赏到一台精彩的舞台艺术演出。

自 2007 年初首演以来,"周末剧场"每周五晚上定期举办,每年演出 52 场,从未间断,十三年来已演出 584 场。接待参演团体 250 个,观众达 30 多万人次。演出内容涵盖音乐、传统戏曲、曲艺、话剧、舞剧等各艺术门类,参与演出的文艺团体不仅有深圳本土的艺术团,还有其他省市、港澳台地区以及马来西亚、加拿大、美国等国家和地区的艺术社团。

十三年的不断探索、实践,深圳市文化馆在运营"周末剧场"系列演出活动中重点做了以下工作:

(一)演出内容及剧目的产生

"周末剧场"是政府搭建培养艺术的摇篮,理应为所有专业和业余艺术团体提供公平的参演机会。每一场演出,演出单位可获得深圳市宣传文化事业发展基金专项资助 2.5 万—3 万元不等的补贴。

深圳市文化馆在项目运作的过程中以公平、公正、公开为原则,面向社会公开征集演出项目,坚持演出剧目、节目采购制。每季度由专家组成评审委员会对下一季演出剧目进行评审,通过投票产生结果。

采购演出节目坚持"三个一"的分配原则,即:广东省周边地区(包括港澳地区)较为优秀演出团体的优秀剧目占三分之一;本土优秀创作专业人才的作品专场占三分之一;深圳市专业团体及民间剧团优秀剧目占三分之一。

"三个一"做法有三方面的目的与作用:一是确保市民群众欣赏到优秀、高雅的舞台艺术剧目,如广东省芭蕾团、木偶剧团、粤剧团、潮剧团、香港中乐团等团体的小型剧目演出。广东省木偶剧团,作为一个优秀的专业艺术团体,曾多次成功申报演出,剧团带来的《木偶总动员》《丑小鸭》《真假孙悟空》等不同题材的人偶剧,深受广大市民家长和孩子

的喜爱。"周末剧场"的一场演出，远远不能满足观众需求，针对这一情况，深圳市文化馆在次日（周六），让其免费使用剧场一天，加演四场，剧团仅收取 10—20 元的低票价，用于补贴演职员的差旅费，以满足深圳市民的观看需求。二是"周末剧场"的演出舞台使本市优秀专家创作的文艺作品得到充分展示，市民观众可不定期观赏到如张福生、邸叙然创作的话剧，郭长社、姚峰创作的音乐、歌曲，陈光辉指挥的大合唱等。三是一大批本土优秀民间艺术团，在"周末剧场"的舞台上得到锻炼、成长，如深圳群声合唱团、深圳市少儿艺术团、深圳市京剧联谊会、红叶艺术团、红枫林艺术团；一大批优秀剧目在这个舞台精炼、提升，如客家舞剧《大围屋》、童话剧《卖火柴的小女孩》、京剧《罗湖桥》等。

除了以上剧目，深圳市文化馆还十分注重安排传统戏曲及非物质文化遗产项目的欣赏活动，设置京剧、粤剧、潮剧及皮影戏等专场演出；配合传统节庆及全年重点文化活动，安排外来青工文化节专场演出、少儿艺术花会学生艺术专场演出、中老年合唱艺术展演等。

（二）活动宣传

为了进一步扩大"周末剧场"系列演出活动的影响力，近年来，深圳市文化馆与深圳广电集团移动频道合作，加强活动宣传。市民可以通过地铁、公交车的移动屏幕，看到每周演出信息。通过深圳市文化馆微信公众号、深圳市文化广电旅游体育局的"深圳公共文化"微信公众号发布每周演出信息。每季度末在深圳市文化馆大堂公告栏，公布下一季"周末剧场"演出时间表。

（三）观众组织

自创立之初，"周末剧场"系列演出就立足公益，通过 5—10 元的低票价和节假日免票方式让市民走进文化馆、走进剧场。2015 年起，更是通过"零票价、零收费"的政策吸引更多的市民参与丰富多彩的文化活动，享受更加优秀、高雅的舞台艺术表演。2017 年，深圳市文化馆对影剧场的舞台进行了为时半年的全面装修、升级，为活动提供更好的硬件平台。2018 年，数字文化馆平台搭建完成抢票系统，自此，市民每周三可通过抢票平台预先取得周末的演出门票，这一举措吸引了更多的年轻市民参与到这一活动中来，为照顾不熟悉互联网的长者，每场演出还预留 20% 门票供他们现场领取。至此演出场场爆满，座无虚席。

住在罗湖区的罗大爷是"周末剧场"的铁杆粉丝，十多年来，风雨无阻，几乎从不缺席，他与剧场工作人员像亲人朋友一般，走进文化馆剧场看周末演出成了他生活中不可缺少的部分。

三、"周末剧场"系列演出活动的意义与影响

十三年来，580 多场次"周末剧场"演出，对深圳演出市场与文化产业的繁荣与发展，起到极大的助推作用，为繁荣群众文艺创作尤其是舞台艺术创作做出卓越贡献。

"周末剧场"系列演出活动的运营实践证明,"周末剧场"是政府以较小成本投入,产生较大社会效益的成功范例。2008 年,"周末剧场"被深圳市授予年度"十大文化创新奖"称号。受益于"周末剧场"的成功及其所产生的良好社会效果,深圳市宣传、文化相关部门参照"周末剧场"的运作模式,先后于 2008 年 11 月在深圳中心书城创设"深圳晚八点"、于 2009 年在深圳大剧院创设"戏聚星期六"、于 2010 年在深圳音乐厅创设"美丽星期天"、于 2012 年在深圳大剧院音乐厅创设"艺术大观"等一批满足市民文化需求的公益活动。这些系列演出及文化活动,立足于不同的演出内容和不同的受众群体,共同构成了深圳"周末系列演出及文化活动"。

四、"周末剧场"系列演出活动的有利条件与对策建议

深圳"周末剧场"自创立之初便得到了深圳市委宣传部、市文化广电旅游体育局的大力支持。自 2007 年开始,深圳市宣传文化事业发展基金便将"周末剧场"定为常设扶持项目,每年度给予扶持经费。经费支持是"周末剧场"得以持之以恒开展活动的有力保障。然而基金经费自 2007 年至 2019 年,十三年来几乎没有增长。要保证品牌的质量及持续影响力,困难逐渐凸显。

党的十八届三中全会提出构建现代公共文化服务体系,对文化馆来说是机遇也是挑战。这次全会要求"引入竞争机制,推动公共文化服务社会化发展。鼓励社会力量,社会资本参与公共文化服务体系建设,培养文化非营利组织";还指出"加大政府购买公共服务力度……凡属事务性管理服务,原则上都引入竞争机制,通过合同委托等方式向社会购买"。这意味着政府不再是公共文化服务的唯一提供主体,今后将由政府、各类非营利文化组织和市场组织共同提供公共文化服务。以上提到的"深圳晚八点""戏聚星期六""美丽星期天"等周末系列活动均是由政府向市场购买的公共文化产品。

在这种多元参与、市场竞争的格局中,文化馆承办的"周末剧场"系列演出活动如何才能脱颖而出,我们的对策与建议如下:

(一)从产品的内涵、形式中找到突破口,形成独具特色的周末文化活动

1. 坚持剧目"采购"与"自产"相结合,充分利用文化馆自身的文艺创作专家队伍,以人才带团队,以团队促创作。如罗湖区文化馆邸叙然老师团队创作的《军哥剧说》在罗湖09 剧场演出经久不衰。

2. 通过组织各类观众活动,建立观众数据库,适时通过大数据分析演出剧目被观众喜爱的程度。同时抽选观众代表参与剧目、节目采购评审工作。在公共文化服务的供需双方间建立互动,让社会公众真正参与到公共文化服务供给及运行的体系建设中来。

(二)创新演出形式,拓展演出空间

现代化的公共交通系统极大地延伸了城市的公共空间,在深圳每个地铁换乘大站以

及高铁站、机场航站楼等,这些人群高度密集的公共空间是公共文化服务不应缺位的阵地。这些公共空间不仅要有食肆餐厅、货物商场供人们物质消费,文化艺术同样应该在这里服务南来北往的市民。作为公共文化服务的提供主体——文化馆,要率先将公共文化服务引入这些场所。将"周末剧场"系列演出拓展到以上公共空间就是很好的办法。

(三)充分发挥文化馆联盟的作用

通过文化馆联盟,把"周末剧场"系列演出延伸到各区文化馆、站的场馆、剧院,让公共文化服务均等化得到更好落实。同时,文化馆牵头建立市影剧场行业协会,由协会协助统一调配剧目和场馆。

总之,有作为才有地位,文化馆人必须在更多的场合发出自己的声音,体现自己的价值与作用。当下公共文化服务社会化的发展,使文化馆的未来充满了竞争与挑战。我们一定要有危机意识,不断加强文化馆自身的管理,紧跟时代发展,坚持创新公共文化服务模式,夯实文化馆在新时期文化建设中的坚实基础,凸显文化馆在市场竞争中的优势地位。

以公益艺术培训联盟为例,积极探讨
区域文化联动的机制与创新

张 杰 顾 萍(镇江市文化馆)

一、引言

2017 年 3 月,《中华人民共和国公共文化服务保障法》正式颁布实施。这部法规进一步明确了政府作为提供公共文化服务的主体,应当促进优秀公共文化产品的供给和传播,支持开展全民阅读、全民普法、全民健身、全民科普和艺术普及、优秀传统文化传承等活动。此后,作为公共文化服务的主要承担者,各级文化馆在当地文化主管部门的领导下,将全民艺术普及特别是区域文化联动纳入现代公共文化服务体系的重要环节和内容,开展了许多卓有成效的工作实践和探索,总结出了很多好的经验和做法。但是,也发现存在一些突出的问题,主要表现在"四个不适应":

(一)文化服务的软硬件不适应文化需求的发展

以镇江市为例,全市目前共有 330 万常住人口,下辖 8 个区(市),除新成立的高新区之外,共有 1 个市级馆、7 个区级文化馆,在编和聘用人数在 150—160 人左右,建筑面积 35324 平方米,理论上 1 个人要服务 2 万人左右,人均占有文化馆公共文化服务面积只有 0.01 平方米。从以上数据可以看出,全市文化馆即便组织所有业务人员全天无休的开展公益性辅导、培训、讲座,将所有场馆所有项目向市民实行免费开放,也只能满足很小一部分群众的文化需求,距离公共文化服务的均等化要求还有着不小的差距,实施区域文化联动显得尤为迫切。

(二)文化供给的方式不适应文化需求的要求

当前,数字网络技术特别是移动终端的飞速发展,对传统的文化配送服务和文化服务产品提出了新的更高的要求。很多传统公益性文化活动体现出"一老一小"的特点,年轻人参与热情普遍不高;甚至,很多文化馆在组织"六进"文艺演出时还会遭遇"当地政府不欢迎,当地群众不热情,演员比观众多"的尴尬。我们对最近网络流行的"抖音"等文化产品,还缺少敏感性和足够的应变能力、研究能力和创新能力,在开发 APP、利用数字网络开展区域文化联动方面,还缺少技术人才,还没有真正占领公共文化数字网络传播的制高点。

（三）文化服务的内容不适应文化需求的个性化步伐

随着社会的进步和发展，文化需求的差异性在区域性和个体性两个方面显得尤为突出。"一台一场"式的广场文艺演出、"一桌一课"式的艺术讲座等"统一配餐"已经远远不能满足个性化文化的需求。特别是面向残障人士、新市民及其子女的公共文化服务方面，还没有完全做到"按需定产"个性化定制；公益艺术培训课程的标准化、规范化方面还有很长的路要走。

（四）文化宣传的手段不适应全媒体数字发展的要求

目前，镇江的公共文化活动宣传已经形成了"三个一"：一个活动预告、一段电视新闻、一篇纸质报道；"三个平台"：文化镇江云平台、淘文化网演出点播平台、文化镇江微信公众服务平台。但是，随着创建国家级公共文化示范区的逐步深入，我们在数字传播服务平台的推广下载、宣传服务等方面还缺乏有效的方法和手段，在项目设置、版面设计方面还过于程式化、行政化，特别是在公共文化活动的宣传方面，缺乏对市民"文化敏感点"的探求，缺乏对活动效果的调查反馈，还没有形成有效的宣传推广运行机制。

综上所述，要解决这些问题，仅仅依靠文化馆现有的设施资源、人才资源、项目资源是远远不够的。通过整合学校、社区、社会培训机构的各类艺术资源，组建公益艺术培训联盟，并以点带面，积极探索和推进区域文化联动无疑是一个好的创新路径和方向。

二、镇江市公益艺术培训联盟的现状

作为镇江市全民艺术普及三年计划中的重要支撑项目，镇江市公益艺术培训联盟自2016年3月正式启动以来，在镇江市文化广电旅游局领导下，以镇江市文化馆为核心，共吸纳了107家学校和社会培训机构成为成员单位，实现了在7个辖市区的全覆盖，全年开设各类艺术培训班60多个，各类艺术讲座20多场次，参培人数达40000多人次，其中，参加培训的农民工子女约4800人次。2017年1月，该项目被确定为江苏省"333工程"科研资助项目和2016年镇江市农民工亮点工作。《中国文化报》、国家数字文化网、《江苏文化》等媒体曾多次大篇幅深入报道该项目。

在镇江文化云平台、微信公众号、网站发布相关信息的同时，镇江市公益艺术培训联盟每年专门设计制作2万多份《镇江市公益艺术培训联盟服务手册》，利用广场文化活动和各教学点，向社会公示联盟开设的培训课程、招生对象、时间、地点等信息，方便市民就近选择。

同时，镇江市公益艺术培训联盟还选择文化馆、成员单位、志愿者当中具有较高艺术水平和授课经验的老师组成艺术讲师团，设计"全民艺术普及进校园"文化菜单，确定了21个主题的艺术讲座，采取"你点我讲"的方式全年在各中小学进行巡回宣讲30多场次。通过每年4—6次的公益培训成果展演和美术书法展览，为成员单位搭建宣传展示的舞台,向全市市民汇报和展示公益培训教学成果。

三、镇江市公益艺术培训联盟的内因分析研究

镇江市公益艺术培训联盟之所以能够吸引众多的社会培训机构加入,之所以能够得到广大中小学校的积极响应,主要是找准了以下三个结合点:

(一)找准公益性培训与收费类培训的结合点

从 2012 年起,镇江市文化馆先后尝试与八叉巷小学、镇江报业集团小记者工作站等单位进行合作,开展公益性艺术培训工作,但受文化馆地理位置、场所设施和艺术师资等限制,受众面和影响力都受到很大的限制。我们经过长期深入的调研,将社会培训机构的试上课这一营销招生行为纳入到公益性艺术培训之中,将 1 节试上课延长到 8 节公益课,以 28 天为一个周期开展公益培训。通过文化主管部门授牌,定期举办公益培训成果演出和展览,很多社会培训机构提升了社会公信力,扩大了招生生源,很多公益班的学员缴费转到收费班的比率达到 80% 以上,这样的项目自然受到社会培训机构的积极响应和支持。

(二)找准公益培训与学校素质教育的结合点

近年来,教育主管部门和中小学校对学生的艺术教育需求十分迫切,但优秀师资十分匮乏。镇江市公益艺术培训联盟主动选派资深专业教师到学校创办艺术社团,开展公益培训和业务指导。在为学校提供技术支撑同时,也为文化馆开展青少年文艺团队建设、文艺创作和活动搭建了桥梁。目前,已有中山路小学、京口区少年宫、崇实女中、第三中学等 16 家中小学校加入联盟。

(三)找准公益培训与社会机构共赢发展的结合点

为进一步增强联盟的凝聚力和向心力,镇江市公益艺术培训联盟通过每年一度的群文骨干培训班,对成员单位的任课教师进行系统培训和资格认证,提高他们的业务水准和教学能力;通过向社会招募选拔"艺术之光"文化志愿者,并派驻成员单位开展公益培训,解决成员单位师资紧缺的问题;同时,还将全年参加公益培训人数、讲座人数、考级人数纳入年终考核体系,评比年度先进单位和个人,并给予一定的奖励。

四、镇江市公益艺术培训联盟的工作体系构成

2018—2020 年,镇江市公益艺术培训联盟将根据国家级公共文化示范区建设的要求,在现有的基础上吸收联盟成员单位 150 个以上,其中学校 30 个以上、企业 10 个以上、社区 50 个以上,实现企业为点、社区为面、学校为主,社会培训机构为辅的"网格化"工作布局。全年

开设各类艺术培训班 100 个左右,各类艺术讲座 50 多场次,受益人数达 10 万人次以上,其中,参与培训的残障人士、农民工及其子女突破 20000 人次。镇江市公益艺术培训联盟具体要建立以下四个工作体系:

(一)构建科学规范的教学管理体系

首先要研发培训指导教材。组织师资力量,研究制定音乐、舞蹈、美术、书法等 10—20 个艺术门类的普及型指导教材,明确教学目标、教学手段和教学内容,推进个性化艺术培训课程的研发和全民艺术普及的标准化进程。

其次要开展师资业务培训。要在现有基础上,进一步招募 200 名左右的文化志愿者,充实公益培训师资队伍;每年组织两次以上师资培训班,颁发全民艺术普及推广人资格证书,定期开展公益培训"说课"评比,全面提升全民艺术普及的服务质量。

(二)设立严格公正的考核激励体系

1. 建立成员单位考核机制

制定和完善《镇江市公益艺术培训联盟考核管理办法》,设立专项资金,对联盟成员单位实施动态管理和公益培训绩效考核评估。对长期不开展公益培训和讲座的单位,实行淘汰劝退制度。对开展公益培训规模人次多、服务态度好、培训质量优、群众满意度高的单位和个人,通过政府购买公共文化服务的方式给予一定的经济补助。

2. 完善师资考评体系

通过对师资的全年培训人数、参展(演)人数、获奖人数、网络投票等内容的考核,建立完善师资教学反馈制度。通过开展每年一度的"全民艺术普及十佳优秀教师"评比活动,进一步增强荣誉感和使命感,建立和完善管理科学、考核严格、教学规范、群众满意的工作运行机制。

3. 构建奖励激励体系

在加强绩效反馈、过程控制和考核的同时,对成员单位和个人实行十佳、优秀、良好三个等级的"等级制"评定,并享受相应的待遇。十佳优秀成员单位每年可以不限场次,免费使用文化馆的剧场、展厅,优先参与各类市级以上赛事活动等。十佳优秀教师可以免费参加与本专业相关的文化馆收费类艺术培训班,优先推荐参加国家、省市艺术专业培训,优先获取全市重大文艺演出嘉宾席位等待遇。

(三)搭建优质高效的数字推广体系

一是要加强宣传策划的顶层设计。要在设计联盟标志,对接江苏公共文化云、文化镇江云平台的同时,指定专门机构进行资料的更新和公众号的推广;设计制作《公益艺术培训惠民券》,在微信公众号、网站、APP 上投放,供市民使用。

二是要运用大数据分析,科学合理确定培训项目、讲座内容,对教学设计、课程安排等进行调整修正。建立市民参与公共文化活动的诚信体系,实现有限教学资源的效益最大化,让老百姓感受到实实在在的获得感。

三是要通过数字网络和移动终端,建立公益艺术培训远程教学平台,实现公益培训的24小时无缝对接,在实现随时随地、随点随学的同时,加强网络教学的互动交流,全面深入推进全民艺术普及的均等化服务。

(四)建立灵活多样的个性定制体系

在全面创建国家级公共文化示范区工作中,要充分发挥公益艺术培训联盟的平台优势,结合"六进"工作要求,面对不同服务对象特别是残障人士、农民工及其子女等,积极组织开展以"三大行动"为主要内容的个性化全民艺术普及活动。

一是组织开展"文心艺术助残行动"。在利用文化馆场地开展助残活动的同时,积极联合市特教中心、市残联、京口区特教中心、市残疾人康复中心以及社区、社会机构等开展公益性艺术培训、讲座、读书会、文艺演出等。

二是积极推进"文心艺术扶贫行动"。积极与江苏省交通工程总公司、索普集团等企业合作,结合企业文化需要,利用企业的场地和设施,选派优秀业务干部上门开展合唱、书法、舞蹈等公益艺术培训;同时,与南徐小学、润州实验小学、宝塔路小学等农民工子女较多的学校,开展各类艺术社团、讲座活动。

三是持续开展"文心艺术银发行动"。认真规划和推进镇江市文化馆老年艺术大学国家级试点工作,利用公益艺术培训联盟的网络,鼓励社会培训机构尝试开展老年艺术免费班,在有条件的下辖区(市)建立分校,争取在2020年实现行政区域的全覆盖。预计全年开设各类艺术培训班100个左右,参训学员8000人左右。同时,在培训的基础上,组建30—40支老年艺术团队,积极组织参与"六进"、淘文化网、广场展演等活动,实现与教育系统老年大学的错位发展,走特色发展之路,积极探索全民艺术普及的新路径新模式。

让少儿美术活动更加本真

——"你好·天真"天津市少儿创意美术展带来的思考

王　霞（天津市东丽区文化馆）

随着人们物质生活水平的提高,越来越多的家长开始重视下一代的教育培养,通过培养他们的兴趣爱好,开发智力,能促使少儿健康成长。但是,教育和培养一定要符合少年儿童身心的发展规律,而不能盲从于所谓"不能输在起跑线上"的说法。像那种同时给孩子报很多兴趣辅导班,希望他们将来都有所成就的做法,会把孩子搞得狼狈不堪,必然会对孩子的整个心智成长造成不良影响。

在工作实践中,笔者体会到,做好少儿美术教育工作的根本问题,在于让辅导回归本真。人之初、性本善,真善美对于少年儿童的教育更是如此,我们开展各种群众文化活动有很多目的,但最根本的还是要"以人为本","回归本真"便体现了这一理念。

天津市群众艺术馆推出的"你好·天真"天津市少儿创意美术展活动就是一次这样的活动。它主题鲜明地提出了"天真"的概念,主旨就在于让少年儿童在学习绘画、学习艺术的过程中回归快乐本真,因此取得了很好的成绩和社会反响。

让少年儿童在艺术的天地里自主表达,享受艺术创作的乐趣,是本次活动的主旨。活动举办三年来,我们高兴地看到,"你好天真"在呼唤着孩子们的心灵。征集活动以创新精神提出,不以美术技法作为优先评选的标准,而在于强调作品的真实性、趣味性,努力让孩子的创意打破现实的束缚,放飞心灵,天马行空,不拘一格,用创意表达自我,从而充分展现了孩子们的想象力。入选的作品内容丰富多彩,形式新颖多样,不仅有蜡笔画、水彩水粉画,还有综合绘画、多种材料拼接等作品,令人眼前一亮。一幅幅趣味横生的画作可能在技法上未必成熟,但却让大人们更加了解孩子们内心的美好世界,东丽区文化馆选送的作品也取得了骄人的成绩。2016年七位小朋友获得八个奖项。2017年有九位小作者入围并参展。2018年获奖作品有《校园爱心义卖》《海底世界》《低碳使者》《未来汽车》《幸福一家人》等。

一、回归本真的主要含义

自从中央提出"素质教育"的要求以来,让教育回归本真,始终是教育界反复强调的敏感话题。这是一个关系到少年儿童发展的重要理论问题,因此引起各方的重视。群众文化中"辅导"的实质便是艺术教育,相对于成人教育来说,少年儿童的美术教育更加应当强调回归本真。笔者以为,让少年儿童美术教育回归本真,包括三层含义。

首先是回归教育的根本目的。西方哲学家康德曾提出"教育的目的在于让人成为人",陶行知也提出"千教万教教人求真,千学万学学做真人",这些观点都要求教育一定要以人为本,而不要让人在学习过程中产生"异化",成为功利目标的产物。少年儿童艺术教育必须要遵从这一目的,要通过艺术教育使孩子成为懂艺术、知审美、会抒发的全面发展的"真人",而不是从一开始变期望他成为"画家""艺术家"。这就要求我们在实施艺术教育(包括美术教育)中,避免以专业美术技法和成人化眼光为评判标准,呈现出一种封闭式、过于成人化的教育模式,从而朝着一个开放性的、充分保护并培养儿童创造潜能的方向发展。天津市群众艺术馆推出的"你好·天真"天津市少儿创意美术展活动,不以美术技法作为优先评选的标准,就是这种理念的产物。

其次是要让接受艺术教育的少年儿童保持他们难得的天真。成年人善良,少年儿童天真,回归本真,便是让孩子保持纯真的心灵,要尊重儿童创造力的本真天性,用符合儿童情感发育规律的引导方式进行少儿美术教育,要特别警惕少儿美术教育中带有明显的伪成人化倾向,"本真"应该具有"真实、自然"的含义,所谓回归本真,应该是帮助少儿美术教育回归到一种真实和自然的状态,这对于少年儿童的健康成长十分重要。

再次,在强调"真实、自然"的前提下,不满足于"自然主义"的"儿童画"状态,而应当在科学的基础上,根据少年儿童的身心发育适当调整教学方法和教学内容,使之逐渐成熟起来。使得少儿美术具有较强的发展意义,让少儿在发展为成人的过程中留下不断成长与成熟的美术足迹。

群众文化活动是国家公共文化服务体系的一个重要组成部分,它是满足老百姓逐日增长的精神文化需求的重要途径,是全民艺术普及的一个重要文化活动。少年儿童是我们全社会的未来和希望,坚守好孩子这块阵地,就是为群众文化的发展储备力量。美术教育对少儿的社会化发展起到重要作用,我们要不断地改进教学方式,让培训更好地发挥作用。

21世纪最重要的创新理念是对少年儿童进行社会化教育。艺术普及活动,对于少儿人格发展有着深远的意义;我们要加强社会的联系,通过各种艺术体验课程,创造培养艺术人才的机会,使审美教育从学校拓展到社会中、生活中,真正培养孩子健全的人格。

二、回归本真才能让孩童产生兴趣

孩子的世界是真实的世界,他们相信真善美,美术教育能够从真实入手,孩子们就愿意参加。在他们的世界中,喜羊羊战胜了灰太狼、蓝精灵打败了格格巫、葫芦娃救回了爷爷,这就是真实。强调真实,从真诚入手,进而做到回归本真,才能让孩童产生兴趣。

绘画是视觉艺术,通过视觉的展现,表达自己的感情和思想。儿童画画就是把画画当作玩耍娱乐,使之成为儿童比较高级的复杂情感动机的展现。要教会儿童把自己的亲身体验,通过自己独有的表达方式把自己感受到有趣的事物,内心世界画出来。儿童涂鸦是天性,但是一味地让他们去参加所谓的正规学习,去规范他们如何去画,线要直,颜色要涂匀,按照家长老师的意愿去画好画,就会产生烦躁,甚至不想画画的情绪。这些做法对于儿童绘画的培养是不利的,会磨灭他们的兴趣,毁掉他们的天性、灵性、悟性。

令人遗憾的是在现实中经常会出现"揠苗助长"的现象。比如拿"花"为例:有的老师在授课中会和孩子们说今天我们学习怎样画花,它是有一个圆形的花蕊五个半圆形花瓣组成,花蕊是黄色的,花瓣是粉红的,叶子是绿色的,这样就直接框住了孩子的想象力。

在实践中,应首先让孩子自己观察花朵的样子,然后启发他们将自己心中花朵该有的样子表达出来,让孩子们感受大自然的自然之美,感受世界的造物之美。这就是一个对物像认知过程,感受美—发现美—表达美。对于这样的作品,可以给他们画上微笑的表情,也可以画上美丽的蝴蝶装饰,或者画一个穿"花"裙子的妈妈送给她,告诉妈妈像花朵一样美丽。

在"你好·天真"的汇报展览上,我们可以看到孩子们心中美丽的房子竟然会长着翅膀在空中自由飞翔,看到孩子和爷爷以及机器人幸福的合影,看到和小伙伴们用各种水果做的船在大海里赛龙舟。这些都是孩子们心中的"真实"。这种"真实"是艺术的真实,是孩子天生的"本真",身为老师,我们要正确引导,深度开发,不断挖掘。少儿美术教育应当本着少儿身心发展的规律和特点,有规划、有目的地通过各种方式手段来感染孩子,正确引导他们对美术的兴趣,满足孩子身心发展的需要,做到快乐地画画。少儿美术教育应该是释放天性、解放枷锁,打开少年儿童他们心灵。我觉得这才是儿童美术教学的意义所在。

三、追求少儿的本真是少儿美术辅导的核心所在

启智,是少年儿童教育的根本任务。对于少年儿童的艺术教育来说,关键在于从小培养他们对于艺术的感知力和感悟力,使他们幼小的心灵始终受到"真善美"的熏陶。在这一过程中,一定要避免世俗主义、功利主义的侵蚀。

正像本文所论及的,所谓"本真"实际上具有三重含义。首先是回归教育的根本目的,而不要让人在学习过程中产生"异化",成为功利目标的产物。其次是要让接受艺术教育的少年儿童保持他们难得的天真。最后,在强调"真实、自然"的前提下,不满足于"自然主义"的"儿童画"状态,而应当在科学的基础上,使之逐渐成熟起来。这在哲学上被称之为"似乎回到原点的螺旋式的上升",既要防止孩子的天真被泯灭,被人为地提前塑造成为"功利人",又要避免停步于"儿童画"状态的不作为,甚至单纯为了"天真"而"天真"而呈现出的造作之态。如何用辩证思维,处理好这三重含义之间的关系,让少年儿童的美术教育真正达到"启智"的目的,是我们少儿美术教育工作者面临的一大课题。

面对少年儿童必须要采取不同于成年人美术教育的方法。这是少儿美术教育的核心所在。

我觉得儿童画是没有一定画法、画规的,它不像素描讲究光影、讲究五大调子,必须按

照理论准则去画。儿童画是绘画,是一种复杂的精神活动,应当按照孩子们的心理随心所欲地去表达,让他们涂鸦,画出他们内心世界的真实感触,以表达、反映他们自己的内心世界。

有的家长觉得孩子胡乱地涂抹画的很乱,其实在专业人士的眼里,那就是孩子们心里真实的世界。我们说三岁就可以启蒙儿童画教育了,它是对美好事物的一个感性的认识。绘画不仅可以陶冶情操,开发想象力,更可以培养对今后生活和事物的观察方法,在此基础上培养三观、完善人格。

绘画是人类开启美好生活的一扇大门。少儿美术教育能使孩子受到艺术的教育和情感教育,可以培养孩子高尚的艺术情操、健康的生活情趣、完美的性格人格。

四、回归本真要孩子体验实践教育

社会在发展,文化也在发展。针对现在孩子们娇生惯养、人格不完善等问题,艺术教育工作者要有强烈的社会责任感,要给儿童更多地实践教育机会,让他们在体验中成长。

以少儿美术为例,单纯的画画满足不了信息社会对孩子们的需求,美术的体验活动越来越被推崇,少儿美术实践活动也有了新变化,形式更多样,内容更丰富。具体做法上应当更加注重融入一些民族传统文化的传承和人文关怀的体验。

比如,东丽区文化馆把区级非物质文化遗产"大郑剪纸""周氏宫灯制作"等带进校园,让孩子们从小树立继承发扬民族文化遗产的志向;组织学生到海河、五大道、意式风情街写生;组织学生到孤老院给老人们画肖像,等等。

在"童心筑梦"手绘祖国主题活动和"童梦奇缘"捕梦网制作活动中,有六十余人次的小朋友们参与。他们在 6 米长的标记了丝绸之路的空白长卷上,通过手绘、涂色等形式,在长卷上留下了自己的专属中国梦,形成了祝福祖国的"美好长卷"。参加活动的小朋友们也纷纷表示:祖国的未来他们有信心去创造。

通过这些社会活动,不少家长反映,孩子们不仅画画越来越好,自信满满,还帮忙做家务,特别懂事,阳光多了。笔者认为美术与实践活动相结合越来越成为主流趋势,不仅提高绘画水平,巩固兴趣还能完善人格。这是一举两得的好事。

近年来,东丽区文化馆不断加大投入少儿美育教育,鼓励和支持少年儿童文化建设。"0 基础"课,让取得一定成绩的少年儿童站在讲台讲述创作经验,以及"大咖来袭"文化大讲堂名家公开课,组成了我们首倡的"三位一体"艺术普及模式。儿童画、少儿国画、少儿书法软硬笔、少儿摄影公益课程等课程,共服务少年儿童近千余人次,检验并验证了笔者的教学方法,效果显著,成绩显然。

总之,少儿美育辅导培训是群众文化工作的重要组成部分。少儿美术教育关键在"回归本真",少儿美术辅导的核心意义在完善孩童人格,少儿美术辅导应当重在实践教育。相信随着建设全面小康社会进程的逐步实现,进步的不仅是物质文明,精神文明也会取得更大的成绩。

浅析新媒体视阈下文化馆培训工作面临的机遇与挑战

——基于拉斯韦尔5W传播模式

王　睿（重庆市潼南区文化馆）

据第44次《中国互联网络发展状况统计报告》统计，截至2018年12月，我国网民规模达8.29亿[1]。从视频通信到电子钱包，互联网以其惊人的发展速度改变着我们的生活方式，新媒体的应运而生不仅催生出数量庞大的网络用户群，还使传统媒体受到冲击甚至逐渐消解。因此，在传播环境瞬息万变的今天，文化馆作为政府直接面向群众提供文化艺术服务的公益性机构，迫切需要找到切合自身改变和转型的新媒体发展之路，在尽力满足和丰富群众文化生活的同时，更多地承担起建设精神文明社会的责任。

一、新媒体的概念界定

早在1964年加拿大学者马歇尔·麦克卢汉发表的《理解媒介：论人的延伸》一书中，首次阐释了"媒介即讯息"（The Medium is the Message）的概念，他指出，"对于社会来说，真正有意义、有价值的'讯息'不是各个时代的媒体所传播的内容，而是这个时代所使用传播工具的性质、它所开创的可能性以及带来的社会变革。"[2]正如麦克卢汉所言，随着科学技术的进步与发展，各种新兴媒介的迭代更新在潜移默化中影响和改变着人们的社会行为。利用百度搜索引擎对"新媒体"进行检索，我们发现，目前学术界对其概念的定义多达数十种，而被划分为新媒体的介质也从常见的"网络媒体""移动终端""数字电视"，到更加小众的"地铁视频""VR影音""触摸媒体"等，不胜枚举。学者们的众说纷纭既反映出新媒体变化之多、发展之快，也说明目前对新媒体的研究还不够成熟、全面。在当前人们对新媒体还没有达成统一认识的情况下，我们不必纠缠于概念、特征、分类等学术认知，而应从更为现实的角度出发，以当下广泛运用的"移动网络"为例，把握好新媒体技术和传播理论的发展规律，跟上媒体生态环境瞬息万变的步伐，努力探索与寻找适合自身发展的安身立命之法。

二、新媒体环境下文化馆培训工作的传播模式分析

（一）传播主体

1. 多向传播赋予双重身份

从传统上讲，文化馆对群众的文艺培训工作，通常是以安排业务骨干定期举办免费艺术培训班的形式开展，这种形式因其时间有限，内容单一，培训效果常不尽如人意。而移动网络的出现，不仅可以让群众走进拥有海量文化资源的艺术殿堂，而且赋予了他们更多自主学习的选择权，甚至还可以通过对自媒体平台的使用，反客为主，成为文化艺术的生产传播者。对于以往一直在培训工作中充当主体的"文化馆"来说，一方面可以从这座"殿堂"中源源不断地汲取养分和知识，另一方面也可以从群众生产的"草根"文化中，发掘他们对文化艺术的需求与向往，以便设计出更加科学合理的培训课程，为群众提供更为精彩的文化盛宴。因此我们可以说，网络技术的普及既削弱了文化馆占有文化资源的优势，也模糊了传授双方的身份界限。换句话说，移动网络的出现将文化馆作为文化艺术"传播者"的单一身份，转变为"传播者＋接收者"的双重身份。

2. 文化培训颠覆线性逻辑

在具体实践中，作为向群众提供文化服务的公益性机构，文化馆通常是以线性逻辑开展群众培训工作，即先组织策划培训方案，再通过特定渠道进行宣传，最后为群众讲授既定的培训课程。这种单向思维的工作方式虽然便于控制和把握培训的内容与进度，却也容易忽略人们对信息共享、交互、参与的需求。移动网络的普及，使那些具有共同兴趣、爱好、目标和期望的人们，很容易联结在一起并分化成不同网络社群。而这些社群成员不单在社交层面具有强大影响力，而且还汇集成了群众文化精英群体。群众文化艺术水平的参差不齐，暴露了文化馆预先构思的培训方案存在其无法规避的缺陷。这就需要文化馆改变传播主体的逻辑思维，先找到网络社群并加入其中，再宣传自身培训意向，最后根据群众需求制订科学的培训方案。如果还是按照程式化工作，就难以与群众之间建立强有力的关系，达到良好培训效果。

（二）传播内容

1. 从 PGC 到 UGC 的内容演变

在这个"万物皆媒"的时代，技术进步推动着各行各业纷纷向新媒体进行探索。早在 2017 年重庆市群众艺术馆就从群众需求出发，进行了"互联网＋公共文化服务"模式的创新，即在网络上搭建了全市文化馆（站）系统"1+40+1100+N"数字文化服务云平台，该平台设立的"网络培训"模块，使群众可以在线学习各区文化馆的专业培训课程，这一尝试虽然拓展了文化培训手段，但在内容生产上仍以文化馆为主，即我们所说的 PGC（Professional Generated Content，专业生产内容）[3]。移动网络创造了一个人人都有麦克风的世界，他们的言论和选择更加自由，从微博大 V 到分享达人，从直播"网红"到意见

领袖,每个人都在试图打造属于自己的 IP。主流控制的去中心化,使任何人都可以成为文化培训内容的创造者,即我们常说的 UGC（User Generated Content,用户生产内容）[4]。

2. 坚守文化服务的内容底线

如今,越来越多自媒体 APP 出现在我们的日常生活中,这也使一些学者对 UGC 的质量产生忧虑,他们担心这些泛专业化的内容会逐渐削弱主流文化。2018 年 12 月 7 日,企鹅智库发布了一篇名为《中国新媒体趋势报告 2018:内容生长新原力》的调研报告,该报告调研用户共计 38481 人,涵盖了新媒体发展趋势的 49 组数据。

图 1、图 2 两组数据显示,在低学历、低收入人群中,虽然他们更爱轻松、娱乐的内容,但并未像过去尼尔·波兹曼预言的那样"娱乐至死"[5],同理,这也说明即使是在海量资源的互联网时代,群众对文化内容依然有其明确的需求,因此文化馆对群众的培训内容也应坚守它应有的水平和底线。

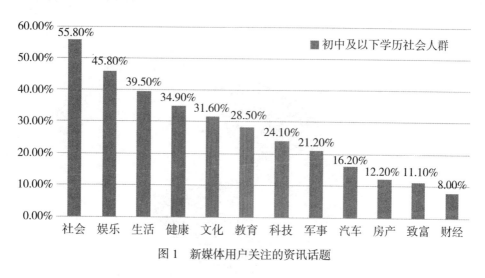

图 1　新媒体用户关注的资讯话题

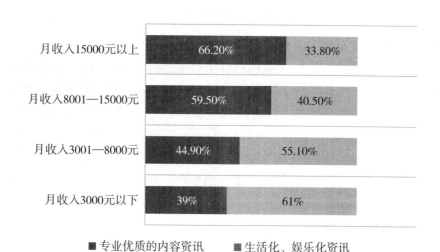

图 2　不同收入群体关注的资讯话题

（三）传播渠道

1. 智能终端引领新文化时代

在上文提到的调研报告中，还有另一组值得我们注意的数据：有73.3%的用户每天会将30分钟以上的时间花费在使用移动网络上（如图3所示），也就是说人们每天在移动互联网上消耗的精力与时间已不容小觑。

受网民使用习惯迁移，移动端整体流量不断增长，手机、笔记本、iPad等移动终端已占据了人们大量的时间精力，而移动网络在充分占据了用户碎片化场景的同时，也在很大程度上拓宽了人们享受文化内容的边界，这给文化馆培训工作带来了新的冲击和挑战。尤其在4G时代的尾声，用户逐步走出Wi-Fi依赖，在流量与传播将更加自由的情况下，如何适应新媒体环境，展开全方位多渠道的文化传播与培训工作，已成为文化馆自身发展路径探索与思考的重要课题。

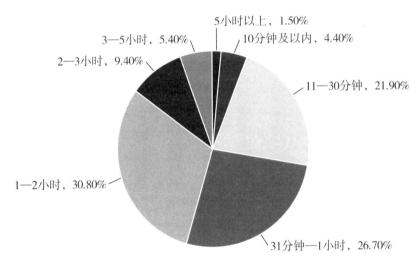

图3 用户使用移动网络的时长

2. 跨媒介融合拓宽分享渠道

技术的进步，使媒介不再像从前那样分工明确，跨媒介融合的传播趋势越来越显著，新媒体传播渠道与接收终端不断向多元化、复合化延伸发展。传统媒体与新型媒体不断碰撞，媒介生态从网络媒体时代过渡到多媒体时代，再发展到当下的全媒体时代。作为专业培训机构的文化馆，它常以大众传播的方式组织文艺培训活动，而新媒体的出现使他们在给人们提供丰富文化内容的同时，也会通过网络，以人际和群体传播的方式将文化内容辐射出去。这就不断促使移动网络生产的草根文化与专业组织的传统文化培训相融合，形成优势互补、信息汇通，从而拓宽了文化培训的分享渠道，推动群众文化生活的丰富化、多样化和便捷化发展。

（四）传播受众

1. 文化服务提升群众参与感

在文化馆开展文艺培训活动的过程中，群众已不是单一的内容接收者，他们的身影还贯穿在整个培训过程。在参与社群阶段他们是兴趣爱好的聚集地；在活动宣传阶段他们是传播信息的主力军；在方案构思阶段他们是生产内容的原动力；在开展培训阶段他们是学习技能的参与者；甚至在文化培训工作完成之后，他们不仅可以通过数字文化服务云平台进行培训满意度评分，还可以通过微信好友群、QQ 群、BBS 论坛等其他网络平台随时讨论完善培训建议，成为给文化馆培训工作提供更多宝贵意见的反馈者。移动网络技术的运用，给群众带来了随时参与每个培训环节的可能，也使他们在文化生态中扮演着更重要的角色。

2. 网络社群催生草根意见领袖

在关注传播受众角色变迁的同时，还有一个特殊的群体逐步形成，即意见领袖。所谓意见领袖是指在网络社群不断发展壮大的过程中，能够生产和传播信息，并左右多数人态度倾向的少数人[6]。那些因具有较强的提供信息水平和人际关系能力而得到群众的认可的人，就成了草根意见领袖。草根意见领袖群的出现是移动网络"去中心化—再中心化"的必然结果，也是文化培训过程中话语权"去集中化—再集中化"的具体体现。与传统官方的意见领袖有所不同，草根意见领袖是由网民自主选出、自主跟随，是带有较大的社会动员力量的少数佼佼者，以其作为传播主体的文化内容通常更易被群众所接受，有时甚至能够左右文化培训的最终效果。因此他们在群众培训工作中的影响力是不容小觑的。

（五）传播效果

1. 新兴媒体倒逼反向议程设置

20 世纪 70 年代，美国传播学者麦克姆斯和肖通过实证研究提出议程设置理论，即"大众传播可能无法决定人们怎么想，却可以影响人们想什么"[7]。但该理论发展至今，却出现了恰恰相反的现象。新兴媒体的涌现使文化馆培训工作议程设置的主体地位不仅受到来自网络培训资源的威胁，也受到了群众自我设置议程的压力。在文化培训中，作为专业组织的文化馆开始丧失对第一手文化资料的独占权，单个网民（尤其是草根意见领袖）发布的文化信息很有可能经过社群共享，逐步形成一定的传播效果，并发酵转化成主流议题设置。反议程设置的发生使文化馆的舆论引导职能的发挥陷于被动局面。作为给群众提供文化服务的基层单位，如何强化意识形态责任担当，筑牢宣传思想的文化阵地也成了文化馆面对的新课题。

2. 媒介环境重塑文化传播格局

以移动网络为代表的新媒体，正改变着当代信息传播格局，它不仅让人们摆脱了信息接收的时空束缚，还为其提供了群英荟萃的文化盛宴。如今文化馆的培训工作不再局限于区域，以重庆市为例，文化馆工作人员将培训课件、视频等内容，通过网络上传在重庆数字文化服务云平台,即可实现各区文化馆资源共享,群众可以通过移动网络的点播、下载,从而进行文化培训内容的实时在线学习。多样化的培训内容不仅可以更大限度地满足群众对文化的需求,也为人们提供了更多自主选择内容的机会。另外,文化馆除要运营好专业组织网络平台外,还应根据不同媒体平台特征,培养合适草根意见领袖,从而打赢文化培训服务的分享战。

综上所述,在新媒体技术掀起的文化交流与传播的热潮下,文化馆的群众培训工作将迎来一个新的历史时期。新媒体的传播在传播主体、传播内容、传播渠道、传播受众和传播效果等方面都体现出了不同于传统媒体的鲜明特点。原有传播观念、关系和策略已难以满足新的时代需求,也无法最大限度地发挥其在群众多样化文艺服务中的价值。未来,从传播模式的转型尝试文化培训工作的创新,是文化馆一场由内而外的变革,这场变革将搭建一个以政府机关为主,兼容各类组织、各方社会力量的参与平台,以多元思维、多重定位健全原有体系,在强化新兴媒介技术运用能力的同时,促进资源整合,实现文化培训现代化的发展。

参考文献

[1] 中国互联网络信息中心 . 第 44 次中国互联网络发展状况统计报告 [R/OL]. [2019-10-15]. http://www.cac.gov.cn/2019-08/30/c_1124938750.htm.

[2] 麦克卢汉 . 理解媒介 : 论人的延伸 [M]. 何道宽,译 . 南京 : 译林出版社,2011:34-41.

[3] 刘振兴 . 浅析 UGC、PGC 和 OGC[EB/OL]. [2019-10-15]. http://yjy.people.com.cn/n/2014/0120/c245079-24169402.html.

[4] 秦艺轩 . 关于 UGC 用户生产内容的研究现状分析 [J]. 新闻知识,2016(9):72-74.

[5] 波兹曼 . 娱乐至死 [M]. 章艳,译 . 桂林 : 广西师范大学出版社,2011:52-66.

[6] 李晓洁 . 自媒体时代下草根意见领袖的影响力研究 [J]. 新闻研究导刊,2016(13):331.

[7] 韩玄飞 . 新媒体时代下议程设置新变化与发展 [J]. 传播与版权,2017(7):106-108.

文化自信背景下乡村优秀传统文化传承与创新

杨勇先（焦作市文化馆）

文化自信是指对中国特色社会主义文化先进性的自信，其根源于我国传统文化的博大精深，离不开对优秀传统文化的传承与创新。优秀传统文化是一个国家、一个民族传承和发展的根本。乡村优秀传统文化是其重要组成部分，也是乡村居民精神寄托的根本所在。随着时代的发展，在其传承上出现了没落、式微、解体等诸多问题。我国实施的乡村振兴战略，为乡村优秀传统文化的传承与发展带来了新的机遇和挑战，要在保护传承的基础上，丰富其表现形式，赋予其时代内涵，进行创造性转化、创新性发展。

一、乡村优秀传统文化的基本内涵

乡村传统文化是特定地区民众的生活方式、行为准则、价值观念、道德规范、风俗习惯、公众制度、历史传统的体现。它根植于源远流长的农业社会和农耕文明中，基于熟人社会组织起来的乡村社区，曾在相当长的时间里占据着文化的主流地位。

二、乡村优秀传统文化作用价值

（一）乡村振兴的助推器

优秀的乡村传统文化在形式上兼具物质文化遗产和非物质文化遗产的特征。在一定程度上，文化对于经济具有催化的作用。有一些民俗古建筑，诸如中站区北朱村民居、示范区寨卜昌古民居等都可作为旅游产品进行设计规划开发；又如依托优秀的传统文化开发的太极小镇、竹艺小镇、黑陶小镇；又如焦作温县、沁阳、武陟一带的乡村中种植的四大怀药具有物质属性，其炮制和制作技艺则是非物质文化遗产，作为优秀的传统文化不但体现了乡民技艺的精湛，四大怀药产品的种植与销售，促进了区域经济的发展。焦作市温县怀山堂与100余户贫困家庭签订合同，帮助贫困户增收达450万元，使得怀药一、三产业之间紧密相连、协同发展，最终实现了怀药产业链延伸、产业范围扩展和农民增加收入。无独有偶，焦作市武陟县河南百疗怀药科技开发有限公司，积极开展精准扶贫，与122户贫困户签订怀地黄优良品种供货合同，扶贫面积200余亩。

（二）文化精神的栖息地

保护和传承具有地域特色的乡村优秀传统文化有助于铸就凝聚当地民众向心力的精神家园,成为当地社区乡民情感沟通的纽带和桥梁。诸如在焦作市乡村优秀传统文化中广泛传唱的国家级非物质文化遗产代表性项目——怀梆,唱腔念白均使用中原音韵的怀庆方言,口语化、大众化是区别其他地区文化的明显标志,长期以来为乡民们生产劳动之余增添了精神娱乐享受,深受老百姓的喜爱。"当房卖地,要看怀梆戏"。怀梆戏是焦作地区民间文化繁衍发展的结晶。又如在焦作地区流传广泛的"耍老虎",活跃在全市乡村的虎队有十余家,集舞蹈的艺术性、武术的阳刚性、杂技的惊险性于一体,充分展现了焦作民众以此为对象来感知自然、感知社会的能力,已成为焦作地区重要的民间文化活动,是民众不可或缺的文化需求。

（三）社会秩序的润滑剂

在乡民长期的农耕生产实践活动中形成的民俗文化,有着广泛且深厚的群众基础,它是乡村居民之间的处世规范,在村民之间形成一种共同的文化认同感和归属感。比如焦作市博爱县许良镇大新庄村和沁阳市邵郘村的邵新社亲是一种独特的回汉社亲。当地回汉民众以社亲为载体,互帮互助,和平共处。社亲成为社会秩序稳定的润滑剂,回汉民族团结的纽带,是焦作区域文化的独特展现。又如沁阳怀梆剧团,根据传统故事中何塘劝说闺女谦让邻居而创作的怀梆戏《和谐胡同》,对于邻里关系、道德建设、社会和谐等起到了积极作用。

三、传承和创新乡村优秀传统文化面临的挑战

（一）传承环境不断消失

文化的产生依赖于特定的环境,乡村传统文化所依存的环境就是一个个自然村落的文化生态环境。自然村落是中国农业社会中人们以血缘、族缘、地缘为纽带建立的共同体,依托宗亲家规、乡村规范、伦理道德、行规业缘等维系着村落的运行秩序。村落是乡村传统文化传承和发展的载体。随着新农村的改造和城乡一体化的进程,传统的村落一度遭受到严重的破坏。比如博爱县柏山镇明朝传统建筑被改建成乡村卫生室,青砖被瓷砖覆盖,老建筑变得不伦不类。又如曾经在丹河上大量存在的丹河水磨,随着丹河水量的减少甚至枯竭,丹河文化生态的改变,社会的发展,传统的文化亦在式微。

（二）传承主体逐渐缺失

文化传承的核心是人,乡村优秀传统文化的传承主体是乡村居民群体。随着现代化的进程,在科技信息化、人工智能化、互联网等的影响下,文化的多元性、选择的多样性,使

得传统文化的影响力逐渐减弱,城市成为乡村居民向往的居住地,城市文化对乡村居民的吸引,特别是对新一代乡村民众的吸引越来越强烈。农业的现代化以及规模化种植,解放了大量的农村剩余劳动力,他们中的许多人移居城市成为新一代城市居民。乡村优秀传统文化传承的主体正在减少。老一辈民众艺人亦随着年龄的增长而减少。没有了人,乡村传统文化的传承和发展将失去根本和活力,而新农村的文化建设也会缺乏底蕴涵养、精神支撑和智力支持。

(三)传承载体日益消逝

乡村优秀传统文化的传承载体是指能够承载、传递农村优秀传统文化的精髓、内容和要素,能为传承主体所运用,且传承主客体可借此相互作用的一种事物。按其表现形式可以将传统的传承载体划分为物质形式的传承载体和非物质形式的传承载体。物质形式的有文字书籍、村落民居、文物古迹等,非物质形式的有乡风民俗、手工技艺、口承文学、地方语言等。传统文化传承载体的消逝现象比比皆是,如受现代电子阅读方式的影响,传统的纸质书籍逐渐失去吸引力,难以引起青少年群体的阅读兴趣;诸如春节、元宵节、中秋节等中华传统节日,它的起源和兴盛在乡村有深厚的基础,城镇化的进程一度让传统文化节日受到洋节的冲击。

四、传承与创新乡村优秀传统文化的路径方法

(一)恢复乡村村容风貌

乡村优秀传统文化的保护与发展都需要乡村这一文化生态环境,没有了乡村这一社区单元,文化也就无从谈起。首先,从制度设计层面来看,要制定科学的乡村保护机制。2018年《中共焦作市委 焦作市人民政府关于深入推进乡村振兴战略的意见》,给了乡村文化建设的方向指导;同时结合专业的设计院编制方案,针对不同类型和风貌的村落,采取灵活、差异化的保护模式,给予乡村风貌创新性的保护和发展。比如博爱县于庄竹艺小镇、沁阳市黑陶小镇、博爱县寨卜昌村古民居修复等。通过对乡村开展保护发展来实现乡村传统文化整体性、系统性、动态性、创新性保护。其次,合理开发文化名村的经济效应。比如博爱县寨卜昌村、小底村通过发展生态农业旅游等措施,增加保护资金来源,使乡村传统文化不断自我发展。

(二)撬动文化传承主体村民自觉性

乡村优秀传统文化的传承主体是广大乡村居民,在传承中应注重培养传承主体的自觉性。一是培养一支懂农业、爱农村、爱农民的"三农"工作队伍,为乡村优秀传统文化的传承提供专业型人才保障。二是注重对民间艺人的培养,将他们按照相应的程序条件纳入非物质文化遗产保护体系之中,争取给予物质上的帮助,鼓励收徒传承,为乡村优秀

传统文化传承发展储备青年人才。三是激发乡村民众的认同感。如实施中华传统文化振兴工程，弘扬中华传统节日，利用春节、中秋、端午等传统节日举办"我们的节日"，使民众在活动中产生对社区的认同。四是在学校教育中融入优秀传统文化的元素，设计传统文化课程，开展社团活动，让学生了解本地优秀传统文化，培养其热爱乡村、热爱家乡的自豪感，自觉担起传承创新的使命，促进优秀传统文化的传承。

（三）探寻文化传承与创新的长效机制

推动乡村优秀传统文化繁荣发展是增强文化自信、坚定文化自信的具体表现。经济发展、文化兴盛才能充分展现文化自信。第一，要制定好政策，鼓励乡村传统文化健康向上、积极发展。乡村文化站要宣传好党的政策，文艺工作者要走基层、下乡村，为农村提供喜闻乐见的文化演出，创作富有乡土气息、讴歌乡村时代变迁的优秀文艺作品。第二，可以运用"互联网＋"的形式对传统文化进行传播。运用新媒体技术、动漫技术，结合受众对象的特点，对优秀传统文化进行创造性转化、创新性发展。第三，广泛宣传，开展丰富的乡村精神文明创建活动，创建与社会主义核心价值观相契合的新乡贤文化、新村规民约，鼓励在外企业家、游子、青年大学生参与到家乡的建设中去。

乡村优秀传统文化是广大人民群众坚定文化自信的力量源泉。它既是乡村民众的精神家园，也是城镇民众眼中的"诗和远方"。在新时代乡村振兴的过程中，我们应正确认识并发挥其价值，探寻创造性转化、创新性发展的方法和路径，满足人民对美好生活的向往，从而实现乡村优秀传统文化的传承和发展。

参考文献

[1] 杜芳. 中华优秀传统文化与文化自信 [J]. 探索,2017（2）:163-168.

[2] 聂琨. 怀川记忆——焦作市非物质文化遗产集锦 [M]. 郑州:河南人民出版社,2017.

[3] 吴雪. 坚定文化自信　弘扬中华优秀传统文化 [J]. 福建省社会主义学院学报,2017（1）:67-75.

推进文化馆总分馆建设 构建现代公共文化服务体系

王惠君（广东省文化馆）

2015 年 1 月，中共中央办公厅、国务院办公厅出台《关于加快构建现代公共文化服务体系的意见》，要求建立公共文化服务城乡联动机制，以县级文化馆、图书馆为中心推进总分馆制建设，实现农村、城市社区公共文化服务资源整合和互联互通。其目的在于解决目前我国公共文化服务体系建设中基层文化馆站资源不足、配置不合理、效能低下等瓶颈问题，通过文化馆总分馆建设可以盘活有限资源，带动区域内文化馆站上下联动、协同发展，实现公共文化服务的有效性和均等化目标。文化馆总分馆建设正在全国稳步推进，有些省份通过试点取得了经验，有些省份已探索出文化馆总分馆建设模式，如浙江省嘉兴市的"下派上挂"垂直管理形式、重庆市大渡河区"双向委托、双重考核、经费统筹"机制、江苏省张家港市以"设施建设标准化、助理派遣制度化、服务活动均等化、网格激励常态化、数字平台一体化、考核评估社会化"的运作模式。我们看到文化馆总分馆建设正在改变着县级文化馆、乡镇（街道）文化站的工作模式和馆站效能，本文从文化馆与图书馆总分馆的异同出发，探讨文化馆总分馆建设路径。

一、文化馆（站）的发展现状

"十二五"期间，我国实施了基层公共文化设施全覆盖工程，各级地方党委、政府加大了对公共文化设施的建设，国家通过中央转移支付资金支持中西部地区公共文化设施建设，县、镇二级公共文化设施得到了大幅度的提升，为构建现代公共文化服务体系奠定了坚实基础。广东省在 2015 年底基本完成了基层公共文化设施全覆盖工程。同时，在 2012 年国家实施了图书馆、文化馆免费开放政策，通过中央和地方公共财政的补助，使各级文化馆和乡镇（街道）文化站在开展服务、举办活动上得到了有效的保障，较好地发挥了公共文化阵地的作用。

但是，全国基层文化馆站在发展中存在一些问题，特别是欠发达地区，具体表现在：一是资金不足，开展服务和活动所需的设施设备不全；二是人员不够，活动和服务做得不到位；三是资源缺乏，文化阵地职能没能充分发挥；四是效能低下，馆站没有联动，成为文化孤岛。

二、文化馆总分馆建设的现实意义

针对目前基层文化馆站服务能力不强、县域内公共文化资源缺乏整合、城乡公共文化服务发展不均衡等突出问题，在充分总结和吸收各地十几年实践经验的基础上，2016年12月文化部、新闻出版广电总局、体育总局、发展改革委、财政部印发《关于推进县级文化馆图书馆总分馆制建设的指导意见》的通知。从这几年全国各地推进文化馆总分馆建设实践中我们可以看到，总分馆建设是规范基层文化馆站服务、提升效能的有效举措，其意义在于：

（一）整合资源，按需配置

基层文化馆站亟待打破资源重复浪费的局面，一方面资源有限，总量不足；另一方面资源配置不合理，过多集中在县级（向上过度集中），造成文化站在资源匮乏的情况下，难以开展高水平的服务。总分馆可以通过建立资源调配机制，按项目、活动统筹总分馆内的资源，使分散的资源聚合，使有限的资源盘活和发挥最大作用，有效解决原来各自为政时资源建设不平衡，导致县域内各文化站服务水平高低不同的问题。

（二）提升效能，有效服务

基层文化馆站单打独斗，馆站之间缺乏联动，站站之间缺乏互动，形成一个一个文化孤岛，大家在低水平上开展重复、无特色的服务，这是造成基层文化阵地效能低下的原因之一。文化馆总分馆是一种全新的合作模式和工作机制，它的核心就是一盘棋、一个馆的理念，通过馆站合作、资源整合，达到馆站共赢和协同发展，实现"1+1>2"的聚合效应。

（三）协同发展，实现均等

不同乡镇经济的差异，导致公共文化发展不平衡，各站资源有限，再加配置不合理，使得处在不同区域的群众不能平等地享受基本公共文化服务。相对来讲，在县城的群众就比乡镇的群众、发达乡镇的群众就比欠发达乡镇的群众获得更多、更好的公共文化服务，这是因为其占有的公共文化资源不同。文化馆总分馆建设就是通过统一平台、统一标准、统一管理，建立协同发展机制，在同一县域内的县级文化馆、乡镇（街道）文化站打破馆站壁垒，实现资源共享，为不同乡镇的群众提供同等的、无差别的基本公共文化资源和服务，实现基本公共文化服务均等化。

（四）解决政府管理缺位、基层文化馆站效能低下的问题

这是文化馆总分馆建设的要义，整合资源、联动服务只是建设的方法。长期以来，大部分基层文化站政府投入有限，功能发挥得不好，乡镇、街道政府又疏于管理，致使文化站处于边缘化的尴尬地步，不断在恶性循环，所以出现基层文化阵地边建边滑坡的现象，究其原因主要是基层政府对文化站的管理缺位。文化馆总分馆建设最大意义在于乡镇（街

道）文化站的管理纳入总分馆体系进行管理,由县级文化馆来管理,解决了政府管理缺位的主要问题,专业的事交给专业的人去做,也是政府职能转型的体现。但是,必须明确的是政府的总分馆建设主体责任不能丢,需要对文化馆总分馆建设加大财政投入。有了政府的投入和总馆对乡镇（街道）文化站的专业管理,实施资源共建共享、服务联动,基层文化馆站的效能必将得到大幅度提升。

三、文化馆总分馆与图书馆总分馆异同

从上可以看出,文化馆总分馆建设是解决基层文化馆站资源不足、效能不高等瓶颈问题的一项改革举措。图书馆总分馆建设无论在西方国家还是在我国发达省份都有很好的实践经验,图书馆总分馆建设在广东省已推行了十多年,如深圳的图书馆之城、东莞的图书馆集群、佛山的联合图书馆,而文化馆总分馆建设刚刚起步。分析比较文化馆与图书馆总分馆异同有助于文化馆总分馆建设,可以明确总分馆的本质、工作机制和服务模式。二者相同之处都是通过上下联动、横向互动的工作机制,实施县域内的公共文化资源整合,提升馆站服务效能,达到馆站服务的均等化。二者不同之处在于职能不同,服务对象需求不同,服务的手段不同。因此,在建设总分馆的构成要素和表现形态上也有区别。

图书馆的职能是全民阅读,为读者提供借阅服务是图书馆的主要工作,图书馆总分馆建设重要的指标就是实现在县域内的图书馆通借通还,就是将区域内的所有纳入总分馆体系的图书馆视为一个图书馆,实行统一平台、统一管理、统一标准。为此,要制定统一的著录标准、书目数据标准,才能实现图书馆之间数据交换;搭建统一的网络平台,才能实现资源共享;制定统一的服务准则,才能达到书刊的大流通。

文化馆的职能是全民艺术普及,开展群众文化的创作、培训、展演是文化馆的主要任务。文化馆总分馆建设与图书馆总分馆建设有相似点又有不同之处。相似之处:为了实现区域内文化馆站资源整合和共享,应该有统一平台,统一管理,统一目录。统一平台目的就是搭建网络供求平台,实现文化馆站之间的公共文化资源的共享,如共享培训的师资、培训的课程、演出的活动,演出设备等;统一管理就是实现文化馆站"一盘棋"的工作模式,共同制定工作计划,共同调配区域内各馆站的资源,共同开展有影响力的文化活动;统一目录就是对外公布文化馆总分馆的服务项目和时间,特别是共同开展的品牌服务活动。不同之处:图书馆总分馆的服务是通过计算机网络实现馆际间书刊的通借通还,实现资源共享;文化馆总分馆是共同开展培训和活动,需要馆际人员的参与和合作、资源的调配和使用,才能实现资源共享,因此,文化馆总分馆建设需要馆际的人员流动、资源的调配、经费的统筹。从分析来看,简单地说,图书馆总分馆可以说是一个网络平台,文化馆总分馆是一种协同发展的工作机制。

四、文化馆总分馆体系建设路径

文化馆总分馆建设不能生搬硬套图书馆总分馆建设,但是在工作机制、资源共建共享、服务联动上可以向图书馆学习借鉴。文化馆的职能、拥有的资源、服务对象的需求、服务的形式与图书馆不同,因此在文化馆总分馆建设中,我们应充分考虑县级文化馆、乡镇(街道)文化站、村级文化室三级文化阵地的职能、运行规律和服务对象需求特点来推进文化馆总分馆建设。

(一)强化政府主导作用,加大建设力度

发挥县级人民政府在总分馆制建设主体责任,在人、财、物方面给予一定的保障,要把文化馆总分馆建设纳入当地现代公共文化服务体系建设考核评价指标体系中,确保文化馆总分馆建设持续健康发展。鼓励县级文化馆总馆在符合现行财务制度前提下,按计划或项目统筹利用有关资金、调配总分馆内的资源,探索由总馆统一管理或参与管理各分馆人、财、物的总分馆运行模式。优化县域公共文化资源配置,完善配套措施,实现文化资源在县域内联动共享,做到物尽其用、人尽其才,发挥整体优势,提升综合效益。

(二)改变传统观念,创新工作机制

文化馆总分馆建设不是做加法,不是增加基层馆站的额外负担,不需要大幅度增加地方政府对基层文化馆站的财政投入,而是盘活现有资源存量,按需求调配资源,使资源利用最大化,是文化体制机制的创新,是一种全新的工作模式,更是一种基层文化馆站事业发展的新业态。无论基层的文化主管部门还是文化馆站工作者都应该充分地认识到国家提出建设文化馆总分馆的现实意义,它是文化体制机制改革的具体事项,对提升馆站效能,发挥基层文化馆站社会职能,满足群众基本文化需求,保证群众基本文化权益具有积极的作用。文化馆总分馆建设最重要的是建立新的工作机制,建立工作协调机制、经费统筹机制、人员交流机制、资源共建共享机制、统一考核机制,唯有如此,总分馆才能正常运营,发挥好总分馆应有的作用。

(三)馆站各司其职,协同发展

文化馆总分馆建设是一种开门办馆的理念,是一种符合当代社会发展的管理模式。它打破了基层文化馆站之间的壁垒,架起了文化孤岛之间的桥梁,形成了基层文化馆站事业发展的大格局。各级文化馆、乡镇(街道)文化站各司其职,形成合力,地市文化馆是中心馆,要发挥好统筹规划、搭建平台、制定政策、业务指导等作用;县级文化馆是总馆,承担着建立工作机制、制定工作计划、协调资源共享、指导分馆工作、共同开展服务等任务;乡镇(街道)文化站是分馆,履行原有的基本职能外,在总馆的指导下开展文化馆总分馆延伸服务及相关工作。通过文化馆总分馆的人员流动、资源的调配、经费的统筹,在文化馆的培训、展演方面,加强区域内各文化馆站的实力,提升各文化馆站的服务水平。同时,在

统一管理中,各文化馆站的资源得到补充和充分利用,使有限的资源得到活化,服务效能得到提升,区域内文化馆站整体得到了发展。

(四)发挥社会积极性,推进总分馆体系建设

总分馆建设在资源整合、服务联动的原则下,可以结合地方实际和特色,从管理机制、联合模式、服务方式、绩效考评、群众评价等方面,积极探索创新符合地方特色和群众需求的建设路径。以政府为主导,积极发挥基层馆站和社会力量的积极性,在总分馆建设中可采用多种形式、多元模式去探索。比如广州市黄埔区不断改革探索,创新"文化+"总分馆运行机制,提出"政府资源补给+企业自主运营+社会力量参与"的运作模式,吸引社会力量参与公共文化建设,除了乡镇(街道)文化站分馆外,建成了园区分馆、书吧分馆、企业分馆。东莞市实现分类指导、分部建设,有"平台联盟式""业务派驻式""管理委托式"和"品牌连锁式"等不同模式,东莞市正探索建立"一核多元"的文化馆总分馆体系。

(五)统一管理,联动服务,提升总分馆服务效能

总分馆建设和运营始终贯彻"一盘棋、一个馆"的新业态的办馆思想,创新工作机制,在统一管理、统一服务、统一评价上下功夫。

一是统一管理上要做到:①统筹经费使用。建立文化馆总分馆建设运营经费统筹管理使用机制。将县级文化馆、各乡镇(街道)文化站免费开放经费纳入文化馆总分馆建设运营专项工作经费,由总馆统筹管理使用。②统筹资源利用。以文化馆总分馆为主体,建立资源共建、共享工作机制,打通县文化馆、乡镇(街道)文化站行政层级和区域划分,实现区域内场地、人力、师资、设备、服务的资源统筹利用。③统筹人员安排。采取"下派上挂,专兼结合"的方式,由总馆选派工作骨干担任分馆副馆长,对分馆的业务进行指导;分馆定期选派业务人员到总馆挂职学习。在县级文化馆、乡镇(街道)文化站、村级文化室现行运作管理机制的基础上,就总分馆中心馆、总馆、分馆和服务点的垂直管理与横向协同管理等方面,探索建立起运行高效的文化馆总分馆管理体系。

二是统一服务要做到:①统一服务目录和标准。总分馆围绕群文活动、文艺演出、讲座培训、公益展览等基本公共文化服务内容,建立统一的服务目录和服务标准。②统一的服务品牌。总分馆以群众需求为导向,依托地方特色文化资源,精心打造一到两个具有较大影响力的文化活动品牌。③统一网络平台。总分馆要建立公共文化服务平台,将总分馆的公共文化服务资源和内容进行数字化建设,通过网络、新媒体提供服务配送。

三是统一绩效考评。建立中心馆、总馆、分馆及服务点的逐级考评机制和反馈机制,通过双向绩效考评反馈,不断完善总分馆服务,提升总分馆服务效能。最终把各自为政、分散服务的县级文化馆、乡镇(街道)文化站、村级文化室建设成设施成网、资源共享、人员互通、服务联动、效能良好的文化馆总分馆体系。

参考文献

[1] 中共中央办公厅、国务院办公厅印发《关于加快构建现代公共文化服务体系的意见》[EB/OL].[2019-10-15]. http://www.gov.cn/xinwen/2015-01/14/content_2804250.htm.

[2] 文化部、新闻出版广电总局、体育总局、发展改革委、财政部关于印发《关于推进县级文化馆图书馆总分馆制建设的指导意见》》[EB/OL].[2019-10-15]. http://www.gov.cn/gongbao/content/2017/content_5216448.htm.

区域文化联动的实践及研究

——以苏州市吴江区"区域文化联动"为例

于　萍（苏州市吴江区公共文化艺术中心）

区域文化是指在一定区域内,人民群众创造的全部物质财富和精神财富的总和,是一定区域社会、经济和政治等在观念形态上的反映,它包括了人们的思想方法、价值观念、人文心理、风俗习惯、民族艺术、行为规范、文化发展模式。现代的区域文化体现着社会独特的区域特征和人文景观,它除了具有区域文化的普通特质如地域性、民族性、历史性以外,还有着鲜明的时代特征。

区域文化在多元文化的发展中凸显整合的趋势,尤其改革开放后,由于社会流动的频繁和加速,区域文化的合作与交流也日益剧增和不断互动,文化的发展边际不再是独立、狭小的行政区划单元,而超越一般意义地域限制,融入现代文化区域的活动内,甚至是在更大的范围内。区域文化在传承本区域特色优秀文化,彰显其个性化特色的同时,又不断吸收、利用和包容外来文化。在多元文化的生存中,区域文化在不断吸纳异质文化的基础上,使资源得到了更为优质合理的配置利用。

2003年苏州市吴江区文化馆第一次在全国同系统中提出了"区域文化联动"这个文化活动新理念,即以不同地域文艺交流演出为主要形式,以提升参与区域公共文化服务能力为直接目的,建立区域文化共创、共建、共荣、交流、互动、互惠机制和格局。集聚全社会的力量,优化整合区域的特色文化资源,打造了一个服务于多区域的公共文化服务共享产品,成为公共文化服务体系建设的重要组成部分。

一、区域文化联动的创新

（一）理念和观念创新

突破了以行政区划为界限配置公共文化服务资源的体制限制,客观上已经把吴江区以及部分参与区域的基层公共文化服务的生产供给,放大到长三角区域乃至更大区域的公共文化资源协调利用、公共文化服务产品协作提供、公共文化服务体系协同建设的大范围、大格局中。

（二）形式和内容创新

区域文化资源的共享和互补,在基本不增加支出的基础上,为参与联动区域的群众带来十分丰富的文化服务内容和产品,本来一地群众仅能看到本地文化团体一台演出,现在一地群众能够看到十几台甚至更多的优秀节目,有效解决了基层公共文化服务内容生产供给普遍不足的大问题。

（三）手段和方法创新

在政府文化服务投入不足的情况下,灵活采取不同区域文化服务资源和产品的交换式利用,集约不同政府部门的公共服务职能,实现立体式的公共服务,实现政府公共资金的乘数效应,提升政府集聚、整合、利用文化资源的行政效率,推动区域文化的共创、共建、互惠,极大降低公共文化活动的工作成本,也提升其他政府部门的公共服务的品质。

（四）体制和机制创新

区域文化联动是对传统行政化区域管理和配置公共文化服务资源的体制性突破,其积极意义主要体现在既符合文化内容资源成本稳定而服务边际效应无限的特殊规律,也满足降低服务成本提高服务效能的要求,更符合不断创新满足人民群众日益增长的文化需求的目的。同时,区域文化联动采取财政扶持、市场运作、社会参与相结合的方式,激发了公共文化服务积极的综合社会效应。

二、区域文化联动的成效

（一）推动了基层公共文化服务体系建设和城乡文化大发展大繁荣

"区域文化联动"实施以来,吴江区在公共文化设施建设、公共文化人才队伍建设、业余文艺团队建设、文艺精品创作、非物质文化遗产保护、大型文化活动开展等各个方面都取得了优异成绩。16年来,在"区域文化联动"项目的促进下,全区共创作排练及演出各类文艺节目万余个,一批优秀的文艺节目在国家、省级赛事中获奖。"区域文化联动"项目的实施,开阔了基层文化从业人员的视野,提升了他们的业务水平和工作能力,锻造出了一支特别能吃苦、特别能奉献、特别能战斗,会创作、会组织、会协调,上台能演出,下台能辅导,拉得出、拖不垮、多技艺、多才能的基层文化工作队伍,不断提高人民群众对文化基本权益的享受权和参与权。"区域文化联动"项目形成了全社会关注文化、全社会参与文化的氛围和机制,有效地促进了吴江区城乡文化的大发展、大繁荣。

（二）强化了文化形象和文化品牌建设

"区域文化联动"提高了吴江的文化知名度,增强了吴江文化软实力。《人民日报》、中央电视台等各大媒体多次报道了吴江区开展"区域文化联动"所取得的成效。2003年以来,在"区域文化联动"推动下,平望镇新世纪文化广场、同里镇退思广场、桃源严慕文化广场先后被命名为"全国特色文化广场","十镇联动"活动项目和同里镇"周周演"活动项目被评为"全国特色广场文化活动"。

（三）节约公共文化服务成本,放大了公共文化服务的综合效应

"区域联动"也为我们如何建立农村公共文化服务体系,增强"双服务"效能以及全区域文化资源的优化整合提供了很好的借鉴。活动在各级政府投入经费的基础上,通过活动冠名、赞助等形式筹措社会资金,为公共文化服务活动注入了市场化运作的良性机制。

（四）取得了公共文化服务的显著成效

2006年被中国群众文化学会、中国文化报社评为"全国特色广场文化活动";2008年被江苏省文化厅评为江苏省"五星工程奖服务奖";2009年被文化部评为第三届中华人民共和国文化部"创新奖",被文化部列入首批"国家文化创新工程项目",被江苏省文化厅列入"09年度江苏省文化科技创新项目"。

三、区域文化联动的意义

（一）区域文化联动助推多区域的经济合作

文化认同感是内经济活动中的重要因素,跨区域的更高层次的区域合作,文化认同感更是不能缺少的条件。区域经济活动合作的基础:一是经济层面的基础,由市场体系、功能体系与区域分工;二是文化、政治基础,行政区域联合或相同文化特质的认同范畴;他们相互渗透、共同作用,缺一不可。文化认同感是区域经济合作的空气、阳光和水,没有文化认同感,区域经济合作很难实现。同时,文化认同感也帮助经济合作降低风险及成本,加强区域内生力,促进区域经济合作健康发展。

区域经济的发展水平很大程度上影响着本区域文化的发展,并为区域文化的发展和繁荣提供基本的物质条件,也影响着这个区域文化的特质和形态。反之,文化对经济的发展起到反作用,会推进或者阻碍区域经济的发展速度和质量。当这个区域的文化影响到大多经济活动的所有环节时,就会逐步形成一定的区域性特色经济形态。

差异性的区域特色文化是经济发展的特色资源,丰富的特色文化资源可转化为推动经济发展的文化软实力,增加发展区域经济的竞争力。文化还可以作为当地文化产业直

接运作,为本区域创造经济效益。旅游文化作为鲜明的区域文化资源,提供具有鲜明区域特色的旅游产品和品牌,形成区域经济链中的旅游经济。

(二)区域文化联动促进农村的社会政治文明

建设社会主义新农村,其核心工作之一是农村的文化建设,提高农民精神层面的获得感和参与度,提高农民群众的整体素质,推进农村的政治民主化进程,随着社会民主和法治的进步,农村社会需要农民参与各项民主事务管理。在今天的中国,新旧体制加速转型,一定程度上农村社会出现思想分化、结构分化、区域分化、群体分化、利益分化的态势,农村基层组织的政治和民主的综合能力下降,主流文化在一些领域也出现了内在性分化。只有先进的文化才能改变农民对政治民主的追求,因此通过区域文化联动使农民有了广阔的文化视野,才能丰富参与政治的意识,充实政治生活。而区域文化联动的切入无疑能够给新农村建设提供构建新制度和秩序的基础,带来了更多区域外的文化,冲破原先陈旧固化的精神枷锁。

四、区域文化联动的对策

区域文化联动的主要目标是:①联合相关政府部门以及区域内的同质文化资源,有效整合、利用公共文化服务资源,解决公共文化发展过程中出现的各种问题,提升群众文化的创造力、表现力和获得感;②通过区域文化联动,破解在政府文化投入不足的情况下产生的发展"瓶颈",降低公共文化服务成本,最大限度体现公共文化的市场化价值和社会价值。③通过创新载体,创设活动,创优作品,提升联动区域公共文化服务效能,完善公共文化服务体系建设,为公共文化繁荣发展提供借鉴。

(一)稳步推进机构组建工作

自2010年建立由苏州市吴江区牵头、上海市青浦区、浙江省嘉善县、湖州市、嘉兴市南湖区五地市政府文化管理部门协调,各地文化馆(群艺馆)、站参与实施的"长三角区域文化联动战略合作体",在组织开展江浙沪区域间的各类文化活动的联动交流、丰富完善公共文化服务内容和措施方面发挥了很好的作用。今后应该进一步推进相关机构的组建工作,各地文化馆作为"战略合作体"的活动具体执行者,应该于每年度轮流具体组织安排联动活动,制订互动的方案,实施联动区域的协调工作。

(二)建立"区域文化联动"的相关机制

"区域文化联动"存在着明显的难点:一是在内容和形式上要想持续有所创新有很大难度;二是建立"区域文化联动"的长效性保障机制有很大的难度;三是加大政府财政的扶持力度有很大难度。为了解决这些难点,"区域文化联动"应该建立起相关机制。

1.建立"长三角区域文化联动战略合作体"。各成员单位相互协商,互相促进督促,流动主办,从联动的实施机构上保证"区域文化联动"在长三角地区持续有效地开展。

2.各级政府组织相应的当地活动"领导小组"。政府应具体安排落实人力、物力和财力,除了完成本地参与文化联动的节目质量外,还应承担区域联动的协调工作,做好相关的服务工作,同时以评奖、表彰和制度化的方式来促进活动的持续实施。

3.集聚各方面的力量来共同推动活动的顺利实施。区域文化联动除了宣传、文化部门牵头外,还通过为之创作节目和进行宣传,吸引政府职能部门参加,形成了一个由庞大的政府公共服务平台支撑的公共文化服务体系。同时,通过设立企业形象展示的平台,吸引更多的社会力量参加,特别加强文旅合作,以多元化运作的方式来保证活动的开展,丰富活动内涵,提升活动质量。

朝阳区文化馆"一米美术馆"文化治理项目的美育实践

肖　丹（北京市朝阳区文化馆）

我们社会的发展,总是在变革中蜕变,在蜕变中成长,社会文明才会循序渐进的进步。一些学者认为,当下中国社会正处在前所未有的转型中,这场转型更多的是对人们思想意识的洗礼,对于那些过分物质追求、高利润追逐、忽视环境生态等不良现象的改造,而造成这些问题的是社会价值体系、社会文化教育和社会体制的失衡与落后。要想修复这些问题,只有提高人的素质,培养综合人格,实现社会公平与和谐,其中美育是最好的工具。

一、美育教育对社区文化治理的影响

"美育"是什么? 简单说就是审美教育。蔡元培先生最早提出美育教育应该是全民美育,终生美育。在他的《美育的实施》一文中,将美育教育的实施分为三个方面:家庭教育、学校教育和社会教育。社会美育是美育实施中最重要的一个环节,它与美术馆、博物馆、文化馆等专设机构有着密切的关系,同时美育也有着很强的广度,在生活中都能够接触。

美育的目标是培育美丽、丰富的心灵。在这方面,文学艺术作品诚然是基本的教育资源,但人文和社科经典著作也能给我们以美好的熏陶。德育的目标是培育善良、高贵的灵魂。在这方面,经典作家尤能给我们良多启示。人文和社会科学的研究对象是人和社会,在这个领域中,起支配作用的不只是理性思考和实证观察,更是价值定向和理想愿景。每一位思想家都心怀让人类向更好状态发展的愿望,一切思考最终都指向最基本的价值问题,怎样的人生是好的人生? 怎样的社会是好的社会? 民众素质的提高,人人有责,精神财富的享用,人人有份。

从历史的角度看,无论是北洋政府的"通俗教育馆",还是民国"民众教育馆"都是文化馆的前身,均为百姓提供综合性的公共大众教育,从传播科学文化知识,到文艺教育、生计教育、健康教育、妇孺教育、公民教育等,由美德教化逐步延伸到国民意识的"全民教育"。结合当今社会现实,文化馆应是实行全民美育教育的重要部分,负有光荣的国家使命,应以接续"开通民智改良风俗"之传统初心,重启全民美育启蒙,以提升国民素质为己任,推动社会改善。

朝阳区文化馆立足创新社区治理观念,深化文化馆改革,在社区创办了"文化居委会"实验,运用生活美育文化参与解决社会问题,践行"生活即教育"的理念,举办如"没有一个人不是艺术家"百姓现代艺术展,让参与者发现生活中物品的艺术因素,激发自我审美潜能;"大碗茶故事会"让生人变成熟人,让熟人变得更亲;"从农夫到邻居",打破"邻避"现象,让邻里关系更加密切;"一米田"活动,建立了楼与楼、社区与社区中的百姓朋友圈,应对社会"原子化"现象等新的社区文化融合活动,都不断地尝试社区文化治理模式。

二、"一米美术馆"项目的育成实践分析

朝阳区文化馆"一米系列"活动是从简单的居民对生活审美开始,倡导居民在每一年度内去倾听一场有心灵感的演讲,享受一种生活艺术的美好,参加一回有意思的集体活动,分享一次邻居的知识趣味,提升社区的精神文明,回归美育本质。

(一)"一米美术馆"的由来

"一米美术馆"孵化于"一米田"项目,源于朝阳区文化馆"文化居委会"社区管理实验。"一米田"活动免费为参与者发放所需的花种、菜种和花盆等,共有200个家庭参加,帮助每家在自家阳台辟出狭小空间,种植瓜果、蔬菜或花卉。大家通过"微信群"相互讨教种植难题,在交流中打破居民间的陌生关系,引发居民关心社区话语。专家入户指导种菜技术培训,着意安排美育讲座,完善"一米田"内容,提高市民在"一米田"的社区觉醒热情。

"一米美术馆"应运而生,以家庭为单位,五个家庭一个组,自己商量往里面搁置物品,利用家里的东西来布置,形成"一米美术馆"艺术家与家庭自主性的结合模式,让居民从参与感中,自然产生美的认知。居民、艺术家和组织之间形成了交互关系,大家在相互融合的美誉之中都受到教育,即发展了社区治理模式,也让居民从简单的日常生活中开始了解审美,主动去营造生活。

从"一米田"到"一米美术馆",让居民从一般劳作发展为创意开发空间分享,组织者也从实践中有所体会,"一米田"的工具性也得到扩展,发展不同模式的"一米系列"的社区治理工具,成为"工具箱"。让认知工具箱里的工具更具多样性显得尤为重要,只有工具丰富起来,才不会把此场景适用的工具拿到彼场景去,解决问题的可能性就越大。

(二)"一米美术馆"的运行机制

1. 政府在社会治理体制创新的主体结构中处于主导地位。朝阳区政府全力支持项目开展,给予并拨付专项资金补贴,落实党的第十八届三中全会、十九大会议精神,探索建立充满活力的基层群众自治机制,在文化事业中实行群众自我管理、自我服务、自我教育、自我监督,建设以政府为主导与基层协商民主相结合的创新模式。

2. 文化馆确立项目负责制,明确了项目负责人,把项目开展与社区文化结合起来。用先进的文化拓展社会治理新路径,推行基层"全民美育"的工作理念,"文化居委会"的建立不但是社区文化治理实验,也是文化馆改革的深入发展。

3. 以八里庄街道西里、东里、十里堡和远洋天地四个社区为单位，200户家庭分成四组，金盏地区东窑村100户家庭分3组，每小组由（庭）院长、楼长、二级网格长和居民成员组成，以微信群、入户走访、培训等方式，相互讨教、参与活动。

（三）"一米美术馆"的育成实践

1. "一米美术馆"老国企社区实验。让社区居民从生活动手的劳动阶段变为创意开发空间，用最简单的方式，在一定的空间、范围里构建自己的生活方式、思维习惯和兴趣爱好，成就自己的美感，从而改变社区风貌、人与人的关系。例如举办《国棉厂家属》展览，这是一个充满历史沉淀、生活积累的特殊展览，展品都是从八里庄街道老国棉厂居民的生活用品中遴选的，有生活用品、工厂工具，激发了居民的自发性与兴趣点，在一平方米的空间里，让居民进行自主摆放，在这个过程中，居民的成就感由此产生。后来，此次展览被命名为"没有一个人不是艺术家"，并进入798公共空间进行展览。

2. "一米美术馆"的乡村实验。面对村民即将搬迁上楼的现状，文化馆"文化居委会"与金盏乡东窑村合作，做一次乡村艺术的治理实验。这也是"文化居委会"从城市走向乡村，一次具有乡村建设意义文化治理的新实验。随着城市化步伐不断加快，越来越多的"传统"农村向"城市"转化。即将"上楼"村民的生产关系、生产方式产生变化，其角色的一致性和连环性被打破，随之而来的是思维方式、行为方式、阶层意识和生活预期等都会发生强烈变化，村民们需要重新认同对社会、角色、社会互动方式及文化风俗等问题。例如，举办"母亲河——温榆河图片展"，选用了20世纪90年代拍摄的有关温榆河的黑白老照片60幅，这些照片提供了历史文化考证，与现在温榆河两岸的气象大不相同，这些都构成了村民的美好回忆。

（四）"一米美术馆"的社会影响

通过"一米系列"治理工具箱的介入，使社区和社区居民的面貌有了显著改观，社区文化治理取得了成效，普通社区民众通过活动，对社区的认识增加了，从不了解转为有所依靠，各项活动的受众也扩大了。"东窑村文化馆"正式挂牌，今后将与朝阳区文化馆通过文化治理共同营造美丽乡村，让群众享受文化的美好。

让更多居民对艺术有了新的认识，唱歌、跳舞、瓜果种植、旧物展览等让他们获得了归属感，也体会到了生活美育对他们生活的重要性，从兴趣提升为对生活的审美要求，也提升了社区精神文明的社会生态。

三、基于"全民美育"视域下的社区文化治理

社会治理方法的探索在经济社会中是不可缺少的，管理工具的创新关乎社会稳定发展。党的十九大、市委十二届七次全会和区委十二届九次全会，要求提升推广社会治理工作经验，进一步推进国家治理体系和治理能力的现代化。

2017 年,朝阳区文化馆就已向全国文化馆界同人发出设立"文化馆日"的倡议,提出"全民美育"的战略。"文化居委会"文化治理项目,可以说是朝阳区文化馆的改革实验,从简单到复杂、从封闭到开放,从关心一般的文艺团队到提高人们精神素质的文化环境,发挥其功能作用,让"生活美学"自下而上地发展起来,通过"美育"的精神和谐,维护人与人、人与社区、人与国家之间的美好关系,改变以往"群众文化"的标签化,塑造公共美学,推动公共参与,让居民共享社区文化生活。

文旅融合语境下如何激发文化的发展新动能

——以浙江省嵊州市为例

张启伟（嵊州市剡湖街道文化分馆）

一、融合理念，重塑内涵，实现全景规划

文旅融合拓宽了文化工作的业务范围，"以文促旅，以旅彰文"，更新了文化工作的服务理念，文化资源是旅游发展的核心资源，文化创意是提升旅游产品质量的重要手段和途径，它们之间是相辅相成、相互促进、相得益彰的关系，改变着文化和旅游的传统思维方式。文化工作由原先纯文化业务向文旅融合的广度和深度转型，自我"加码"，实行文旅相互"赋能"、相互"添韵"、相互"造景"。

嵊州以"百年越剧诞生地、千年剡溪唐诗路、万年文化小黄山、中华书圣归隐地"闻名于世，是一个风光绮旎、钟灵毓秀、文墨飘香的文化旅游胜地，千百年来，剡溪的妩媚吸引着无数文人墨客览胜，这里的青山绿水孕育了全国第二大剧种越剧，嵊州市文化系统因情制宜，积极推动公共文化服务和旅游公共服务相融合，指导各类旅游目的地因地制宜建设各具特色的公共文化设施，开展各具景点特色的文化活动。

（一）释放"文旅融合"这个潜能

开展"看家乡戏，品家乡美"万人游嵊州活动，在景区内打造一系列时间短、样式多的表演节目，让游客在短时间内获得更多的视觉、听觉乐趣，不断创新活动的业态，整合容纳更多的表演内容与形式，成为文旅融合的生动样本。

（二）抓住"项目落地"这个关键

全力争取越剧文化生态保护区升级为国家级非遗文化生态保护区。全力争取中国越剧艺术节永久落户嵊州，举办全球越剧戏迷大聚会、全国新创越剧大展演、全国青年越剧演员大比武，打造"越剧寻根游到嵊州"的品牌；实施景区"越剧天天演"，形成市区核心、小镇重心、乡镇支点的全市越剧演出网络，推出"学在嵊州"的旅游活动，设计"越剧、书法、诗词"三条研学游线路。

（三）满足"美好生活"这种向往

坚持以人民为中心的理念，把发展越剧、唐诗、书法与人民对美好生活的向往结合起

来,着力做好接地气、暖民心、增合力的事,努力形成文旅融合的超强气场,汇聚起全社会繁荣越剧事业的强大正能量,让文旅融合在新时代绽放出更加璀璨的光芒。

二、融合职能,叠加优势,实现全域布局

文化工作的基本职能是组织群众文化活动,普及文化艺术知识,辅导基层文化骨干,开展社会教育培训。这些职能对旅游而言,同样具备。文化是旅游的灵魂,旅游是文化的载体,旅游资源中的文化内涵同样可以滋养旅游,不断满足游客个性化的需求。同时,通过文化的一系列业务活动,可以让更多的文化资源、文化要素转化为旅游产品,从而叠加优势,实现全域布局。

(一)携手文旅新时代,开启融合新篇章

在"嵊州文旅新时代大会暨嵊州文化旅游推介会"上,嵊州市文旅大数据时代服务平台正式上线,内容以推介嵊州文旅产品和路线为主,该服务平台分为大数据中心、公共文化服务体系、管理服务体系、营销服务体系四大模块,利用大数据、移动互联网技术,深入挖掘和共享文化旅游与其他横向部门的数据资源,建成流程再造模型和数据共享模型,实现省、市平台以及横向涉旅部门、景区、涉旅企业等各方面数据的汇聚和整合,实现对全市文化旅游基层资源、旅游产业运行和相关要素的检测与分析;加强对文化旅游市场的规范化监管,推动全市文化旅游公共服务体系建设,为游客提供智能化、娱乐化和便捷化的旅游服务,加快推进全城布局、全景打造、全业融合、全民共享,形成以"诗画剡溪""越剧嵊州""养生慢城"为主题的特色旅游发展框架,努力将文化旅游业培养成国民经济的战略性支柱产业。

(二)体验花样周末,感受剡溪风景

历代诗人都被嵊州剡溪风光吸引,也为剡溪的风情所折服,在嵊州留下了许多赞美的诗篇,让嵊州的山水充满了诗意。青山绿水背后蕴藏了深厚的文化底蕴,嵊州市文化系统以诗意山水为依托,举办系列"花样周末,剡溪风情"活动。活动以青山绿水文化游为主线,剡溪乡村文化游为主题,通过整合全市民俗文化、非遗传统、休闲度假等优势资源,举办"乐在嵊州、游在嵊州、品在嵊州、学在嵊州"等个性化的文化活动,让游客在花样嵊州的春光中听越剧、讲故事、品美食,感受不一样的剡溪风光、风采、风情和风韵。并且以每年的国际书法朝圣节为契机,将书法、休闲、娱乐、互动等元素有序地结合起来,奉献了一台集历史文化演示、乡村休闲旅游、全民体育健身、农耕文化体验于一体的体验式互动盛会。通过这样的活动,进一步展示了嵊州金庭——王羲之归隐地的特色书法文化的魅力与力量,加快嵊州书法文化与旅游品牌的融合发展,锤炼了文化系统参与融合的能力,提升了文化系统业务干部的存在感与荣誉感。

（三）弘扬书圣精神，创新文化载体

王羲之是中国历史上最著名的书法家，是一个时代的书法艺术集大成者，是魏晋风骨的精神注解，他与嵊州有着化不开的渊源，携妻带子归隐于嵊州金庭，并在此终其一生，后世文人墨客来此探寻书圣足迹，并演绎成了独特的"书圣文化"。2004年以来，嵊州市已成功举办了15届书法朝圣节。今年的书法朝圣节，因为得益于文旅融合，嵊州市文化系统主动融入，积极介入，有意将书法文化、祭祀文化、非遗文化相结合，创意出新型的文化传承载体，促进了传统文化的继承和发展，打造出了文化旅游的新品牌，成为嵊州大文化和旅游的特色品牌。

祭祀仪式、书法演示、高跷非遗展示、舞龙民俗演绎以及"卫夫人杯"全国妇女书法展等一系列文化活动不仅提供了一个交流平台，还搭建了一个展示、切磋书技、修身养性、博采众长的平台，因为有了文化的介入，今年的书法朝圣节举办得更为多姿多彩。

三、融合业态，共享资源，实现全业集聚

文化和旅游都有多种业态，既自成体系，也相互交织，既有独立性，又有兼具性，"文化+"持续赋能新业态，文化工作走重创意、造品牌、促融合的"质量型、内涵式"发展新路，以更高质量的文化供给增强人们的文化获得感、幸福感。而"全域旅游"与"文化旅游"的旅游新业态是现阶段旅游发展战略的再定位。文化与旅游的几种新业态只有深度融合，共享资源，才能真正实现1+1>2，才能实现全业集聚。

（一）文化致力于"文化+"，持续赋能新业态

越剧是嵊州的一张金名片，嵊州市文化系统充分利用自身的文化师资优势，开展"全民唱响越剧"活动，特别是旅游部门的景点窗口服务人员，利用公共设施区域，唱得有色彩、有章法、有气势。

1. 展示生态保护的成果。全城50个戏迷角唱响越剧、十大示范性戏迷角折子戏展演、越剧艺校第三届传承人班五场毕业公演、城南小学"越韵古诗"创新表演，等等。

2. 展示文旅融合的样本。举行全国越剧戏迷嘉年华活动、越剧主题文化旅游论坛，开展"越剧缘"研学游，推动越剧文化旅游深度融合。

3. 展示弘扬传播的版图。召开全国"爱越小站"年会，来自全国20多个省市，清华、北大等21家高校的42个"爱越小站"代表集聚嵊州，充分说明越剧不仅是嵊州的越剧，更是中国的越剧。

4. 展示越剧"娘家"的吸引力。举办中国越剧戏迷网流派坐镇之傅派专场，越剧名家助力越剧文化圈建设，越剧的大咖们应越剧"娘家"的召唤，欣然而来。

5. 展示服务群众的诚意。越剧来自人民，必须服务人民。嵊州市越剧团开展惠民演出，"七天七场"大戏让嵊州百姓在家门口享受越剧大餐、过足戏瘾。每场都是人满为患，

老百姓开心得像过年一样。

（二）文化致力于跨界融合，"文化 +"成文旅产业发展新引擎

文化系统充分应用人工智能、大数据、抖音等时尚科技与传播渠道，加速在旅游景区（点）排兵布局。嵊州小吃是嵊州继"越剧"之后的又一张"金名片"，嵊州小吃是嵊州经济的新引擎，嵊州小吃首先是一种文化，既有文化属性，又有产业属性，嵊州文化系统努力打造"小吃文化"。

1. 文化使"老业态"成为"新动能"

举办"首届中国嵊州小吃文化旅游节"，活动以"坚持乡村振兴，文旅融合促进消费为向导"，以"品味嵊州，唱响越剧"为主题，以"嵊州小吃"为主要载体，通过举办"发展论坛、小吃展示、文旅讲堂、彩色出游、文艺表演"等系列活动，品味古剡风韵，品尝嵊州美食，使"嵊州小吃"这个"老业态"成为"新动能"。

2. 文化使"老传统"焕发"新活力"

发布"中国嵊州小吃城"规划、"嵊州小吃"标准语系、《嵊州小组欧洲行合作备忘录》，开展"嵊州小吃"欧洲行活动，以小吃文化为载体，推动嵊州走出国门，进一步扩大嵊州小吃的"美食版图"。

摩尔多瓦驻华使馆商务参赞 Cecilia Chirita，布基纳法索王子阿瑟·法布莱斯，来自蒙古国的宽太·艾米恩，网红"米其林女孩"凯迪，"嵊州小吃 舌尖度量的幸福"官方抖音团队等 5 人（团）被授予"绍兴·嵊州小吃文化使者"称号。

3. 文化使"老小吃"有了"新身份"

举办规模最大的嵊州小笼包现场制作挑战活动——"千人大接笼"活动，一千名来自嵊州各行各业的小笼包制作能手齐聚越剧小镇，同场制作正宗的嵊州小笼包，他们用自己的实际行动充分展示了嵊州"人人会唱越剧、人人会做小吃、人人都是幸福嵊州的代言人"的浓厚氛围，来自上海大世界吉尼斯总部的认证官当场颁布了活动的吉尼斯认证书。在整个活动场地，还用帐篷拼成了"70"字样，用"快闪"等演出形式，用歌声迎接即将到来的新中国 70 华诞。

（三）文化致力于特色活动，"文化 +"打造文旅融合新样本

举办"相聚越乡"全国越剧票友擂台赛，傅派专场、戏曲联唱，高峰论坛系列活动，其中"相约越乡"全国越剧票友擂台赛是文化用十年时间铸就的品牌。2019 年该活动乘文旅融合东风，实施多城选拔，多城举办，在首都北京、改革开放开源地深圳、越剧发源地嵊州三地联动选拔，使活动常办常新，越办越盛。

1. 增强了专业认可度

这次"流派坐镇"傅派专场，陈飞、陈艺、谢莉莉等 30 多位越剧傅派名家，演绎经典流派、对话世界戏剧。傅全香之女刘丹说："现在的嵊州跟从前大不相同了，越剧在这里得到了很好传承。"这次中国戏曲教育联盟高峰论坛，中国戏曲学院院长巴图等 140 多位全国戏曲教育专家参会,肯定了嵊州在戏曲人才培养的做法和经验,并就今后文化繁荣发展作了深层次、具象化的探讨,为越剧艺术带来春天,带来希望。

2. 赢得了城市美誉度

远者来,近者悦。这些专家学者来到嵊州,感受嵊州的神奇山水、文化魅力,成为嵊州代言人。中央电视台等百家媒体,向外界推介实力嵊州、品质嵊州、魅力嵊州。老百姓也实实在在欣赏到了高雅的傅派经典,饱了眼福,强了自信。

3. 提升了文旅新高度

为了欣赏高大上的傅派越剧艺术,所以许多戏迷专程赶来,吃住游在嵊州,带动了消费,促进了文旅融合。过去的"旅",更多的是青山绿水;以往的"文",更多锁定在剧场展厅。这次开放办节,展示了文化魅力,提升了旅游品质。最近,"看家乡戏、品家长味——万人游嵊州"活动,好多景区人满为患,成为文旅融合的生动样本。

四、融合需求,精准供给,实现全民共享

就文化及其业务干部来说,需要将自己的制度优势、人才优势、网络优势以及体制赋予的组织优势物化为服务优势,在具体的业务活动中加以体现。作为旅游部门以及景区(点)来说,迫切需要寻求对于旅游项目的深度文化挖掘,对其进行文化解读、文化包装、文化加盟。而作为旅游受众对象游客来说,同样需要旅游项目中的文化情景再现和文化感悟,而这恰恰需要文旅部门互通有无,通力合作,也就是说要融合需求,以达到精准供给,实现全民共享。

(一)建平台,"爱越小站"让越剧火种"燎原中国"

越剧拥有上亿戏迷,中国越剧戏迷网建设带动了"爱越小站",借助"互联网+"的新平台,越剧爱好者不但能实时查阅到演出信息,也可以在"网络课堂"中下载和学习越剧影视资料,让学习越剧不受空间限制。同时,全国各地的越迷还可以通过线上线下的交流活动,以戏会友,以比促传,传播越剧。到目前为止,全国各地建起了41个"爱越小站",东到福建,西到新疆,北到北京,南到深圳,已有上万名会员加盟"爱越小站"。这是文化服务五个方面(即:文化资讯在线服务、文艺辅导在线进行、文艺作品在线欣赏、文艺活动网上开展、民间艺术在线展示)的生动实践。

(二)搭舞台,青山秀水让越剧舞台红红火火

为了让游客在尽情欣赏大自然的青山秀水之时,能感受到深厚的文化底蕴和景区(点)的人文传统及民俗风情,嵊州市文化系统创新理念,把舞台搭在乡间、搭在景区(点)。如在全国重点文物保护单位——崇仁古镇,由市文化主管单位全程运作举行民俗踩街活动,不仅吸引了当地民众,还吸引了许多外地游客。在剡湖街道沙园村、禹溪村,由剡湖街道文化分馆运作的"大禹文化民俗节"上,大禹舞龙队在"大禹治水,毕功了溪"的

了溪河,舞龙、放河灯等民俗活动同样吸引了许多外地游客,在"唐诗之路"各大景点的大小竹排上,由文化培训班出来的学员们纷纷扮作越剧演员沿河吟唱,让游客穿越时空,回归到千年的故事意境中,这些"低门槛,高参与"的活动进一步融合了各方需求,实现了全民共享。

(三)站前台,时尚科技让文旅融合走在前列

以嵊州小吃为主题的抖音号,短短时间已拥有5000多名粉丝。两则以首届中国特色小吃文化节和旅游节为主要内容的短视频获得的点赞数已超过3万。通过视频,"抖友"们食欲大增,恨不得到嵊州来一饱口福。抖音APP利用人们的碎片时间输出信息,用户数量多,分布广,在互联网发达的今天,其传播力量远远超越线下宣传。同时,"抖音"的年轻用户比较多,他们是时尚科技的中坚力量,可以让嵊州小吃"抖"出风采,并为嵊州小吃美食鼓劲造势。

创新和活化文旅业态,作为文化工作的思路和视角不仅仅限于文化和旅游资源,而要将其他产业融入其中,这种深度发展是在创新与开放驱动下的"文化+""旅游+""产业+"的多重驱动模式,相互赋能,"研、学、游"一体,呈现文化之美与生态之美。文化的创新发展也可以因文旅互融而多彩、因互鉴而丰富、因互补而丰满、因互动而共兴。从而走出一条文旅更有景、更有韵、更有名、更有品的融合发展之路。

新时代文化馆服务提质增效的探索与思考

赖皓贤（广州市文化馆）

党的十八大报告中提出"完善公共文化服务体系,提高服务效能",2015 年《关于加快构建现代公共文化服务体系的意见》中明确"以效能为导向,制定政府公共文化服务考核指标,纳入科学发展考核体系",公共文化服务体系的建设重点逐步转向效能提升上来,文化馆作为公共文化服务的重要阵地,也由此开启了探索服务效能提升的新阶段。

随着中国特色社会主义进入新时代,面对外部环境的多元文化冲击,以及内部人民群众更多样化、特色化、个性化的文化需求,《中华人民共和国公共文化服务保障法》的实施则标志着"全民艺术普及和优秀传统文化传承"由政策上升到法律高度,给文化馆提供公共文化服务指明了方向。为此,文化馆如何在"守正"的基础上"创新",通过转型升级全面提升服务能力,进而实现效率、效果、效益的有机统一,成为近些年来实践探索与思考的重要命题。

一、文化馆转型升级和提质增效的必要性

（一）推动全民艺术普及深入发展的题中之意

深入解析"全民艺术普及"的内涵,实际上从对象、内容、目标三方面对文化馆工作提出了更高的要求,"全民"为地域与人口概念,根据广州市统计局数据,2018 年末广州常住人口达 1490.44 万;"艺术普及"不单是吹拉弹唱、琴棋书画等艺术技能,更重要的是以艺术形式为载体,以文化人,提升市民的综合文化素养。在庞大的人口基数压力下,深入推进全民艺术普及工作的难度加大,要实现 2020 年基本建成覆盖城乡、便捷高效、保基本、促公平的现代公共文化服务体系的目标,各级文化馆（站）提质增效工作已迫在眉睫。

（二）全面提升市民综合文化素养的现实所需

党的十九大报告中提出,要加快建设学习型社会,大力提高国民素质。终身教育是社会可持续发展的重要驱动力,也是全面提升市民综合文化素养的有效途径,为此,以图书馆、博物馆、文化馆（站）为首的公共文化设施应转变服务理念,提升服务能力,担负起"终身教育"的职责,充分发挥社会教育功能,建立起没有"围墙"的终身学习场所,让广大市民离开校园后,能更便捷地在身边的公共文化设施获取所需学习资源,以培养终身学习的观念实现国民

素质的整体提升。

（三）传承中华优秀传统文化的内在要求

2017年初中共中央办公厅、国务院办公厅印发的《关于实施中华优秀传统文化传承发展工程的意见》提到，"各类文化单位机构、各级文化阵地平台，都要担负起守护、传播和弘扬中华优秀传统文化的职责。"在党的十九大报告中，文化馆是新时期宣传思想文化的重要窗口，因此更需要展现担当和作为，在深入挖掘中华优秀传统文化内涵、保护传承文化遗产、探索创造性转化和创新性发展的道路上不断提高自身能力，赋予传统文化新的时代内涵和现代表达形式，用老百姓喜闻乐见的方式将文化传承更好地融入生活各方面。

（四）促进文化产业健康有序发展的客观要求

随着"互联网＋"的发展成熟，传统文化产业加快了与互联网新业态深度融合的步伐，数字文化产业步入高速发展的"快车道"，网络直播服务、网络短视频、网络游戏、文学等内容产业蓬勃发展的同时也乱象频发。究其原因，在内容审核和监督之外，过早地把市场交给"不及格"的文化经营者，容易引发市场调节的自发性和盲目性。文化馆站在引领先进文化、服务群众的第一线，有责任通过提供优质的公共文化服务，培育一批具备专业知识、分辨力和鉴赏力的文化消费者，做好市场化的衔接工作，促进文化产业健康有序发展。

二、当前文化馆在提升服务效能中存在的问题

（一）服务理念出现偏差，群众文化工作落实不到位

现阶段，不少文化馆在提质增效的实践中背离了国家发展公共文化服务的价值取向，脱离群众，将提升本单位的行业内竞争力，与形成整个社会系统的核心竞争力简单画上等号。就当前出现的荣誉导向和大型活动导向理念偏差来看，部分文化馆的群文创作工作过于重视荣誉，以获奖为最终目的，忽视了优秀群文作品应回归社会，向广大群众传递"正能量"思想的初衷，作品获得专家肯定不等于服务市民的效益好，只有广泛传播并得到群众普遍认可才能实现效能转化。而后者指的是有些文化馆以举办大型活动的能力和场次作为衡量服务效能的标尺，片面追求活动规模，投入与产出不成正比，大型活动固然能吸引眼球，形成宣传声势，但如果缺少后续系列公共文化活动的支撑，效能持续提升也无从谈起。在以上两类思想的影响下，群文工作难以真正落实到位，更阻碍了文化馆服务效能的整体提升。

（二）重量轻质，公共文化服务供给内容同质化严重

文化馆的职能范围与图书馆、博物馆等公共文化设施既相互补充，又多有重合，加上优质的公益文化资源趋向集中，导致了各大文化场馆的内容供给同质化严重，文化馆在公

益培训、公益演出、文体活动、公益展览、讲座等传统领域的优势正逐步被削弱。创新服务内容短期内难以突破，面对每年固定的量化指标考核，部分文化馆陷入了仅以人次、场次等数量定义文化活动效能的误区，业务干部每年忙于举办数百上千场的文化活动，容易集体无意识地偏重于基本服务等量化指标的完成，而忽视了群众日益增长的多样化、特色化的文化需求。千篇一律的公益培训、慰问演出等文化活动容易导致服务流于形式主义，注重绩效却不重质量及效能，直接或间接地限制了文化馆转型升级的步伐。

（三）公共文化服务评价机制不完善，结果反馈不足

评估是手段，反馈是目的，完善的公共文化服务评价和反馈机制对于提升文化馆服务效能具有重要的指导意义。纵观国家、省市的多次评估和服务评价，不难发现现行的评价标准缺乏地区差异性，同一种标准适用于所有区域的同类型场馆，只存在行政层级上的差异。文化需求的差异往往是以地区划分，体现出一种地域化的横向差异。因此不加区分的评估标准所得到的评价结果不能准确地反映文化馆服务供给的有效性。此外，通用的服务效能评价往往还忽视了最重要的人口因素，我国地域间人口分布有巨大差异，与人口相关的评价指标计算更不能一概而论。服务评价指标的不尽合理，让评估反馈的结果不具备现实指导意义，加之各级评价缺乏统一规划和部署，评估信息和结果无法共享和对比分析，易造成资源浪费的情况出现。

（四）数字文化资源的开发与应用未达到预期效果

《公共文化服务保障法》第三十二条规定，"地方各级人民政府应当加强基层公共文化设施的数字化和网络建设，提高数字化和网络服务能力"。经历数年的实践，数字文化馆已基本完成了平台搭建，进入到服务优化阶段。数字文化资源的开发与应用虽然也在同步进行，却未能达到预期效果，无论是国家数字文化平台、国家公共文化云，还是地方各级文化馆的线上平台，数字文化资源的数量、访问量、播放量都远远低于阵地服务规模，普遍存在资源有效利用率低的现象。究其原因，很大程度上是因为没有形成一个整体的基础服务资源建设理念，在数字文化资源选取和加工过程中缺乏有效的调研和可行性分析，不能完全实现群众文化需求对接；在资源加工和呈现上专业化程度不高，用户体验较差，这些情况都不利于数字化平台的后续建设和发展。

三、新时代提升文化馆服务效能的途径探索

（一）聚焦文化馆核心功能，形成社会核心竞争力

在免费开放的新时期，文化馆需要在整个社会系统中形成核心竞争力，建立起公共文化服务供给的不可替代性。可以从内部和外部两个层面开展服务效能提升工作。首先，作为现代公共文化服务建设主阵地的文化馆人，需要唤醒自身的文化自觉和文化自信，通

过进一步优化人才队伍结构,以能力促效能,才能更好地激发大众增强文化自信。其次,要用优秀的文艺作品讲好百姓故事,唱响主旋律,群文创作既要从群众中来,更要回到群众中去,宣传推广作品背后的创作思路和艺术内涵,传播弘扬作品代表的先进文化和精神。再次,要用大众喜闻乐见的活动引导审美水平提升,促进大众美育,形塑审美文化。全民艺术普及工作只有从艺术技能传播上升为审美教育和人文精神引领,才能满足人民对美好生活的文化新期待,落实到工作方面,需深入社会,挖掘美的体验,再以知识普及、欣赏普及、技能普及、活动普及等文艺的方式介入生活,重新塑造大众的审美观念。

广州市文化馆近年来在"全民优秀传统文化传承"上进行了不少有益的探索:"国学进百家计划"在 2019 年 3 月正式开启,从"修身"到"齐家",让传统文化回归家庭,这是广州市文化馆第二个为期三年的市民文化素养提升计划。自 2016 年开办"国学项目"以来,广州市文化馆精心筹划"国学、国乐、国粹系列课程",邀请著名高等院校的专家学者带领广大市民共同研读国学经典,研习鉴赏国乐,辅以"琴棋书画""茶道""美学""正太极培训"等专项课程与雅集座谈,系统向广大市民宣传普及国学系列知识。三年以来,近600 场国学讲座普及到社会各阶层,走进了校园、走进社区、走进企业,真正做到了从心、身、美三个层面引领市民深入学习正统的传统文化课程,逐步实现新时代文化馆"以文化人、以德润身"新愿景。

(二)深化文化馆服务 + 互联网的实践与应用

公共文化服务以"内容为王",在数字文化馆建设和数字文化资源开发上,要明确区分两者不同的发展方向,数字文化馆是阵地服务的线上延伸,本质上是一个公共文化服务空间,功能性建设应该放在第一位。服务群体从线下转移到线上,第一层次的需要是便捷和流畅的操作体验,以及直观的线上服务功能展示,第二层次的需求才是包含字体、版式以及配色艺术等多方面的页面设计美观度。为此,文化馆应搭建数字文化馆开发者与用户的沟通桥梁,畅通意见反馈渠道,及时调整系统使用流程上和操作上的相关问题。实际工作上,可以定期招募志愿者参与数字文化馆平台的测试,组织技术开发人员跟进大型活动的线上服务,实行每周例会制度来落实反馈意见的修改进度等,逐步打造成为功能完善、使用流畅、体验友好、服务效能高的数字文化馆。

资源是数字文化馆的核心,更是推动文化馆转型升级和提质增效的主要动力,所以数字文化资源的建设重点应放在资源的选取和加工,还有线下的联动推广上。实践中,要建立长远的数字文化资源建设计划,分阶段订立目标,第一阶段以拓展用户、提升用户黏度为主要内容,依靠数字文化馆的大数据来分析用户的精准文化需求,把数字资源的选择权交到市民手上,文化馆则成为资源的建设者和审核者。对市民关注度、重复参与度较高的文化艺术项目进行专业化数字资源再加工,通过在线文艺辅导、在线作品欣赏、直播或回放文化活动的方式,有效满足那些因场地限制被排除在外的用户群,从而达到扩大服务覆盖面的效果。第二阶段,对于部分有欣赏门槛和学习难度的数字文化资源,可以联动阵地活动宣传推广,把参与线下入门普及体验活动的市民吸引到与线上,提高资源的总体利用率和文化馆的数字化服务效能。

（三）强化文化志愿服务在提质增效中的引领作用

文化志愿服务是公共文化服务体系建设的重要环节,体现了文化馆今后工作的发展方向,新时期的文化志愿服务将在拓展服务半径、增加服务层次、提升服务质量、扩大社会影响力上发挥巨大作用。组织文化志愿者深入参与公共文化服务,不仅能增强文化馆整体发展动能,还能在更大范围内引导基层群众参与文化创造、共享文化成果,为人民群众提供优质的公共文化服务。广州市文化馆自2015年面向全市公开招募文化志愿者以来,在志愿服务规范化岗位管理、资源精准化对接、服务跨界融合等领域累积了一些实践经验:以"学雷锋"志愿服务站为核心,广州市文化馆依据常规服务项目和文化志愿者爱好特长,建立起矩阵式组织架构精准对接服务需求,纵向上按照工作职能设立咨询指引、培训助教、演出后勤、摄影摄像等岗位,横向上则参考志愿者的兴趣爱好及专业特长细分国学、国乐、非遗、亲子活动等文化艺术门类,活动招募时进行交叉对比得出最优搭配,再依照标准化的服务流程,打造高质量的"窗口"志愿服务。

广州市文化馆的基层服务效能还在"文化志愿者孵化计划"的开展下得到明显提升,立足文化志愿者培育和讲师孵化的目标,广州市文化馆在2016年启动"文化志愿者孵化计划",通过给有一定知识技能且愿意发挥自身专长服务社会的文化志愿者开展提高型的专业培训,组建了一支文化志愿者讲师队伍,积极与街道社区进行文化需求对接,将"文化志愿者公益学堂"延伸至基层,三年来共举办了近四十个主题的200余场公益培训,既弥补了基层组织文化师资力量不足的情况,同时也树立起文化志愿者良好的社会形象。

此外,广州市非遗志愿者在近两年的跨界融合,更是为优秀传统文化的传承和发展增添了新能量。2018年,广州文化馆方面对非物质文化遗产保护工作创造性地建立多个跨专业的志愿团队。如广州非遗法律援助服务队的成立,开启了"非遗+法律"深度融合的新篇章,各类面向广州非遗传承人群和保护工作群体的法律咨询、培训、沙龙、文书审定等援助工作持续开展,为广州非遗的传承和弘扬保驾护航;借助新媒体、新技术,广州非遗视频志愿者团队将传统文化融入现代生活,以手机为直播平台,带着"非遗+直播"的全新志愿服务模式走进了人们的视野,线上线下打通了非遗传播的"最后一公里";2019年,非遗版权登记志愿服务的探索正式开始。日益专业化的志愿服务将为文化馆效能提速带来更强大的动力。

（四）探索公益服务与市场化服务的衔接路径

公共文化服务体系与文化产业是人们参与文化活动接触到的两个重要领域,作为连接文化事业和文化产业的纽带,公共文化服务的繁荣发展对文化产业起着极大的支撑作用。其一,文化馆常年开展的全民艺术普及公益培训、公益演出等文化活动,在一定程度上为利润附加值较低、文化消费门槛较高的相关行业进行了市场培育,帮助这些行业拉动需求,促进其产业发展。其二,文化馆引入社会力量参与公共文化服务,不仅促进了优质文化资源在市场上的流动,而且对文化产业的发展起到了正向引导作用,市民在公共文化服务参与者和文化消费者的角色转换中,形成了符合社会主流价值观的消费理念,促使文化产业生产出更多更好的精神文化产品。

广州市文化馆在链接市场化服务方面尝试了一些创新性做法。2018年,广州市文化馆联合全市十一个区级文化馆,吸纳各大优秀社会文化艺术培训机构,成立了"广州市公益培训联盟",将市级公共文化服务下沉到基层,把基层特色服务的宣传推广提升到市级平台,开展了语言艺术亲子故事汇、茶花香体验课、急速街舞公益体验课等特色活动,为市民参与免费艺术培训提供更广的渠道,让更多市民享受优质的艺术学习资源。在文旅融合的市场化路径探索上,"非遗+旅游"是推进旅游业走向深度体验游和推进非遗为民众所共享的双赢之路,广州非遗积极探索、开发非遗体验游线路,并与广之旅国际旅行社达成合作,推出了5条非遗体验游线路,包括沙湾古镇文化之旅、疍家文化游、神农草堂中医药文化游、老广情怀之乞巧文化之旅等,深化了"非遗+旅游"的融合发展。

参考文献

[1] 陆吉星.文化馆效能评价体系建设的三个维度[J].现代交际,2018(12):1-3.

[2] 徐颖.我国文化馆内容供给创新研究——以"朝阳区文化馆"为例[D].北京:北京舞蹈学院,2018.

[3] 吴高,林芳,韦楠华.公共数字文化服务绩效评价现状、问题及对策分析[J].图书情报工作,2019(2):60-67.

[4] 鲁静.公共文化服务供给有效性的空间评价与空间机制研究——以上海市为例[D].上海:华东师范大学,2016.

[5] 胡守勇.公共文化服务效能评价指标体系初探[J].中共福建省委党校学报,2014(2):45-51.

非遗与旅游融合发展探究

——以"千里漫行话潍坊"潍水文化体验活动为例

崔　洁（潍坊市文化馆）　刁伟枝（潍坊市美术馆）

2018 年，中央深化机构改革，组建了文化和旅游部。2019 年，全国各省市也基本完成了文化和旅游管理部门的合并。在文旅融合的社会背景下，非物质文化遗产作为其中重要的资源，也获得了更多的关注。旅游的发展也为非遗的传播拓宽了渠道、插上了"翅膀"。"非遗"为旅游业注入更加优质、更富吸引力的文化内容，充分发挥旅游业的独特优势，能为非遗保护传承和发展振兴注入新的更大的内生动力。近年来，全国各地在非遗与旅游融合发展方面进行了多方面的探索，本文仅就潍坊潍水文化生态保护区内近几年开展的"千里漫行话潍坊"潍水文化体验活动为例进行探究。

潍水文化生态保护实验区是全国 21 个国家级文化生态保护区之一，自 2017 年起，潍水文化生态保护实验区开始启动了"千里漫行话潍坊"潍水文化公益性体验活动，至今已成功举办两届，2019 年潍水文化体验活动现也已启动。"千里漫行话潍坊"潍水文化体验活动以保护区内丰富的传统文化和非物质文化遗产（以下简称"非遗"）资源为依托，遵循"走进生活、活态活力""见人见物见生活"的理念，体验团成员由媒体、设计、音乐、美术、摄影、文化学者、商业管理等领域专业人员组成帮扶团，以"非遗＋研学""非遗＋文创""非遗＋民俗体验""非遗＋乡村振兴"等模式，在尊重当地原有生态和生产生活方式的基础上，探索非遗与旅游的融合发展。

一、"千里漫行话潍坊"潍水文化体验活动介绍

自 2016 年下半年起，活动团队开始进行前期调研，以潍水文化生态保护实验区内的非遗项目为基础，融合潍坊市内的旅游资源，打造出了 15—20 条以自驾游、亲子游、文化休闲游为主题的路线，4 条以多彩民艺、秀美山村、寻古探幽、渔盐耕读为主题的潍水文化之旅千里民俗风情游路线。每年活动开始前在线上、线下发布体验路线，并发放宣传册，进行活动预热。

（一）活动形式：市民公益体验，探访传承人群

活动作为市民文化节的一部分，全程均为公益性。根据活动需求对入选体验路线的项目保护单位、传承人进行前期培训；全程路线均打造"潍水文化之旅"视觉标识，并加入

AR等现代技术手段,手机扫描均可互动体验并观看视频;开发"潍水文化之旅"微信小程序及公众号,开通抖音、微博超话,对线路、涉及项目进行介绍,实现市民实时报名参与、个性化定制,并进行推广宣传;设计制作"潍水文化之旅"护照及研学手册,面向市民免费发放。引导全民共同参与,共享潍水旅游资源。

（二）活动内容

1. 体验传统文化,开拓"行走的课堂"

行走的课堂让孩子走出教室去体验"看得见、摸得着"的非遗项目。路线以民间文学体验、传统美术制作、传统工艺体验、传统民俗体验、传统音乐欣赏、传统体育体验为主,针对路线编写研学手册。研学手册契合了青少年的年龄特点和审美兴趣,手册集结了保护区内多种多样、可亲可近的非遗项目,让他们有兴趣去自主认知、动手体验、学有所悟。

2. 分享传统生产生活方式,发掘"传统新时尚"

"千里漫行话潍坊"潍水体验活动的初衷是"文化体验",在整个活动过程中我们积极引导体验团成员体验和分享传统生产生活方式,在充分尊重传承人和民众的基础上,提高体验团成员的参与度,让他们在参与过程中获得满足感。市民体验团成员以文章、摄影作品、绘画及漫画作品等方式对活动花絮、探访项目、非遗传承人等进行多角度、多维度艺术创作及宣传。在活动中体验团成员推出了多个保护区"网红非遗"和"打卡地",充分发掘了传统衣、食、住、行的"传统新时尚"。

3. 活化文化遗产,传播"背后的文化信息"

让文化遗产活起来是近几年大众的关注点和文化遗产工作者的重点。"千里漫行话潍坊"潍水体验活动最终的目的之一,就是要让文化遗产在当下的语境中重新散发出生命力,并成为民众的一种生活方式,重新成为"日用之器"。针对潍水文化生态保护区内传统美术和传统技艺项目众多且具有代表性的特点,本次活动在项目体验中面向山东艺术学院、山东工艺美术学院、潍坊学院美术学院的师生和青年设计师发出邀请,他们在进行为期几天的实地调研后,回归校园或者工作室,对项目进行重新设计,充分挖掘和传播非遗所承载的文化信息,并让一部分非遗项目重新回归当下生活。

4. 关注乡村振兴,共创"美丽乡村生活"

乡村振兴是本次活动后续的关注点,在对整个保护区的非遗项目进行全程调研后,重点遴选出具有市场潜力和易于创新的项目进行重点帮扶。后期以体验团成员为主要组成部分,邀请高校老师进行指导,对项目及传承人进行专业帮扶。经过两年的活动积累,我们对区域内的草柳编、蓝印花布、木版年画、手绘年画、剪纸、泥塑、刺绣等十几个项目进行了设计提升,提高了所在地农民的收入。

二、对潍水文化体验活动的思考

两年多的"千里漫行话潍坊"潍水体验活动对宣传展示潍水文化生态保护区内的非

遗项目和传统文化资源起到了积极推动作用。作为一种活态的、易于体验的非遗项目,满足了深层次旅游群体的需要。旅游的一个重要动机就是体验异地文化。大众旅游时代,进行休闲度假的旅游者越来越多,文化体验在旅游动机中所占比重越来越高,国民旅游诉求正在从美丽风景转向美好生活。因此,在以后的活动中,我们应该更加注重体验团成员的"体验性"和"参与性",可在以下三个方面进行补充。

(三)体验课堂常态化,设立传统工艺体验场所

在"千里慢行话潍坊"潍水文化体验活动中,"行走的课堂"研学线路深受中小学生,尤其是小学生的欢迎。在两年的文化体验中,学生走进青州古街实地观看非遗表演,在青州非遗传习坊体验动手有功,带走属于自己的作品;在高密和杨家埠分别体验扑灰年画、半印半画年画和木版年画,在实际体验过程中寻找各种年画之间的不同……利用业余时间举办的研学体验活动有限,可以考虑常态化的"非遗进校园"活动,并开发一系列非遗体验课程材料包,与中小学校进行长期规划,开发校园传承课程,实现体验课堂常态化。

传统工艺体验也是大众艺术普及的重要组成部分,在《中国传统工艺振兴计划》中明确规定:鼓励有关部门和社会组织积极参与或组织传统工艺相关活动,充分发挥各级公共文化机构的作用,依托公共文化服务场所积极开展面向社区的传统工艺展演、体验、传习、讲座、培训等各类活动,使各级公共文化机构成为普及推广传统工艺的重要阵地,丰富民众文化生活,增强传统文化的社会认同。随着休闲时光日益增多,业余手工艺实践可帮助人们创造性地充实闲暇的"虚空",让生活充满人性焕发的光辉意义。在普及教育中应该重视传统手工艺的文化调节功能,传统手工艺制作是一种审美体验过程,它所传递的一种温情的软性文化,能够有效消除或缓解当今社会的生活压力和消极情绪。在后期的活动中可以考虑在非遗集聚区或者是在旅游集聚的地区选取部分易于传承和传播的手工艺项目在城市中建立手工体验坊。开发专题研习手工技法和相关的人文课程,先期可由保护区提供专项经费支持,文化馆及保护中心提供师资,后期可通过相关的社会组织结合商业化手段予以推广。传统工艺体验场所可以定期邀请传统手工艺传承人授课,在给市民基本的传统手工艺体验的基础上,体验潍坊的传统生产生活方式,发现传统生活之美。

(二)开发文创产品,实现活动长期化运作

"千里漫行话潍坊"潍水文化体验活动开展两年多来,吸引了大量市民进行文化体验,很大程度上扭转了非遗"过时""土气"的印象。在活动过程中青年设计师及高校艺术师生参与设计制作的文创产品受到了体验团成员及广大市民的关注,这些基于传统手工艺的现代设计带着历史的文化温度,很快成为"网红"产品。目前来看,多数设计作品仍是单一的,缺乏系列性。在今后的活动中,应该组建设计团队深入年画、剪纸等项目进行针对性设计。仅以年画为例,先期应该对年画进行深度调研,可以根据年画的题材,设计门神、新年画系列产品,亦可以提炼年画中丰厚的象征符号和文化元素,设计"鹿鹤同春""一团和气"等一系列吉祥特色的产品。这些文创产品可以通过"潍水文化之旅"网

络平台进行线上销售,亦可以通过展会、手工体验坊进行线下销售,所获利润可补充活动经费,实现潍水文化体验活动长期化运作。

(三)丰富活动内容,拓展周边文化资源

"千里漫行话潍坊"潍水文化体验活动的开展区域在潍坊市内,其内容是以非遗项目为主,其他文化资源为辅。在今后的活动中,在活动区域及内容方面都可以拓展和丰富。例如,可以以潍水文化保护区内的杨家埠木版年画为基础,并对全国木版年画的几个产地进行主题考察和体验,在深度文化体验中,增强文化自信。另外,也可以将潍坊周边的特色文化资源纳入体验线路,打通周边的人文、自然、民俗、科技等可以共享的资源,为市民提供更好的体验路线及服务。

作为活在当下的现代人,我们既要尊重历史,珍惜祖先留给我们的遗产,那是历史的荣光和来时的路标;又要关注当下,珍重当代人的生产生活习俗,为当下生活增加更多的传统文化内涵。"千里漫行话潍坊"潍水文化体验活动在历史与当下中建立链接,让生活在一方水土中的人,了解乡土文化,热爱乡土文化,传承乡土文化。通过当代设计的参与,让更多的人在体验传统文化的基础上,"享受"传统文化,让传统文化真正成为当下生活的一部分。

关于推进公共文化机构实施法人治理结构的几点思考

余雁舟（江苏省文化馆）

2013 年，党的十八届三中全会《中共中央关于全面深化改革若干重大问题的决定》提出："明确不同文化事业单位功能定位，建立法人治理结构，完善绩效考核机制。推动公共图书馆、博物馆、文化馆、科技馆等组建理事会，吸纳有关方面代表、专业人士、各界群众参与管理。"2015 年中共中央办公厅、国务院办公厅印发《关于加快构建现代公共文化服务体系的意见》，强调要"创新运行机制，建立事业单位法人治理结构"。2016 年 12 月，《中华人民共和国公共文化服务保障法》（以下简称《公共文化服务保障法》）出台，将"推动公共文化机构建立法人治理结构"的要求上升为法律规定。2017 年，深化公共文化机构法人治理结构改革又被列入推动公共文化服务体系建设再上新台阶的重点任务之一。在公共文化机构建立完善法人治理结构，是推动公益性文化事业单位改革，推动国家文化治理体系和治理能力现代化的必然要求，也是激发文化单位活力，提升公共文化服务效能的重要举措，对于提高文化机构服务水平，提升服务效能具有重要意义，必须切实予以推进。

一、提高对实施法人治理结构的认识，增强实施动力

"法人治理结构"是从西方引入的一个概念，主要运用于企业管理，故而又被称为公司治理，是现代企业制度中最重要的组织架构。在企业建立理事会，实施法人治理，公司股东会、董事会、监事会和经理层之间的权力、责任和利益分配及相互制衡关系都能得到明确，在实践中可谓经验丰富，运行机制成熟。而公共文化机构在性质、体制、机制等方面都与企业有较大不同，将已然成熟的公司治理模式照搬过来嫁接在公共文化机构上，显然不行。在公共文化机构实施法人治理机构，目前还没有现成的经验可供借鉴，没有成熟的理论体系可作为支撑，很多试点单位也都是在"摸着石头过河"。虽然中共中央、国务院发布文件、制定法律，对公共文化机构实施法人治理结构进行明确强调，但是在具体实施的过程中，由于受到单位性质、单位人员传统思维以及部分单位领导固有思维的影响，对法人治理结构的认识不到位，认识表面化、肤浅化倾向比较明显，这都使得一些公共文化机构在实施法人治理结构方面的动力不足，从而影响了事业单位改革的推进步伐。有的法人治理结构试点单位从申报确认试点以来，畏难思想依旧，至今仍然没有组建理事会，试点工作已然搁浅。

1. 要认真学习《公共文化服务保障法》及相关文件，领会其中精神，提高对法人治理

结构的认识。《公共文化服务保障法》是我国公共文化领域具有"四梁八柱"性质的全局性、基础性法律,是对党中央、国务院关于公共文化建设的一系列方针政策进行固化的重要法律,对于促进基本公共文化服务的标准化、均等化,提升公共文化服务效能,切实保障人民群众基本文化权益具有极其重要意义。各级公共文化机构,包括行政主管部门和文化事业单位,要把学习党中央、国务院的相关文件,学习《公共文化服务保障法》放在工作的重要位置,用文件精神、法律规范指导公共文化事业单位改革,指导公共文化机构实施法人治理结构。中宣部、文化部等 7 部门联合印发《关于深入推进公共文化机构法人治理结构改革的实施方案》、国务院办公厅《关于建立和完善事业单位法人治理结构的意见》等文件对深入推进公共文化机构法人治理结构改革,推动传统文化事业单位向现代公共文化机构转型,明确和突显公共文化机构的公益目标,激发公共文化机构的内在活力和发展动力,为各地公共文化机构实施法人治理结构提供了总的设计,并明确了实施时间表。各公共文化机构一定要认真学习,领会精神,提高对法人治理结构的认识,在更高层次上探索符合地方实际的、切实可行的实施法人治理结构的方案。

2. 公共文化机构要敢于创新,找到适合自己的道路。各级各类公共文化机构在建筑面积、从业人数、服务功能等方面都存在着较大差距,这就决定了在推进实施法人治理机构过程中,不能搞"一刀切"。《关于深入推进公共文化机构法人治理结构改革的实施方案》中也提出要"立足实际,分类实施",要综合考虑不同地区经济社会发展水平和文化工作基础,根据不同公共文化机构的功能、特点和规模,坚持因地制宜、试点先行,积极稳妥地推进公共文化机构法人治理结构改革。在全国各地公共文化机构试点法人治理结构的过程中,有些地区不断摸索推进,如浙江嘉兴、江苏张家港等,虽然经验不甚成熟,但也有值得借鉴的地方。各地公共文化机构在探索实施的过程中,可以结合当地实际,进行相互借鉴,并加以创新,找到适合自己的道路,提升实施动力。

二、充分发挥理事会的作用,让理事会不流于形式

《关于深入推进公共文化机构法人治理结构改革的实施方案》指出要建立以理事会为主要形式的法人治理结构。理事会根据定位和职能,一般可以分为决策型理事会、咨询型理事会、决策监督型理事会、议事与决策型理事会等模式。在事业单位现行管理体制下,公共文化机构是政府设立的公益性事业单位,执行的是政府的命令,举办的是政府指令性及社会公益性群众文化艺术活动,其人事任免、业务开展、资金来源等都掌握在上级政府部门手中,没有充分的自主权。上级主管部门一方面要求公共文化事业单位实施法人治理结构,建立理事会,充分发挥理事会的作用,另一方面又不愿意给予文化事业单位过多的管理权限和充分的自主权,这也导致文化事业单位理事会在现有体制下无法完全实现决策监督的职能,理事会也无法真正成为一个决策和监督机构,而更像是一个咨询机构。有的单位试点实施法人治理结构,也组建并召开了理事会。但是理事会召开会议,也只是对过往工作进行形式上的审议,并不对单位的重大事项进行审议,对于单位未来工作

进行决策更是无从谈起。有的甚至是所在单位相关工作都已经做完了,理事会却完全不知情,理事会流于形式,无法发挥其应有的作用。另外,由于理事会大部分理事来自社会各界,理事们大多有自己的工作,再加上不从文化机构领取薪水报酬,导致一些理事不愿意花过多时间在理事会工作上。上述种种,都会导致理事会无法充分发挥其职能。

在实施法人治理机构过程中,要让理事会真正成为文化机构的决策者。决策层面上,要保证理事会负责确定文化机构发展战略规划,行使重大事项决策权,探索出政事分开的有效途径。执行层面上,要明确文化机构管理层是理事会的执行机构,各文化机构负责依照章程、理事会决议履行职责,对理事会负责,接受理事会监督,进一步顺相关关系。激励层面上,可以尝试探索实行文化机构全员聘任制,推行按需设岗、竞聘上岗、能上能下、能进能出的灵活用人机制,充分调动了人员积极性,激发机构内部活力。监督层面上,要充分发挥监事会作用,确保监事会能够对管理层履职和单位财务状况进行监督。制定完善《理事会工作报告制度》《理事会信息公开制度》《理事会决策性失误追究制度》《理事会绩效评价制度》《监事会工作细则》《监事会议事细则》等相关制度并加以认真落实,使监督更加全面化、立体化。

发挥好理事会作用,要保证实现决策管理与监督保障的科学化、规范化。让广大人民群众实实在在地享受体制改革所带来的文化惠民成果。

三、要建立健全理事会运行管理机制、保障机制

公共文化机构实施法人治理结构改革,需要有一系列配套改革的相关措施作保证。现阶段,相关的配套政策仍不完善,有的政策还没有纳入考虑范围之内。文化主管部门和公共文化机构理事会之间的关系,公共文化机构中决策层、管理层、理事会的职责权限、运行规则等一系列需要在实施法人治理结构过程中,甚至在实施法人治理结构之前,就需要理顺的关系,现在在很多试点单位都没有理顺,或者说没有完全理顺。很多只是按照上级文件要求,成立了理事会,却对理事会如何正常运行,如何更好发挥效用,缺乏相应的执行标准和成熟的运行机制。在公共文化机构内部,选人用人、决策执行、激励监督等机制都不完善,存在一定的缺陷。外部的法律、监管等机制也相对缺乏,目前只有《公共文化服务保障法》出台,而关于文化馆等的专门法律还没有进入立法程序。可以说,公共文化机构实施法人治理结构,健全完善的内部和外部管理机制、理事会运行的配套政策保障机制都不到位,甚至部分仍处于空白状态。

1. 加强顶层设计,建立健全相关配套制度,完善运行机制。各地公共文化机构要根据上级相关文件精神,立足工作实际,加强地方实施法人治理结构的顶层设计,进一步理顺政府与事业单位的关系,实现政事分开,建立健全理事议事规则和决策监督等相关配套制度。各地政府可以在国家法律法规基础上,根据地方实际,制定相关规章制度,对文化机构实施法人治理结构进行具体规范,通过章程落实事业单位用人自主权、分配自主权等各项权利。公共文化机构还可以建立理事会定期会议、年度报告、信息公开等相关制度,逐

步形成以公益目标为导向、内部激励机制与外部监管制度相结合的现代管理体制和运行机制,保证法人治理结构在合理的制度框架内运行,提升公共服务水平。

2. 建立有效激励和退出机制,充分调动理事会理事的积极性。公共文化机构实施法人治理结构成功与否,取决于单位外部上级部门对管理权限的下放程度,也取决于单位内部理事会功能作用的发挥。而理事会作用的发挥,又很大程度上取决于理事成员能否切实履行职责,履行职责的主动性、积极性大小。由于理事会理事除了文化馆党政负责人外,大多来自社会各界,且不领薪酬,完全属于志愿性质。理事参与管理意愿和决策热情积极性的高低直接决定了其作用的发挥。鉴于此,建立必要的激励机制,调动理事参与文化馆事业积极性,就显得尤其必要。可以对理事的履职情况进行评估考核,对于考核结果比较好的理事,可以适当给予一定的物质奖励,也可以给予一定的精神层面奖励,以增加理事的参与感、荣誉感等。对于长期履职不力、参与积极性不高的理事,也要适时启动退出机制,推动理事成员能上能下,能进能出,充分发挥理事作为文化馆与服务对象之间的桥梁纽带作用,保证理事会效能发挥最大化。另外,由于文化馆理事会理事来自各行各业,虽然可以让公共文化机构直接听到各界群众的文化诉求,引导文化馆开展精准服务,但是有的理事受"出身"影响,专业限制,难以直接发挥有效监督作用。文化馆可以有针对性地对理事进行相关培训,提升理事参与管理水平。

在公共文化机构探索实施法人治理结构是一个系统工程,涉及公共文化机构内部管理体制和运行机制的各个方面。公共文化机构实施法人治理结构,也是一个长期漫长的过程,不可能一蹴而就,这就要求我们的文化单位,要不断地探索尝试、不断地总结经验,保证法人治理结构落到实处,保证公共文化事业单位改革落到实处,取得成效。

参考文献

[1] 戴珩. 文化事业单位法人治理结构的理论逻辑和实践路径 [J]. 图书馆建设,2015(2):18-21,25.

[2] 关于加快构建现代公共文化服务体系的意见 [N]. 人民日报,2015-01-15(9).

[3] 关于深入推进公共文化机构法人治理结构改革的实施方案 [N]. 中国文化报,2017-09-12(2).

[4] 李宏,李国新. 文化馆蓝皮书:中国文化馆全民艺术普及发展报告(2015—2016)[M]. 北京:人民日报出版社,2017.

[5] 李梅. 公共图书馆法人治理结构构建初探 [J]. 图书与情报,2014(1):70-73.

[6] 中共中央关于全面深化改革若干重大问题的决定 [N]. 人民日报,2013-11-16(1).

[7] 中华人民共和国公共文化服务保障法 [N]. 人民日报,2017-02-03(14).

新时代创建群众文化特色品牌的若干思考

江丽君（江西省群众艺术馆）

一、群众文化为什么需要特色品牌？

在把这个问题弄清楚之前，我们还是要对什么是"群众文化"及其"特色品牌"有一个基本的认定。

首先，什么是"群众文化"？

群众文化是指人们在职业之外，自我参与、自我娱乐、自我开发的一种社会性文化；是以人民群众的活动为主体，自娱自教为主导，满足自身的精神生活需要为目的，以各种文化娱乐活动作为主要内容的社会历史文化现象。比如广场舞、模特秀、太极拳、木兰扇、合唱团以及民乐团、书画协会、诗歌散文社等所有符合并适应群众开展业余文化生活的各种文化活动，皆称之为"群众文化"。

其次，什么是"特色品牌"？

"品牌"作为一种无形的资产，它是一种综合品质的体现和代表，是人们对一个活动，一个产品，包括它的服务及文化价值的总体评判和认知，一种发自内心的信任。而特色品牌，则是显著区别于其他事物的一种风格、形式、品质，它是由事物赖以产生和发展的特定的具体环境因素所决定的，是其个性化独有的。

（一）建立群众文化品牌的意义和重要性

在文化领域，群众文化品牌与一般的文化品牌在特征及含义上也是有所不同的，它是以群众为主体，依靠大众积极参与，共同完成的一项综合性群文活动，同时它强调服务性和公益性的文化概念，比较重视其社会的属性，主要从"需求及满足"社会心理角度或者从"宣传及引导"的政治角度来探讨相关的问题。

群众文化活动品牌建设的意义，充分体现了群众为主的发展理念，人民群众是文明的创造者和弘扬群体，群众文化活动品牌建设正是体现了人民群众的主体性，并通过品牌的建设来推动地区基础设施的建设、群众文化素养的提升等，为人民群众在精神文明建设上创造了良好的参与空间。

当品牌和群众文化相结合，或者说，当群众文化具有了品牌，也会像商品一样产生溢价和增值，但因为群众文化的公益性和独特性，它的溢价和增值不直接体现在利润上，而是体现在其更有力量的声势传播、推广以及凝聚力和精神的层面上。

通常有品牌价值的群众文化及活动,会代表一种更具价值观、品位、格调、时尚的生活方式。它的独特魅力就在于它不仅仅提供给群众的某种实际效用,还可以更好地帮助群众寻找到心灵的归属,实现和满足他们日益增长的精神需求。

(二)群众文化的品牌效应

群众文化的丰富性,一方面可以让群众文化百花齐放,另一方面它的丰富和多样性,又往往会令其显得过于随意和松散。那么,具有品牌效应的群众文化及其活动,则会增加其锐度和精度,就像把松散的线拧成一股结实的绳一样,立刻就会有针对性地对民众产生强大的吸引力,这首先是由于品牌所带来的一种品质的保证,进一步增加了民众的信任度;其次,品牌大都具有比较清晰的识别度和响亮的名号,非常有利于民众的传播和交流。

因而群众文化,同样也需要不断地创造,并经营好自己的文化品牌。

二、创建群众文化品牌所面临的挑战

国力的竞争在于工业,工业的竞争在于创新,创新的竞争在于科技,但归根结底还是文化的竞争。文化,是人类生活要素形态的统称,是相对于经济、政治而言的人类全部的精神活动及其产品。由于文化涉及的领域太过宽泛、包罗万象,这也导致了人们在思想认识上的千差可别。所以文化工作,尤其是群众性的大型文化活动的开展与运营,其难度还是相当大的。

(一)民众对群众文化的认知度不足

当下,大多数民众对于群众文化的理解,可能主要还局限在看表演,或者参加某个广场舞活动之类,他们并没有意识到群众文化的内在含义,以及他们自身在群众文化中所发挥的重要作用。

而民众对于群众文化的认知不足,很容易导致群众文化成为经济发展的附加值而无法得以真正的体现,也无法最大限度地发挥群众文化的重要作用。群众文化的发展,需要广大民众和社会各界的支持配合,与此同时,进一步提升民众对于群众文化的认知度,尤为重要。因为这是确保群众文化高质量生产和运行的关键所在。

(二)创建群众文化品牌易　保证群众文化质量难

衡量群众文化品牌及其发展前景是否合理的重要标准,是其群众文化产品是不是能够满足且可持续性地满足群众文化的需求。群众文化的质量,是创造和满足群众需求的前提和保障。

真正能够满足群众对文化需求的,其实并不在于供给他们多少具有品牌效应的群众文化及活动,而在于供给质量的高低;所以,满足群众文化需求的,绝不是虚有空壳的文化品牌,而是具有实际意义的、有较高质量和要求的具有强大吸引力的群众文化及活动。

（三）群众文化品牌缺乏品牌黏性

在市场中，客户黏性指的是客户对于品牌或产品的忠诚、信任与良性体验等结合起来形成的依赖感和再消费期望值。转换到群众文化活动品牌的语境下，就是群众文化品牌也需要群众对于群众文化活动品牌的忠诚、信任与良好的体验。这样，他们才会对群众文化品牌形成依赖感和再次参与的欲望。很多群众文化品牌之所以办了很短时间就办不下去，就是因为缺乏对群众的黏性。这不仅需要保证群众文化品牌的质量，还需要与群众产生良好的互动，让他们有更多的参与感和获得感。

三、创建群众文化品牌应如何发力

群众文化，要以社会主义核心价值观为引领，凝心聚力、增进共识。通过开展活动的方式，让群众在精神上"富足"。群众文化独特的不同于其他品牌的重要一点，就是注重弘扬文化艺术的魅力，从而吸引群众广泛的参与，达到身心的健康和愉悦。

建立群众文化品牌需要靠典型带动，靠培育、挖掘，要宣传身边典型，树立身边典型，使群众在"平凡"中见"真谛"，"小事"中明"大理"。靠着丰富多彩、富有号召力、吸引力的群文活动感染群众，激励群众，吸引群众主动参与、便于参与、乐于参与，让群众在参与中体验，在体验中践行，在践行中提高。

（一）以群众文化的多样性丰富群众文化品牌内涵

1. 地域型文化品牌

地域型文化品牌是依托自然地理特征而创建的群众特色的文化品牌，如印象大红袍、丽江古城、寻梦龙虎山、鄱阳湖中华龙舟赛、婺源生态保护区等。以优越的地理人文环境为依托，形成独特个性的资源优势，对品牌发展自然十分有利。

2. 历史型文化品牌

历史型文化品牌是根据城市发展的历史脉络，深入挖掘已经以某种特定形式存在着的传统文化遗迹、遗址，并以此为基础，创作出的文化产品。例如杭州的《宋城千古情》，西安兵马俑的《秦俑情》等，都印证了历史文化是打造群众文化品牌的绝佳背景。

3. 节庆型文化品牌

节庆型文化品牌的优势在于经过漫长的岁月，那些不断被沿袭和传承的行为方式，便具有突出的稳定性和遗传性。打造节庆文化品牌的关键，在于要使文化性与参与性、趣味性、娱乐性相结合，让节庆活动能够让大众广泛的参与。例如上饶市上饶县石人殿庙会（民俗活动）、玉山樟村的板灯（元宵节），我们的"江西少儿艺术节"（六一儿童节）以及各个地方的春晚和基层春晚等。

4. 非遗型文化品牌

非遗的东西就更丰富了，比如江西的弋阳腔、鄱阳饶河戏、南丰傩舞、横峰提线木偶、婺源的歙砚,浙江东阳的木雕,福建的红茶,等等,它们都在中国优秀传统文化绵延至今的里程中,显现出强大的生命,以其自身的审美方式,与地方群众审美需求相互融合,因此地方风味浓郁,文化底蕴深厚,深受民众的喜爱。

5. 复合型文化品牌

综合性的复合型群众文化活动,以草根娱乐选秀为基础,选出最草根的娱乐文化,是群众参与感和获得感极强的一类文化品牌。例如江西省"百姓大舞台,大家一起来",从2014年开始至今已连续开展了5年,以省群众艺术馆为龙头,省市县文化馆、乡文化站、村文化室,上下五级联动,百姓演,百姓看,百姓乐,所以深受群众欢迎和喜爱。2018年全省县级以上的文化馆开展的"百姓大舞台"活动累计超过14000场,百姓观看及参与人数达七百万人次。

6. 培训型群众文化品牌

培训型品牌具有很强的现实意义和极高的功能性,和娱乐型文化品牌不同的是,它能够真切地助力于群众文化的发展、培养群文人才,所以很值得推广。例如"赣鄱文艺大家谈"品牌讲座2017年初创办至今,两年来共举办36期,先后邀请了73位省内外专家学者讲学授课,培养全省业务骨干总计3016余人。"赣鄱文艺大家谈"品牌培训主要有两大功能:一是通过培训培养人才,发现人才;二是通过培训指导创作,生产作品。

这样的文化培训品牌不仅针对我们的群文人才,还能面向社会各界的群众。例如"赣鄱文艺大家谈"就走进了南昌监狱,在狱中举办了农民画基础培训班;同时还走进了戒毒所,对戒毒所的吸毒人员进行音乐、舞蹈、美术、书法艺术方面的辅导,并参与举办戒毒日的文艺演出,真正做到了"以文化人""以文育人"。

(二)群众文化品牌需要以地域为依托

植根于本土的地域文化,才是群众文化品牌建设的最好土壤。但立足本土,则需要充分挖掘本土的文化资源,不能照搬他山之石。这就好比热带水果无法在寒带生长一样,只有发掘本土的文化资源,才能让已有的资源被最大化地利用,形成独有的特色和个性,并在竞争中拔得头筹。

被命名为"全国合唱之乡"的信丰县,就是着力把合唱打造成群众性文化艺术活动特色品牌的最好案例。信丰县也是脐橙之乡,素有"橙乡"之美誉。因此,以当地特产命名的合唱节,不但贴近群众、深入人心,还带给当地民众一种文化的自豪感。同时,信丰县也是坚持常态化、专业化、多样化的"三化"路径倾力打造文化品牌的一个典型。

从2009年开始,信丰县每年分片区组织开展歌咏大赛,每两三年举办一次全县性的"橙乡合唱节"。从2011年的"橙乡红歌汇",到2013年的"橙之韵"合唱节,再到2015年的"中国梦橙乡韵"合唱艺术节,以及2018年的"中国梦橙乡美"合唱艺术节,他们一直在坚持举办,并不断改进、创新,不断完善。

目前,信丰县在民政部门备案的合唱团多达115个,其中机关合唱团35个、学校合唱团49个、乡镇合唱团17个、企业合唱团12个、文化馆合唱团2个,实现了机关、社区、乡镇、学校、企业的全覆盖,群众参与和受众面达到了65%。

此外信丰县通过组建近千人的文化志愿者队伍,积极带动更多的群众参与到合唱活动中来。他们在精心培育了11支精品示范团队的同时,也培养出了本土的指挥、伴奏等一批优秀的文艺骨干。这些代表性团队和文艺骨干,常年活跃在广场、公园、校园和社区,成为橙乡人民精神生活的新景观。如今,大到上千人的歌会,小到几十人的街道社区歌咏活动,可谓此起彼伏,层出不穷,可见其合唱活动已深入人心,成为该县的文化特色品牌。

文化品牌,更需要以地域为依托,地域文化不仅天然地具有个性化,而且在历史长河中长期渗透当地,具有包容性和广泛性,所以很容易就能被民众所接受和喜爱。由此可见,通过文化资源的运用与整合形成的地域文化特色,是打造优秀群众文化品牌的基石。

(三)创建群众文化品牌要立足当下根植身边

党的十九大报告中指出,"中国特色社会主义进入新时代,我国社会主要矛盾已经转化为人民日益增长的美好生活需要和不平衡不充分的发展之间的矛盾"。

因此,如何满足人民日益增长的对美好的精神文明生活的需要,应该是做好群众文化工作的职责所在,且其中的重点就在于"满足人民需要"。满足人民的需要不仅需要坚定文化自信、把握时代脉搏、聆听时代声音,还需要根植人民、了解人民、探问和知晓他们的期待和需要,从而通过为他们量身打造的群众文化活动,让群众的获得感、幸福感、安全感持续增强。

群众文化不仅要"高大上",更要"接地气",只有不断深入基层,才能真正做到"文化惠民"。因此,建立群众文化品牌除了依托本地的红色资源、绿色资源和历史资源,还要发掘身边正在发生的、传递正能量的人文资源。发现和挖掘一些讲诚信、献爱心、讲道德、讲规矩的好人好事等,并把这些事例以艺术形式呈现出来,让这些身边发生的、来自于群众的好故事,用丰富的艺术形式留存下来,并使其得到宣扬和传唱。例如上饶县,根据本县道德模范郑宜栋"替父还债"的故事创作的赣剧《那杆秤》,就收获了群众的一致好评和热烈反响,还得到了在人民大会堂公演的机会。

实践证明,创建群众文化品牌,要扎根乡土,取之于民,惠及百姓。其实群众身边的好故事,每个地方都有,关键在于文化工作者有没有灵敏的嗅觉和善于发现的眼光,有没有勇于挖掘、善于宣传的思想理念和付诸行动的措施及办法。

(四)如何打造群众文化品牌并使之可持续发展

1.强化领导机制 打造优秀队伍

争取政府的高度重视,是打造群众文化品牌的重要保障。因此,我们应成立专门的群众文化品牌建设领导小组来协调这项工作,并认真配备从事群众文化工作的专门管理人员和文化志愿者,建设一支德艺双馨的文艺人才队伍,形成素质优良、结构合理又富有活力的各专业门类的人才群体,鼓励和引导人民群众自娱自乐和自编自演,不断把社会资源整合为群众文化品牌建设的优质资源,推动当地群众文化品牌建设工作的健康发展。

2. 找准目标定位　重视品牌宣传

要想打造一个好的群众文化品牌,就必须了解此种文化的市场需求度,以及当地人民群众是否需要这种群众文化的服务,以及目前这个区域能够提供的份额和市场需求的总量各是多少? 还要考虑这种文化服务的目标受众,也就是其能满足哪部分人群的哪方面需求? 例如:群众有喜欢跳舞的,有喜欢唱歌的,有喜欢听戏的,有喜欢看书的,有喜欢写字画画的,有喜欢打篮球乒乓球的,等等,要了解潜在的受众。这些问题必须通过深入细致地调研准确把握,使群众文化品牌在竞争中不但知己知彼,也能扬长避短。

另外,还要有针对性地做好品牌的宣传工作,确立好自己整体的独特风格,并在宣传上选择合理的传播渠道,亦可从人际传播和大众传播、媒体(数字文化馆平台)传播三方面进行。人际传播指的是人与人之间直接进行的信息沟通的交流方式。这种传播方式最容易被受众所接受。再就是群众文化品牌,因为其自身的特点,在人际传播方面有它独特的优势,再加上微信媒体平台的传播,一个品牌活动可以在一分钟内,迅速让成千上万的人知晓。

3. 科学谋划运行　群众广泛参与

经验告诉我们,群众文化品牌,尤其是特色品牌,是需要很长的时间来培育的,而一旦形成了品牌,则需要政府部门与群众联手进行精心维护,并在品牌的积累以及宣传等方面做到延续和创新。

科学合理的运作是实现品牌的持久性及连续性的关键。群众文化品牌管理是一门科学,在群众文化品牌的打造过程中,科学的文化管理需在宏观管理及微观管理等方面建立科学的体系,建立协调联办以及扶持激励的机制,如此才能对群众文化品牌的打造进行积极的推进。

群众文化品牌的打造和提升,是群众文化创新建设与进一步发展的重要一步,它需要广大人民群众和文化管理部门的领导者、工作者以及全社会共同努力和积极参与。

文化及文化特色品牌形成后的目标,是用文化名牌的美誉度及影响力,更好地体现群众文化的整体形象,以及用高质量的群众文化产品和服务,更好地满足人民群众日益增长的文化需求,实现群众文化的大发展和大繁荣。

4. 加强法律意识　维护品牌权益

打造群众文化品牌,首先,要有效地保护好文化品牌,这就需将其引入法制化的轨道,可从法律上及商标注册两方面对其进行立法保护,积极维护品牌的合法权益,保护知名文化品牌产品的良好声誉。其次,要对文化品牌进行经营性保护,也就是在培育、创建以及打造群众文化品牌的过程中,要以人民为中心,满足人民的需求;要尊重原创,不要随意改头换面。

综上所述,缺乏深度、内涵、创意和鲜明时代个性特征的文化项目及活动策划,由于很难满足广大群众对于现代文化生活的追求,而难以持久性一届一届地办下去。而这种短期行为的文化活动,其根本原因还是我们群众文化特色品牌建设的意识不强,目光不远,力度不够，创意不深，运作不好。

习近平总书记说："打铁还需自身硬！"所以，新时期的群众文化工作者，必须按照新时代中国特色社会主义思想的精神要求，努力学习，拓宽视野，练好内功，强大自己！

做好群众文化工作，办好群众文化活动，创建可持续发展的群众文化的特色品牌，绝不是一蹴而就的事，它不仅需要厚实的文化底蕴，更需要正确的三观导航，需要思想、情怀的不断丰富和充实，需要热情、激情的交织与碰撞。

新时代群众文化特色品牌建设，十分有利于群众文化活动建设长远稳定的发展与繁荣，具有弘扬中华文化，提振民族精神，构建和谐社会的伟大意义，同时它给我们广大的群文工作者，也提供了一个可以不断更新认知、展示才能的广阔天地。新时代呼唤新作为，新作为离不开群文工作者持之以恒的理念创新，思路创新，并用创新的思想，努力创造出人们喜闻乐见的群众文化活动。

总之，只要我们沿着新时代这条路，抓住群众文化这个点，打好特色品牌这张牌，我们的群众文化工作、群众文化活动，就会像一张张绚丽多彩的时代画卷，层出不穷地展现在我们的面前，为地方的中心工作，为社会主义经济建设，贡献强大的文化力量！

承载、传播与建构

——媒体作为社会力量"第三极"在公共文化服务体系建设中的价值

唐元玲（成都市文化馆）

引导和鼓励社会力量参与公共文化服务，是现代公共文化服务体系建设的重要议题之一。《中华人民共和国公共文化服务保障法》明确规定："国家鼓励和支持公民、法人和其他组织参与公共文化服务。"为社会力量参与公共文化服务提供了法理上的依据。近几年，社会文化类企业参与公共文化服务建设的热情高涨，在策划、组织、开展公共文化服务活动方面做出了重要的贡献，成为公共文化服务的重要供给主体之一。

在各类社会力量中，媒体作为传播机构，其在公共文化服务体系建设中作用却鲜有理论研究与探讨。事实上，早在 2015 年，国家出台《国务院办公厅转发文化部等部门关于做好政府向社会力量购买公共文化服务工作意见的通知》中，其参考采购目录的第一条就是公益性文化产品的创作与传播，包括各类文化产品和项目的制作、宣传和推广，高度重视媒体宣传在公共文化服务中的作用。现代媒体拥有的无限触角和全方位的传播方式，是公共文化服务建设的重要推手和载体，是名副其实的社会力量"第三极"，作为重要的传播认知渠道，可以帮助市民理解公共文化服务的性质与内涵；作为文化产业，能有效促进公共文化服务品牌增值，放大社会效益；作为交互空间，是构建公共文化价值共识、塑造情感认同、强化城市文化体验的重要力量。为此，美国社会学家丹尼斯·勒纳将大众传媒形象地称为"奇妙的放大器"。借助成都市两个典型的公共文化服务项目媒体宣传案例，可以较清晰的解析媒体在公共文化服务建设中的价值。一是成都市大型知名公共文化活动品牌"成都文化四季风"，其"民俗闹春""音乐消夏""欢歌庆秋""劲舞暖冬"系列经过媒体推广宣传，品牌影响力早已深入人心。二是 2018 年创新公共文化服务项目"成都街头艺术表演"，该项目一经推出，便获得新闻媒体的高度聚焦，掀起了一波舆论高潮。两个案例较充分地体现了本文的主张：媒体是如何通过承载、传播与建构，实现在参与公共文化服务建设中的意义与价值。

一、立体化、可视化、生活化的宣传推动公共文化服务内涵建设与品牌塑造

公共文化服务的内涵与任务，就是通过向全社会提供基本公共文化产品和服务，传播社会核心价值观念和民族优秀文化，培养和提升全体公民的文化自觉和文化自信，在整

个文化建设中居于全局性、基础性地位,是社会主义先进文化建设的基石。党的十九大报告指出:要高度重视传播手段建设和创新,提高新闻舆论传播力、引导力、影响力、公信力。这要求公共文化服务体系建设需要在更高的起点上推动内容机制和传播手段的创新。纵观人类历史,文化对社会发展的推动,很大程度上依赖于大众媒体。现代媒体同样作为上层建筑的一部分,是文化的一个有机系统,与文化环境进行互动,融合现代科技手段的立体化、可视化、生活化的传播技术与手段,是承载公共文化服务内涵,扩大社会影响力,推动公共文化服务品牌塑造的最好方式。

从 2013 年开始,"成都文化四季风"就一直坚持与媒体联袂的方式,通过宣传的力量将"民俗闹春""音乐消夏""欢歌庆秋""劲舞暖冬"活动不断具象化、立体化,通过传播覆盖人群达千万以上,当前已经成为成都市民的一种文化生活方式。2016 年,"成都文化四季风·劲舞暖冬·耀武扬威"大型电视群众舞蹈创意竞技秀在四川广播电视台 S1 演播大厅隆重举行,四川广播电视台全程录制,精心制作专题节目 78 期,并于 2016 年 11 月至12 月在 SCTV7 频道每晚 9 点黄金时段陆续播出,平均收视率达到 12.31,为市民提供视听盛宴,覆盖全川观众两千多万人次。2017 年开始,成都文化四季风开始引入更多媒体宣传手段与模式,除了在传统纸媒上一直保持较高的曝光率,融合网络新媒体的运用,活动通过网络直播,最高峰时有 103 万人同时在线观看。2018 年"成都文化四季风·欢歌庆秋"系列群众歌咏活动还通过"国家公共文化云"对全程进行直播,吸引近 33 万人在线观看,网络媒体上关于该活动的各种精美图片、视频以及公众点评数量也广泛铺展。据第三方公司的调查数据显示,成都市市民群众对"成都文化四季风"系列群众文化活动的知晓率为 70.81%,已经成长为成都市知名的大型群众文化活动品牌,品牌价值已经得到社会广泛认同,其传递的社会主义核心价值观是整个系列活动的底色和基调,不但有效引导舆论方向,也助推公共文化服务的均等化、精准化等内涵概念深入人心。

二、有细节、有故事、有深度的传播形成价值共识与城市认同

在日益媒介化的语境中,通过传播输出社会先进价值理念,进行城市文化形象塑造与大众媒体的关系越来越紧密。媒体发出的信息能够形成一种强大的文化力量,在给受众传播事实信息与意见信息的同时,也能将文化信息以长期的、全方位的、潜移默化的方式传播给受众,起到一定的暗示作用进而影响受众的思想行为模式。在成都市街头艺术表演的宣传案例中,有一个较突出的特征,就是讲好街头艺人故事,呈现人性细节,提炼思想深度。一些媒体将关注目光聚焦在街头艺人本身,通过温情脉脉、追求个体生活解读式的文字,有别于官方宣传的客观、理性,其人本主张和人文色彩更具有感染人心的力量,能够激发起公众的共情心理,从而情感上更加确定对街头艺术和表演者的认可。

在拍摄时,火锅弟弟在玉林路刚调试好音箱开嗓,就差点被居民大爷给赶走。火锅弟弟面对大爷很是淡定,他说只要是持证上岗的艺人,在约定的时间地

点出示证件来证明身份，就不用担心这个问题。这不禁使我们恍然大悟，一个国际音乐之都对于街头艺人的管理与保护，远比我们想象的要严谨。

——网易云音乐原创视频《成都街头艺人——记录 live 最初的模样》

这段文字来自网易云音乐原创视频《成都街头艺人——记录 live 最初的模样》，该片记录了 5 名成都本土街头艺人最真实的现场表演，他们中有原汁原味的成都本地人，也有四处漂泊来到成都后走不脱的"蓉漂"。视频里，春熙路、玉林路、熊猫、火锅、蛋烘糕等独具成都特色的代表性文化元素也纷纷出镜，与音乐一起共同营造了充满人文特质和温情气息的城市形象。媒体从一个小场景出发，以细节性的文字，讲述几个温暖的故事，继而产生对城市街头文化管理工作的认可，再升华至成都市打造国际音乐之都的宏观理想，瞬间拉近了读者的心理距离。媒体正是通过创造这种积极、个性、温暖的语境，使大众对街头艺术形成价值共识，去塑造一个城市的集体情感与记忆，从而培育文化自信，形成文化归属，并强化一座城市的认同基因。

除了此类有细节、有故事、有情趣的报道，还有不少媒体对街头艺术表演这一文化景观展开深度评论。

街头艺术是城市品位和气质的代表之一，它比鳞次栉比的高楼大厦更温润人心。街头艺术的活力往往与生命现场的张力融合，其声腔唱段、近场效应等有着原始的野性与原创的美感。人们或驻足流连，或回首顾盼，城市在艺术的共情中温暖起来。我们的文化自信、主旋律和正能量，不仅表达在严谨的大舞台，而且还展现在活泼的小天地。

——光明日报《开放的城市容得下持证的街头艺人》

这是一段文笔与哲理俱佳的点评，《光明日报》作为国家权威媒体，其宣传的范式与落脚点更具有内在思想性和深刻的影响性，文章一经刊登，阅读量很快就突破 10 万 +，并在全国范围内产生较大的影响。事实上，还有《人民日报》、新华社、《中国文化报》等国家一级媒体都对成都市街头艺术表演进行了原创报道，使得这一活动影响力空前，成为近年来成都市公共文化服务创新品牌的一个奇观。通过媒体的宣传，成都市在推动公共文化服务建设的创新举措也得到全国同行认可，公共文化服务在城市文化建设中的巨大价值，也得以彰显。

三、多媒体、多终端、多方位建构公共文化与城市美学生活体验的舆论场域

媒体的公共服务职能与公共文化服务相互融合，在科技引导的高度融合下，媒体的宣传已经具有多媒体、多终端，多方位、全时段的特征。这对开展具有时代特征的公共文化

信息传播,构建公共文化舆论生态,提升公共文化媒体宣传格局,具有重要的作用。在"成都文化四季风"和"成都市街头艺术表演"两个案例中,报纸在传播主流文化过程中仍发挥引领作用,广播电视为受众提供视听盛宴,积极引导舆论,网络和自媒体等在文化传播中作用日益显著,展现巨大的潜力和活力。媒体的高度融合与多元化的终端呈现方式,使得文化的触角无处不在,共同建构起公共文化与城市美学生活体验的舆论场域。

据统计,2018 年全年,成都文化四季风活动采取媒体联姻形式,根据活动性质和类别选用报刊、广播、电视、网络、微博(微信)、网站 APP、移动通信等多媒介平台,精心策划、深入推广,在较短时间迅速传播渗透,宽度深度不断拓展,取得极好的社会影响和社会效果,吸引了四川日报、成都日报、华西都市报、成都商报等多家媒体的关注。网络直播也获得较高流量,同时联合"跳吧广场舞"APP 平台开展线上活动,集中展示优秀广告舞队,发布成都市广场舞地图等,一直在成都市公共文化服务品牌中保持着较高的"出镜率"。成都市街头艺术表演自 2018 年 4 月启动以来,得到中央级媒体报道 30 余篇,地方媒体 300 多篇,自媒体 30 篇,视频 5 个,百度搜索信息量达 100 万条以上,"成都街头艺人"话题曾一度荣登新浪微博热搜榜,主办方还帮助艺人拍摄小视频进行推广并获得粉丝几十万,点击量也在百万次以上,开创了成都市公共文化活动宣传新局面,新高度。

公共文化服务活动通过这种多媒体、多终端,多方位的宣传方式,很好的梳理了公众的文化需求,导引社会审美风范,为公共文化服务体系建设营造良好的舆论基础和公众认同语境。对于市民而言,一方面能切身体会和感受到遍布全城的文化艺术活动,处处皆有可驻足欣赏文化艺术表演的审美场所,从中丰富个体文化生活体验,回应城市文化感召,实现对美好生活的追求;另一方面,通过媒体宣传引导,公众对公共文化服务的认识进一步升华,对成都市打造"世界文化名城"和"国际音乐之都"的理想有了更生动、具体的认知。由此可见,媒体承载与传播着的不仅仅是公共文化服务的内容,更是承载起一座城市与人民的时代文化生活与梦想,并试图构建一种集体美学生活方式,去探讨人与城市、人与人、人与社会之间的文化命题。

参考文献

[1] 习近平新闻思想讲义 [M]. 北京:人民出版社,2018.

[2] 中国文化发展报告 [M]. 北京:社会科学文献出版社,2017.

[3] 袁瑾. 媒介景观与城市文化——广州城市形象研究 [M]. 北京:中央编译出版社,2012.

[4] 胡正荣. 媒介公共服务理论与实践 [M]. 北京:中国传媒大学出版社,2009.

简谈针对弱势儿童的公益艺术培训

——以东丽区文化馆的实践为例

丁兆君（天津市东丽区文化馆）

习近平总书记在十九大报告中指出，要完善公共文化服务体系，深入实施文化惠民工程，丰富群众性文化活动，为人民提供丰富的精神食粮。多年来，天津市东丽区文化馆一直本着"免费开放，服务人民"的原则，开展各项群众文化活动。仅 2017、2018 年两年时间，开展动态类公益培训 30 项，培训群众文艺爱好者 3000 人次，丰富了本区群众的文化生活，取得了良好的社会效益。特别是开展的少儿类声乐、舞蹈等培训，挖掘了很多有潜力的少儿文艺骨干，丰富了孩子们的课余生活，在学生、家长们中间获得了良好的口碑。

一、东丽区文化馆开展弱势儿童公益培训的缘起

自东丽区文化馆各项文艺培训如火如荼开展以来，宽敞的场地、完备的设施、优秀的师资等，都获得了参与者的交口称赞，很多群众成了文化馆的义务宣传员，发动周围的亲朋好友都参与到文化馆的工作中来。在开门迎客的同时，东丽区文化馆也积极寻找更多的突破口，让我们的群众文艺培训工作更上一层楼。

东丽区明强特殊教育学校，是一所专门针对残障儿童开设的公益学校。一次偶然的机会，我们从一位群众文艺爱好者口中了解到那所学校的情况。一样都是花蕾般的年龄，同龄的健康孩子们可以选择各类兴趣班、培训班，从小接受良好的教育，那里的孩子们却得从最简单的生活自理学起，更谈何文艺培养？既然文化馆实行的是全民免费开放，那么那里的孩子们就更不应该被忽略！由此，我们萌发了送培训进明强、开展弱势儿童公益培训的想法。

东丽区文化馆培训部各位同事经过集体协商，确定了以明强特殊教育学校为帮扶对象之一，为那里的孩子们进行有针对性的文艺培训的工作任务。

二、东丽区文化馆开展弱势儿童公益培训的实践过程

为更进一步了解明强学校孩子们的情况，工作人员分别走访了社区居委会、明强学校和部分学生的家长，了解了一些具体案例。根据掌握的信息，经过与明强学校老师们的多次商谈，我们为孩子们制定了定向帮扶计划，设置了多项免费公益培训课程，根据每个孩

子的优势,挖掘其潜力。希望通过艺术类课程的学习,来改变孩子们的现状,让孩子们走出家门、走出校门,与外界沟通,帮助孩子们更进一步地与社会相融合。

具体来说,我们根据了解到的弱势儿童的情况,设置了如下课程:

(1)肢体残疾的孩子,语言能力是特长,能够很好地和老师沟通,利用这个优势安排声乐课程。

(2)视觉残疾的孩子,听力很好,可根据现状安排朗诵课程。

(3)聋哑残疾的孩子,肢体健全,可利用优势安排舞蹈课程。

(4)脑瘫残疾的孩子,从心理疏导入手,根据现状安排心理疏导课程、奥尔夫音乐课程。

(5)还有一些孩子,接触过相关课程,按照现有的情况,学习后根据教学情况给孩子们重新调整学习计划,安排更合适的课程。

三、实践中的经验总结

因为之前没有接触过多少弱势儿童,因此在教学过程中,我们的群文干部遇到的困难是前所未有的,但是经过一段时间的实践,我们渐渐总结出了自己的一些经验。

(一)在获得信任的基础上循序渐进

在为肢体残疾的孩子们安排的朗诵和声乐课上,我们以小组课的形式,从解放天性入手,让孩子们先学会开口说话,表达自己的想法,再过渡到互相交流、诵读故事、讲身边的事儿等形式。孩子们刚开始一句话不说,我们不厌其烦地用眼神和肢体语言表达友好,引导孩子们更进一步的信任,渐渐地,孩子们能跟着上课老师引导的节奏,慢慢说一两个字、句,再到五六句以至于后来跟着老师一起说。从自我保护到对老师的信任,这就是突破,是进步。

获取弱势孩子的信任,是一个漫长的过程,但是在这个漫长的过程中,孩子们渐渐有了一定的语言基础。之后,我们通过故事会的形式,开始以班集体上台表演节目的形式,让孩子们分角色朗诵。开始时,需要老师辅助完成,后来孩子们经过练习,可以独立完成。在这次表演中,我们通过观察,发现了孩子们更多的特长,有的孩子在表情上更突出,有的孩子肢体表现更占优势,捕捉到这些信息后,我们通过和孩子们交流,为他们分到了更合适的班级,为下一步的培训工作打好了基础。

(二)采用丰富多样的教学形式与教具

在教学中,表情丰富、音色优美、乐感强的孩子被分到了声乐班。音乐的韵律是非常神奇的,它能带给孩子们想要表现的欲望。从 do、re、mi 到《好朋友在一起》,从简单的单音到音程旋律的发声、演唱,从识别音符节拍到整首曲目的节奏练习,我们由浅入深地引导孩子慢慢完成。

同时,在声乐教学上,我们并不局限于演唱,而是利用多种教具辅助教学,如:鼓、镲、锣、钹等,用这些乐器激起孩子们的兴趣爱好,让孩子们通过听与唱,更真实地感受到音乐的魅力。孩子们从一开始听到每一个乐器发出声音时的惊艳,到后来抢着要自己体验,其实就是一个质变的过程。虽然孩子们模仿每一件乐器发出的声音,从不像到像需要很长时间,但孩子们在这个过程中非常开心快乐。为了给整个教室增添欢乐的气氛,我们采用了"接力棒"的形式们,让孩子们一个接一个地发出不同的音色,激发了孩子们的极大兴趣。

与此同时,我们还利用音频教学,让孩子们从画面上获得更多的快乐,偷偷地模仿,俏皮地打趣。通过这些活动,孩子们渐渐地能够敞开心扉与小朋友们交流、与老师们交流,勇敢地过了每一关,并且开拓了眼界。孩子们从开始时课后安静离开,到现在的活泼亲密,足足经过了半年的时间。这半年来孩子们从不会到会,从静到动,从胆小怕事到相互交流,从拿乐器时的抢到后来的秩序井然,再到后来的相互谦让,我们看到了孩子们一点一滴的改变,感到达到了教学的初衷,为孩子们的改变而感到,也为自己的付出取得成效而欣慰。其实不光是声乐班有这样的效果,其他的班更是如此。

(三)用心搜集专门针对弱势儿童的培训材料

对舞蹈班的孩子们来说,可能训练难度比其他班级更大。这个班中一部分孩子是从朗诵班中发掘出来的肢体有残疾的孩子,虽然经过了一段时间的训练,有了很大的进步,但肢体有残疾的孩子,在开始舞蹈训练的时候,还是要比一般人受更多的苦。刚开始,腿部有残疾的孩子练习基本功,就一个简单的压肩胛带,对于特殊儿童来说都是困难重重,听着孩子们的哇哇啼哭,看着孩子们想放弃的表情,老师们也感到心酸无语,连老师都想要放弃。可对于群文工作者来说,应该本着"一个也不能少"的原则,再难的骨头也要啃,条件再不好的孩子也得让他有所特长。

见此情此景,老师们再一次开会研究,改变策略,改变教学模式,决定先从思维意识上改变孩子,从观看视频教学开始,以看为主,在孩子们观看视频的同时,老师也在观察每一个孩子的外在变化。市面上流行的基本上都是正常孩子们的上课学习视频、演出视频,可我们不能给特殊儿童看这些,因为孩子们会被影响,会有挫败感、无力感,这会让效果适得其反。因此,我们通过多方联系,到一些特殊艺术团体、特殊学校走访,经过多次协商、实地拍摄,为孩子们搜集了一些与他们的情况相关联的培训资料。例如,在搜集到的资料中,有一个双腿截肢的残疾孩子,对她来说,学习舞蹈的基本功看起来似乎根本不可能,孩子由于没有下肢,无法做绷脚面、踢腿等动作,但是她的专业老师,根据这个孩子的特殊情况,发挥这个孩子的特长,给她制定了上肢的基本功练习,把很多下肢动作都改成了上肢动作,利用上肢的优势练习,从压肩胛带、后压肩胛带、蹬背挺胸压胛带到腰背肌的拉伸,在我们看来也觉得太苦太困难了。

在观看视频过后,我们本打算与孩子们沟通交流,但看到孩子们的表现,我们并没有选择第一时间和孩子们聊天沟通,而是选择了给他们时间,让他们自己考虑,让一切顺其自然进行的方式。第二堂课上课时,孩子们的精神面貌有所改变了,开始老师还担心孩子们会像以前一样,但出乎意料的是孩子们练习基本功时,身体和表情都柔和了。尽管还是汗流浃背、疼痛难耐,但他们似乎不在乎这些了,一切都不挂在脸上了,而是坦然面对了。课上依旧有汗水、泪水,但都是无声的,并且所有的孩子都坚持了下来。这是一个好的开始,让老师们看到了希望,孩子们也能勇敢地面对更多困难了。

每一次练习、排练也带给我们老师很多的困难,每个孩子的身体情况不同,所做出来的动作就不同,为了能够达到艺术的美,从几乎不可能到基本相近,从不整齐到整齐,都要从第一个同学开始到最后一个同学,慢慢地摆动作,坚持不懈地练习,用比常人多很多倍的努力来完成。最后,孩子们能够在一段韵律操中,完美地完成表演动作,这是从蛹到蝶的蜕变,得到在场陪同家长的掌声和欣喜的眼泪。

(四)引进心理辅导与文化志愿者辅助教学

在针对脑瘫残疾孩子们开设的课程上,我们根据每个孩子患病程度的不同,选择了先从心理疏导课程入手,然后根据每一个孩子的特点,分别为他们安排不同的艺术课程。心理辅导老师的资质对于我们来讲非常重要,这些老师是通过严格的考试筛选出来的,毕业于专业的院校。

另外,针对脑瘫孩子的课程与其他艺术课程有所不同,我们增加了文化志愿者们辅助教学的形式。脑瘫残疾的孩子们,大多有头部摇晃、流口水、流鼻涕、四肢不自觉地伸展、说话不清晰等现象,为了保持课堂的有序进行,我们起初是五个孩子和五个陪同志愿者一起上课,保障孩子在上课期间的卫生、安全、饮水、如厕等,这也是让孩子们更多地接触家长以外的人,更多地提高与外界沟通交流的能力。老师从零开始,边说边拿出一支铅笔说"1",开始时,下面传出来的声音各式各样,并不全是"1",有"耶""唉"等。这时候我们的志愿者发挥作用了,他们根据身边孩子的情况,重复老师的话,孩子们也跟着一起模仿。这时,授课老师观察孩子的学习能力,及时调整教学模式。用了一段时间,我们的数字就说得统一了。有的志愿者拿起孩子的手,举起小手的食指说"1",孩子边笑边说,课堂上的气氛很活跃。如此坚持了三四个月,我们志愿者的一对一帮扶开始慢慢撤出,从座位上离开、坐到教室最后一排,这对孩子们能够独立上课来说是很大的进步,意味着孩子们有了自主能力了。可以说,在这个过程中,我们的志愿者所发挥的作用是很大的。引进心理辅导与文化志愿者辅助教学,这也是我们在实践过程中一条非常重要的经验。

四、关于今后弱势儿童公益培训的设想

(一)坚持公益性、长期性、持续性

实施文化惠民工程、丰富群众文化活动,是一项长期的任务,也是每一个文化馆人义不容辞的责任。针对普通群众的文艺培训需要坚持公益性、长期性、持续性,针对特殊儿

童的文艺培训更得如此。当前,国家对美术馆、图书馆、文化馆等三馆免费开放的支持,使得我们有充足的资金开展各类培训,组织各类公益性的群众文化活动。我们此次弱势儿童公益培训,不是一拍脑门的决定,更不是为了出名、得利,而是要踏踏实实响应习近平总书记的号召,不辜负自己应该承担的这份社会责任。在今后的工作中,我们不但要关爱弱势儿童,也要把更多的弱势群体纳入到我们的服务对象中来,将群众文艺培训工作坚持到底、做到极致。

(二)增加展示机会,提高弱势儿童自信心、积极性

如果说平时的培训给了孩子们快乐的学习时光,那么舞台上的展示无疑让孩子们感受到了艺术的神圣光辉。因此,在今后针对弱势儿童的培训中,我们也要更多地为孩子们提供展示的机会,为孩子们组织各类演出活动,如结课演出、节日演出等,让孩子们敢于在舞台上展示自己,以此来提高他们的自信心和学习的积极性。

(三)联合各类社会机构,为弱势儿童争取资源

当前,社会上各类公益性的服务机构很多,文化馆的工作人员可以挖掘文化系统的各类资源,联合各类社会机构,为弱势孩子们争取更多资源。以东丽区为例,文化馆可以联系东丽区美术馆为孩子们举办画作展览,可以联系东丽区图书馆为孩子们捐赠书籍,也可以联系各类义工组织为孩子们带去各项服务。

习近平总书记在十九大报告中曾提到如何提升全民获得感和幸福感,如何提升全民对弱势儿童的关注。这是我国政府对弱势儿童的关怀,更是全社会对弱势儿童的关怀。东丽区文化馆的群文干部通过实践,证明了弱势儿童通过不断培养,也能够像正常孩子一样生活、学习,不能因为弱势孩子们的身体缺陷而忽略甚至抛弃他们。让我们从身边的一点一滴做起,从小事做起。实践告诉我们,只要付出努力,就一定会有收获,正常人如此,弱势儿童也是这样。事实上,在为弱势儿童培训时,我们从他们身上也学到了坚韧不拔的精神,看到了很多优秀的品质。就像张艺谋在电影《一个都不能少》中所展示的那样,没有一个孩子应该被放弃。弱势儿童是社会的一分子,我们不但不能忽视,反而应该更加重视,给予他们更多的关爱。文学艺术,是生命之光,群文工作者,有责任也有义务帮助每一位需要帮助的人,为他们带去这份光。

关于文化馆数字服务平台转型建设的几点构想

王文博　郑迎旭　杨明东（重庆市巴南区文化馆）

一、文化馆数字服务平台建设现状

自文化馆的数字化、网络化被列入国家"十二五"规划以来，我国数字文化馆建设发展历程已近十个年头。2016 年，中央补助地方公共数字文化建设项目启动，如今全国大部分地区均已完成文化馆数字服务平台及数字文化资源的建设，提升了群众对数字文化馆的认知度，拓宽了群众获取公共文化服务的网上渠道。

二、现有文化馆数字服务平台存在的问题

数字服务平台及数字资源的建设，为文化馆开展全民艺术普及、举办文化艺术活动、传承保护非物质文化遗产等业务起到重要的信息支撑作用。但是也应该看到，在数字文化馆的建设和发展中也产生了一些新的问题。

（一）平台功能多，用户使用少

各省市文化部门建设的文化云平台，基本囊括了场馆预约、培训报名、慕课教学、艺术赏析等各项功能，群众通过访问文化云平台可以较为全面的了解文化资讯、学习文化艺术、体验线上文化生活。但此类功能全面的综合型网站也在一定程度上增加群众的使用难度，无法将群众所需的文化服务直接呈现给群众。

（二）资源总量多，用户观看少

数字文化经过近十年的发展，已经积累了相当丰富的文化资源，特别是文化和旅游部牵头建设的全国文化共享工程，截至 2017 年底，资源总库建设量已达 730TB，内容涵盖少儿乐园、艺术视界、健康养生、三农之家等十余个精品栏目，但多数节目的累积点击量都在十万次以下，与当下一些短视频网站动辄几百万的点击量相比，差距较为悬殊。

（三）推广任务重，群众意见大

以近期拟定的第五次全国文化馆等级评定标准为例，其中有两项指标：一是一级文化馆数字服务平台年服务 200 万人次；二是数字资源总量达到 6TB。为达到考核标准，一些

指标差距较大的单位,有时甚至会切断线下服务渠道,迫使群众使用线上服务,而现有的一些平台,仅在用户注册时即要求绑定电话、姓名、年龄、身份证号等一系列信息,其程序烦琐,群众很有意见。

三、解决对策

针对以上问题,笔者认为在文化馆数字服务平台下步建设思路上应做出以下三点转变:

(一)由综合型网站向单一型应用转变

自国家提出"互联网+"行动计划以来,各级政府部门迅速贯彻落实,积极建设属于本级政府部门的综合型网站,旨在使群众线上一次办,线下少跑腿。然而考虑到文化行业自身的特点,单一型应用才是我们数字文化平台的建设方向。

1. 单一型应用更易于与群众保持高频次的互动

文化馆的主要职责是进行全民艺术普及,艺术素养的提升是一个长期而漫长的过程,所以平台建设目的不是让群众一次性享受到所有的服务,而是要通过平台与群众进行高频次的互动,并希望能将群众从线上引流到线下来学习体会。从工作实践来看,文化馆服务的各个群体交叉度较低,比如来线下参加培训的人员以退休的老年人居多,而在线上参加活动的多为工作的年轻人,为了使网上平台更具黏性,我们应进一步将平台功能进行细分,针对不同的群体推出更切合他们实际需求的单一型应用。通过对用户行为信息的挖掘,促进信息服务层次的加深和服务质量的提升。

2. 单一型应用更适于在移动互联网上的传播

随着移动互联网的普及,人们的上网习惯从电脑转向手机,受限于手机屏幕的大小,原有的综合型网站由于版块繁多、功能复杂,已不适于在手机端进行使用,纵观各地的文化云平台,虽然都及时推出了手机端应用,但仅仅是在版面布局上做了适应手机屏幕的调整,而未从内容和功能上真正精减为适应手机端的应用,求全求广的功能设计一定程度上成为群众广泛使用手机端文化云平台的绊脚石。

基于以上两点,笔者认为,我们应在现有门户型网站的基础上细化功能版块,进一步推出功能简化、界面简约、操作简便的手机端应用,结合热门的互联网产品类型,笔者建议:一是建设视频直播类应用,主要对文化馆的各项活动、赛事、展览进行直播。二是建设短视频类应用,主要将文化馆的文艺表演、文化讲座、展览展示等活动中的精彩部分以短视频的形式分享给群众观看。

(二)由追求数字资源建设向追求资源精准供给转变

能否有效地利用好现有的海量数字资源,提高资源供给的精准度是关键,这就要求在建设数字服务平台时,不仅要注重对大数据的采集,更要注重对大数据的分析。

1. 侧重于采集用户的行为数据

对数字服务平台来说,为了提高数字资源的服务效能,能否准确而丰富的采集到用户的行为数据变得尤为重要。这些数据包括但不限于用户浏览了哪些版块、点击了哪些栏目、搜索了哪些内容、观看了多长时间等,这些才是我们进一步分析群众口味偏好的关键性信息。

2. 着眼于大数据算法的研究

智能推荐算法在现在的互联网应用中已经普遍使用,用户在新闻类网站查看某条新闻信息时,网站就会在一段时间内自动向用户推送同类型的讯息;在网络购物时,购物网站会自动向用户推荐同类型的商品方便选择。但是在数字文化平台上,普遍还停留在按时间排序、按热度排序这种简单的推荐功能上,谈不上智能算法,所以在数字平台上转型上,我们要更加注重平台的智能性,而不仅仅是平台的功能性。

(三)由开发服务外包向组建自有研发团队转变

一直以来,各级政府部门、企事业单位在使用信息化手段为群众提供服务时,多是将项目外包给一些公司来开发完成,这在过去的桌面互联网时代是行之有效的一种方式。在桌面互联网时代,信息化形式以网站为主,群众使用频率不高,一个网站开发完成后,甚至几年都不用再更新。而随着移动互联网的普及,特别是近年来政府服务方式的转变,群众通过网络获取政务服务的频次越来越高,促进政府不断提升服务的呼声越来越强,为适应这种变化,组建一支自有的研发团队显得尤为必要。

1. 自有团队更了解用户的使用习惯

智能手机在中国的迅速普及,使得两个群体跨过了电脑时代对人们网络使用操作的培养,直接进入了手机端的操作。这两个群体一个是农民群体、一个是老年人群体,他们无法熟练使用一些高端互联网应用,但对于政府部门特别是文化部门来说,服务好这两个群体是工作的重中之重,在建设数字服务平台时,务必要充分考虑到特殊群体使用习惯,不能简单将所有群众都看作是标准的互联网用户。

2. 自有团队可以更快速的进行产品迭代

要想通过信息化手段服务好群众,首先要求的就是信息化产品的迭代速度,一些热门的互联网应用,更新频率基本是在每周一次。但若采用服务外包的形式,甚至一个月也难以完成一次更新。通过组建自有研发团队,由于开发人员同时也是一线工作人员,他们直接面向群众,最了解群众需求,也就可以实时开发出响应群众需求的数字文化产品。

3. 文化系统已完成信息化人才的储备

近些年,各级文化部门在招聘时已经有意识地在引进信息化人才,从全省或是全国范围来看,文化部门已经积累了相当数量的即懂业务又懂技术的人员,在适当的时候可以由有关部门牵头,组建一支以自有人才力量为核心、以外部技术力量为补充的数字文化队伍,共同打造贴近群众实际需求的数字服务平台。

综上所述,在技术、资源、人才都已经累积到一定程度的今天,我们应以问题为导向,综合利用各方优势,加速转型,让数字服务平台在文化和群众之间起到不可替代的桥梁纽带作用。

文化馆学探讨：理论、政治和实践

杜　染（北京文化艺术活动中心）

文化馆是政府以马克思主义为指导思想而建立的社会主义的群众文化事业机构。在文化政治意义上，文化馆是在马克思主义政党和社会主义国家领导下社会主义文化事业的重要组成部分，是巩固和发展社会主义意识形态的重要阵地。文化馆作为上层建筑的一个组成部分，是一种"文化—政治—社会—历史"融合统一的社会文化现象。文化馆是政府设立的群众文化事业机构和群众文化活动场所，是群众文化事业的一个部分和体现社会主义文化政治和空间正义的文化政治空间；在公共文化服务上，文化馆是公共文化服务体系的重要组成部分，文化馆事业通过群众文化艺术工作服务于群众，服务于社会，激发人民群众的文化创新创造活力；在学术意义上，文化馆学是研究文化馆所担负的那部分群众文化工作的特殊规律的社会科学，研究内容是文化馆如何在群众文化事业发展中更好地发挥群众文化服务职能，促进国民文明素质提升和人的全面发展。

文化馆学的构成具有"三重语境"：学科理性语境（学术建构）、政治性语境（文化领导权）、实践语境（规划、运营、执行）。这也使文化馆学具有学术性、政治性、实践性的特征。这样的文化馆学是领导和指导者、学者、从业者和群众共同建构的结构性框架，需要把理论、政治、实践三者相结合，形成互动机制；需要将学科建设与跨学科策略相结合，进行文化馆学与群众文化学、艺术学、大众传播学、图书馆学、教育学、心理学、政治学、管理学等相关学科的跨学科研究；需要对文化馆学和文化馆专业的本位回归和主动观照。这样的文化馆学可以当作文化馆体系建设的一个起点，这是文化馆与马克思主义的一次建设性相遇，是群众文化得以沿着社会主义方向开始新一轮构形的基础。

一、文化馆事业与文化馆学

文化馆事业是社会主义文化事业的一个方面，体现着人民主体性、主导性、体系性、公共性。在社会主义社会，党和政府的力量、社会的力量、法律的力量和群众自身的力量这四种力量支撑，使文化馆为群众文化服务的宗旨得到确认。

作为一项事业，文化馆从其产生之初就是党的事业的重要组成部分，具有社会主义意识形态的属性。苏区是早期中国共产党人建设的革命根据地，1927年开始在苏区各地方和工农红军中普遍建立的以马克思列宁主义为指导思想的基层文化组织——俱乐部、列宁室是文化馆的源头，1935年开始在陕甘宁边区成立前和成立后设立的新型民众教育馆是中华人民共和国成立后文化馆的滥觞，人民文化馆在"1945年张家口第一次解放的时候，首先在张家口建立起来"[1]。文化馆事业在探索中不断发展壮大，成为发展群众文化、实现人民群众基本文化权利、维护社会主义空间正义、巩固和发展社会主义文化领导权的重要阵地。文化馆的研究也正在从起步阶段的零散的、问题导向的领域研究、问题研究逐渐生成有内在逻辑的范畴和体系，走向系统化、规范化研究，为最终形成独立的学科创造条件。在这样的社会基础和学科基础上，认识到文化馆学处于学科构建的初创阶段，倡导和致力于从学科的系统性、整体性、规范性、逻辑性上确立文化馆学的研究体系与框架，最终形成文化馆学学科，是当前文化馆事业的重要工作。作为一项新事业的文化馆学，是科研活动的组成部分。作为机构的文化馆发展史同样是文化馆学中至关重要的一部分内容。

文化馆学是研究文化馆事业及其相关因素的科学。文化馆学是一门综合性、应用性的科学，属于广义的社会科学，是一门新兴学科、交叉学科。文化馆学又称作文化馆研究，文化馆学作为一门科学，它在中国的产生主要有两个条件：一是马克思主义的传入，二是国家构建现代公共文化服务体系的理论与实践。这就需要将文化馆学理论置于群众文化学理论和公共文化服务理论的框架内进行探讨。人民群众是历史的创造者，社会主义文化建设需要激发人民群众的创新创造活力，这就必然要求我们以社会主义现代性建构的元点，建构起一门新的知识学科——文化馆学学科。这是一项艰难而迫切的任务，尤其是文化馆专业在发展中由于学科建设的原因而导致理论薄弱、专家学者不足，文化馆学著作十分贫乏。这不是文化馆专业自身的学术价值有问题，而是人们对文化馆专业的学术价值和其具有的现代性研究不够、认识不足。由于缺少系统化的文化馆学知识，在短期内，文化馆学还没有希望发展成一门专业的科学，也缺少确有能力胜任文化馆专业领导的人，文化馆专业组织建设也处于起步阶段，真正意义上的文化馆学学术研究的深度开掘和理论的厚重建构的探讨尚在创建，需要真正从文化馆学的角度考察并创造性地解释文化馆事业现象，以更好地实现文化馆的服务职能及在文化馆系统中的动态交互。

文化馆学史的梳理是本位回归的重要路径。文化馆学的发展经历了三个发展阶段：问题意义的文化馆学（20世纪50年代）、研究意义的文化馆学（20世纪80年代至今）和学科意义的文化馆学（未来）。自20世纪50年代开始，国家文化部门或群众文化学会曾出版过《文化馆工作》、《群众文化》、《群众文化论丛》和《中国群众文化论丛》（集刊）等刊物。"文化馆学"这一学科术语早在20世纪80年代即已在业内研究成果中出现，并先后出版了概论性著作：《文化馆工作概论》[2]、《文化馆学》[3]、《中国文化馆学概论》[4]、《中国文化馆（站）发展之路》[5]等以及与文化馆学密切相关的《群众文化学》[6]、《群众文化基础知识》[7]、《群众文化的现代化》[8]等，但文化馆学这一学科至今并没有发展起来。文化馆实践和理论的探索包含许多方面，长期以来，工作经验层面的探讨相对活跃，理论层面的真正的学术探讨是一件十分困难的事情。文化馆是本土性和国际性的统一，但未进入国内各种学术和理论思潮的语境和文化关联，更没进入国际视野。文化馆事业在文化政治意义上是主流文化、主导文化，在学界和国际学术领域，却处于"边缘化"的境地，未能汇入学术的主流，需要在使经验本身系统化的基础上超出经验的意义，进行理论体系建构,实现理论与实践的结合。

　　基于上述状况的清醒认识,笔者致力于马克思主义指导下的全球化、现代化、文化政治视角研究群众文化学和文化馆学,并引入相关理论和学术话语,为文化馆学研究开拓新的领域和新的生长点,以期有助于推进真正的文化馆学学术研究和理论建构机制的确立;有助于推动文化馆学能够真正进入国内外学术研究的语境,在社会主义文化建构的含义上开展真正的国际学术交流,同时在这种交流中确立我们的话语权,从而展示出马克思主义理论的新的地平线;有助于推动社会主义现代性建构。马克思主义对社会构造的选择与建构,处于无产阶级作为凝聚性力量的作用下社会主义的必然发展这一历史必然性之中,建立在马克思主义理论与共产党政治实践相一致的基础上,在马克思主义的"科学"所保证的社会历史与文化建设的规律,提供了文化馆在社会主义文化现代性建构中的主体性特征和领域。

二、科学的文化馆学研究范式

　　理论是学科基础并指导实践,文化馆事业正处于重要的发展期与转型期,亟须与之相应的专业基础理论、战略管理理论、立法保障、规范标准建设等,文化馆学需要理论的新探索,急需理论创新意义上的基础教材和创办国家级群众文化学刊、文化馆学刊,为学科建设提供理论基础。文化馆学理论还处于初始阶段,多具有零散性、粗放性、探索性、尝试性,缺乏系统性、精细性、学理性、成熟性的学术成果。从哲学、社会理论、心理学、历史学、政治学、管理学、文化馆事业实践等维度对文化馆学进行科学的论证,并基于这些要素构建文化馆学学科体系,把文化馆学从"实用理性"的实用的经验主义阶段向"实用理性、科学理性与价值理性相统一"的科学的文化馆学阶段提升,既要重视实用、实践,又要重视理论、学术。将多学科、跨学科的理论和方法引入文化馆学研究领域,突破过往文化馆学界将文化馆学局限于实际活动的微观研究视野,将理论视角从过程转向功能,拓展文化馆学的内涵与外延。提炼出有学理性的概念、观点、理论,使之上升到规律的高度,能够进入世界学术领域,为中华民族伟大复兴提供思想文化理论支撑,也能够为人类现代文明的发展提供智慧和力量。笔者以马克思主义理论为基础,创作《文化馆学导论》,以期利用哲学和多学科理论或方法来阐释文化馆学的基本命题,从文化馆事业哲学、文化馆意识形态、文化馆学新范式等理论层面建构文化馆学理论体系。

　　文化馆学理论的主体性、原创性,需要从三个方面去认识,第一是在学理性的基础上辩证认识其紧迫性与可能性、民族性与世界性、继承性与原创性、导向性与学理性、现实性与前瞻性的有机统一。第二是在文化政治的基础上辩证认识其文化—政治—社会—历史的有机统一。第三是在实践论的基础上辩证认识其本体论、认识论、价值论、实践论的有机统一。由此可见,文化馆学理论的主体性,体现为理论、政治和实践的统一。因此,文化馆学研究旨在以文化为起点,将严谨的学术规范和能力与政治性的策略、实践组合结构结合在一起。

文化馆具有文化本体意味,即文化馆是社会主义文化建构的基本力量。马克思主义的认识论是社会认识论,是以人民群众为实践主体的认识论。文化馆学以马克思主义的理论核心和学理构架为本,就其实质而言,具有文化建构主义本体论特征。文化馆体系在马克思社会—政治话语中占主导地位,有助于加强社会主义事业、社会主义政治立场或权力结构的意义,有助于构建和再现占主导地位的文化领导权,并使之永久化。

当代理论关注的核心是现代性问题,作为意识形态的科学的文化馆学是群众文化学的重要分支学科,致力于群众文化建构,是群众文化"建构性力量",具有社会主义现代性建构的价值属性,群众文化建构关涉个体性、主体性和共同体的问题,是一个科学建构,也是一个政治建构,是学理性(理论性、科学性)与政治性(意识形态性、实践性)的统一。

三、文化馆学的学术理性

文化馆的本质是群众文化辅导。群众文化、群众文化辅导、群众文化公众是群众文化辅导现象的三个重要方面。文化馆学定义为"文化馆学是研究文化馆如何对群众文化审美进行辅导并使群众文化发挥社会主义文化建构的社会功能的一门社会科学。"以文化馆活动为基础处于成长中的文化馆学,属于社会科学,它的目的是通过群众文化活动进行社会主义文化建构。文化馆学成熟的学理标识,一是群众文化学理论基础,二是公共文化服务理论指导,三是人民大众立场,四是确定实践论的核心地位。

文化馆学的学科特征是有"学"又有"术"。因此,文化馆学需要将学科的构建与研究领域的开拓并重。面对共同的问题,学科是在规范性的要求下以概念、范畴、体系支撑的系统化的知识和研究领域,探讨文化馆学的研究对象、范式特征、学科理论及其终极目的等元问题。研究领域则是以问题为导向,研究文化馆学理论与实践的具体问题。文化馆学的研究对象是文化馆事业及其相关因素。在研究范畴上采用整体化、综合化研究。文化馆学基本概念是一个概念群,包括:群众文化、群众艺术馆、文化馆、数字文化馆、文化站、文化室、文化馆体系、文化馆职业、队伍建设、法人治理结构、总分馆制、文化馆管理、群众文化服务、群众文化活动、组织、辅导、研究、群众文艺、公共文化空间、审美等。核心概念是群众文化、审美(创造与欣赏)。文化馆学的内容体系分为理论文化馆学(文化馆学基础、文化馆学史等)和应用文化馆学(群众文艺、群众文艺辅导、文化馆管理等)。

在建构路径上,采取多学科、跨学科的路径、整体性的路径、多范式的路径等,学科范畴体系主要包括文化馆与文化馆事业、文化馆与文化政治、文化馆与公共文化空间正义、文化馆与公共文化服务、文化馆与群众文化、文化公共性等。文化馆与群众文化是文化馆学学科的逻辑起点,公共文化空间正义是文化馆学学科的逻辑终点。文化馆学是一门独立的学科,但更是一门开放的学科。文化馆具有人民性和群众性、政治性和建设性、主导性和公共性等总体特征,以及体系性、综合性、普及性、社会性、时代性等工作特征。为解释文化馆这一社会文化机构活动的动态性、复杂性,需要一套有组织的科学知识系统,只有这样,所研究出的文化馆学才能兼顾到文化馆事业的每一方面,这样的文化馆学才能经得起科学的检验。同时,充分吸收、运用其他学科的理论和方法,是促进文化馆学学科构建以及繁荣和发展的积极方式。需要融相关学科知识和文化馆学于一体,提高文化馆学的理论品位。

在研究方法上,科学性与人文性统一,理论研究与应用研究统一;范式特征是理论与实用并重研究的范式。研究方法是在马克思主义指导原则下的多学科跨学科方法、复杂性科学方法、哲学方法、历史方法、比较方法、系统论方法等。文化馆学的哲学思想,核心是价值观念与科学思想的统一,思想原则是理论与实践相结合,实践主题是社会主义现代化建设。学界、政界、业界"三界结合"的互动机制是文化馆学现实性与学术性、理论与实践相统一的本质的基础。

在学术检验标准上,以是否促进群众文化的现代化和人的全面发展为尺度。文化馆作为人的本质的物化形式,其最直接的功能就是促进人的全面发展。"人"始终是文化馆学和文化馆事业的价值源起,促进人的全面发展是文化馆最终与最高的目标。

参考文献

[1] 教育资料丛刊社. 在成长中的人民文化馆[M]. 北京:人民教育出版社,1951:1.

[2] 文化部群众文化事业管理局《文化馆工作概论》编著组. 文化馆工作概论[M]. 延边:延边人民出版社,1985.

[3] 吉林省群众文化学会. 文化馆学[M]. 长春:吉林大学出版社,1988.

[4] 谈祖应. 中国文化馆学概论[M]. 海口:海南出版社,2008.

[5] 彭泽明. 中国文化馆(站)发展之路[M]. 重庆:重庆出版社,2012.

[6] 郑永富. 群众文化学[M]. 北京:中国国际广播出版社,1993.

[7] 冯守仁,鲍和平. 群众文化基础知识[M]. 北京:北京师范大学出版社,2013.

[8] 杜染. 群众文化的现代化[M]. 北京:华龄出版社,2018.

文化馆事业社会化发展的方向、路径与实现方式

黄　放（嘉兴市文化馆）

近年来，我国部分条件成熟、实施环境相宜的文化馆在社会化建设和发展等方面进行了诸多有益、有效探索与尝试，为更多谋求创新发展的文化馆提供了可参考和借鉴的范例。在社会化发展不断深入推进的进程中，如何更广泛地、更有针对性地推动文化馆事业的社会化发展成为构建现代文化馆、丰富公共文化服务体系的重要内容，也是本文的探讨主题。

一、文化馆事业社会化的发展方向

在诸多发展到一定阶段的行业领域内，其发展方向和发展战略通常面临着多元化还是专业化的选择。但对于尚处于初期探索阶段的、谋求更多发展可能的文化馆事业社会化发展这一主题而言，多元化与专业化的融合与统一方是其效力与潜力均可期可控的发展方向。

（一）结构多元化

从宏观角度而论，人类社会越发展就越复杂。无论是政治、经济、还是文化，其向前发展的方向都将趋向多元化。因为多元化发展意味着包容的胸怀，广阔的视野，丰富的结构，多样的形式以及精彩的、富有多种可能的发展前景。从本文所论的主题而言，在当下文化大繁荣大发展的背景下，文化馆事业社会化势必趋向多元化发展。这是文化事业发展的必然趋势与方向，也是文化发展自身的不二选择。而文化馆事业社会化发展多元化的显性指征就体现在其组成结构的多元化，即多个元素、多样形式、多种方式的共生共存，具体体现在以下几个方面：

1. 参与主体多元化

目前，我国文化馆事业的社会化运作及相关项目多由政府主导，具体到某个地区或城市，其参与主体的实际构成也相对单一。从多元化发展的角度、趋势及其内在需求而言，参与到文化馆事业的主体将越来越丰富多元，各类企业、社会机构、民间组织、专家群体、广大公众都将是文化馆事业社会化的参与主体，且各自占比也将趋向均衡，其主观意愿也将更为主动和强烈，而非仅基于某方面的利益驱动、扶持政策或压力而为之。这些日益多元的主体的参与还将常态化，最终形成具有一定规模、一定影响、一定效益的社会参与力量。

2. 推动策略多元化

当前文化馆事业社会化建设尚处在初始阶段,但社会化是文化馆类公益事业单位发展的一个必然趋势,故而需要各级政府及相关部门多策略、多方位地予以倡导、推动和落实,且推动策略因参与主体的丰富多元而呈现出多元化特性。具体策略可以考虑如下几点:一是建立、加强保障机制。建立和完善相适应的法律法规和制度体系,保障各项实施机制的有效性和合法性;二是落实、完善扶持政策。在现有的扶持政策的基础上,进一步完善并真正落实参与主体的应得权益,调动参与方的积极性与能动性;三是挖掘、利用社区力量。在社会化发展中,基层社区力量是不可低估的潜在力量,蕴含着巨大的人力资源和文化资源;四是倡导、鼓励各界参与。通过各种渠道和平台加强宣传,提供必要的培训服务,积极倡导、鼓励社会各界力量参与,在扩大参与覆盖面的同时提高其参与能力。

3. 实施方式多元化

在多元策略的推动下,文化馆事业社会化发展的具体实施方式也相应多元,以下几种方式可供参考和借鉴。首先是政府的倡导、鼓励、和扶持。一般而言,一个普及型项目的推广往往需要政府的倡导和支持,提供必要的扶持、优惠政策,给参与方应有的奖励或补偿。其次是公益机构、民间组织的介入和协调。文化馆本是公益性的文化事业单位,它的社会化发展恰恰意味着政府部门管理权限的适度放开,这也意味着需要社会的、民间的运作机构或组织发挥专业的、有益的作用,在政府与企业、个人之间建立有效的机制与桥梁,使社会化运作有序开展。再次是企业的捐赠与赞助。在相当多的社会化事业发展中,来自各类企业的捐赠与赞助是不可或缺的资金来源。但对于这一部分社会力量的投入,政府应建立和完善相应的鼓励政策和保障措施。此外还有文化单位及个人志愿服务。志愿服务相对企业捐赠和赞助而言,更多的是依靠参与主体自愿的、无偿的付出。志愿服务是社会化发展极其重要的补充。

(二)技术专业化

文化馆事业社会化发展方向的另一个显性指征是技术专业化,而且其结构越是多元,对操作技术的专业化程度要求也越高。社会化发展的设计、管理、运作等技术层面的专业要求体现在以下几个方面:

1. 管理程序专业化

随着文化馆事业社会化建设的逐步推进,其覆盖范围、参与主体、组织方式都日益趋向多元化,涉及的领域、行业、机构和群体越来越多,这就需要政府首先在管理层面高度专业化,从法规、制度、程序等层面对可能出现、发生、存在的人、事、物进行事前管理,对参与主体的组织管理、决策程序以及相应的权责界限都要进行科学的、必要的约定和规范,使整个程序合理合法,有章有序。只有专业的管理,才能产生高效的结果。

2. 流程设置专业化

文化馆业务涉及庞杂的艺术门类,具有一定的独特性和复杂性。因此,在其社会化建设的具体操作和实施过程中,对于每一个运作流程、实施步骤、操作规程以及内在的环节、细节都应该做出理性的预估预判,在事前展开充分梳理和规划的基础上,再进行专业化的流程设置,这样才有助且有利于文化馆社会化的顺利运作。

3.目标设计专业化

文化馆事业社会化发展将开放到哪种程度,触及哪些运作层面,关联到哪些行业领域,涉及哪些具体内容,这些相关内容都应该事前做好专业的目标设定和顶层设计,科学分析可能存在的困难和障碍并提供有效的解决方案。此外,还应对设定好的目标做好科学的分类和细化工作,详细制定各个流程和环节的具体措施、行业规范和考核标准,使之与各个艺术门类迥异的专业特性相适应、相匹配。

二、文化馆事业社会化的发展路径

(一)思维社会化

经历了几十年变迁和演化的文化馆事业,无论是在以政治为中心的年代,或是为经济搭台的阶段,还是此后进入的以公众需求为导向的公共文化服务建设时期,行业内的主流思维基本还是体制内的思维方式,认为文化馆这类公益性文化事业单位的建设和发展应该由政府财政投入,由相关文化主管部门全面管理,尤其是在经过市场经营短暂尝试未见显著成效之后,政府部门以及相当比例的从业人员都更倾向于将文化馆事业纳入体制内管理和运作。这在很大程度上造成当下文化馆管理运作模式和思维的固化。因此,在政府开始提倡文化馆事业社会化发展的当下,思维、理念、认知等层面的社会化比模式、方式、流程的社会化显得尤为重要且必要,也更能深入文化馆社会化建设和发展的内核。

(二)技术社会化

文化馆事业社会化发展不仅需要在思维、认知等层面从根源上切入社会化路径,也离不开技术层面的社会化。这里包含了双重含义:一方面是如前文所述的组织、管理、运作等各个层面的程序、流程、细节的社会化专业运作,此处不予赘述;另一方面则是基于现代科学技术应用的社会化传播平台与社会互联互通的网络的运用与搭建,如充分利用微博、微信等自媒体平台和工具搭建社会化宣传和推广网络,在项目与个体之间搭建桥梁,使文化馆的服务终端延伸至每个人。同时通过平台与网络搜集每个处于平台和网络终端的个人的体验感受、互动内容与频率、满意度和评价等信息,并通过第三方的技术分析,将结果反馈至文化服务提供方,由此形成一个良性循环。

(三)方式社会化

文化馆事业的社会化发展还将体现并依赖于运作方式方法的社会化选择上。若仍然按照以往文化馆建设、发展的传统思路和陈旧方法,文化馆始终难以摆脱投入大、效益低的局面,也很难从根本上创新当前的管理和运作模式,提供更令人满意和耳目一新的服务和产品类别。只有尝试、选择、引入丰富多样的社会化方式与手段,借鉴甚至借助其他领域的资源、方式和理念,博采众长,在服务理念上以群众需求为导向,在方式上融合吸收其他行业、专业领域和社会界别的推广、营销和运作方式,在成效上更加重视社会效应,文化馆事业方能突破桎梏乃至获得更大发展。这也正是文化馆事业提倡,同时也是内在需要社会化发展的根由所在。

三、文化馆事业社会化的实现方式

文化馆事业的社会化发展最终还是需要依靠一系列行之有效的方式方法才有望实现。结合前文对我国文化馆事业的当前建设格局和未来发展趋势的描述,笔者认为当下我国文化馆事业社会化的实现方式有如下几种:

(一)社会化的管理模式

文化馆事业社会化发展需要在管理模式上充分采用和吸收社会化的治理。事实上,近年来在国家层面倡导和推行的文化馆机制体制改革和创新都是社会化治理的前奏,无论是文化馆总分馆制和理事会法人治理制度的创新和推广,还是行业组织构建和公众听证会制度的积极探索和尝试,都在触及内核的地方或多或少地纳入了社会化的管理模式和治理方式,都是社会化的尝试和创新发展。在此背景和经验积累下,我国文化馆事业未来的管理模式势必更深程度、更广范围地强化和深化社会化发展,从理念到技术,从模式到方式,从内核到外延,都将遵循社会化发展方向予以更新。

(二)社会化的运作范式

文化馆事业社会化发展需要灵活借鉴和运用其他行业和领域的社会化运作范式。目前社会化运作比较具有可行性和可见社会效应的几种范式主要包括政府部门主导的文化志愿者服务、行业组织开展的文化众筹以及专业机构运作的文化募捐等。文化志愿者服务在机制创新、队伍建设和规范管理上有显见成效,各级文化志愿者队伍都成为当地公共文化服务力量的重要补充。文化众筹依靠互联网、自媒体等各类平台,充分利用和发掘社会资源,将文化事业引入了一个充满开放性的全新领域,为文化馆事业社会化提供了一种更广阔的发展可能。由专业机构运作的文化募捐则更专业、更成熟、更具执行力和生命力。这里值得一提的是美国GOOGWILL公司的"慈善超市"运营模式,作为非营利组织,其坚持不以商业利润为追求目标的立场,但同时具备独立的商业运作模式,高度的专业化和社会化使之具备了可扩张、可持续的充要条件。以上这些成功的运作范式均可有选择地作为文化馆社会化发展的有益借鉴。

(三)社会化的服务样式

文化馆事业社会化发展的实现还需要在服务样式上不断丰富和开拓创新。例如,在服务内容和产品类别上力求丰富多样,尽可能满足更大公众群体的文化需求;在服务机制和服务方式上可广泛参考文化产业化和市场化运作机制,借鉴并汲取有益且可行成分;在服务平台和服务渠道上拓宽范围,充分利用受众面广的互联网和自媒体,增强公共文化服务的社会效益。通过寻求多维度、多视角的社会化服务样式,使文化馆事业的社会化发展如引水入渠,在相对成熟的条件下顺应环境自然发展,通过减少发展过程中的困难与障碍,从而使社会化得以实现。

(四)社会化的普及形式

文化馆事业的社会化发展还将受益于普及形式的极大丰富。目前,我国文化馆在加快构建现代公共文化服务体系的进程中,大力推进全民艺术普及、区域间文化交流与合作、文旅深度融合发展等公共文化服务领域的社会化运作。一般来说,这类活动在文化馆建设中战略地位重要,受众范围广泛,活动规模较大,社会效益显著。如果在此类文化馆建设的重要构成上加强社会化运作机制与普及方式的创新实践,则必将有助于加快推进和实现文化馆事业的社会化发展。

文化馆驰骋数字化轨道，多措并举提升民众获得感

王　颖（上海市黄浦区文化馆）

党的十九大报告指出，要"完善公共文化服务体系，深入实施文化惠民工程，丰富群众性文化活动"。《中华人民共和国公共文化服务保障法》提出，要"加强基层公共文化设施的数字化和网络建设，提高数字化和网络服务能力"。

据大数据统计，截至 2018 年 12 月，我国网民规模达 8.29 亿，全年共计新增网民 5653 万人，互联网普及率为 59.6%，较 2017 年底提升了 3.8%。同时，我国六十岁以上老龄人口已达 2.5 亿；这部分民众在渴望得到文化休闲方面服务的呼声十分强烈。结合网民规模的持续快速增长、互联网模式的持续创新以及线上、线下服务的加速融合态势，使我们清醒地看到：数字化成为公共文化服务建设的重要方向。公共文化专列驰骋上了数字化多媒体的高速公路，怎样才能稳扎稳打提升民众的获得感呢？笔者有感于此，遂落笔以述之。

一、力赞"拳头产品"，数字化共享品牌需要潜心挖掘

文化快车道上的数字化建设并不是一蹴而就，公共文化领域需要臻品、精品来"登高一呼"；有了平台的"锅灶"，"米面"自然也不可或缺。"百工微纪录片"应运而生，纳入文化共享工程资源品牌项目库，成为独特意义上的"文艺轻骑兵"。

2018 年夏，郑州市文化馆负责主推的《郑州百工筑梦》微纪录片问世。该片主要聚焦本地区具有代表性的传统手工技艺、民间工艺大师，通过微纪录片的形式，纪录手工艺人的日常生活场景或精湛的技艺，展现其精美的作品、精湛的绝活或可贵的匠心。这部称不上鸿篇巨制的纪录作品，形成了一份传统文化的"传承日志"，目前已成功入选了全国文化信息资源共享工程 2018 年地方资源建设项目。随着世界各地交流往来的深入化持久化，这些资源也将更好地展示和弘扬华夏历史文明。无独有偶，由中国台湾导演曲全立担任总导演的《海派百工》系列 60 部 8K 超高清微电影纪录片将在今年的"文化和自然遗产日"正式开播，预计投放到地铁、公交上的电子屏及国家文化云等平台，传承匠人们"一生择一事"的精神；纪录片每集 5 分钟，内容包含浦东绕龙灯、三林瓷刻、海派石雕等六十项上海非遗项目，是传统工艺数字化保护的又一耀眼成果。片中展现了各派高手的独门绝技：在象牙扇上雕刻了五千多首唐诗的微雕好手；耗费近 13 年时间完成一件惊世之作的画绣传承人；老凤祥金银细工、上海绒绣、周虎臣毛笔……个中皆有"海派百工"之

妙。这类"拳头产品",打破了时地所限,让人们深入体验"行走的文化库""掌心的文化馆",令人观之毫无冗长赘述之感,反而渴求了解更多内容信息。"短、轻、快"的数字化呈现,也为大家展示了上海的另一面:上海不乏生活快节奏,更有慢工出细活的坚守。

由 2015 年开始创作的"红色历史动漫项目"也可谓亮点纷呈。它结合中国人民抗日战争胜利 70 周年、建党 95 周年、长征胜利 80 周年的历史意义和彪炳史册的革命成果,规划了"党史""抗战""英烈"和"长征"四大主题。这一项目既能唱响主旋律,形式又非常新颖活泼,它一改往日说教的严肃性、增强故事性、提升文娱的乐趣,熔革命精神和奋斗豪情于生动多彩的叙事,便于学龄儿童理解和接受。自带不拘一格的属性使这部历史题材的动漫具备茂盛的传播生命力。文化馆也可以将其搜集整理,利用各种多媒体平台进行多角度推广,让经典作品深入人心。

文化的数字传播已经是日常生活中的一部分,看似高冷、严肃的文化,其实就在周遭围绕。窥斑见豹,见微知著,微纪录片的诞生提示我们:驶向数字化轨道之后,文化共享工程资源品牌栏目需要潜心挖掘。

二、文化馆数字化服务须真诚互动来润色

许多基层文化馆在数字文化馆建设方面的资金并不是非常充足,某些单位的门户网站至今仍挂靠于主管部门的网站之下,呈现出来的风格品味也会显得落伍低迷。这样的网站放诸无垠网海,不可能拥有可观的点击量,也不能吸引人民大众的眼球。因此,数字化文化馆的构建,不能是"克勤克俭的将就",也不能是一步到位式的"一锤子买卖",而是需要不断"修葺维护"的"时尚公寓"。一定的资金是"源头活水",能够有底气有实力将文化馆的创作、策展、展演、培训、公益讲座、赛事等相关的视频音频、文档信息多维度地呈现给大众。当然这也需要艺术档案搜集整合工作的到位,也需要工作人员要时刻积蓄一种实时保存数据的好习惯,才能确保录入后台资源的充足性。

同时,数字化语境下的互动性不明显。目前,在公共文化条线上,我们很少看到有高效快速答疑解惑的栏目,关心文艺的群众只能单纯地浏览信息。我们文化馆从业人员要花心思在网站的形式和内容上主动创新,开辟某个版块,在线为群众耐心细心地解答问题,着力调动群众参与公共文化项目的积极性、增添其心理获得感。例如上海市徐汇区西南文化艺术中心的网上培训模块就做得非常有温度、有感染力。他们开辟一个网上培训栏目,好似打开了一扇文化之窗:戏剧常识、民族民间舞教学,乃至科学烹饪与健康、"EQ 情商修炼"等新鲜感十足的课程内容跃然屏上。至于讲座,他们将专家教授们的发言稿稍加编辑,清清楚楚地发布上网,感兴趣的市民可以各取所需尽收眼底。

三、远程视频提速增效,通畅连接"你我他"

我们要推出统一的基层服务界面。构建要基于宽带互联网、移动客户端、数字电视频

道的公共数字文化应用,构筑一项相对统一的服务平台,接通服务入口、明晰服务界面,为广大基层群众提供一站式、集成式的公共数字文化服务。

线上线下的服务体验要讲究一个"无缝衔接"性,线上界面做得华丽精致,项目介绍做得周全详细,倘若线下的活动场地没有得到足够的重视和开发,这也多少是一种遗憾。

值得一提的,是东营市东营区文化馆2019年广场舞远程网络培训班的鲜活事例。普罗大众对于广场舞的基础印象,不外乎聚集一批对舞艺饶有兴趣的中老年人,在固定的时间地点,集结在班组教室,互相观摩彼此的姿态,且跳且调整……而东营这所文化馆的培训班,则是大胆采取了点单式服务模式,通过移动终端、电话询问等多种渠道了解基层群众需求,根据基层群众的需求,再确定详细的授课内容——14个数字文化广场,以"无限教室"为理念,对于教学现场进行网络数字视频直播,接收终端可以在任意有网络覆盖的地点"参与"听课,突破了空间的限制。当时也吸引了近四百人投入这声势浩大的舞蹈队伍中,各位舞者各得其所,不用赶场就打磨了舞技,在数字化的平台上取长补短,得到舞艺的提高;对于区域文化阵地而言,也是把打通城乡公共文化服务"最后一公里"落到了实处,使更多人在自己熟稔的生活区域就能够享受到更加方便、快捷的专业辅导。"数字文化广场"这一新锐概念,就是一次勇敢的尝试,不仅更新了文化馆多年沿袭的指导方式,也真正让爱艺之人都品尝到了互联网+新时代的智能红利。

科技之"芯",以人为本。文化馆从业人员一定要想方设法在扩大公共文化服务的受众面上集思广益;除了开展广场舞、戏剧曲艺、拳操培训、文化惠民演出之外,还应利用数字化途径,播放有关党政建设、廉政建设、非遗传承等弘扬主旋律的微视频。

四、纠正文化馆数字化建设中的"自我中心倾向"

纵观如今的各地文化馆官方网站建设,发现一个普遍的问题,就是"自我为中心"的倾向不在少数。许多文化馆"一意孤行"式地展示自己想展示的,沾沾自喜,例如,一年中获得了多少政府颁发的奖项或荣誉,做了多少工作,参与了几项服务……诚然,文化馆工作人员的精神面貌与工作成绩需要展示,但文化馆姓"文化",更应该展现的是大众文化的开展状态。

网站和其他数据平台的功能定位,推动形成"超市模式",强化"场馆供食材"与"民众制佳肴"相结合的新型模式,真正让公共文化的阳光雨露均匀播撒。

文化馆的工作人员要提高网络资源处理与供给的能力,科学规划公共数字文化资源建设,建设分布式资源库群,鼓励各地整合中华优秀文化资源,开发特色数字文化产品,为故步自封、闭门造车的"自我中心倾向"纠偏。提效能(覆盖面、提质量、厚投入),强弱项(勤维护、智加固、重管理),补短板(筑设施、练技能)始终是文化馆从业人员的奋斗风向标。

当下,公共文化行业的数字化建设,可谓广阔天地大有可为。最近几年,随着公共文化服务的各项标准和意见的出台,尤其是 2017 年我国《公共文化服务保障法》实施之后,法律的"保驾护航"给力地推动了文化馆数字化的建设。

在基层文化馆(站)人手不充足的情况下,通过数字技术,能够吸纳更多资源,并整合到网络平台上,使本地资源和远程资源实现"一家亲",也能让更多的传统文化资源、非遗资源可以被数字化地记录、保护和传播。文化馆工作将如插上健硕双翼的雄鹰,纵横捭阖。

文化馆数字建设的核心千万不能被遗忘,那就是数字文化馆建设工作的"硬核内容":研究拟订建设标准、形成服务新模式、整理利用文化资源、搭建服务应用平台、打造文化体验空间和完善服务设施设备。集齐这"六棱镜",才能折射出公共文化数字化的先锋意义和深邃内涵。

浅谈新时代群众文艺创作的本体价值

——成都"天府之歌"创作群众参与热的启示

赵靓靓（成都市文化馆）

在新时代建设美丽宜居公园城市的背景下，成都"天府之歌"创作涌现出了令人深思的群众参与热，群众的参与广度、作品质量和关注热度远超预期。它昭示我们，在人民的需求从温饱提升为美好生活向往、人民群众文化需求满足不断提升的新时代征程中，群众文艺创作的本体价值凸显必将成为愈加显著的群众文化现象。文化馆必须反思以往对群众文艺创作的片面功利性价值追求，更新观念，改革机制、体制，大力在繁荣群众文艺创作中努力实现其本体价值，才能与新时代新需求相适应，从而充分发挥出文化馆应有的社会作用。

一、向往美好生活：成都《天府之歌》创作的群众参与热现象

成都"天府之歌"创作征集活动，是成都市在以习近平总书记关于文化建设的系列重要论述为指引，奋力建设国家中心城市、美丽宜居公园城市和世界文化名城的时代背景下，为弘扬中华文明、歌唱大美四川、传播天府文化而发起的全球征集活动。因此，"天府之歌"无疑肩负着体现四川和成都经济社会发展突出成就、打造天府文化的国际音乐标识等重要希冀，征集活动力求兼具"国际化、多元化、品牌化、创新化、特色化"，面向国内外音乐人、各知名音乐机构、音乐产业基地、唱片公司、各大音乐类高校及社会公众发出了邀请和征集，词曲创作应征的难度系数由此可见一斑。

经过 26 天的征集，主办方共收到了有效投稿作品共 1669 件，包括完整音乐作品或单独的词、曲、DEMO（歌曲小样）。在这个堪称专业级的原创歌曲征集活动中，出人意料的是，其中很大一部分作品来自非专业的社会公众，包括离退休老人、学生、企业员工、文化艺术类协会会员等。"天府之歌"评委、成都市音乐家协会常务副主席赵正基老师认为，参与本次征集的活动的非专业群众，尽管大部分作品没能以高水平进入前十名，但是总体而言，应征者都以词、曲不约而同地表达了对新时代美好生活的歌颂与向往。例如：未能最终入选"天府之歌"的《锦绣之城》，将成都的街巷、银杏树、美食、传统手工技艺、旅游景点等元素以及梦想、希望等情绪融入词作之中，通过自然而浓厚的生活气息彰显出对天府成都的深情与希冀。作为成都"天府之歌"群众参与热折射出成都人民通过艺术创作表达自我、宣泄情感的主动追求和精神文化生活需求满足的提升，群众文艺创

作的本体价值在这次征歌活动中得到了充分的体现。

二、美好生活向往:新时代成都"生活美学"实践

为什么新时代伊始成都会掀起《天府之歌》的群众参与热潮?为什么群众文艺创作的本体价值会在这次征歌活动中得到充分体现?是时代之风使然。建设美丽宜居公园城市背景下的成都"天府之歌"创作群众参与热现象,是党的十九大关于人民群众从追求温饱上升为美好生活向往这一客观论述在成都的具体印证。

美好生活向往是党的十九大对新时代人民群众需求的新概括,它即包括了物质生活的各个领域,也包括了精神文化生活的根本性要求。习近平总书记在十九大报告中明确指出,新时代中国社会主要矛盾是人民日益增长的美好生活需要和不平衡不充分的发展之间的矛盾,必须坚持以人民为中心的发展思想,不断促进人的全面发展与全体人民共同富裕[1]。中国共产党的政治使命从"不断满足人民群众日益增长的物质文化需要"转变为"促进人的全面发展与全体人民共同富裕",发展的实践逻辑从偏颇于物的丰盛和增长,转变为对作为社会历史主体的人的能力的进步、自由的拓展以及人的生存境界的不断优化的总体性关注,体现出"人本位"的发展逻辑。

建设美丽宜居公园城市,是习近平主席在充分考察之后对成都新时代城市发展建设的新要求,也是新发展理念在城市发展中的全新实践:"引导城市发展从追求生产价值转向生活价值,从经济导向转向人本导向,是满足人民美好生活需要的重要路径"[2]。"有一种生活美学叫作成都"由此在成都生成:在城市的家中远眺雪山,于城市街头遇见艺术表演,看腾讯大厦和周边的互联网诞生鳞次栉比……传统与现代、效率与诗意在成都完美融合。成都在以新的生态宜居城市面貌走向世界并为全国提供经验的过程中,不断使人民群众的精神文化生活与经济、社会生活、劳动生产实践相匹配,同时,使追求人的全面发展成为新时代新需求,使群众文艺创作的本体价值实现成为美好生活向往的重要内容。

三、新时代文化需求的人民性满足:群众文艺创作的本体价值实现

"天府之歌"群众参与热从根本上看,是新时代文化需求的人民性满足,它充分体现了群众文艺创作的本体价值实现的追求。

从文艺创作的本质和群众文化的美学特质看,群众文艺创作是人民群众作为创作主体参与的文化艺术创作活动,其本体价值是指:作为人的本质力量对象化展现的文艺创作活动方式及过程所具有的"以文化人"的美育作用,它主要体现为参与主体创作活动高峰体验快乐感、满足感的获得。"创造活动可以被看成具有双重作用:它增添和开拓出新领域而使世界更广阔,同时又由于使人的内在心灵能体验到这种新领域而丰富发展的人本身"[3]。群众文艺创作是人民群众实现自我价值的更高层次的文化需求,是表达自我、寻找自我、宣泄情感的凝聚物,成为人类获得生活幸福感的主要载体之一。正如鲁迅先生曾

经以反证法指出的:"绘画成了画家的专利品,和大众无缘,这是艺术的不幸"[4],群众文艺创作活动作用于人的精神满足和自我发展,其价值不在于创作成果的档次高低,而在于是否实现了群众自身的文化素质和艺术水平的提升,是否达到了培养全面发展的人目的,是否更好地满足了创作者的精神生活需要。

从这个意义上说,尊重本体价值的群众文艺创作活动是人民主体性在文化生活领域的最高体现,也是人民群众美好生活向往在文化生活领域的一种最好实现方式。

四、反思与启示:以人为本推动群众文艺创作繁荣发展

成都《天府之歌》创作的群众参与热并不是文化馆牵头开展的,但它充分说明了人民群众对美好生活向往在文化生活领域的体现,可以看作是新时代群众文化需求新动向的一种表达方式。文化馆应敏锐地跟进这一需求,变被动为主动,使群众文艺创作活动由自在变为自觉,使文化馆能够抓住机遇,在新时代不负期待地成为群众文艺创作的组织者、引领者。

围绕文艺创作的本体价值,文化馆至少应从以下几个方面转变观念或改革创新:

一是繁荣群众文艺创作是新时代文化馆的重要职能使命。伴随着人民物质生活水平的不断提高,对美好生活的追求也在提高。繁荣群众文艺创作是新时代文化馆的重要职责,文化馆必须顺势而为、破难而进,以努力满足人民群众对美好生活向往作为工作的出发点和落脚点。

二是"文化馆专业干部应成为群众文艺的领头雁"[5]。群众文艺创作的主体应是文艺骨干以及更广大的人民群众,繁荣群众文艺创作的目的应是最大化地满足广大人民群众的精神文化需求、推动人的全面发展。因此,文化馆的专业干部在不断提升自己的创作研究能力、创作更多优质成果之余,更应该以极大的热情投入到群众文艺辅导工作中,培养和引领富有创作热情的群众文艺创作队伍。

三是应改革繁荣群众文艺创作的体制、机制以彰显其本体价值。包括:优化文化馆内部对文艺骨干的考核指标。强化文艺骨干对群众文艺队伍的培育和作品指导等相关工作内容考核,如办班、讲座、文艺交流等,并制定相应的激励措施,有利于群众创作繁荣和精品涌现;健全评奖机制。在高层次、大影响的评奖活动中,不仅要以"公开、公平、公正"的原则和思想性、艺术性、观赏性有机统一的标准评选出参加比赛的优秀文艺作品,更要注重对诞生优秀文艺作品的地区文艺创作生态及其优秀作品培育过程的评比,避免形式化、片面性,强点长期性、广泛性,突出文艺创作的群众性特征;健全管理机制。在全民创作背景下,形成长期性群众文艺创作扶持制度并设立专项经费,常态化扶持群众文艺优秀项目。制定群众文艺创作规划,发挥人民群众的主体作用、加强创作文艺引导,使文化馆成为繁荣群众文艺创作的引领者和护航者。

美好生活向往与群众文艺创作在科学群众文化观、新时代发展观的引领下,内在、客

观、必然地联系在一起。这一联系的红线就是：新时代的新发展必须满足人民群众对美好生活的向往。"美好生活"既是一种客观状态，更是一种主观建构，不仅指向保障人基本生存的物质层面、社会体制机制层面内容，更指向精神之维人的全面而自由的发展，这是人的自我实现的需要，内在地包含着社会实践主体——广大人民群众在新时代美好生活中迫切追求其文化活动从低级走向高级、从片面走向全面、不断追求按美的规律自我完善的过程。而群众艺术创作在群众文化需求满足中，居于群众文化需求满足活动的最顶层，"艺术的最高境界就是让人动心，让人们的灵魂经受洗礼，让人们发现自然的美、生活的美、心灵的美"[6]，是人民群众在文化生活中追求自我全面发展的引领性最佳实现方式。可以说，新时代，是人民群众本质文化需求释放的伟大时代——成都《天府之歌》创作的群众参与热直观、生动地呈现了这一现象。

因此，新时代人民群众对美好生活的向往理所当然地呼唤群众文艺创作的本体价值。以繁荣群众文化艺术为天职的文化馆，理应积极把实现群众文化艺术本体价值作为自己的重要使命，在实现人民群众对美好生活向往、促进人的全面发展的时代征程中发挥应有的作用。

参考文献

[1] 习近平 . 决胜全面建成小康社会　夺取新时代中国特色社会主义伟大胜利——在中国共产党第十九次全国代表大会上的报告 [M]. 北京：人民出版社，2017：19.

[2] 中共成都市委关于深入贯彻落实习近平总书记来川视察重要指示　加快建设美丽宜居公园城市的决定 [N]. 沈阳：成都日报，2018-07-08（1）.

[3] 阿瑞提 . 创造的秘密 [M]. 沈阳：辽宁人民出版社，1987：5.

[4] 鲁迅 . 迅演讲全集 [M]. 武汉：长江文艺出版社，2007：217.

[5] 王全吉 . 文化馆专业干部应成为群众文艺的领头雁 [N]. 中国文化报，2018-04-19（6）.

[6] 习近平：坚持以人民为中心的创作导向　创作更多无愧于时代的优秀作品 [EB/OL]. [2019-10-01]. http://culture.people.com.cn/n/2014/1016/c22219-25844963.html.

探索微视频在文化馆数字化服务中的应用可能

智　鑫（浙江省文化馆）

《中华人民共和国公共文化服务保障法》明确规定,鼓励和支持发挥科技在公共文化服务中的作用,推动运用现代信息技术和传播技术提高公众的科学素养和公共文化服务水平[1]。

一、微视频的发展

广播、电视、报纸一直是信息传播者和受众都认可的主要传播方式,新媒体的出现打破了这一局面。2019年2月28日,中国互联网络信息中心（CNNIC）发布第43次《中国互联网络发展状况统计报告》。报告显示,截至2018年12月,我国网民规模为8.29亿,其中手机网民占比达98.6%,互联网普及率达59.6%[2]。活跃用户已从传统媒介聚集在了新媒体平台,传播媒介和方式发生巨变,人们更偏重于为自己量身打造的社交媒体平台进行沟通交流。社交媒体是基于互联网上用户之间自发制造、分享内容的平台。社交媒体的重要载体为微视频。这是一片新的文化阵地。每个人通过自己的主动选择信息和系统通过个人喜好推送的信息双向互动,使每个人都营造了属于自己的"朋友圈"。在这个"朋友圈"中可以充分表达自己的想法,分享自己的生活。

"碎片化"时间段是分享最活跃的时间段。抛去了每人每天的学习和工作的整块时间,碎片化时间见缝插针般镶嵌在人们的生活中。在早上的赖床、吃饭的走神、上下学上下班的路上、午休的片刻……点滴积累起来的"碎片化"时间不容小觑。由于在这些时间中人们常常在处理某些杂事,无法静下心来认真做某一件事。此时,绚丽多姿,有声音有画面的视频比文字更得到受众的喜爱。

二、微视频在文化传播中的优势

移动互联网已经成为信息传播主渠道。随着5G、大数据、云计算、物联网、人工智能等技术不断发展,移动媒体将进入加速发展新阶段。要坚持移动优先策略,建设好自己的移动传播平台,管好用好商业化、社会化的互联网平台,让主流媒体借助移动传播,牢牢占据舆论引导、思想引领、文化传承、服务人民的传播制高点[3]。那么微视频在文化传播中有哪些优势呢?

（1）"微"：现代人生活节奏快，人们很难抽出完整的时间来欣赏一出戏、一整台晚会，也很难沉下气钻研一门民间手工艺。微视频在"碎片化"时间中如鱼得水。微视频可以把简要介绍一出戏的写作背景、故事脉络；可以把一台晚会剪辑成一个个节目，受众在无时间压力的轻松氛围中，既接受了艺术的熏陶还激起想要探索完整故事的好奇心。微视频能用最短的时间达到最大的传播效果。

（2）通俗易懂：视频是一个能让不同文化层次、不同文化背景的受众都能看得懂的"语言"。炫目的视听感受，瞬间吸引受众的注意力。

（3）传播广：微视频时间短，占用空间、流量都很小。每个人一动手指就可以把它分享到任何网络平台，比如一个广场舞团队中，只要有一位群众熟练掌握舞步，并录制视频，大家一键转发都可以观看学习，传播范围广。

（4）无限循环：微视频一旦制作完成，可以不受播放地点、播放时间、播放次数限制，受众可以自由支配观看学习时间、进度。量身定制、因材施教。

（5）互动性：在传统媒体时代，群众对于信息的获取往往都是被动接受，难以参与其中。文化学习微视频在传播过程中，群众可以在评论区与作者进行交流，还可以同学之间互相讨论学习。

新时期，在文化传播过程中，应结合社会大众对于文化传播方式的变化和审美需求的提升等因素，来进行文化形态的创新，进而最终达到促进文化传播的目的。

三、微视频应用在文化馆服务新模式中的构想与实践

如何用大众所喜爱的传播方式来占领文化高地，用中国声音传播中国文化，成为文化工作者的新课题。

文化馆是国家向人民群众进行社会主义宣传教育、普及科学文化知识，满足群众精神文化的需求、组织群众文化艺术活动的公益性文化事业单位和活动场所。文化馆一直以"送文化到群众中去"的形式来进行全民艺术普及。

（一）新科技孕育新群文生活

科技的发展助推文化传播领域的发展。每人一部智能手机打破了视频拍摄的设备壁垒，播放渠道决定了视频后期制作的可操作性，视频发送分享平台的成熟给视频传播提供了技术支持。人人都可以拿起手机记录自己的生活，人人都是导演。拍摄并分享视频内容已经成为人民群众喜爱的表达情感的方式，群众拍摄微视频的热情高涨。新的文化传播形势下孕育出了新的群众文化生活。

文化馆可以组织群众拍摄微视频记录美好生活，在各市、各乡镇可以举办主题性放映会、评选会等。微视频公开放映所需要的场地、音响要求在各地文化活动场所都可以达到。同时还可以把群众拍摄的优秀微视频上传到文化馆的网络平台和微信公众平台转发分享，做数字平台上的群众影视文化展播。

（二）线上线下民间手工艺培训新模式

对群众的艺术文化培训也是文化馆重要的职能。多年来线下的文化培训活动在文化馆如火如荼地进行，深受人民群众的喜爱。由于微视频在文化传播中的优势，把艺术教育制作成微视频放在线上传播也势在必行。

工匠精神代表着精益求精、千锤百炼，民间手工艺的学习非一朝一夕，学习门槛比较高。浙江省文化馆尝试把民间手工艺教学，拍摄制作成微视频进行线上教学新模式的探索。群众想要掌握一门手工艺的技艺需要很长时间，但激起群众的学习热情只需要一个微视频。从另一个角度来说，微视频也可以作为一个民间手工艺项目的宣传片。

哪种手工艺才适合拍摄成微视频：①短时间内可以完成成品的项目；②项目要兼具观赏性；③群众没有学习基础仍有可操作性的项目。岁月流逝，我国传统手工艺本身就带有历史韵味，工匠和技艺已浑然一体。在教学微视频中不仅有技艺步骤，还介绍了技艺本身的历史且融入了工匠的生活点滴。群众在利用碎片时间学习的同时，对民间手工艺产生了探索兴趣，并对我国的传统文化有了进一步的认识，增加了文化自信和民族自豪感。群众经过线上学习，对项目有了一个整体的认识，但细节不清楚。可以选择在线下来参加手工艺面授班更加真实的接触手工艺。由于线下学习时间、人数的限制，群众还可以在线上反复观看教学视频。如此反复结合线上线下学习的优势达到温故知新的学习新体验。

（三）镜头化处理下的新群文参赛作品

在一些重要和大型的群众文化活动比赛中，不管音乐、舞蹈、戏剧、曲艺门类在初选阶段都是以视频的方式寄送到评委组。由于地域、时间等限制条件评委不能亲临现场看表演，对于节目质量的评定就完全取决于手中的视频。但很多参赛节目在录制初选视频时往往只是单纯地把整个节目完整录制，没有把节目的艺术特色用镜头语言表现出来，影响节目的艺术呈现。所以此时对节目进行镜头化视频处理很重要。比如戏曲中一位人物的眼神或一个身段要切入特写镜头，舞蹈的旋转可以通过运用俯拍视角让画面更丰富，运用镜头处理艺术为节目增色。新科技发展也同样要求各专业干部要加强视频拍摄、剪辑知识的学习。同时，把文化馆举办的群众文化活动视频化可以更好地总结宣传文化馆的工作。

目前，微视频多应用于文化馆的宣传工作，各地文化馆的艺术普及课程更偏重线下活动。因此通过组织群众微视频拍摄活动、制作艺术教育微视频，可以扩大文化活动的影响范围、打破文化学习受时间、地点、名额的限制、拉近了艺术学习与群众的距离，使文化用动态的形式进入群众的生活圈，感染力更直接更持久。

参考文献

[1] 柳斌杰,雒树刚,袁曙宏 . 中华人民共和国公共文化服务保障法解读 [M]. 北京:中国法制出版社,2017:
45-48.

[2] 中国互联网信息中心 . 第 43 次中国互联网络发展状况统计报告 [EB/OL]. [2019-02-28]. http://cnnic.
cn/gywm/xwzx/rdxw/20172017_7056/201902/t20190228_70643.htm.

[3] 习近平:加快推动媒体融合发展构建全媒体传播格局 [J]. 求是,2019（6）:4-8.

新时期文化馆内部控制问题及优化策略

袁胜敏（竹山县文艺创作组）

当前，我国已经进入全面建成小康社会的关键阶段，随着各项改革的不断深入，作为为社会提供公共文化服务的文化馆，已经面临新的任务和新的矛盾。为确保文化馆各项工作的有序开展，需要在文化馆系统构建完善的内部控制体系，以促进各项规划目标的实现，保证国有资产的安全。在内部控制具体的实施过程中，需要优化内部控制环境，依托于制度建设来实现文化馆内部工作的目标，强化内部管控和运营风险，深化信息交流共享，以保证文化馆的健康有序发展，为更好地服务于经济建设和社会发展做出新的贡献。

一、新时期文化馆内部控制制度的重要性

党的十九大提出加强文化体制改革的战略方针。文化馆作为保留行政事业性质的文化机构，资金来源分为财政补助和非财政补助两部分。因此，通过加强内部控制制度建设，不仅可以促进文化馆内部事务管理，同时也能够保证群众文化活动的合法和合规进行。首先，文化馆内部有效的风险控制，确保了资金的安全性和完整性，规避了国有资产流失问题，是建设现代化高端文化馆，完善公共文化服务体系的重要保障。其次，通过完善内部控制制度，可加强文化馆内部监督力度，约束各种经济行为，确保各项活动的规范、有序开展，避免发生腐败行为，从制度上保护了文化馆干部。最后，有效的风险控制，还可帮助文化馆管理人员及时发现内部风险问题，从而提高文化馆运营的稳定性，为群众文化事业的高质量发展打下良好的基础。

二、新时期文化馆内部控制现存问题

（一）内控环境不优

1. 内控意识薄弱

当前，很多文化馆管理者认为文化馆不属于职能强势的行政单位，没有政治风险和经济风险，就放松了馆内的内控管理。领导不重视，干部职工抱着"事不关己高高挂起"的旁观心态，导致馆内从上至下普遍都缺乏内控意识。

2. 缺乏专职内控管理部门和人员

在基层文化馆,很少设有专职内控管理部门。由于文化馆业务的特殊性,在现有的专业人才队伍里,很难找到具有内控管理素养的专业人才。很多情况下,都是群众文化专业人才兼任内控管理,甚至还将会计、出纳、资产管理等工作全由一人负责。他们缺乏专业知识培训,即使参加财务部门组织的专业培训,由于底子薄弱,因此无法完成对控制对象和内容的管理任务。

(二)风险机制不善

风险识别机制是文化馆内部控制工作的重要基础,但实际上在很多基层文化馆都没有构建风险识别机制,往往把内部控制制度视为一纸空文,导致馆内内控管理在风险识别和防范方面都很薄弱。很多基层文化馆根本没有建立行之有效的内控制度。文化馆管理干部认为馆内资金大多数用于购买诸如文艺创作费、音响配备等公共服务,就忽视了资金风险,许多资金的使用都没有经过民主讨论通过,而是由单位一把手直接决定,致使内控人员形同虚设。这样避开会计部门及相关主管部门的随意性行为,致使文化馆内部财务决策的风险大大增强,一旦经过审计部门审查,必将给单位带来重大经济损失。

(三)信息沟通不畅

一是内部信息传达不畅。由于文化馆内部各部门业务具有相对的独立性,平时很少协作完成任务,导致文化馆内部横向部门及向上下级沟通均不通畅。即使按上面要求"晒账单",也是模棱两可、难以辨识,干部职工认为"晒账单"是流于形式无意义,一般缄口不言,即使对内控有意见很难传达到管理层。二是信息沟通水平低下。在信息网络时代,QQ、微信越来越成为人们在生活中的沟通方式,但在基层文化馆工作中运用这些现代化交流工具还不充分,尤其是在内部信息共享上还打有折扣,对大数据平台缺乏研究。在信息公开方面,面对公众的质疑,反应迟钝,回应不及时,导致信息沟通水平的整体低下。

三、对新时期文化馆内部控制的优化策略

(一)优化内部控制环境

1. 加强内控意识

文化馆领导者必须从抓自身学习开始,不断提高内控意识,并在实施内控制度过程中积极发挥模范带头作用。在领导自身意识得到提升后,要通过下达文件、召开座谈会、张贴标语等多种形式,宣传内控制度、普及内控常识。通过宣传,让文化馆上下都认识到内控的重要性,自觉遵守单位内控制度,积极参与馆内内控建设,从而在全系统内营造良好的内控环境。

2. 优化岗位设置

要让全馆每一个干部职工都能明确各自的岗位职责和权限,熟悉各自业务的工作流程,自觉遵守并维护内控制度。要在馆内设置专门的内控部门和专门的内控工作人员。在部门里要设置内控制度,保证内控有文件、墙上有制度,并随着时代的变化不断更新,确保内控制度的与时俱进。在馆内招纳人才时,要注意引进专业的内控人才。如果没有这方面的人员,也要考量参选者的综合工作能力,重视"一专多能"的复合型人才。在适当的时候,可考虑通过岗位培训实现转岗,达到内控专业工作人员不掉档的目的。

(二)强化内控风险防范

1. 完善内控制度

建立并完善适应新时代发展的文化馆内部控制制度,加大内控制度的监督实施力度。加强内控部门内的组织建设,对内控管理人员的责任要有明确分工,保证其能全面履行各自职责。加强预算管理理念,对文化场馆免费开放、购置文化物资及设备、文艺创作、"非遗"等专项资金要做到专款专用,在具体操作过程中要进行合理分配、管控。领导干部要带头遵守内控制度,并要求部门之间加强协同配合,建立通力协作的上下、横向联动机制,确保内控各项制度在全系统内落到实处,为强化内控制度的风险识别和防范打下坚实的基础。

2. 优化内控风险预警机制

风险识别、预警和控制,这三者之间层层递进、互为影响,要准确把握它们之间的关系,强化三者之间的信息共享,及时控制内部风险。针对馆内预算执行情况创建配套的内控预警机制,适时调整馆内的预算控制制度,确保财务决策、资金使用等方面都有相应的风险识别和防范体系。在编制专项资金预算时要将所有项目纳入预算体系,全馆上下要共同参与编制预算和实施。要规范各项资金的预算审批流程,建立健全决策、执行与效果评价相分离的监督制约体系。文化馆管理干部不但要带头遵守流程,还要时刻关注、准确洞悉风险预警信号,带领全馆攻克各种风险盲点。对于数字较大的资金,在使用之前,一定要做好科学论证,做好相应的社会效益评估,确保实施后不触风险红线。适时引进信息化设备和先进的信息化技术,不断提高会计信息的处理水平。

(三)深化信息交流共享

充分发挥内部控制中信息化技术的作用。文化馆内部要建立新时期信息化沟通渠道,建立QQ群、微信群、微信公众号等交流平台,完善网上邻居、网上大数据等办公共享平台,实现馆内外信息的及时更新与共享。QQ群、微信群等要由工作责任强政治过硬的人员担任群主,群主要在群内信息交流、安全保障、内接外联方面履职尽责,确保信息及时传达、交流、共享。随着大数据时代的到来,线上支付、电子发票等网上办公平台对会计管理方法提出了更高的要求,文化馆要利用先进的大数据平台促使资金的有效利用。要建立健全馆内信息反馈机制,保证馆内各项信息要公开、透明,要积极接受全社会监督。公开信息要做到有统一的标准,要明确、清晰、易懂,具有广泛的辨识度,使社会公众能看得明白。无论是馆内干部职工还是社会公众提出的意见和建议,都要能及时、准确地传达到馆内管理层。管理层干部要研究意见发生的背景和特征,亲自或安排专人及时回复职工和公众的意见,将内部控制的舆论风险控制在初始状态以内。

文化馆作为公益性文化事业单位,一般为全额财政拨款,因此在单位运营过程中,需要重视内部控制工作,并对运营风险进行有效控制,以此来保障国家资产的安全,全面提高文化馆的管理效率。当前文化馆内部控制工作中还存在许多不足之处,内部控制建设还存在较大的提升空间,因此在实际工作中,需要全面加强内部控制意识,优化岗位设置。同时还要通过建立健全文化馆内部控制制度和监督机制,有效结合内外部力量,深化内部控制信息交流共享,实现对单位运营风险的有效防范,使文化馆能够更好地服务群众,为提升其公共文化服务水平奠定更坚实的基础。

参考文献

[1] 李西文,张静,李舒婷.文化事业单位发展专项资金使用中存在的问题及建议[J].市场周刊(理论研究),2015(9):64-65,120.

[2] 倪淑波.行政事业单位内部控制现存问题与有效对策[J].行政事业资产与财务,2019(3):44-45.

[3] 关喆.浅谈文化事业单位专项资金预算管理[J].行政事业资产与财务,2019(7):60-61.

[4] 王丽棉.新时期行政事业单位内部控制策略分析[J].行政事业资产与财务,2019(8):49-50.

余姚市文化馆总分馆制建设的实践与探索

金　晶（余姚市文化馆）

　　总分馆制建设有利于整合公共文化服务资源,实现公共文化服务均等化发展,是近年来现代公共文化服务体系建设的一大亮点。相对于在图书馆领域已经取得一定成绩,文化馆总分馆制建设在文化馆体系中仍然是一种新生事物,尚不具备完整可复制的有效模式。本文将从余姚实际出发,对近年来余姚在文化馆总分馆制建设中的实践作简要总结和梳理,以便为今后文化馆总分馆工作的开展提供更好的参考。

一、余姚探索文化馆总分馆制的背景

（一）必要条件

　　近几年,各地在推进文化馆总分馆制建设的过程中形成了许多宝贵的实践经验,其中尤以"嘉兴模式"和"重庆大渡口模式"较为成熟。"嘉兴模式"主要以建立"两员制度",通过"两员"队伍的上派下挂,双重管理,实现总分馆的有效运转;"重庆大渡口模式"是以建成"1个区总馆+8个镇街分馆+78个基层服务点"的总分馆架构,通过对"1+N"业务副馆长双重委托双重考核,实现总分馆的有效服务。无论是嘉兴模式还是重庆大渡口模式,其实质均是通过行政手段对文化馆总分馆的资金、人才、资源进行干预与调配,从而达到文化馆总分馆的有效运行。很显然,这一方法具有不可复制性。因此,因地制宜探索一种全新的、适用于余姚情况的文化馆总分馆体系新模式具有其迫切性与必要性。

（二）充分条件

　　一方面,余姚公共文化服务体系建设在近年来不断完善,设施网络不断提升,文化品牌不断凸显,惠民服务不断深入,文艺精品不断繁荣。这些为余姚探索文化馆总分馆制建设提供了先天条件。另一方面,2017年3月,余姚作为宁波市"一人一艺"全民艺术普及工程的两个示范区之一率先举行了启动仪式,成立了以市委宣传部、市文广局等16家单位组成的余姚市"一人一艺"全民艺术普及工程建设领导小组,并出台了"余姚版"的"一人一艺"实施方案,提出到2020年,实现余姚市人口85%以上艺术普及率的目标。这一项目的实施为余姚探索文化馆总分馆制提供了内驱力。同年9月,余姚市文化馆和余姚市公共文化服务有限公司合署办公,实现了场地、人员、资源的统一调配。公共文化服务有限公司拥有成熟的公益物流,为总分馆资源流通提供有效途径。

二、具体实践与探索

(一)推进总分馆制度标准化

1.标准化服务规范

2018 年,余姚市文化馆在设立 17 个文化馆分馆的同时制定了《余姚市文化馆总分馆实施方案》,明确了总分馆建设的内容目标。2019 年年初,又对这一方案进行细化,制定了总分馆 2019 年的工作目标与计划。一是规定总馆对分馆的帮扶举措。规定了对分馆骨干的培训机制、对分馆群文活动的配送数额、对总分馆数字化服务的统一管理配给、对分馆文艺团队的建设机制等。二是明确分馆责任和服务数量。如分馆馆长季度例会、分馆专职人员业务培训制度、分馆参与总馆文化活动流程;明确要求乡镇分馆每周开放时间不少于 48 小时,保证节假日、晚上对外开放等。三是量化软硬件设施建设各项指标。建立乡镇(街道)级群众文艺团队不少于 6 支,指导辖区内行政村(社区)建立 2 支以上业余文艺团队,在总馆里建设不少于 50 平方米的数字化远程辅导培训室,在分馆建设不少于 30 平方米的数字化远程辅导培训室等。四是细化人员的配置和派遣方式。如根据分馆特色派遣 17 位业务干部担任分馆副馆长以及分馆副馆长的轮任机制、分馆副馆长对分馆的辅导指导频率、分馆专职管理员到总馆的上挂机制等。

2.标准化保障体系

一是做好制度保障。目前,余姚已出台的《余姚市文化馆总分馆建设工作实施方案》明确规定了文化馆总分馆建设的总体目标。同时设立文化馆总分馆建设试点办公室,制定了总分馆建设的详细实施步骤、总分馆建设标准以及相应的考核机制。另外,通过制定一系列的管理办法及考核标准、采取开展线上活动与线下群众满意度调查同步进行的方式,实时收集群众意见,不断改进服务水准,形成常态化、科学化的绩效管理机制。二是做好设施保障。应确保总分馆内设施现代、功能齐全,能满足当代群众的文化需求,且具有相应的使用规范。目前,余姚市文化馆拥有展览厅、排练厅、多功能厅、团队活动室、培训教室等群众文化设施,且出台了场地预约、登记、免费试用制度,群众可通过预约实现免费使用。各级分馆也投入了相应资金用于硬件设施建设。三是做好人才保障。一方面,要做好对总分馆体系内部人才的保障,确保各项工作开展的顺利进行。另一方面,要吸收各行业协会、大众传媒、社会组织等力量,鼓励具有专业知识和艺术技能的市民投入到群文工作领域,培养更多的民间文化能人。

3.标准化服务供给方式

一是规范购买服务。余姚市文化馆自与余姚市公共文化服务中心合署办公以来,根据全年配送项目以及基层的其他文化需求,按照市场规则和供求关系,采取协议委托、公开招标等形式,明确加盟企业作为服务供给单位。从 2011 年起,余姚市文化馆按照市、乡镇（街道）两级 1:1 的比例，每年安排 600 万元资金，采购 400 场以上文艺演出送到 21 个乡镇（街道）的 265 个行政村和 30 个社区。成立公共文化服务资源采购小组，制定配送采购计划和经费预算，采取协议委托、公开招标等形式，集中统一采购文化产品和服务资源，严把质量关和价格关。二是完善培训通道。一方面，每年年初，由总馆制定统一培训课程、分馆点单的方式，定期、定量将辅导培训送往下一级分馆和基层。另一方面，由分馆按所辖领域的实际需求不定时向总馆申请下单。2018 年，余姚市文化馆"周末课堂"公益培训面向全市开设美术、书法、摄影、舞蹈、文学创作、泥塑等 10 余种艺术门类，超额完成全年 100 期的培训目标。三是健全数字化服务。以宁波市"一人一艺"全民艺术普及云平台和基层公共数字文化推广项目落地单位建设为契机，着力推进余姚文化云建设，对接"国家公共数字文化云"。通过"文化物流"指尖平台配送文化活动；通过自有网站、微信公众号等平台活动发布活动；开展线上教学活动等。

（二）推进总分馆服务精准化

满足基本文化需求、引导健康的生活方式、塑造文化政治认同是当今公共文化服务效能提升的三个维度，以提升公共文化服务体效能为目标的文化馆总分馆体系建设也必然要在此精准着力，探索有效服务目标的精准实现。

1. 以群众需求为导向，实现文化服务的供需对接

以服务的对象需求差为基础对服务进行仔细划分，进而定制一套全新的公共文化服务。并且通过整合文化资源，以特定的文化服务渠道传送到不同的文化需求人群中，促进公共文化服务精准化的发展。2018 年，余姚市文化馆总馆通过文化点单的形式，让乡镇文化站、文化馆分馆点单我配送，今年累计向全市 22 个乡镇街道 17 个文化馆分馆配送文艺演出 420 余场次，直接受益群众达 18 余万人。做到了"全市日日有演出，全年村村有戏看"。同时，为了满足部分群众与日俱增的高雅艺术需求，全年共邀请如杭州滑稽剧团、浙江儿童艺术剧团、杭州杂技团、宁波小百花艺术团、美国青年钢琴家、上海市群艺馆舞蹈老师、南京京剧团等专业剧团和个人来余姚演出 20 余场次。另外，针对外来务工人员、残障人士、低保户及未成年人都开设有专项服务，如开展传统文化进校园活动，艺术培训进特教中心、连续第 8 年开展关爱民工子弟活动等。通过总分馆协作不仅向全市百姓配送常规文化活动，通过打造"公益'文化物流'"配送文化上山下村，让全市百姓雅俗共赏，全民同乐，充分满足百姓基本文化需求，让文化服务实现精准化。

2. 以打造思想阵地为依托，引导积极健康的生活方式

一是壮大新闻阵地。积极做好内聚力量外树形象，营造积极向上的文化生活氛围。2018 年，余姚市文化馆总分馆以持续精准化文化服务为突破口，加强各种赛事、活动的报道力度，提升新闻的吸引力和感染力，通过总馆牵头的活动自上往下报，分馆自发的活动由下往上报的形式，上通下达，营造全民参与的文化氛围，联合各方媒体把好舆论引导的时、度、效。二是优化文化阵地。一方面，以统筹资源配置和文化设施建设为手段，创造机会打造文化品牌，为群众丰富文化精神家园。如余姚市文化馆利用园林局闲置的四明阁

作为戏曲文化阵地,打造"四明阁天天演"文化品牌。通过分馆推荐优秀戏曲团队,经总馆考察收录进入四明阁。9年时间累计为戏迷演出戏曲3000多场,吸引观众近百万人次,使是四明阁成为最能展示余姚群众戏曲的文化阵地。另一方面,提升以社区综合文化服务中心、农村文化礼堂为代表的固有的文化阵地服务效能。如通过总分馆联动在这些文化阵地中开展"送文化、种文化、展文化"的"三文"群众文化服务活动、通过"一堂一品"推动农村文化礼堂建设等,打造文化改革的深化版、文化发展的升级版。三是抢占网络阵地。积极推动基层数字化文化服务,提高文化服务的网络覆盖率,让公共文化服务触手可及。运用于余姚文化馆总分馆建设的余姚云平台具有以下特点:它对接了宁波市"一人一艺"全民艺术普及云平台和"国家公共数字文化云";它建设有"文化资源库"且供给充裕,类别丰富;它通过后台实现了文化服务预约功能和信息的实时发布。余姚的云平台建设,是文化馆总分馆抢占群众思想高地的重要途径,实现了公共文化服务的受众与供给方无缝链接。

3. 以传播中国特色社会主义文化为己任,塑造文化的政治认同

新时代文化的政治认同主要体现在中国特色社会主义文化的传承上。文化馆总分馆建设需要具体引领民众共同参与对中华优秀传统文化、革命文化和社会主义先进文化等方面的传播,以身体力行的实践传承优秀文化,促进文化自我内化。一方面是对中国特色社会主义文化的保护。一是在传统节假日开展丰富多样的庆祝活动。如在元宵节开展"非遗闹元宵"活动等。二是以总分馆联合承办大赛的形式,自下而上发动全城百姓参与传统文化相关赛事。2018年耗时三个月举办礼仪旗袍风采大赛,吸引参赛人数1000余人,团队200余支;2019年举办第三届超级戏迷大赛,收到100余位戏迷和戏曲团队报名参赛。三是坚持以老带新,鼓励传承。余姚一直将传承基地的建设作为总分馆建设当中的重点工作,针对各传承项目的薄弱点针对性给予帮助。另一方面是对中国特色社会主义文化的再发展。一是对中国特色社会主义文化的创新。如对原本只能在庙会表演的"木偶摔跤"等非遗项目进行艺术加工,使其更适应新时代基层群众的审美需求,更适合舞台表演。二是打造文化品牌。如泗门镇分馆将乡风道德建设融入乡镇品牌当中,使小镇真正实现了"道德高尚心灵美、文化丰富生活美、社会和谐乡风美"的"三美"融合。三是文化的商业化发展。如总馆助推小曹娥文化馆分馆的非遗项目——余姚土布参加上海国际手造博览会,亮相国际舞台,且通过展览展示,招募发展资金。梁弄镇文化馆分馆打造的梁弄大糕一条街,采用"1+1>2"的形式聚集人气,增加商业优势。

(三)促进总分馆运作社会化倾斜

1. 社会资本加盟群众文化活动

一方面是引导社会参与。引导、鼓励企事业单位和个人通过冠名赞助、友情支持、设立基金等方式,参与到总分馆组织的各项活动当中。余姚设立"阳光文化基金",广泛发动民营企业和社会热心人士参与捐款,并每年拨出一定经费用于采购"阳光文化大礼包"为乡镇分馆配送文化活动。成立"阳光文化之友联谊会",积极引导文体骨干加入联谊会,

倡导会员发挥资源优势和文艺特长,以场地支持、技术支撑等形式参与文化活动。另一方面引导经营性文化单位加盟。可以由总分馆对加盟单位在业务培训、政策支持、市场拓展等方面给予支持和帮助,加盟单位向总分馆开展的文化活动提供自己的优势资源;也可以对政府配送计划以外的文化需求及服务实施代办模式,运用票务发售、广告赞助、服务买卖等市场手段筹集活动经费,或由文化需求单位和个人全额承担活动经费等。目前,余姚总分馆体系中参与公共文化配送的演出团体24家,并拥有加盟单位21家,涉及影视、广告、演出等多个领域,邀请比利时马斯美伦管弦乐团、奥地利爱乐乐团等国际演出团体及48个国内演出团体加入资源库,储备社会项目,丰富公共文化产品的供给体系,满足人民群众对文化的多样性的要求。

2. 社会力量参与文化志愿服务

一是组建"一人一艺"文化志愿服务队。2018年,"一人一艺"文化志愿服务总队正式成立。总队以17各文化馆分馆为单位,下设17个分队,总注册人数近500人。这些志愿服务队分队成员不仅有长期奋战在一线的群文工作者,更多的是来自民间的文化爱好者以及热心公共文化事业的热心群众。他们利用工余时间,在全市大大小小的文化活动现场开展志愿服务。作为志愿总队的文化馆总馆在17个分队的基础上,针对每个志愿者擅长艺术门类不同,将他们分为文艺演出、辅导培训、展览展示、非遗传承等四个类别,以便更好地调动全社会的力量,开展志愿服务活动,弥补总分馆建设的资源不足。二是联合其他志愿服务队伍提升志愿服务的多样性。2019年1月,"一人一艺"戏曲志愿队联合下菱社区"银辉"志愿服务队将戏曲唱进敬老院,为那里的老人送上节日温暖;5月16日,"一人一艺"文化志愿服务队与团市委志愿服务队伍合作,为浙江省第二届大学生乡村创意竞赛提供公益支持,确保活动圆满举行。"一人一艺"文化志愿服务队虽然在人员、艺术种类上在开展志愿服务时有很大优势,但一场活动的开展涉及各个行业,联合其他志愿队伍才能弥补志愿服务在除文艺领域外的不足。

3. 尝试探索文化馆总分馆理事会制度

积极引导社会资本投入乡镇分馆建设与运营,在总馆、乡镇分馆中探索理事会制度,建立章程、组建理事会,引进利益相关方,共同治理总分馆。一方面,通过文化馆总分馆理事会制度将总分馆体系"去政治化"以更贴近群众,更适应群众真正的文化需求,达到公共文化服务效益的最大化。另一方面,通过"政事分开"提升文化馆总分馆独立自主的能力,在人事、经费、设备、服务内容上操作更具有灵活性,从整体增强组织运作的活力。

三、文化馆总分馆制余姚实践的特色

(一)以活动"流转"实现总分馆资源高效共享

如果说,"嘉兴模式"是以"人"为推进总分馆的重要载体,那么余姚则是以"活动"为主推进总分馆建设。以总馆组织的各文艺活动为契机,实现总分馆之间的六个统一,即统一文化产品采购、统一文体活动策划、统一文化服务配送、统一文化理论培训、统一文化服务信息咨询、统一调度演出器材设备等。通过严密市、乡两级总分馆组织体系,以总馆为总枢纽,以 21 个乡镇(街道)分馆为重要节点,实现整合统筹城乡群众文化艺术资源,发挥总馆的"总枢纽"功能,增强总馆的辐射作用,贯通总馆和分馆的"壁垒",实现总分馆资源的互联互通,打通公共文化服务"最后一公里",让城乡居民更直接实现了"零距离""零门槛"的文化享受,避免出现"服务洼地"。同时通过加强配送、加快流转、城乡互动、乡镇(街道)联动,提高基层公共文化设施利用率,防止乡镇(街道)、村(社区)文化设施成为"空壳"。

(二)以社会资源补齐总分馆建设短板

余姚的文化馆总分馆制更强调社会力量的作用。从制度拟建到保障体系以及管理运作方式,余姚文化馆总分馆制本着开门办馆的原则,调度了一切可调度的社会资源,提升公共服务效能。这样做,一方面可以丰富公共文化产品和服务的提供,提高文化馆总分馆服务的覆盖面。另一方面,文化馆总分馆的部分活动将不再受到政府下拨资金的限制,通过对半独立资金链的把控,畅通总分馆之间的运转机制和文化资源流通渠道,从经济、人事等方面彻底将文化馆分馆从乡镇文化站中剥离出来,增强总馆对分馆的领导,从根源上解决总馆在总分馆建设中的"孤岛"问题。

(三)与"一人一艺"共同构建全民艺术普及新体系

从具体操作过程中可以看出,"一人一艺"始终贯穿在余姚的文化馆总分馆制建设当中。如果说"一人一艺"全民艺术普及打造的是一个全社会参与的互动生态体系,那么余姚的文化馆总分馆制则是将这个生态体系有力融合到基层群众生活的全新载体。通过文化馆总分馆的运作,将"一人一艺"的理念、服务、产品、资源全部输送到基层群众当中。通过两者结合,定期向基层输送讲座和培训,提高文艺骨干的能力和素养,推进文艺团队建设,繁荣基层文艺活动,有效推动全民艺术普及向乡镇(街道)、村(社区)延伸。

参考文献

[1] 李世敏 . 公共文化服务效能提升的三个维度及其定位 [J]. 图书馆理论与实践,2015(9):10-13.

[2] 曹征海 . 一定要增强阵地意识 [N]. 人民日报,2013-11-09(7).

[3] 王学思 . 各地推进文化馆总分馆制建设——探索体制机制 鼓励社会参与 [N]. 中国文化报,2018-02-07(6).

浅析文化馆如何扩展互动空间

申　静（北京文化艺术活动中心）

"空间"这一概念在从古希腊哲学到现代社会科学体系一直是一个重要的研究范畴，涵盖了自然科学和人文社会科学等多个学科。无论是学术界的绝对空间观，还是相对空间观，都在探讨空间与人类社会行为的关系。20世纪之后，随着西方人文社会科学的新变，特别是现象学的发展，"空间"在原有的基础上被赋予了新的解读。空间的现代研究跳出了常人概念中空间是容器的窠臼，厘清了作为容器的物质空间和作为社会结构的社会空间，认为空间不纯粹是先在的和物质的，空间还是社会化的，一种被赋予了人际互动意义和主体间性的"社会现实"。由于对于"空间"范畴的社会性定义，人际互动和主体间性成为"空间"建构中的重要方面，并对于社会文化发展有着极为重要的影响，特别是对于互动空间的建构，更是成为社会发展中主体间互动的重要基础。

人民群众对于文化互动的需求，必须以构建丰富的互动空间为前提，因此建构多样化的空间是满足人们文化需求的重中之重。那么如何打造多维空间，创造人文交流机制，实现多体互动，则成为当下社会各个文化单位和群体所需要思考的核心问题之一。对于各地的文化馆来说，构建互动空间亦成为其在新的时代所面临的一大转折，需要各个文化馆迎难而上，把握好新兴科技所赋予的物质便利，更好地开拓互动空间，让人民在互动中享受文化、学习文化、传承文化。

一、开辟多元视野，实现话语模式转型

文化馆作为一个事业单位，主要由政府管理，开展文化活动，提供文化活动场所，服务群众。在当下社会中，诸多文化馆已经开始面临转型，开始由管理型文化馆，向服务型文化馆转型，但很多文化馆的思路仍被限制，导致"换汤不换药"，活动类型模式化、服务水平样板化、群众参与简单化等问题一直存在。其中症结之一便是未能开启多元化的视野，实现文化馆的话语转型，由单一的政府话语转向多元的话语模式，导致活力不足的现象。根据当下群众的文化诉求，文化馆可以尝试着向教育话语、消费话语、娱乐话语转移，相应打造教育空间、消费空间、娱乐空间，从根本上调动群众个积极性，实现活力发展。

教育活动是文化馆一直以来所承担的主要工作任务之一，主要通过举办相应讲座、培训等，向辖区民众科普文化知识。很多文化馆在具体操作中，往往忽视了教育活动的重要性，特别是一些偏远地区的文化馆，由于条件限制，很难提供高质量、持续性的文化教育。

在某些条件充足的文化馆中,也常以专家讲座的方式草草进行,教育空间也往往局限于"讲座空间",并没有起到良好的效果。作为文化馆,应该打开思路,联结社会群体,把教育空间的范围尽量扩大,增强教育话语的多样性。譬如上海市某区文化馆的教育话语模式就值得借鉴,在教育服务中,其并没有只是进行的那一的"专家讲座—观众接受讲座"这样的形式,而是联系青年学社、文化公司、茶艺中心、健身房等开展多重教育培训,开展曲艺课堂、茶艺体验、戏剧互动教学、瑜伽体验等活动,以群众体验为主,而以教师讲解为辅,极大地满足了群众的参与需要,实现了充分的主体互动,而这也是教育话语转型的重要内容。

消费话语是市场经济中群众文化选择的重要组成部分,电影院、演唱会、话剧巡演等成为群众文化消费支出的重要方面。文化馆虽然是事业单位,其组织的活动具有公益、免费的性质,但也可以通过不同的方式贴近这些文化消费空间,让群众在消费中实现文化满足。一方面,在场所建设上,可以考虑在城市的文化消费热点区域建设文化馆,譬如靠近某影城、某话剧馆、古玩街,甚至可以由政府整合统筹到一个整体的文化示范区域,形成由文化馆与文化消费场所结合的文化协同空间,让群众在享受免费文化服务的同时可以便利地享受文化消费服务,也可以结合文化消费热点,形成相应的文化服务优惠政策,在群众进行消费时给予优惠和便利;另一方面,文化馆应该有意识地开拓本地文化消费样式的多样化,特别是结合本土优势,根据当地的非物质文化遗产,促进非遗产品的创新和宣传,利用文化馆的职能优势,进行充分调研、探讨、摸索、宣传,让非遗文创产品实现创新性发展。在于消费话语的结合中,文化馆不仅可以更好地实现其活力,更可以利用自身优势,促进本地文化消费的升级。

科学性、严肃性或许是许多群众对于文化馆,甚至是城市展览馆、美术馆等一些场所的固有印象,这在某种程度上不利于文化馆群众基础的培养。为了充分调动群众的积极性,文化馆应该在立足本体话语的基础上,适当地向娱乐性转化,构建娱乐性互动空间,打造娱乐话语体系。特别是要注重互动式娱乐方式的发掘,譬如开展青少年的科技体验、书画创作互动、影视表演互动等活动。南京博物院非物质文化遗产馆、故宫博物院端门数字馆等都是通过互动体验,以提升群众的娱乐性体验。相应的,文化馆也应该紧扣人民群众的文化需要,寓教于乐,在满足群众的娱乐需求的同时让其体验文化的魅力,同时也扩大文化馆的影响力。

二、推进总分馆制,形成整体区域联动

中共中央办公厅、国务院办公厅 2015 年印发的《关于加快构建现代公共文化服务体系的意见》明确提出:以县级文化馆、图书馆为中心推进总分馆制建设,加强对农家书屋的统筹管理,实现农村、城市社区公共文化服务资源整合和互联互通。"总分馆制"建设已经成为众多地域的文化馆建设的阶段性目标。以中心场馆为总体,地域场馆为分支,总分联动,能有效扩展群众互动空间。这一措施不仅让文化馆的互动空间覆盖面更加宽阔,

同时也使得其空间互动更加灵活、多变,有利于文化馆文化服务的整体推进。

在服务机制上,实行"以一带多"的体制,以中心馆引领分馆进行统筹服务。在以往举办的活动中,很多文化馆暴露出的一大问题便是覆盖群众面过于狭窄,甚至每次活动都是同一批群众,很难真正达到全方位惠民的效果。而这一现象产生的原因就是文化馆提供给群众的互动空间过于有限,只能集中在文化馆的场所之内或固定的人群之中,而无法更进一步的扩展。在"总分馆制"的系统化和完善化后,在中心馆的引领下,各个分馆可以根据自身优势,集中且有效地处理本辖区的群众参与问题,在联动机制中实现各个阶层群众的最广泛参与。例如举办一场书画比赛,可以在总馆发布文件之后,各个社区、村镇的分馆各自组织本地区群众开展活动,并协同总馆选出相应的晋级者进行下一轮比赛,这样不仅实现了不同层级空间之间的流动,也可以利用分馆的地域优势实现群众更广泛更有效的参与。因此,这样的"以一带多"可以实现互动空间由"一元"变为"多元",实现空间的流动和扩展。

文化馆暴露的另一个问题是特色性不足,容易存在千篇一律、互相跟风的现象,降低文化馆文化服务的质量。在"总分馆制"中,可以充分发挥各个分馆的特色。如可以根据不同分馆的位置优势,实行不同的互动空间构建,比如距离美术馆近的,可以联合美术馆创建美术互动空间;距离剧场近的,可以打造话剧互动空间;距离艺术创新园区近的,可以构造体验式互动空间;距离著名高校近的,可以打造主流教育空间。不同的特色互动空间由分馆各自管理,并由中心馆统一汇总统筹,形成本辖区的特色网络,充分发挥分馆特色和优势,才能互动空间更加具有生命力。

推动整体区域联动,不仅反映在文化馆制度建设上,在其中的人员考核、服务方式、资源整合、社群联动等方面都要体现"总分"意识,以最为人民群众所喜闻乐见的方式来开展文化管理和服务,以更为多元的形式来建构互动空间。

三、引入"互联网+",创造虚拟文化场

文化部在 2017 年的《文化部"十三五"时期公共数字文化建设规划》中提出:"结合'宽带中国''智慧城市'等国家重大信息工程,依托国家公共数字文化工程服务平台,构建覆盖全国的公共数字文化服务网络,开展公共文化云服务,提升公共文化服务的数字化、网络化、智能化水平。"数字化、网络化、智能化已经成为社会整体的发展趋势,对于文化发展而言亦是如此,在公共文化服务体系中,文化馆作为重要的支撑部分更是应该顺势而上,打造"互联网+"平台,创作虚拟话语场,让人们在虚拟空间中进行充分的互动。

各个文化馆应完善网络文化馆的建立,通过现代信息技术手段的应用,通过文化与科技融合,开拓功能多样的数字文化馆,打造虚拟的网络空间,让人民群众可以有效地在网络上进行互动。首先,应建设线上软件平台,完善微博、微信、网站、客户端、手机 APP 等多方面的建设和维护,形成一体化管理,并进行大力推广,方便人民群众进行网络直录播、活动预约、场馆预定、文化配送、公益培训、非遗传承、大数据分析、作品征集、志愿者服务

等,充分满足其各种需求。特别是针对青少年和老年人,可以开设青少年互动空间和老年人互动空间,根据他们不同的需求开展有针对性的服务。如广东省数字文化馆打造的"文汇通"平台,充分利用各种网络渠道,进行一套式服务,让群众体验了网络文化馆的优势。其次,成立数字资源库,集合各种数字资源,建设当地特色品牌、文化活动、群文创作、非遗传承等数字资源库,并将优质内容资源通过数字网络传播,实现公共文化服务的普遍均等,让人民平等地享受各种资源,甚至可以让群众参与建设,满足群众的参与感。再次,应促进个性服务项目的建设,结合群众调研和专家论证,开发"互联网 + 京城影像""互联网 + 非遗体验""互联网 + 国画模拟""互联网 + 影视互动"等具有本地特色的文化项目,并在数字文化馆中建立专门的特色体验空间,使用户足不出户便可享受到互动体验。最后,建立群众个体空间,应用大数据技术,制作群众个体数据群,向不同群众推送相关项目,并在其个人空间内构建个体文化发展档案,并根据此档案对其进行相关的指引。尤其应注重青少年文化档案的建立,注重对于群众文化素质的培养和文化需求的供给。

"互联网 +"模式已经被较为广泛地运用在各个地区的文化馆中,目前的使用情况仍有创新性不足、使用率不高的情况,各个部门应根据本地的实际情况,进行创新性实验,在构建数字平台、建立资源库、形成特色项目、创建个人档案上下功夫。

"完善公共文化服务体系,深入实施文化惠民工程,丰富群众性文化活动",这是习近平总书记在十九大报告中对于中国特色社会主义文化发展提出的要求。在新时期,文化馆应该被当作公共文化服务体系的重点进行建设。在建设过程中,要坚决"以人为本",以人民群众的需求为核心,特别注意文化馆群众互动空间的扩展,要在实现话语模式转型过程中,开拓多重话语互动;在实行"主分馆制"中,建立联动空间互动;在引入"互联网 +"中,推广虚拟互动空间,不断地以最新的姿态实现互动空间的转型和扩大,以人们喜闻乐见的方式满足他们的文化需求和精神需要,引领文化馆的现代化进程。

参考文献

[1] 朱强 . 互动空间的交际建构 [J]. 西安外国语大学学报,2018(3):46-50.

[2] 吴学根 . 推进文化馆总分馆制 拓展公共文化服务空间 [J]. 艺术百家,2016(S1):360-361.

[3] 赵培基 . 关于文化馆发展建设的思考 [J]. 邵阳学院学报(社会科学版),2007(3):168-170.

[4] 疏仁华 . 农村公共文化的场域、空间表达与结构再造 [J]. 安徽师范大学学报(人文社会科学版),2019(1):91-96.

基于用户体验的数字文化馆网站建设研究

李新雨（武汉市群众艺术馆）

数字化文化馆能够使人们足不出户便能体验到文化馆的在线服务，改变了人民的生活方式，对提高人民的精神生活水平、弘扬传统优秀文化具有显著的意义[1]。而数字文化馆网站打造了"信息与资源整合、管理与服务集成、线上与线下联动"的创新模式，也更适应时代的发展潮流。用户对网站的要求越来越高，其参与意识也越来越强，网站的个性化、人性化和"个性体验"也越来越重要。数字文化馆网站的设计要以用户为中心，优化网站布局和信息的组织等，吸引用户访问数字文化馆网站，充分实现数字文化馆网站的功能[2]。

一、用户体验的介绍

（一）用户体验的含义

国际标准化组织对用户体验的定义是"人们对产品、系统或服务的使用或预期使用产生的看法和回应"。用户体验是用户使用产品过程中建立起来的纯主观感受。更简单地说，用户体验是用户在使用产品的那一刻互动的感受[3]。

（二）用户体验的重要性

百度总裁李彦宏说过"用户体验比商业利益更重要，用户找什么你就给他什么"。其实用户体验就是生活感受。生活中处处涉及用户体验，共享单车、购物网站、红绿灯、手机、电脑等。有些产品在使用过程中会出现糟糕的状况，用户体验感受就会很差，用户下一次就可能不再使用该产品，所以用户体验就是商机。产品的用户体验很好时，用户使用起来更加方便，用户黏性就高。比如：购物网站的目的是盈利，它会抓住人的购物心理需求，针对性地推荐用户潜在需要购买的物品，从而提升购物网站的销售额。

从用户体验角度出发，设计页面简洁、功能明显、信息活动性强、表现形式灵活多样的个性化数字文化馆网站就变得尤为重要。

二、网站用户体验的分类

根据用户使用网站习惯，大多数用户在浏览网站时会先看网站的设计风格、版面布局

等,其次才看具体的内容,最后决定是否使用。因此,根据用户的使用习惯网站用户体验可分为以下五大类[4]:

(一)感官体验

感官体验是对用户在使用网站过程中感官体验的描述,主要是视、听两方面给用户的感受。鉴于用户在浏览网站时大多会先看网站的设计和风格以及版面布局,因此网站的风格设计、色彩的搭配、页面的布局、图片的吸引力都会给用户直观的视觉冲击;还有些带音乐背景的网站,是从听力上影响用户的使用感受。所以感官体验是网站用户体验的第一大要素,从感官上让用户满意,可以有效地影响用户访问网站的习惯。

(二)交互体验

交互体验是描述用户操作上的体验,是指人使用产品或者访问服务的过程中所感受到的人机交互内容的感受。好的交互体验应该具有简洁易用、准确高效和安全友好的特点。

用户在使用产品或服务的过程中,好的产品或服务应该是人性化的,使用户能感受该产品或服务是活的、有生命的,不是一成不变、死气沉沉的。它通过关注用户使用的每一个细节,在产品里注入构思设计,使产品在细节上满足用户的所有使用需求,也在交互上给用户好的体验。

(三)情感体验

情感体验是描述用户心理上的体验。用户浏览网页时往往带着情感需求,比如打发无聊时间时去看些娱乐网站或体育网站,想学习外语时去英语类教学网站,写论文查资料时去知网、万方类的知识服务网站。针对用户人群,抓住其心理特点和情感需求,设计网站时就能达到满足用户情感体验的要求。

(四)浏览体验

浏览体验是描述用户浏览上的体验,强调吸引性。用户浏览的的内容是至关重要的,用户从网站上看到的内容是否是其想要获取的信息,是否能为用户提供有用的帮助,能否吸引用户的关注,都是网站的浏览体验。

(五)信任体验

信任体验是用户的信任网站程度体验,让用户认为网站是可靠的。首先是网站备案,网站备案是所有网站必须要做的工作,否则该网站缺乏说服力和信任度;其次网站还应公布准确有效的联系方式和投诉途径;最后网站信息来源的真实可靠、文章引用标注来源。这些都是关乎网站信任体验的举措。

三、基于用户体验的数字文化馆网站建设的要点

根据用户体验的理论知识,以用户为中心,对数字文化馆网站的设计风格、页面布局和信息的组织等方面进行优化,提高用户的满意度,从而吸引用户访问数字文化馆网站,全面实现数字文化馆网站的功能。在设计数字文化馆网站时建议注意以下几个要点:

(一)注意网页"留白"

该要点主要是从用户的感官体验的角度出发的。"留白"的设计理念来源于中国山水画中的"留白"艺术,"留白"看似无形,但内容丰富,可以激发人们的想象空间。使用白色空间在网站设计过程中也同样重要,空白区域使网站的内容更易读,同时还使用户能够专注于文本周围的元素,因为留白使其他元素更为突出[5]。

有资料显示,文本和标题周围的空白区域将用户的注意力提高了20%,白色空间也可以使网站给用户开放、清新和现代的感受。广东省文化馆的网站(http://www.gdsqyg.com/home)是有效使用空白区域的一个很好的例子。在该网站首页的"非遗中心"版块中就保留了大量空白区域,整个网站显得开放性和清晰度十足,如图1所示。

图1 广东省文化馆网站的"留白"示例

(二)提升页面速度

该要点主要是从用户的交互体验的角度介绍的。对于网站用户来说,最令人沮丧的体验之一是等待页面加载时间过长。随着移动设备的兴起,人们可以在许多的平台上访问世界各地的网页内容。无论是在星巴克上网刷新闻或在笔记本电脑上观看视频,用户都希望能够快速获得他们想要的内容。若用户没有及时得到响应,他们通常会很不开心。缓慢的页面加载速度对于用户来说是一种中断体验,它可能是令人沮丧的来源,并且通常用户根本没有时间等待。有统计显示若访问网页期间加载时间延迟

2 秒,用户放弃使用率则高达 87%。

　　在建设数字化网站时,网络带宽的大小、服务器性能的优劣、网页内容的设以及 DNS 解析的消耗时间都会影响页面的访问速度,因此一定要注意以上因素。及时对网站访问性能情况进行监测分析,对于改善网站访问速度意义重大。测速软件 GTmetrix 通常会被用来检测网站的载入速度,并提供相关数据,提示网站需要改善的地方[6],其产品主页见图 2。

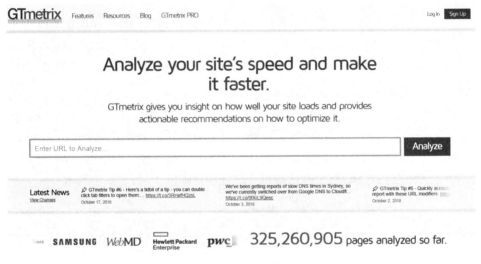

图 2　GTmetrix 首页

(三)注意网页的 404 报错

　　该要点也是从用户的交互体验的角度介绍的,虽然搜索引擎不会因页面 404 的报错(页面未找到)而严重惩罚网站,但用户会！当用户接近他们期望的链接或图像时,404 的报错会使用户立即选择放弃该链接,并且有可能永不再点击使用。

　　用户在网站上遇到 404 报错是个非常令人沮丧的事件,它完全影响了用户对整个网站的印象。所以要认真检查自身网站是否有任何 404 报错,如果一定要有时,需要把报错提示的页面设计的很有特点,以减少用户的坏心情。

(四)抓住用户人群的心理特点

　　该要点主要是围绕用户的情感体验展开的,针对用户人群,抓住其心理特点和情感需求。根据以往的资料,参与文化馆活动的大多是退休后的老年人。大多数退休老年人孤独和寂寞,因此他们有消除孤独、追求快乐的需求。同时他们大多身体健康,渴望发挥余热。但老年人对事物的发展追求稳定性,厌恶复杂的变换节奏。

　　针对这个用户群体,网站设计者要简化再简化网站的操作流程以方便他们的使用。网站的使用必须尽可能简单,少用专业术语和让人分心的组件。同时尽量多使用图片,用图片说话可以更快地取得用户信任。同时,还要保持网站的稳定性,在布局和版块设置上最好不要轻易改动。

(五)使用有吸引力的宣传元素

该要点主要是从用户浏览体验的角度描述的。网页浏览用户已经习惯于根据视觉提示来确定哪些内容对他们是重要的,使用明确标有操作字的元素组件可让用户更轻松地浏览网站并进入他们想要到达的位置。

在为网站创建按钮时,设计者应该考虑颜色对用户的心理影响。有研究人员发现,通过颜色变化和动作消息的传递,可以使网站的固定区域点击量增加11%。不同的颜色唤起不同的信息,因此可以结合自身数字化网站的特点,考虑好想要为用户传递的信息并明智地选择网站的设计颜色。

还要考虑用户网页按钮上的文字提示,提示一般都是名词或动词,可以引导用户做某些动作。选择正确的文字提示或心理触发元素可以提升网站的情感识别水平,没有情感联系意味着没有行动。

精心设计的书面标题和内容也可以吸引潜在用户,在标题中加入关键字对于搜索引擎定位网站非常重要。搜索引擎通常会检索出标题上的关键字,因此选择正确的标题并使其脱颖而出可以显著提高网站的点击率。同时标题会引导用户浏览网站,从而可以轻松浏览并查找到想要的内容。

APICloud网站(https://www.apicloud.com/)是一个很好利用宣传元素的例子。网站的整个页面都面向行动,并通过按钮来鼓励用户使用。在页面的开始,它就使用了很好的提示语言,诸如"App定制开发"这样的提示语,如图3所示。

图3　APICloud网站首页

（六）保持网站的一致性

该要点主要从用户的信任体验角度描述。一致性意味着一切都匹配，包括标题大小、字体选择、颜色、按钮样式、间距、设计元素、插图样式和照片选择等。一切都应该围绕一个主题展开。这样的网页设计可以使页面之间保持一致性，可以让用户在浏览网站时知道他们仍在这一网站中。如果页面之间的设计风格变化剧烈，可能会导致用户感到迷茫和困惑，并失去对网站的信任。设计风格的不一致会降低网站的服务质量。

莎莎网（http://www.sasa.com/）是网站设计一致性的典范，它们的所有页面都遵循一种常见模式：右侧边栏、上部导航栏、一致的按钮和背景图片。无论点击哪里，用户都能感觉到是在他们的网站，因为每一个网页的设计风格都是一致的。这一点对一个网购网站来说至关重要，因为一致性的网页设计风格使用户信任了网站，只有信任网站用户才敢在页面上购物消费。

在互联网发达的当代，忽略用户体验设计网站必"死"无疑。基于用户体验的角度建设数字文化馆网站，是从用户的角度上设计和组织网站信息，以人为本，使用户在使用网站过程中好感度倍增，通过口碑传播达到吸引更多用户访问网站目的。同时提升用户使用网站的黏度，增加网站在搜索引擎中的可见度，从而获得更多的曝光率，并最终使网站访问流量大增。

参考文献

[1] 钟继红 . 数字文化馆建设中的"微服务"[J]. 文艺生活·中旬刊,2017（2）:197.

[2][4] 陈玲霞,彭荣华 . 基于用户体验的档案网站优化探讨[J]. 兰台世界,2014（5）:35-36.

[3] 李晓 . 浅谈用户体验[J]. 科学导报,2015（16）:169.

[5] 高雄山 . 中国山水画中"留白"的艺术情趣[J]. 艺术科技,2013（1）:56,53.

[6] BONGARD-BLANCHY K,BOUCHARD C. Dimensions of user experience-from the product design perspective[J/OL]. [2019-10-01]. https://hal.archives-ouvertes.fr/file/index/docid/1053931/filename/v2.pdf.

乡村春晚：民俗的节日、年货的集市、乡亲的舞台

——新时代安徽乡村文化振兴的现状、成效和前瞻

张鹏水（安徽省文化馆）

乡村是传统中国的安身立命所在。春节是传统中国最重要的集体节庆文化仪式。春耕夏长，秋收冬藏，四季轮回，日月更迭。农民过的是围绕时令节气转的日子。辛苦了一年，在冬季渐渐走向闲适，劳顿的人们得以安稳身心，也渴望展示自己。刚刚过去的 2019 年春节与众不同，安徽各地农民自编自导自演的"乡村春晚"如雨后春笋破土而出，带着各自的乡风、乡音和乡愁，异彩纷呈的"乡土味"扑面而来。一时间，从皖西的山区到皖北的平原，从长江之滨的鱼米之乡到淮河边上的工业重镇，呈现出"江淮两岸歌潮涌，皖山皖水舞翩跹"的火热场景。

实施乡村振兴战略是我国全面建成小康社会的重要内容，振兴乡村文化又是乡村振兴战略的重要组成部分。乡村春晚是安徽认真贯彻落实习近平总书记关于实施乡村振兴战略的重要论述，认真落实省委省政府实施乡村振兴战略工作的部署要求，奋力谱写新时代安徽乡村全面振兴新篇章的具体措施。

一、做法与成效

（一）开创安徽乡村文化振兴的实现路径

近年来，安徽坚持"文化迎春·艺术为民"的服务理念，通过"乡村春晚＋互联网"的实施路径，结合乡愁精神，丰富文化内涵，推动乡村春晚向更广阔的乡村全域发展，将其培育成构建乡村公共文化服务体系、推动乡村全民艺术普及、培育"村晚＋旅游"的文化IP，努力走出一条乡村文化振兴之路。

一是强有力的政策支持。出台《安徽省公共文化服务保障条例》，重点增加农村地区公共文化产品供给，采取送戏进万村、送文化年货，组织乡村春晚、民俗展演等方式，开展群众性文化活动，促进城乡公共文化服务均等化。安徽省委宣传部、安徽省文化和旅游厅印发《关于开展"文化迎春·艺术为民"乡村春晚活动的通知》和《安徽省乡村春晚工作方案》，要求各地丰富春节期间农民群众精神文化生活，助力乡村振兴战略实施。出台《安徽省乡村春晚评选方案》等，形成面向文化馆站和组织举办单位的评定和激励机制，并拨出专项资金用于奖补，有力地推动安徽省乡村春晚发展。

表1 2017—2019年安徽省乡村春晚数据统计

年份	场次	覆盖村	节目数（万）	现场人数（万）	线上人次（万）	演职人员（万）
2017	517	1140	0.72	77.5	无	10.3
2018	1152	2325	2.04	205.4	212.5	25.1
2019	2384	4752	3.58	427.2	1150	47.7

2019年安徽乡村春晚参演人员之多、覆盖范围之广、群众积极性之高前所未有。乡村春晚这一文化惠民乐民活动点燃了成千上万群文工作者和千万农民的热情，它不仅是江淮大地的一道靓丽风景，更为安徽群众文化建设添了浓墨重彩的一笔。

二是全方位的组织保障。为引导全省在春节期间开展文化惠民乐民活动，安徽省文化和旅游厅主要领导多次提出要以乡村春晚为抓手，同全省各文艺门类的展演活动有机结合，发动社会力量投入到基层文化惠民活动中；成立了领导小组、工作小组和指导小组，设立安徽乡村春晚办公室，负责制度设计、组织协调、绩效评估、理论研究等工作，统筹全省乡村春晚工作，全力保障村晚活动持久、有序、广泛地开展。

（二）促进安徽各级文化馆（站）服务转型升级

乡村春晚，是安徽乡村振兴在文化领域的重要切入点和重头戏。2019年安徽乡村春晚在多部门跨系统相互协调、社会力量共建共享、文化馆站人勠力同心的格局下，很多不为人知的优秀基层文化组织者、文化馆（站）群众文化辅导员、村级文化协管员、文艺团队、文艺能人、民间艺人和民间传统艺术形式能涌现在人们的眼前。在乡村春晚上产生了一大批围绕主旋律、有温度、受欢迎的精品力作。

一是以人民为中心，坚持村民的主体地位。乡村春晚坚持村民"自编、自导、自演"根本原则，倡导村民或是上台表演，或是指导编排，或是志愿服务。这意味着在活动过程中，每个村民都要尽可能地参与文化活动，根据自己的喜好，自主选择参与。政府和公共文化机构在倡导全民参与的同时，创造条件、开通路径、提供服务。

二是以互联网为依托，丰富服务内容和方式。乡村春晚运用了互联网的思维和手段，推动馆站业务与互联网的结合，充分利用国家公共文化云、安徽公共文化云等数字服务云平台，群众通过PC端、移动端、文化一体机等终端服务，随时随地欣赏基层文艺风采、了解民俗非遗项目、参与村晚文艺演出。2019年安徽省乡村春晚示范演出通过国家公共文化云、安徽公共文化云、中国文化网络电视、中安在线、新浪网、凤凰网、今日头条等新媒体对本次活动实施全程网络直播，线上观看人数突破260万人次，央视新闻频道、《光明日报》、安徽卫视新闻联播、安徽卫视每日新闻报进行了报道。安徽各地在举办村晚活动中，通过电视、网络直播、APP和微信公众号"四位一体"的全媒体矩阵进行了全方位、全覆盖的传播，提供便捷的数字文化服务，形式多样、开放性强的创新服务，在"互联网＋"时代形成星火燎原之势，乡村春晚成为席卷安徽乃至全国乡村的"网红"，解决了以往公共文化服务范围小、覆盖窄、效能低等"短板"问题。

三是实施评价激励措施，着力提升文化馆站服务效能。将"乡村春晚"纳入考核，制定了相应的实施方案、推荐标准和评选标准等管理制度。强化责任意识和危机意识，实现文化馆站建设、产品与服务的转型升级，提高文化馆站系统的整体服务效能。2019年，通过线下组织、线上展播、推荐评选，安徽省推荐出10个优秀组织单位和评选30台最美乡村春晚，并对相关单位给予10至15万元奖补。各级文化馆站结合"乡村春晚"项目的实施，转变自身的功能和定位，实现文化馆站服务转型升级，旨在建成与现代公共文化服务体系相适应，与新时代人民群众新需要相匹配的现代型文化馆站。

（三）构建"记住乡愁"与"实现中国梦"的两翼发展模式

在城镇化进程中，安徽农村人口大量向城市迁徙，导致部分农村面临凋敝、衰败，乡村文化亦受到了城市文化的冲击。为解决好城乡发展不平衡不充分问题，实施乡村振兴战略，继承发扬乡村传统文化、繁荣新时代乡村文化，安徽做出了很多有益的探索。

加强基础设施建设，丰富村民文化娱乐活动。为了丰富农民的精神生活，安徽大力推动乡村公共文化服务体系的建设，在设施配套、活动开展等方面做了很多工作。按照安徽省"十三五"规划纲要的要求，到2020年，全省市级以上公共图书馆、文化馆100%达到部颁一级评估标准，县级100%达到部颁二级以上评估标准，乡镇（街道）村（社区）普遍建成基层综合性文化服务中心，100%达到国家、省相关标准。

打造村晚文化品牌，挖掘乡村特色文化。各地合理利用悠久的文化历史资源和挖掘本土特色的非遗民俗资源，将乡村春晚与农业观光、乡村旅游等相关产业融合，拓宽农民收入渠道。保存乡村的乡土味道和泥土芬芳，守住生态环境的底线，在乡村中"看得见山水""记得住乡愁"，综合培育乡村的文化认同、生态永续、文化保育、生活品质提升及产业振兴，构建安徽乡村特色的美好生活新模式。

重塑新乡贤文化，树立文明新乡风。在乡村春晚活动中，各地积极创作宣传新乡贤建设家乡、回报家乡的文艺节目，以生动、感人的艺术形式吸引更多的有识之士回乡建设，助力乡村振兴。以文艺的形式倡导文明乡风、推动移风易俗、规范村规民约、健全乡村治理体系方面的积极作用。

表2　乡村春晚文艺演出相关活动类型统计表

类型	民俗展演	非遗展示	年货集市	乡村旅游	其他群文活动
数量	237	210	81	156	120
占比	79%	70%	27%	52%	40%

注：其他群文活动包括书画展、送春联、猜灯谜、灯展、摄影展、戏曲票友等。

本次统计的样本为300场乡村春晚文艺演出。

一台台由村民自发举办的，展现村民对美的参与和创造的乡村春晚，已不再只是庆祝农历新年的一次文艺联欢，它正在成为满足人民群众更高水平的精神文化新需求、培育乡村文化原创力的有效方式,是建成全面小康社会的重要举措,是实现美丽中国梦的重要途径,成为我们"记住乡愁"与"实现中国梦"在守住传统与开拓未来中展翅高飞的两翼。

(四)探索全社会共同参与乡村文化振兴的有效方式

通过政府主导,多部门协作配合,社会力量共同参与,团结、引导、带动了村民、志愿者、合作方等大规模参与,促进了安徽村晚活动蓬勃发展,推动村晚活动持续升温,为全省构建五大发展美好安徽增添了新的动力。

合肥市长丰县马郢村第二届乡村春晚举办前邀请社会各界人士参与支持马郢村晚,招募联合主办、协办和特别支持单位,招募演员和志愿者,迅速得到了火爆的回应,长丰县庐剧团、红石榴艺术团把艺术送到乡村,安徽穗业混凝土有限公司承包了音响设备和椅子,一鸣艺校邀请书画研究会的老师来送春联,马郢妇联广场舞蹈队还有助学支教机构翰知教育、童星艺术、禾美陶艺、凡辰马术等为村民排练节目,筹备画展,准备乐烧,训练马术。创客们纷纷把自己最好的产品如水果干、稻虾米、瓜蒌子、花生、有机米和蔬菜等拿出作为奖品;安徽大学艺术学院设计小学小组提供了整套的视觉设计;旅游扶贫帮扶单位万达环球国际旅行社不仅承办村晚乡村游戏环节,排练了时装秀,还赞助了很多礼品;龙门寺服务区承担了市集小吃环节所有炊具,还赞助了很多小玩具;安徽农村广播派来了主持人、新农人农夫市集精选了生态农场来参加市集、火麒麟户外烧烤带来了好吃的烤串……总之,这一届村晚是一次资源的大聚集,这不仅仅是马郢村的村晚,更是所有参与者共同的村晚。

二、问题与不足

在加快构建现代公共文化服务体系和文旅融合发展背景下,安徽以乡村文化振兴为目标,勇于创新,大胆突破,在全国率先开启了乡村文化振兴的探索与实践。乡村春晚,它正在成为满足人民群众精神文化新需求、督促文化馆站服务转型升级、实现乡村文化振兴的有效方式。但总的说来,还存在一些问题和不足,需要努力加以解决。

(一)加大政府统筹力度,形成发展合力

安徽省在组织实施乡村春晚活动中,建立了"政府引导、群众参与、各方合力"制度,协调推动了全省乡村春晚有序推进。但是从实施效果来看,文化馆(站)与政府其他部门主管的各类文化机构之间,虽然已经有了初步的共建共享,但缺乏有效的融合发展机制,没有形成"1+1>2"的良好局面。公共文化机构与社会力量之间也缺乏有效的融合发展机制,虽有合作,但缺乏深度,尚未产生明显的合力。各地应将乡村文化建设纳入经济社会发展的总体布局,纳入乡村振兴总体规划,纳入各级党委和政府工作的重要议事日程,纳入科学发展重要考核内容,以推进乡村文化建设各项目标任务落到实处。

（二）提高文化馆（站）人认识，加快服务转型升级

乡村春晚已经是群众文化工作者的重要抓手，作为乡村文化建设的前沿阵地，在乡村春晚活动中，文化馆（站）应该提供最大的支持和最专业的辅导，为提升乡村春晚质量尽最大的努力。除此之外，文化馆（站）还要对群众中的艺术人才进行培养，以此扩大乡村春晚的生存空间，进而对乡村春晚的质量进行提升，使乡村春晚具有更加长久、旺盛的生命力。但事实上，仍然有一些文化馆（站）的工作重心尚未实现彻底扭转，固于传统的工作方式、服务模式的现象不时可见。认识上不到位，导致工作上打折扣，有的文化馆（站）在当地乡村文化振兴中应有的引领作用、辐射作用尚未得到充分体现。

（三）推进文旅融合发展，实现乡村文化振兴

安徽各地以乡村春晚为载体，深入挖掘民俗文化、年货集市、非遗展演，乃至地方戏曲之类在这里都有呈现，让游客在体验中感受并传承民俗文化，真正实现望得见青山、看得见绿水、记得住乡愁。但是现实中还存在文旅融合深度与广度不足，缺乏创新意识等问题，各地理应通过政府主导、政策保证、资金支持、技术指导、社会参与，打造"乡村春晚"这一文化 IP，因地制宜、切实有效地解决乡村文化振兴过程中"谁来振兴"和"为谁振兴"两大核心问题，让那些无论是留守的、返乡的，还是外来的，都充满获得感，满怀信心，珍惜今天的幸福，都发自内心拥护党的领导，齐心协力振兴自己的家乡。

三、思考与前瞻

"实施乡村振兴战略，是解决人民日益增长的美好生活需要和不平衡不充分的发展之间矛盾的必然要求"。面对这一论断，面对"新返乡"的春风，乡村春晚体现出农民在乡村振兴中的主体作用，表现农民对美好生活的向往和文化自信，能够凝聚村民情感、繁荣农村文化、促进乡风文明、推动和谐新农村建设的文化创新载体，在农村群众文化发展和乡村振兴中的地位越来越重要。如何更好地举办乡村春晚，笔者认为有如下措施。

坚持政府引导与农民主体相结合。本土化、草根性、全民参与，依然是乡村春晚不能舍弃的特色。不仅要发挥党委、政府的引导作用，更要尊重农民主体地位，让农民"热起来"，形成全社会关心支持和积极参与乡村春晚的浓厚氛围，充分尊重农民意愿，最大限度调动农民参与乡村文化振兴的积极性、主动性、创造性，不断提升农民的文化参与感、获得感、幸福感。

发挥文化站在村晚活动中主力军作用。乡镇综合文化站是乡村春晚的主要组织者，它是公共文化服务体系建设中极为重要的一环，承担着满足农民群众精神文化需求、充分调动群众文化参与积极性等重要职能。一是要促进乡镇文化站人员水平建设，使乡镇文化站人员具有强烈的政治意识、责任意识以及创新意识。二是要加强对乡镇文化站建设的重视特别是对乡镇文化站工作进行积极考核。三是要对乡镇中的特色文化进行重点挖

掘和培育。

　　坚持融合发展实现乡村振兴。去农村过年,赏民俗,住民宿,食农味,带走当地农副产品,过一个韵味十足的中国年,正在悄然成为新兴的旅行方式。乡村春晚本身是文化活动,但同时也是非常好的旅游推广活动,也是游客在乡村体验年味年俗、美食美景的旅游产品。各地政府理应看到乡村春晚蕴含的发展利好,扶持、引导村晚活动开展,借力乡村春晚,吸引外部资源,发展乡村建设,打造新时代的乡村图景,为乡村振兴增光添彩。各地应聚焦文旅融合、产业融合、城乡融合,充分挖掘和活化乡土文化、农耕文化、民俗文化、美食文化,让村晚成为可体验,可消费,可带回家的文化旅游产品,"村晚 + 旅游"致力于把乡村打造成为乡村文化、生活体验目的地,努力实现让乡村更美好,让村民更富裕这一全体村民共同的梦想。

参考文献

[1] 中共中央、国务院关于实施乡村振兴战略的意见 [EB/OL]. [2019-10-01]. http://www.gov.cn/zhengce/2018-02/04/content_5263807.htm.

[2] 林红,李国新 . 适应新需要引领新发展美好新生活 [R]// 张爱琴 . 宁波 "一人一艺" 全民艺术普及发展报告 . 北京:社会科学文献出版社,2017:3-9.

[3] 莫晓鸿 . 以乡村春晚助力乡村振兴 [N]. 丽水日报,2018-01-30(3).

[4] 周一红 . 笔尖下的丽水乡村春晚 [M]. 北京:中国文史出版社,2016:231-233.

[5] 张李杨 . 乡村春晚亮相全国文化馆年会 [N]. 丽水日报,2018-01-03(2).

浅谈文化下派员如何更好融入乡镇

顾　欢（嘉善县文化馆）

随着我国精神文明建设工作的不断推进，文化馆作为重要的精神文明建设场所，为广大群众提供文化、知识服务，具有十分重要的意义，为了积极发挥文化馆的作用。近年来，文化馆总分馆制建立、推行并不断完善，而为了更好地实施文化馆总分馆服务体系，充分发挥"人"的力量，"两员"队伍应运而生。"两员"队伍建设，是嘉兴市在推进文化馆总分馆制建设中所推行的创新基层文化人才队伍建设的新模式，即各县（区）文化馆向所属镇（街道）文化站下派 1 名文化员，每个村（社区）配备 1 名文化专职管理员，通过实行"县聘镇用、镇聘村用"的双重管理模式，以人为纽带，建立起总馆和分馆、分馆和支馆的紧密联系。

随着"两员"制度的建立、实施和普及、完善，嘉兴市已逐步形成覆盖城乡的市、县、镇、村（社区）四级文化人才网络体系。"两员"扎根基层，直接面对基层群众，熟悉基层群众的文化需求。"两员"是指文化下派员和宣传文化员（也称文化专职管理员）。"两员"在每个地方乡镇都发挥了极大的作用，他们不仅组织各类文化活动，还参与到文化活动中，给各个街镇村（社区）的文化礼堂带去实质性的内容。"两员"中，文化下派员又属于比较特殊的一类，它是由县级层面聘任，下放到镇（街道）使用的文化专业人才，是总分馆之间的纽带，更是文化部门和基层群众之间的桥梁，起着"上情下达、下情上传"的关键作用。嘉善县文化馆目前有9名文化下派员，分别下派魏塘街道、大云镇等9个镇（街道），一周下派四天。

一、文化下派员的工作现状和职责

文化下派员一般被分配到乡镇基层，一个星期下派若干天时间在镇（街道）工作，利用自身的文艺专长辅助文化分馆、乡镇文化站或者村（社区）文化礼堂进行文化活动的策划、组织和开展，同时将一些文化声音反馈给文化馆或上级文化部门。文化下派员的职责，包括开展乡村文化阵地建设、依托文化阵地开展活动、乡村文艺骨干队伍建设等内容。一方面，文化下派员应该挖掘所派驻镇（街道）特色，为其策划文化活动，组建文艺队伍，必须要有奉献意识。另一方面，文化下派员要收集基层群众的文化需求，将他们的需要反馈给镇（街道）、文化馆等，必须要有服务意识。

二、文化下派员工作中存在的实际问题

文化下派员的工作性质,决定了其虽然为县级文化部门聘用人员,但是工作却在镇(街道)、村(社区),这也意味着文化下派员要融入乡镇,扎根基层,服务基层。但是在实际工作中,文化下派员的工作开展却存在不少问题和困难。

(一)下派乡镇,缺乏归属感

文化下派员作为"县聘镇用"的文化专业人才,由县级文化单位聘用,却下派乡镇。文化下派员大多为新招人员,年龄偏轻,尤其是一些刚毕业的大学生,即便是在熟悉新单位并经过专业培训之后上岗,也会面临人员不熟、环境陌生、职业归属感不强等问题,导致其在"不是自己单位"的工作环境里开展工作没有方向、畏首畏尾,不知从何干起、从哪下手。文化下派员即便经过一段时间的下派工作,虽然对环境、人员熟悉了,对自身的工作也熟悉了,但是由于心理上始终无法融入这个"别人的单位",也会无法全身心投入工作。另外,一段时间的下派工作后,文化下派员也会进行轮岗,换一个其他乡镇继续下派,从刚刚熟悉的环境又转变为全新陌生的环境,归属感始终无法建立。

(二)"两不管",缺乏主动性

每周五天,文化下派员三到四天下派乡镇,文化馆很难知晓文化下派员的实际工作状态,一到两天回文化馆汇报工作时,乡镇又无法安排工作。长此以往,文化下派员在下派乡镇时容易缺乏主动性,工作散漫,"办公室里坐一天",回文化馆汇报工作时则又会不知所云、得过且过;而乡镇也无法分派重要工作,只能委派一些杂活、散活,文化下派员失去原本的功能和意义。

虽然有文化下派员考核制度,但是每年考核一次,年终考核时容易形式主义,未能采取严格的考核奖惩机制,导致考核制度"纸上谈兵",无法发挥真正作用。久而久之,文化下派员的积极主动性被打消,工作效率下滑。

目前,嘉兴市"五县两区"中,海盐县和嘉善县的文化下派员为事业单位编制招聘,其余为劳务派遣。无论是哪种形式,都对文化下派员自身的成长有一定影响。事业编制人员,容易养尊处优,劳务派遣人员,容易消极怠工,都是造成工作主动性、积极性下降的可能因素。

(三)专业受限,缺乏"用武之地"

文化下派员本身都具有一定的专业基础,无论是事业单位招聘,还是合同制劳务派遣招聘,都会选择文艺类专业或有一定专业技能的人才聘用。当文化下派员被下派到乡镇后,就可以通过自己的专业技能为基层群众服务,帮助他们策划活动、组织活动、开展活动。例如组建排舞队、合唱队,排练舞蹈节目、小品等。但是实际工作中,文化下派员也受其专业所限,舞蹈专业只能带舞蹈队,排演舞蹈作品,声乐专业只能教唱歌,排演声乐作

品,无法多元化全面铺开文艺工作,为所有群众服务。桐乡市崇福镇的文化下派员朱希的专业是器乐,主攻钢琴。她说,之前崇福镇的文化下派员是舞蹈专业的,一直在为崇福镇的群众排练排舞,成绩显著,而她刚下派崇福镇的时候就很着急,器乐专业似乎无法为群众做什么。

在事业单位招聘中,还可能招聘到更多其他专业。嘉善县文化馆文化下派员中,除了舞蹈、声乐、器乐专业外,还有摄影、动画、设计专业。如目前下派姚庄镇的文化下派员郁立轶工作认真踏实,一直以来为姚庄镇文化站贡献着自己的力量。但是作为一名入职一年多的文化下派员,在工作中,她还是会有困惑。她是设计专业毕业,主要是室内、景观设计方向,"我不能像其他舞蹈专业的下派员一样,帮助文化站去排练一支舞,也不能像表演专业的下派员一样,和其他人一起参与演出。"又如目前下派魏塘街道的文化下派员江辰嘉,虽然是摄影专业,能够帮助乡镇开展各种视觉艺术类的展览、培训,但是她也面临类似的问题,"摄影专业出的成果作品并不如排出一个舞蹈节目那么直接,乡镇更需要舞蹈、声乐类专业的文化下派员,作为摄影专业,我这个下派员会不会其实并不受乡镇喜欢。"到底该如何服务乡镇、服务基层群众,如何做好一名文化下派员,自己的"用武之地"在何处,成为这类文化下派员的困惑。

三、融入乡镇对策探析

造成文化下派员实际工作中问题、困难多的原因是多方面的,既有主观能动性、专业局限性等主观原因,也有工作性质、编制问题、考核机制等客观原因。对于文化下派员无法融入乡镇这一问题,笔者尝试从多角度进行对策探析。

(一)"沉下心,俯下身"——扎根基层,服务基层

虽然文化下派员是县文化部门聘用的专业人员,但是并不高高在上,文化下派员下派乡镇,不光要到镇(街道),更要深入村(社区),面对的是基层群众,所以沉下心做事,俯下身待人,要避免骄傲和浮躁情绪,踏踏实实,全心全意。

融入乡镇,不是身在乡镇就可以办好事,而是要全身心投入,无论专业是什么,专长是什么,有事没事多去村(社区),和当地的村民拉家常,就会从中发现群众的文化需求,挖掘出当地的文化资源。

徐晨是桐乡市文化馆的一名文化下派员。2018年2月,她下派到桐乡市高桥镇。下派期间,徐晨喜欢和社区里的阿姨们聊天,发现她们对于排舞的积极性非常高,就把她们组建成一支排舞队,为她们编排舞蹈,之后她又发现,通知阿姨们下午两点钟集合,她们经常会提前两个多小时就来了,"在基层工作,能更真切地感受到群众对于文化的渴求。"徐晨在工作日志中感慨道,她也更深刻认识自己作为文化下派员的责任,"现在,我们以活跃当地群众文化事业和满足人们日益增长的文化需求为目的,在整个下派过程中必须发挥好重要作用。"

（二）"大处着眼，小处着手"——提高政治站位，读通政府政策

党的十九大报告提出："发展中国特色社会主义文化，就是以马克思主义为指导，坚守中华文化立场，立足当代中国现实，结合当今时代条件，发展面向现代化、面向世界、面向未来的，民族的科学的大众的社会主义文化，推动社会主义精神文明和物质文明协调发展。"这就为我们的文化建设提供了基本思路与根本遵循。

融入乡镇，首先要了解下派镇（街道）的相关政策，文化下派员虽然做的是文化方面的工作，但也要牢记使命，熟悉政府不同阶段的中心工作，并将之结合到自己的工作中，在开展文化活动时把中心工作的内容设计进去，使每个乡镇都能打造自己的文化品牌。文化下派员要通过该乡镇的中心工作，配合乡镇文化站，挖掘出特色文化资源。"大处着眼，小处着手"，围绕政府中心工作，服务大局，服务主体，不仅要在文化活动上做精、做深，更要体现在方针宣传、政策引导、技术培训等方面。

（三）"醉翁不在酒，好风凭借力"——学会运用各种载体的力量

一个乡镇，部门众多，除了文化宣传部门，还有纪检、团委、民政、村建、卫计、环保、农技水利等，如果文化下派员只局限于文化宣传部门，确实可以完成自己的任务，但是未必能做好自己的工作。

融入乡镇，就要了解乡镇各个部门及人员，熟悉各部门的运转，熟悉各人员的分工，在对政府的中心工作了然于心的前提下，利用自身的专业，运用各部门这些载体，通过文化展示的方式去宣传，既助推各项工作的开展，又为政府中心工作服务。舞蹈、声乐专业可以组建队伍排练节目，摄影专业可以拿起相机拍摄各部门开展情况以此做宣传，设计专业可以策划设计主题日活动。文化宣传本不分家，通过文化活动，在丰富群众精神生活的同时，也做到了服务中心、服务大局、服务主体，同时也让政府部门更重视文化工作，那么文化下派员自然而然也能完满完成了自己的工作。

（四）"询事考言，循名责实"——考核管理有所区别

绩效考核不等于绩效管理，绩效考核关注结果，绩效管理除了考核结果，同时对绩效达成的过程进行管理。"询事考言，循名责实"，文化馆不仅要看到文化下派员完成的任务、拿出的成绩，更要关心文化下派员的工作进展，了解文化下派员对下派工作的想法。文化下派员既然有别于文化馆其他工作人员，那么对其的考核制度必然也与其他人员不同。

融入乡镇，文化馆不仅要从上到下对文化下派员进行考核，更要让乡镇从外到内对其进行考核。嘉善县文化馆实行的文化下派员考核制度，文化下派员不仅要接受文化馆对其的工作绩效评估，还要接受所在乡镇的考评，一方面考核"德、能、勤、绩"四块内容，自评占40%，互评占30%，总馆评占30%，另一方面，考核乡镇（街道）日常工作开展情况，自评占30%，互评占10%，分馆占30%，总馆占30%。

另外,文化下派员每周五返回县文化馆时不仅仅是简单的例行公事,进行一周工作汇报,也要开展微团队的打造。嘉善县文化馆微团队建设,每月第一周开展微论坛,以工作中的实战问题、做法体会、得失经验等为主题开展讨论;第二、四周开展微培训,通过定期的系统化培训学习,使文化下派员掌握更多工作技能,更好地为群众文化工作服务;第三周开展微分享,一名文化下派员分享自己专业领域的知识,发挥自己的特长,团队成员取长补短、相互促进,在分享过程中,提升综合素养。通过半年多来的实践,嘉善县文化馆10名文化下派员团队凝聚力得到增强,本来在各自乡镇开展工作,互相之间、与文化馆之间交流匮乏,如今不仅会交流下派工作的经验做法,还会互帮互助开展工作,而文化馆方面也对文化下派员有了更深入的了解,也就能更好地进行管理。

综上所述,文化下派员要从心理上实现县里工作到乡镇工作的角色转换,投入新的角色,适应新的环境,融入乡镇,走进农村,培养基层工作感情,打开基层工作局面。文化下派员最不缺乏专业知识,因此在工作中要发挥自己的特长优势,结合乡镇政府工作开展文化工作,让基层群众,充分感受到文化的价值和意义。

参考文献

[1] 王学思 . 文化馆总分馆制:发挥人的力量　灵活调配资源 [N]. 中国文化报,2017-03-03（6）.

[2] 史兵 . 乡镇文化站工作如何配合政府中心工作 [J]. 文艺生活·中旬刊,2017（5）:212.

[3] 洪明升 . 中国梦融入乡镇文化建设的实践路径探究 [J]. 大众文艺,2014（12）:28-29.

抓住快乐的本源,满足美好生活的向往

——关于成都市新都区文化馆群众文化工作的探索与思考

张　丽　余智会（成都市新都区文化馆）

四川省成都市新都区,古蜀国三大名都之一。自古"民富俗淳,人文蔚起",素有"天府明珠"和"香城宝地"之称,1999年由文化部命名为"全国文化先进县"。全区土地面积496平方公里,辖13个镇(街道)、255个村(社区),总人口87万人,现定位为成都"现代化国际范的成北新中心城区"。

党的十九大提出:"当今中国社会的主要矛盾是人民日益增长的美好生活需要和不平衡不充分的发展之间的矛盾。"我们认为,美好生活需要,不仅指物质层面需要,更重要的是精神层面的追求。这是各级文化馆在工作中需要认真解决的课题。自2012年始,四川省成都市新都区文化馆坚持新形势下公益性事业单位的基本属性不动摇,在现代公共文化服务体系中的路径建设、平台搭建和载体呈现加强思考和研究,坚定不移地探索和推进地方特色文化品牌"快乐周末·百姓舞台"常态开展、创新开展、纵深开展,极大改善了城乡群众的精神文化生活。现就新都区文化馆的有关做法初探如下。

一、服务转型,坚持文化馆基本属性不动摇

新都区文化馆当前馆址修建于1986年,使用面积2683平方米,各种设施硬件在当时是比较好的,但发展到今天已经相对落后,制约了文化馆职能的充分发挥。同时,全馆23人,仅有业务人员8人。在这种严峻局面下,2012年在区文体广新局领导的支持下,新都区文化馆决定打破这个瓶颈,选择和整合社会资源,创立更大的空间,满足群众的文化生活需求,最终确立了"快乐周末·百姓舞台"的创意。8年的坚守,效果越来越好。在实践中我们认为,新都文化馆"快乐周末·百姓舞台"的成功有三个方面的因素:

一是新都社会深厚的历史文化认同。出土于新都二台子的国家一级文物东汉说唱俑闻名遐迩,是中国文化的一张名片,夸张诙谐、幸福满足的神情,深受新都人喜爱,成为新都多才多艺、富有娱乐文化精神的象征。

二是广泛的群众文化基础。2009年新都区拥有群众文艺队伍187支,2013年达到294支,2018年达到693支,五年新增文化队伍399支。新都城乡居民即便没有琴瑟相伴、没有灯光布景、甚至没有观众,也会在广场和院坝自发组织文化活动,成为"快乐周末·百姓舞台"活动有力支撑。

三是专业的文化人才队伍。四川音乐学院新都校区2000年建成,学校的舞蹈系、歌剧与艺术管理系、戏剧系、戏剧影视文学系、传播艺术系等专业艺术资源为活动开展提供了强大支撑。同时,西南石油学院、四川医学院等驻区单位等也有较多的文艺人才。

这些资源通过文化馆搭建的"快乐周末·百姓舞台"平台的整合,既保证了社会的参与面,又同时保障了活动质量,更重要的是避免了因资源枯竭,活动难以为继的局面。没有这些条件的存在,该活动很难坚持8年而旺盛不衰。

8年来的实际效果证明,新都区这一文化创立和创新模式突出了文化馆的公益性职能,搭建了一个满足基层群众文化诉求、实现基层百姓文化梦想的舞台,促进了"广场文化"向较高层次的"舞台文化"转型升级,充分体现了文化馆的区域文化中心作用。8年来,"快乐周末·百姓舞台"已成功举办各类惠民演出1078场,其中主题专场演出232场,青年歌手赛、高校专场、民歌民乐赏析演出128场,各类基层培训2000余次,民众参与100余万人次,《中国文化报》、中国文明网、国家公共文化云平台、《成都日报》、《成都商报》等媒体对活动进行了专题报道。

二、抓住"快乐"的本源,实现文化馆的活动机制创新

习近平总书记关于"精准扶贫"的论述深入人心。笔者认为,在文化领域同样存在"精准扶贫"。从事文化工作的目标就是要通过文化让人民群众活得快乐、活得健康、活得有尊严、活得有意义。2012年3月,新都区文化馆确立了"四主"文化模式,即"政府主导,百姓主演,专家主评,群众主推"。为了消除普通群众对于舞台的敬畏,新都区文化馆精心设计了"快乐你就来"的活动宗旨和宣传口号,并专门创作了主题歌《快乐你就来》,传唱于城乡,获得了广泛的群众支持。活动的具体实施如下。

(一)小资金撬动大舞台

"快乐周末·百姓舞台"每周末晚7点30分在新都区黄桷树广场举行,场均投入经费1.3万元,主要用于舞美、音响、灯光等设施租赁等,全年演出48场,不含专题和专场活动。活动不请大腕、没有明星,没有荧光棒,整体风格以欢乐、亲民、好看为主,让新都区数十万民众分享"大舞台"的快乐时光。政府的小投入撬动了群众文化这个大舞台,起到了引领百姓文化追求作用。

(二)门槛实现亲民惠民

"我参与、我快乐"是新都区"快乐周末·百姓舞台"群众文化活动的宗旨,活动采取线上线下开放式报名参赛;不收取任何费用;不限选手年龄、身高、学历;不论文艺表演形式;不分专业文艺从业者或业余文艺爱好者,除选手本人外,亲友团、群众都可广泛参与;活动突破比赛活动的单向交流形式,变为台上台下直接交流;机关企事业单位也可参与其中,设立自己的表演活动专场。活动自开展以来,因其"零门槛"的公益形式,打破了以往

政府投入大、组织观众难的问题,呈现出广大市民周周期盼、选手积极参与的蓬勃发展景象。

(三)聘请专业点评,推动艺术普及

"百姓舞台"采取百姓自我推荐、表演,专家点评、讲解,由群众中产生的大众评委投票、推选的方式发现草根明星,评选周冠军、季冠军和年度总冠军。每周活动内容涵盖唱歌、曲艺、小品、朗诵、舞蹈以及本地特殊技能技艺,选手演出完后,专家都会分门别类地给予点评,不仅让选手明确自己的艺术定位,同时成为新都区的现场版艺术普及大课堂,直观动人。有的家长专程带着孩子来看演出,接受艺术熏陶,受益匪浅。

(四)多彩周末主题,弘扬时代主旋律

"快乐周末·百姓舞台",始终坚持把培育和践行社会主义核心价值观放在首位,活动围绕弘扬时代主旋律的主题开展,注重专业性与群众性、雅与俗的结合。根据不同时期社会宣传的需要,新都区以"快乐周末"为主题,先后举办了"音约香城·乐创新都""艺术的盛会·百姓的节日——新都区全民文化艺术周""新都区纪念杨升庵诞辰530周年系列活动暨第三届全民艺术周""新都区庆祝改革开放40周年""北欧知识城专场国际音乐会""我们的节日"等主题活动。这种亲民、利民、乐民的活动开展模式,促进了"快乐周末·百姓舞台"作为文化品牌的品质提升,也扩大了文化品牌活动的影响力。

三、"草根"和专业汇流,实现文化馆区域文化中心地位

在工作中,新都区文化馆意识到,农村基层群众文化水平的提升,一直受到辅导力量缺失的制约,另外文化视野缺乏也限制了文化生活水平的提高,与社会主义精神文明建设的总体要求容易造成断档脱节。"快乐周末·百姓舞台"填补了这方面的文化断裂,提升了区域文化品质。

(一)平民舞台造就百姓明星,主流价值占领文化阵地

1. 平民舞台人才辈出

8年来,"快乐周末·百姓舞台"从周赛、季赛到年度冠军总决赛,在活动中推出了周冠军2000余人(支)、季度冠军1000余人(支)、年度总冠军300余人(支)。这些深受广大群众喜爱的"百姓明星"和文化艺术人才均活跃于新都文化发展领域,并先后参加了四川电视台举办的"想唱你就来"和"舞动嘉年华"电视大赛,四川省新民歌大赛,第四届、第五届、第六届中国成都国际非物质文化遗产节及新都分会场活动。年度总冠军王帅、胡柯入围《中国好声音》。一些优秀选手先后随中央电视台"手拉手"艺术团赴法国参加"北京巴黎之夜"演出;赴瑞典、奥地利、澳大利亚、哈萨克斯坦等国家参加中国节文化交流演出等文化交流活动,成为新都本土文化名人。目前,部分优秀选手组成"快乐周末艺术

团"，参加新都"快乐周末"品牌系列活动，为全区队伍整体水平提升，起到了积极的推动作用。

2. 交流切磋培育文化队伍

"快乐周末·百姓舞台"为全区群众文艺团队搭建了一个相互交流、学习和切磋的大平台。越来越多的老百姓正通过这个窗口，加入到新都群众文化建设的队伍中，先后有广仁艺校培训中心、玉缘拉丁培训中心、北一艺校培训中心、艺海艺术培训以及全区13个镇（街道）特色文化队伍等百余支群众文艺团队在这个平台上切磋磨砺。通过擂台赛的赛前培训、赛场点评、赛后提高、反复打擂，锻炼了一批批文艺团体，造就了一批批文艺爱好者和优秀人才。再通过文化馆对优秀人才和团队的专业培训，按照其文艺特长编组成立"快乐周末·群文艺术团""快乐周末·香城民乐团""快乐周末·少儿艺术团""快乐周末·桂湖讲坛""快乐周末·芙蓉剧社"等新兴的骨干文艺队伍和文化志愿者队伍。

3. 舞台生辉彰显核心价值

8年来，新都区文化馆秉承"惠及全民，凝聚时代精神和城市精神"服务宗旨，将"快乐周末·百姓舞台"融入社会主义核心价值观。2016年成功推出"文艺的盛会·百姓的节日——首届全民文化艺术周"艺术活动品牌。活动连续举办三届，组织了15场专家艺术讲坛、6场机关（乡镇）歌咏活动的百姓艺术体验，9场国家、省、市专业团队倾情演绎的大型交响音乐会以及男高音交流音乐会、摇滚乐队猴子军团专场、名家名戏专场等高规格、大规模、融专业性与普及性为一体的文化艺术周活动，让老百姓在体验大众艺术的同时，感受了高雅艺术带来的特别视听体验和不一样的艺术享受。

4. 文化精品角逐公益盛宴

"快乐周末·百姓舞台"推出群众原创作品达140余个。经专家点评、专业辅导和多次修改，推出了一批水准较高、质量较硬的群众文艺精品。如歌曲《又到春暖花开》《天府四川》《三月川西油菜花》，广场舞《桂花香》《爱的火焰》，少儿舞蹈《汉俑童谣》，舞蹈《红色秧歌》，川剧舞蹈《玩友》，百姓故事《高原天使曾阳萍》，法治故事《张飞审瓜》，廉政故事《生日礼物》等一大批原创节目，通过区文化馆组织专家对其打磨排练，这些作品先后获全国舞蹈大赛金奖、全国第三届新农村文艺展演金土地奖、四川省群星奖音乐舞蹈大赛暨农民工文艺会演金奖、四川省第二届农民艺术节一等奖、四川省中小学艺术节比赛一等奖、四川省金秋乐舞蹈大赛金奖、四川省首届新民歌大赛中获创作银奖、成都文化四季风"欢歌庆秋"歌咏比赛一等奖、第三届家庭文化艺术节——"百姓故事·我爱我家"PK赛一等奖。

（二）以文化立区，实现文化力量大融合

1. 区域联动释放文化活力

"快乐周末·百姓舞台"品牌活动以其独有价值内涵，吸引了周边区（市）重点城市文化部门、团队大联动。先后成功举办"秋之韵·齐鲁情——山东省德州市'秋之韵'艺术团赴新都专场文化交流演出""成德同德"——2018年原创歌曲展演专场""在灿烂的阳

光下——新都区 2018 年庆'七一'暨成德一体化音乐消夏文化交流专场演出""新都区、青白江区百姓故事会活动区域互动"等区域交流活动。参与本地三河保利 198 户外音乐基地、天府沸腾音乐小镇,马家状元小镇、尖峰运动小镇,斑竹园音乐小镇等一大批特色文化小镇建设,助推全区文化旅游产业发展。

2. 推动基层文化全面发展

"快乐周末·百姓舞台"作为全区性的公益活动,统筹全区公共文化阵地、队伍、活动、资源先后推出的"快乐周末艺术培训基层行""快乐周末·百姓舞台流动市民学校""快乐周末·川剧进校园""天府记忆·桂湖讲坛"等子品牌文化活动。进企业、工地、镇(街道)活动,在实践工作中注重突出群众在文化活动中的主体地位。

3. 乡镇专场推动乡村公民道德建设

推进乡村振兴工作中,"快乐周末艺术培训基层行"开展了"舞动中国梦·幸福秀起来"乡镇专场活动。活动中以文化馆业务干部、市民文化艺术学校优秀文化志愿者、镇(街道)文化辅导员、文艺骨干等组成文艺培训队伍,分别在全区 13 个镇(街道)对各镇自创的具有思想性、艺术性的文艺节目进行现场辅导、培训。经区级文化业务骨干培训后,再由镇级优秀文艺骨干深入到村级进行辅导培训,通过层层培训,由每镇选派一支文艺队伍参加区文化馆每月举办的"舞动中国梦·幸福秀起来"乡镇专场竞技、交流,对每月评选出的冠军进行再次提高后推举参加"舞动中国梦·幸福秀起来"乡镇专场年度总决赛。

为激发各镇对文化的主动性、积极性、创新性,将年度总决赛活动给予公共文化服务体系建设成果较好的镇(街道)主办,同时对各参赛队伍通过 VCR 方式,加深城乡群众对各镇(街道)地域文化的了解。

综上所述,"快乐周末·百姓舞台"之所以能够一石激起千层浪,被百姓成称之为"草根星光大道",原因就在于新都区文化馆能够转变观念,顺应形势,深入贯彻和落实党的十九大精神,相信群众的文化原生力,让普通群众成为文化舞台的主人,让"快乐周末·百姓舞台"如同一辆幸福快车,在城乡播撒文化的种子。

烟台市群众文化活动塔式五级联动管理模式研究

刘艺峰　夏　上　刘　伟（烟台市文化馆）

为深入贯彻落实习近平总书记在文艺工作座谈会上的重要讲话和中共中央办公厅、国务院办公厅《关于加快构建现代公共文化服务体系意见》的精神,不断推进烟台市公共文化服务体系示范区建设工作,使广大群众享受优秀文化成果,深化与扩大群众文化的影响力,近年来,烟台市文化馆不断探索新的公共文化服务及管理模式,创新公共文化服务机制,加快推进公共文化服务标准化、均等化,深入开展各项公共文化服务工作,推广使用烟台市群众文化活动塔式五级联动管理模式。

一、宗旨及意义

烟台市文化馆在公共文化服务创新工作中,坚持理念先行的原则,面对公共文化服务新常态,着眼于为烟台市广大市民提供优质均等的公共文化服务,因地制宜,从本地实际情况出发,着眼全域、着重引领、着力统筹,采用层级结构的塔式管理模式,加强公共文化资源统筹整合,搭建公共文化资源服务平台,实现区域文化共建共享,优化结构,提高效率,为构建烟台市公共文化服务体系,更好地为市民提供公共文化服务,开展各类群众文化活动提供合理的架构和有力的支持。

二、概念与示意图

群众文化活动塔式五级联动管理模式立足于群众的基本文化需求,将烟台市以文化馆为核心的群众文化公共文化服务机构与各级文化馆站、社区大院形成紧密联系,上下联动的有机整体,同时在实施过程中以群众喜闻乐见的内容和形式组织丰富多彩的群众文化活动,促进公共文化服务城乡一体化,将群众文化活动的质量、活动的规模档次、涉及的深度广度、发挥的影响及成效等方面不断进行新的拓展,推进公共文化服务体系建设,让全市群众享受优质均等的公共文化服务,使公共文化服务深入人心、贴近百姓,促进烟台市群众文化呈现高效繁荣的新局面。

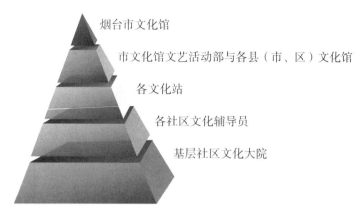

图 1 塔式五级联动管理模式示意图

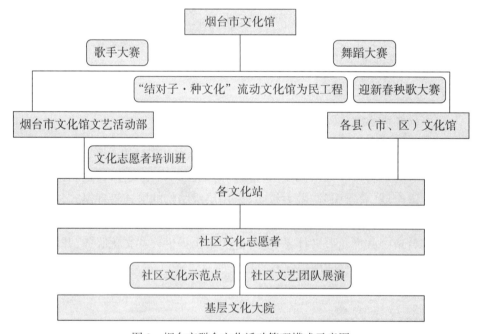

图 2 烟台市群众文化活动管理模式示意图

三、各级代表工作内容与模式

群众文化活动塔式五级联动管理模式以公共文化服务体系建设理念为基础,将公共文化服务分工精细化,逐级明确,形成政府主导、文化馆站带领基层共同参与的三级统筹、五级联动活动模式,努力打通公共文化服务"最后一公里",具体模式如下。

(1)以市文化馆为龙头与核心,负责提出群众文化活动的指导思想和具体意见,为群众文化活动提供搭建各类平台的条件,起业务导向的作用。

(2)市文化馆文艺活动部与各县(市、区)文化馆主管各类市级文化活动,组织各类比赛与展演,文艺活动部负责每年组织2期文化志愿者培训班,对评选出的优秀社区文化志愿者发放证书并组织其深入社区开展工作;同时以县、区为主,分片联络各社区,进行走访调研、指导工作方向,在基层建立优秀社区文化示范点。县(市、区)级文化馆主要配合市文化馆开展社区文化辅导班工作,搭建平台组织活动。

(3)各文化站——负责及时与所辖社区文化辅导员进行沟通,掌握各项工作的开展情况并及时上传下达各类群文活动信息,在组织社区活动的同时向上级推送优秀作品和人才。

(4)社区文化志愿者——负责与下级群众文化活动的联系,每年参加文化志愿者培训,负责带领社区文艺骨干及团体开展社区文化辅导工作。

(5)基层社区文化大院是群文活动开展最活跃的梯队,负责具体开展各类文化活动。

四、具体实施办法

烟台市文化馆始终在各项公共文化服务工作中深入推广并应用群众文化活动塔式五级联动管理模式,将各类群众文化活动以及品牌活动同该模式紧密结合,保证了公共文化服务和群众文化活动目标明确、有序高效地开展。

(一)实施"结对子,种文化"流动文化馆为民工程,构建公共文化服务体系

在全市范围内开展"结对子,种文化"流动文化馆为民工程,即以"结对子"的方式,面向社区开展"一对一"定点式的文化帮扶,把适合基层的文化"送出去",使社区文化活动逐步规范化,常态化,形成稳定有序的长效机制。

同时,烟台市文化馆也要作文化志愿者的摇篮,把社区文艺骨干"请进来",到馆里进行专业化的集中培训,提高业务素质,再让他们把所学带回各自社区,像种子一样生根发芽,扎根基层"种文化",发挥正能量,进而带动更多的人加入到文化志愿者的行列,做到"培训一个人,带动一支队伍,影响一个社区",使烟台市的群众文化呈现出繁荣发展的新局面。

"结对子、种文化"流动文化馆为民工程,以"四帮一助"为主要内容,由烟台市文化馆组织业务干部深入各县(市、区),对基层社区进行有针对性的辅导,帮助社区排练一个舞蹈节目、一个音乐节目、一个曲艺节目,举办一场书画摄影展览,并协助社区组织一场文艺晚会。

在开展"结对子,种文化"工作的过程中,群众文化活动塔式五级联动管理模式发挥了重要作用,为提高各类活动组织的整体性、具体性以及高效性提供了有力的制度架构,确保了"结对子,种文化"流动文化馆为民工程的顺利实施。

(二)举办文化志愿者培训班,紧密连接各层级联动开展公共文化服务

文化志愿者培训班是烟台市文化馆为推动烟台市公共文化服务体系建设,推进文化

深入基层、服务人民的一项重要举措,旨在全市范围内培养高素质、专业化的社区文化志愿者队伍,推动文化志愿服务工作。该项目自 2009 年开办以来,已连续举办了十四期,十年来得到了上级领导和广大群众的广泛支持和大力关怀,为全市各社区输送了大量的基层艺术服务人员和文化志愿者。

截至目前,文化志愿者培训班完成对各县(市、区)共一千多名基层文化骨干的专门培训,培训内容涵盖社区文化建设、业余文艺团队建设、基层群众文化活动开展、新形势对社区文化辅导员的要求等方面,同时着重加强声乐、舞蹈、社区文化活动的策划与组织等技能的学习。多年来,从培训班结业的社区文化志愿者们活跃在全市各个社区的各类舞台上,他们不计报酬和辛劳为社区送去文化,并带动越来越多的人加入到文化志愿者队伍中来,投身于文化志愿者服务工作,真正起到了培训一个学员,带动一个团队,影响一个社区的作用,体现了文化志愿服务的公益性和实效性,带动了基层文化的发展,促进了城乡公共文化服务一体化、均等化,推动全市群众文化不断呈现繁荣局面。

(三)打造品牌活动及大型群众文化活动,以品牌效应带动全域文化立体发展

在通过群众文化塔式五级联动模式组织各项大型群众文化活动的同时,烟台市文化馆紧紧围绕公共文化服务体系建设这一核心,做大各类品牌活动,形成点线面结合的立体工作局面。常年的工作积累中,逐步确立了烟台市新春秧歌大赛、烟台市歌手大赛、舞蹈大赛以及民间文艺团队百团展演等品牌文化活动,各大活动特色鲜明,紧贴大众,受到百姓的普遍欢迎,群众参加踊跃,人数逐年递增,蔚然成风。

特别是"民间文艺团队百团展演"活动自 2008 年开展以来,已组织各类群众文艺团队 400 余个,2014 年的"民间文艺团队百团展演"活动中参与群众已达万余人,文艺骨干近千人,在市中心文化广场以及基层社区组织各类演出活动上百场,覆盖东山、幸福、大海阳、南上坊、银和怡海、向阳、昆嵛山保护区、解家庄、毓璜顶、凤凰台、黄海等街道办事处,以主题为"群星璀璨·争奇斗艳"的文艺团队百团展演活动为载体,为全市的文艺团队搭建了文化交流平台,充分发挥了基层文艺骨干的积极性,展现了基层、农村群众文化的艺术魅力,更推动了公共文化服务体系的建设与完善,促进了基本公共文化服务标准化、均等化,使群众文化真正做到"群众参与、群众受益",为人民群众提供了丰富多彩的精神生活,并在此基础上带动整个烟台市的群众文化建设,为建设文化强市做出了重要贡献。

(四)大力开展优秀社区文化示范点建设工作,以典型带动各区域共同繁荣

烟台市文化馆始终将群众文化活动塔式五级联动管理模式贯穿于各项公共文化服务体系建设工作,积极开展社区文化活动,逐步建立全方位、多层次、宽领域的社区文化工作机制,打造社区群众文化生活的新局面,用科学的方法指导、优化社区文化建设,并于2008 年开始在全市范围内建立优秀社区文化示范点,取得良好成效。目前已建成银河怡海、南上坊、昆嵛东殿后和世秀等四个烟台市优秀社区文化示范点。

在建立社区文化示范点工作中,烟台市文化馆因地制宜,协同社区以及文化站等层级

帮助社区文化示范点达到考核标准,为社区文化示范点调派专门的群众文化干部帮扶社区文化工作,指导社区文化示范点组织开展舞蹈、声乐等形式多样、生动活泼的培训课程,以文化为纽带和桥梁,为各界搭建沟通交流的平台。将银和怡海示范点的"好邻居文化节"以及南上坊社区的新年晚会等活动打造成为社区群众广泛沟通交流的大型社区品牌文化活动,并多次获得各类省市级奖项,使社区活动层次攀升,活动水平得到质的飞跃。

除了在城市和农村建立社区文化示范点,对于文化相对落后的地区,烟台市文化馆也开展了有针对性的文化建设工作,烟台市文化馆文艺活动部先后多次带领省、市级优秀文化辅导员深入昆嵛区的二十四个行政村和昆嵛林场进行文化帮扶。文化辅导员以山为家,克服诸多困难,坚持在一线全心全意指导基层群众开展文体活动。农村文体骨干素质和接受能力参差不齐,辅导员们除了因材施教,更是尽心尽力手把手地教,使文体骨干的业务能力取得了长足进步,为农村的百姓们带去了各类辅导课程,更帮他们组织起丰富多彩的文化活动。在专业老师的循循善诱下,村民们学得是热情高涨,踊跃参与各种晚会和活动,使村里的文化生活一下子活跃了起来。正是因为文化辅导员们的无私奉献,能够让群众文化来到了百姓身边,使农村的文化活动日渐丰富。文化志愿者深入基层的工作在百姓中反响强烈,得到一致好评,文化示范区域在发挥带头作用的同时也逐步带动了周边地区文化的发展。

因此,通过群众文化活动塔式五级联动管理模式的应用,烟台市文化馆对各项群众文化活动实行统一的管理运作,收到了良好的效果。在"结对子,种文化"流动文化馆为民工程中,文化馆的业务干部在文化站的协助下,深入一线基层,对广大群众实施"四帮一助"的文化帮扶。通过文化志愿者培训班不断培养文化志愿者,提高他们的业务水平,壮大文化志愿者队伍并且提供艺术学习交流的平台,使优秀的文化志愿者和文艺团队在各类大型群众文化活动以及品牌活动中相互促进,共同提高。接受过培训的文化志愿者回到基层一线会使群众文化活动和品牌文化活动得到更大的丰富与发展,进而带动社区文化繁荣发展。优秀社区文化示范点的建立,也会影响带动不发达社区达到共同繁荣。

烟台市群众文化活动塔式五级联动管理模式的形成是群众文化活动长期实践的结果,更是理论与实践相结合的成功范例,其立足于群众的基本文化需求,将公共文化资源合理、高效、快速地送到群众身边,融入百姓生活,发挥重要作用,产生巨大的社会效益,有很强的可行性和操作性,在高效开展各项群众文化活动,加快现代公共文化服务体系建设,促进体系合理运作,结构优化,效率提升,推进基本公共文化服务标准化、均等化,改善人民文化生活,保障群众基本文化权益等方面发挥着重要作用,对提升国民综合素质和文化水平,全面建成小康社会,建设富强、民主、文明、和谐的社会主义现代化国家,实现中华民族伟大复兴的中国梦、强国梦,更具有深远而实际的意义。

谈传统文化馆（站）与新媒体融合发展的策略

龙　飞（大连市群众艺术馆）

传统文化馆（站）与新媒体融合，是信息化时代发展的必然趋势。传统文化馆（站）的服务既要守正，也要创新，职能与定位也要与时俱进。文化馆体系作为基础性的文化机构，其主要职能定位非常明确，即提供基本的公共文化服务，满足基本的公共文化需求；承担一定的社会教育功能，组织和引导反映社会主流文化精神的公共文化活动；整理和保护民间文化遗产[1]。文化馆更要成为利用新技术、传播新知识、共建新信息、共享新文化的前沿阵地，让服务更加智能化、智慧化，深入分析群众需求大数据，通过云计算以及 VR、物联网等技术，让传统文化馆（站）的服务更加多元化、个性化、精准化。传统文化馆（站）与新媒体融合发展具备哪些基础与条件，二者融合的内容和策略是什么，是值得我们深度思考和不断探索的问题。

一、传统文化馆（站）与新媒体融合的基本理念

文化馆属于我国社会公益性事业单位，其主要职能是丰富群众业余文化艺术活动、辅导各种基层业余文化组织、培训各种文学艺术人才、宣传党的民族政策，建立和谐民族关系[2]。在服务上以人工、计算机、互联网为主要传播手段，以面对面辅导及音频、视频等载体为主进行信息传播，虽然互动性较强，但信息传播速度较慢、辅导受众有限。新媒体是继报纸、广播、电视之后的新型媒介形态，有"第四媒体"之称，它以电脑、手机等终端为载体，以互联网、局域网、无线通信网、卫星等为传播渠道，向用户提供信息和服务的传播形态，具有海量性、匿名性、实时性、交互性和群体性等特征。

传统文化馆（站）和新媒体融合，是"你中有我，我中有你"的彼此优势的深入结合。传统文化馆（站）经过多年的积累，其悠久的历史、丰富的资源、深厚的积淀、优秀的传统，是其未来发展的根基，也是其与新媒体融合发展过程中需要坚守的"正"。但守正不意味着固守旧制，创新不意味着抛弃传统。传统文化馆（站）与新媒体融合，我们应以历史的、发展的、辩证的眼光来审视，不能非此即彼、厚此薄彼。传统文化馆（站）与新媒体融合发展，既是传统文化馆（站）"独善其身"的内在必然，也是"兼济天下"的外在需求，是传统文化馆（站）海乃百川、吐故纳新、兼收并蓄的博大胸怀在新时代的体现。传统文化馆（站）的领导应该成为优秀传统文化的"看门人"，让文化馆（站）"活起来""火起来"，让更多的人爱上文化馆（站）。

传统文化馆（站）和新媒体融合会形成新的优势：一是传播信息、传递文化的速度更快，即时性与全天候服务成为其未来发展的重要增长点。二是传播信息范围更广，任何一个文化馆（站）的信息都可以传播到世界上任何一个角落，服务的全球性成为现实，信息鸿沟和"最后一公里"等问题会彻底消失。三是受众更广，文化馆（站）的数字化内容的受众可以是世界上任何一个人，可以实现各类人群的"全覆盖"。四是互动性强，传统文化馆（站）与新媒体融合后可以实现即时互动，10万以上的阅读将成为常态化。五是传统文化馆（站）的群体性增强。传统文化馆（站）与新媒体融合后，每个独立的个体都可以成为信息的原创者、发布者、传播者，都会成为文化馆（站）资源的利用者和建设者，"我为人人，人人为我"的服务理念会让文化馆（站）的群体意识更强。六是传统文化馆（站）的服务可以更加个性化。无论是文化馆（站）资源的发布者还是利用者，都可以充分表达自己的思想，发表自己的观点，都可以量身定制所需的内容，差异化的个性化服务成为传统文化馆（站）与新媒体融合后的新时代标签。

二、传统文化馆（站）与新媒体融合发展的内容

2019年2月，中国互联网络信息中心（CNNIC）发布第43次《中国互联网络发展状况统计报告》。报告显示，截至2018年12月，我国网民规模为8.29亿，其中手机网民占比达98.6%。传统文化馆（站）与新媒体融合的根本动因在于更好地为人民服务。传统文化馆（站）是公益性的，如何更好地为群众服务是它的职责与使命，无论是客观需求的促动，还是自身内在发展的需要，传统文化馆（站）都要坚持开放型的发展，它既可以让传统文化形成积淀，也可以让新思想、新文化在这里得到传播。因此，传统文化馆（站）与新媒体的融合发展是时代必然。二者的融合，不是取代关系，而是迭代关系；不是谁主谁次，而是此长彼长；不是谁强谁弱，而是优势互补[3]。

（一）技术融合

传统文化馆（站）与新媒体首先要进行技术的融合。传统文化馆（站）的发展必须敢于、善于应用新技术，传统文化馆（站）与新媒体融合离开了技术的支撑，只会产生"1+1=2"的量变，而不会实现质变。新媒体在技术上有优势，传播速度快，传播范围广，是传统文化馆（站）无法比拟的。这种情况下，传统文化馆（站）要立足社会需要、时代发展，全面深入、持之以恒地推动二者在技术上深度融合，让科技转化为生产力，技术将成为传统文化馆（站）与新媒体融合发展的助燃剂与催化剂，成为促进其迅速融合发展的重要推动力。传统文化馆（站）与新媒体融合后也不能故步自封，仍要互相借鉴、互相吸收、互助互进、取长补短、扬长避短，让技术促进二者未来持续发展和深入融合。

（二）内容融合

传统文化馆（站）与新媒体融合，技术融合是手段。二者融合后发展的核心动力是

内容。离开内容的支撑，二者的融合将失去意义，成为无源之水、无本之木。传统文化馆（站）的服务信息，无论是文字，还是音频视频的内容，有温度，有长度，有深度，适合系统学习；而新媒体的内容讲究短平快，追求热点、焦点，追求内容发布的速度以及关注度，因此可能会缺少温度与深度。传统文化馆（站）在与新媒体融合，双方应继续保持其原有的优势，通过流程优化、平台再造，有效整合资源、生产要素等，使二者在技术应用、平台终端、管理手段上共融互通，实现融合质变，将碎片化、片面化、断续性的知识整合成系统的、全面的、连续的知识，从而真正让传统文化馆（站）成为新文化、新思想的传播、辅导的基地。

（三）组织融合

传统文化馆（站）与新媒体融合，不应只是简单的加法，还要建立媒介融合的制度与机制保障，使传统文化馆（站）与新媒体和谐共生，和而不同，在互相保持独立个性，又互相支持共性发展。处理好传统文化馆（站）和新媒体的关系，使其运行结构更加合理、运作效率显著提高、运营效果更加良好，建设好新型文化馆（站），使文化馆（站）成为社会与时代需要的新型知识传播平台，让知识能够传得更快、更广、更深入。

三、传统文化馆（站）与新媒体融合发展的策略

信息化为我们带来了难得的机遇。我们要运用信息革命的成果，加快构建融为一体、合而为一的全媒体传播格局。传统文化馆（站）与新媒体融合需要整合专业技术保障团队以及专业运营团队，更需要调整管理与运营机制，确保二者融合后能迅速进入良性的运行轨道。

（一）整合专业技术保障团队

传统文化馆（站）与新媒体融合需要强大的技术做保障。目前，移动互联网是信息传播的主渠道，5G、大数据、云计算、物联网、人工智能等技术发展迅速。而传统文化馆（站）的大部分工作人员对新技术了解得比较少，甚至有些人排斥新技术。随着信息技术的发展，技术已经成为社会发展的重要推动力，传统文化馆（站）与新媒体融合之后，就需要建立一支专业的技术团队，利用好已有的技术，管理好已有的平台，甚至开发出更好的平台，确保传统文化馆（站）和新媒体的运营能够处于平稳状态。信息技术的应用也是双刃剑，传统文化馆（站）与新媒体融合后，信息的安全性至关重要，需要有专业的技术团队进行专业维护与保障，专业技术团队要不断提升网络管理的能力和水平，提高对网络舆情的应急处理、规范数据资源的利用能力，确保传统文化馆（站）和新媒体在法治轨道上正常运行。

（二）整合专业的运营团队

传统文化馆（站）和新媒体融合在技术层面上实现的前提下，还要整合专业的运营团

队。运营团队包括内容运营与宣传团队。内容是确保传统文化馆（站）和新媒体融合后能够持续乃至永久发展的不竭动力，没有吸引用户的内容，用户就会将其舍弃，而整合专业的宣传团队可以让最优质的内容能够最短时间传播到最大的空间，吸引最大的受众。简而言之，宣传是"吸粉"，而内容是"粘粉"。在政策、资金、人才具备的条件下，传统文化馆（站）和新媒体融合后应该建立专业的市场运营团队等，既可以进行商业运作，也可以调查用户需求，从而为文化馆（站）和新媒体融合的未来发展提供必需的参考建议，使文化馆（站）和新媒体融合后形成的优势变成"强势"。

（三）整合专业的自媒体团队

信息时代，人人都是信息的源头，也是信息的终端。传统文化馆（站）和新媒体融合，不仅要充分建设好、利用好官方发布平台的信息，更要整合、创建专业的自媒体团队，让团队中的每一个人都可以发布信息。每个人既可以发挥出自己的专业特长，也可通过帮助别人而获有获得感和成就感，平台的内容来源更加广泛和丰富，更加便捷和及时。每一个人都成为信息的接受者，发布者与接受者之间的交互性更强。传统文化馆（站）与新媒体融合后，可以利用整合后的平台优势，节约大量的运营成本，使自己迅速"涨粉"。信息共建、共享是传统文化馆（站）与新媒体融合的必然走向。

传统文化馆（站）和新媒体融合是其在信息时代发展的必然趋势，我们要立足形势发展，建立融合传播矩阵，打造融合产品，使其具有强大的影响力和竞争力，通过不断的自主创新和突破，构建自己的话语体系和传播体系，从而让传统文化馆（站）在时代发展的进程中立于不败之地。

参考文献

[1] 薄君. 文化馆体系在构建公共文化服务体系中的职能定位与运营模式新探 [J]. 山东省青年管理干部学院学报, 2006（5）:140-143.

[2] 冯延军. 对新形势下文化馆建设的几点思考 [J]. 大众文艺. 2017（8）:19.

[3] 习近平. 加快推动媒体融合发展　构建全媒体传播格局 [EB/OL]. [2019-10-01]. http://www.gov.cn/xinwen/2019-03/15/content_5374027.htm.

乡村文化振兴新途径

——温州市乡村艺术团建设研究

马知力（温州市文化馆）

乡村是中华传统文化生长的家园。乡土文化是中华优秀传统文化的根基，是社会主义先进文化和革命文化的母版。因此，实施乡村振兴，必须坚持物质文明和精神文明一起抓，提升农民精神风貌，实现乡村文化振兴。只有乡村文化振兴，农民树立乡土文化自信，精神风貌焕然一新，才能有效推进和保障乡村振兴战略的全面实施。如何实现乡村文化振兴呢？2018年温州市积极迈开了崭新的一步——建设乡村艺术团。

一、乡村艺术团的由来

众所周知，与城市相比，农村一直是公共文化工作的短板，要实现公共文化服务的均等化，就必须补齐这块短板。那么乡村艺术团是怎么诞生的呢？

（一）农民群众日益高涨的精神文化需求

随着社会经济的发展，广播电视和互联网对农村的覆盖，以及部分农民离开农村来到城市打工，接受了城市先进文化等因素的影响下，农民对精神文化生活的质量提出了更高要求。他们不再满足于被动的文化消费，兴办文化、参与文化的热情高涨，求知、求美、求乐、求健康、求参与成为广大农民的共同要求。受客观条件的制约，农民群众的精神文化生活相较于城市仍然显得单调而贫乏，"活动少，渠道窄，形式旧"的问题普遍存在，他们渴望健康、丰富的精神文化享受。

（二）农村文化礼堂活动需求

农村文化礼堂是浙江省农村文化工作的一项创举，旨在打造农村群众的文化活动基地和精神家园。按照2018年颁布的《浙江省农村文化礼堂建设实施纲要（2018—2022年）》的要求，到2022年，全省三星级以上文化礼堂建成率要达到60%以上、四星级以上文化礼堂建成率要达到30%以上、五星级文化礼堂建成率要达到10%以上。浙江省人口500人以上的村有望实现全覆盖。温州市自2013年以来已经相继建成1882家文化礼堂，数量居全省第一。如何让这么多的文化礼堂真正发挥作用，而不是"铁将军把门"，是各级政府需要考量的问题。

（三）农村俱乐部的历史启发

在20世纪50、60年代，有一个组织曾经遍布整个中国农村，那就是农民俱乐部。农村俱乐部有别于文化馆、文化站，是农民依据自愿原则建立的业余性的群众文化组织。农民群众在参加农村俱乐部建设的过程中，既能享受文化服务，又能体验文化创造的乐趣，既是服务的对象，又是服务的主体。由此，农民群众的主体意识得到激发，极大地调动起了他们的积极性和创造性，使得农村俱乐部网在国家投入极少的情况下在广大农村建立起来。对于增加农村文艺的种类和供给量，促进传统文艺形式向现代文艺形式转型，宣传社会主义思想，凝聚当时群众的阶级认同与国家认同，增强国家对乡村社会的动员能力发挥重要作用。

因此，2018年，温州市以创建第四批国家公共文化服务体系示范区为契机，启动"乡村文艺繁星计划"，将农村中有共同的文化需求的群众组织起来成立乡村艺术团，引导他们入驻当地的乡镇（街道）综合文化站、村（社区）文化礼堂、文化中心等公共文化阵地，开展常态化文艺活动，培育村民文化生活自我供给能力，力图打造一个村民"自我创造、自我表现、自我服务、自我教育"的公共文化服务新模式，切实提升基层公共文化阵地的服务效能。

二、乡村艺术团发展现状分析

2018年5月，温州市出台《关于组建乡村文艺团队丰富活跃基层文化生活的实施意见》（下称《实施意见》）全面推进乡村艺术团建设。截至2019年5月，温州市共成立乡村艺术团1725支，仅2018年的8个月里就开展活动4440场，在积极展示自我风采的同时，极大丰富了群众精神文化生活。经过调查发现，温州市的乡村艺术团建设总体呈现以下特点。

（一）各地区间发展不平衡

瓯海区、乐清市、永嘉县、平阳县等4个试点地区，共组建乡村艺术团1228支，占据总数的三分之二强，村级（社区）覆盖率均达到50%以上（如图1所示）。而在非试点地区，发展却十分不平衡。前者是因为试点地区标准高，政府重视，支持力度较大，故而成绩突出。后者的产生原因却是多种多样：如鹿城区作为温州的主城区，乡村数量较少，所以数量少；而洞头区则是因为海岛地形，人口少而分散，难以成团；像苍南县和泰顺县的乡村数量较多，以往对农村的文化工作一直较为重视，他们的乡村艺术团建设的进度也就较快，仅次于试点地区。不过，随着农村文艺繁星计划的持续推进，各地督导到位，2020年全部完成《实施意见》的既定目标不成问题。

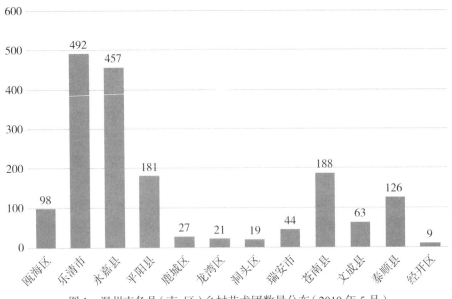

图1　温州市各县（市、区）乡村艺术团数量分布（2019年5月）

（二）表演类艺术占主流

在已建成的乡村艺术团中，舞蹈（广场舞、排舞、健身舞等）、声乐、器乐、朗诵、戏曲、武术等表演艺术类团体约占九成左右，其中舞蹈团体最多，书法、美术、摄影等视觉艺术类团体较为稀少。究其原因表演艺术类活动尤其是舞蹈，对于村民来说，参与成本较低，只要有场地就行，而且体验度高，能满足村民登台表演的需求，直观地体验到参与文化的乐趣。如潘桥乡村艺术团中老年分团，刚成立只有6个人。2018年6月23日，这支中老年艺术团在潘桥街道滨水公园首演之后，马上吸引了众多群众参与。如今，这支艺术团的人数已经增加到36人。同时，表演艺术类活动兼具健身功能，满足了村民对健康的需求，所以群众趋之若鹜。视觉艺术类活动，无论是书法、美术、摄影都需要准备工具，对参与者文化素养有较高要求，限制了其发展。

（三）女性参与度较高

在乡村艺术团成员中主要以农村中老年妇女和退休老人为主，平均年龄在43岁左右，女性村民参与热情较高，占据比较大的比例。主要原因有，其一是受农村传统思想的影响，男性不太习惯参加唱唱跳跳的文艺活动，但是对于参与传统民俗表演、能够展示阳刚美的体育类活动比较积极。其二，在农村，男性作为家庭主要劳动力，日常忙于劳作，参与文化活动时间较少，女性相对而言可支配时间较多。

三、乡村艺术团存在的问题分析

温州市推动乡村艺术团建设以来，我们欣喜地看到基层的文化阵地开始"活起来"，乡村文化活动开始"火起来"的景象,村民真正成为乡村文化舞台的主角。但是我们也发现了乡村艺术团在实际运作中也遇到了不少问题,具体表现为以下几个方面:

(一)思想认识不到位

乡村艺术团是一个村民自发自愿成立的业余群众文化组织,其主要目的是为了自娱自乐。政府只起引导和扶持的作用。但在实际操作中,许多基层领导干部和乡村艺术团负责人对于乡村艺术团的概念认识不清。出现了部分领导干部开展乡村艺术团建设时,通过行政命令强拉硬建的现象,违背了村民自愿原则。或者满目追求高标准,以专业演出团体的标准来要求乡村艺术团,以登上专业舞台演出为主要目的,忽视了自娱自乐这一基本属性。这一切无形中提高了乡村艺术团的建设难度,阻碍了乡村艺术团的推广。与之相反的则是个别文化员没有经过调查就武断地认为,当地偏远落后,村民没有文化需求,不用成立乡村艺术团,这无疑也是极其错误的。

(二)经费问题困扰

在部分经济实力较差,甚至没有集体收入的乡村,活动经费问题普遍困扰着当地乡村艺术团。主要反映在两个方面,一是阵地的维护费用增加的问题,艺术团成立后入驻基层文化阵地开展常态化活动后,会造成阵地的水电等费用支出大大增加,使得阵地所在的村有抵触情绪;二是乡村艺术团成立后,前期需要购买必要的服装、道具、学习用品等,后期需要聘请专业老师指导、组织团员参加演出活动等,这都需要经费的支持。因此,出现了在一些地方乡村艺术团迟迟发展不起来,或者是成立了却难以常态化活动等问题。

(三)师资渠道匮乏

乡村艺术团除了一部分是由原来的比较成熟的社会业余文艺社团转变而来外,多数是由共同文艺爱好的村民在自娱自乐的基础上组建的,因此他们的艺术水准也是参差不齐,许多团员是零基础。在调查中,他们对于专业老师指导的需求十分强烈。甚至水平较高的乡村艺术团也同样存在继续提高的需求。越是偏远地区,意愿越强烈。因为越是偏远地区,他们越缺乏师资接洽的渠道,找不到合适的老师。一些专业老师因为出行成本、安全等问题也不愿意到偏远地区指导。求助文化馆(站)是他们唯一的选择,但是文化馆(站)终归资源有限,无法满足所有的需求。

(四)驻地建设不够完善

在通过实际走访调查,我们了解到依然有525家乡村艺术团没有挂牌入驻当地的文化阵地。其中除了由于个别地区政府部门尚未对乡村艺术团授牌外,一个重要原因就是部分阵地与团队并不适配。有的是文化阵地位置距离大多数团员的住址太远,活动不便。有的文化阵地场地小,并不适合舞蹈类乡村艺术团开展活动;有的文化阵地是由宗祠改建,村民对于日常时间在里面开展唱歌跳舞等文艺活动存在心理不适。这些问题都需要政府部门做好调研,牵线时注意适配度,而不是在办公室"画地图"。此外,多数地区尚未建立起委托乡村文艺团队运行、管理公共文化阵地的工作机制和模式,乡村艺术团没有真正成为阵地的主人。

(五)组织化正规化存在难度

乡村艺术团作为社会团队,相当一部分团队组织制度建设滞后,对日常管理规范化建设没有引起重视。有的团队出台了管理制度,但是未能做到制度上墙。与此同时,仍有 1205 支乡村艺术团至今没有在民政部门注册登记(表 1),已注册的团队大多是由原有的社会文艺团队转变而来的,而且是以原来社团的名义登记注册的。没有登记注册就意味着,无法进行独立财务核算,上级政府的一些经费补助支持难以走正规流程直接拨付到位。出现这一现象的原因一方面是多数乡村艺术团对民政注册流程并不了解,尤其是每年都要整理资料进行年审,不是村民所擅长的,让他们感觉十分棘手。另一方面则是短期内大批量的乡村艺术团申请注册,让民政部门心存疑虑。如果没有上级部门沟通协调,很难一次注册成功。

表 1　温州市各县(市、区)乡村艺术团民政注册情况

区域	瓯海区	乐清市	永嘉县	平阳县	鹿城区	龙湾区	洞头区	瑞安市	苍南县	文成县	泰顺县	经开区	合计
团队总数	98	492	457	181	27	21	19	44	188	63	126	9	1725
已民政注册	1	0	457	1	0	0	0	26	0	11	24	0	520
未注册	97	492	0	180	27	21	19	18	188	52	102	9	1205

(六)展示平台缺口大

温州市各级文化部门积极搭建众多诸如市民文化节、农民艺术节、百姓大舞台、村歌大展演、文化走亲、社团大展演、乡村达人秀等群众性文艺赛事展演,仍然无法满足乡村艺术团的登台热情。无论水平高低,每个团员都有一颗上台的心,一个舞台梦。调查期间,他们纷纷表示上台演出机会太少,希望政府组织提供更多机会让他们圆梦。

(七)存在"僵尸艺术团"现象

在实际调研中,从基层回馈的信息里,我们发现多支存在于纸面上"僵尸艺术团"。这些团队都是部分地区为了追求数量,追求覆盖率,"生拉硬拽"成立的。部分地区工作不细致,没有对所在的村民走访调查,引导有共同的文化需求的村民组织艺术团,而是以行政命令的形式拉人组团。这样的团队自然就无法开展常态化活动,也无法生存。

四、乡村艺术团下一步工作的几点建议

(一)加强培训树立正确理念

要让基层的广大干部群众正确理解乡村艺术团的概念:乡村艺术团是一个农民群众因为共同的文艺爱好在自愿的原则上组建的业余群众文艺组织。因此,它是一个低门槛甚至零门槛的组织,只要有共同爱好就可以参加,来去自愿。它的主要目的就是能够让群众自娱自乐,即首先满足参团群众的文艺需求,让团员先享受到文化的乐趣。简单地讲就是先"自娱"再"娱人"。我们鼓励这些乡村艺术团不断提高自身的水平,有实力的团体能够积极参加各种基层文化宣传活动,为其他村民提供文化服务。如泰顺县仕阳镇乡村艺术团不满足于本村演出,自发筹集资金18万元,开启村际、镇际文化阵地的交流巡演,村民反响热烈。同时,我们不支持盲目追求"高大上",这样会无形中抬高门槛,将一些有文化需求但是水平不高的群众挡在门外,违背了乡村艺术团的初衷。

(二)鼓励多渠道自筹资金

对于乡村艺术团普遍反映的经费不足问题,我们首先要应明确一点:乡村艺术团是在政府引导下,民间自发成立的组织。政府可以在资金上给予一定的支持,比如给予一定的启动资金"扶一程",平时根据活动成绩给予奖励等;但是完全依靠政府投入,这和"种文化"的初衷背道而驰。应当鼓励他们"开源节流",开源就是积极探索各种融资渠道,除了政府补贴外,完全可以通过内部自筹、社会募捐众筹、企业冠名合作拉赞助、有条件的可以参加公共文化服务政府采购、甚至于参与一些商业活动等,以获得资金改善艺术团条件。如平阳县雅山元洲乡村艺术团成为首个申办企业法人资质的乡村艺术团,率先与企业结对共建,获得企业经费资助,企业也通过乡村艺术团宣传提升知名度,实现互利共赢。同时,艺术团内部也要进行"节流",内部挖掘潜力,能够自己解决的都自己解决,有的艺术团,团员自制演出道具,活动开展不亦乐乎。

(三)借力破局师资难题

应广泛动员社会力量参与到乡村艺术团建设。鼓励像幼儿园和学校的艺术老师、艺术院校的师生、社会上的艺术培训机构的专业老师、文化系统中退休的专业干部等利用闲暇时间以志愿者的形式参与乡村艺术团建设,为乡村艺术团提供师资资源。温州市文化馆2018年底成立了温州市表演艺术类培训机构公益大联盟,在各个区县设置联盟的分部,遵循就近原则,根据每年公益课时要求,让联盟成员机构派出老师指导周边的乡村艺术团。也可以利用社会采购的形式,为乡村艺术团购买师资服务。瓯海区向社会公开招投标,聘请了13家综合类社会文化艺术培训机构和文化社团,为瓯海区各镇(街道)的乡村艺术团进行业务指导。此外,乡村艺术团一定要有一名艺术带头人,能够通过教学视频,指导团员开展自学自练。这样,专业老师就可以在已有的基础上进行优化提高,提高教学效

果。文化馆也可以召集这些艺术带头人进行集中培训,再让他们回去教艺术团其他成员。

（四）落实文化阵地"自我管理"

应当督促当地政府部门落实乡村艺术团入驻文化阵地,参与管理、运营和服务。确保每一个文化阵地至少有一支常驻乡村艺术团负责维护日常运营,以促进文化阵地"自我管理",激活文化阵地"建、管、用、育"一体化建设,逐步形成建设推进、管理运行、内容供给、文化培育、队伍建设、激励保障等一系列长效机制,保障文化阵地管理规范化、活动常态化,促进整体服务提质增效。为乡村艺术团选"家"时,还应当考虑依据团队文艺骨干和多数成员的居住情况,就近选择文化阵地。

（五）多方协调为乡村艺术团正"名"

督促未建章立制的艺术团,根据自身实际尽快制定本团队相关管理制度。有规有矩,始成方圆,制度是社团组织能够生存和发展前提和保障。文化主管部门应当积极与民政部门协调沟通,为乡村艺术团注册登记争取"绿色通道",简化注册流程和年审程序,让乡村艺术团得到官方认证。名正则言顺,有了正式身份,乡村艺术团的建设就会更加正规。具体操作中,可以由各基层文化员根据相关规定,指导辖区内的乡村艺术团做好材料准备,汇总上送到文化主管部门。审核后,由文化主管部门统一将注册材料交给民政部门一次性完整注册和年审等工作,减轻乡村艺术团的负担。

（六）统筹资源搭建展示平台

建议以乡村艺术团为主角,举办"乡村艺术节",可以作为温州市民文化节的子项目每年一届,每一届由5—6场市级的赛事展演活动组成,由各县（市、区）轮流担任东道主。向全市人民展现优秀的乡村艺术团风采,增强乡村艺术团归属感。鼓励乡村艺术团结成联盟,实现资源共享,优势互补,开展丰富多彩的文化走亲活动,在不同的镇村之间巡演。如龙湾区的群众艺团"比学"、乐清市的"文化礼堂共享圈"、永嘉县的"乡村文艺大走亲"、文成县的"乡村艺术团文旅结合"、苍南县乡村艺术团的"文艺+"等,不仅可以实现优秀文艺人才的沟通交流,还将优质节目输送出去,开启了"阵地共建、资源共享、队伍共用、特色共育"的新格局。同一些媒体平台合作,华数 TV 在他们的机顶盒里增加乡村艺术团频道,把乡村艺术团的节目视频上传到电视频道,免费供观众点播,在扩大乡村艺术团的影响的同时,也为其带来更多的收视率,实现双赢。

（七）数字化管理提效能

建议文化主管部门尽快出台乡村艺术团管理机制、考核制度,等级评定办法等,完善激励机制和退出机制。设计一套类似"钉钉"的管理评分系统平台,将每一个乡村艺术团串联起来。开展活动时,艺术团只需要用手机拍照、定位、上传就可以完成活动台账报送,系统会根据设定标准自动生成评分,并将信息上传市里的大数据管理中心,文化主管部门可以实时了解活动情况。大数据管理中心生成的考评分数,每年将作为对乡村艺术团进行评估的主要依据,优秀的予以奖励。对常态化活动开展不够、"发育不良"的乡村艺术团及时予以关注,派人调查情况,进行有针对性的帮扶,经扶持仍无法自主生存的团队予以撤销。

(八)常态化活动开展原则

乡村艺术团常态化活动开展的要坚持贯彻"业余、自愿、小型、多样"且"适应农业生产季节性"的原则。业余,是指俱乐部的文娱活动在生产活动之余进行,不妨碍村民生产劳动。自愿,顾名思义,村民文艺活动是自愿的而不是被命令的。适应农业生产的季节性,指的是农村有农忙和农闲的时间段区分,因此要注意农忙期间少活动,农闲期间多活动。大多数乡村艺术团刚刚组建实力较弱,水平较低,因此不要幻想一口吃成大胖子,排演大型节目,要坚持"小型多样"的原则。小就容易上手,多样就有新鲜感,能够吸引村民扩大队伍。像瓯海区潘桥"全村的希望"乡村艺术团的蒙面巡演:一台拉杆式音箱,一面旗帜,一条横幅,十多个戴着面具的年轻人,找一个人流密集的街角广场,就可以演出了。这样一台小型演出,居然吸引了众多群众自发驻足观看,有人还把视频发送到网络,点击量达十多万。

我们应当认识到乡村振兴战略用"乡村"概念替代"农村"概念,就是把乡村看成独立的社会、文化单元,以期在更高、更长远的层次上实现乡村的品质发展、融合发展、全面发展。因此,我们不能把乡村艺术团建设简单地理解为以前农民俱乐部的翻版,而是新瓶装新酒。我们应当谨记中国特色社会主义进入新时代,我国社会主要矛盾已经转化为人民日益增长的美好生活需要和不平衡不充分的发展之间的矛盾。因此我们在乡村艺术团组建和发展过程中,要更加关注农村群众的成长需求,要始终坚持因势利导,因地制宜两个工作原则,充分调动人民群众的积极性建设乡村艺术团。以人民为中心,让农民群众真正成为乡村文化的创造者、表现者、参与者、受益者。温州市"乡村文艺繁星计划"的实施让温州乡村的精神面貌焕然一新,虽然存在着一些不足,但是依然不是为一条实现乡村文化振兴的新途径。

参考文献

[1] 陈海钦,程潇潇,章亦倩.浙江温州:"文艺繁星"助力乡村振兴 [N].中国文化报,2019-01-01(5).

[2] 徐志伟."十七年"时期的农村俱乐部与农村文艺活动的组织化 [J].文艺理论与评论,2018(5):102-116.

[3] 温州民间竟有 1729 支乡村艺术团?我的舞台我做主 [EB/OL].[2019-08-15].https://zj.zjol.com.cn/news/1119783.html.

[4] 多措并举 打造乡村艺术团 唱响乡村文化 引领文明乡风 [EB/OL].[2018-08-15].http://www.ohnews.cn/system/2018/10/19/013401819.shtml.

[5] 2018 年度温州市宣传思想文化工作示范项目展示 [EB/OL].[2019-08-15].http://www.wzxc.gov.cn/system/2019/03/01/013483769.shtml.

群众文化应当把"美育教育"作为重要的责任担当

冯　坤（天津市南开人民文化宫）

习近平总书记最近在《给中央美术学院八位老教授的回信》中指出,应做好美育工作,大力弘扬中华美育精神。他说:"加强美育工作,很有必要。做好美育工作,要坚持立德树人,扎根时代生活,遵循美育特点,弘扬中华美育精神,让祖国青年一代身心都健康成长。"

习近平总书记的指示对整个思想文化战线具有重要的指导意义。在贯彻落实十九大精神,落实"全国宣传思想工作会议"的形势下,对于群众文化领域"举旗帜、聚民心、育新人、兴文化、展形象"同样具有重要的作用。

中共天津市委提出"高举旗帜、维护核心、忠诚担当、创新竞进"的要求,作为文化馆应当具有这种责任担当,在用社会主义核心价值观引导社会风尚中起到中坚作用。

一、"责任担当"首先要了解"美育教育"的实质

习近平总书记的回信是给"中央美术学院八位教授"的。但很明显,总书记所说的"美育教育"绝不是"美术教育",尽管"美术"曾经是美育教育的"早期说法",而且现在也是"美育教育"中的一部分。落实总书记的指示,了解"美育教育"的实质十分必要。那么,什么是"美育教育"呢?

有的人会不假思索地回答:"当然是学习艺术才能,掌握艺术技艺啦。"然而答案并不是这样。学习艺术才能、掌握艺术技艺,不过是美育教育的途径之一,但绝不是美育教育本身。艺术培训的终极目标是实现美育,而非只是教会人们一种技术。一个人在艺术技艺上的成功决不能等同于美育教育的成功。我们所说的美育教育,不是要培养在艺术的领域中某一方面的特长人才,更是要注重人的全面发展,这是对趋向"以人为本"的教育真谛的有力回归。

资料显示,我国的"美育教育"是从 20 世纪初开始的。那时候"美育"被称之为"美术"。1906 年,王国维先生在中国首倡美育,并且提出在中国要以美育取代宗教的缺位,所谓"美术者,上流社会之宗教"。1907 年,蔡元培先生大声疾呼:"以美育代宗教"。近代中国,第一次将美育置于教育学角度论述的,是著名学者、思想家王国维。王国维将美育与德育、智育、体育相提并论,明确提出美育是培养"完全之人物"所不可缺少的一项重要内容。可以说,美育教育更多是与思想有关,在中央美术学院这样的专业高等院校,也是要通过一门技艺的学习,让学生们养成自信、提升心灵。

很明显,美育不能与知识、能力相剥离,美育教育更不是简单的"琴棋书画",而应该包含并超越知识与能力。文化馆、文化站等群众文化活动阵地就是专门培养"琴棋书画"的地方,当然这里的"琴棋书画"是一种象征性语言,也包括摄影、舞蹈、歌唱,甚至武术、瑜伽等所有艺术体育类的培训。但如果仅仅将学习技艺视为"美育教育",显然会失去相当重要的责任担当。

笔者十分赞同天津美术学院设计艺术学院院长薛明的解释:"美育又称审美教育,是运用艺术美、自然美和社会生活美,培育受教育者正确的审美观和感受美、欣赏美、创造美的能力的教育。"

如何看"美",怎样理解"美",怎样培养"美",实际上是一个"审美观"的问题。而对群众进行"审美教育"也正是群众文化的重要功能之一。我们应当以此为契机,强化群众文化的审美教育功能,提高广大人民群众的审美素质。

二、群众文化"审美教育"的功能应予回归

群众文化具有娱乐休息、宣传教育、文化承递和社会实用四大功能。其中"审美教育"显然在"宣传教育功能"的范畴之内。然而,在很长一段时间内,"审美"两个字较少被提及,"美育"被压缩至艺术才能甚至仅仅是一门艺术技艺的教育。宣传教育功能被较多地应用于对党的创新理论、方针、路线、政策,以及社会主义核心价值体系、道德模范等的宣传上,而其中应予重视的"审美教育"被有意无意地弱化了,这显然是不应当出现的。

如果说,过去这种忽视是受认识的局限,尚可理解的话,那么在习近平总书记强调"美育教育"的今天,必须重视群众文化"审美教育功能"的回归。

社会应当形成这样的理论共识:群众文化的重要任务之一是其社会审美教育功能。审美教育是培养人们正确的审美观点和鉴赏美、创造美的能力的教育,是培养全面发展的社会主义建设人才的必修课。群众文化具有的社会审美教育性不可忽视。

对于"真善美"和"假恶丑"的分辨、褒贬、扬弃,是人类在满足了物质生活需求之后的一种更高的追求。审美比对于温饱的追求更加高雅、精致和充盈人性,审美是谋求物质利益之外的感性精神生活。群众文化具有娱乐休息功能,而且在改革开放以来,被列为主要的甚至是首位的功能。但这种娱乐休息行为必须是健康无害的,从本质上来说应当是高尚、高雅的精神生活。每个人都追求人生幸福,被个人都有圆自己的梦、让人生出彩的愿望,实现中国梦的目的就是要给每个人出彩的机会。但出彩和圆梦必须有正常的审美观念,否则就会造成良莠不辨、是非含混,甚至缘木求鱼、南辕北辙的现象。这就需要正确的引导。

三、"审美教育"应当"对标"社会主义核心价值观

应当说,在"真善美"与"假恶丑"的对比之中,"美"的界定不像"真与善"那样比较明显。它具有较为复杂的"相对性",甚至与民族、地域、阶级、阶层、时代有关。在很多情

况下,这里面不存在对与错的问题,只存在是否有利于当下所处社会的发展问题。

从民族上看,不同的民族对于不同事物的审美具有相当不一样的看法,这几乎是人所共知的现象。非洲某些部落的妇女在其上唇上打个洞,再戴个环。旁观的人都感到很怪异,而她们却认为这样美极了。缅甸一个地区,妇女要脖子长才好看,她们戴了一根又一根的金属环,以至于造成了锁骨骨折塌陷,形成很吊诡的病态。

从地域上看,这种区别也显而易见。以郭德纲的相声为例,当北方观众笑得前仰后合的时候,广东的观众恐怕会觉得莫名其妙。四川的小品《炮耳朵》据说在当地火得不得了,但在央视春晚上,却被讽之为"最具催眠力节目"。

从阶级或者阶层上看,则要引用鲁迅在《二心集·"硬译"与"文学的阶级性"》中那著名的论断:"煤油大王那会知道北京检煤渣老婆子身受的酸辛,饥区的灾民,大约总不去种兰花,像阔人的老太爷一样,贾府上的焦大,也不爱林妹妹的。"

从时代上看,不同时代的人对审美有着同样不同的理解,是众所周知的。如唐代以丰肥丽质为美,明清时期则以纤弱清秀为美。还有绵延近千年的对"三寸金莲"的追求。都是由于不同的时代背景、社会环境、政治制度,造成人们不同的审美观。

这也反映了,美是相对的,这种相对性源于审美的主观作用。审美并不只是一种主观随意性的认识活动,而是一种具有民族性、地域性、阶级性、阶层性、群体性、时代性的认识活动。

但这绝不是说,审美教育没有标准,甚至说,审美教育就像历史一样,是个任人打扮的小女孩儿。正因为审美是具有民族性、地域性、阶级性、阶层性、群体性、时代性的认识活动,我们作为党领导下的群众文化工作者才必须要按照习近平总书记要求的那样,让"美育教育"在"强信心、聚民心、暖人心、筑同心"中发挥应有的作用。也就是说,我们的审美教育一定要有利于民族团结、地区稳定、社会和谐、时代发展。

从本质上看,群众文化具有民族性。党的十八大号召我们要发展民族的、科学的、大众的先进文化,群众文化就是这样的文化形态。从属性上看,群众文化具有阶级性或阶层性。群众文化是不同阶层公民直接参加的社会活动,这是其根本特性。从形式上看,群众文化具有地域性。社区文化便是这种地域性的形象代表,地域性使群众文化成为社会坚实的基础。时代性更是群众文化的传统和优势。从服务途径上看,群众文化具有公益性。从实现方式上看,群众文化具有参与性。群众文化的社会价值和社会地位是通过广大人民群众的直接参与来实现的。没有群众的参与便没有群众文化。

这是从国家层面和社会层面要求的,要保证国家的"富强民主文明和谐"与社会的"自由平等公正法治",从个人层面来说,要符合"爱国、敬业、诚信、友爱"的要求,也就是中央反复强调的"社会主义核心价值观"。

四、群众文化要担当起"审美引导"的社会责任

审美,重要的在于人们对于灵魂美的追求。这里包括如何看待人性之美和怎样展示

艺术之美。

树立正确的"人性之美审美观"的关键在于树立社会主义核心价值观。社会主义核心价值观,是对中华民族历久弥新的民族精神和传统美德的提炼和升华,具有很强的时代性和针对性。只有明是非,才能辨美丑。一旦是非不分,势必混淆美丑的界限,不仅道德伦理大厦根基动摇,就连整个社会风气也会受到严重影响。为此,群众文化要发挥作用,要面向基层、服务群众,及时发现典型、树立典型、宣传典型,着力打造健康向上的人文环境。发掘百姓身边的新人新事,宣传"地区好人",并以这些典型的示范引导,在人民中形成追求文明的社会氛围。

展示艺术之美,就是要发挥群众文化的引导作用,让整个社会形成一种"审美"风气。尽管艺术之美的不同观点可以讨论,甚至会形成对立,但绝不应当出现"美丑不分"甚至"美丑颠倒"现象。除了学术上不同的观点以外,其底线应当是"公序良俗"。

之所以要特意提出"审美风气",就是因为一段时期以来,我们的舞台、荧屏、媒体出现了不容忽视的"审丑风气"。特别是"直播"出现后,出现了很多为了博眼球、刷流量而故意以丑为美的"网红"。即使是日常生活中也会出现这种现象。比如,在最常见的语言中,某些人一天到晚将曾经不堪入耳的"卷大街"当作时髦和亮点,"屌丝"这样的词竟然走红。还有将"逗比"之类的话挂在嘴边,不以为耻反以为荣。再比如,在书法中,竟然出现了用裸体在画布上"摸、爬、滚、打"进行的"人体书法"表演等。这些现象都是社会"审美观"严重偏离的结果。在"美育教育"中,无疑具有重要的警示作用。群众文化对此应当予以抨击。

总之,美是和人类共生的东西,追求美、创造美是人类的本性。有社会责任心的群众文化工作者,要有责任担当,大张旗鼓地张扬美、歌颂美,推动群众文化"审美教育"的发扬。

探索文旅融合环境下文化馆的创新发展

曹　晶（无锡市文化馆）

2018年，随着中华人民共和国文化和旅游部的成立。"诗和远方"终于走到了一起，这是国家文化事业和文化产业发展的需要，同时也标志着文化与旅游正式开启了融合发展的道路。

"文化是旅游的灵魂，旅游是文化的载体"，文化与旅游紧密相连。从本质上说，旅游就是一种文化体验、文化认知、文化分享。而文化又可以通过旅游这一载体来加大传承范围和促使自我创新。如何更好地推动文化和旅游的深度融合与协同发展，如何抓住文旅融合的契机，使公共文化服务的品质得以提升，对于作为公共文化主阵地之一的文化馆来说，是一个值得思考的全新课题。

一、文旅融合能带来什么

（一）文旅融合的意义

文旅融合，不是简单把文化和旅游的职能放在一起，其关键点在于"融合"，需要通过将文化与旅游内在核心本质属性相互交融在一起。文化与旅游，有相同点，也有不同点。就两者的价值观念来看，其目标都是为了向人民群众提供美好的精神诉求、提供对美好事物向往追求的服务；而如果从两者的服务属性来看，却又有很多不同之处。首先，两者的服务对象就不尽相同，属地的公共文化设施，其服务对象主要针对的是当地居民，其文化脉络基本也以当地的文化传承为基础；而旅游服务的主体对象，除了本地居民外，外地游客在很大程度上也是重要的组成部分。其次，对于公共文化服务来说，其供给传播的侧重点主要在于如何满足当地群众日益增长的精神文明需求，而旅游的服务核心则是如何将旅游资源产业收益最大化。在合并之前，两者相较，文化是事业强、产业弱；旅游则是产业强，事业弱。旅游领域的发展更倾向于旅游市场的合理有序规模化开发，而文化领域的发展则很大一部分的侧重点是在文化事业，特别是公共文化事业上。但不可否认的是，两者都有向人们普及历史文化的内涵在其中，其核心本质是相同的。旅游可以把不同地域的人汇聚在一处，通过文化服务将不同的文化理念、文化传承、文化韵味分享出去，这才是文旅融合的精髓。

（二）文旅融合发展的方向

按照中央的要求和部署，开展文旅事业融合发展，这是一项极富挑战精神的工作。通过深入贯彻习近平总书记关于文化和旅游工作特别是文化和旅游融合发展重要论述精神可以发现，文旅融合需要遵循新的发展理念，坚持"宜融则融、能融尽融"的工作思路，来积极探索文旅融合发展新途径，构建文旅融合发展新格局，形成"以文促旅，以旅彰文"的新局面。

由于旅游的侧重点在旅游产业开发，相较文化而言，有较强的经济利益驱动力，其服务的精细化、规范化、标准化都相对成熟。为了能给游客提供优质的旅游服务，旅游从业者需要在不管是硬件环境还是软件服务上都要有所追求。旅游业是一个具有市场风向指向性的行业，一旦服务质量下降，带来的后果可能就是直观的利益下滑。当旅游行业的外在服务标准逐渐规范统一，内在文化的需求就显得逐渐重要起来，有文化底蕴的地方，更容易吸引人们的目光。现今，人们对旅游的认识已经不再是停留在"看山、看水、看风景"阶段，而是开始走向"观文品史、体验生活"的新阶段，所以这就要求旅游发展必须要注重对文化的挖掘。

文化发展的核心在于传承和创新。我国五千年的历史孕育了具有不同民族特色、民间特色的文化。当今是一个共享互利的世界，好的历史文化、好的传承记忆都值得分享和推广。旅游正好是一个带动点，可以让这些文化走进更多人的视野。同时，在旅游业中一些符合市场规律的做法也可以为文化事业的发展所借鉴，譬如说品牌塑造、思维创新等。如今，80、90后已成为享受文化和旅游服务的主要受众群体，他们不仅在旅游过程中对目的地的历史文化有更加明显的需求，同时在接受公共文化服务的过程对服务的品质也有更高的要求。

如何将优质文化资源挖掘出来，发挥文化的潜力；如何将旅游业发展中的可行之处加以借鉴；如何更好地传承和发扬优秀传统文化，对于文化馆来说，文旅融合提供了一个很好的契机。

二、文化馆如何借助文旅融合创新发展

（一）竖立品牌意识

不可否认，如今是一个信息多元化的时代，也是一个知识经济时代。一个好的 IP 可以带动巨大的流量，一个好的文化创意能够引发大众目光的关注，同样一个好的文化品牌也能够引导更多的群众来体会精神文明建设的积极成果。但不可否认的是，相较旅游业，我国的公共文化事业的品牌意识并不是很强，缺乏品牌建设的战略规划，其传播与推广往往随意性很大，导致品牌资产难以积累，所以竖立品牌意识，品牌战略规划显得尤为重要。由小及大，以无锡市文化馆打造"西水"文化品牌为例，可以略窥其中一二。

作为"太湖明珠、江南盛地"之称的无锡拥有很多旅游品牌,像鼋头渚、灵山等在海内外都享有盛名。无锡的本土文化底蕴也极为深厚,锡商文化、吴文化等诸多特色文化交汇于此,但无锡却从没有尝试依托这些文化资源来打造带有无锡印记的公共文化品牌。2018年的文旅融合,拓展了无锡市文化馆的服务思路,"西水"公共文化品牌应运而生。无锡市文化馆,坐落在大运河文化带无锡段环城古运河内的西水墩文化公园上,园林式建筑,现为国家级文保单位,本身环境优美雅致,曾被文化部誉为最美文化馆之一。以前由于宣导效应不够,这里并不为外人所周知,可以说是古运河上一颗隐藏的明珠。文化馆周边是近代民族工商业的发源地,融合了锡商文化、吴文化、运河文化这三种不同文化背景。因此,以"西水"为名打造的文化品牌,既是表达了其所处的地理位置,也蕴含了无锡"尚德务实、和谐奋进"的城市文化精神在其中,更是希望通过品牌的竖立,使这颗古运河的"珍珠"重现光芒,这也符合文旅融合发展的精神。

以往文化馆开展的艺术培训、展览、演出、非遗等公共文化基础服务,往往各自为营,多而散,却没有什么社会影响力。"西水"公共文化品牌的推出,则有效缓解了这一尴尬的局面,根植文化、聚力而为,将原有资源整合,辅以新的服务思路,努力塑造地域文化标识。2018年,"西水"公共文化品牌经过运作,成绩斐然。数据表明,自公益培训项目升级演变为"西水公益学堂"后,全年开设艺术普及培训班163个,培训总人数达3081人;开设的"西水公益讲堂"共计举办12期,涉及音乐、摄影、非遗等诸多领域,普及宣讲人数达到1200人;新增的"西水公益剧场"依托上海国际艺术节无锡分会场、星期广播音乐会等艺术盛会,整合了无锡大剧院、大会堂、广电音乐厅等处上演的高雅艺术演出,在政府主管部门的大力支持下,全年向市民发放89场2990张免费高雅艺术观摩票,既有话剧《北京人》、音乐剧《音乐之声》、舞剧《吉赛尔》、昆曲《西厢记》等中外经典剧目,也有中音、上音、浙音等学院派的视听盛宴,还有深受家长和孩子欢迎的多场精彩儿童演出等,在提升全民艺术鉴赏能力、艺术素养的同时也拉动了城市的文化消费。在馆内改造并重新规划的"西水当代艺术中心",全年举办展览47场(含虚拟展5个),书法沙龙2场,根据参展对象分为学术精英、艺术百家、群艺芬芳三个板块,满足了不同文化层次、不同年龄结构市民的文化需求。

通过对以上实例数据加以分析,可以清晰地发现:品牌的打造,能够让文化馆逐渐竖立起公共文化服务主体宣导形象,其知晓率、服务满意度以及社会影响力都会有显著提升,同时也会让更多的群众能够走进文化馆、体验文化馆、品味文化馆。

(二)开启创新思维

在万物互联的当今时代,不管是做文化,还是做旅游都要有强烈的创新思维,破旧出新,方能跟上社会发展的脚步。品牌创意自身就可以看作是一种创新印迹,但创新也不是凭空捏造,得要有文化基础、科技支撑。随着云计算、物联网等技术的发展,VR(虚拟现实)、AR(增强现实)以及大数据等新兴沉浸式体验技术和评估手段的普及应用,新的服务理念正悄然渗透到文化旅游的发展中来,同时也带来了一股新的活力。在旅游业,特别是一些具有人文底蕴的景点，已经做出了有益的创新尝试，诸如将数字技术与文物相结合，将数字技术辅助于景点导览，将数字技术应用于景点虚拟展示，将大数据应用于旅客出行分析等，这些不仅实际推进了旅游服务效能，提升了旅游服务品质，更让游客通过多媒体文化节目、虚拟漫游等与文物景点交互互动。此外，通过挖掘开发，还诞生涌现出一批如数字敦煌、数字故宫等的精品之作，让观众能够"身临其境"地体验"活"的历史、"真"的文化。可以说，创新拓展了旅游发展的新视野，同时也带动了文化服务的深挖掘。

对于文化馆来说，数字创新技术同样能够为公共文化服务提供助力。还是以无锡市文化馆为例，网站、微信等平台的应用，大大加强了文化馆从业者与文化服务受众人群的黏合关联度。而像上文所述的 VR、AR 技术同样也可加以适用于公共文化服务中，可在馆内的展览中选取有艺术价值的展览通过数字化的形式加以影像留存，并制作成虚拟展在网络发布，这对于优秀文化传承和传播来说也是一个新的尝试、一种有益的补充。在艺术公益培训以及高雅艺术普及的运作上，通过云平台进行大数据分析，可以轻易得出接受服务群体的年龄特征、文化内容的关注趋势等有效信息，从而可以更合理、更系统地整合现有公共文化资源，提供更有效能、更符合老百姓意愿的公共文化服务。

古语有云"读万卷书，行万里路"，正是印证了"知行合一"的重要性。文化与旅游相融合，其实也是一种理论与实践相结合的表现形式、表现过程，只有将两者各自的优势发挥出来，互为依托，强化融合即是发展的理念，树立互促共赢理念，实现协同发展，为文化建设和旅游发展打造新引擎，提供新动力，建立新优势，形成良性循环，方能进一步增强和彰显文化自信，讲好中国故事，不负"诗和远方"的期待。

浅谈群文创作者的"身入、心入与情入"

刘素琴　周毅弘（永新县文化馆）

2014 年 10 月 15 日，习近平总书记在文艺工作座谈会上发表重要讲话，讲话中指出："实现'两个一百年'奋斗目标，实现中华民族伟大复兴的中国梦，文艺的作用不可替代，文艺工作者大有可为。"2019 年 3 月他在看望参加全国政协十三届二次会议的文化艺术界、社会科学界委员时，用"培根铸魂"四个字阐明文艺工作者、哲学社会科学工作者的职责与使命。

一个国家不能没有根，一个民族不能没有魂。

根在哪里？魂在哪里？

人民是生动故事的创造者，也是精彩艺术的创造者。人民才是创作的活水源头，只有扎根人民，才能获得取之不尽，用之不竭的创造源泉。生活是无字的剧本，剧本是有字的生活，只有深入人民生活，倾听人民心声，才能提高作品的精神高度、文化内涵、艺术价值。才能做到坚定文化自信，把握时代脉搏，聆听时代声音，坚持与时代同步，以人民为中心，以精神奉献人民，以明德引领风尚。

群众文化的创作者们当然更应该是"培根铸魂"的践行者。永新县文化馆创作反映农村题材的"宝朵"系列蝉联全国大奖，备受观众欢迎，这足以反映出群文创作者要切实做到"培根铸魂"，老老实实地拜人民为师，诚心诚意地"身入、心入、情入"到人民群众之中去，才能创造出人民喜闻乐见的文艺作品。

一、身入

"宝朵"，一个土生土长，憨厚又不失机灵，幽默又不失睿智的地道农民，他踏着改革开放的鼓点，弹落了 300 来年的历史尘埃，带着庐陵几乎家喻户晓、被称为"中国曲种""独生子"的永新小鼓的风姿，自 2005 年起，进杭州，下南海，走花城，过长春，到荆门，闯深圳……几乎走遍了大半个中国。

"宝朵"其实不是一个真人。他只是宝朵系列中的主角，剧中人。这主角便是永新县文化馆创作组笔下的一个新时代新型农民的典型艺术人物。

"宝朵系列"由"宝朵接婆""宝朵招工""宝朵冲浪"三部曲组成。它是基于对国家级非物质文化遗产"永新小鼓"的传承和发展而创作出来的。它秉承的是永新小鼓诙谐、幽默、调侃的独特艺术风格，在传承、保护、发展的基础上贯以全新的精神风貌、全新的表演模式、全新的时代内涵,一举夺得了全国第八、九、十届中国艺术节的入选资格;蝉联了全国第十四、十五届"群星奖",中国中部六省曲艺大赛一等奖和全国群文文学剧本大赛一等奖……

宝朵火了。

创作组把宝朵写活了,写成功了。

早在2005年,为参加全国第五届曲艺艺术节,省市县文化主管部门一致认为"永新小鼓"作为国家级非遗保护项目,可以作为庐陵民间艺术的品牌代表参赛,决定基于永新小鼓新创一个剧本参加这次全国曲艺大赛。

剧本创作任务很快就落实到生长在"永新小鼓"发源地的永新文化馆创作组身上。创作组接受任务经过一番思考后,决定创作一部反映红色题材的剧本参赛。谁料,当我们把写作提纲上交后,专家们都给予了否定,理由是全国写红色题材的很多,这一题材很难突破也很难打响。大家觉得专家们的意见很有道理,决定推倒重来。

推倒重来,这几个字虽然说起来简单,但做起来谈何容易!

恰在这时,党的富民政策出台了(一号文件),创作组顿时眼睛一亮,对,到农村去找素材!

起初,农民兄弟并没有完全接纳创作人员,只是十分恭敬地把我们当作客人。自己家里的事,自己内心的话从来不在创作人员面前表露、倾诉。半个来月的下乡,创作人员像盲人骑瞎马,从这个村跑到那个村,最终仍是一无所有,竹篮打水。

后来发生的一件事,对我们创作组震动很大。

这件事其实就发生在我们创作组的房东家里。

我们这个房东很精明,他最大的特点就是仗义,够朋友。我们进村的第一天,就是他从村委会主动把我们接进他家的。他是个体养殖专业户,所办的养殖场正搞得风生水起。可是这几天,他老是阴沉着脸,对我们尽管时常是笑脸相迎,但我们一眼就能看出,房东有心事了。

是什么心事呢?

我们没少问他,但他每次都是客气地回答我们:没事,没事,就是不告诉我们他内心的事情。

从房东那里找不到答案,我们便向邻居打听,谁料邻居们几乎与他同一口径,都说:"没事的,他一个大场长能有什么事。"我们从房东,从邻居的眼神里,可以看出他们对创作组没有一种信任感。

创作组在反思自己,很快就意识到在乡间这半个来月,自己身虽入了,心却没入。

为此,创作组用极快的速度调整了自己的行为准则,决心用心潜下去,把心交给农民兄弟。

怎么交心? 交心应该是真诚的,来不得半点虚伪与做作。于是,创作组从细微入手,把自己完全融入农民兄弟的生活当中。有一次,房东一家都去了县城,留下一个在校读书的孩子没人接送,创作组便主动承担这个任务;有一次,一个孤寡老人病了,创作组赶紧跑去医院为他买药;有一次,村里要召开一次文艺晚会,创作组主动请来馆里的专干为他们排练,连演出的服装也从馆里给他们送来……

这样一来,村里人开始对创作组另眼相看了,说,文化馆这个创作组是自家人。

就在不久后的一天,创作组正在屋里写深入生活日记,突然跑来一个中年汉子,进门就请创作组给他老婆打个电话。大伙懵了,夫妻间的事怎么会找上我们呢?那人告诉创作组,"你们是县里的人,我老婆也知道你们,你们劝劝她,她会听你们的。"

这汉子就是宝朵,在党的"三农"优惠政策号召下,他办起了一个养殖场。目前发展很好,但人手不够,他多次动员在外打工的老婆回家帮忙,可老婆就是不回来。原因是三年前,他们夫妻俩把在外打工赚的几万元钱拿回家办过一次工厂,由于诸多因素,他们的工厂很快就倒闭了,辛苦赚回的钱全打了水漂。一气之下,老婆离家外出打工。现在丈夫又要创业,她当然信不过。万般无奈之下,他觉得创作组都是热心人,所以跑来向创作组求救。

在创作组对他老婆做了大量工作后,宝朵的老婆当真让宝朵接回来了。后来他家的养殖场也当真办得红红火火。

创作组从这件事中捕捉到了所需要的闪光素材。

于是,宝朵系列之一《宝朵接婆》出世了。

二、心 入

通过这件事,创作组才真心体会到,创作者到农村深入生活,你的身子下去了,这是远远不够的,你必须把你的心交给农民兄弟。心入了,农民兄弟才认你这个兄弟,心入了,农民兄弟才会把他们的喜怒哀乐全告诉你们。

在经济危机席卷全球的那年,大批在外打工的农民工因工厂停产,纷纷回到了乡村。大批农民返乡,无疑给当地政府增加了前所未有的压力。扁担村本地青年农民创办了一家竹制品厂,他想抓住这个机遇多招聘些返乡农民工,把自己的厂扩大一些。老板叫红皮,娶了个妻子叫李洁。两个人头脑灵活,有经济观念,早在三年前,他夫妻俩充分利用本地竹子的丰富资源,创办了这个竹制品厂,他们的产品瞄准了井冈山红色旅游这块市场,所生产出的产品,每到旅游旺季大有供不应求之势。眼下虽说全球经济危机,但井冈山的红色旅游早已深入人心,游客旅游并不太受外界环境的影响。由于他们这个夫妻厂的产品手工精湛,美观大方,旅客都十分喜爱,这又增添了他要扩厂的决心。如今红皮想抓住大批农民工返乡的机会,把厂扩大,多招些员工,让自家厂更多的产品运销往旅游区。谁料,当他把这一想法告诉妻子李洁时,妻子没有商量的余地给予了拒绝。她的理由似乎很充分:一是全球经济危机,银根紧缩,旅游肯定会淡下去。二是去年她也曾想扩大,但在征地上碰了个大硬钉子——厂子隔壁一块菜地的主人说什么也不肯出让土地。尽管她三番五次上门,这家主人怎么也不松口。这块地紧邻她家厂房,只要稍做整理就可以盖上厂房。如果要到其他地方征地,一是与固定厂房远,二是不好统一管理。这次碰壁使她彻底打消了原先想扩厂的念头。这次丈夫再次提出,何况又是在全球经济危机的情况下,她断然拒绝。

这件事很快就被正在扁担村深入生活的创作组知道了,创作组立即跑到村委会找到村支书汇报了这一情况。村支书正为全村一下涌回来上百个农民工而发愁,听到这一消息,拉着创作组就往竹制品厂走去。在厂里,创作组特意找到了李洁,详细询问她扩厂的实际困难后,创作组征求村支书的意见,要求他大力扶持这个企业。村支书当即拍着胸脯表态:"包在我身上。"

在随后的日子里,创作组兵分几路,跑县城找单位,不但为他们扩厂提供三年免税的优惠政策,而且还带回了几个有制作技艺专长的老技师,为全村100多个返乡农民工上岗提供技术培训。最棘手的问题是征地。村支书多次做工作都不行,整个创作组也都跟着发愁,反复上菜地主人家商量此事,最终可能是创作组的真心诚意感动了他,终于松口把这块菜地借给了红皮夫妻办厂。

厂房解决了,技术学会了,红皮夫妻十分感激村支书和创作组的真心情谊,很快就扩厂,并把全村100多个返乡农民工招进了竹制品厂。

这件事对创作组的触动很大。创作组的体会是:一个群文创作组,你把心交给了人民,人民一旦认可你,接受了你,你就是他们的一家人。一家人,什么事都好商量。在扩厂后创作组并没有喘气,因为厂扩大了,产品多了,它的销路在哪里?红皮夫妇对于销路肯定还有顾虑,只是再也不好意思在创作组面前开口。对于他的顾虑,创作组心知肚明,创作组成员专程跑到县城联系了几家网商平台,当网商平台与竹制品厂签下了三年的销售合同后,红皮夫妇感激得连话都说不出来。

这件事的前前后后,创作组成员一直在其中亲力亲为。于是,创作组怀着十分激动又崇敬的心情,一口气创作出了"宝朵系列"之二——《宝朵招工》。

三、情入

在红皮扩厂的这件事上,创作组把心都交给了农民兄弟,但在另一件事上,整个创作组却感到为难了。

在我们笔下的"宝朵"写到这里应该是家大业大了,也该收笔了。但在现实生活中,宝朵和更多的新型农民,他们在改革开放的大潮中,所追求的是什么呢?创作组觉得"宝朵"系列并没有写完,还有更深层次的东西在等我们到人民群众中间去发掘,去采撷。

于是,创作组便轻车熟路地又一次扎了下去,到农民兄弟中去寻找想要表现的另一个活生生的宝朵。

下乡深入生活的时间多了,也久了,在永新23个乡镇里几乎到处都有创作组的农民兄弟。创作组的人一进村子,村里的乡亲就直言不讳地对创作组说,"你们写的两个宝朵写得真好,简直成了我们农民的代言人,这次来肯定还要写宝朵吧?"我们点头告诉他们,"是,我们想写宝朵系列之三,不知有什么好素材没有?"

话一出口,房东的儿子便快言快语地告诉说:"在我们隔壁的石湾村有个农民企业家,因为不懂网络,差点把厂里生产的两万多斤成品泡了汤了呢!后来还是县扶贫工作组通过网商把成品卖出去,才救活了他这个厂啊。"

原来他这个厂在几个月前与外地签了一份二万多斤的食品加工合同,正当他备齐原料准备开工时,通往外地要货单位的路被山洪冲毁了。按合同期限不能按时到货,那边单位便要撕毁合同,并在电话里还冷嘲热讽地说,"跟这种没文化的'乡巴佬'做生意,简直降低了自己的身份。"

这句话深深地刺痛了老板的心,他很不服气地向创作组诉苦,"作家同志,你给我评评理,农民怎么啦,农民就低城市商人一等么?"

农民兄弟的一句话,同样深深地刺痛了全创作组员的心。

当即创作组决定进县城聘请网络老师来对村里的青年们进行网络培训。

谁料,主意出来后,石湾村那个老板的老婆火急火燎地跑进了创作组,说什么也不准她老公去学习网络。

原来在一年前,乡政府深知农民企业家的处境,曾经从县城聘请了一个网络老师到乡村举办网络培训班。老板一听,拔腿就往培训班报名参加培训。"学网络开头,他老婆死活不让他去学,原因是那个网络培训班的老师是个女的,好像对他特别关心,而他也好像走火入魔般地一有空就跑到培训班与那个女老师搭在一起……"

创作组听后,对老板老婆哈哈大笑起来:"你们怕人家抢了你老公?"

老婆还理直气壮地:"这些臭男人,你不得不防呀,同志。"

"我来教他网络,你放心吗?"创作组成员蔡大姐主动站出来。

老板老婆看了看老蔡老师,鸡啄米似的应道:"放心,放心,你们创作组教他网络,我当然放心。"

在这时,老板也跟进来了,他一听,高兴得跳了起来,十分认真地说"我们青年农民个个都有决心,有信心,更有志气。现在我们全乡十三个厂,厂厂都急需要网络技术员,因为大家都知道,在科学不断发达的今天,我们农民兄弟的科学水平不与时俱进,那是要落伍的。"

我们不由赞叹:"对,这就是当代农民的志气。"此后,创作组当真在村里创办了多个网络培训班,蔡老师和她的学生们更是全身心投入,把全乡的网络班培训办得有声有色。

通过这件事,创作组从心中涌起了一阵狂喜。因为创作组从这对夫妻的纠葛中找到了戏点。于是,创作组按压不住心头的激动,一口气写下了宝朵系列之三——《宝朵冲浪》。

在这个节目中,最让创作组激动和满意的是结尾,因为在这个节目将要落幕时,全体演员(青年农民)语气铿锵地向世界宣布:"中国农民响当当。"

把身投进去,把心投进去,把情投进去,投进人民群众之中去,只有这样去深入生活,去倾听人民心声,才能提升作品的精神高度、文化艺术价值,才能担负起"培根铸魂"这个群文创作者光荣而伟大的历史使命!

文化馆对优秀传统文化和地方资源的保护与传承

张莉宁（天津市宁河区文化馆）

天津市宁河区有着优越的地理位置，秀美的自然景观以及浓郁的文化氛围，自古以来，这里思想开化，文脉兴盛，养育了无数的文人雅士、民间艺人。非物质文化遗产的特性都在这里显露出来，尤其是民间绘画和戏剧。其他民间艺术也堪称精英荟萃。宁河县的"非遗"项目含金量比较高，国家级非遗项目1个，市级非遗项目8个，区级非遗项目62个。

以东丰台木版年画为例，创始至今历经数百年，以其独特的文化、艺术魅力成为民间特有的精神财富，对弘扬民族文化，彰显民族精神，进行爱国主义教育具有重要的现实意义。东丰台的木版年画与杨柳青年画犹如姊妹花，它的文化内涵，为宗教学、民俗学、社会学、经济学、美学、考古学、传统绘画史提供了重要的图像资料，具有很高的研究价值。东丰台木版年画汲取民族文化的精华，尊奉传统的伦理道德，多取材于民间的世俗生活，深受老百姓的喜爱。

再比如宁河的评剧，早在18世纪就已经出现，并且迅速地发展、丰富。北京、天津和唐山都是中国评剧的发源地，优越的地理位置使宁河评剧从一开始形成，就兼具京、津及唐山评剧的特点。在近百余年的发展中，不论是演传统戏还是演现代戏，宁河评剧对整个评剧的发展都做出了巨大贡献，深受北方观众的好评，成为中国评剧艺术中一朵奇葩。

还有七里海河蟹面传统制作技艺，保留了天津市民间饮食文化，也是民间古老饮食文化中的一份优秀遗产，在中华民族的饮食文化大花园中，独树一帜，极具历史价值。发掘、抢救、保护七里海河蟹面传统技艺，对研究民间饮食文化、保护文化多样性都有深远的意义。

提起陶艺，宁河县的板桥镇盆罐村历史悠久，积淀深厚，是我国著名的手工制陶生产地之一。长期以来，盆罐制作工艺在宁河县经济发展中曾经发挥了十分重要的作用，也一直是盆罐村村民的经济支柱，这一生产技艺是劳动人民长期实践的体悟和智慧的结晶，富有实用和艺术鉴赏双重特色，同时也为宗教学、民俗学、社会学、考古学以及宁河地方史研究提供了重要的实物资料，具有史料价值和研究价值。

东丰台的木版年画看起来是一幅画，从中能够看出我们宁河人对美好、喜庆生活的追求，对理想生活的向往；评剧是一种艺术表现形式，而且宁河是评剧之乡、评剧源头、评剧的原生地之一，有着雄厚的基础，因此评剧不单单是一个剧种，而是心灵的歌唱；河蟹面看似一碗普通的手擀面，它经过了很多道工序精心制作而成，是我们宁河特有的美食，展现了宁河人对美好生活的追求，对生活的热爱；陶艺技术是将生活中的器具精制出来，看似是一个瓦罐但是它跟我们的生活有密切联系,有装饰、审美等作用,它有深刻的文化内涵,体现了人们对生活的深入理解。

一、文化馆在非物质文化遗产保护与传承中的作用

(一)抓好保护和传承非物质文化遗产的推动力

文化馆承担着非物质文化遗产保护与传承的职能,并且在保护与传承非物质文化遗产中具有人力资源与资金优势。各级文化馆可根据地方非物质文化遗产保护的轻重缓急来合理统筹资金;同时,还收集、整理相关文献资源,以更好保护非物质文化遗产,并对非物质文化遗产开展相关普查、宣传工作,指导与帮助非物质文化遗产的保护以及传承。这些均在非物质文化遗产保护以及传承中发挥着不可忽视的作用。另外,文化馆还存在很多传承与保护地方非物质文化遗产的专门人才,在保护、挖掘、弘扬地方非物质文化遗产方面可以说是"行家里手"。

(二)抓好保护和传承非物质文化遗产的表现力

文化馆承担着社会教育与宣传的职责。通过组织各种讲座、展览等活动,不断给广大群众普及非物质文化遗产知识及非物质文化遗产保护与传承的重要性、科学文化知识等;或者以当地的民俗活动、艺术节与文化节等为契机,展示一些保护成熟且具有地方特色的非物质文化遗产项目,比如:春节、祭祀、宁河评剧、鹤龄会高跷、地秧歌活动等。借助这些节日与活动进行教育宣传活动,让更多的群众能体会、领略到非物质文化的魅力,提升他们的综合素质,在潜移默化之中达到宣传教育的作用,从而更好保护与传承非物质文化遗产[1]。

(三)抓好保护和传承非物质文化遗产辅导培训

在保护与传承非物质文化遗产中,文化馆可充分利用自身的辅导培训功能,将其纳入到培训内容,在辅导培训的过程中完成非物质文化遗产保护与传承。当然,文化馆也可邀请一些相关专家对其中内容进行专业讲解,以切实提升文化馆工作人员的专业知识、能力与业务水平。通过学习培训,不断在非物质文化遗产保护与传承实践工作中发现问题、解决问题、总结规律,帮助文化馆更好实现对群众的有效辅导与指导,为非物质文化遗产的保护与传承创造良好条件。

(四)抓好保护和传承非物质文化遗产研究

文化馆在非物质文化遗产保护与传承中所发挥的研究作用主要体现在以下几个方面:一是对非物质文化遗产的艺术、技能等进行动态保护,并对其相应载体进行保存。只有切实做好这两项工作,才能保护非物质文化遗产本身。二是研究非物质文化遗产的文

化价值、传承价值等。比如：东丰台木版年画以民间崇拜的神像为主，后来渐渐涉及政治、经济、社会、民俗等诸多领域，它汲取了民族文化的精华，尊奉传统的伦理道德，多取材于民间世俗的社会生活。文化馆作为非物质文化遗产保护与传承的直接参与者，借助自身巨大的地区优势以及人力资源优势等，深入开展非物质文化遗产文史资料研究活动，以更全面掌握其文化与传承价值，了解其变化发展特点等。通过大量学术研究，明确知道哪些非物质文化遗产项目需要保护，哪些还在发展，找出保护与传承工作的规律，发现其中存在的问题，及时解决，从而让非物质文化遗产保护和传承工作在非常科学、合理、高效的理论指导下前进[2]。三是非物质文化遗产具有丰富的文化内涵与浓厚的文化底蕴，对民族学、人类学研究等方面起着非常重要的指导作用，并在一定程度上对现代科技的发展具有相应启示作用。

二、强化文化馆对优秀传统文化和地方资源的保护与传承

（一）非物质文化遗产传承与保护意识的增强

文化馆要想切实增强非物质文化遗产传承和保护意识，首先，应从思想上深刻认识到非物质文化遗产保护与传承的重要性。文化馆是我国一个公共文化服务机构，其在优秀传统文化与非物质文化遗产保护方面起着重要的作用。所以，文化馆应根据当地实际情况，科学制定行之有效的保护计划，明确重点保护项目，以强化非物质文化遗产保护工作。我们在工作中进行了分类：第一类是传统节日（春节、元宵节、清明节、端午节、中秋节）；第二类是人生礼俗（诞生礼、婚礼、特殊婚姻、现代婚俗）；第三类是消费习俗（服饰、饮食、居住、交通）；第四类是民间美术（东丰台市版年画、剪纸艺术、市雕工艺、泥塑艺术、葫芦雕）；第五类是传统技艺（盆罐村制陶工艺、七里海河蟹面制作技艺、"芦台春"酒传统酿造技艺、芦台铸剑锻制技艺等）等。通过归纳分类，以便有计划、有目的、有针对性地进行保护，强化保护效果。其次，加大宣传力度，扩大优秀传统文化的社会影响力。文化馆可借助媒体渠道进行宣传，如组织"民间文艺会演""当地非遗展演"等，大力宣传非遗知识、展示非遗作品；借助网络、电视、数字广播等平台进行宣传等，将优秀的非遗项目融入群众的生活当中，让群众对其保护和传承有更加正确且全面的认识，从而增强他们对非物质文化遗产保护的自觉性，营造良好的保护、传承与发展环境[3]。最后，提供充裕的资金支持。当前，我国在文化上的投入不断增多，但还是无法满足当前文化发展的实际需求。而非物质文化遗产的保护和传承还需要大量资金支持，因此，必须加大资金投入，这是非物质文化遗产保护与传承的重要保障。

（二）协调好政府部门与同文化遗传传承人的关系

宁河文化馆作为在物质文化遗产保护与传承中政府部门与文化遗产传承人之间的纽带，随着改革开放，层次关系逐步建立并进一步完善，但从保护和挖掘非物质文化遗产和

保护地方资源来讲,大部分都是兼职人员,很少有专职人员,在兼职中做专职。在做的过程中首先要深入进去,明确重点。在这同时,因为做了才知道哪些方面是欠缺的,哪些方面是要继续坚持做的,哪些方面是需要协调的。如文化馆可定期开展"服务传承人"月活动,自觉树立其服务意识,扮演好引导员的角色,以切实维护好遗产传承人的权益,并有意识、有计划地保护并壮大传承人力量,给传承人提供学习与培训机会,打造一支高素质非物质文化遗产保护人才队伍,充分发挥好过渡的作用;鼓励传承人吸纳当代的审美因素,结合当代的流行方式进行创新,使非物质文化遗产得到更好传承与发展等。另外,还可建立传承人保护数据库,加强传承保护,从而形成"引得进、留得住、扎得下、用得起"的人才引进机制。比如:结合传承人数据库,根据非物质文化遗产的特点等,在社区文化活动中加入非遗内容,如活态传承捏泥人、剪纸、古调的琵琶弹奏表演;在试点小学开展"非遗"少年培训班等。

(三)全面提升文化馆工作人员的综合素质,提高对文化的认识

由于文化馆工作内容较复杂、广泛,且任务也繁重,可以说,文化馆工作人员的素质对文化活动的质量有直接关系。为保证传承活动能正常顺利开展,更好做好非物质文化遗产保护与传承工作,文化馆必须建立一支业务素质过硬、专业能力强的工作队伍。首先,提升进入馆内工作的门槛,积极引入综合素质较高的专业人才。人才引进原则需坚持公开透明、公平竞争与择优录取原则。只有不断提升工作者的综合素质,才能提升管理效率与质量,保证非物质文化遗产的保护效果。其次,对在职人员加强系统培训。邀请相关领域专家、高校教师等来馆讲座,或者组织各种培训活动,让他们不断学习新知识与新技术,不断突破传统保护与传承工作,用现代年轻人喜闻乐见的方式来吸引他们的注意力,增强宣传效果,更好达到保护与传承的目的。或者鼓励他们积极参与省市举办非物质文化遗产相关的研讨会、会议,去其他省市进行考察,汲取他人的成功经验,以弥补自身的缺陷与不足。

(四)将优秀传统文化和地方资源的保护与传承工作与群众紧密结合

文化馆作为公共文化服务机构,工作策略应坚持"从群众中来、到群众中去"原则,从而使中华优秀传统文化与非物质文化遗产得到更好保护与传承。首先,文化馆应坚持"从群众中来"原则,从人们群众生活的土壤来分析、提炼出优秀传统文化,结合当地的地域特色等,挖掘优秀传统文化的发展脉络,理清其内涵,然后集中精力改造其旧形式,融合新时代的内涵以及表达方式,使其得到更好传承与发展。同时,加强优秀传统文化与非物质文化遗产典籍的整理与保护,努力推进数字化建设。其次,坚持"到群众中去"原则。可以说群众是最好的老师,通过深入群众与实践,用优秀传统文化成果用现代人喜欢的形式再回到群众中,让其根植于群众的心田,从而影响群众。最后,坚持"让群众参与"原则。在保护与传承中华优秀传统文化与非物质文化遗产过程中,文化馆需为广大群众提供一个个展现平台,让他们参与到保护与传承中来,使其在实现自身艺术梦想与自我价值的同

时,通过各种文化活动,去传承与发扬中华优秀传统文化、非物质文化遗产。

抓地方文化的目的就是抓历史,抓传承。比如抓剪纸就是抓生活,抓评剧就是进一步推动大家对宁河文化的认知。总而言之,通过我们具体工作,让工作人员和参与人员都要从中体会到我们中华文化源远流长,我们是在这片土地滋润起来的,现在还要继续吸取这片土地的营养,参与到中国梦中来。

参考文献

[1] 李强. 地方文化馆在非物质文化遗产保护与传承中的优势研究 [J]. 中国民族博览,2017（10）:236-237.

[2] 曹晶. 浅谈文化馆在中华优秀传统文化传承发展中的作用 [J]. 大众文艺,2017（23）:9-10.

[3] 樊俊丽. 如何有效发挥基层文化馆在群众文化活动中的服务职能 [J]. 教育,2017（11）:271.

优秀传统乡土文化保护传承与创新发展的探索

——以宁夏回族自治区为例

季　妍（宁夏回族自治区文化馆）

一、背景与基础

（一）背景

宁夏古称朔方,地处黄河中上游,总面积6.6万平方公里,区位独特、历史悠久、民族众多、文化多元。在长期的历史发展过程中,宁夏各族人民在多元文化的交汇融合和劳动创造下,积淀了特色鲜明、枝繁叶茂的优秀传统文化。特别是延续千年的农耕文明、黄河文明,更是形成了极具特色、丰富多彩的优秀传统乡土文化,成为全区人民共有的宝贵文化资源和精神财富。一直以来,宁夏各级文化部门十分注重文化遗产的挖掘与保护,把文化遗产资源普查登记作为基础性工作,推动调查登记建档工作常态化,安排工作人员深入民间田野走访调查记录,收集各类文化遗产资源、实物资料,登记整理归档。完成了全国第一次非物质文化遗产资源普查,普查确认非物质文化遗产资源2968项,涵盖了民间文学、民间艺术、民俗等多个门类,具有鲜明的地域文化特色。

（二）基础

1. 全面落实分级保护责任,完善优秀传统乡土文化保护传承体系

依据国家相关法律法规,严格落实文化遗产分级保护责任,推动逐级建立文化遗产保护单位和名录体系建设,基本形成了国家、自治区、市、县（区）四级保护体系。已有联合国教科文组织人类非物质文化遗产名录1项、国家级代表性项目名录18项,公布自治区级代表性项目名录99项、市级非物质文化遗产代表性项目303项、（县）区级432项;申报认定国家级代表性传承人9名、自治区级代表性传承人176名、市级代表性传承人414名、县级代表性传承人529名,现在仍在世的国家级代表性传承人5名、自治区级代表性传承人164人。设立国家级生产性保护示范基地1个,自治区级保护传承基地(点)67个。

2. 加强政策法规建设,优秀传统乡土文化保护传承步入法制化规范化轨道

注重优秀传统乡土文化保护工作规范化、法制化建设,2005年7月在全国较早制定了《宁夏非物质文化遗产保护工程实施方案》,2006年9月1日颁布实施《宁夏回族自治区非物质文化遗产保护条例》。此后,相继制定下发了《非物质文化遗产代表作申报评定

暂行办法》《非物质文化遗产传承人命名管理办法》等一系列配套政策及规定办法,各市、县(区)也据此分别制定了对本级非遗项目、代表性传承人及传承基地的评定、管理和考核等办法,为全区非遗依法保护奠定了坚实基础。

二、探索与经验

(一)着力强化保护措施,优秀传统乡土文化传承发展取得新的成效

根据我区的优秀传统乡土文化保护传承面临形势、实际需要和发展规律,综合采取生产性保护、教育传承等多种手段,着力推动优秀传统乡土文化在保护中传承、在继承中创新。

一是开展生产性保护。支持具有一定市场前景的非物质文化遗产进景区、进企业,搭建非遗技艺展示和非遗产品展销平台,推动非遗融入现代生活、将特色文化资源转化为经济资源。服饰、器乐、杨氏泥塑、贺兰砚雕刻、剪纸、刺绣、麻编、二毛皮制作等项目生产规模不断扩大,产品开发进一步丰富,发展后劲有效增强。举办了"探索非遗产品营销新通道——剪纸、砖雕、贺兰砚制作技艺传承人对话网络营销""二毛皮产品的创新与发展——二毛皮制作技艺传承人对话设计师"等活动,帮助提高产品创意研发水平、制定产品营销策略、提升项目技艺水平,为非遗提质增效打下了基础。剪纸传承人伏兆娥、刺绣传承人赵桂琴、葫芦刻画传承人陶瑞珍、麻编传承人张璟等一批乡土文化能人先后在镇北堡影视城、银川文化城等地建立个人工作室,将优秀的手工制品推向市场。海原县建立集设计研发、加工培训、展览展销等功能为一体的剪纸刺绣手工艺品孵化基地,吸引8家剪纸刺绣合作社进驻,并与上海非遗文化公司签订合作协议,建立生产基地,带动当地非遗产品走出去。宁夏尔妹子回乡文化传媒公司、吴忠巧儿刺绣坊、隆德魏氏砖雕有限公司、青铜峡雄鹰皮草集团、盐池恒纳手工地毯公司等将传承培训和生产性保护相结合,采取"非遗+企业"、"基地+合作社""先培训再创收"等形式,不仅使非遗项目得到广泛传播、发展,而且形成了开拓市场、增收富民的新途径,成为全区非遗生产性保护的典型。

二是推进教育传承。启动实施非遗教育传承计划,扎实推进"非遗进校园""戏曲进校园"和"乡村学校少年宫辅导教师志愿服务"等教育传承工作,通过非遗进校园、民间艺人进课堂、应用校本课教材等方式,将非遗传承融入素质教育,推动优秀传统文化从"娃娃"抓起。银川市回民一小山花儿传承基地、平罗回民一小民间器乐传承基地、银川二中剪纸传承基地、泾源县三小回族踏脚花儿剪纸传承基地、中宁县三中黄羊钱鞭传承基地、金凤区兴泾镇回民中学等将非遗项目教学设为校本课,编纂《绽放的花儿》《泥哇呜演奏入门教材》《剪纸应用教程》《钱鞭神韵》等校本教材进课堂,丰富了学校素质教育的内容和形式,形成了广泛而生动的优秀传统乡土文化校园传承局面。

(二)创新方式载体,优秀传统乡土文化展示传播迈出新步伐

一是打造特色品牌。中国西部民歌(花儿)歌会作为宁夏永久承办的品牌性文化活

动,历时 20 年,迄今连续举办十六届,有藏、壮、回、苗、侗、彝、蒙古、土家等 20 多个民族数千位歌手先后相聚在宁夏,以歌会友,唱出中国西部最响亮的民族之声。活动对推动西部民族民间文化艺术交流,发掘西部民族民间音乐资源,保护传承优秀民族文化发挥了重要作用,成为全国非遗保护的成功案例和特色品牌。举办 15 届"新春乐"全区社火大赛,元宵节期间采取沿街巡演的形式,舞龙舞狮、高跷、秧歌、锣鼓、杂耍、竹马等丰富的社火节目在全区各地丰富开展,社会反响十分热烈,形成传统民俗文化传承传播常态化机制。此外,通过承办中国戏剧节、西北非遗周等重大活动,组织参加文化部"欢乐春节"、外交部省区推介、海峡两岸(宁夏)经贸文化活动周等活动,先后在贝宁、阿联酋、老挝、坦桑尼亚等国家进行展示,进一步扩大了宁夏特色文化的品牌和影响力。

二是扩大社会宣传。做实做大"文化和自然遗产日"主题宣传活动,通过举办主会场、各地设立分会场的形式,组织开展普法讲座、知识解读、成果展示、展演展示等形式多样的集中宣传展示活动,面向社会公众普及非遗知识。各地设立非遗展厅(室),集项目实景展示、虚拟体验、传习培训为一体,编辑出版《非遗保护与研究系列丛书》27 套,汇集了一批民间文学、民间绘画、传统手工艺等方面的研究保护成果。

(三)构建多元融合机制,推动优秀传统乡土文化创新性发展

各地通过深入挖掘地方优秀传统乡土文化资源,着力构建文化与城镇化建设、乡村旅游、商贸等领域的多元融合机制,助推当地经济社会发展。

一是传统优秀乡土文化与城镇化建设融合发展。各地结合"美丽乡村"建设,将优秀传统乡土文化特色、内涵融入小城镇规划建设,提升小城镇建设的文化内涵。如西夏区镇北堡镇规划建设影视文化核心区、葡萄酒庄文化中心区、温泉度假休闲体验区"三片区",突出文化和旅游服务功能地位,通过产城融合及与社会资本合作,大力发展特色旅游业、特色农业、特色文化产业,推进特色城镇一体化,在镇北堡西部影视城集中引入剪纸、刺绣、擀毡、皮影戏、木板年画等 20 多个非遗项目进行展示,丰富了旅游产品和服务。泾源县泾河源镇以打造"旅游重镇、产业强镇、文化名镇"为目标,把"龙文化"作为泾河源特色城镇建设的主基调,充分利用水资源,坚持生态保护与文化特色并举,建设独具特色的文化旅游小镇。

二是优秀传统乡土文化与旅游融合发展。石嘴山市结合实施乡村振兴战略,重点打造 5 个特色田园小镇、10 个美丽家园,在龙泉村建设民俗文化博物馆、龙泉村村史馆、家风家训馆,以深厚的文化底蕴吸引本地、外地游客观光、留念;在潮湖村打造陶氏葫芦种植、雕刻、烙画、展示、销售为一体的乡村文化旅游基地。加快发展特色乡村旅游产品,打造乡村文化旅游品牌,先后组织举办了高仁乡沙漠生态旅游西瓜文化节、大漠生态旅游暨牦牛文化节、黄渠桥羊羔肉特色美食暨乡村旅游文化节、宝丰赛羊大会暨文化旅游节、姚伏大集等乡村文化旅游节会活动,促进乡土文化与旅游融合发展。中卫市南长滩村、北长滩村、西吉县龙王坝村、隆德县红崖村老巷子、陈靳乡新和村、泾源县冶家村等地利用当地独具特色的优秀传统乡土文化资源,深度挖掘特色产业、文化底蕴、旅游资源、居住功能,

打造了南长滩梨花节、老巷子歌会及民俗体验游、稻花香里文化艺术节、黄河拜水盛典等乡村文化旅游品牌,实现了生态优美、村容整洁、特色鲜明、旅游要素齐全、农民增收致富的目标。

三、存在问题

(一)优秀乡土文化传承人群匮乏断档

从事非遗保护的工作者编制较少,一些县(区)都仅有1—2名非遗保护工作人员,专业知识、专业技能水平不高,有的身兼数职且不稳定,对乡土文化的挖掘、整理、保护等工作效果难以保证。一些乡土文化面临着失传的危险,有的民间传统技艺因制作周期长、费工费力、资金缺乏、市场不景气,再加上陈旧的思想观念影响等因素致使传承人匮乏。

(二)各级政府对乡土文化传承发展投入不足

优秀传统乡土文化保护传承和发展经费投入不足,一些市、县因财政困难,没有将非遗保护经费列入本级财政预算,很多乡土文化的挖掘、整理、保护工作无法正常开展。各县(区)大都没有设立非遗保护专项经费,多采用临时申请或从文化馆免费开放补助经费中支出等方式解决工作经费。

(三)优秀传统乡土文化难以走向市场、融入现代生活

扶持优秀传统乡土文化创造性转化创新性发展的体制机制尚不完善,创新和创意研发能力不强,"互联网+"手段运用不够,不能有效地把优秀乡土文化资源转化为经济社会发展的资源。一些优秀传统乡土文化项目缺乏开发创新,文化产品不能与市场、现代生活有效对接,缺乏市场竞争力,艺术性、实用性有机结合不足,难以走向市场,不易被青年消费群体所接受。

四、对策建议

(一)创新思维理念,提高优秀传统乡土文化保护传承与创新发展工作科学化水平

要在实践中坚持解放思想、与时俱进,不断创新推动优秀传统乡土文化科学保护、有效传承、创新发展的思维理念。

一是要树立"见人见物见生活"的理念。优秀传统乡土文化是以人为核心、以生活为载体的活态传承实践,其生命在生活。要高度重视文化生态的整体保护,在传统村落保护工作中,要把优秀传统乡土文化项目和其得以孕育、滋养的人文环境一起保护,维护文化生态的多样性和原生性。要在古村落和老街改造中保留原住民,保护原住民的生活方式,

避免传统村落、老街变成只有建筑和商铺、没有原住民的空心遗址，避免乡土文化失去传承基因、环境和土壤。

二是要树立"多元融合"的理念。要使优秀传统乡土文化保持旺盛的生命力，就必须使之融入现代生产生活，融入市场经济。要注重发挥文化特色品牌优势，着力推动传统优秀乡土文化与新型城镇化、乡村旅游业、创意设计产业、素质教育、金融资本、现代传播体系等实现多元融合发展，实现优势互补、资源共享、互促共进，社会效益与经济效益的"双赢"。

（二）注重强基固本，发展壮大优秀传统乡土文化传承人队伍

着力构建以专业人员、非遗代表性传承人及乡土文化人才为主体的区市县乡村五级优秀传统乡土文化保护和传承队伍。自治区成立非物质文化遗产传承发展专家组，建立联席会议制度，市、县两级设立非遗保护中心，乡镇设置非遗保护工作站（点），协同推进民间文化的发掘整理和保护传承。进一步创新传统师徒承袭模式，鼓励传承人收徒传艺，让民间文化传承后继有人。实施"中国非遗传承人群研修研习培训计划"，启动"非遗大讲堂"，不断壮大非遗传承人、民间爱好者队伍，提高保护传承与创新发展能力。采取整理传承人口述史、建立珍贵资料档案、数字化记录保护等多种方式，加强对年事已高或身体状况欠佳代表性传承人的抢救性保护。严格自治区级非物质文化遗产传承人评审命名和表彰制度，建立传承人年度考核和退出机制。加大传承人资助力度，提高自治区级非物质文化遗产传承人资助标准，对因生活困难导致难以开展传习活动的代表性传承人给予经济补助。健全完善文化馆法人治理结构和理事会制度，壮大民间文化组织工作者队伍。扶持一批保护传承、传播普及优秀传统乡土文化的农民文化大院、民间文艺团队。

（三）实施创新驱动，推动优秀传统乡土文化多元融合发展

一是推动优秀传统乡土文化与现代生活融合发展。科学界定优秀传统乡土文化的公益属性和经营属性，按照宜存则存、宜展则展、宜商则商的原则，分类引导民间文化融入现代生活。对部分民间文学、民俗项目等公益性项目，应通过保存实物、数字化记录保护、展演展示等方式进行保护。对能够走向市场、当下有较好市场前景的传统技艺、传统美术、传统医药类等经营性项目，鼓励对接现代生活需求，走市场化经营路子。对传统音乐、传统舞蹈、传统戏剧、曲艺等部分商业性经营的项目，纳入各级政府购买公共文化服务范围给予补助，鼓励创作生产符合现代审美情趣、体现当地价值的文艺作品，推行商业化演出。

二是推动优秀传统乡土文化与新型城镇化融合发展。按照"一乡一特色、一村一风情"发展思路，加强对农耕文明、传统村落内文化遗产的抢救性保护，积极发展有历史记忆、文化脉络、地域风貌、民族特点的特色小镇和美丽乡村。支持特色小镇因地制宜发展文化旅游、特色非遗、民俗体验等产业和乡村休闲旅游、现代民宿、农村电子商务、养老养生等新业态发展。将优秀乡土文化特色、内涵融入小城镇建设，支持建设特色文化街区、美食文化广场等。结合村综合文化服务中心建设与功能提升，支持各村建设民间展藏室、

非遗传习室、农民书画室、村史馆等。

三是推动优秀传统乡土文化与创意产业融合发展。支持文化创意企业、研发机构运用现代技术对民间工艺进行研发、设计、包装和提档升级,打造符合现代审美情趣、契合现代文化需求的品牌产品。引导特色文化元素、传统手工技艺与创意设计、现代科技、时尚元素相结合,举办剪纸、皮影、泥塑等传统美术对话动漫界和贺兰砚、二毛皮等传统技艺对话网络营销、设计师等非遗对话活动,促进文化产品通过二次创意设计转化为时尚文创产品。建立优秀传统乡土文化产业专业性组织,针对不同种类的乡土文化产品进行营销模式创新,帮助生产者进行市场调研、产品研发、生产加工和市场流通。

四是推动优秀传统乡土文化与素质教育融合发展。实施非物质文化遗产教育传承计划,深化优秀传统文化进校园活动,推进戏曲、书法、高雅艺术、传统体育等进校园。鼓励中小学校开设民间手工艺、传统武术和体育、舞龙舞狮等特色课程,聘请文化名家、民间文化传承人、优秀文化专业人才进校辅导。开展艺术文化普及教育,举办青少年书法美术、创意产品、音乐舞蹈、诗歌朗诵、谚语谜语比赛等活动,激发青年一代对优秀传统乡土文化的热爱和关注。

五是推动优秀传统乡土文化与旅游融合发展。积极探索旅游观光、休闲娱乐、文化体验、商务会展"四位一体"的产业发展模式,开发一批特色旅游休闲产品。发掘民间传说、神话故事等民间文学资源,打造一批文化旅游演艺精品、小戏小品、互动体验场景等文化旅游特色品牌。依托历史文化名村、传统村落、特色小镇等特色文化资源和良好生态环境,引入民间文化展览展演、民俗文化大集等项目,鼓励在旅游景区和节会中展示戏曲、社火、武术、传统手工技艺等优秀乡土文化,提升乡村旅游的文化内涵和吸引力。

文化馆公益艺术培训模式创新的探索与研究

秦　晨　赵国朋　杨云涛（烟台市文化馆）

近年来,随着我国经济的发展与社会的进步,人民群众对精神文化生活有了更高的要求。2017 年 10 月 18 日,习近平同志在十九大报告中指出,中国特色社会主义进入新时代,我国社会的主要矛盾已经转化为人民日益增长的美好生活需要和不平衡不充分的发展之间的矛盾。文化馆提供的公益艺术培训是推进全民艺术普及最有效的方法之一,群众通过培训受到文化艺术熏陶、掌握艺术知识、学习艺术技能、参加艺术活动、提高艺术欣赏水平。2019 年 6 月 16 日出版的第 12 期《求是》杂志发表习近平总书记的重要文章强调,要坚持中国特色社会主义文化发展道路,激发全民族的文化创新创造活力,建设社会主义文化强国。新形势下,如何创新公益艺术培训模式,达到预期效果,从而能够不断凝聚人民群众实现中华民族伟大复兴中国梦的磅礴伟力,不断提升人民群众文化自信,则是我们应该考虑的问题,笔者从烟台市文化馆的一些做法,认为可以从以下几个方面入手。

一、加强文化馆在社会公益艺术培训的引领功能

一个民族的复兴需要强大的物质力量,也需要强大的精神力量,没有中华文化繁荣兴盛,就没有中华民族伟大复兴。2015 年 1 月,中共中央办公厅、国务院办公厅印发了《关于加快构建现代公共文化服务体系的意见》,要求积极开展全民艺术普及,提供纯公益、零门槛、广参与的群众艺术服务,让所有的公民都能接受艺术的熏陶,丰富群众的精神文化生活,进而提升我国人口素质,推进文化艺术事业的发展繁荣;2017 年 3 月 1 日正式实施的《中华人民共和国公共文化服务保障法》将全民艺术普及上升为法律规定。加强新形势下文化馆在社会公益艺术培训的引领功能是文化馆贯彻落实公共文化服务保障法和加快构建现代公共文化服务体系工作的主要任务之一。

多年来,烟台市委、市政府对文化工作高度重视,将文化工作纳入烟台市整体发展战略。烟台市先后荣获国家历史文化名城、国家公共文化服务体系示范区等荣誉称号。市领导、市文化和旅游局主要领导就开展全民艺术普及工作作出重要批示,要求公益文化服务实行全面转型升级,为群众提供更加丰富的精神食粮,这为文化馆在社会公益艺术培训的引领功能提供了前提条件,2019 年 3 月 30 日,首届烟台市民文化节开幕,围绕"礼赞新中国·奋进新时代"主题,以庆祝新中国成立 70 周年为主线,采取"政府主导、社会参与、各方支持、群众受益"的办节机制,凝聚各类社会力量,全面盘活

社会文化资源。以此为推动,烟台市文化馆全面贯彻上级领导的指示精神,提升公共文化服务效能,促进全民艺术普及工作标准化、规范化、常态化,在实施"艺术烟台"公益文化惠民工程中,烟台市文化馆全面转型升级原有的公共文化服务体系,充分发挥社会公益艺术培训的引领功能,提供纯公益、零门槛、广参与的群众艺术服务,并由市文化馆官方网站建立公益艺术培训共享平台,整合社会资源,鼓励引导各类社会新型艺术组织、艺术协会专业委员会投身公益文化服务,为群众近距离接触文化艺术创设条件、开通路径,打通全民艺术普及的"最后一公里",2019 年签约单位达 100 余家。

二、加大免费开放力度,不断向社会输送更多的公益文化产品

近两年来,烟台市文化馆在各项工作中全面转型升级,携手社会新型艺术组织、艺术协会专业委员会,为群众联袂打造种类更多、时间更长、服务更优的公益艺术培训服务体系。

(一)业务干部实行"一人一课"制度

烟台市文化馆现有音乐、舞蹈、美术、书法等 60 多个专业培训班,免费培训学员 3600 余人。为进一步加大免费开放力度,发挥业务干部专业性强的优势,文化馆推出"一人一课"制度,即每一个业务干部,都要根据自己的专业特长,利用周末时间面向社会免费开办一个艺术培训班。"一人一课"制度与原有的培训课程互为补充,相得益彰,可以为群众提供培训课时更长、涉猎专业更广、选择空间更大的艺术培训服务,最大限度地满足群众的不同需求,让群众享受到更加优质、更为全面、更为专业的公益培训服务。

(二)大力推动非遗文化的传播与普及,弘扬优秀的传统文化

文化馆依托文化遗产资源,弘扬优秀的传统文化,烟台是文化璀璨的人间仙境,有着丰富多彩的非物质文化遗产资源,截至目前,烟台市市入选国家级、省级、市级非物质文化遗产项目分别达到 14 项、38 项、129 项,文化馆在周末和假期在馆内举办烟台剪纸、烟台面塑、烟台绒绣、胶东铜艺、螳螂拳、烟台泥塑等非遗项目传习班,邀请非遗传承人现场免费授课,讲授非遗传承项目的基础知识和技巧,每期课程结束时,学员可以挑选代表作品一份,进行展示交流。

此外,文化馆还积极与小学、驻烟高校进行对接,做好非物质文化遗产进校园工作,精选出适合学生学习的烟台剪纸、烟台面塑、胶东大鼓等非遗项目,在龙泉小学、工人子女小学、葡萄山小学、鲁峰小学等学校全年开展普及教学,推动了烟台市非遗传承进度,让非物质文化遗产在传承中保护,在保护中传承。

(三)继续做好"结对子、种文化"文化志愿者培训工作

"结对子、种文化"文化志愿者培训工作是烟台市文化馆常年开展的定点培训工作,可以充分发挥以点带面、以少带多、以强带弱的优势,是一种层层深入、层层推进的立体化

公共文化服务模式。自启动以来,共有 900 余名社区文艺骨干"请进来",到文化馆参加专业培训,并将所学的带回社区,向基层群众传播,让先进文化像种子一样在社区生根、发芽、结果。文化馆每年培训人员的范围为六区内所辖街道办事处的文艺骨干以及社区文艺团队。培训内容主要围绕社区文化建设、业余文艺团队建设、基层群众文化活动的开展、新形式对社区文化辅导员的要求等,同时着重加强声乐、舞蹈、社区文化活动的策划与组织、化妆等方面的培训。此外,文化馆还组建文化志愿者服务队为一些街道办事处等单位开展"一对一"定点式文化帮扶,有针对性地开展辅导培训,推动全民艺术普及工作的开展。

三、加强新媒体在公益艺术培训中的实践应用

现今,互联网在诸多领域中被广泛应用,在以互联网和数字技术为基础而形成的新媒体也倍受人们的重视,新媒体的形成迅速在媒体领域占领了较大的空间,并在生活中普遍传播。新媒体的发展,针对公益艺术培训有不同程度的影响,我们应充分利用新媒体的强大力量,强化公益艺术培训的效果,使群众文化活动更加的丰富多彩,促进公益艺术培训的健康发展。

烟台市文化馆以互联网和数字技术为依托,发挥业务干部的专业特长,开设"美术、摄影在线学"网络教学课程,课程内容包括绘制工笔牡丹绢扇、舞台摄影、油画教学等,让市民足不出户在家点点鼠标就能学习书画、摄影技巧。文化馆开设的其他适合网上教学的培训课程或非遗传承讲座等,也通过线上直播授课或录制教学视频的方式免费线上授课,为群众提供方便快捷、形式多样的数字文化服务,互联网和数字技术服务有着受众面广、效能高、不受时空限制等优点,可以有效地解决传统服务模式中存在的诸多问题,是加快全民艺术普及进程的有效途径。

四、不断整合各类公益艺术培训资源惠及全体市民

文化馆应该在鼓励引导各类社会艺术培训机构投身公益文化事业,构建全民艺术普及公益文化服务网络,建立公益艺术培训共享平台,最大限度地为群众提供优质的公益艺术培训服务中发挥重大作用。并且与共享平台相对应,建立反馈和评价机制,可以邀请文化志愿者担任义务监督员,对指定单位定期进行监督检查,在学员结业时进行满意度测评,定期对表现突出的个人或团体给予表彰。

(一)携手县市区文化馆,构建全民艺术普及公益文化服务网络

各县市区文化馆始终致力于公益文化服务和群众文化建设,是开展全民艺术普及和公益文化服务工作的前沿阵地。在实施"艺术烟台"公益文化惠民工程中,烟台市文化馆携手烟台市五区文化馆积极投身于公益培训服务,充分发挥各区文化馆专业人才

及场地优势,为群众提供更多"纯公益、零门槛、广参与"的艺术培训课程,共同构建全民艺术普及公益文化服务网络。

(二)发挥艺术协会专业委员会优势,为公益艺术培训注入新活力

各地市艺术协会专业委员会是各艺术门类的权威组织,集中了各地市的艺术精英,理应在全民艺术普及过程中发挥积极作用。在烟台市文化馆的引领下,烟台市音乐家协会、烟台市舞蹈家协会安排下设各专业委员会带头积极投身于公益培训服务,利用文化馆的场地,派出专业人才,为群众提供高水平、专业性强、社会参与度广的免费培训课程及艺术讲座。其内容包括二胡、古筝、小提琴、萨克斯、模特表演、舞蹈基础训练、成人形体等,为全民艺术普及工作提供新动能、增添新活力。

当公益遇上艺术,注定是一场天作之合,公益艺术培训是一份爱心,是一份责任,更是一种升华,是政府、社会、个人共同努力而推动社会文明进步的重要途径。人民对美好生活的向往,就是我们的奋斗目标,我们应该不断推动文化馆公益艺术培训的模式创新,提升公益文化服务的群众认知度和影响力,营造人人参与、人人受益的良好氛围,从而推动全民艺术普及进程,实实在在满足人民群众对美好生活的向往,提高人民群众的满意感、期待感、幸福感,让人民群众有更多的获得感。

文化馆精准扶贫的办法与途径

张秋博（葫芦岛市群众艺术馆）

精准扶贫、精准脱贫，看似没有文化馆什么任务，甚至是没有文化馆的什么业务，其实则不然，文化馆的任务照样繁重艰巨，文化馆在精准扶贫、精准脱贫中大有可为。

从现在起之 2020 年末，精准脱贫、整体脱贫是党和政府工作的重中之重，是全国全党全民的中心任务。文化馆是党和政府设立的组织民众自我娱乐、自我教育、自我普及知识、自我提升素质的重要机构，精神脱贫、智力脱贫是精准脱贫中的重要组成部分，文化馆引导组织人民大众精准脱贫是不可推卸的责任。

那么，在这场中华民族史无前例的脱贫攻坚战中，文化馆该担任什么样的角色，该以怎样的方式方法介入到这场伟大的脱贫斗争中去，该从哪种途径去发挥文化馆的力量和作用，是文化馆应该思考和探索的问题。

有关文化馆开展精准脱贫工作的办法，原则来说是继续深入落实党的十九大报告中提出的"坚决打赢脱贫攻坚战，要动员全党全国全社会力量，坚持精准扶贫、精准脱贫，注重扶贫同扶志、扶智相结合"的治本之法，加大"治贫先治愚、扶贫先扶志"这一重要扶贫环节，集中力量深入农村，积极开展以文化活动、文艺演出、文化培训、文化中介等活动为载体的帮扶行动，送文化下乡、送信息下乡，送技艺下乡，抓住改变贫困地区、贫困人群落后的观念、愚昧的思想的关键所在，培养好一个孩子，授一项适合当地人可操作的技术，针对性发放市场信息等，与社会"输血式"扶贫相辅相成，激发脱贫内因，转变贫困群众等、靠、要观念，担任起"治愚和扶志"两大脱贫攻坚战中的特殊任务。

那么，在贫困地区和人群精准扶贫、精准脱贫的攻坚战中，文化馆具体应该做些什么呢？采用什么样的办法和途径，才能达到文化馆的扶贫目的呢？我认为还是要发挥文化馆本身组织指导群众自我参与、自我娱乐、自我教育、自我开发的职能优势，利用信息密集、辐射广泛、平台多样等特点，来为贫困地区和人群提供有针对性的、有实效的、有持续性的服务、支持及融入，突破攻坚战中思维、市场、技术等方面的脱贫壁垒。开展文化馆精准扶贫工作总结起来应该有如下四种办法。

一、提供信息、增强引导

现在，尽管互联网已经覆盖了全国的 90% 以上的地区，有许多贫困地区、贫困人群可以使用电脑、开通手机，但他们的信息来源和咨询途径，仍然是个盲区。首先是他们的接触范围有限,许多的贫困山区、贫困户还接触不到对精准脱贫有用的单位和个人,特别是当前许多网络上发布的脱贫信息还不是精准有效,甚至还有欺诈蒙骗的行为,再加上许多贫困人群中还有许多互联网技术不熟悉,所以,在这种信息渠道已经连接的情况下,部分贫困地区、贫困人群还是不能有效利用、特别是还是不能找到有效致富信息。以建昌县魏家岭乡柴木沟村为例,全村分布在大小五条山沟里,有的山沟不要说找不到使用电脑、电视网线,就是接打手机电话,信号都时断时续,能够正常享受互联网的不足50%,他们确实需要外界提供致富信息。

那么文化馆应该为他们怎样提供信息,又该提供什么样的信息呢? 文化馆在全国信息共享的互联网上,以专人、专时安排致富信息采集下载致富信息,这些信息应该包括养殖、种植、制作、技术、市场需求、用工对象等一系列对农村、农民有融入价值并且具备操作性的内容,印制装订信息手册或集装在专用信箱,然后走进文化馆的扶贫地区及其他贫困地区向贫困户发放推广,供他们咨询选择适合他们操作的信息落实应用,来改变他们贫困的状况。在这方面,我们曾为魏家岭乡的一户农民提供过一则种植中草药的信息,使这户农民年增加万元收入,基本上改变了贫困现状。提供信息这个办法不会过时,随着社会的不断发展和科技的进步,仍然有许多新的、有效的信息不断涌现,及时提供给他们,会对脱贫致富有着很大的实用性和有效作用。

二、充分利用文化馆办班培训、送文化下乡的机会,为贫困地区和贫困人群培训人才

为贫困地区及人群办培训班是个很好的办法,办班培训时宜采取走进来、请出去的模式,集中或者分散的为贫困人群进行技术、经营、制造等方面的培训,特别是文化产业方面的技能、技巧方面的培训,这对精准扶贫、脱贫会起到一定作用。授之以鱼不如授之以渔,在这方面,应该以利用好农村大自然的天然资源和非物质文化遗产为契机,借助办班培训、个别辅导、整合资源,传授技艺来培养人才、制作产品,用以改变目前贫困的状况。在贫困地区中,往往有许多自然资材可以利用,比如说树根、景用植物、奇石、胎泥等废弃物,也可以种植出多种饰用植物,如葫芦、果品、瓜菜等,还可以有编织、打制、精剪所用的原料,这些物品中的一种或几种,在有些贫困地区特别是山区,随处可见,甚至是取之不尽、用之不竭,还可以重生再生、种植增量,只要有一门应对的技术,有一个或一群技术人员,就会化腐朽为神奇,就会使这些物品从一文不值变得身价不菲。在许多山区靠采奇石、做木雕、编工艺品、框模瓜果等技术制品脱贫致富的已不在少数。而文化馆找这样一名技艺教师并不难,具有这样技艺的辅导员也可以说信手拈来,因为它属于文化范畴、在我们的文化馆工作范围之内。举办这样的培训班、进行集中或分散的辅导,既在富有特色的文化产品之乡办班推广,又在原料产出之乡抽调骨干纳入培训团队,也是文化馆的工作职责,那么用这个方法,培养成一个或一群这样的技术人才,将无用无序的物件工艺化、产品化、商业化、市场化,对改变贫困户的现状、改变贫困地区的面貌,特别是对当前贫困地区贫困

人群的精准脱贫,也一定可以产生出显而易见的成效。

三、引进活动、为贫困地区贫困人群塑造特有品牌

文化馆是以开展文化活动、文艺演出、文化课堂并给群众文娱活动提供场所等方式,体现其主要工作性能的单位。每项性能、每种活动都会为举办地点、举办单位带来或大或小的影响和知名度,利用活动、文化公益宣传促成的单项品牌也有许多成功的案例。一个电视剧可以成就一处风景区、一个舞台演出植入的道具可以成为热销一时的产品,一个大型的聚会可以为当地带来一场贸易的集市,诸如此类不胜枚举。那么,文化馆就完全可以利用这一特有职能,来为当前的精准扶贫、精准脱贫服务,利用开展活动来为贫困地区贫困人群塑造推广某种特有的微型品牌性质的物品环境,也完全不失于精准脱贫的好办法。

可以就某种产品、某种环境、某件事物,举办笔会、摄影采风等项活动,这种活动可以通过参加人员,通过作品激起观众的阅读观赏兴趣,形成对活动内容的鲜明印象,从而产生需求、消费等一系列特有效应。建昌县文化馆、文联举办的大青山笔会、摄影活动,使人们对大青山特别是对大青山下的山楂留下了深刻印象,使其一度在市场上热销。其他如绥中县小河口长城、三山风景区的摄影活动,都产生过这样的效果。

可以就某个地区、某种节日、某个景胜,举办群众演出、图片展会等项活动,这种活动通过汇集大众、聚拢团队来增加地方人气、吸引各方眼球,在一场大的、特别是持续的演出中,往往涉及参与人员及观众的衣食住行等需要,增强地方的购买力和消费量,一些商家、农户就可以自觉的参与进来,无形之中为当地形成一个临时市场,使当地农产品、特产品得到销售机会,提升了人均收入百分点,有的特产则可能成为被市场接纳而走出地方、致富地方。特别是由此使人们认可的特有景胜将会产生旅游价值,更会给地方带来潜在的收入。眼下多地举办的梨花节、采摘节、啤酒节及丰富多彩的群众艺术节,无不带来这种经济增长点和潜在效益。作为文化馆可以直接参与各地各业举办的这种演出为其锦上添花,更应该主动的发挥组织群众文化活动的职能,在适时适机适地的情况下,举办会演、调演、比赛等各种演出活动,以此作为促动地方经济发展、强化地方景胜、物产的品牌影响办法,加快贫困地区、贫困人群的精准扶贫、精准脱贫步伐。

四、充分发挥中介作用,积极链接各种团队、各种活动进入贫困地区实施,引导各种单位项目落户贫困地区共同发展

文化馆具有社会联谊广泛的特点,特别是与一些文化团队具有直接关系的条件,应该及时地利用这一优势,将团队活动、各种项目有针对性地引导推荐给贫困地区、贫困人群。这样既可以使当地剩余劳力得到利用,又可以生发出塑造特项品牌的机会,会为精准脱贫起到一定作用。朝阳市文化部门引进的电视剧《中国地》剧组的拍摄项目,不但给当地剩余劳力创造了长达半年的就业和商贸机会,而且还打造出了"青峰岭"的旅游景观,成为

旅游观光的持续经济增长点。建昌县杨树湾子乡引进六股河漂流项目后,日接待游客近百人,为当地赢得可观的效益。

在贫困地区不乏山清水秀之地,也不乏原始自然风俗,绝大部分地区里,还蕴藏着历史事件的遗址、散布着红色文化脉络的发祥地,这些能够用于团队活动、项目建设的土地环境不在少数,它需要人们的认知和触及,只要将其推荐传播出去,就可以为精准脱贫发挥作用。作为文化馆这一对外、对社会有联谊、有辐射、有文化传播功能的单位来说,应该加强对外引进、加强贫困地区、贫困人群的对外展示介绍,积极的引进各种活动、各个项目,说不定哪项活动、哪个落户项目就将其贫困地区内的致富因素激活,使其成为当地一个新的经济亮点,发挥出精准脱贫的巨大作用。

以上为文化馆在精准扶贫、精准脱贫的四种具体方法,这四种方法具有可操作性,也具有实际的效果和意义,只要我们踏实的使用了这些办法,我们就在精准扶贫、精准脱贫中,完成上级赋予我们所担负的主要任务。

关于精准扶贫、精准脱贫的途径,已在方法中论述过办培训班、引进活动、送达信息等诸多内容,在这里将重点阐述一下"送文化下乡"问题,送文化下乡是精准扶贫、精准脱贫的总的途径,许多办法都是通过"送文化下乡"这条途径去实现,文化下乡不但可以提供实施这些实际办法的可靠机遇,更是"治贫先治愚、扶贫先扶志"的需要,是改变贫困地区贫困人群思维观念的重要举措。在精准扶贫中,文化下乡要做到有的放矢,在调查研究的基础上,知道贫困地区、贫困人群需要什么、我们应该送什么,然后才有更适合扶贫的办法。文化下乡重在沉下去、见实效,而不能浮光掠影、走马观花,否则对精准脱贫起不到作用。文化下乡要负有责任,精准扶贫是党和政府、是社会时代赋予文化馆的一项历史使命,作为直接参与精准扶贫的群众文化工作者责无旁贷,我们只有通过真心实意地送文化下乡,才能完成我们所担负的这份精准扶贫的任务。送文化下乡,是文化馆精准扶贫的主要途径,是完成各种精准扶贫、精准脱贫办法的主要载体。

四种办法与送文化下乡的途径紧密相连,它的一体化和办法的各个形式和内容,在历史和现代的实践中都证明是有效和成功的,文化馆只有通过这个途径,运用好这四种办法,才能在精准扶贫、精准脱贫中发挥出应有的作用,完成在这一阶段中的所担负的主要任务。

新媒体时代下文化馆服务向立体纵深推进的安徽实践

陈挥地（安徽省文化馆）

新媒体是相对于传统媒体而言的媒体形态，主要通过互联网等渠道及电脑、手机等终端向用户提供信息和服务，因此也可以称为数字化媒体。笼统地说，跟互联网相关的传播形态和媒体形态，都可以称为新媒体。它基于数字技术、网络技术和移动技术，天然地具有传播速度快、移动性强、互动性好、个性化足等优势。近年来，网站、微博、微信、客户端等新媒体形态的快速崛起，为人们的生活习惯带来了巨大的改变，也为文化馆服务带来了前所未有的发展机遇。安徽省文化馆以数字文化馆建设为契机，利用多种新媒体形式，打造综合文化IP——安徽公共文化云平台，逐步探索将文化馆服务立体纵深推进。

一、建设概况

（一）平台建设

安徽公共文化云是安徽省数字文化馆试点建设的主要组成部分，于2018年3月上线运营。它包含门户网站、手机官网、移动APP、微信公众号、抖音号等；汇聚国家、省、市、县、镇、村六级文化机构数字资源；具有共享直播、文化超市、资源点播、艺术普及、网上展厅、远程辅导、数据分析等核心功能，为群众提供预约式、点单式、超市化、一站式数字文化服务；实现省、市、县文化馆数据对接和管理，为国家海量资源安徽落地服务提供支撑服务。

（二）平台对接

1. 对接国家云平台

2017年9月，第六届中国农民歌会在安徽省滁州市举办，国家公共文化云率先在地方落地应用并直播歌会盛况，全椒县襄河镇八波村的百姓们在家门口与全国观众共享此次全国农民的文化盛宴。目前，按照资源、应用、数据对接标准规范，安徽云完成与国家云平台的链接互推和资源、用户同步，实现数字资源上传、下载，便捷利用国家云各类数字资源，并展示安徽数字资源。截至目前，加载资源共计3784条，资源总大小1.28TB，下载资源3352条，总大小2.69TB，加载资源总量位居全国第二。

2. 对接省内云平台

为整合安徽省各平台数字资源，促进融合发展，提高数字资源供给能力，安徽公共文化云积极与省厅管理平台进行对接,将场馆设施、项目、人员、服务等标准转化成可视化、可量化的监管和考核线上平台。与省非遗保护中心大数据平台对接,加载 1.2TB 安徽非遗数字资源。

3. 对接基层文化馆(站)

目前已完成全省 122 个场馆中的 105 个市、县(区)文化馆,部分乡镇文化站,农民文化乐园,村级综合服务中心资源对接和落地应用工作,基层群众可以通过多终端访问,看直播、订场馆、约活动、享资讯,对自己喜欢的资源进行"点单""评论""点赞",畅享丰富、便利的数字文化服务。

通过平台建设与对接,实现全省平台互联互通,利用多种新媒体形式统筹开展基层数字文化资源配送,做好新媒体、资源、服务的融合创新发展,切实满足群众需求。

二、主要做法

以移动端为安徽公共文化云建设的重点,充分发挥共享直播和文化超市的功能作用,大力开展服务推广活动,让公共文化服务"最后一公里"变成"零距离"。

(一)突出移动互联,方便群众畅享公共数字文化服务

1. 突出移动互联

充分考虑移动互联网自身的特点以及互联网时代受众的接受习惯,从观念、渠道、技术等方面来创新文化馆的服务内容和方式。"突出移动互联,占领手机端"是安徽公共文化云建设的主要思路,移动官网、手机 APP、微信服务号、订阅号、抖音号上线一年多来,发布资源 1 万余条,文化活动信息 5182 场次,各端口总访问量 1450 万人次,其中移动端 1120 万人次,占比 77%。2018 年,据专家调研发布,安徽省文化馆微信公众号阅读量、粉丝量在全国省级文化馆中名列前茅。

2. 注重方便快捷

群众可以通过多个终端迅速获得安徽公共文化云的各项服务。2019 年安徽省六一少儿文艺调演汇报演出,有 50.2 万人次的群众通过网站、移动端、微信公众号等多种方式观看直播,其中移动端观看量 35.9 万人次,占比 72%。微信推文单篇阅读量达到 6.4 万,留言评价 500 余条。同时安徽公共文化云对优质资源进行再加工,制作短视频,运用抖音、快手等新媒体平台,增强文化艺术资源的共享性、趣味性、体验性和传播性,调动群众参与创作的积极性。

(二)开展共享直播,创新公共文化服务新模式

1. 策划推动直播

针对每场直播活动进行有特色、有重点的组织策划,充分调动全省群众参与的积极性,提高安徽公共文化云用户黏性。2017—2019 年安徽省六一少儿文艺调演线上观看超

过 100 万人次,20 余万人次参与"我最喜爱节目"投票。

2.结合活动直播

近三年,安徽省文化馆依托"百姓大舞台"项目,发挥省级制播工作点的职能作用,通过国家云、安徽云完成安徽省各地优质品牌活动直播近 60 场。观看人次总计 760 余万,累计播放时长超过 10 万小时,建设 4.85TB 数字资源,基层馆站申请直播非常踊跃,线上线下互动结合的数字文化服务新模式深受群众喜欢。

3.拓展平台直播

2019 年安徽省乡村春晚举办近 1900 场,现场观众 427.2 万人,线上观众达 1150 万人次。其中由安徽省文化馆承办的乡村春晚示范演出,通过国家公共文化云、安徽公共文化云、中安在线、新浪网、凤凰网、今日头条等新媒体实施全程网络直播,线上观看人次突破 260 万,央视新闻频道和安徽卫视新闻联播等进行了报道,多样化的宣传平台扩大了直播活动的影响力大,增强了惠民效果,带来热烈反响,获得众多网友点赞留言。

(三)建设文化超市,促进公共文化产品和服务供需对接

1.丰富超市品种

为推进公共文化供给侧改革,在安徽公共文化云平台开设文化超市专栏,包含数字资源与平台、文旅融合项目、文创产品、文艺演出、展览展示、培训讲座、文化活动等公共文化服务产品和资源。

2.丰富展示形式

利用文字、图片、视频、实物展示、展演、新媒体互动等形式进行全方位展示,为政府、文化机构和群众搭建供需对接云平台,为群众提供超市化、一站式文化服务。

3.丰富资源储备

目前可供预定的活动教室资源 377 个,活动资源 1518 条,其中视频资源 903 条,总大小 1.3TB。用户访问量 142 万人次。

(四)建设基层收看服务点,加强云平台推广与传播能力

和安徽省图书馆共同建设"国家公共文化云"收看服务点近 1600 家。

1.定期组织观看

组织基层群众、文艺团队、文化志愿者、村级文化协管员、文物保护员等有计划、有针对性地观看国家云、安徽云海量视频资源活动,让大家享受到更丰富、便利、可选择的公共数字文化服务。

2.结合直播收看

以最直接、最生动、最具体的呈现方式让基层群众接触到全省优质的群众文化活动,激发广大群众参与文化、享受文化、创造文化的热情。

3.借助活动推广

以全省优秀品牌活动开展为契机,全年面向基层群众开展"两云"服务推广活动 70

余场,面对面教会群众使用"两云"手机客户端、微信公众号查找及观看各艺术门类的教学视频、文艺演出和展览展示等数字资源。

三、实践探索

安徽省文化馆以安徽公共文化云为依托,综合利用多种新媒体形态丰富公共数字文化服务内容和方式,为基层提供方便快捷的数字文化服务。并结合各地工作实际,加强对基层文化馆(站)的分类指导,积极探索基层公共数字文化形式多样、开放性强的创新实践。

(一)砀山县数字文化馆总分馆

2018年,安徽省砀山县以县文化馆为总馆、16个镇文化站为分馆、20个条件较为成熟的村级农民文化乐园为支馆,形成文化馆总分馆建设体系。在此基础上,积极探索砀山县数字文化馆总分馆建设。以界面制作、用户操作、实时互动为基本内容,构建起服务内容覆盖全县、服务对象分布全县的数字化服务互动平台。从数字资源配送、运营维护、服务推广等方面构建起高效完善的管理联动平台,通过数字文化馆上的"总分",打通各级各类资源,互通有无,资源共享,显著提升了服务基层的效率,较好地解决了基层数字平台管理、运营以及技术问题。

(二)安徽公共文化云南陵专区

南陵专区包括场馆预订、活动预约、"我要报名"、艺术鉴赏、网上展厅等基本服务,改善了南陵县文化馆信息化基础薄弱、缺少数字化手段进行服务支撑的窘况,破解了云平台重复建设、资源分散等发展瓶颈,降低了运营成本。安徽公共文化云南陵专区,符合平台融合创新发展的新思路,为安徽省各级文化馆推进数字化建设提供了可借鉴、可复制、可推广的模式,深受基层馆站欢迎。

(三)"网咖+"安徽公共文化云

安徽省文化馆与合肥市包河区宣传部联合,引入社会力量共同开发嵌入公共数字文化资源用于"网咖"的服务界面。网民可以一边上网娱乐消遣,一边点击安徽公共文化云平台获取公共数字文化资源,同时获得相关的网费优惠。这种创新服务推广方式在合肥市包河区推行效果良好。目前,在包河区的一家"网咖",安徽公共文化云每日点击量约1000次,学习时长约60小时。

在万物互联的5G时代和公共数字文化工程融合创新发展的背景下,下一步,安徽省文化馆将认真贯彻执行《公共数字文化工程融合创新发展实施方案》,加大统筹力度,整合平台与服务界面,统筹安徽省资源建设,创新服务推广,提高新媒体运营能力,引导社会力量参与,不断提升安徽省公共数字文化服务效能和管理水平,在较大程度上解决安徽省文化馆(站)服务范围小、覆盖窄、效能低等"短板"问题。

浅谈新时代文化馆年轻干部团队建设的困境与出路

——以余姚市为例

韩静静（余姚市文化馆）

随着时代变迁以及我国公共文化服务体系改革的加快,越来越多的年轻人才流入到文化馆业务干部队伍当中。他们学历高、富有激情、思维活跃、敢想敢干,为公共文化服务注入了革新力量。但在文化馆建设的实际过程中,与之相伴的年轻干部团队建设问题也日益凸显,对文化馆开展公共文化服务造成制约。如何运用好这支年轻、有朝气的队伍,使其成长为发展群众文化的利器,逐渐成为新时代文化馆发展中亟待解决的重要问题。

一、新时代文化馆年轻干部队伍建设的几个困境

（一）专业障碍

文化馆年轻干部大多出自专业院校。他们接受系统的专业学习,具备一定的专业知识和专业能力,为群众艺术能力往专业化发展提供了一定的推力。但是,在具体的工作环境中,这些专业出身的干部也暴露出来不少问题。

1.专业"泛"与"精"的矛盾。"泛"指的是年轻干部在院校中接受了本专业系统的学习,对专业各方面有比较广泛的了解,基础扎实。"精"指对专业深层次的学习、精准的运用。新时代文化馆干部有良好的专业基础,但专业普遍不精,导致难以将专业优势全部实践到具体工作中,尤其是精品创作等对专业要求更高的领域。这样,导致年轻干部团队整体改革创造精神动力不足,对推动群众文化发展产生一定阻力。

2."学院派"与"群文派"的矛盾。群众文化与专业院校艺术是相互渗透,不可分离的。群众文化是专业艺术的基础,专业艺术是群众文化的发展和升华。但是群众文化和院校教授的专业艺术还是存在很大差别。年轻干部从专业院校出来往往带着明显的院校痕迹,开展群众文化工作喜欢照搬院校体系,使公共文化服务脱离群众的真正需求。如何将飘在半空中的"学院派"转化为"贴着地面行走"的"群文派",是年轻干部业务提升的一大难点。

3."做"与"能"之间的矛盾。年轻干部刚走上工作岗位一般雄心勃勃、干劲十足,期望在工作岗位上做出业绩、做出成效,实现自我价值。但由于长期处在"象牙塔"当中,对群众文化接触少,认识不足,加之基层群众文化工作琐碎、繁重,而年轻干部往往存在看问

题表面化、思考片面化的短板,对专业性的业务问题,缺乏知识、经验不足、积累不够,处理起来束手束脚,打不开工作局面,找不到工作方向。

(二)思想障碍

干部团队建设,思想建设首当其冲。在新的时期,年轻干部中凸显的思想问题严重阻碍了整个团队的凝聚力。具体有以下几点:

1. 个人主义与集体主义之间的矛盾。新时代的年轻干部有想法、有精力,性格更加多样,也更加强调自我意识。如果在"度"上没有准确把握,就与团队建设的集体意识相悖。个人主义衍生了很多问题。一是群众观念不强。开展工作不根据群众切实需求,做事想当然。二是民主作风不实。民主意识不强,不讲纪律,各行其是,喜欢搞"一言堂"。三是小群体现象突出。根据自己喜好拉帮结派,排斥与自己观点不和的人群,对整体产生分裂。

2. 年纪轻与暮气重之间的矛盾。充满阳光与朝气的年轻干部,不仅容易得到同事的认可、群众的喜爱,而且可以给一个单位带来生机与活力。但是很多年轻的业务干部却表现出与年龄不符的"老气横秋",比如做事没有激情、整天浑浑噩噩、精神萎靡不振等。产生这一现象的原因,一方面可能是受部分资深业务干部的不良影响,比如团队内官僚主义、形式主义、论资排辈等现象严重,影响年轻干部工作积极性。另一方面也是年轻业务干部对岗位工作和自身职责认识的不足,缺乏对自身准确的定位。

(三)体制化障碍

文化馆是政府设立的群众文化事业机构,总体仍处在文化单位制度惯性、体制依赖的框架内。适度的体制化能够保障责权明确,实现组织高效运行。但是,一旦体制化走向过度和僵化,形成病态,将会严重削弱组织的发展活力。文化馆干部团队建设中的体制化障碍主要显现在以下几个方面:

1. "管"与"干"的矛盾。即一个单位中管事的领导多于干事的人。随着时间的演变,文化馆干部队伍中很多60后、70后纷纷进入管理层,经过统招的少数80后、90后年轻干部逐渐成为干部队伍的主体。这样导致了两方面的问题。一方面,形成了严密的自上而下的等级制度。任何一个政府部门组织机构的权限都是自上而下分配的,过密的等级造成了权限的更多限制,严重削弱了基层干部的工作创造性。另一方面,使得干实事的人员紧缺。领导数量过多,相对就削弱干事人员的数量。政府对文化馆人事的管控,造成部分文化馆中副主任级以上干部占总人数比例过高,甚至出现了领导数量多于基层干部数量的尴尬情况。这严重阻碍文化馆的服务效力以及基层年轻干部工作的积极性。

2. 专业分工和宏观调控的矛盾。一般来说,文化馆干部队伍涵盖的专业类型较为广泛,且各个门类都自成一派。但在实际工作中,由于群众文化工作的综合性以及群众对各专业的需求是不同的,导致在相同的工作时间下,各专业干部需要处理的工作量大有不同。过分强调专业分工和职能权限的划分,忽视宏观协调以及消除本位主义的问题,容易造成团队工作效率低下,以及业务干部人力资源的浪费。

3.激励制度与组织固化的矛盾。有效的激励制度是团队建设的核心内容之一。但是,由于文化馆体制原因,晋升、工资、福利等外部刺激受限,激励因素缺失。同时,还形成了"圈子规则",即一方面领导面临下属真实工作信息的失真,另一方面,某些干部为了谋求特殊利益,也会有意向领导"靠近"。此外,部分官僚主义严重的领导也因此按照个人喜好对年轻干部进行打压,使得年轻干部原本在文化馆就很难得到的个人精神需求更加难以满足,年轻干部之间也难以抛开利益需要,建立起完全信任的关系。

二、精心打造新时代文化馆优秀年轻干部团队

目前,余姚市文化馆40周岁以下年轻干部16人,约占干部职工总数的60%。文化馆通过在管理层面、团队能力以及团队精神等方面着力,多措并举,精心打造新时代优秀年轻干部团队,

(一)创建科学"三维"领导结构,增添团队活力

1.以"1+1"模式削减管理层次,实现团队的超级领导与自我领导。"1+1"模式指的是"一个干部对应一个活动",由一个年轻干部对整场活动总体负责,担任"总指挥"的角色,主管领导监控,其余干部配合。过程中的每一个环节及时报备分管领导,由分管领导监督活动进程以及干部的行为。这一方式一来明确了每次活动的责任主体;二来给了年轻干部充分自由发挥的空间,实现人才的自我领导;三来改变了传统的逐级授权的形式,减少了工作流程,实现了超级领导;四来让群众文化活动融入了更多干部的创造性思维,使群文工作呈多样性发展。

2.通过师徒结对扩大管理幅度,实现团队的有效领导。余姚市文化馆实行师徒结对制度。由同个专业门类的资深业务干部与年轻干部结成对子。师父不仅要在业务上给予徒弟指导,更要在平时帮助徒弟克服工作瓶颈,监督其工作作风。这样做,一方面通过师父的传、帮、带,缩短年轻业务干部的成长周期,促进年轻业务干部快速成长、健康发展。另一方面也发挥群文资深干部的资历优势,调动他们的工作积极性。

3.开展"两个建设"增加管理深度,实现团队高效领导。一是开展文化馆总分馆建设。在余姚市文化馆总分馆建设过程中,余姚市文化馆下派了17位业务干部分别担任了17个文化馆分馆的副馆长。总馆对分馆副馆长制定了明确的职责,即统一调配总分馆资源,联络指导各文化分馆开展业务工作,并将分馆工作开展情况与各副馆长年终考评挂钩。二是开展业余文艺团队建设。目前,全市已在文化馆登记的业余文艺团队700余支,包含舞蹈类、戏曲类、文学类、非遗类等各个艺术门类。市文化馆按照业余文艺团队的艺术类别安排业务干部进行对口管理。日常负责对这些团队开展艺术培训、指导,也尽可能利用文化馆平台为优秀的业余文艺团队提供展示机会,帮助团队良好成长。

（二）探索"1+N"团建模式,增强团队精神

1. 以赛事抓团队,培养团队竞争力。一是建立工作的赛场,让团队内部形成良性竞争的氛围。设立团队内部的竞赛机制,根据具体工作设定组织目标以及团队的小目标,让年轻团队干部围绕目标开展工作。如在文化馆总分馆建设工作中,将分馆工作计入业务干部绩效考核;在重大活动结束后开展总结会议,对活动中干部的各种表现进行考评等。二是打造业绩的战场,培养团队整体"狼性"。抓住每次上级比赛机会,鼓励年轻干部参加。尽可能调动全馆资源为成员提供条件。业绩不仅包括业务干部个人取得的成绩也包括干部对外辅导产生的成绩。同时提供给干部足够的展示和比拼业绩的平台,让重大成绩呈现于阳光之下,让产生突出成绩的部门和个人成为全馆焦点,鞭策干部的上进心。

2. 以培训提团队,提升团队业务力。余姚市文化馆"周末课堂"公益培训项目开展已持续10年。"周末课堂"不仅是群众提升艺术技能的平台,作为"周末课堂"主要的师资力量,文化馆业务干部也通过这样一个培训平台不断提升自己的业务能力。在"周末课堂"送培训过程中,文化馆干部不仅要不断提升专业技能以满足群众越来越高的文化需求,也要对群众文化的风向性准确把握以适应新时代群众的艺术审美。另外在艺术培训进村、进企业、进校园、进部队的过程中,文化馆干部更要根据培训人群的类型不同,实时调整授课形式和方式,了解除了群众文化以外诸如校园文化、军旅文化、企业文化的特点以及怎样能把多样性文化融合从而产生"1+1>2"的效果。文化馆计划以周末课堂为平台开展干部技能大比拼,通过培训上课来验收干部的业务能力。这些都是对文化馆干部业务能力的重大考验和提升。

3. 以活动促团队,提高团队执行力。2018年,文化馆全年开展活动500余场,一个干部最多同时承担6个活动的重要职责。高强度的工作环境既要求每个年轻干部有极强的抗压能力,也要求整个团队有超强的执行力。在具体的操作过程中,市文化馆采用一套固定模式提高团队执行力。第一,明确活动的共同目标,设定活动想要达到的效果,想要吸引的人群或者怎样的社会评价。第二,设定活动流程,尽量将工作内容量化和书面化,方便成员执行。第三,严格绩效考核,依据量化和书面化的分工明确各个环节的主体责任人并在活动结束后对其考核评估。第四,完善激励机制,以精神层面的激励方式为主,尽可能为员工提供良好的工作感受。一方面,为优秀干部树立典型,进行宣传,同时通过提供高端演出观看机会、外出采风等方式为其带来精神嘉奖。另一方面为其提供更多培训交流平台,帮助其更好提升。

4. 以阵地凝团队,增强团队合聚力。一是馆企合作开创群文工作新模式。余姚市文化馆与宁波江丰电子材料股份有限公司合作建设"文化馆艺术实践基地"。双方利用各自优势,资源互补,实现公共文化服务和企业文化需求之间的无缝对接。二是设立艺术实践基地拓宽全民艺术普及覆盖面。余姚文化馆的艺术实践基地不仅设立在常规的学校、村落、企业当中,更延伸到军营和监狱内。自从在牟山某驻姚部队设立艺术实践基地后,文化馆干部团队三进部队,以团队授艺的形式为军人们送上文学、美术、书法等各类型的

艺术指导。与此同时,在黄湖监狱设立艺术实践基地,开展"一人一艺"进监狱活动,让监狱文化与群众文化擦出火花。三是开展文化志愿服务提升公共文化服务效能。2018年,余姚市"一人一艺"文化志愿队伍成立,按照文艺演出、辅导培训、展览展示、非遗传承分为4个类别,由业务干部担任各类别组长。在具体运作过程中,通过小组之间人员、事务的协调沟通,增进业务干部的交流与合作,达到增强团队凝聚力的目的。

(三)开展"两学一培",构建学习型团队

1. "两学",指的是开展线上学习和线下学习。一方面,余姚文化馆利用数字媒体开展线上学习。比如,利用"学习强国"APP、"职业技术教育"网站等开展理论学习、了解天下大事,树立年轻干部队伍正确的人生观、世界观、价值观,增强干部队伍的服务意识;利用"一人一艺云平台"以及各类官方微信号学习群众文化知识、专业技能。另一方面,创造条件开展线下学习。一是组建青年学习小组。青年学习小组的成员均为40周岁以内的青年业务干部。文化馆以青年学习小组为抓手,创新学习载体和方式,为全体青年干部倾力打造一个学知励志、研讨交流、实践奉献、业绩竞晒的综合平台,帮助青年干部快速成长。二是开展读书明智活动。要求每个干部每月必须读完一本书,并不定时开展观后座谈会。同时,以部门为单位开展好书分享会,在团队内部形成浓郁的学习氛围。

2. "一培",指的是开展业务技能大培训。其实现方式一是组织参加培训班。余姚文化馆每年开展全市文化员、业务干部大培训,不仅有余姚本地专业领域的专家老师上课授业,更有省级和国家级的专家学者前来授课,大大提升了业务干部的群众文化专业技能。同时,鼓励干部走出去,参与上级单位组织的各类培训活动。二是参加业内采风、文化走亲,加强同好交流。以各类协会采风、文化走亲为平台,鼓励干部外出交流。通过外出采风,激发业务干部的创作灵感,通过同好交流,发掘自身缺陷,促使技能提升。三是观摩。文化馆利用各类大型赛事、高端文艺演出机会为团队提供各类观摩条件。通过对高端演出的观摩,提升业务干部审美,摄取优秀艺术表演的优点,完善自身不足。在开展大培训的同时,2018年,文化馆对培训成果以文化走亲的形式进行了一次集中展示与验收,即由全体年轻业务干部组成走亲团队,自编自导自演整台晚会,在湖州长兴、安徽宣城两地进行文化交流。

三、经验启示

(一)更新人才理念是新时代文化馆年轻干部团队建设的重要前提

1. 对旧观念去芜存菁。要大胆破除妨碍培养选拔优秀年轻干部的思想束缚,坚决抛弃求全责备、论资排辈等种种陈旧观念和错误做法。对新时代的年轻干部要有更多包容,多从年轻干部角度看问题,要全面、客观地看待年轻干部。要牢固树立凭实绩用干部、凭素质用干部、凭作风用干部的正确导向,努力营造良好的用人环境。

2. 对人才的精准定位。文化馆的主要工作是开展群众文化活动,因此干部的培养目

标不应泛化，要明确主要培养方向，制定科学合理的计划，要对其进行适应于群众文化工作领域的人才定位，培养专门从事群众文化工作的专业的人才。同时健全培训机制、运行机制、激励机制、保障机制。并运用互联网、数字化信息等现代高科技手段对人才培养方式机型创新。

（二）满足干部心理需求是新时代文化馆年轻干部团队建设的核心关键

新时代文化馆年轻干部身上有明显的时代烙印。他们身处物质相对富裕的生长环境，接受多元文化的熏陶，更强调心理需求的满足。

1. 要加强归属感在团队当中的凝聚作用。人是社会动物，心理学研究表明，在人的内心深处，非常渴望被别人或别的团体关爱和接纳。在融入组织之前，人在不断地寻求身份归属和价值认同。这种求索一旦得到回应，个体就会努力向组织靠拢、融入团队，从而为其所归属的组织做出贡献。因此，要让团队每个成员都感受到被认同，意识到"我是这个团队的一员""我们属于同一个群体"。满足个体成员的安全需求和爱的需求。

2. 要重视成就感对团队建设的激励作用。重视年轻干部在每一项工作中的作用，为他们创作良好的工作环境，提供有效的支持手段，鼓励年轻干部大胆创新。同时对每一环节的工作都能评价得不偏不倚，对工作成绩予以及时肯定。满足年轻干部尊重的需要和自我实现的需要。

（三）激发干部潜力是新时代文化馆年轻干部团队建设的根本目的

对文化馆年轻干部的团队建设，归根结底就要是利用他们的优势服务群众。因此，激发干部的潜力，提升他们的执行力是根本目的。

1. 要注重平台的搭建。文化馆业务工作繁忙，系统地让年轻干部进行学习进修的机会相对较少。因此，要将年轻干部的学习与工作有机融合，利用文化馆资源，搭建学习平台，利用一切可学习的时间学习，利用一切可利用的资源学习，按照"激活个体、优化群体"的培养思路，达到"以学促工、以工践学"的目的，不断发挥年轻干部学习的自主性、活动的参与性、实践的情境性，以及思维的创新性。

2. 要给年轻干部以信任。良好的信任能让团队形成开放、包容、友好的工作氛围。在明确任务后，要放手大胆地让年轻干部去策划、组织、落实。通过最大限度为年轻干部拓宽工作上的行为幅度，给他们充分的自由发挥空间，既能调动他们的工作积极性，激发他们的潜力，也能为整个团队带来无限活力。

参考文献

[1] 赵静怡. 我国政府管理团队建设存在的问题和对策探讨 [D]. 济南：山东大学，2008.

[2] 任轶华. 从团队建设到文化建设 [J]. 共产党员，2016（7）：55.

[3] 吴圣才. 井冈山斗争时期团队建设的经验与启示 [J]. 旅游教育管理，2011（3）：86-88.

[4] 加强年轻干部队伍建设的几点思考 [EB/OL]. [2019-11-1]. http://tougao.12371.cn/gaojian.php？tid=1209783.

关于文化馆从业人员职业伦理建设的探讨

任宇华（北京市石景山区文化馆）

习近平总书记在党的十九大报告中明确提出："深入实施公民道德建设工程，推进社会公德、职业道德、家庭美德、个人品德建设，激励人们向上向善、孝老爱亲，忠于祖国、忠于人民。"文化馆及其从业人员作为整体文化建设的重要组成，在发挥文化引领、文化创新及文明建设中是一支不可或缺的重要力量。文化馆从业人员的队伍建设也在日臻完善当中，但是在职业伦理的建设规范上仍存在一些问题，亟待加强。

一、全国文化馆工作现状对从业人员提出了时代要求

多年来，在各级各部门的密切关注下，我国公共文化事业投入进一步加强，同时，为了吸引和留住人才，各级政府频出奇招、绝招，在大家的共同努力下，各地文化馆呈现出欣欣向荣的景象，各级文化馆、站进一步建立和完善，人员配置相对齐备。"到2015年末全国共有群众文化机构44291个，其中乡镇综合文化站34239个，全国群众文化机构从业人员173499人，其中具有高级职称的人员5893人，具有中级职称的人员16898人，二者占比13%。"[1]随着覆盖城乡的公共文化服务设施网络的基本建立，人们精神文化生活明显改善，公共文化服务体系建设取得显著成效。

然而，正如北京市副市长王宁所说的"我们的事业不缺乏艺术家，缺乏的是有创新、有闯劲、有梦想、有情怀，坚定的文化事业人员"[2]。如此庞大的人才队伍，不仅要大力发展人才引进机制、人才培养机制，还应该同时加强其职业伦理建设，没有规矩不成方圆，职业伦理建设的目的不是为了限制和制约人才发展，而是要引导文化人才重视文化事业，增加其从事文化事业的信心和决心，从而全面改善公共文化事业中从业者与被服务对象的关系，打牢公共文化事业的思想基础，夯实公共文化事业的人才基石，发掘公共文化事业内生动力，进一步提升基层公共文化活动的服务效能。

---

① 中华人民共和国文化部2015年文化发展统计公报[EB/OL]. [2016-04-25]. http://www.ce.cn/culture/gd/201604/25/t20160425_10846593.shtml.

② 北京市推动腾退空间用于公共文化服务[EB/OL]. [2017-09-10]. http://jingcheng.qianlong.com/2017/0910/2018251.shtml.

二、开展文化馆从业人员职业伦理建设的必要性

从文化馆目前的人员组成来看,文化馆从业人员大多毕业于专业的艺术院校、文科类院校(从事管理工作),或者是部队艺术院团的转业干部,均具备一定的专业技术能力。然而从实际工作状态上来看,情况并不乐观,很多负面因素阻碍和限制了文化馆工作的开展。

(一)内部因素

1. 文化馆从业人员的价值观念淡泊

文化馆从业人员对自身工作的价值认识不足,对工作没有归属感,缺少认同,认为自己的工作没有意义,工作中难免消极应对,缺乏主动性。

2. 文化馆从业人员低质服务的现象

工作开展过程中,难免出现一些矛盾和冲突,被服务对象很不满意,常常质疑:这是什么服务态度?!而文化馆从业人员也很委屈,感觉出力不讨好。诸如此类,引人深思。

3. 文化产品低质现象

长期远离生活,缺乏创作冲动,一些公共文化产品低质浅薄,无法承载民众的精神文化需求,难以产生情感共鸣,导致群众不买账的现象发生。

4. 缺乏有职业精神的员工

很多从业人员虽然表面上敬业,但却抱着一种打工挣钱的心态,他们把文化事业仅仅作为一种谋生的手段,没有把文化事业当作毕生追求的目标看待,不会将全副身心投入到文化事业发展的洪流中。

(二)外围因素

1. 公共文化无用论

在开展公共文化活动时,经常可以听到很多人说:"招呼这些老头儿老太太们干什么呀?都那么大岁数了,学会了能怎么样呀?有什么用呀?"不仅一些群众觉得公共文化工作没什么用,连一些工作人员也觉得没什么用,认为整天带着这些老人家们搞各种各样的活动,辛苦不说,还得不到理解,没有任何成就感。

2. 公共文化低价值论

社会上,很多人不了解文化馆的工作,对文化馆从业人员有误解,他们认为文化馆的从业人员就是跳跳舞、唱唱歌,教小朋友写字、画画而已,没有对文化馆从业人员有足够的尊重,导致整个社会对文化馆工作的低认可度,也是文化馆从业人员价值感低的一个重要原因。

3. 各地文化工作发展的不均衡性

一些地方的文化工作看似如火如荼,实则已入瓶颈,未来堪忧;一些地方政府对文化工作不够重视,管理松弛,使文化馆从业人员出现闲散的状况,给人政府花钱养闲人的不

良印象,造成了不良的社会影响。

所以加强文化馆从业人员的职业伦理建设成为公共文化事业的重要一课,提高从业人员的职业水平,就是要从根本上解决从业人员的认识水平和价值观念。事业靠开拓有为的人,事业更要靠真心而为的开拓者,只有真正有职业精神的从业人员才会使这一行业变得更有前途。

三、文化馆从业人员的职业伦理概述

(一)职业伦理的概念

职业伦理是社会伦理学的一部分,指职业活动中的伦理关系及其调解原则。包括职业活动中一切涉及伦理的问题,比如职业活动中的价值理念问题,职业利益与公共利益关系,职业活动中的职业精神、职业良心与职业态度,职业活动中的社会分工与社会平等,职业关系的伦理调节等。囿于篇幅,本文仅就职业活动中的职业精神、职业良心与职业态度展开论述,只要这几个问题捋顺了,其他问题自然迎刃而解。

(二)文化馆从业人员的职能

文化馆从业人员的职能包括举办各类展览、讲座、培训等;组织开展丰富多彩的、群众喜闻乐见的文化活动;开展流动文化服务;指导群众业余文艺团队建设,辅导和培训群众文艺骨干;组织并指导群众文艺创作,开展群众文化工作理论研究;开展非物质文化遗产的普查、展示、宣传活动,指导传承人开展传习活动;建成全国文化信息资源共享工程基层服务点,开展数字文化信息服务;指导下一级文化馆(文化站、社区文化中心)工作;指导本地区老年文化、老年教育、少儿文化工作;开展对外民间文化交流等。

(三)文化馆从业人员的职业伦理要求

文化馆的主要职能对文化馆从业人员提出了相应的职业要求:

一是要有相应的职业技能,即具有相应的各项活动的组织、策划能力、管理能力和某项艺术技能的辅导能力等。

二是要有相应的职业精神,尊重和热爱自己的工作,能够勤勤恳恳地工作,并不断开拓进取,努力提高自己的业务能力和水平。

三是要有相应的职业良心,有责任感,遇事肯担当。"这种对职业责任的自觉意识,贯穿于整个职业行为阶段,是支撑从业者从事这一行业的最重要的心理支柱。"[①]

四是要有正确的职业态度,从业者怎样对待工作直接决定其完成工作的效果,所以改

---

① 陈文忠. 弘扬职业精神[J]. 职业,2010(36):37—38.

善职业态度对培养职业精神有非常重要的意义。

四、怎样增强文化馆从业人员的职业伦理建设

(一)树立正确的职业观

1. 在我国,无论哪一个行业的职业伦理建设都必须围绕以下几项基本原则进行:一是为人民服务、为社会主义建设服务的原则;二是促进全社会公共文化事业发展的原则;三是提高从业人员自身修养的原则。

2. 树立正确的价值观,培养文化馆从业人员的职业责任感。无论从事什么工作,都是为人民服务,为社会主义建设服务,职业没有高低贵贱之分,无论是艺术塔尖还是艺术普及,都是为丰富人民的精神文化生活服务的。

3. 正确引导社会舆论,使公众普遍认识公共文化事业的重要性,保护文化馆从业人员的职业自尊和自信,从而养成良好的职业精神。

(二)充分认识文化馆工作的社会功用,增强职业信心,培养工作自豪感,培育职业精神

1. 充分认识文化馆工作的社会意义

一是文化馆工作有利于社会道德建设,有利于维护和谐社会建设。文化馆开展各项文艺比赛、文艺培训、文艺展演,丰富和活跃了社区居民的业余文化生活,充实了社区居民的业余时间,增加了社区居民的愉悦感,使其充分感受政府的关心和抚慰,感受到公共文化事业的心灵慰藉,从而更加热爱生活,充满朝气。居民心情舒畅,心理状态稳定,社区一派祥和,有助于整个地区道德素质水平的提高。

二是文化馆工作有利于社会真善美的培养。文化馆工作的本质就是用艺术的方式传播真善美,弘扬正能量。艺术是虚构的,然而艺术作品中的真善美却能让人感同身受,得到激励,从而对生活充满勇气。艺术抽丝剥茧,将生活层层剥开,将生活的真相表达出来,让更多的人感知生活的本质,让人们体会善的美好,从而亲近它;让人们体会丑的残酷,从而远离它。

(三)提高职业道德建设,加强自身道德修养

提高职业道德建设,要从两方面入手,一是社会的培养和组织的教育,二是取决于自身的主观努力和提高。

1. 首先要妥善处理"利"与"义"的关系,处理好个人主义、功利主义和集体利益之间的关系,要始终牢记:个人利益永远服从集体利益。

2. 文化馆内部要增强集体凝聚力,促使员工遵章守纪,养成自律的习惯;促使文化馆从业人员养成良好的职业态度,增进彼此间理解互信,增强责任意识和敬业精神。

3. 摆正职业位置,端正职业态度,提高职业素质。切实从群众的角度出发考虑问题,

不搞形式主义,不搞花架子,创作和组织群众真正喜闻乐见、勇于参与、乐于参加的活动,为群众乐享更加丰盛的文化大餐而奋斗。

(四)北京市石景山区文化馆党建联学联研

为了加强团队凝聚力,充分发挥党员先锋模范作用,北京市石景山区文化馆党支部创新党建方式,开展了一系列的联学联研活动,取得了显著成效:党员干部带头创新服务,文化惠民能力整体提高,进一步提升了区域公共文化服务的影响力和美誉度。其中一些方法同样适用于职业伦理建设工作,笔者摘录一二,供同人参考。

1.用纪律规矩约束行为,营造风清气正的职业环境。不断完善文化馆从业人员各项管理规定,并严格落实,让人才在严格的制度管理下健康成长,保持职业的发展方向始终围绕公共文化事业前进。

2.用精益求精的"工匠精神",培养正确的职业态度和更加专业的职业技能。"工匠精神"就是追求每一个细节都执行到位的专业精神和技术水平。定期组织文化馆从业人员参加学习和交流,学习先进的专业技能。同时,大力弘扬"工匠精神",引导其不断提高职业技能的同时提高精准服务的意识、能力和水平。

3.用红色经典进行思想教育,培育更加敬业的职业良心。在"五一""七一""八一"等重要节点,开展爱国主义教育实践活动,通过唱、读、看"红色经典",激发爱国主义情怀,培养正确的荣辱观,培养主人翁意识,使其更加珍惜目前的工作和生活,激发其工作责任感和荣誉感,增强正确处理好国家、集体、个人三者之间利益关系的能力。

4.用大公无私的雷锋精神,培养坚定的为人民服务的职业态度。在学雷锋日,组织开展学雷锋主题实践活动,通过学习雷锋同志和其他先进模范事迹,弘扬大公无私的奉献精神,进行崇高的职业理想教育,坚定为人民服务的信念和决心。

总之,文化馆从业人员的职业伦理建设要逐渐提上日程,同时,要少定规矩,多长志气,规范一定要有,但是价值观和社会重视程度一定要弘扬,社会给予一定的尊重,满足文化馆从业人员的内心情感需求,充分发挥从业人员的主观能动性,让其自觉地改变自己,自觉提高职业道德水准,主动出击,倾力而为,下好社会主义公共文化事业服务体系建设这盘棋。

参考文献

[1]刘明一,杨贺,刘文文.音乐从业人员伦理学[M].哈尔滨:黑龙江大学出版社,2014.

[2]涂尔干.职业伦理与公民道德[M].上海:上海人民出版社,2001.

[3]王荣发.现代职业伦理学[M].上海:华东理工大学出版社,1998.

[4]中共中央办公厅、国务院办公厅印发《关于加快构建现代公共文化服务体系的意见》[EB/OL].[2019-08-01]. http://www.gov.cn/xinwen/2015-01/14/content_2804250.htm.

浅析广场舞蹈普及的数字化趋势

房白蕾（武汉市武昌区文化馆）

广场舞蹈在丰富人民群众业余文化生活的同时,已发展成为当代城市街道、乡村社区,开展新时代文明实践的一道亮丽的风景线,对我国的精神文明建设起到了非常重要的促进作用,越来越受到党和政府的重视。本文从武汉市武昌区广场舞蹈活动调查入手,分析广场舞蹈普及活动从传统模式向数字化转型的趋势。

一、广场舞蹈普及模式的演变

（一）广场舞蹈的传统普及模式

广场舞蹈传统的普及模式是由老师直接教学、培训、辅导、排练。例如:2014 年武汉市武昌区举办首届广场舞比赛前,在文化馆组织了广场舞蹈培训、辅导,其方式是广场舞团队选派广场舞蹈骨干到文化馆报名、登记,然后把老师请入课堂手把手传授。由于上课时间、培训场地和参训人员的人数有规定、有局限、有约束,所以,很多学员并不能满足所学内容和学习时长,甚至很多爱好者因为报不上名而感到苦恼,学员参差不齐的舞蹈接受力和表演能力,也让授课老师感到头疼。随着广场舞蹈团队和爱好者的数量剧增,传统的学习模式已越来越满足不了人们学习广场舞蹈的需求。

（二）广场舞蹈的数字化普及模式

以互联网、移动互联网、智能手机为代表的数字技术的不断普及,为广场舞蹈带来了数字化普及模式的创新。武汉市武昌区广场舞蹈教学培训,已从传统的教学方式,向数字化培训和辅导排练的新方式、新方法和新手段完美转型。2018 年,武昌区第五届广场舞蹈展演,各个街道举办了 12 场广场舞蹈比赛,120 支团队约 3000 余名社区舞蹈爱好者参与,文化馆仅有的两位舞蹈老师无分身之术,不能满足所有的团队的教学辅导需求,很多团队积极利用互联网数字化的平台资源,从电脑上自行下载广场舞蹈的 APP,有选择地挑选大家喜爱的广场舞蹈。通过互联网学习方式,从中挑选出民族舞蹈、古典舞、健身舞、排舞、拉丁舞、水兵舞、形体舞、印度舞等。APP 里面有各个舞种不同风格的舞蹈队形、队列和成品舞蹈表演、示范、分解动作的讲解,还有音乐的下载,极大地方便了舞蹈爱好者及业余团队的学习。同时,大家还能在淘宝网站搜索到各个民族不同风格的舞蹈服装、舞蹈道具，直接购买成品或者按需定做，极大地方便爱好舞蹈的人群。

根据群众广场舞蹈数字化的发展需求，武昌区群众广场舞的普及活动充分利用文化馆网站的微信公众号和微信群，发布培训的内容、时间、地点、学员的集结、课程安排等通知，还拍摄老师的授课内容并在第一时间把舞蹈视频上传到微信群。大家通过微信，能在家里反复观看视频来学习舞蹈，同时也能把自己跳的舞蹈摄制下来课后观看，从中找出自己的不足之处，起到温故知新的作用。并且，运用微信的视频、语音等功能，学员之间可以进行广泛的沟通。通过建立微信群，学员们充分利用了网络学习平台，在群里互相学习、相互交流，探讨各个舞蹈的风格特点以及学习心得和体会，真正做到了足不出户，就能在家完成舞蹈的学习和交流活动。同样，QQ群、电子邮件、U盘等数字化工具的使用，为广场舞蹈普及提供了多样化的手段，就连50—60岁的爷爷奶奶们也跟着儿女们或者孙辈们学会了诸多功能，在日常的培训和学习、交流过程中它们起到了事半功倍的作用。

广场舞蹈的数字化，除了方便以往那些爱好广场舞蹈的大妈们，也惠及不同年龄的广场舞蹈爱好者，使得过去只能从舞蹈专业学生或者舞蹈演员那里学到的专业知识和技能普及到社区居民。业余舞蹈团队、舞蹈爱好者等可利用互联网、移动互联网等平台，通过数字化模式学习舞蹈技能，实现广场舞蹈知识和资源的共享，拓展了开展广场舞蹈休闲娱乐、健身和创作、展演的能力。

二、武昌区广场舞蹈的数字化调查

在广场舞蹈的发展演变中，判断人们对广场舞蹈的学习、培训和喜爱、关注程度，主要依赖的还是抽样数据、局部数据和片面数据，有时甚至无法获得实证数据，仅仅依赖理论、经验、假设去大体了解人们对广场舞蹈的学习、培训、喜爱和关注的程度。2019年4月，为了进一步做好广场舞蹈的教学、培训、辅导工作，更好地开展广场舞蹈普及，武昌区文化馆特对武昌区12条街道办事处的22支广场舞团队和200名广场舞队员进行了问卷调查，现将基本情况汇总如下：

（一）填表人基本情况

1. 性别：A. 男（2人），B. 女（20人）。
2. 年龄：A. 60岁以上（11人），B. 50岁以上（10人），C. 40岁以上（1人）。
3. 学历：A. 高中（中专）（13人），B. 大专（5人），C. 本科（3人），D. 研究生（1人）。
4. 职业：A. 公务员（1人），B. 事业单位职员（2人），C. 公司职员（0人），D. 企业职工（5人），E. 私人企业主（1人），F. 自由职业者（3人），G. 其他（10人）。

（二）填表人所在的广场舞团队的基本情况

1. 组建时间：1999年2月1支，2004年4月—2010年10月9支，2012年5月—2019

年 3 月 12 支。

2. 是否已建网站？A. 已建 0 支，B. 未建 22 支。

3. 是否已开通微博？A. 已开通 0 支，B. 未开通 22 支。

4. 是否已建立微信群？A. 已建 20 支，B. 未建 2 支。

5. 是否已建立 QQ 群？A. 已建 6 支，B. 未建 16 支。

（三）团队组织学习广场舞蹈的途径

1. 舞蹈老师直接现场教学 20 支。

2. 团队负责人教学 14 支。

3. 跟随队友学习 9 支。

4. 打开电视自学 6 支。

5. 利用手机在微信群里学习 3 支。

6. 利用手机在 QQ 群里学习 1 支。

7. 打开电脑学习 8 支。

（四）团队参加广场舞蹈培训、排练、展演等活动的途径

1. 舞蹈老师电话通知 13 支。

2. 团队负责人电话通知 18 支。

3. 团队负责人在微信群中通知 18 支。

4. 团队负责人在 QQ 群里通知 3 支。

5. 队友用电话、微信群、QQ 群相互转告 8 支。

（五）团队在近 12 个月内参加广场舞蹈培训的次数

1. 舞蹈老师直接现场教学次数

A. 1—12 次 7 支，B. 13—24 次 3 支，C. 25—36 次 5 支，D. 37 次以上 7 支。

2. 团队负责人现场教学次数

A. 1—12 次 5 支，B. 13—24 次 2 支，C. 25—36 次 5 支，D. 37 次以上 9 支。

3. 跟随队友现场学习次数

A. 1—12 次 4 支，B. 13—24 次 3 支，C. 25—36 次 1 支，D. 37 次以上 6 支。

4. 打开电视自学次数

A. 1—12 次 9 支，B. 13—24 次 4 支，C. 25—36 次 3 支，D. 37 次以上 1 支。

5. 利用手机在微信群里学习次数

A. 1—12 次 9 支，B. 13—24 次 2 支，C. 25—36 次 8 支，D. 37 次以上 3 支。

6. 利用手机在 QQ 群里学习次数

A. 1—12 次 6 支，B. 13—24 次 2 支，C. 25—36 次 2 支，D. 37 次以上 1 支。

7. 打开电脑学习次数

A. 1—12 次 7 支,B. 13—24 次 4 支,C. 25—36 次 0 支,D. 37 次以上 2 支。

（六）团队在近 12 个月内学会新的广场舞蹈的个数

1. 跟舞蹈老师学会新的广场舞蹈的个数

A. 1—3 个 4 支,B. 4—6 个 6 支,C. 7—9 个 7 支,D. 10 个以上 5 支。

2. 跟团队负责人学会新的广场舞蹈的个数

A. 1—3 个 7 支,B. 4—6 个 4 支,C. 7—9 个 5 支,D. 10 个以上 4 支。

3. 利用手机在微信群里学会新的广场舞蹈的个数

A. 1—3 个 7 支,B. 4—6 个 4 支,C. 7—9 个 2 支,D. 10 个以上 0 支。

4. 利用手机在 QQ 群里学会新的广场舞蹈的个数

A. 1—3 个 7 支,B. 4—6 个 2 支,C. 7—9 个 0 支,D. 10 个以上 0 支。

5. 打开电脑学会新的广场舞蹈的个数

A. 1—3 个 12 支,B. 4—6 个 1 支,C. 7—9 个 1 支,D. 10 个以上 0 支。

（七）团队在近 12 个月内参加广场舞蹈练习的次数

1. 在广场练习次数

A. 1—12 次 3 支,B. 13—24 次 2 支,C. 25—36 次 1 支,D. 37—48 次 2 支,E. 49—96 次 6 支,F. 97 次以上 8 支。

2. 在相对固定的室内练习次数

A. 1—12 次 2 支,B. 13—24 次 0 支,C. 25—36 次 2 支,D. 37—48 次 3 支,E. 49—96 次 4 支,F. 97 次以上 5 支。

3. 打开电视边学边练习次数

A. 1—12 次 8 支,B. 13—24 次 2 支,C. 25—36 次 1 支,D. 37—48 次 0 支,E. 49—96 次 0 支,F. 97 次以上 1 支。

4. 利用手机在微信群里边学边练习次数

A. 1—12 次 4 支,B. 13—24 次 4 支,C. 25—36 次 1 支,D. 37—48 次 0 支,E. 49—96 次 1 支,F. 97 次以上 1 支。

5. 利用手机在 QQ 群里边学边练习次数

A. 1—12 次 5 支,B. 13—24 次 0 支,C. 25—36 次 2 支,D. 37—48 次 1 支,E. 49—96 次 0 支,F. 97 次以上 1 支。

（八）团队在近 12 个月内将参加广场舞蹈活动的照片发到互联网上的次数

A. 1—4 次 9 支,B. 5—8 次 1 支,C. 9—12 次 4 支,D. 13 次以上 3 支。

（九）团队在近 12 个月内将参加广场舞蹈活动的视频发到互联网上的次数

A. 1—4 次 10 支,B. 5—8 次 2 支,C. 9—12 次 1 支,D. 13 次以上 4 支。

（十）个人在近 12 个月内将参加广场舞蹈活动的照片发到微信群上的次数

A. 1—4 次 27 人，B. 5—8 次 9 人，C. 9—12 次 27 人，D. 13—24 次 45 人，E. 25—36 次 9 人，F. 37—48 次 8 人，G. 49 次以上 54 人。

（十一）个人在近 12 个月内将参加广场舞蹈活动的视频发到微信群上的次数

A. 1—4 次 26 人，B. 5—8 次 18 人，C. 9—12 次 17 人，D. 13—24 次 54 人，E. 25—36 次 9 人，F. 37—48 次 20 人，G. 49 次以上 36 人。

（十二）个人在近 12 个月内将参加广场舞蹈活动的照片发到 QQ 群上的次数

A. 1—4 次 27 人，B. 5—8 次 36，C. 9—12 次 38 人，D. 13—24 次 10 人，E. 25—36 次 2 人，F. 37—48 次 5 人，G. 49 次以上 25 人。

（十三）个人在近 12 个月内将参加广场舞蹈活动的视频发到 QQ 群上的次数

A. 1—4 次 35 人，B. 5—8 次 26 人，C. 9—12 次 33 人，D. 13—24 次 9 人，E. 25—36 次 11 人，F. 37—48 次 6 人，G. 49 次以上 10 人。

（十四）个人在近 12 个月内在互联网上浏览广场舞蹈展演的次数

A. 1—4 次 46 人，B. 5—8 次 37 人，C. 9—12 次 19 人，D. 13—24 次 39 人，E. 25—36 次 6 人，F. 37—48 次 7 人，G. 49 次以上 13 人。

（十五）在互联网上关注或者学习广场舞蹈时选择的网站

1. 使用公共浏览器搜索有 126 人。
2. 使用专门的广场舞蹈教学网站有 81 人。
3. 使用国家公共文化云有 8 人。
4. 使用国家公共数字文化网有 10 人。
5. 使用文化馆网站有 6 人。

（十六）队员认为开展广场舞蹈教学效果较好的方式

1. 舞蹈老师直接现场教学（189 人）。
2. 团队负责人教学（82 人）。
3. 跟随队友学习（7 人）。
4. 打开电视自学（9 人）。
5. 利用手机在微信群里学习（15 人）。
6. 利用手机在 QQ 群里学习（6 人）。
7. 打开电脑学习（11 人）。

（十七）队员对在网上开展广场舞蹈教学培训展演比赛的具体要求

1. 网上报名（45 人）。
2. 网上慕课教学（55 人）。
3. 在线辅导（63 人）。
4. 视频上传（72 人）。
5. 网上公开展演（75 人）。
6. 专家点评（52 人）。
7. 网民评分（16 人）。
8. 专家评分与网民评分相结合（85 人）。
9. 互动交流（57 人）。

从以上调查数据可以看出，广场舞蹈数字化普及方式，为人们学习广场舞蹈、参加广场舞蹈活动打开了方便之门，为广场舞蹈的发展起到了划时代的作用。

三、广场舞蹈数字化普及模式的特点及发展趋势

（一）数字化催生了广场舞蹈作品的多元化

广场舞蹈的数字化，使普通人接触到过去不可能获得的专业知识和表演技法，带动了作品的多元化，为人民群众创造了崭新的学习机会。比如：当人们在互联网上检索舞蹈《中国火起来》时，立马可以找到几十种编排的舞蹈版本供大家挑选、学习。同时创作者通过分析人们的搜索记录、网络留言来判断大家的喜好程度以及对舞蹈的建议和意见，再进行修改、创编等。

（二）资源化带动了广场舞蹈活动的多样化

广场舞蹈有丰富的网络资源，APP 已成为大家广场舞蹈学习的热门方式之一，例如：就爱广场舞 APP、糖豆广场舞 APP、跳吧广场舞 APP、全民广场舞 APP、广场舞教学视频 APP 等。一系列广场舞的应用软件中既有老师们的成套动作、分解动作、音乐可供下载，还能提供不同民族、不同风格、不同内容、不同舞种的各类学习方法，不同人群、不同年龄层次的舞蹈爱好者，都能找到自己合适的舞种。

（三）时空化推动了广场舞蹈普及的高效化

广场舞蹈的网络化，使广场舞蹈的普及不受时间、地点、内容、方式、方法、授课老师的局限，学习者能随时随地地、举一反三地通过网络开展学习活动。例如：我们想学习一个藏族舞蹈，我们就可以在手机上下载一个就爱广场舞 APP，从软件中点开分类，然后点开藏族舞就能找到许多这个民族风格的舞蹈，根据难度和人气选择自己喜爱的舞

蹈进行学习,还可以收藏喜爱的舞蹈作品、下载舞蹈音乐、进行网络留言或者评价,更能查看全部舞蹈的完整动作和分解动作。这样的网络学习模式,既能有效地提高学习的进度,又能丰富学习方式、提高学习质量。例如:2018年武昌区文化馆在开展社区广场舞蹈培训时,组织学习、排练朝鲜族广场舞蹈《长鼓舞》,文化馆工作人员通过视频把老师教授的内容录制下来,利用数字服务的方式,建立学员微信群、QQ群或者通过邮箱把老师上课内容进行上传。学员下载后,能及时地在课后回到家里,或者没有老师上课的情况下进行反复练习,当下一次老师再来上课时,学员们能很快进入状态。以这种方式加强平时的日常训练,既节约了时间,又提高了学习效率。

(四)信息化提高了广场舞蹈的艺术化

信息化时代,人们已不满足于广场舞舞蹈的锻炼和一般性的表演功能,向着高层次、艺术化的方向发展,各类比赛和展演也都为广场舞蹈的新创作新人才的涌现提供了大好时机。例如:武昌区参加首届湖北省群众广场舞大赛上获奖的广场舞蹈《热巴欢鼓》,就是网络上藏族民族民间舞蹈风格的音乐剪辑合成的,既节约了大量的费用,又达到很好的效果。网络上海量的信息资源,能让群众根据自身特点和舞者们的要求,随时修改和创作舞蹈作品,完善了舞蹈风格,提高了广场舞蹈的艺术水平。

2019年,随着5G网络基站的覆盖和铺设,我们将迎来高速度、低延时、高清晰的网络信号。5G网络为文化馆开展公共数字文化服务、给广场舞蹈的数字化普及带来极大的便利,通过数字文化馆网站,建立健全各类艺术培训、建立团队之间的互助联系,开设网页浏览、动态视频网络学习、舞蹈基础知识学习园地、网络课程安排、在线报名、在线学习、网络留言等多项功能,扩大广场舞蹈普及培训规模和节目编排、辅导、排练、展演能力和艺术水准,让人们能资源共享、艺术培训共享、艺术成果共享、艺术表演共享。新时代,以习近平总书记的"四个坚持"为引领,坚持以精品奉献人民,坚持公共文化服务惠民,让千百万广场舞蹈爱好者,在数字化普及模式的条件下,获得更多的幸福感。

建立健全群众文艺创作激励机制的基本思路

苏云龙（铜川市群众艺术馆）

中共中央办公厅、国务院办公厅《关于加快构建现代公共文化服务体系的意见》提出，要"创作生产更多传播当代中国价值观念、体现中华文化精神、反映中国人审美追求，思想性、艺术性、观赏性有机统一的优秀文化产品"。群众文艺作品是丰富公共文化服务产品供给、保障公民基本文化权益的重要途径。因此，繁荣群众文艺创作，推出人民喜闻乐见的群众文艺精品，就成为构建现代公共文化服务体系的必然要求。而要最大限度地激发和调动广大群众文艺创作者的积极性、主动性、创造性，促进群众文艺优秀人才和精品佳作不断涌现，就必须建立健全群众文艺创作的激励机制。以下，笔者将主要按照"创作前引导培育、创作中支持扶植、创作后推广奖励"的激励逻辑和原则，谈谈建立健全群众文艺创作激励机制的基本思路。

一、创作前引导培育

（一）培育健康的群众文艺创作周边生态

培育健康的群众文艺创作周边生态，就机制建设而言，可以从以下几个方面着手：一是加快相关机构的体制改革步伐，通过事业单位法人治理结构改革等途径，积极破除旧有僵化的运行模式，不断强化文化馆等群众文艺主阵地的公益性、社会性属性，为群众文艺发展注入新的活动。二是寻求政策支持，建立顺畅、高效的创作转化机制，以文化馆为主导，广泛团结各级各类公益团体、企业、媒体及群众文艺团队，动员多方力量，构筑常态化合作机制，为群众文艺作品的发表、展示、排练、演出、传播提供可行渠道，为创作者解决后顾之忧。三是建立内容上弘扬主旋律、传播正能量，艺术形式上兼容并包、百花齐放的群众文艺作品创作导向机制，在日常培训、扶持、推广、评奖中予以坚决渗透落实，通过树立既定导向，使创作者在明确方向的基础上发挥创造性，创作出关注人民、积极向上、各美其美、美美与共的群众文艺作品。

（二）搭建体系化的群众文艺创作孵化提升平台

有效的孵化或提升平台，能够为创作者在创作或再创作实践中提供拓展眼界、增长技能的机会。比较完善的群众文艺孵化或提升平台，应该自成一个体系，这个体系能够为潜在创作者提供有关群众文艺的启蒙、教习、实践、交流、展示、总结等方方面面的教益,形成一个健康有序的闭环。例如,上海市民文化节这个综合性平台就具备这样的特性。这样的平台越多,就越能带动本区域群众文艺创作队伍的壮大和作品质量的提升。同时,在体系化的平台之外,根据实际需要,也可以建立以文化馆、站为主导的小微型平台,提供诸如艺术启蒙、技能提升、选题辅导、创作指导等孵化提升服务。

(三)做好群众文艺创作人才培训和引进机制建设

培训是推动人才成长最直接的手段和力量。同时,培训也是创作的孵化提升环节中最关键、最重要的部分。在一般孵化提升平台之外,建立健全专门性的创作人才队伍培训制度、搭建专门性的培训平台,是必要的。随着创作理论、技能培训的常态化、阶梯化、针对化开展,新鲜的创作血液必定会源源不断地涌现。此外,对于短时间难以弥补人才断层的地区,建立创作人才引进机制,能够比较快速地弥补本地缺项。在引进机制制定落实过程中,需要注意同时制定落实好引进人才的待遇、安置等配套政策。

二、创作中支持扶持

(一)落实群众文艺创作过程保障机制

为充分保障群众文艺创作者创作过程的独立性、自由性、连续性,可以探索建立并逐步完善相关创作保障机制,通过制度落地,为创作者提供必要条件,保障预期创作活动顺利进行。这其中,依据作品创作实际,至少要落实以下几个方面的保障措施:一是为创作者外出采风、体验生活提供政策、机会、资金等支持;二是为创作者从事脱产创作提供必要的时间、空间、机会等条件;三是在创作的论证、研讨、打磨、成型等诸多环节中,在确认必要或应作者要求的情况下,为作品创作举办论证会、研讨会、改稿会等活动提供支持,以助力作品顺利推出。

(二)建立健全群众文艺创作资金扶持机制

一般来说,各地政府基本都会出台一些重大文艺精品的资金扶持项目。一方面,群众文艺创作可以参与重大精品资金扶持项目的申请,另一方面,根据群众文艺的自身规律和特点,文化部门也可以设置独立的群众文艺作品创作扶持专项资金,纳入本级财政预算。针对一些亟须传承发展的民间艺术类非遗项目或弱势艺术门类,应该给予一定政策倾斜,以专项资金为其新作品的创作提供助力。

三、创作后推广奖励

(一)拓展作品传播与宣传推广渠道

在建立顺畅、高效的群众文艺创作转化机制的基础上,结合各级各类孵化提升平台,文化部门应主动尝试建立相应协调机制,进一步统筹和拓展各方资源,搭建起公平、公正、公开的专门化展示与传播平台,并持续完善相应机制,为群众文艺作品的公开发表、展览展示、演出播映、数字化传播等提供政策、渠道、人力、技术等多方面支持。在当前数字化、网络化背景下,尤其要重视作品资源的数字化和传播渠道的数字化机制建设。此外,还要为大力拓展作品宣传推广的新渠道、新方法提供机制支撑,一方面将传统主流媒体的宣传推广作为基础方式与渠道,另一方面,还要充分借助新媒体、流媒体、社交平台等新型宣传推广平台,充分借鉴"网络营销"思维,做好相关作品的符号化、类型化、事件化、流量化、创新化的策划营销,从而保障作品得以广泛、快速传播,并迅速吸引广大群众的注意力。

(二)设立群众文艺精品与人才奖项

设立奖项并提供荣誉、资金奖励,是激励群众文艺人才成长、激发创作者生产精品力作的重要机制。所以,完善优秀群众文艺作品奖励机制和优秀群众文艺人才遴选办法,着力对群众文艺领域涌现的精品力作、中青年优秀文艺家及拔尖人才进行荣誉、资金奖励,就显得尤为重要。相关奖励资金的来源,应该依据各地财政实际,有选择性地实施多渠道筹措:既可以由各级政府设立专项群众文艺作品人才奖励资金,纳入本级财政预算,又可以经本级政府准许,由文化部门募集建立群众文艺专项奖励基金,还可以由各级政府设奖,寻求企业或个人出资冠名。

四、建立健全群众文艺创作激励机制的几点建议

以上基本思路,为建立健全群众文艺创作激励机制奠定了基础框架。当然,在具体激励机制建设和落地的过程中,我们还会遇到各种各样的具体化、细节化的问题。以下,我将针对相应问题提出几点建议:

(一)顺应时代节奏与趋势

当前,随着市场经济与信息文明的高速发展,人民生产生活的节奏逐步加快,整个社会节奏也持续加快,重视快速反馈或即时反馈,成为快节奏时代的潮流。群众文艺创作激励机制的建设,也要顺应和回应这种时代节奏与趋势,各项激励措施的实施节奏,也应适度做到"短平快"。即使做不到即时激励,也应依据各类创作实践的实际情况,在机制设计初期,做好长短周期激励的统筹安排,提供一定程度的短周期激励。

(二)强化激励平台的权威性或品牌性

激励的作用和程度,与提供激励的平台本身息息相关。平台越权威、越具有引领性和示范性,其产生的激励效果就越显著。因此,在相应激励机制的前期设计中,奖励机构、孵化平台、展示平台、宣传推广平台就应该尽量权威化、品牌化。一方面,要在奖项设立上尽量依托政府和相关专业学会、协会;另一方面,各级各类平台也必须通过自身努力,逐渐建

立具有引领性、示范性,并广受社会认可的品牌化影响力。

(三)增加激励行为的积极性主动性

一般来说,由政府、文化部门及公共文化机构设计并执行的群众文艺创作激励机制,与社会化、群众化,甚至市场化的群众文艺创作现状相比,无论在引导还是奖励方面,往往都存在激励上的延迟性和被动性。要真正依托机制实现群众文艺创作的繁荣,就应该突破这种延迟性和被动性。实施激励行为的主体,在机制设计之初和落地实施之时,就应充分考虑激励行为的积极性和主动性。激励行为既要积极面向已完成作品的展示、转化、传播、奖励,又要主动介入创作的孵化、培育、起始、中途等环节,为创作提供积极有益的扶持和帮助。对于尚未成长起来的潜力创作者,要通过各级各类平台"放大镜",发现并开启他们的创造力,如同"星探"发掘"明星"一般,重视潜力,着眼未来,继而依托既定机制和程序,对他们实施富于成效的孵化培育。

(四)着力推进激励机制贯彻落实

建章立制易,贯彻落实难。某一项群众文艺创作激励机制如果既着眼于创作前、创作中、创作后各个创作生产环节,又是基于实地调研、吸纳各方意见、经广泛论证而形成,那么它就具备了一定程度的科学性和可行性。我们在实践环节中,就要以繁荣群众文艺创作大局为重,给予不打折扣、不搞变通、不走形式的彻底贯彻落实。如此,既能真正发挥激励机制的实际作用,又能在实践中进一步检验机制的完善程度,为机制的不断优化提升提供指引。

建立健全群众文艺创作激励机制,是一项复杂、漫长、需要持续推进和不断优化提升的工程。在理解基本建设思路、掌握基本机制框架的基础上,我们还必须把握群众文艺创作的内在规律、现实状况、周边生态和发展动向。这样,我们才能避免闭门造车,才能顺应艺术生产的现实规律和趋势,从而出台真正接地气、有实效的创作激励机制,最终推动群众文艺创作走向繁荣。

参考文献

[1] 东南大学艺术学院课题组. 推动江苏文艺创作"高原"出"高峰"的对策研究 [J]. 艺术百家,2015(4).

[2] 张习文. 就发展业余文艺创作的几点建议 [J]. 神州民俗,2015(242).

[3] 季琳琳,周应中. 论高职艺术生创作激励机制的构建——以浙江艺术职业学院美术系为例 [J]. 管理观察,2008(12).

[4] 王强,言芳,海超,等. 烟台栖霞完善文艺精品创作激励机制 [EB/OL]. [2019-11-01]. http://images1.wenming.cn/web_wenming/syjj/dfcz/sd/201606/t20160622_3462693.shtml.

全民艺术普及与群艺馆的传播推广

何海林（来宾市群众艺术馆）

杨诗蕾　沈　玥（广西壮族自治区群众艺术馆）

中共中央办公厅和国务院办公厅在 2015 年 1 月印发《关于加快构建现代公共文化服务体系的意见》，要求积极进行全民艺术普及。2017 年《公共文化服务保障法》颁布实施，把全民艺术普及进一步作为政府与公益性文化单位向基层群众提供公共文化服务的重要内容。这充分说明全民艺术普及是党和政府在新形势下交给群众文化艺术事业机构的重要任务之一，是群艺馆（群众艺术馆的简称）不可推卸的责任与使命，如何加强传播推广成为其严峻课题，务必要努力探索和研究。

一、全民艺术普及的含义及其价值

在民族精神中，艺术是火炬，是时代发展的号角，代表一个民族的风貌、引领一个时代的风气。艺术拥有认识、教育、娱乐和审美等功能，全民艺术普及就是指提高全民文化艺术素养和审美水平，提振全民艺术面貌，培育全民核心价值观，激发全民艺术创造力，旨在把艺术渗透到人们的日常生活之中，建设艺术化、审美化的生活，促进全民艺术普及的传播推广，这有助于体现艺术的综合功能，推动国家精神文明建设，弘扬并传承传统文化，振兴文化艺术事业，实现文化强国目标。

与此同时，全民艺术普及在现阶段是群众文化建设的热点，是群艺馆在十三五时期发展的主题，不管是法律政策导向抑或是行业全新引领，均明确要求加快建设公共文化服务体系，这需要群艺馆发挥主体优势。全民艺术普及也是公益性事业，群艺馆必须参与其中，让群众行使学习的权利、选择学习内容的权利[1]。因为在经济社会快速发展的时代，精神文化需求成为人们重要的追求，来宾市群艺馆应正确认识自己在全民艺术普及中存在的公众形象不佳、公益培训不到位、文化讲堂与展览演出活动较少、数字建设相对滞后等问题，探索解决策略，引导广大群众学习艺术常识、接受艺术培训、积极参加各种各样的艺术活动等，在全民艺术普及中发挥传播推广作用，促使所有群众都可以享受发展文化事业取得的成果，在艺术普及中成为受益者。

二、全民艺术普及中群艺馆的传播推广策略

（一）塑造公众形象，建立全民艺术普及理念

为加强全民艺术普及的传播推广，群艺馆首先要做的就是改变陈旧理念、固有模式[2]。换言之，群艺馆要以为群众服务为核心，在群众需求的导向下深入了解广大群众的需求，建立全民艺术普及理念，从而革新服务的方式与内容，让公众了解群艺馆。近年以来，来宾市群艺馆坚持开展丰富多样的免费公共活动，开设更多培训项目，并根据广大青少年的需求开展更多针对性活动。与此同时，来宾市群艺馆及时更换文艺演出的设施设备，增加演出的次数和应急设备配置，并努力购买更多图书和电子书等，充实馆内文化资源，促使广大人民群众进一步提升对群艺馆公众形象的认知。

与此同时，公众参与度以及评价是群艺馆开展全民艺术普及工作的根本衡量标准，所以来宾市群艺馆的工作人员从普及知识、普及欣赏、普及活动等方面着手，通过宣传物、经典作品、文化活动赛事、艺术培训等方式让人民群众唱起来、跳起来，从而了解艺术、参与艺术，把艺术展示出来。来宾市群艺馆还牢牢把握时代发展机遇，加强网站、APP、微信等新兴媒体平台与多渠道建设，定期发布并重点推送活动信息，通过多样化传播推广技巧开辟大量展示平台，在海量信息里把握受众，对其产生积极影响，促使他们全面了解公共文化服务信息，促进艺术普及的全民覆盖。

（二）结合公益培训，大力传播普及艺术常识

全民艺术普及的传播推广要以普及艺术常识为基础，在群众生活中融入艺术，把艺术变成他们的生活方式[3]。因此，来宾市群艺馆应以场地和设施等为平台、载体，以有趣的、生动的方式以及多样化渠道把艺术常识普及给群众。来宾市群艺馆设有歌曲、舞蹈、戏剧、书画等职能教室，免费向人民群众开放，并从多年前就开始进行公益性培训，所有课程都免收学费，从刚开始的几门课程发展到今天已经近百门，囊括声乐、舞蹈、器乐、书法、美术、走秀、插花等课程。针对服务人群，无论是外来务工人员还是未成年人、老年人，只要有兴趣上群艺馆的课程，都能报名，免费学习。现如今，群艺馆需要继续延长免费开放时间，确保每天免费开放 8 小时，全年无休，让到群艺馆参加文化活动的群众越来越多。通过普及全民艺术常识，激发群众向往艺术的热情，培养全民艺术兴趣与艺术爱好。

针对学员集中反映课程教学质量不高、不走心只走量的问题，来宾市群艺馆务必要大胆取舍，在群众呼声高的、有强烈学习意愿的精品公益性课程上集中使用有限的资源，真正将免费的公益培训"鸡汤"端上广大人民群众的文化餐桌。针对不同群体，群艺馆还要开展内容不同、深度不同、形式不同的灵活教学活动，将公益性培训细分为老年班、少儿班、成人班和普及班、提高班等，并积极安排来宾市的民营文艺团体、文化站长和文化馆业务骨干等进班参加轮训，全面建设基层文化，提高全民艺术修养。

（三）开展文化讲堂，在群众生活中推广艺术

为满足来宾市的文艺爱好者们求知与提升的需求，丰富全民文化生活，群艺馆应精心打造文化讲堂，邀请全国各地的文学、声乐、舞蹈、戏剧和非遗等老师轮番登场，开展公益性文化讲堂活动，促使文化艺术以更亲近、更轻松的姿态进入群众生活，全力推广全民艺术。来宾市有着丰富多彩的民间传统文化，涵盖非遗的传承、保护等，为进一步激活来宾市原有特色文化，尤其是传承非遗文化，让更多人感知本土文化的特色与魅力，群艺馆应围绕"身边的非遗"这一主题免费开展文化讲堂活动。具体以每月一个中心开展一堂体验课的方式，邀请仪式祭典、壮族盘古庙会、金秀瑶族文化和盘王节等的传承人走上讲台为全民授课，帮助更多人特别是青少年感知来宾市特色本土文化的无穷魅力。

除此以外，来宾市群艺馆应努力让非遗课堂免费走进校园和社区，全面启动文化讲堂活动，每月携带非遗门类和项目，通过讲座的形式让传统文化进入校园、社区，和师生、群众结对子、种文化，让来宾市非遗文化进入全民生活，满足全民的精神文化追求，大力普及本土非遗文化，扩大来宾非遗的影响力，更好地传承、保护、发扬传统文化。来宾市群艺馆的文化讲堂不但要成为全民艺术普及的重要渠道和闪亮品牌，还要和其他活动一起构成多元的、立体的公共文化服务体系，担负起传统文化的普及、传承和保护的重任。

（四）加强展览演出，普及推广全民艺术欣赏

时代在不断发展和进步，群众对艺术的需求日益增多，来宾市群艺馆在开展文化讲堂活动的同时应下基层巡演，引导全民欣赏优秀艺术、经典艺术，提升全民的审美品位与水准，使其形成健康的审美情趣。在实际工作中，群艺馆应广泛开展展览、演出等群众文化活动，把握传统节日、重大节日的契机，举办迎新春、写春联和送春联的活动，还有欢乐闹元宵、广西三月三、端午主题活动等；举办"舌尖上的来宾"活动，向全民展示象州大米、金秀红茶等特色食物；每年开展文化惠民演出活动，让文化展览和文艺演出进入社区、校园、企业、农村等，引导全民欣赏文化艺术。

在2019年，来宾市群艺馆具体落实实施广西第三届"全民艺术普及活动月"系列文化活动，重点展示来宾市国家公共文化服务体系示范区建设成果和全民艺术普及工作的经验和做法。整个活动以"壮美广西　多彩艺术"为主题，以启动仪式、大展演、大讲坛、大展览及大服务等各类综合性惠民文艺普及活动为载体，开展丰富多彩的展览与演出等活动，覆盖城乡、惠及全民，营造全社会共同参与艺术普及的良好氛围，提升全民艺术普及活动月的影响力，弘扬社会主义核心价值观，传递社会正能量。

（五）强化数字建设，优化艺术传播推广服务

互联网在传播速度上和传统模式相比有显著优势，来宾市群艺馆在全民艺术普及的传播推广中应极力构建网络平台，面向群众有效宣传全民艺术文化，在网络资源的帮助下扩大宣传范围、提高宣传速率，并据此建立群众和群艺馆的互动交流体系，让群众可以

更快了解群艺馆的集体活动,保证参与人数更多,增大全民艺术普及中的传播推广效率。中国文化馆协会发布施行的《文化馆蓝皮书·中国文化馆全民艺术普及发展报告 2015—2016》当中就曾经发布一项全国文化艺术机构开通网站的情况,结果显示群艺馆普及应用互联网的程度不够高,全民艺术普及中的传播推广服务还局限于线下为主和线上为辅的阶段,加强数字化建设则是来宾市群艺馆优化全民艺术普及中的传播推广服务的关键所在。

数字化建设与服务是现代文化艺术机构发展的主要方向,尽管初期投入成本较大,但在建成之后可以在全民艺术普及中产生非常强大的传播推广效果[4]。所以来宾市群艺馆应基于数字技术,把部分区域改造成数字化的舞蹈、书法、钢琴、古筝等互动教室,安装数字化设备,如查询取票一体机;充分整合线上线下,优化公共文化服务方式,如实现公益性培训网络报名,在网上开设免费培训课堂,促使老师与学员在网络信息技术的支持下打破时间、空间的限制,充分交流、互动,提升全民艺术普及成效。

面对党和政府的重托、人民群众的希望,群艺馆应勇敢承担全民艺术普及的光荣使命,一如既往迎接挑战,努力适应群众对精神文化的多元化、个性化需求,利用所有可用资源,迎难而进,塑造群艺馆良好公众形象,结合公益培训、文化讲堂、展览演出等活动,加快数字化建设进程,为全民提供更精准、更优质的公共文化服务,进一步突出群艺馆在全民艺术普及以及公共文化服务中的重要地位,最大限度发挥来宾市群艺馆的传播推广职能,满足群众文化艺术需求,提升全民文化素质。

参考文献

[1] 权红涛 . 全民艺术普及机制创新方法探讨 [J]. 大众文艺,2017(4):18.

[2] 林玉坤 . 全民艺术普及机制的创新研究 [J]. 中国民族博览,2018(5):60-62.

[3] 马迎春 . 创新公共文化服务模式 助推全民艺术普及 [J]. 人文天下,2017(16):51-53.

[4] 周美芹 . 浅谈全民艺术普及中摄影艺术的实践方法——以河北省群众艺术馆为例 [J]. 大众文艺,2019(1):8.

浅议新时代实体文化馆与数字文化馆的协同发展

金 笑（舟山市文化馆）

随着互联网、新媒体技术的光速发展，人们获得文化资讯的手段日益丰富，享受文化成果的途径日益增多。数字文化馆作为一种新兴事物，逐步成为公众参与文化活动的新方式，也在潜移默化中影响着实体文化馆的发展。面对发展势头汹涌的数字文化馆，我们必须充分认识两者的异同，并加以分析研究，在推广数字文化馆的同时，促进实体文化馆的活力稳步增强，正确把握二者的发展方向。

一、实体文化馆的优势与劣势

我国的实体文化馆一部分是从民国时期的民众教育馆统一改建的，一部分是新中国成立以后新建的。纵观实体文化馆的发展历程，大致经历了政治时代、经济时代、公共服务时代三个时期，而宣传教育和公共服务几乎是实体文化馆的基本定位。伴随着共和国一起成长的实体文化馆，在弘扬社会主义核心价值观中始终发挥着积极作用。

（一）实体文化馆的优势

1. 群众基础好。如果说，最初的实体文化馆是群众"唱唱跳跳"、热闹热闹、自娱自乐的地方，现在实体文化馆的常设艺术门类在文学、音乐、舞蹈、戏剧、曲艺、美术、书法、摄影、理论研究等9个外，更加五花八门、别出心裁。实体文化馆不仅能根据公众的年龄、学识、兴趣等设置相应的活动内容、形式，还能充分体现和突出地方文化特色，融合经济社会和群众生活的方方面面，它已成为满足群众求美、求智、求富、求乐的存在。因此，实体文化馆的群众满意度普遍较高。

2. 互动体验佳。这些年来，实体文化馆更加注重倾听呼声。为了满足公众个性化的需求，实体文化馆建立并完善反馈机制，同时把选择的主动权充分交到公众手中，打破了对公共文化资源使用的垄断。通过提供菜单式服务、超市化供应，让公众能根据自己的喜好选择所需的公共文化产品及服务。公众甚至可以先自己决定时间、地点、形式、内容，实体文化馆再根据实际进行产品及服务配置，实现了"按需定制""你点我送"，使公共文化服务更加有的放矢，也让公众对自身的需要有了更为畅通的表达。

3. 氛围营造妙。除了常规的演出、展览、培训、创作、比赛之外，实体文化馆增设了理论研讨、对外交流、民间艺术、送戏下乡、志愿服务、团队管理、作品推广、期刊印发、艺术档案等服务内容。不同于图书馆的"书"、博物馆的"物",实体文化馆最重要的就是"人"。可以说,实体文化馆不仅是提供各类公共文化产品及服务的地方,更是人与人进行文化艺术交流沟通的场所。实体文化馆经常性组织开展公众交流活动、文化讲座、艺术培训,有效创造了浓郁的艺术氛围,创造了良好的文化环境。当我们步入实体文化馆的时候,就会体会到他的独特魅力,有一种让文艺成为生活方式的氛围。

(二)实体文化馆的劣势

1. 实体文化馆的各种公共文化产品,如美术、书法、摄影作品等需要充足的储放空间;公共文化服务,培训、辅导、演出等需要较多的人手进行落实。这导致实体文化馆的公共文化服务的更新、供给的速度不快,服务手段较为传统。

2. 服务对象受限较大。一般实体文化馆的主要服务对象是本地区的公众。公众很难享受到跨区域的公共文化服务。而本地公众享受公共文化成果也较容易受到主客观因素的影响,如活动场地、公共资源、服务水平等。最新和急需的信息较难及时获取。

3. 实体文化馆的资源有限。在同一时间段内往往只能接纳一定的人享受到一类公共文化服务。这部分人群较难将所享受到的视、听、学相结合的公共文化产品或服务原封不动地通过类似"转发"的功能,实现二次分享与传播。

二、数字文化馆的优势与劣势

数字文化馆的出现是文化馆发展历史上的重大进程。这里的数字化主要指两方面:一是文化馆的内涵是以数字化的形式进行呈现的,比如各种文字、图像、音频、视频等;另一方面是指参与文化馆活动的载体是数字化的,比如手机、电脑、平板电脑、数字一体机、全息投影设备等。因此,数字文化馆的优势与劣势都是因为这两方面而产生的。

(一)数字文化馆的优势

1. 便捷性。互联网打破了空间、时间的限制,只要有计算机与网络连接,用户就不仅让公众能够在任何地点、任何时间参观数字文化馆,增进公众对文化馆的了解;还可以在线预约教室、试听课程,推动文化馆"最多跑一次"的实现。数字文化馆使得实体文化场馆的服务方式得到延伸,服务内容得到增值,丰富了文化资源共享的内涵。

2. 交互性。随着信息技术的发展,人脸识别、语音识别等的推广普及,人们能通过数字文化馆及时获取更多想要了解的资讯。这让参与文化活动的线上体验变得更加直接、立体、全面。通过网络的连接,在数字文化馆的活动并不仅仅是单线程的,而是双向互动的。远程收发指令、及时反馈、同步直播等,服务质量受人为因素影响较小,也一定程度上节约了实体文化馆的空间和人力。

3. 海量性。数字文化馆是依托数字技术展开的,网络服务面广、覆盖区域宽,包括了对艺术档案相关数据的储存、处理,是一个网络环境下资源延展性强的网络系统。当下,搜索引擎技术越来越先进,广大文化参与者能在浩瀚的数字文化馆资源海洋中,通过关键词检索,查到所需的资讯。并能根据所查到的资讯,层层深挖,建立起相关资讯的"信息网",达到帮助公众增强理解的效果。

(二)数字文化馆的劣势

1. 虚拟态的文化资讯主要依赖计算机、互联网进行储存、传播,因此它的普及也很大程度上要建立在人们对计算机、互联网操作的熟练程度上。如果对新信息技术的掌握程度不够,就不能很流畅地享受数字文化体验,导致数字文化馆可能会面临受众面不广的这个问题。

2. 文化内容的呈现受到数字化技术、载体的限制。在数据转化中,格式不统一、比例不一致,很可能会导致文化参与者对同一个文化活动、文化作品产生的认知偏差。而不同数字化载体的平台,如手机、台式机、平板电脑等,受像素、网速、屏幕大小等因素的影响,很有可能在最终呈现过程中会失真。

3. 数字文化馆总给人以高深莫测、生人勿扰的印象,即使离得再近,也始终会感觉和实体文化馆之间隔着一堵墙。如果说,以前人们把实体文化馆当作修身养性、陶冶情操、丰富业余生活的场所,那么数字文化馆也更偏向于被定位为快速浏览、获取文艺资讯的手段,更"功利化"。

三、实体文化馆与数字文化馆的关系

(一)实体文化馆对数字文化馆的引领

实体文化馆能从顶层设计上保证公共文化服务发展的制度连续性、规划合理性和建设系统性。实体文化馆是数字文化馆的基调和底色,一定程度上影响着数字文化馆的性质、特色和走向。因此,就公共文化服务的发展而言,一个地方的实体文化馆往往具有不可取代性。实体文化馆对数字文化馆有着必然的拉动作用。因此,公共文化服务要重视实体文化馆的发展,只有这样才能提升数字文化馆的价值定位,增强数字文化馆的吸引力,才能塑造和完善公共文化服务的整体形象。

(二)数字文化馆对实体文化馆的补充

目前,我国各地实体文化馆的建设日趋多元化。一般来说,实体文化馆发展较快的地方往往较早建设数字文化馆。我们可以大胆推断,数字文化馆的发展是各地公共文化服务今后的发展侧重点。因此,数字文化馆可以说是传播实体文化馆的有效载体,决定着实体文化馆的发展前景、地方特色。数字文化馆的建设,不仅有利于实体文化馆资源的合理配置,为实体文化馆发展提升品位,也可以成为展现实体文化馆的窗口,帮助文化参与者理解和感知实体文化馆,使人体验到实体文化馆的特色与传统。

(三)小结

实体文化馆与数字文化馆各有优势和劣势。较之数字文化馆,实体文化馆更具有人情味;但在文化享受的舒适性、主动性方面,数字文化馆是个很好的选择。在新形势、新要求下的文化馆公共文化服务,不仅要方便了广大文化爱好者,也要为公众提供更加好的参与环境。

四、实体文化馆与数字文化馆协同发展的途径

(一)根据现成条件,确定文化参与方式

享受数字文化服务需要满足一定的硬件条件才能进行。一是借助一定的数字化设备,如电脑、智能手机、平板电脑、数字文化一体机等。二是需要畅通的网络。如果采用智能手机,还要保证具备稳定的移动信号、充足的电量等,不然势必会影响到享受数字文化服务的质量。为了享受到更好地视听享受,可能还需要借助耳机,这不是随时随地都方便携带的。而参观实体文化馆则完全没有这方面的限制。免费开放的文化馆可以在任何方便的时间、地点进行公共文化活动的体验。当然,前提都是在实体文化馆和数字馆相关活动的开放时间、开放场所内。因此,具备一定的硬件条件时可以浏览数字文化馆,不具备时可以选择实体文化馆。

(二)根据实际能力,确定文化参与方式

这里的能力一方面指的是针对数字文化馆所必须的数字设备的购买能力以及数字设备的使用能力,一方面指的是实体文化馆的参与能力。比如掌握不了数字设备使用技能的人,难以承受数字设备价格的人,可以选择参观实体文化馆;事业、学业繁忙的人,行动不便的人,可以选择数字文化馆。拥有两种能力的人,可以同时选择数字文化馆享受科技带来的便利,也可以选择实体文化馆感受真切的文化氛围,丰富生活,提高素养。

(三)根据服务内容,确定文化参与方式

信息爆炸的时代,公众每时每刻都会受到各类资讯的狂轰猛炸。公众并没有时间和精力对海量的活动和消息进行全盘消化。为了在有限的时间里尽可能多地获取更多更好的公共文化服务,可以对具体公共文化产品和服务进行分类。有些培训的音频、视频可以在数字文化馆听到、看到,不需要太多思考;或者先行在数字文化馆进行基础了解之后,再前往实体文化馆近距离体验;有些佳作、精品必须亲临实体文化馆细细品味,随后在数字文化馆上反复观看、认真研读,真正地领悟、吸收。

(四)根据个人兴趣,确定文化参与方式

这个就是因人而异的事情。有些人喜欢在不受外界干扰的环境下独自参与文化活

动,比如观看展览、学习某项艺术技能,那就可以选择数字文化馆的方式。有些人喜欢在互动交流中,对公共文化产品或服务评头论足,在共同探讨中获得某项技能的提升,那就可以参观选择实体文化馆的方式。

(五)根据生活习惯,确定文化参与方式

这一点其实也跟上文提到的一样。涉及每个人文化参与方式的选择上,习惯使然,不必强求。无论实体文化馆,还是数字文化馆,只要能从中找到思想碰触时油然而生的亲切感,氛围环绕时魅力散发的愉悦感,就达到了公共文化服务的初衷。

总之,公共文化服务要随着社会、经济、科技的进步不断地创新。在传统与现代结合中,取其精华,补其不足,才能建设更好的文化馆。数字文化馆以实体文化馆为基础,是实体文化馆的进一步发展。两者共存互补,相互结合,是发展的需要。我们既要看到数字文化馆逐步增长的趋势,也要看到实体文化馆不可取代的地位,既要重视和支持数字文化馆,也要重视和支持实体文化馆。最大限度地做到数字文化馆和实体文化馆互相协调、共同发展的平衡点。这也是当下公共文化服务发展的方向。

参考文献

[1] 张锐昕,张昊,李荣峰."互联网+"与政府的应对 [J]. 吉林大学社会科学学报,2018(4):140-149,207.

[2] 关育兵. 实体书店何以逆袭转暖 [N]. 中国改革报,2018-03-30.

[3] 中国文化馆协会."新时代文化馆理论体系构建"主题征文获奖论文集 [C]. 上海:上海大学出版社,2018.

基于现象学、场域、民族志理论浅谈群众文艺的"群众性"

吕星晔（天津市群众艺术馆）

群众文艺是一个较为宽泛的说法，既包括群众性的文艺作品，也包括群众性的文艺活动；既可以是为群众创作组织的，也可以是由群众自发创作组织的。群众文艺是我国文艺事业的基石和重要组成部分，以满足人民群众精神文化需求、改善文化生活为根本任务。近年来，我国群众文艺一直向好发展，但仍存在一些问题，如：过分注重评奖带有功利性、整体水平参差不齐、高水平作品普适性不够脱离群众等。存在上述问题与没有从根本上把握住群众文艺的"群众性"不无关系。

群众文艺是群众属性第一，还是文艺属性第一呢？贺拉斯在《诗艺》中指出，所有文艺作品都有两方面特性，即甜美与有用。甜美，即艺术性，它可以超越社会现实寻求纯粹的美感；有用，即社会性，对社会或其中的某一群体有积极作用。由此可见，任何文艺都是社会性与艺术性的结合，群众文艺自然也不例外。任何忽略艺术性的群众文艺都无法成为精品，任何忽略群众性的群众文艺都不会得到群众的喜爱。

处理好艺术性与群众性的关系，是生产高水平群众文艺的关键。站在这一逻辑起点，本文将尝试将所有群众文艺都视为一个艺术文本，从现象学、场域理论、民族志三个理论层面审视群众文艺的"群众性"。

一、现象学解释"群众性"的分层存在

现象学是一种通过"直接的认识"描述现象的研究方法。即通过回到原始的意识现象，描述和分析观念（包括本质的观念、范畴）的构成过程，以此获得有关观念的规定性（意义）的实在性的明证。波兰现象学家英伽登在《对文学的艺术作品的认识》将文本分为声音层面、意义层面、要表现的事物层面和"形而上的质"层面，我们可以将其粗略地概括为语言层面、形象层面和意蕴层面。

语言层面是文本的最初级，从最小的语素到用词再到句子、段落、篇章都是语言层面，这一层面文本艺术性的基础，词语的选择、句子对现实语言的偏移、段落间打破常规的关联方式，都可以形成审美效果，铸成文本的艺术性。文本的社会性同样也存在与语言层面，语素的选择、遣词造句都带有社会性，这些都会赋予文本。群众文艺中的"群众性"同样也存在于文本的语言层面。虽然随着教育事业的发展，我国人民的文化程度逐步提高，当下群众的文化水平已达到一定高度，但群众文艺始终是文化娱乐的一部分，简

单明了、通俗易懂、有认同感,仍旧是群众语言的基本特征。因此,群众文艺在语素、用词、造句、段落方面应尽量通俗化,以通俗简单的语言建构与日常语言的差异,终止语言接受的自动化,达到审美效果,是"群众性"对群众文艺语言层面的要求。其难度显而易见,这也从一个角度解释了群众文艺少精品的原因。

形象层面是文本的中级层面,它不是指文本中出现的具体形象,而是文本呈现在受众面前的总体面貌。它可以是一个完整的叙事链条,也可以是一个人物形象,可以是一处景物,也可以是一个场面……形象层面依赖语言层面才得以呈现,但一旦呈现出来,形象层面就要接受受众的重新理解和建构。形象层面的艺术性与社会性是纠缠在一起的,受众按照自己的社会身份、利益和习惯接受并建构形象,形象的结构方式与受众社会性相适应,就是一种有效的艺术传达,不相适应,就会形成艺术性的扭曲。因此,"群众性"在群众文艺的形象层面的作用是决定性的,文本呈现出的故事方式、人物行为、场景特征是否为群众所接受,是否为群众乐于接受,直接影响群众文艺的效果。

意蕴层面是文本的高级层面,是指文本带给受众的情绪、感受。不是所有文本都有意蕴层面,只有好的艺术文本,才能触发受众,形成意蕴。意蕴层有两个维度,一是心里维度,二是社会历史维度,两个维度都受社会性影响。群众文艺让群众产生好恶、反对与认同、愉快与悲伤都是由意蕴层决定的。虽然我们在创建文本时无法决定文本的意蕴层,但是意蕴层的存在可以反过来指导我们的文本创建。就群众文艺而言,创建文本时就要考虑到,文本可能传递出的意味是不是靠近群众心理,是不是符合多数群众的社会境遇,只有这样,才有可能成为成功的群众艺术。这就是"群众性"在文本意蕴层面给予我们的启示。

二、作为一种场域的群众文艺

社会分工是现代社会的重要标志,社会分工使不同行业、不同领域逐步形成相对独立而封闭的空间,这就是场域。场域理论是社会学的基础理论,对我们认识社会,认识自己所从事的行业、自己在行业中的位置都有重要作用。如果用场域理论审视群众文艺,我们便会发现,群众文艺场域中的推动力、资本这两大基本元素与其他艺术场存在明显不同,"群众性"在群众文艺场域中发挥着核心作用。

布迪厄认为,场域就是位置间客观关系的一个网络或一个形构,这些位置是经过客观限定的。场域不是一个范围领地,而是一种推动力量下形成的相对封闭的互相关系。比如艺术场域、文化场域、宗教场域、法律场域等,它们都是在一个相对一致的力量,如审美追求、文化特性、宗教教义、公平追求,在内部形成了相互关系。这种力量就是纽带,占有这种力量的多少就成为资本,资本决定了个体的相互关系,决定了其中的佼佼者。在群众艺术领域,群众艺术的生产组织者、群众艺术产品、群众、批评家之间构成了相互关系,是"群众性"将群众艺术从其他艺术领域中划分出来,成为有明确标记的限制性社会场域,因此"群众性"成为群众文艺场域的纽带和推动力。在群众文艺场域中,"群众性"具体说就是群众的接受程度、认可程度成为资本，文本的优劣也是由"群众性"判定的。

通过场域理论认识群众文艺中"群众性"的重要性，可以给群文工作者两方面启示：其一，关于群众文艺的经典化问题。此前我们谈到文艺的经典化，首先关注的是其艺术性，确实在艺术场域中艺术性是非常重要的资本，但是在群众文艺场域中，"群众性"成为核心资本，群众文艺经典化必须注重群众性，也就是群众的认可和接受程度。另外，除了单独的资本竞争，文艺批评也是文艺经典化的重要途径，这就提醒我们，群众文艺经典化需要基于"群众性"的专业批评。其二，场域具有自主性，一个场域，生产者只为本场域提供消费，外场域根本无法进行消费的性质越强，场域的自主性就越强，即专业性越强，场域的封闭性、边界性、排他性就越强。所以科学场域的自主性是最强的。而在艺术场域中，群众文艺本身就是为了服务最广泛的群体，因此自主性是最弱的一个艺术场域，作为群众文艺工作者应该有开放性，悬置所谓的边界意识，广泛吸纳，这样才符合群众文艺场域的特征。

三、群众文艺的民族志内涵

法国历史学家泰纳在《英国文学史》导言中指出，文学产生决定于时代、种族、环境，这就是著名的三要素理论。其实文艺都是如此。群众文艺作为文艺的重要组成部分，同样符合三要素理论，而且基于"群众性"，群众文艺是更直接地对时代、种族、环境的反映。群众是生活在同一时代、关联种族、同一环境（包括：自然环境、社会环境、历史环境）的最广泛的群体，这为我们认识群众文艺提供了一个别致的角度，即群众文艺是一种带有民族志内涵的社会文化活动。

群众文艺是具有一定民族志内涵的社会表演活动，这时引入社会表演理论就显得非常必要。理查德·鲍曼认为很多社会活动，如教书、辩护、看病，当然也包括演出本身都带有很强的表演性，这种社会表演是在一次又一次、一辈又一辈的传承中形成的，因此任何表演都不是个体的，而是对抽象的民族传统的一种具体化的重复。很多表演活动都可以作为民族志进行考察。群众文艺主体是同一片土地、同一种文化孕育出的最广泛的群众，"群众性"中蕴含了相当的民族志意味。这就不难解释，为什么春节、中秋、清明、端午等中华传统节日往往是群众文艺活动的高潮，而且群众的参与度也更高。

群众文艺的民族志内涵，可以给我们的群众文艺工作提供一条非常重要的启示：社会表演理论认为，任何社会表演都是由表演主体、表演内容、表演环境和观看者这几个基本要素构成的。在带有民族志内涵的社会表演活动中，表演环境至关重要，它是民族志内涵得以传达、表演得以完成最重要的因素。表演环境有宏观的社会环境，也有微观的具体的表演环境。我们的群众文艺要想取得认可和成功，应该重视表演环境，一方面善于利用宏观的社会表演环境，如传统节日、社会潮流、公共话题，这些都是将群众聚拢在一起，真心投入的前提；另一方面要善于制造微观表演环境，与表演中蕴含的传统相符合的场地、场景、装饰、服饰、道具、语言等，这些都更容易得到群众认可，使活动取得成功。很多地方举办正月十五灯展同时组织猜灯谜活动；京津冀非遗展活动中同时举办花会展演和非遗体验活动……这些都是群众文艺民族志内涵最直观的例证。

将群众文艺置于现象学、场域理论、民族志等不同的理论框架中审视，我们都能在其中找到"群众性"，认识到"群众性"之于群众文艺的重要意义，进而衍生出对群众文艺工作的启示。这些启示其实很多早已运用于我们的群众文艺工作实践，但它们往往是零散的、经验性的，这就使我们的群众文艺工作的效果难以预测和捉摸。通过这些理论审视，我们可以更准确、科学地认识群众文艺，实践群众文艺，更好地把控工作效果，这就是理论考察对于更重实践的群众文艺工作的特殊意义所在。

基层综合文化站公共文化服务社会化运营的定海实践

李　华（舟山市定海区文化馆）

近年来,公共文化服务在社会生活中所占据的权重越来越大。为了更好地应对群众井喷式增长的文化需求,从源头上缓解基层文化部门,特别是基层综合文化站的公共文化服务压力,舟山市定海区采用以政府出资购买服务,以多种形式委托给企业或社会组织运营管理的形式,在基层综合文化站公共文化服务社会化运营层面开展了一系列探索与实践。定海区文化馆通过区域文化资源整合,文化团队发展、管控,文化站职能转换等众多层面的打包运营和高效运作,进一步创新运营模式和管理模式,推动文化机构减负、服务质量效率双增,走出一条"政府主导、目标管理;群众主体、社会参与;市场运营、自负盈亏"的文化发展新道路。

一、基层综合文化站运营状况综述

（一）基层综合文化站整体运营状况

乡镇综合文化站作为连接城乡公共文化服务体系的重要组成部分,是推动文化大发展大繁荣的基础环节和党委政府开展农村文化工作的基本阵地,对于活跃农村文化,促进农村经济社会协调发展,具有不可替代的作用。其职能不仅涵盖运营管理文化基础设施、开展政策法规宣传、举办公共文化活动、指导业余文艺团队建设、文艺创作、非遗保护等传统层面,还涉及数字文化信息服务、流动文化服务等新兴导向,内容多、任务重、要求高,是区域内公共文化服务的提供主体和实施主体,实现职能全覆盖对编制紧、人员少、专业性不强的基层综合文化站而言压力巨大。此外,经多年发展,县区图书馆、文化馆、农村文化礼堂在基础设施建设、经费人员配置等层面均取得了长足发展,应与之互为支撑的基层文化站建设后续乏力,综合文化楼的开放时间、服务内容、服务水准与群众需求不配套,也在一定程度上影响了基层综合文化站整体运营效能,基层综合文化站管理改革势在必行。

（二）定海基层综合文化站运营现状

定海目前共有 11 个镇（街道）,每个镇（街道）基本配备 2 名工作人员,2012 年底农村镇（街道）基本建成乡镇综合文化楼,有效改善了基层文化面貌。但总体来看,人才队伍薄弱、经费投入不足、工作机制不活、综合服务能力不强等痼疾依然存在。特别是在综合文化楼使用层面上,目前基本采用聘用少量非专业人员进行基础设施管理的形式对外开放,无论是开放时间还是活动内容,均无法满足基层公共文化服务的基本需求。为进一步提升基层综合文化站整体运营效能,突破公共文化服务层面人力、财力、物力受限于历史等多种因素的固有局面,实现政府购买公共文化服务的管、办分离,定海以马岙街道、岑港街道、金塘镇文化站(文化楼)为试点,进行了积极探索。

(三)定海基层文化站公共文化服务社会化运营现状

2017年,以马岙街道为试点,将综合文化站公共文化服务整体打包,涵盖马岙街道文化楼日常管理、公共文化品牌活动策划组织与实施、公共文化服务平台建设和文化设施设备的管理等众多层面,并通过公开招投标委托给浙江梦潮文化创意有限公司运营。2018年,基层综合文化站公共文化服务社会化运营试点继续铺开,先后与舟山爱博仁人力资源咨询有限公司签订岑港街道文体楼社会化营运协议,实现文化楼管理用工的社会化运营服务;与舟山富莎国际文化传播有限公司签订金塘沥港文化楼时光印象书吧运营协议,由公司负责金塘时光印象书吧装修、管理、运作等工作。在此过程中,基层文化站公共文化服务社会化运营具体进程由各乡镇(街道)文化站负责指导。试点两年来,文化站从烦琐的基层文化事务中解放出来,从"管办不分,以办为主"向"管文化"转变,也推进了公共文化产品和服务的购买与经营,探索出一条"政府主导、目标管理;群众主体、社会参与;市场运营、自负盈亏"的文化发展新道路,进一步解放文化生产力。

二、基层综合文化站公共文化服务社会化运营创新亮点

(一)丰富了公共文化服务社会化运作模式

定海基层综合文化站公共文化服务社会化运营根据实际需求,采用多种形式将购买的公共文化服务委托给企业或社会组织运营管理,丰富了公共文化服务社会化运作模式。如选择设施齐全、委托社会化运营条件比较成熟的马岙街道综合文化站整体委托给有实力的企业(社会组织)进行运营,通过创设公共文化产品(服务)提供平台、区域文化资源整合平台、团队发展管控平台、文化站职能转换平台,向基层群众提供新型公共文化服务。岑港街道文体楼2018年刚刚启用,各项设施的配套管理人员存在较大缺口,其社会化运营服务则以文化楼管理用工为主。金塘沥港公共阅读需求强烈,政府有关部门与文化传播有限公司签订社会化运营协议,以免租金形式促成了金塘沥港文化楼时光印象书吧为期十年的运营,目前,"时光印象书吧"已成功申请城市书房合作,成为定海区乡镇首个城市书房。

(二)探索了基层文化站职能转化途径

试点工作将文化站职能应用细分为设施产权、管理权、运营权三大部分,按照"管办

分离"和市场化运营的原则,设施产权归政府,由政府设立目标,提供资金,实施考核,推动管理权、运营权竞争流转,实现文化站与企业紧密合作、高效运转,确保了公共资金的使用绩效。从而将文化站不该办、办不了、办不好事交由市场来办,将文化站的职能逐步从"管办不分,以办为主"转移到"管办兼顾,以管为主"上来,进一步发挥文化应有的功能,全面提升文化站运营效能。

(三)创新了公共文化资源综合利用模式

试点工作致力于破解群众参与公共文化的动力机制问题,在文化活动、文化培训、文化服务等各类优质资源综合利用模式等方面进行了一系列的创新与实践,把工作重点放在适应和满足不同层次、不同文化背景、不同地域人群的文化口味及文化需求上。基层群众根据自身喜好,既可以登台表演,也可以参与培训,还能参观展览、任选图书,营造了自编、自导、自演、自评、自赏、共享基层文化的浓厚氛围,让群众在家门口享受文化、参与文化,从而推动基层公共文化服务的良性循环。尤其是马岙街道推出的文化积分制,使大批基层群众的文化服务热情持续高涨,形成了文艺辅导与文化宣传相结合的服务倾向,最大限度激发了群众参与文化建设的热情和文化创造活力。

(四)破解了基层文化站专业人员匮乏难题

长期以来,基层综合文化站受编制紧、人员少、专业性不强等多种因素制约,公共文化服务压力巨大。定海区基层综合文化站公共文化服务社会化运营自启动以来,承运企业有力补充了文化站在基层公共文化服务各个层面的人员缺口,从源头上破解了基层文化站专业人员匮乏难题,把文化站从烦琐的基层文化事务中解放出来,由微观向宏观转变,使文化站有更多精力提升文化设施建设、文化市场管理、群文团队管控、群文品牌创新、群文精品创作、公共文化产品和服务市场运营监管的水平和层次。同时,这一试点工作的推广进一步引导、激励文化企业提供更为精益求精的文化服务产品,促进了区域文化企业的良性竞争与发展。

四、推进基层综合文化站公共文化服务社会化运营的相关建议

(一)提升团队专业化程度

一方面是要关注运营团队专业化。加强作为运营方的企业或社会组织资质审核工作,特别是要注重从公共文化产品和服务的生产和提供、公共文化场馆设施运营管理、公共文化资源的整合利用、区域文化人口的增加、文化团队的发展与管控、群众文化品牌的培育、文化功能与作用的有效发挥等层面来评价运营方资质,从招投标源头提升运营团队专业化程度。另一方面也要注重具体服务团队专业化。通过培育专业化师资团队,从根本上解决各类培训讲座的报名人数远远超出了专业师资及专用场地的承受能力,甚至由

于缺乏师资无法开课的尴尬,既要调动、整合全区文化志愿者资源,缓解师资压力。同时也要将运营试点与文化志愿者培育有机结合起来,将当地文化骨干吸收为文化志愿者,发挥文化志愿者在公共文化服务层面的示范、引领、辐射和带动作用,助推基层综合文化站公共文化服务工作从体制"内循环"到社会"大循环"的转变,在不增加公共财政、人员投入的情况下,提高公共文化服务水平。

(二)着力梳理双方功能定位

厘清公共文化服务社会化运营作为公共文化类综合服务工程的系统化运营行为,坚持科学规划先行、分类指导落实、狠抓考核评估,促进基层公共文化服务均衡发展。明确政府机构和运营方在文化站管理服务层面的功能定位,凸显政府机构的管理定位,将文化站职能转移到监督管理层面上来,重点细化考核管理模式,对文化站公共文化服务社会化运营承接主体的运营行为、运营方式,提高公共文化服务效能和公共财政使用绩效进行规范。同时,强化运营方的服务定位,根据政府要求和精神导向,制订具体的运营方案,通过丰富文化供给,满足基层多元化文化需求来增加群众对公共文化服务社会化运营工作的参与度、参与度、认可度,使政府导向和社会力量在基层文化站公共文化服务工作中的布局与结构更为优化,努力把握先进文化的前进方向,传递弘扬社会正能量,在建设资源更为丰富、内容更为多样、使用更为便捷的公共文化服务体系过程中发挥积极作用。

(三)进一步健全完善沟通机制

加强政府机构与运营方之间的沟通,细致管理,保障人民群众的基本文化权益。要求社会化运营承接主体严格遵照承运方案提供服务,以内容丰富、形式多样的文化惠民项目对接群众的基本文化需求,内容应涵盖政府应向群众提供的基本文化服务和公共文化服务机构承担的职责任务。社会化运营过程中,注重不定期召开协调会,对近期出现的重点问题及矛盾予以协调,并把协调重点放在激发群众参与文化的热情、降低群众参与文化活动门槛上,保障社会化运营顺利开展。加强政府机构、运营方和基层群众之间的多向沟通,注重收集基层群众对基层综合文化站公共文化服务社会化运营的意见反馈,适时调整服务内容和服务方式,开拓公共文化精准服务的新途径,进一步引导基层群众了解、选择、参与和享受公共文化服务。

基层综合文化站公共文化服务社会化运营的定海实践,通过培育政府购买公共文化服务(产品)市场化运作模式,不仅令政府、企业、群众三方受益,更推动基层文化站职能从"办文化"向"管文化"转变,为全面提升基层文化单位运营效能,建立与经济发展相适应的社会文化环境提供了实践样本。

参考文献

[1]陆和建,江丰伟.社会力量参与基层文化服务建设研究——基于社区文化中心的社会化管理实践[J].
    国家图书馆学刊,2017(10).

[2] 谭乔西. 公共文化资源整合的集群与辐射效应 [J]. 重庆社会科学,2016（5）.

[3] 曹征海. 稳步推进村级公共文化服务的有效路径——安徽推进中心村"农民文化乐园"建设思考 [J]. 求是,2015（9）.

[4] 张妍. 文化体制改革视域下现代公共文化服务体系建设研究 [M]. 沈阳:东北大学出版社,2015.

浦东文艺创作基地建设的思考

郭　凌（上海市浦东新区文化艺术指导中心）

文艺创作是文化繁荣之源。近年来，浦东新区在创建国家公共文化服务体系示范区的过程中，从体制、机制、导向、内涵、形式等各方面大力推动公共文化原创工作，着力培育和构建符合城市发展的文化原创平台，先后推出了一批体现浦东特色、时代潮流和人文水平的文化原创力作，为浦东市民提供更加丰富、多元和现代的精神食粮，展示了浦东城市文化的活力。其中浦东近些年着力打造的各类文艺创作基地起了关键的作用。

一、引进各门类艺术专家，成立大师创作基地，发挥引领作用

2012 年以来，浦东新区文化艺术指导中心先后引进了梅国建、徐庆华、熊源伟、徐健融、林嘉庆等艺术大师，分别在浦东建立了大师工作室，近六年在话剧、陶瓷创作、音乐等领域举行了 20 多次主题创作活动，起到了引领示范作用。2015 年，梅国建工作室推出了中国陶瓷的一个新品种——浦东陶瓷，在传承与发展中塑造出了浦东的历史美、人文美，填补了长期以来上海无本地材料制作陶瓷的空白，使上海从此有了地道的"上海陶瓷"。徐健融先生打造的"长风雅集"品牌，引领了一批书画家。"长风雅集"系列品牌活动由沪上著名书画家陈佩秋题字，程十发先生写序，坚持传播传统书画国学文化，一直以讲堂、开课、办展等"开门办学"的全新教育模式，为更多的学子、书画爱好者和普通市民提供了一个学习传统艺术、学习国学、交流文化、提升修养的平台。如今，浦东新区文化艺术指导中心已经培养了大批青年学者、艺术家，在社会上的产生了广泛的影响力。每年在浦东聚集大批全国知名书画家，深挖浦东人文资源，弘扬中华优秀传统文化，让高雅艺术真正走进千家万户，让浦东书画创作的可持续发展成为可能，促进了浦东书画作者深度体现本土文化资源特色的创作发展方向，打造了文化艺术在发展中传承，在传承中创新的成功样本。2012 年，伴随着浦东文化艺术节惠民工程的探索与实践，熊源伟先生着力打造的"剧海观潮"话剧展演季落地黄浦江畔的浦东新舞台，由此拉开浦东本土戏剧品牌的活动大幕。作为一个已举办 5 届的公益话剧品牌，2016 年，"剧海观潮"升级为浦东话剧节，成为一年一度浦东文化艺术节的"节中节"。每年参演剧目的原创话剧数量和质量逐渐提升。至今共上演了 45 部话剧，涵盖上海、北京、天津、珠海、杭州等省市剧团作品，其中有 9 部原创话剧是在"剧海观潮"进行全国首演。演出舞台也从原本仅有的浦东新舞台，逐渐扩展至张江戏剧谷等多个场地。

二、与国家级、市级各类专业协会、专业剧团合作,建立创作基地,引进专业力量

2014年底,同上海作家协会合作,建立了上海现实题材创作浦东基地。上海市作家协会、区委宣传部(文广局)、陆家嘴管委会、张江管委会和新区文化艺术指导中心建立联席会议制度和日常联系机制,推进每个创作项目的策划、组织与实施。首批组织了由小说家滕肖澜,纪实类作家陆幸生,诗人徐芳等8个颇具实力的作家组成的专业创作队伍,作家深入浦东新区生活,攫取浦东开发开放以来涌现出来的新型产业、人才战略、重大工程、新生事物、鲜活人物和生动故事,创作了一批能够充分展示浦东在各个历史阶段的变迁与进步的作品。

2015年又与上海文广演艺集团旗下的九大市级艺术院团签订合作协议,整合全市资源为浦东所用。2015年开始与上海话剧中心联合创作话剧,聚焦浦东创业主题。

2016年,与上海市群众艺术馆合作,上海市群文创作基地(美术)挂牌浦东,作为全市群文美术创作活动示范点。近几年,浦东比较重视美术原创作品,从加强对全区美术创作的指导、积极发挥美术创作主体的作用、借用各类社会力量形成美术创作的合力、提供各类平台给美术创作的成果让市民评判共享几个方面着手,并在有条件的街镇和社区,积极成立了各类美术创作艺术社团,创作基地,充分利用了各街镇现有的文艺创作资源,立足浦东放眼世界,创作出了一批能够反映浦东开放开放二十多年来的时代巨变、思想性艺术性相统一的优秀美术作品,浦东新区仅仅2010年以来共创作美术作品800多件(幅),其中有近150件(幅)获奖或入选国家级、省市级各类大展。

2017年以来,在国家文化和旅游部艺术司支持下,浦东新区积极嫁接高端资源,先后邀请到了中国作家协会、中国交响乐团主创团队艺术家、国家优秀词曲艺术家、摄影家到浦东集中采风,他们深入陆家嘴金融贸易区、张江高科技园区、洋山深水港、世博园区等实地进行采访,此外浦东的具体单位、企业与作家双向选择,开展"结对子",深入体验生活、进行深度创作,涌现了一批经典力作。其中大型原创交响音乐会《浦东交响》2018年9月30日在北京国家大剧院上演,为国庆献礼。

三、建立区级、街镇基层创作基地

文艺普及的广度关系着文艺创作的力度。新区充分发挥了新区文化艺术指导中心、各文化馆、各专业协会的专业优势,积极开展各类创作培训,每年在区级层面举办30多个创作培训班,并在有条件的街镇成立各类文艺创作基地,在充分利用现有文艺创作资源的基础上栽桐引凤,努力打造各个艺术门类的创作高地。

新区设立了重大革命历史暨浦东开发题材文艺创作基地,每年提供80万以上专项资金扶持此类主题创作。2015年4月又与金桥镇联合成立了浦东书画创作基地(金桥),目

前戏剧、曲艺、摄影等艺术门类的文艺创作基地正在积极推进中。

通过区级基金扶持、专业人才编创指导、街镇投资主创等形式,新区各街镇陆续推出了一批大型原创大戏,获得了市民的广泛关注,取得了良好的宣传效果,如北蔡镇的《嫁女歌》、上钢街道的原创话剧《红润·追梦的人》、张江镇的原创浦东山歌音舞剧《张江之韵》、新场镇的《印象新场》、浦兴街道《浦东人家》等。

四、建立三级创作基地的后勤保障,在资金、人才、展示平台上提供有力的支持

为了让三级创作基地运转顺利,成为各个艺术门类的创作活动示范点,新区各级部门为基地运行提供了专项经费支持,整合各个部门各类资源,努力形成了文艺创作的社会合力。

(一)提供专项经费

近年来新区逐步建立和完善文艺创作管理体制和运行机制,探索新的管理和奖励办法,充分调动文艺创作人员的积极性和创造性。新区宣传文化发展基金专门设立了"文化人才和创作奖励基金",并逐年加大投入,用于鼓励为浦东文化发展做出贡献的优秀文化艺术人才及项目,奖励获市级以上奖项的文化艺术人才、作品、项目等,每年奖励超过百万元。

新区目前通过群文创作会演,市民美术书法摄影大展,投入数百万资金,为创作基地创作的作品提供展演展示平台,推动文艺创作成果的全民评价共享。此外,2015年以来围绕浦东创建国家公共文化服务体系示范区,新区又专门拨款近百万用于专项创作,举行了系列主题性文艺创作活动,并形成惯例,并逐年增加经费。

(二)建设文创人才队伍,注重培育,充分发挥文艺创作的主体作用

一支充满活力的、才华横溢的创作队伍是繁荣文艺创作的主力军。新区文化主管部门高度重视文艺创作队伍的建设,注重各艺术门类的专门人才的培养。一是为现有的艺术人才创造更好的条件,激发创作活力、创作热情,在经费支持、时间提供、后勤保障等方面为他们创造更好的条件、创造更宽松的环境。二是重视青年人才队伍培养,及时发现青年创作人才,以项目制等为基础积极予以扶持,在各类创作活动中给他们机会,让他们在艺术创作的实践中打磨成才。三是大胆地引进人才,充实创作队伍。对在省市级以上多次获奖的人才,实施绿色人才通道特别引进,近几年先后引进了30多名各个门类的专业创作人员。四是依托重大活动发现新的创作新秀,扩大创作队伍。利用每年一次的文化艺术节,依托区内区外专业院校以及新区各类文艺创作团体,每年举行相关的创作展示活动,发现在这些群众性、专业性文艺创作活动中涌现出来的艺术人才,把他们纳入培养新区专业性和群众性结合的创作队伍中。

（三）为创作基地合力打造的创作节目提供展演展示平台

新区每年举办"大地芳菲"群文创作节目会演,20多年来向浦东数以万计的文艺爱好者广发"英雄帖",为群文创作者和观众之间搭建了一个良好的展示交流平台。每年都有六七十个群文新作参与会演,自从2015年在机制设计上也做了创新和突破,引入了专家评审与观察团共同评比机制,让观众也参与评比,选出了一批专家认可、百姓喜欢的群文作品。其中每年评出的受老百姓欢迎的节目和优秀原创舞台类获奖节目纳入浦东新区百场文艺巡演配送,让更多市民共享文艺创作成果。

2014年,浦东新区文化艺术指导中心创办了《浦东文化》综合文艺刊物,目前已连续出版12期,为浦东各门类文艺创作人员提供了发表作品、自由交流的平台。《浦东文化》创刊4年以来,以创新、创意、创收为关键词,为大浦东的文化发展留下了珍贵标识与生动注解,填补了国家文化部对于国家一级馆考核要求的"一刊一网"空白,让浦东文化的对外交流有了书面承载体。2014年,《浦东文化》重点推荐作者、浦东本土小说家滕肖澜荣获第六届鲁迅文学奖。

积极举办各类展览展示创作采风、文化沙龙和文化交流活动,比如"美丽中国"文化新地标全国摄影(浦东)大赛入围作品展,每年一次的浦东新区市民美术、书法、摄影大展,浙江、江苏、浦东三地中国画交流展等,以及近几年分别组织浦东的文艺创作骨干与浙江、江苏、西藏、新疆、黑龙江、广东等地的文艺创作者开展创作交流活动,同时积极组织美术、书法、摄影扶持采风写生活动,多次组织书画摄影艺术家深入浦东、深入群众进行创作交流写生等活动,将众多的文艺创作者组织起来,同新区市民交流互动的同时也走向全国,请新区市民和其他区县市民以及全国观众评判浦东新区的文艺创作成果,通过不同渠道展览展示浦东美术书法摄影创作成果。

三级创作基地的成功打造,整合了各个部门各类资源,努力形成了文艺创作的社会合力,在这个基础之上,近几年先后推出了一批体现浦东特色、时代潮流和人文水平的文化原创力作。2013年以来,共创作作品1600多个(幅),其中有近260个(幅)获奖或入选各类大展。

全媒体时代背景下全民艺术普及与媒体融合发展之初探

岳奕莅（锦州市群众艺术馆）

随着互联网行业的蓬勃发展，传播方式和人们的信息获取习惯在发生改变，一个"万物皆媒"的全媒体时代正在来临。2019 年 1 月 25 日，中共中央政治局在人民日报社就全媒体时代和媒体融合发展举行第十二次集体学习，习近平总书记深入分析全媒体时代的挑战和机遇，强调推动媒体融合发展、建设全媒体成为我们面临的一项紧迫课题。在全媒体时代背景下，各类文化产品充斥视野，人民群众满足精神文化需求的途径不断发生变化，群众文化工作更应发挥其引领、教育、娱乐等功能，推进全民艺术普及。但是，当前人民群众不再满足于传统的群众文化服务模式，特别是作为社会中坚力量的"80 后""90后"，他们的生活方式和信息获取渠道已发生根本改变，他们更喜欢足不出户通过手机关注文化信息。因此全民艺术普及工作的开展应顺势而为，勇立潮头，积极与多种媒体融合发展，利用多种渠道，从群众需求出发，满足新时代人民群众在精神层面美好生活的需要。

一、关于全媒体

（一）全媒体及"四全媒体"的提出

"全媒体"：指媒介信息传播采用文字、声音、影像、动画、网页等多种表现手段，全方位表现媒介信息，利用广播、电视、期刊、网络等形态全要素传播媒介内容，使受众全时空感知、获取媒体动态变化，是一种全新传播平台与载体。"全媒体"不是跨媒体之间的简单连接，而是全方位的融合。

"四全媒体"：2019 年 1 月 25 日，习近平主持中共中央政治局第十二次集体学习时指出："当下伴随着互联网的发展，出现了全程媒体、全息媒体、全员媒体、全效媒体，信息无处不在、无所不及、无人不用……"第一次提出"四全媒体"的概念，从不同的角度和层面阐释了全媒体时代的媒体形态。"全程"指信息传播随时随地都可以发生；"全息"指所有信息都可以变成数据，只需要一个手机就能获得；"全员"从一对多的传统传播模式，变成了多对多的传播，每个人都可以成为发声的主体；"全效"则是功能的最大集成，内容、信息、社交、服务等多种功能汇集一起。四全媒体的提出，意味着电视、广播、平面传统媒体与以互联网为背景的新媒体将全面融合发展，全媒体时代即将到来。

（二）全媒体时代的受众特征

"受众"是传播学概念，指信息传播的接收者。包括报刊和书籍的读者、广播的听众、电影电视的观众、网民等。2019 年 2 月 28 日，中国互联网络信息中心（CNNIC）在京发布第 43 次《中国互联网络发展状况统计报告》显示，截至 2018 年 12 月，我国网民规模达 8.29 亿，普及率达 59.6%，我国手机网民规模达 8.17 亿，网民通过手机接入互联网的比例高达 98.6%。可见，以手机终端为代表的新媒体成为受众获知信息、参与互动的主要渠道。在这个时代，广大受众不再满足于被动接受信息和服务，而是主体意识增强，希望参与互动，并对信息和服务进行自主选择。

媒体格局的变化，延伸出受众需求的变化。全媒体时代大众传播的受众即是最广大的群众，与全民艺术普及的受众一致，因此，全媒体时代受众的基本特质和心理特征，也是全民艺术普及工作需要研究的。

二、全民艺术普及与媒体融合发展的必要性

（一）全民艺术普及与媒体融合发展是时代的要求

党的十九大报告指出，中国特色社会主义进入新时代，我国社会主要矛盾已经转化为人民日益增长的美好生活需要和不平衡不充分的发展之间的矛盾，新时代的全民艺术普及工作也面临着这样的矛盾。精神文化需要是美好生活需要的重要组成部分，特别是在互联网行业飞速发展的今天，人民群众可以通过各类媒介渠道获知文化信息、享有文化服务，不再满足于传统的公共文化服务供给模式和内容，因此全民艺术普及工作应从供给侧转变思路，从受众需求出发，与以新媒体为代表的各类媒体融合发展，以当代群众喜闻乐见的方式提供精神文化给养，这也是时代的要求。

（二）全民艺术普及与媒体融合发展是满足受众需求的有效途径

全民艺术普及工作面对的是最广大的人民群众，包括了各年龄层、各种职业、各种受教育程度的人群。上文中已做分析，当代受众主动参与意识越来越强，随着自媒体平台的逐渐壮大，受众已由单纯的被动接收者转化为信息的传播者。随之而来的是受众的精神文化需求越来越高，他们希望通过媒体渠道，足不出户地满足绝大部分精神文化需求。

以锦州市群众艺术馆"群星大课堂"项目为例，该项目始创于 2009 年，以公益性免费艺术培训为主要形式，以实现全民艺术普及为目标，于 2018 年获得第四批公共文化服务示范项目创建资格。"群星大课堂"长期通过调查问卷等方式进行受众调查，近 3 年的数据显示，走进艺术馆参加阵地培训的人群中 50—70 岁的占 75%。可见，阵地化公益性培训的受众趋于老龄化，而作为社会中坚力量的中青年群体很难覆盖到。究其原因，一方面中青年人工作繁忙，生活中又处于承上启下的角色，无暇参与长期的、固定的公益性艺术

培训;另一方面,他们的信息获取习惯发生改变,不像长辈那样习惯于走进文化馆接受培训,他们更希望躺在沙发上通过手机联通世界。

自2015年起,"群星大课堂"认识到与媒体融合的重要性,每年通过电视、广播、报纸发布培训计划以及新闻信息、深度报道等多角度宣传文章。2017年起依据学员需求,通过新媒体开设"微课堂""微展览"等针对性辅导内容,将阵地培训做了线上延伸,巩固阵地培训学员的同时极大地拓展了中青年受众群体。可见,全民艺术普及与媒体融合发展,是满足当前受众需求的有效途径。

(三)全民艺术普及与媒体融合发展能解决现实矛盾

我国全民艺术普及工作的主体——文化馆是公益性文化事业单位,在人才、资金、机制等方面受到体制的制约,而受众的文化需求却与日俱增,这就出现了人民群众精神文化层面美好生活需要与文化服务供给侧发展不平衡不充分之间的矛盾。

吸纳社会力量的参与是解决这一矛盾的有效方式,但是实现全民艺术普及的社会化,是一个循序渐进的过程,需要更高的社会认知度、全民参与意识、社会参与渠道等,并非一朝一夕可以实现。媒体具有覆盖面广、公信力高、影响力大的特点,特别是新媒体行业,发展迅猛,已经具备了成熟的受众群体、专业人员、技术平台,庞大的网络覆盖和终端拥有量,全民艺术普及与媒体融合发展,可以有效解决目前面临的现实矛盾,同时,有助于推进全民艺术普及的社会化。

三、全媒体时代可融合发展的媒体

(一)传统媒体

传统媒体是相对于网络媒体而言的传统大众传播方式,传统三大媒体指报刊、广播、电视。传统媒体的发展经过了漫长的历史过程,即便在互联网和新媒体蓬勃发展的今天,传统媒体所具有的公信力、影响力、专业性和权威性也是不可替代的。

(二)新媒体

新媒体是相对于传统媒体而言的,是利用数字技术、网络技术,通过互联网等渠道,以及电脑、手机、数字电视机等终端,向用户提供海量信息、娱乐服务的传播形态。新媒体具有交互性与即时性,海量性与共享性等特征。

(三)自媒体

自媒体又称"公民媒体"或"个人媒体",是指私人化、平民化、普泛化、自主化的传播者,以现代化、电子化的手段,向不特定的大多数或者特定的单个人传递规范性及非规范性信息的新媒体的总称。自媒体平台包括:博客、微博、微信、抖音等网络社区。自媒体具有平民化个性化、低门槛易操作、交互强传播快等特点。

四、全民艺术普及与媒体融合发展的实施路径

全民艺术普及的目的是提升全民艺术素质,其受众是最广大的人民群众,因此要通过全社会的力量,以广大人民群众喜闻乐见的方式,普及文化艺术。因此多角度、多层面、多渠道与媒体融合发展是一条可行之路。

(一)自上而下战略合作,通过媒体覆盖受众

2015年1月,中共中央办公厅、国务院办公厅印发了《关于加快构建现代公共文化服务体系的意见》,要求"积极开展全民艺术普及"。这是"全民艺术普及"第一次被正式提出,并成为新时期文化馆的使命与责任。

2016年12月25日《中华人民共和国公共文化服务保障法》发布,加强公共文化服务体系建设,提升全民族文明素质,被提升到法律高度。推进全民艺术普及,首先要提升全民艺术普及的社会影响力,在全社会形成一定的舆论氛围。

传统媒体(电视、广播、报刊)的特点在于具有影响力和公信力,覆盖面广。但是因为时段、篇幅的限制,缺乏深入性和交互性。融合发展,要扬长避短,全民艺术普及与传统媒体融合发展,应自上而下提高重视程度,充分发挥传统媒体的影响力、公信力、覆盖面优势。例如,从国家到地方,文化行政管理部门、公益性文化事业单位、行业协会等与官方媒体建立战略层面合作,通过传统媒体渠道提升各类公共文化服务信息的曝光度,面向大众进行文化艺术氛围的渲染、信息的渗透,加大文化艺术品牌宣传的力度,最大限度覆盖受众。

(二)内容共享深入融合,通过媒体吸引受众

媒体发展讲求"内容为王",新媒体更是如此。全民艺术普及工作更需要以多种方式将文化艺术之雨露春风融化渗透到群众心中,以潜移默化的形式提升全民艺术素养。通过与媒体融合发展来拓展受众,便需要尊重媒体运作规律,以不同媒体渠道的特点来整合内容,以群众喜爱的形式吸引受众,实现对其内心的浸润。

新媒体是依托互联网技术发展起来的,是当代受众最依赖的媒介渠道。新媒体渠道尊重个性化传播,具有极强的互动性。与新媒体渠道融合发展,应以符合新媒体传播规律的内容制作为前提,而这个过程需要专业人员进行专业编辑。与此同时,新媒体恰恰具有信息更新量大、包罗万象的特点,全民艺术普及的内容为新媒体发展提供了内容支持。例如公共文化服务供给单位与新媒体进行深入融合,定期为新媒体提供艺术普及的碎片化内容,由新媒体渠道进行整理、编辑、发布。深入融合实现双赢的同时,也将真正实现对广大受众的吸引。

（三）开展活动合二为一，通过媒体拓展受众

线上线下结合，是新媒体传播的特色之一。通过新媒体平台开展活动，使线上线下联通，不但有效覆盖受众，还能使受众多角度参与，既避免了线上活动欠缺体验的弊端；又避免了线下活动受时间和地域束缚的问题。这一点上，例如"文化上海云"等成熟的自建群众文化平台已经开展类似活动，并运营情况良好，但是各地方城市并不具备这样的资金投入与技术支持，只能望其项背。虽然各地文化馆也逐步开展了慕课、线上培训、微课堂、惠民演出抢票等活动，但是囿于文化馆数字平台建立时间短、受众基础薄弱等现实问题，对于受众的覆盖是非常有限的。这一点成熟的新媒体平台完全可以弥补，例如成熟的门户网站、行业网站、传统媒体的手机 APP、各行业 APP、地方官方数字媒体、数字电视等，而文化馆传统的阵地化服务又为新媒体渠道活动的落地提供保障。因此，可以与当地成熟的新媒体平台联合开展活动，使线下、线上优势互补，推进全民艺术普及。

（四）共建平台融会贯通，通过媒体转化受众

"和而不同"是孔子倡导的一种人际交往中和谐友善的关系，对于平台之间的合作亦是如此。开展全民艺术普及是全社会为之努力的事业，公共文化服务供给单位与媒体是跨行业合作，彼此间存在着行业的壁垒，为了实现全民艺术普及的目标，双方可以通过共建新媒体平台、自媒体平台等方式，共有受众，融会贯通，使受众因文化艺术内容聚集，在共建的文化艺术平台上参与互动、发表观点、推荐内容，形成"圈子"效应。同时，经过有效的运营，建立起运作机制，将受众中有艺术基础、有能力、有热情的人群转化成为文化志愿者，以少数带动多数，形成良性循环，最终实现全民艺术普及。

总之，全民艺术普及是文化馆的职责和使命，更是新时代提升全民文化艺术素质的必然要求。媒体是直接面向受众的传播渠道。全媒体时代背景下，全民艺术普及工作应与媒体跨界融合发展，不断营造良好的社会文化氛围，提供多角度、多层面的精神文化产品，满足人民群众精神文化需求，提升全民文化素养，为实现中华民族伟大复兴贡献力量。

参考文献

[1] 常敏 . 关于传统媒体和新媒体融合发展的思考 [J]. 今传媒，2018（1）.

[2] 李浩燃 . 勇立潮头，推进全媒体时代 "融合 +" [N]. 人民日报，2019-01-28（5）.

[3] 王绍忠，谢文博 . "四全" 媒体是媒体融合发展的必然趋势 [N]. 吉林日报，2019-04-01（5）.

新时代文化馆免费开放工作新发展趋势要求与对策

张书娜（丹东市群众艺术馆）

新时代背景下，中国已经进入了政治、经济、文化全面文明发展、绿色发展、平衡发展的新局面。在政治、经济有力发展的同时，文化方面我们要积极树立自己的文化自信，拥有自己的"文化自信"，因为文化自信是一个国家、一个民族发展中更基本、更深沉、更持久的力量。文化馆是政府公益性群众文化事业单位，是公共文化服务体系的重要组成部分，文化馆免费开放工作就是在最广泛层面上直接面向广大人民群众，宣传、普及、传承、发展社会主义先进文化，让其成为人民群众陶冶情操、娱乐身心的精神家园。尤其是2017年习近平总书记在党的十九大报告中特别指出要进一步加快完善公共文化服务体系，深入实施文化惠民工程，大力丰富群众性文化活动。新时期里文化馆要真正发挥出在先进文化理论研究、文艺精品创作、文化知识传播、文化娱乐服务、文化传承服务、农村文化建设等多个方面发挥引领人民群众的积极作用，这些目标都给文化馆免费开放工作带来了新的任务和新的发展契机，文化馆的免费开放工作已然成为当前文化馆工作的重中之重。目前全国各地区文化馆开放程度有快有慢，程度不一，我仅以丹东地区文化馆为例分析研究文化馆在免费开放服务工作如何因地制宜、因势利导，走出适合自身发展的新道路。

一、文化馆免费开放服务工作发展新趋势、新要求

新时期文化馆免费开放工作不能简单地理解为"敞开大门，单纯为群众提供参与各类群众文化活动的机会和场地"，而是要在迎接广大群众、引领广大群众开展各项群众文化活动的同时将培育和践行社会主义核心价值观，树立正确的社会意识形态思想，继承发扬中华民族优秀传统文化、发展社会主义先进文化思想精髓贯穿始终。将打造人民群众的"文化自信"，将"文化自信"根植于人民群众的灵魂深处作为文化馆免费开放工作的最终目标。因此文化馆免费开放工作已由最初的简单开放模式，向时间、内容和形式更加制度化、多样化、深入化、细分化、品牌化等方向多维发展。

（一）文化馆免费开放服务工作要不断创新内容，拓展领域

随着人民生活水平的日益提高，人民群众对自我文化素质提升的要求也越来越强烈，文化馆免费开放活动内容已经不能仅仅局限于文化艺术诸如音乐、美术、书法、舞蹈、摄影

等几个大的门类。人民群众对文化活动内容早已从单一的被动接受到主动性、选择性参与；人民群众对文化艺术个性化、定制化的需求应运而生，让群众针对自己的兴趣、爱好来参与文化馆免费开放活动，将主动权、选择权交给群众，才能更好地满足人民群众对文化生活的更高需求。以丹东市文化馆为例，今年以来其在原有开放活动内容基础上结合自身地域、民族特点增设了少数民族舞蹈特征教学、国粹文化京剧鉴赏、非遗文化传承、"茶"文化引领、文艺创作启发等多项新的免费开放活动内容。特别是今年馆内的摄影干部针对学习专业摄影入门门槛高，而广大人民群众又非常喜爱这项活动的现象，利用手机普及率极高、门槛低等特点开发出"发现不一样的美——手机摄影知识系列讲座"课程，受到普通老百姓的极大欢迎，每周固定到文化馆内参加活动的人数由原来的 2000 余人次升至 2400 余人次（不包括课下学习互动），人员参与数量和积极性效果显著增强。这些新的服务内容体现了免费开放中"以人为本"的服务理念，服务方式与时俱进，与群众需求紧密结合，与时代发展同步前进，在群众中具有吸引力，富有生命力。

（二）文化馆免费开放服务时间由单一固定化走向灵活化、需求化

多年来丹东地区的文化馆免费开放服务时间基本都是馆内工作日周一至周五早 8 点至晚 5 点，其他时间开放一直是根据工作需要灵活调整的。来馆内参与免费开放服务活动的大部分群众都是年龄在 50 岁以上没有太大工作和生活压力的中老年退休人群，中青年、少年儿童日常要工作、学习，受时间所限，主动来到文化馆参与免费开放服务的时间和机会相对较少，这就造成了群众文化活动受众人群老龄化、人员分布不均匀、年轻的文化艺术骨干力量极其缺乏、文化服务活动传播不广泛等现象，这也越来越不能适应国家在群众文化工作中提出的全民艺术普及的号召，不利于今后群众文化工作的可持续性发展。因此文化馆就要转变工作思想和工作作风，时刻从群众需求角度出发，制定相应灵活的文化馆免费开放时间和制度。丹东市文化馆自今年开始将免费开放服务时间由原来的工作时间拓展到每周增加两次延至晚上 7:30，周六周日根据团队需要可以全天免费开放，这些措施极大地改善了文化馆免费开放受益群众的普及层面。丹东市文化馆举办的"感受中国传统文化——欢欢喜喜过大年"6 项系列文化服务活动和手机摄影知识系列讲座、舞蹈技巧教程系列培训等免费开放服务内容，都在晚间 6 点以后举行，吸引了包括儿童、青年、中老年人等各个年龄阶层的群众近 1700 余人次广泛参与，活动成果斐然。今后馆内还将根据群众的需要逐步增加免费开放时间，制订出相应的开放计划。

（三）文化馆免费开放服务形式在多媒介中走向多样化、个性化

文化馆免费开放服务工作方式从最初的"送文化"变为如今的"种文化"，人民群众从群众文化活动被动接受者渐渐转变为主动选择者、参与者，这些群众文化现象都是同时代的进步、社会的发展密不可分的。文化馆免费开放活动形式、宣传形式也发生了很大的变化：在以往的演出、培训、展览、讲座等基础形式上又增加了"引进名家鉴赏""课外微信群内学习互动""学员课外采风汇报""文化馆公众号微课堂"等多种活动形式；宣传形式上也由电视、报刊等传统媒体发展到现今的公众号微视频、微资讯,市民今日发布,互联网视频传播等多种的形式。最典型的是在丹东市文化馆开展的免费开放服务工作中,为了更好地服务于群众,为馆内专业干部分配辅导培训任务,他们都与参与活动的群众建立了微信学习群,例如舞蹈群、摄影群、戏曲群等,对有需要的学习群众随时随地地给予知识辅导和问题解答,及时发布学习动态消息,极大地拉近了群众与文化馆之间的距离,文化工作者真正深入到人民群众中去,及时为有需要的群众服务。

二、新时期文化馆免费开放服务工作应对变化要有更有效地举措

(一)以免费开放服务工作变化为契机,促进文化馆工作改革,规范管理

未来文化馆免费开放服务工作必然带来群众人流量和馆内人员工作量的增大,为文化馆自身带来安全、服务等各个方面的压力。文化馆要加强馆内人员政治思想学习,牢牢掌握意识形态领域的话语权,加强服务意识理念,树立新时期政府执政为民、造福人民的良好形象。

要以"增强活力、完善服务"为重点,进一步深化人事制度、分配制度改革,逐步完善人员激励机制;建立健全相应的服务标准和服务规范;在管理机制和运行机制上要更加灵活,因地制宜、因人而异;要制定馆内开放突发事件的应急预案,妥善应急处理机制,确保免费开放服务工作中人民群众的公众安全、资源安全、设施设备安全,保证免费开放服务工作顺利开展。

(二)加强地区内公益性文化软硬件设施资源的整合、利用、共享

尤其是文化馆与文化馆之间要进一步加强免费开放活动项目、活动场地、活动教师的交流与合作;增加共同举办展览、讲座、培训、演出、辅导等工作的流动性服务;增加各馆之间文艺专业干部的业务培训和切磋,大家有效沟通、互通有无,将文化馆的免费开放服务工作由馆内延伸至馆外,让人民群众参与文化馆免费开放服务活动的选择面进一步扩展,由点及线、以线带面,促使各文化馆强化做好免费开放服务工作,比创新、比成效,从而带动整个地区的文化馆免费开放服务工作形成更健康、更积极的发展态势。

(三)加强馆内免费开放服务工作项目短期任务、长期目标的规划安排,使之更加适应群众提升自我文化艺术素质的迫切需求

文化馆免费开放服务工作要有一个长远的考虑和规划,至少要制定出年内或一段时间内具体活动项目、学习内容、所要达到的学习目标、应该吸引的人群分类;课程设置要从群众实际需求出发制定出具有科学性、针对性、连续性和多角度的工作规划。文化馆可以开展问卷调查、随机调查、课后回访、咨询建议等多种形式的调研工作来及时、积极听取群众和专家们的呼声和建议。通过公众号平台、多媒体发布、宣传展板等多种形式面向社会

公布,将我们的文化馆免费开放服务工作真正做成人民群众喜爱的、乐于参与的群众文化活动,让人民群众的精神家园更加有归属感和自豪感。

(四)积极发现、培养新生代文化馆免费开放服务专业文化志愿者

随着文化馆免费开放服务工作深入开展,参与群众文化活动的人员和队伍越来越多,数量巨大。文化馆人员常常利用互联网、多媒体等手段将大家组建成团队来开展后续的学习、交流等活动,但团队的管理单单依靠文化馆自身的人员力量已经不能满足群众的需要。文化馆需要众多的文化志愿者来参与免费开放服务管理工作。这些文化志愿者区别于以往的文化志愿者,而是按照群众参与群众文化活动的兴趣、爱好类别划分的不同专业性的文化志愿者,他们的文化志愿服务比较有针对性和指向性。由这些专业文化志愿者协助文化馆人员共同组织、管理各类群众文化队伍,团结群众,进而发展壮大群众文化事业。

文化馆免费开放服务工作还有很多方面有待于创新、改进、完善,要进一步加强理论联系实践,认真加以归纳总结,使之更好地发展。总之新时代文化馆免费开放服务工作对于群众文化催生经典、涵养文明、塑造人民群众精神家园、传承优秀民族文化、培养具有社会主义核心价值观的中华血脉具有不可磨灭的贡献,没有群众文化的深厚基础就没有中华文化的座座高峰。

互联网时代文化馆（站）与社区文化的"超级链接"

——浅谈文化馆（站）的业务建设与服务方式创新

王晓阳（昆山市文体广电和旅游局）

在互联网时代，社会文化呈现多元性、多向性，多维度。鼠标一点、百度一搜，就可以观看一流评弹艺术家的评弹，听国家级艺术家教唱戏曲，学习最时尚流行的舞蹈，还能够上传共享。视频教学、网络课程等远程教育，触手可及。抖音、快手等视频工具，改变了电视消费的方式；头条、微博、公众号等传播工具，压缩了纸媒体传播空间。澳大利亚学者约翰·哈特利在《数字时代的文化》一书中说道："数字时代是从娱乐中获得教育，从流行文化中学习知识的时代。数字文化具有潜在的流行生产力。"

虽然现代民众通过互联网获取资讯的途径很多，但是其也有明显的劣势：碎片化信息时代让人们快捷、方便得到他们需求的社会信息，极大提高了效率，满足了人们的精神文化需求；同时，这些碎片化信息也具有不完整、浅表性、分裂性的特征，甚至有的还被商业资本操控，影响人们建立完整知识体系。这是"碎片化"信息社会我们面临的新问题。

与此相对，文化馆（站）却具有完全相反的优势：文化馆（站）代表社会的先进文化发展方向，具有"引领风尚、教育民众、服务社会、推动发展"的功能。现代型文化馆的使命，是以文艺形式弘扬社会主义核心价值观，引导全社会养成更加高雅的审美趣味和更加积极、健康的生活方式，培育和形成更加良好的社会风气。这是"碎片化特征"的多媒体信息渠道无法实现的。

文化馆（站）要发挥优势，适应这种信息化时代，就要具有"笔墨当随时代"的创新意识。和正在兴起的社区文化进行超级链接，这是创新公共文化服务的一种方式。

现代社会的人口集聚特征，从过去的行政区划为主导，转为社区集聚为主导。以昆山为例，目前已经有148个成熟社区，还有157个村落将逐步发展为社区。社区未来将成为昆山城乡最主要的基层组织单位。传统以文化馆（站）为基点的公共文化服务体系，可以以"超级链接"的方式，和社区文化建设相适应。这种文化馆（站）业务建设和服务方式的创新，能够使广大人民群众追求美好生活的文化权益得到最大实现。

一、文化馆（站）的业务建设与社区文化个性的"超级链接"

现代社会，因为地段、学区、商业价值等城市因素的影响，一种"物以类聚、人以群分"的社区形态逐渐形成。

以昆山市为例,有约十万台胞在此生活,其中"花都艺墅""江南明珠苑"等高中档小区成为台胞集中居住的小区,这些小区所在的社区,就有了"台胞"特色,基本形成了"亲子文化""国学文化""慈善文化"等带有台湾地区特色的"个性文化";昆山是移民城市,西部的亭林社区集聚了很多高层次的人才,形成比较突出的"优质文化配套",在唱歌、舞蹈等方面明显高于其他社区;而高铁站附近的"蝶湖湾""枫景苑"等小区,集中居住着外来打工群体,枫景苑社区的民众更喜欢传统戏曲。在临近上海的花桥镇,居住着大量来自上海的退休民众,很多是教授和音乐老师,更是把新鲜又时尚的文化元素赋予社区活动中。

不同的社区,"个性"特征越来越明显,也会发展出不同的"社区文化"。健康向上、富于个性的都市社区文化,是形成和塑造城市形象个性的细胞。很多地方都开始打造社区文化的"品牌"。文化馆(站)面对这样的局面,要积极链接,主动融合,利用自己的人才优势和资源优势,对"社区文化"进行指导和扶持,帮助他们建立起更符合城市特点、社会主义核心价值观念的文化。

(一)文化馆(站)专业队伍与社区群众文化团体之间的超级链接

不同的社区,因为居民的文化层次、消费能力,能够形成大致相类似的文化倾向。他们的文化群体,正好代表这样的特征。比如"美声歌唱"这一形式的群众文化活动似乎显得太"阳春白雪",但是上海市石门二路社区的群众却偏爱这一活动形式。居民中有一个归国华侨,她是美声歌唱爱好者,带动社区几个同龄人一起演唱老电影中的美声歌曲。刚开始群众都说是"猫叫"很反感,后来听惯了渐渐也喜爱起来,在潜移默化中加入者越来越多,形成一支独特的"高雅型"群众文化团队,成为社区的一大特色。昆山市巴城镇正在建设"昆曲小镇",围绕"昆曲小镇"建设,水墨昆曲动漫文化、昆曲文化、博物馆文化、昆石文化等,在这里更容易落地生根。花都艺墅是个新小区,60%的居民是在昆生活的台商,很多台胞喜欢开展亲子运动,带动很多社区居民参与其中。社区和文体站联合,专门建设了亲子场所,开展国学堂妈妈课堂,成为花都社区的一大特色文化项目。而外地打工族比较集聚的枫林苑社区,社区群众比较喜欢传统戏曲、打连厢、段龙舞、宣卷听唱、青团子、包粽子之类的民俗文化。各种文化都有爱好者,都有业余群体,这是社区自发形成的文化力量。

除此之外,社区里还有其他的文化队伍,如社团组织、社区文化志愿者队伍等。在服务现代社区时,文化馆(站)要发挥优势,要能够和社区里面的文化团体形成超级链接。可以通过组织建设,以社区公共文化委员会或者联席会的形式,和社区文艺团体组织起来,社区群众作为公共文化的受益者,同时也成为公共文化的组织力量之一,使公共文化组织体系具有很大的开放性,群众对公共文化的需求很快就能通过社区居民的文艺协会等组织反映出来,让专业队伍知道民众需要什么,怎样提供更好的服务。

这样一种有机的"超级链接",能够有效发挥作用,创造出令人惊奇的艺术奇葩。

（二）文化馆（站）设施建设与社区的公共文化设施之间的超级链接

随着社区的不断发展,各个社区文化中心建设都被纳入了城乡规划和设计,包括图书室、电子多媒体教室、文化广场等设施在内的各种软硬件设施体系基本都建立起来,为社区建设公共文化服务体系提供了基础。

传统公共文化服务体系提供的设施容易和居民需求脱节,有些设施远离居民区,有些则不适合居民享用,这就出现建好的文化设施大量闲置与居民文化需求无法满足的矛盾。昆山过去建设了很多"新昆山人俱乐部",配备有图书室和活动室等。但是经过调查,这些"俱乐部"拥有很好的条件,却没有热度。这些群体生活在高压力和快节奏环境中,娱乐时间碎片化,精神需求高质量化,文化需求科学化。属于新经济的、综合类的知识需求和文化需求,对传统文化产品的提供不能接受。

但是社区公共文化服务体系,却具有无法比拟的优越性。各个社区因为建筑条件的提升,能够提供的服务设施越来越便利。上海社区"信息苑"工程就是以"社区"为中心建立的公共文化服务工程。这个工程的成功之处,就在于以"社区"为基点,建设地点全部选择在社区腹地,大大方便了社区居民。文化馆（站）通过建设文化设施,吸引民众到附近的文体中心或者活动室参与活动。

针对这个特点,文化馆（站）设施建设通过和社区公共文化设施的"超级链接",就会在很大程度上解决这中间的矛盾。昆山开发区事业部正在社区建设新型文化设施和项目,上海市五里桥街道提供多媒体教室、艺术教室、多功能厅等活动场地,以及适当的项目补贴经费。这样的便利性,和文化馆站的公共设施互相联合,就能够满足群众的需求。

二、文化馆（站）的服务方式与社区民众需求的"超级链接"

现代都市社会,社区文化呈现出各自的"个性"和特色。社区文化的"个性"是整个城市文化的组成部分,需要重视并精心设计。文化馆（站）可以发挥人才优势,对社区文化的"个性化"和"品牌化"建设做出辅导。社区有名人故居的做名人文化,有古建筑的做建筑文化,有碑碣、文物的做家风家训文化,有地方美食的做民俗文化。通过这样的"超级链接",发挥文化馆（站）的"主导"功能。

（一）文化馆（站）服务内容与社区文化发展之间的超级链接

昆山市玉峰社区,过去曾经以昆曲玉峰曲社而著名,当地人遗风犹存喜好吹拉弹唱。这里也是明代大学士顾鼎臣的家乡。昆山文化馆知道玉峰社区在建设社区文化,就为他们提供地方昆曲的资料,并聘请专业人员去讲解地方昆曲历史。在文化馆的帮助下,玉峰社区最近恢复了一个名叫"昆玉堂"的曲社,开展了"中国古琴玉峰雅集",组织《顾鼎臣民间传说》宣讲等文艺活动,使自己的群众文化活动更有内涵富有特色;同样,文化馆了解到娄苑社区在做社区文化节目,就帮助他们挖掘历史文化,根据这里是美食"青团子"

的故乡,创作舞蹈《青团子圆圆麦草儿香》,这一节目获得"昆山市社区创作节目文艺会演优秀创作奖"。

社区的个性文化,往往能够给文化馆创作人员提供思路和更好的开拓途径。很多社区内有文保单位、文庙、名人故居等人文资源。文化馆(站)的服务内容,与社区文化发展"超级链接",有利于发挥文化传统和习俗的积极作用,极大丰富公共文化的内涵。

(二)文化馆(站)服务内容与社区科技需求之间的超级链接

上海社区"信息苑"工程是上海市政府实施的信息化工程。目前上海市已建成300家信息苑,农村信息点1200家,覆盖全市19个区(县)所属街(镇)及行政村。每个苑点覆盖2到3万居民、5000个家庭,单点区域有效覆盖率达40%左右,极大地方便了广大居民。

上海市政府之所以实行这样的工程,就是一种文化服务功能与民众需求的"超级链接"。通过采用统一的功能指标、技术规范和标识系统,对社区"信息苑"实行连锁管理,使上海社区群众文化的参与度提高到总数的79%,真正体现了社区公益性阵地的服务特征。

有"超前"服务意识的文化馆(站),应该认识到互联网时代文化的特点,让自己的服务内容,配合社区各项工作的需求。社区在建设信息化等科技设备的时候,文化要自觉填充,参与到管理和服务当中,使信息社会的成果和文化的传播共同服务于民众。

群众个体获取信息的能力有限,文化馆(站)可以结合社区智慧化工程建设,建立"数字信息库"并免费提供给群众。比如群众演出需要音乐伴奏,网络也没有免费资源可供下载,文化馆(站)可以利用专业优势统一采购并供应。文化馆(站)如果建立了丰富的资源信息库、资料库、音频库等数字资源库,群众找不到的资料、音频,从政府的资料库里可以获取,对政府公共文化服务的满意度必然大大增加。

(三)文化馆(站)服务使命与社区发展使命之间的超级链接

现代公共文化服务体系以"塑造时代精神"和"弘扬社会主义核心价值观"为最终目标。社区群众在开展居民交流互动、促进邻里关系的过程中,更容易形成"共同责任""和谐情感"和"相互认同",也就是形成一种社区精神。现代公共文化的目标,和社区精神是一致的,实现两者的"超级链接",能够更好地实践公共文化使命。

美国曾经通过法律和政策的激励,培育出乐于为社区无私奉献的"社区精神"。2002年美国总统布什在清华大学演讲时说:美国最值得骄傲的不是国防和经济上的成就,而是美国人的"社区精神"。美国每年约有9000多万人次的志愿服务者从事社区服务工作,服务的内容包罗万象。

中国台湾地区在20世纪50年代曾经发起一场"社区改造"运动。这是一场"唤醒人们对土地、对家乡的感情,拉近邻里间关系"的"由下而上、浩大绵久"的家园再造工程。社区改造最根本的任务,就是对当地的历史进行深耕,挖掘出社区的个性特色,凝聚民众对家园的感情。

社区精神的塑造和公共文化对民众时代精神的塑造是完全一致的。正是在现代公共文化的教育引导下，通过文艺产品的宣传熏染，使群众的创新精神、群体精神、自治精神等逐渐形成，并且提升群众的凝聚力、塑造力和团结互助、仁爱和谐、爱国爱民的精神。文化馆（站）的服务使命与社区发展使命之间的"超级链接"，能够形成合力，打造共同的文化目标，制定更好的文化战略，共同构建中华民族的民族精神。

"新六法"打造城市"文化容器"

——以青岛群文活动为例探讨文旅融合公共文化服务模式

杨惠麟（青岛市文化馆）

青岛是热门旅游城市,而且越来越热。据统计,2018 年,五一假期来青旅游人数达497.6 万人次,旅游入账 73 亿,十一黄金周来青人数达 706.5 万人次,旅游入账 83.94 亿。至 2019 年,随着"上合"峰会等重大活动的举行,来青游客数量屡攀新高。

自 2018 年起,青岛文旅融合的"舞台"已经搭建,"观众"显然不是问题。

从浅层观光到深度文化体验,从简单看风景到感受厚重历史,人们更高的精神需求也期待"诗"与"远方"融合得更紧密。有调查数据为证,全世界旅游活动中的约 37% 涉及文化因素,文化旅游者还在以每年 15% 的幅度增长。而这出"大戏"能否唱得满堂彩,文化的参与度则至关重要。

青岛地区的旅游景点不胜枚举,但是能代表城市形象、地域特色的地标性景点不仅是外地游客的必到之处,也是城市风情、城市精神的集中代表。

何为地标性景点,地标是指每个城市的标志性区域或地点,能够充分体现该城市（地区）风貌及发展建设的区域,是一个国家或者地区具有独特性以及符号意义的景区。地标性景点与普通景点的区别很大程度上表现在精神层面,它们代表着城市文化、凝聚着城市历史,作为城市的"文化容器",其中盛放着城市的记忆、当下和未来,掀开景区一角,则能一窥历史的跌宕,城市的雄心,甚至未来的宏图梦想。所以,在地标性景点开展举办的群众文化活动,具有不言而喻的示范性与带动性。青岛群众文化多年来,一直有在地标性景点开展文化活动的传统,积累培育了丰厚人气。在全市群众文化活动网络的有效带动、辐射下,其播撒下的艺术因子已成为城市文化气质的重要组成部分。

文化和旅游部组建以来,提出了"宜融则融、能融尽融"的工作思路,落实到当下,并与旅游服务全面对接,二者融合全然体现了一"器"之功,以更深沉的承载、更博大的包容、更多元的释放,彰显每个地区独特的地域魅力。

古人谢赫在《古画品录》里提出品画的六个艺术标准,将其放置在解读文旅融合后的群文活动上,或许有异曲同工之处。接下来,从经营位置、随类赋彩、章法精髓、节奏精妙、破立结合、同类相从等六方面加以论述。

一、经营位置

经营位置是指构图，经营是指构图的设计方法，是根据画面的需要，通过整体的谋篇布局，来体现作品的整体效果。经营位置，在作画与事业发展中都至关重要。

青岛十区市，每个区域的景区，特别是地标性景区都有群众文化活动的身影，这与群众文化接地气、有人气的自身属性有关，以此勾连出整个群文活动五彩斑斓的画卷，从五四广场到沿海一线，从平度大泽山到胶州三里河公园，从西海岸的东方影都到莱西月湖公园，黄金位置与多彩活动的相融，地方历史与文脉传承相加，群众文化已经占据"地利""人和"的良好基础，而在文旅融合这一"天时"的促成下，各地应更充分挖掘发挥自身特点、地理优势，让文化因子注入当地"文化容器"的肌理，一张张彰显地方特色的文化名片将会变得更加闪亮。

二、随类赋彩

如果说经营位置是铺陈整个画面第一步，那么红色将成为文旅融合价值底色。"每一个红色旅游景点都是一个常学常新的生动课堂，蕴含着丰富的政治智慧和道德滋养。"

2019年，为方便市民清明假期出行，青岛市文化和旅游局重点推荐12条"清明踏青红色之旅"主题旅游线路，将本市经典红色景点与旅游景区串联起来。

其中，中共青岛党史纪念馆是全市党员、群众学习红色历史、重温红色旅程的必经之地。2017年7月1日，由青岛市文化馆组织的"高擎党旗光辉扬""微演艺"演出活动在中共青岛党史纪念馆举行，红色基地加以红色主题，德育与美育相融合，让置身其中的游客、观众不由自主地融入红色血脉，优美的表演为红色之旅开启浪漫模式。

既然有了红色之旅，接下来也可以有绿色生态之旅、白色雪乡之旅等，依照不同地理优势设计适合自身的五彩文旅之路。

三、章法精髓

章法精髓就是因势利导、因地制宜。2018年"上合"峰会后，引发一轮轮踏"青"热。奥帆中心灯光秀成为外地游客打卡之地，沿海风景区一线游人如织。而持续5年的"青岛夜色美"街头文化艺术汇，在峰会效应的热度下，加大演出频率，拓宽演出范围，相继在五四广场、奥帆广场以及沿海一线的公园、社区等地，组织包括街头器乐演奏、广场才艺展示等各类表演活动，远处灯光秀与近处艺术表演相映成趣，成为岛城最优美一景。

2019年，市政府着力打造时尚青岛，"青岛夜色美"成为全市主攻目标，城阳区鲁邦国际风情街区作为国家3A级景区，打造"一站式品质夜生活"，崂山区石老人海滩每到夜幕时分，都有乐队海边浅吟低唱，成为传递城市声音的音乐地标等。城市景观在城市前进步伐中熠熠生辉，岛城夜色成为"办好一个会、搞活一座城"城市战略中最浪漫的注脚。

四、节奏精妙

节奏精妙,主要在于稳重求进。文旅融合是现实的发展方向,却不可能一蹴而就。既要反对保守、不作为,又要防止冒进、乱作为。跟上潮流,不是人云亦云,而是在发展趋势中找到自身最佳契合点。近年来,很多文化旅游项目被屡屡诟病"跟风严重,品质参差不齐",大抵都是自乱节奏的后果。

五、破立结合

文旅融合,借地标性景区"文化容器"之特性,进一步挖掘其"器"之内涵,并打破其"器"之地域、边界的壁垒,打造更炙热、更有辨识度的城市标志。

关于如何将文化因子融合在旅游景点或旅游地标中,使之彼此达到效能最大公约数,首先要"破",其次要"立"。

(一)破"界"。"破",意味着打开大门,开放眼界与心胸,容纳四方,包罗万象。文旅融合,就是抹去原本的界限,期待飞得更高、走得更远。

以非遗传承为例,众多的非遗项目必须依赖产业的运作才能更好地传承与发展,要做到文化产品以及整个文化产业链条的延伸,必须要破除公共文化与文化产业、传承个人与产业链条之间直接或间接的壁垒,这样非遗文脉才能得以传承、优化、发展。

(二)立"新"。融合,已是文化发展之共识,创新,是其核心。不断挖掘其外延与内涵,并释放潜在的价值,同时扩大与其他行业、部门以及其他社会资源的整合与利用,也不失为一种创新。

以岛城地标性景点——青岛五四广场为例。2019 年 5 月 2 日上午,一场包括健身操、花式足球、轮滑、COSPLAY、时装秀等的千人快闪活动在此举行。五四广场是岛城地标性景区,也是文化馆近二十年的活动根据地。十多年的广场活动,成为海边的靓丽风景线。而这次活动,既有破的意味,更有新的形式。时尚的表演形式、万人的自主参与,几十万人次的网络点击,让十几分钟的表演为五四广场的代言。当天,活力时尚的快闪活动,在城市地标与城市精神相遇,是文旅融合后,公共文化服务迸发出更加炙热、更具辐射效力的传播模式。

新型的群文活动与地标性景点的相遇,是一种空白的填补,是旧版的升级,更是彼此优势的蓄势爆发。

六、同类相从

既然是旅游,就要有线路的规划,一条线的闪光点越多则越受欢迎。而其闪光点大多是当地人文、自然景点的代表。而点与点之间,既要有共性,又要有个点,既要看头,又要有说法。具体做法可以统筹利用公共文化设施和旅游服务设施,将更多文物保护单位、博物馆、美术馆和非遗传习场所纳入旅游线路，形成特色鲜明的主题线路。2019 年青岛市推出的包括荒岛书店—骆驼祥子博物馆—大学路—青岛美术馆—中国海洋大学—小鱼山名人故居—条街的名人故居之旅，吸引无数来自全国各地的游客参观游览。

近年来，群众文化、公共文化经历诸多变数。从 2017 年《公共文化服务保障法》的出台，到 2018 年全国文化旅游全面融合，公共文化一直在变中求存，在变中求新，在变中求发展。青岛群众文化，在不断自我反省、自我升级中，以走进人心、扎根泥土的朴实作风，在盛放城市辉煌与梦想的"文化容器"中，步履不停，与这座城市一起壮大与生长，青岛群众文化将成为连接城市历史与未来的活力之"器"、梦想之"器"。

粤曲:粤港澳大湾区的文化纽带

——深圳市罗湖口岸曲艺城现状调查 ①

陈　璐(深圳市文化馆)

　　粤曲是中国岭南地区流传最广、影响最大、最早走出国门,传播到世界各地的曲种之一,是孕育、形成、发展和繁盛于岭南这方水土的民族民间艺术,是与时俱进、采集中外古今各种文化精华的艺术瑰宝。粤曲于 2011 年 5 月 23 日被列入国家级非物质文化遗产名录。

　　粤曲是用广府民系的主要方言——粤语进行表演的曲艺品种,其曲调、唱腔与广东音乐浑然一体,独具特色。千百年来,它融汇了古今中外艺术之源流活水,广纳南北歌舞、音乐和曲艺艺术的精粹和新风,经历代艺人的磨砺和创造,不断推陈出新、百炼千锤,形成内涵深邃、技艺精湛、旋律丰富、婉转而悠扬、绮丽而清新、柔和而高旷的雅俗共赏的艺术,具有鲜明的岭南风格特色和很高的审美价值。粤曲艺术是中国最早走出国门的曲种之一,在海内外拥有十分广泛的群众基础,可以说有华人的地方就有粤曲。粤曲也是粤港澳大湾区的文化纽带。

　　粤曲爱好者志同道合、自愿结伙、自备乐器、自设场地、自弹自唱、自娱自乐,这种独特的曲艺活动形式称为"私伙局"。私伙局是社会对这类业余民间曲艺社团的统称,单个的私伙局则以"曲艺社""曲艺苑"自称。回顾历史,私伙局的发展和繁荣为粤曲的成长营造了一个极好的人文生态环境,构成了一条完整的文化生态链,这一民间艺术的传承载体和雅聚活动,无疑是粤曲广泛而独特的传承方式。

　　1995 年,香港人在深圳市罗湖口岸商业城创办了第一家"江桦粤曲曲艺社"。自此,鼎盛时期拥有 80 余家粤曲曲艺社的罗湖口岸曲艺城,成为全球最大的粤曲经营集散中心。中国曲艺家协会主席姜昆先生于 2014 年到访罗湖口岸曲艺城,对曲艺城的发展一直记挂在心。目前对该曲艺城的相关研究文章还是空白,笔者受姜昆先生的委托,采用实地调研的方法,以深圳市罗湖口岸曲艺城为调研对象,对深圳、香港、澳门粤曲经营的方式、

　　①　本文由中国曲艺家协会主席姜昆先生指导撰写,在写作过程中得到了罗湖口岸曲艺城星级唱家班陈韦基先生及其夫人的大力支持;感谢深圳市曲协主席吴金富先生、副主席李活先生的引荐,感谢香港粤曲名伶林颖施小姐、爱好者工程师黄先生接受采访;感谢香港粤剧学者协会、粤曲考级发起人之一黄绮雯小姐提供考级资料。本文撰写之时,作者正在引荐星级唱家班申请深圳市文化馆"周末剧场"公益演出等政府补助。

市场、受众展开调研,通过对现状的剖析和分析,以期助力粤曲艺术在粤港澳大湾区的繁荣与发展。

一、罗湖口岸曲艺城的发展概况

(一)曲艺城的源起

罗湖口岸曲艺城的历史可以追溯到 24 年前。1995 年,一位香港老板在罗湖口岸商业城开创了第一家"江桦曲艺社",与其餐厅联合经营。此时,正逢国内粤剧团体不景气,乐师失业无处可去,逐渐有经营者从广州、粤西、四邑地区、广西等地集中到深圳罗湖口岸。乐师自发创办粤曲曲艺社,多数采用一个或数个乐师合作的自主经营、自负盈亏的方式,主要业务是为中国香港地区和海外归来的粤曲爱好者提供现场乐队伴奏,以供其操练。曲艺社收取爱好者使用乐师、场地和录音的费用,以每场人民币1300—2400 元为标准,每场为四个小时。曲艺社根据环境和乐师水准分为低、中、高三个等级。粤曲操练按照分钟收费,需要消费者拥有较强的经济实力,99% 的消费者来自于香港,年龄在 40—70 岁之间。

(二)曲艺城的鼎盛时期

2003 年,鼎盛时期的曲艺社有 80 余家,从业的专业乐师多达 1500 人,这些乐师大部分是从各地经营不景气的粤剧团离职而来,曲艺城为他们解决了工作和生计问题。粤曲曲艺社分布在罗湖口岸 200 米范围内的四个商场,分别是罗湖商业城曲艺城、新美姿(港城)曲艺城、玉桂园曲艺城、侨城曲艺城,统称罗湖口岸曲艺城。以每间每天服务约 16 人次计算,每年服务的粤曲爱好者多达 40 万人次。罗湖口岸曲艺城与港澳团体每年合作举办的粤曲表演和活动超过 1000 场,同时把港澳的粤曲爱好者带到内地来演出,早已成为粤港澳民间文化艺术交流最活跃的主力之一。

(三)曲艺城的现状

早期每家曲艺社无法办理营业执照,遇到工商局查牌就要歇业。直到 2006 年才有所改善,曲艺社可办理挂靠在艺术公司旗下经营粤曲培训的牌照。但行业依然缺乏组织性和规范性,以至于经营管理问题频出——恶性竞争、乐师跳槽、挖人挖客,这也是曲艺社走向下坡路的重要原因。

截至 2019 年,尚有 50 余家曲艺社在经营,从业乐师及相关服务人员约 1000 人。现在的罗湖口岸曲艺城已形成了曲艺社、录音棚、编曲作词、演出筹划、唱片制作、宣传广告、古装摄影、粤曲培训、化妆造型、乐器销售、道具制作、新媒体粤曲教学(以微信公众号为主)等较为独特和完善的粤曲产业链,也带动了罗湖口岸周边商业及消费的蓬勃发展。

(四)曲艺社的成本及盈利数据

粤曲曲艺社操练费用为每场(4小时)平均收费为 1800 元,每月平均营业总收入约为 72000 元/家。每家曲艺社需雇 8—10 个乐师不等,每场的人员工资平均为 1300 元,即每场利润约 500 元,再减去铺租、乐师住宿、伙食等杂费约每场 200 元成本,即最终毛利约为 200 元每场。按照每个月最多经营 60 场计算,盈利大约 10000 元[①]。根据 2019 年最新统计,每间曲艺社每月平均有 40 场包场,仅仅能维持运营,很难有可观盈利。

二、曲艺城与港澳粤曲艺术的发展

(一)粤曲艺术在香港的影响

粤曲艺术在其漫长的发展过程中,已从其发祥地之一广州西关延伸到海外其他国家和地区,成为传播面最广,影响最深远的曲种之一。香港毗连广州、深圳,是粤曲极为活跃的地区,粤曲的发展与穗、深、港、澳这四个地区有着密切的关系。20 世纪 20 至 30 年代是香港地区粤曲的发展阶段;20 世纪 30 至 40 年代,是香港地区粤曲的鼎盛时期。粤曲从业者在香港数量众多并有着较高的社会地位,众多从业者在香港创造了粤曲事业发展的最高峰。时至今日,粤曲团体在香港超过 1000 家,由香港康乐及文化事务署直接管理(以下简称"康文署")。香港的粤曲演出每年有 3000—4000 场,香港剧场租场率和上座率最高的就是粤曲。

香港从幼儿园、小学再到初中,都有粤曲课程。粤曲爱好者在香港属于主流群体,人数众多。他们中既有工薪阶层,也有受过高等教育的人士,更不乏上流社会成功人士。爱好者的年龄在 40 岁以上,经济基础雄厚,具备一定的文化艺术修养,有文化消费意识,粤曲操练和演出成为他们的社交平台。他们经常以粤曲相关的活动形式举办慈善筹款,将文化和慈善有机结合。有社会活动能力和经济实力的爱好者还会出资培养粤曲新秀,帮助其策划大型演出、活动,非常热心地推动行业发展。特别值得一提的是,香港粤曲界的从业者、爱好者,他们深受中华传统文化的熏陶,不断借助粤曲活动宣扬爱国爱港精神。粤曲活动是粤港澳地区最有共鸣、最有号召力的民间文化活动之一。

在香港粤曲爱好者分为四类,第一类是爱演爱唱,第二类是不演只唱,第三类是只赏不唱,第四类是追星捧伶。不管是哪种类型的爱好者都有粤曲消费的需求,而香港物价极高,操练及录音所需的场地更是寸土寸金,乐师人工费用高,档期难约。与之相比,罗湖口岸曲艺城每一家曲艺社都有固定的乐师团队、良好的服务意识,商业运作灵活,很受粤曲爱好者的青睐。于是香港的粤曲爱好者们纷纷北上深圳,为罗湖口岸曲艺社的文化消费

---

① 陈韦基《深圳罗湖粤曲曲艺团发展情况和建议》。

奠定了物质基础。

（二）香港特区政府对于粤曲人才的扶持

香港特区政府非常重视粤曲人才的培养,在香港演艺学院开设了中国戏曲曲艺课程,是全世界唯一设置粤剧粤曲本科的艺术学院。在全国范围内遴选优秀粤剧、粤曲人才入院就学,并免除学杂费、生活费等一切费用。学生入学四年期间,学习粤剧、粤曲表演、中国文学、西方文学,并从世界各地聘请教师教学。优秀毕业生可以进入香港演艺青年粤剧团,并通过申请优才计划取得香港特区居民身份。这样优厚的待遇,使得大量优秀的粤曲从业者从内地移居香港。

这些在香港的粤曲从业者与罗湖口岸曲艺城保持着良好、频密的合作关系,他们每天都会被各个曲艺社邀请指导爱好者操练、录音,徒弟遍布香港。曲艺社在香港的演出中他们也会担当主要演员、助阵导师或演唱嘉宾。大量的实践和完善的商业运作,让香港的粤曲从业者在专业上得到长足发展,在经济上也收获颇丰,从而推动了深圳、香港粤曲事业的发展。

（三）香港在全球首创粤曲考级

粤曲流行于中国粤语地区及海外粤籍华侨聚居地,虽然影响力深远,但在全球范围内仍然缺乏标准化的级别考试。十几年前,香港康文署筹划设立粤剧粤曲发展咨询委员会之时,就曾经谈及标准化考试的可能性。自 2016 年以来,香港粤剧学者协会的理事会成员,开始与西伦敦大学伦敦音乐学院的考试总监约翰·侯活教授接洽,商议在香港进行系统性粤曲考级试,目的在于订立有关考评系统和准则,从而推动学生修习粤曲,确认他们的学习成效,提高粤曲教学水平和粤曲爱好者的演唱水平,并借助伦敦音乐学院的平台,将粤曲推向国际。

2018 年 7 月香港粤剧学者协会与伦敦音乐学院共同推出全球首个粤曲演唱级别考试。在考试大纲的编写、曲目的挑选、评估的方法和准则的研究和确定、考官的聘任以及考试的进行,都由香港粤剧学者协会下属的粤曲考试委员会负责。考试包含粤曲演唱的各个方面,鼓励考生对考试曲目做出技术性和评论性分析,第一届考试已于 2019 年 1 月 18 日成功启动,考试日期为 2019 年 1 月 18 日至 27 日,共七节（每节 4—5 小时）。考试场地有:一,红磡民乐街 23 号骏升中心 11 楼柏斯琴行;二,天后铜锣湾道 180 号白乐商业中心 1402 室香港钢琴教育专业学院。首届考官有阮兆辉、麦惠文、黄绮雯、陈守仁、刘建荣五人,报考人数共 59 人:第一级 8 人、第三级 19 人、第五级 32 人 [①]。

（四）曲艺社在香港的演出模式

罗湖口岸曲艺城在香港的演出模式分为三类:第一类为售票演出,由曲艺社邀请重量

---

① 香港粤剧学者协会黄绮雯提供粤曲考级资料。

级粤曲名伶公开售票,赚取票房。第二类为赠票演出,演出票由曲艺社免费向观众发放,每一场演出大约有 7 对表演搭档,每一对基本都是由爱好者和其指定的粤曲名伶组成,粤曲名伶的演出费由作为搭档的爱好者承担。另外,每一位参加演出的爱好者还需向曲艺社缴纳 1.3 万元的制作费用,用以支付剧场租赁、乐队人员、舞美制作、灯光音响、摄影摄像、舞台监督等各项支出。第三类为慈善演出,以粤曲演出的形式向社会各界筹款善捐。以上三类演出社会反响热烈,每一场都会吸引新的粤曲爱好者北上罗湖口岸曲艺城进行操练。

香港粤曲演出的场地分为两类,第一类为政府场地,每晚缴纳租金约 8000 元港币,由政府补贴 2—3 万元港币。但是,这样的扶持只针对香港的粤曲社团。第二类为民营场地,每晚租金约为 40000 元港币,罗湖口岸曲艺城长期与粤曲演出的地标性建筑——新光戏院大剧场合作。该戏院位于香港岛,建于 1965 年,1972 年正式开业,1980 年,霍英东先生接管经营,1988 年由联艺经营,期间开始租赁给粤剧、粤曲团体演出小型粤剧、粤曲。很多著名的粤曲名伶均在新光留下其经典的演出艺术,新光戏院孕育大批新一代的粤曲传人,为粤曲艺术做出了重大贡献[①]。

(五)粤曲在澳门的发展

澳门特区政府非常重视粤曲的发展,不仅免费提供场地给粤曲社团进行演出,政府文化部门及企业还赞助粤曲活动。澳门的粤曲从业者和爱好者相对香港来说是少数的,鲜少有民间自发组织的粤曲商业行为,没有商业价值导致无人运作,主办方无利可图自然积极性不够,以致粤曲艺术在澳门的发展和香港有一定的差距。

三、互联网时代曲艺城的发展

(一)曲艺城的创新力量——星级唱家班

星级唱家班是罗湖口岸曲艺城最新创办的曲艺社,于 2018 年 5 月创办于新美姿(港城)曲艺城 10 楼。创始人陈韦基出生于 1982 年,从事设计专业,先后创办了韦基广告公司、星级唱家班、粤剧文化创意发展公司,主要从事粤曲类宣传品的设计制作、粤曲操练演出运营、粤曲产业链开发。陈韦基的广告公司为曲艺社设计制作宣传品,他自发整理了曲艺社名录,免费印刷送给粤曲爱好者,在曲艺城颇有威望。

针对深圳市罗湖口岸曲艺城的运营模式和发展前景,作者于 2019 年 6 月 3 日对陈韦基先生进行了访谈。20 年来,陈韦基见证了罗湖口岸曲艺城的建立、发展、低谷和高峰。灵敏的商业嗅觉告诉他,多年来曲艺城甚少创新与改变,客户也在逐渐减少,在互联网时

---

① 《新光戏院大剧场重开志庆》,刻于新光大剧场入口处石碑。

代要继续生存和发展,必须全面提升专业设备、服务环境和品质,并需借助网络的力量拓展新的消费群,于是在经过大量的问卷调查后,星级唱家班应运而生。它是罗湖口岸曲艺城唯一一家集粤曲专业录音棚、唱片制作、排练厅、演出运营为一体的曲艺社,录音棚可以分轨录音制作唱片。常年固定有 9 位乐师、1 位派谱员、1 位录音师,这 11 位工作人员的工资、食宿均由曲艺社承担,社团在香港演出的幕后团队则由临时聘用的香港工作人员组成,这就形成了一套完整的运营体系。星级唱家班成立不到一年的时间,就吸引了大批香港爱好者前往操练,定价为每场(4 小时)2380 元人民币。

(二)"梨园快讯"微信公众号开启粤曲网络直播时代

陈韦基深刻地认识到,传统的粤曲艺术必须与网络相结合,才能焕发出蓬勃的生机,于是他将眼光投向了互联网,建立了"梨园快讯"微信公众号。初期是以传播粤曲类资讯、广告为主要内容,逐渐向视频教学发展。公众号提供免费的名伶名曲视频观看资源、香港各剧场粤曲演出的咨询和预告、免费试听课和直播课程。其中,直播课程最受欢迎,如:一堂"如何打开牙关"的直播课程就有数千人次观看。

在香港,一对一的粤曲教学每小时需要支付 1000 元港币,而"梨园快讯"公众号中的课程,比如香港著名粤曲导师黄德正的课程是年费 800 元人民币(48 课时),一年内可随时重复听课。全球的爱好者可以不受地域的限制跟着视频学习,并有免费的工尺谱提供。创办不到一年,就有来自数百人订阅年课。

陈韦基说,现在的"梨园快讯"公众号远未达到自己的目标,未来将投入更多精力将公众号打造成全球粤曲艺术的交易交流平台,将汇聚粤曲名家名伶、资讯预告、交流学习、视频观看、衍生品展示出售等多项功能,用公众号代替传统途径去运营粤曲艺术。

(三)粤曲的闭环产业链

在所有的曲艺品种中,粤曲是最具有商业开发价值的曲种,首先,它的爱好群体遍布全球并且经济实力雄厚,乐意为粤曲进行文化消费,并且持久力强、忠诚度高。其次,粤曲是融合唱腔、身段、服饰、化妆为一体的综合艺术,每一个环节都可以拆分进行商业运作。再次,粤曲消费不是一次性消费,爱好者称唱粤曲会上瘾,他们在网络上购买年课反复听、学新唱段,再到曲艺社订场地操练,操练完需购买服饰、化妆上台演出;演出前需要制作海报、节目单;演出时需要摄影摄像;演出完再灌录唱片,并创作新唱段,创作需要谱曲、写词……以此循环往复,就形成了一套粤曲独有的立体化的闭环产业链,如今这套产业链还有很大的空间有待发掘。粤曲文化的传承必须依靠自身有可持续发展的能力,艺术与商业的结合才能推动曲种的进步,粤曲的商业化运作符合市场规律,商业的繁荣也助推了粤曲艺术的发展。

四、曲艺城的困境与期望

(一)乐师队伍的流失

罗湖口岸曲艺城有 1000 多位粤曲乐师从业者,他们大多是全国各地粤剧院团的乐师,或是从广东舞蹈戏剧学校毕业的青年乐师,他们精通工尺谱,一人会多种乐器。乐师们属于技术人才,是粤曲交流的文化使者,他们无依无靠来到曲艺城,做一场算一次工资,因为存在不良竞争、互相挖角、乐师随意频繁跳槽和抱团擅自加工资的情况,曲艺社无法为其购买社会保险和养老保险,这就导致大量乐师人才流失。乐师的不稳定致使部分香港消费者流失。如果没有体制机制留住这些乐师人才,他们纷纷离开深圳,那么罗湖口岸曲艺城也将不复存在,粤曲艺术也将出现断层。

期望政府相关部门可以借鉴香港对于乐师的重视,为从业乐师提供相关考核入户等政策指引,整合乐师队伍,成立相关组织,给予乐师相应的地位和待遇,让乐师队伍不要断层、流失,让乐师们流动起来,盘活起来,发挥最大价值,既是对粤曲的传播也是对中华传统文化的传承。

(二)政府的指引和扶持

粤港澳大湾区文化交流是罗湖口岸曲艺城每天都在做的事,但是都属于各个曲艺社的自发行为,缺乏行业组织、整合。目前,曲艺社数量递减,经营也处于非常艰难和被动的时期,因为曲艺社一直以来都是自主经营,并没有形成正规的行业规则和制度。再加上香港粤曲社在不断降价,竞争力加强;香港粤曲爱好者构造的改变,发烧友在减少……整个行业的去向不明,在此关键时刻,需要政府相关部门的指引和扶持。未来的曲艺社将把服务重心从香港爱好者向粤港澳大湾区爱好者偏移,突破需要靠个体的努力,更需要政府相关部门的推动,曲艺城从业者有热情、有能力、有信心能协助政府做好粤曲艺术的传承和粤曲产业链的开发。

期望政府相关部门能制定专门政策给予粤曲扶持,协助或牵头成立行业协会或组织,将粤曲行业纳入相关文化创意项目并给予指导和资助,提升深圳市罗湖口岸曲艺城——全球最大的粤曲经营集散中心文化传播的品牌价值。创造粤港澳资源平台,加强大湾区粤曲文化的交流和地位,发挥曲艺社文化交流重要的桥梁作用。加强罗湖口岸曲艺城的宣传推广,大力支持曲艺城常年举办粤艺讲座、文化交流。

(三)打造文化品牌,举办粤港澳粤曲赛事的期望

广州有"微粤曲大赛""羊城国际艺术节",得到了粤曲爱好者的积极响应,但是每隔四年一届,因粤曲爱好者年龄的特殊性,赛事时间跨度不宜过长,所以成效有待考证。作为全球最大的粤曲经营集散中心,罗湖口岸曲艺城期待政府相关部门投入更多资源指导其打造粤曲类品牌活动,如送粤曲进校园、进社区、进企业……举办全球粤曲比赛,将中

国粤港澳地区及海外的粤曲爱好者召回,以粤港澳大湾区为核心,辐射全球,进行比赛、巡演。

　　在深圳这样的窗口城市,文化包容性极强,期望政府相关部门能够给予行业性指导,让粤曲艺术能够像在香港一样盛行、被重视,未来能够成为粤港澳大湾区共同的文化语言和文化纽带。到那时,中华传统文化才能真正深入民心。

参考文献

[1] 罗雨林 . 粤剧粤曲艺术在西关 [M]. 北京:中国戏剧出版社,2003.

[2] 万钟如 . 佛山地区民间曲艺社团 "私伙局" 文化研究 [J]. 中国音乐学 (季刊),2005 (4).

[3] 张斌 . 济南市曲艺音乐市场现状调查 [J]. 山东艺术学院学报,2017 (2).

[4] 李静 . 一种文化的生成与记忆 [M]. 广州:广东人民出版社,2014.

[5] 黎田,谢伟国 . 粤曲 [M]. 广州:广东人民出版社,2008.

文艺扶贫手拉手　志愿服务心连心

——安徽省潜山市文化馆精准扶贫志愿服务初探

芮刘斌　丁丹丹（潜山市文化馆）

潜山市位于大别山东南麓，属国家扶贫开发工作重点县（市），地形地貌复杂，山区面积占总面积 59.2%。全市辖 16 个乡镇 173 个行政村（居），其中山区村为 158 个。山区面积较大，自然条件恶劣，农民收入增长缓慢，贫困人口数量较大，且有相当一部分人口在温饱线上挣扎。农民主要以种植水稻为主，其他经济作物如茶叶、蚕桑、板栗、瓜蒌等规模小，产业化水平低，市场影响因素大，缺乏促进群众收入稳定增长的主导产品。

近年来，潜山市根据不断变化的新形势和扶贫开发面临的新情况，创新扶贫开发方式，根据不同的资源禀赋，采取不同的扶贫措施。截止到 2018 年底，60 个建档立卡贫困村全部出列，173 个村居贫困人口达到"两不愁三保障"标准，实现"整县脱贫"，退出贫困县行列。

为确保顺利完成"整县摘帽"的目标任务，潜山市文化馆高度重视，主动作为，除完成结对帮扶的王河镇天崇村 113 户贫困户脱贫任务外，还成立了文化志愿服务队，开展一系列活动，助力脱贫攻坚和乡村振兴。自 2014 年始实施"文艺扶贫手拉手　志愿服务心连心"项目。2017 年该项目被安徽省文化厅评为全省优秀群众文化志愿辅导项目，并被文化部评为 2017 年基层文化志愿服务活动典型案例。2019 年，该项目入选安徽省 1 至 3 月份"月评十佳"学雷锋志愿服务典型项目。

一、志愿服务打造民星

"文艺扶贫手拉手　志愿服务心连心"项目常态化开展，制度化进行，被老百姓称为富民项目。在文艺扶贫小分队的精心辅导下，《纳鞋底》《家和万事兴》《民生颂》等一大批反映民风民俗的文艺作品脱颖而出，其中舞蹈《纳鞋底》获得在香港主办的全国中老年文体艺术演出金奖，小品《家和万事兴》获安庆市文艺调演银奖。以省级非遗痘姆古陶为内容创作成舞蹈《古陶情》《古陶颂》，在潜山文化旅游节上深受游客好评。

文艺扶贫小分队辅导五庙乡许家畈弹腔班社，一边记录曲谱，一边挖掘剧本，成功复排《二进宫》《三奏本》等六部大戏。2017 年《三奏本》《徐庶荐诸葛》参加安庆市地方戏曲剧种优秀剧目展演；《二进宫》参演安庆"十一"黄梅戏展演周开幕式"梨园寻根——安庆地方戏曲剧种（声腔）百年经典"、参演"全省稀有剧种（戏曲声腔）"展演。《四郎探母》

《渭水河》荣获 2018 年安庆市黄梅戏小戏及地方戏曲（稀有剧种）展演优秀传承奖。

潜山弹腔传统剧目的复排得到了中国戏剧家协会季国平主席，安徽省委宣传部原副部长、省文明办主任贺懋燮等领导的好评。2017 年 11 月京剧鼻祖程长庚后人组团寻根问祖，十分关注京剧母体艺术潜山弹腔，实地开展调研活动。许家畈弹腔班社备受关注，声名鹊起，中国戏剧家协会将五庙许家畈弹腔班社定为"文艺扶贫奔小康"示范点。同时其争取到国家、省、市、县宣传文化部门投入资金 100 余万元，计划利用 3—5 年时间复排 9 本潜山弹腔传统剧目。

二、志愿服务发展产业

痘姆陶器手工制作技艺于 2008 年被列入省级非物质文化遗产名录，天柱陶瓷有限公司被列为该项目保护单位。2014 年其对痘姆陶重要遗存"龙窑"进行了精细化测绘，相继开展了"小手拉大手""古窑探秘"等非遗体验活动，成功协办、举办了首届"痘姆古陶文化旅游节"、"与六千年历史时光同行——2015 年龙窑点火仪式"等大型非遗文化活动。

2016 年，来自印度的 May 全家慕名前来探访，成为痘姆陶非遗传习基地的首批外国游客。国家级雕塑家黄震、国际陶艺大师李见深教授、安徽大学黄德俊教授、上海水彩画家张英洪等应邀前来传习交流。基地连续多年接待天津大学、上海东华大学、安徽大学、安徽三联学院、合肥工业大学、安庆师范大学等的高校师生前来研学实践。

痘姆古陶人在非遗生产性保护过程中，秉承传统手工技艺，运用多料混炼技术，开发出非遗衍生系列产品，涵盖茶具、茗炉、酒壶、雕像等特色旅游"潮品"。"恨水印象茶具"荣获"2016 安徽必购旅游商品"称号。龙窑柴烧碗杯被选为"2016RW 安徽·天柱山国际山地越野挑战赛"纪念品。2017 年，痘姆古陶亮相海南国际旅游博览会，实现了"一炮打响、一炮打红"的目标。在基地招聘的农民工中贫困户占 80% 以上，基地对贫困户实行"三优先"，即：培训优先落实、派工优先满足、资助优先安排，确保他们赚钱有保障，间接带动了就业群众 200 余人，取得了一定的产业扶贫实效，下一步还将增加扶贫就业岗位。

省级非遗木偶戏处于濒危状态，在文艺扶贫的培训下，许多老艺人重操旧业，进景区、进乡村表演，年收入大幅度增长。2014 年木偶戏《程氏下书》参加"首届全国木偶戏展演大赛"活动荣获金奖。木偶戏艺人刘传福师从其父刘友厚，表演的布袋木偶戏含有开扇、换衣、舞剑、搏杀、跃窗等高难动作，令人叫绝。他每年都开展进校园、进社区、进乡村演出活动，既增加了自己的收入，也为活跃农村文化生活、建设美好乡村做出了贡献。

2018 年省级非遗"王河舒席"获批国家地理标志保护产品。为推进舒席传统工艺的传承和产业振兴，潜山探索"合作社＋电商＋农户"的模式，在龙头企业的带动下，舒席通过电子商务销往全国各地，年销售额达到 5000 多万元，带动 2000 多户席农增收，使不少手艺人走上了脱贫路。

同时，国家级非遗桑皮纸与扶贫工作的结合，让拥有千年历史的桑皮纸及其制作技艺得以传承。创新"扶贫＋文化"模式，建立非物质文化遗产展厅和非物质文化遗产、手工艺传承实训基地,使手工造纸技术发扬光大,吸收附近村民当起传统工艺的传承者,并带动当地农民实现"桑树种植—养蚕产业—桑茶生产—桑葚采摘—桑皮纸制作—桑皮纸字画展览—非物质文化遗产教学基地"文化产业链式运作,每年生产 5000 刀,年产值达 100 万元,带动周边村民 500 人共同致富。并设立游客"造纸体验"活动,打造"扶贫 + 旅游"模式,在传播桑皮纸的文化历史的同时,打造乡村旅游新亮点。2004 年,故宫修复倦勤斋通景画,官庄桑皮纸成为全国仅有的"倦勤斋用纸"。国家级传承人刘同烟的"专用于桑皮纸传统生产工艺的焙笼""以传统工艺生产桑皮纸的专用抄纸装置"荣获国家发明专利。

这仅是文艺扶贫的一个缩影,潜山市非遗资源十分丰富,在文艺扶贫小分队的帮助下,潜山民歌、十二月花神、龙灯、龙舞等表演类项目,在全域旅游活动中大显身手,助推天柱山旅游中的民俗游、美丽乡村游活动的开展,为老百姓脱贫致富做出了贡献。借助电子商务方便快捷的优势,封缸酒、挂面、黄泥米粉肉、官庄豆腐等非遗农特产品变成了热销的香饽饽,不仅销量大增,零售价格也一路看涨,精准帮扶千余户贫困户,带动近 5000 余人就业。

三、志愿服务传承民俗

2018 年潜山市文化馆又启动了"非遗再普查 我们在行动"志愿服务项目,结合文艺扶贫在全市 16 个乡镇进行"镇不漏村,村不漏组,到边倒拐"的地毯式普查。在各镇(乡)、村、居委会举办的各种形式的庙会,祭祀和传统美术、音乐、舞蹈、戏剧、体育、技艺、曲艺、游艺与杂技等展演活动以及图片、录像、文字等数字化资料和档案、报纸、刊物、图表、牌匾、道具、剧本、族谱、家谱等实物资料被纳入普查范围。在征集的基础上,建立非遗数据库,实施数字化保护。现潜山市拥有国家级非遗项目 2 项,省级 6 项,市级 9 项,国家级传承人 1 人,省级 12 人,省级传习基地 2 家,潜山市级以上非遗名录 57 项,形成了国家、省、市、县四级名录体系。

潜山市历史悠久,文化底蕴深厚,老祖宗为我们留下了丰厚的文化遗产,特别是根植于其中的优秀家规、家训和家风故事更是传承不息。为此,潜山市成立"推进家风家训建设 共塑美好潜山形象"志愿服务小分队,深入 16 个乡镇,历时一年,拍摄照片 4 万余张,收集文字 20 万字,录制视频 380 分钟。通过提炼,在市文化馆内刊《流泉》刊发专版。同时市文化馆还利用宣传橱窗等集中宣传,从前期征集的"家规、家训、家风"为主题的碑刻、楹联、匾额等实物资料或者相关拓片、照片等资料中,评选出以廉洁为主题的相关家族故事,精心制作展板,在全市乡(镇)、村、学校巡回展示 50 余次,观众达 10 万人次。

四、志愿服务服务民众

潜山市文化馆组织文化志愿者、群文辅导员、非遗传承人成功创作出反映精准扶贫政策的大鼓书《民生颂》。为了宣传身边好人好事,潜山市文化馆充分发挥群众文化扬正气、接地气的优势,以"身残志坚,插上互联网的翅膀遨游电商;身处困境,却惦记着帮一把困境中的他人"，用自己最艰难的步履，走出自己最闪光的人生，用自己的艰辛与努力，树立起脱贫攻坚奋进标杆的"国家脱贫攻坚奋进奖"获得者黄勇为素材编创黄梅小戏《守望》；以"中国好人"潜山弹腔传承人许开学"古稀老人自建班社传承徽戏遗脉，拖着残躯整理典籍福泽后人"为题材编创黄梅小戏《传承》；以为抗洪抢险因公牺牲的龙潭乡湖田村原村书记"中国好人"李江玲为题材编创情景剧《无法兑现的承诺》，开展巡演活动并参加安庆市展演，助推"户脱贫、村出列、县摘帽"，坚决打赢脱贫攻坚战。

潜山市文化馆组织文艺轻骑兵志愿服务队开展以"打赢脱贫攻坚战　整县摘帽做示范"为主题的文艺扶贫演出，会同乡镇扶贫办、文广站为每个行政村安排一场文艺演出活动，同时，抢抓农闲时机，在全市乡村集市和田间地头开展文艺会演和巡演，增强文化扶贫实效，以黄梅戏、广场舞、大鼓书、三句半等群众喜闻乐见的演出形式，宣讲党的扶贫政策，宣传脱贫攻坚中涌现的好人好事，先后在16个乡镇开展文艺扶贫演出活动，共演出百余场，观众达十二万余人。结合农民工春节返乡，广泛开展"我们的中国梦——文化进万家暨向群众'送文化年货'活动"，共开展各类群文活动200余场，其中扶贫演出、义务写春联、拍摄全家福、龙灯狮舞等春节民俗活动160场，"文化迎春　艺术为民"乡村春晚40场，实现16个乡镇全部覆盖。参加演出人员3000余人次，观众达30余万人。活动的开展，一方面宣传了党的扶贫政策，另一方面融洽了干群关系。

潜山市文艺扶贫的蓬勃发展使广大群众领略到了"文艺"韵味，触摸到了"文化"气息，让贫困群众真正享受到"文艺扶贫　文化惠民"带来的幸福生活，同时也全面提升了潜山市"可复制可推广"的文艺扶贫模式的知晓率。

下一步，潜山市文化馆将抓住机构改革，文化旅游体育高度融合的契机，巩固脱贫攻坚成果，衔接乡村振兴，抓好文化为乡村振兴赋能：

志愿服务，找"质"。组织志愿服务小分队对历史文化积淀较为深厚、格局保存较完整、传统建筑具有一定保护价值、非物质文化遗产传承良好的村落进行调查摸底。特别是对有价值的老民居、老房、老建筑等遗址遗迹实行完整保护，保持它们的完整性、真实性和延续性。提倡对与文化直接关联的建筑物、场所及其附属物，予以维护、修缮并划定保护范围，做出标志说明，在保持传统风貌和安全的前提下，允许对传统建筑内部进行适当改造，更新使用功能，改善居住条件，重点做好生产和生活方式的合理延续。

志愿服务，留"形"。出台相关文件，指导和扶持全市依托地方特色文化资源，在保护性原则基础上通过活化利用和创新转化，将"有形"的物质空间同"无形"的文化资源有机结合起来，将历史人文遗址遗迹、非物质化遗产、古村古宅等文化元素及资源融入美好乡村建设和改适升级中。同时争取国家相关支持政策及时落地，加大对文化资源的开发利用，将文化培育成增加农民收入、提高农民生活品质的跳板，从而达到真正的传承和保护。

志愿服务，塑"魂"。建议住建、宣传、文化和旅游与各乡镇党委政府共谋共建文化资源保护传承机制，拿出有效具体的措施，解决阻碍工作开展的瓶颈和障碍，合理营造有利于文化保护与传承的外部环境，大力支持文化与旅游产业相结合的新思路、新途径，引导文化适应市场需求，切实把乡村振兴工作贯彻好、落实好。

扎根大地，向上生长

——总分馆建设模式初探

张凤毅（重庆市沙坪坝区文化馆）

文化馆"总分馆"的理念在某种程度上借鉴自图书馆，公共图书馆总分馆制是欧美国家普遍采用的公共图书馆组织模式和运行机制[1]，是指在一个合适的地域单元内，由一个或多个建设主体建成一个"公共图书馆群"，形成图书馆服务体系，提供普遍均等服务[2]。图书馆所提供的服务依托于一本本作为实体存在的图书和读者阅读的客观需要，而文化馆"总分馆"的概念因服务内容的复杂化，服务对象的多样化而具备与图书馆不同的呈现方式。重庆市沙坪坝区，是文化大区，也是文化老区，在面对"数字化变革"和"推行总分馆"等新的需求刺激时，所呈现出的问题，所给出的方案也具备一定的参考价值。

一、总馆概况

重庆市沙坪坝区文化馆成立于 1958 年，2018 年与区非遗保护中心合并。馆舍面积 7000 平方米，人员编制 67 人，现有正式职工 64 人，其中正高级职称 2 人，副高级职称 6 人，中级职称 16 人。系全国文明单位、文化工作先进单位。四次被评为国家一级文化馆，2015 年入选"全国十佳优秀文化馆"。内设综合办公室、文化活动部、公共文化部、创作理论部、数字文化部、文艺培训部、人事财务部、后勤保障部、事业拓展部、非遗保护部等"九部一室"。为满足"总分馆"工作客观要求，深入推进全民艺术普及工作，沙坪坝区文化馆以"数字文化馆"建设为抓手，以"艺术培训中心"为依托，打造面向群众的全面开放的，集体验、展览、培训于一身的，综合文化枢纽。

二、分馆概况

为繁荣沙坪坝区基层群众文化，推动公共文化服务体系的进一步完善，保证全区群众的基本文化权益，沙坪坝区于 2006 年创新推出文化志愿者对口联络街镇制度暨文化志愿者一对一服务基层制度，经过近 10 年的锤炼打磨，以"总分馆建设"为契机，沙坪坝区 18 个街道、8 个镇，由区政府统一行文、统一挂牌、统一人员调配，通过网上预约场馆、人员与总馆实现双线互动。总馆还投入经费累计 50 余万元，为 24 个分馆分别配备了钢琴，为 2 个分馆购置演出音响设备两套，更向分馆配发了 1000 余套演出服装。软、硬件同时投入，人、财、物精确整合,进一步完善确立了具有沙区特色的"总分馆制度"。

三、具体做法

(一)上下联动,网状铺开

沙坪坝区文化馆利用自身人才队伍资源组建了一支制度健全、素质优良的文化志愿服务队伍,并依托文化志愿服务队伍为每一家分馆配备了一名主管业务的分馆副馆长,将志愿服务队面向全区呈网状铺开,保证实现区域性全覆盖。一方面,文化志愿者利用自身的文化素养和专业知识,就地开展活动,组织培训、辅导,尽己所能的满足所在街镇群众的文化诉求;另一方面,对于超出志愿者专业领域和能力范围的需求则经负责分馆的志愿者向其他志愿者寻求帮助,或经由总馆统筹协调,这样既能保证分馆的日常基本运行,保证人才的充分利用,又能有效提高人才的利用率,提升沙坪坝区满足群众文化诉求的整体能力。在具体的统筹协调过程中,总馆作为全区的文化中心承担着立体化管理的职能,与当前数字文化馆建设和覆盖全区乃至全市的文化物联网相结合,真正实现了对全区街镇文化中心线上、线下的立体化覆盖。

(二)派驻培训,全民普及

分馆长每周在分馆开展一次公益艺术课堂,全年共计64个课时,充分保证该门类艺术普及的长期时效性。每年度,根据所在街镇的硬件水平和群众诉求进行轮换,通过"东西互换,片区互换"实现艺术门类的充分覆盖。以"总馆派人、分馆招生"的模式进一步扩大"全民艺术普及"工作的辐射面。目前,沙坪坝区26个分馆,每年开设26个培训班,学制1年,年均培训学员3000余人次。

(三)立足基层,勇于尝试

总馆的艺术培训工作开始于2003年,沙坪坝区文化馆于2015年被文化部确立为全国文化系统首批老年大学试点单位。总馆老年大学室内培训场地面积近6000平方米,包括有舞蹈排练厅4个、音乐排练厅1个、其他音乐类教室9个(吉他、钢琴、电子琴、古筝等)、多媒体艺术教室6个(静态类)、展厅1个、音乐厅1个、多功能厅2个,室外文化广场2个,此外,数字文化馆两厅三馆都向学员免费开放。为适应当前人口老龄化的不断加剧的趋势,进一步扩大影响力,老年大学在分馆中遴选10个基层教学点,结合场地硬件设施条件,由总馆配备师资开设课程,并正式授牌。让分馆的老年大学基层教学点的学员,在家门口享受与总馆同样优质的艺术课程,目前受益人群达到800余人次。

为保证文艺人才队伍的梯级建设,沙坪坝区文化馆还建立了"少儿川剧传承班""四川盘子少儿艺术团""爆裂种子少儿语言戏剧艺术团""沙磁国画社""苗苗美术团"等面向青少年的品牌项目,进一步保证总分馆全民艺术普及工作的全面覆盖。

（四）密切联系，整合资源

为将总馆和 26 个分馆的文化资源进行合理调配，总馆建立了"每月工作例会制度"，每月将分馆馆长及业务骨干请回总馆进行阶段性工作总结，制订下一步工作计划，实现"以会代训"。同时，每两个月一次"大家大讲堂"大型公益讲座，邀请有影响力的专家开办公开课堂；还尝试引入社会力量参与公共文化服务体系，根据受众的不同需求，广泛吸纳社会力量开展分众化、轻量化品牌课堂"沙子轻课"，依托数字网络平台开展"沙子慕课"，一方面常年培训分馆业务骨干，另一方面也根据不同的受众需求实现分众化服务。

（五）建立标准，评定星级

为促进全民艺术技能的普及，加强沙坪坝区民间文艺团队管理，培育一批优秀民间文艺队伍，沙坪坝区文化馆面向 26 个分馆及其辖区表演类民间文艺队伍开展星级评定工作。从 2013 年至 2016 年共评出星级文艺团队 56 支，2018 年 48 支星级文艺团队参与复评，保持五星级的文艺团队有 3 支，评出升星级文艺团队 14 支，2018 年新评星级文艺团队 7 支，其中三星级文艺团队 2 支，二星级文艺团队 5 支，每年共计补贴费用 10 万元，并由区文旅委进行授牌，为群众文艺团队的发展建立起明确的体系标准。

（六）联手合作，打造精品

沙坪坝区总分馆建设在实现基础层面的覆盖、开展基础化全面艺术普及的同时，也为街镇分馆的基层文艺爱好者打开了打造"文艺精品"的渠道和大门。依托基层硬件排练、专业教师指导、年终大型文艺会演等方式，让群众拥有了真正属于自己的文艺精品，属于自己的大型平台，属于自己的专业舞美。在这样的模式推动下，覃家岗街道分馆舞蹈《棒棒·棒》《最美阿咪子》《欢乐的毕兹卡》，天星桥街道分馆舞蹈《土家声声肉连响》连续荣获重庆市广场舞大赛一等奖；青木关镇分馆创办的农民文学社团"滴翠文学社"曾被《人民日报》专版介绍；陈家桥街镇分馆更打造出了在全市有较大影响的街镇级品牌文化活动"放歌新城"歌手大赛，迄今已成功举办六届，挖掘培养了各个年龄段的优秀歌手 100 余名。

四、问题及建议

（一）问题

1. 群众需求痛点不够明确。新理念的提出，应该根植于最广大人民群众对于文化的客观需要，应该以解决问题为目的，但总分馆现行的发展现状并没能解决受众老少两极化和群众对于街镇级文化服务缺乏信任的问题，分馆更像是故有街镇文化服务的规范化管理。

2. 从目前的总分馆建设情况来看,"一套班子,两块牌子"是普遍存在的现状,文化馆作为事业单位序列面向基层的部分,很难对分馆给出编制、经费、场馆方面的实质性支持,当前所谓的总分馆大多停留于理念,不得不依靠分馆所在街镇运行。

(二)建议

1. 建议各地在落实总分馆建设工作前,在本地区开展广泛的调研,对本地区群众的文化诉求进行充分了解,在具体落实时要从地理位置、交通便利程度、主要群众文化载体和呈现形式等几方面对"街镇文化中心"和群众真实"文化中心"进行具体分析,广大群文工作者要建立起"受众思维导向"的思维模式。

2. 要勇于提出目前总分馆建设中存在的问题,发挥主观能动性可以解决一部分困难,对于真正触及群众需求又难以通过文化馆渠道解决的问题,不应该想办法粉饰,而是要进行梳理总结,以提高地方文化主管部门对总分馆工作的重视程度。

3. 鼓励在财政条件允许的前提下,试点开展编制、人员、经费、场馆全面落实的总分馆建设,与当前火热开展的数字文化馆建设相结合,在"受众导向思维"的约束下更加深入地开展工作。让"数字文化馆"的大数据、大平台在总分馆的介入下真正地融入现行公共文化服务体系。

扎根大地,向上生长。从目前沙坪坝区总分馆工作的具体实施来看,理念先行是必由之路,需求为本是根本方向,"群众的需求是硬道理"是解决工作中一切问题的根本性原则。敢去想、敢探索、敢尝试,才能在总分馆建设工作中走出一条与过去不同的、具有普遍意义可推行的发展道路。

参考文献

[1] 张娟,倪晓建. 我国公共图书馆总分馆体系建设模式分析 [J]. 图书与情报,2011(6):17-20.

[2] 范并思. 现代图书馆理念的艰难重建——写在《图书馆服务宣言》发布之际 [J]. 中国图书馆学报,2008,34(6):6-11.

法人治理结构工作实践与思考

——以湖北省群众艺术馆法人治理结构改革为例

杜旭东（湖北省群众艺术馆）

2014年9月,文化部发布"国家公共文化机构法人治理结构试点单位名单",10家公益性事业单位成为首批法人治理结构试点单位。2017年9月,中共中央宣传部等7部委联合发布《关于深入推进公共文化机构法人治理结构改革的实施方案》,对公共文化服务机构法人治理结构改革提出明确要求:到2020年底,全国市(地)级以上规模较大、面向社会提供公益服务的公共文化机构,基本建立以理事会为主要形式的法人治理结构。在法人治理结构改革推进的关键时期,有必要对该项改革工作进行分析研究。

一、法人治理结构的概念与内涵

（一）公益性事业单位

公益性事业单位是我国特有的概念,国务院《事业单位登记管理暂行条例》将其界定为:国家为了社会公益目的,由国家机关举办或者其他组织利用国有资产举办的,从事教育、科技、文化、卫生等活动的社会服务组织。

（二）法人

《中华人民共和国民法通则》中对法人的概念的解释为:"依法成立;有必要的财产或经费;有自己的名称、组织机构和场所;能够独立承担民事责任。"《民法通则》划分我国四类法人组织,即机关法人、社团法人、企业法人和事业单位法人,它们都具有法人应具备的权利和义务。

（三）法人治理结构

法人治理结构是一种为使组织机构实现更好的运转的架构,一般包括权力机构、执行机构、监督机构三部分,各部分之间权责明确、和谐运转、相互制衡。

（四）公益性事业单位法人治理结构

公益性事业单位法人治理结构是指那些为社会提供主要公共服务的单位,为实现公益性宗旨和目标,依法独立运作、独立承担职责并进行有效自我管理,各利益相关方共同参与治理的一套组织架构和制度安排。

二、法人治理结构的相关政策

公益性事业单位普遍存在着行政化严重、管办不分、效能不高、活力不足、监督机制不健全等现象,改革势在必行。从 2006 年至 2017 年,国家陆续出台了若干公益性事业单位法人治理结构改革的相关政策文件。

1. 2006 年 1 月,国家事业单位登记管理局公布的《事业单位登记管理暂行条例实施细则》(中央编办发〔2005〕15 号)首次提出事业单位"法人治理结构"概念。

2. 2008 年 2 月,中共十七届二中全会通过的《关于深化行政管理体制改革的意见》要求从事公益服务的事业单位要"完善法人治理结构,加强政府监管"。

3. 2011 年 3 月,《中共中央、国务院关于分类推进事业单位改革的指导意见》要求面向社会提供公益服务的事业单位,探索建立理事会、董事会、管委会等多种形式的治理结构,健全决策、执行和监督机制,提高运行效率,确保公益目标实现。

4. 2011 年 7 月,国务院发布的《关于建立和完善事业单位法人治理结构的意见》对事业单位建立法人治理结构的基本原则、总体要求、主要内容、组织实施提出了明确具体的指导意见。内容可总体概括为:建立和完善以决策层及其领导下的管理层为主要构架的事业单位法人治理结构。

5. 2012 年 5 月,《文化部"十二五"时期文化改革发展规划》提出:推进图书馆、博物馆、纪念馆、美术馆、文化馆等公益性文化事业单位深化人事、收入分配和社会保障制度改革,建立健全事业单位法人治理结构。

6. 2013 年 11 月,中共十八届三中全会通过的《中共中央关于全面深化改革若干重大问题的决定》提出:建立事业单位法人治理结构,完善绩效考核机制。推动公共图书馆、博物馆、文化馆、科技馆等组建理事会,吸纳有关方面代表、专业人士、各界群众参与管理。

7. 2014 年 10 月,《文化部办公厅关于公布国家公共文化服务标准化试点地区等名单的通知》,把稳步推进公益性文化事业单位建立理事会制度的试点工作确立为当年文化部的重点改革任务之一。在全国遴选了 10 个国家级公共文化机构进行试点。

8. 2017 年 2 月,《文化部"十三五"时期文化发展改革规划》提出:推动公共图书馆、博物馆、文化馆等建立事业单位法人治理结构,吸纳有关方面代表、专业人士、各界群众参与管理,健全决策、执行和监督机制。

9. 2017 年 3 月,第十二届全国人民代表大会常务委员会第二十五次会议通过的《中华人民共和国公共文化服务保障法》提出:国家推动公共图书馆、博物馆、文化馆等公共文化设施管理单位根据其功能定位建立健全法人治理结构,吸收有关方面代表、专业人士和公众参与管理。

10. 2017 年 9 月,中共中央宣传部、文化部等 7 部委联合发文《关于深入推进公共文化机构法人治理结构改革的实施方案》对公共文化服务机构法人治理结构改革提出明确要求:到2020年底,全国市(地)级以上规模较大、面向社会提供公益服务的公共文化机构,基本建立以理事会为主要形式的法人治理结构。

三、湖北省群众艺术馆法人治理结构工作实践

湖北省群众艺术馆是政府设立的公益一类文化事业单位,是公共文化服务的主阵地。2015年,湖北省群众艺术馆成立第一届理事会,开始探索法人治理结构改革。2018年底,湖北省群众艺术馆第一届理事会任期届满,该馆根据国家关于法人治理结构改革的新精神,组建了第二届理事会,进一步深化法人治理结构改革。

(一)第一届理事会

2015年,湖北省群众艺术馆成立第一届理事会并召开第一次理事会会议。

1. 理事会定位为咨询和监督机构。

2. 第一届理事会理事共15名,其中:政府方代表2名,省文化厅、省财政厅委派代表各1名;社会代表4名,文化专家、服务对象各2名;馆方代表9名,馆领导5名、职工代表4名。

3. 理事会的主要职责:审议湖北省群众艺术馆理事会章程;审议湖北省群众艺术馆发展战略、长远规划和重大改革发展举措;审议湖北省群众艺术馆年度工作计划、年度工作报告;监督管理层执行理事会决议;对管理层工作进行评估、提供咨询;审议其他重大事项。

4. 理事长由主管单位审定提名人选,经理事会选举产生。湖北省群众艺术馆行政负责人、党组织负责人确定为当然理事。湖北省群众艺术馆馆长被选举为理事长。

5. 管理层由湖北省群众艺术馆馆长及副馆长组成,是理事会的执行机构。管理层实行馆长负责制。

第一届理事会在任期内,每年定期召开理事会会议,就湖北省群众馆的发展战略、长远规划和重大改革发展举措、年度工作计划、年度工作报告、文艺精品创作、文化活动开展、非物质文化遗产保护传承、新馆筹建等事项提供咨询。对扩大湖北省群众艺术馆的社会影响、促进湖北省群众艺术馆各项业务工作在全国文化馆系统处于领先地位起到了积极的推动作用。

(二)第二届理事会

2018年,湖北省群众艺术馆第一届理事会任期届满,换届组建了第二届理事会。第二届理事会定位为咨询决策机构,理事会理事共13名,其中:政府方代表1名,省文化和旅游厅委派代表1名;社会代表7名,文化专家4名、服务对象3名;馆方代表5名,馆领导3名、职工代表2名。

（三）第二届理事会与第一届理事会章程比较，主要变更如下：

1. 理事会定位从咨询监督型调整为咨询决策型。

2. 理事会理事馆方代表从 9 名减少到 5 名，第一届理事会馆方代表占理事总人数的 60%，第二届理事会馆方代表占理事总人数的 38%。

3. 第二届理事会会议明确为每年定期召开至少 2 次。

4. 强化了理事责任追究机制。

（四）取得的成效

随着湖北省群众艺术馆法人治理结构改革工作的不断深入，取得的成效体现在以下几个方面。

1. 公益属性更加凸显。理事会吸纳社会力量参与管理，落实法人自主权，服务水平和质量明显提高。比如，2018 年湖北省群众艺术馆完成全民艺术普及培训 118 场次，培训学员约 10000 人次，惠民活动 70 余场次，直接惠民约 3 万人次，还通过网络直播、录播等方式，最大限度惠及人民群众。

2. 业务成绩更加显著。从第八届中国艺术节以来，湖北创作的群众文艺作品在历届群星奖比赛均取得了可喜的成绩，获奖总数一直位居全国前列，61 件作品获得"群星奖"，10 件作品获国家艺术基金资助项目，被同行誉为"群文创作的湖北现象"。在第十二届中国艺术节第十八届群星奖比赛中，湖北有 4 件作品入围群星奖决赛，3 件作品获奖，获奖总数与本届艺术节东道主上海市并列全国第一。

在非物质文化遗产保护工作方面。湖北省已建立国家、省、市、县四级名录保护体系，有人类非物质文化遗产代表作名录项目 4 项、国家级名录项目 100 项（127 个项目保护单位）、省级名录项目 351 项（546 个保护单位），国家级代表性传承人 102 人，省级代表性传承人 571 人，国家级文化生态保护实验区 1 个、省级文化生态保护实验区 13 个，国家级非物质文化遗产生产性保护示范基地 5 个、省级非物质文化遗产生产性保护示范基地 19 个，省级非物质文化遗产传承示范基地 23 个，在高校及科研单位建立非物质文化遗产研究中心 16 个。各项工作均居全国前列。

3. 人事管理更加自主。湖北省群众艺术馆建立健全内部分配机制，在上级核定的绩效工资总量内，绩效工资分配向关键岗位、高层次人才、业务骨干人员倾斜，不断激发职工工作激情，切实提升内部竞争力，充分发挥人才优势，激发创新创造能力，不断推动事业繁荣发展。

4. 内部管理不断强化。修订完善各类规章制度，强化内部管理，防范各类风险。针对有重大风险点的领域，比如政府采购、合同管理、基建维修以及外请外聘人员劳务报酬支付标准等方面，制定了详细、科学、合理的规章制度，制度体系越来越完善，在制度设计框架内，确保工作有序高效开展。

5. 民主管理和社会参与不断提升。在制订职工绩效工资方案、职称岗位竞聘方案等涉及职工切身利益的政策时,广泛征求意见。理事会成员具备广泛性和社会性,他们积极参与决策、管理和监督,充分发挥其作为"智囊团""资源库"以及"助推器"的作用,推动湖北省群众艺术馆不断创新工作方式,创造性地为人民群众提供更加满意的精神财富。

6. 监管体系更加完善。湖北省群众艺术馆在探索法人治理结构的过程中,严格根据章程要求,及时将湖北省群众艺术馆发展规划、工作总结计划等信息向公众披露。同时,建立了理事会年度报告制度、信息披露制度、决策失误问责制度、绩效评估制度、重大事项决策制度、财务审计制度等多元化的监管体系,加强对单位的制约和监管。

理事会制度搭建了一个利益相关方沟通平台,较好发挥了宣传推广和决策咨询作用。有效促进了社会各界的沟通交流,促进了相关各方对群众文化事业的认知和支持,凝聚政府与社会各界力量共同促进湖北省群众艺术馆事业发展。

四、法人治理结构工作的体会思考

(一)法律法规、实施细则等尚待完善

《公共文化服务保障法》在法律层面确立了理事会的地位,但属框架性的法律规定,缺乏操作性,也缺乏实施细则配套。一些基础性的改革还缺乏具体的制度设计,如举办单位转变职能推进政事分开、管办分离的有效实现方式,公共文化服务机构法人自主权的行使方式和保障路径,党管干部原则与理事会行使人事管理自主权有机结合的途径与方式等。

(二)相关人事、财政等配套政策有待完善

当前事业单位实行条块化管理模式,其经费拨付、人员招录、机构编制分别由财政、人社、编制等不同部门分头管理,现行制度与法人治理结构试点目标不能衔接。人事、收入分配、机构编制、财政、监督等配套政策或缺乏或实施效果还有待提升,理事会、管理层在相关事务上没有获得实质性授权。配套政策缺失或难以落实的实质是配套改革的不足。"加快转变政府职能",推进简政放权、政事分开、管办分离,很大程度上成为"推进文化体制机制创新"改革的前提条件;相关主体推进改革的动力需要进一步激发。

(三)理事会成员专业提升机制、理事会决策支撑机制尚待完善

理事会成员并非都是公共文化服务机构专业人士,有必要通过培训、考察学习、履职交流等形式加强其对群众艺术馆(文化馆)的认识,提升履职能力。理事虽是社会各领域知名人士,但无法仅凭借个人知识和技能完成群众艺术馆(文化馆)在人力、财务、审计等各方面的发展决策,因此,有必要性设立专业委员会协助理事会做出科学合理的决策。但在实践过程中,当前理事会的架构还过于简单,各类专业委员会尚未真正建立起来。

（四）监督机制尚待完善

决策失误追究制度、年度工作报告制度、重要信息披露制度、绩效考评制度、审计制度等配套制度有待进一步建立和完善。

（五）理事荣誉机制有待完善

理事参与无薪无酬,亦无荣誉保障,还承担决策失误的责任风险,其积极性难以得到保证。应出台荣誉激励政策,形成激励机制,激发其履职热忱,如对于贡献较大、社会认可度高的理事授予荣誉、给予奖励等。

为繁荣群众文艺创作探索可持续发展之路

——以天津市群众文学工作的"金字塔"战略为例

李　莹（天津市群众艺术馆）

2017年5月,文化部印发《"十三五"时期繁荣群众文艺发展规划》(以下简称《规划》),这是我国群众文艺工作方面的首个五年规划,对在实践中开展创作与辅导活动提供了极为重要的政策支持和方向引导,这充分体现了国家对繁荣群众文艺创作工作的重视,对于繁荣群众文艺具有重要意义,也必将对现代公共文化服务体系建设产生深远影响。

尤其《规划》中着重提出:"要在实际工作中充分尊重人民群众主体地位和首创精神,以基层群众为服务对象和表现主体,引导群众自我表现、自我教育、自我服务,不断提升广大人民群众的获得感和幸福感。"群众文学创作活动,在我国基层群众文化活动中一直深受基层文艺骨干的喜爱。这些群众文学创作骨干,在本区域内一般具有较高的文化水平,是国家机关、企事业单位、工厂里的文化能人,他们的创作贴近现实,作品也更常被改编成歌曲、戏曲、小戏小品等在基层演出。应该说,他们是繁荣群众文艺创作的真正有生力量。

天津市群众艺术馆在繁荣群众文学创作方面,通过每年举办全国性省际群众文学交流、"东丽杯"群众文学评选、全国群众文学创作论坛等活动,在全国群艺馆系统颇具影响,笔者作为文学工作负责人,纵观天津市群众文学工作乃至全国群众文学工作近年来的发展脉络,在此便想以工作中的所见所思所感,以天津市群众文学工作的"金字塔"战略为例,探索繁荣群众文艺创作的可持续发展之路。

一、坚守与创新,是天津市群众文学工作生生不息、日趋繁荣的根本法则

(一)不忘初心,砥砺前行,数代群文人为天津市群众文学事业打下坚实基础

天津市群众文学工作曾红火于文学备受追捧的20世纪70、80年代,也曾衰落于80年代"以文养文"的文化体制改革,后来随着社会经济的飞速发展和国家政策的逐步明晰,1997年起渐渐走出低谷,20世纪中期进入了快速恢复期。

天津市群众文学工作之所以能够迅速走出低谷,笔者认为原因有二:第一,天津市活跃着一批长期坚守在基层文化馆的群众文学干部,他们不但在工作中成长为各区的文学创作领军人物,更带领本地区文学爱好者长期坚持开展群众文学活动;第二,天津市群众

艺术馆自 1988 年设立的"文化杯"群众文学评选活动,凝聚了各区文学干部和业余骨干的创作积极性,为天津市群众文学队伍保存了一支多达 200 余人的有生力量。

2006 年,笔者调入天津市群艺馆负责群众文学工作。此时,"文化杯"群众文学评选活动已成为天津市群众文化活动的一大品牌,被列入全市文化工作重点项目。天津市各区基层文学刊物纷纷创刊复刊。为积极推进基层期刊建设,搭建跨区域交流平台,天津市群艺馆又开始每四年一次举办天津市群文期刊评选,鼓励基层刊物和群众文学干部精心办刊、深挖人才,至 2015 年天津市已基本实现了群文期刊全覆盖,且大多由区财政投入支持。

天津市群众文学工作发展之势头,可谓迅猛,但它的使命却并未仅止于此。要为天津的创作者搭建更广阔的交流平台,为了实现这一愿望,天津市群艺馆自 2007 年起加大力度打造"文化杯"群众文学评选活动,确立"公益性"群众文学评选原则,设立万元大奖,明确提出不允许"专业作家"参赛,仅面向全国业余创作者征稿。一石激起千层浪,评选活动口碑越来越响,全国来稿量连年翻番。

(二)步履不停,创新思路,以公益性品牌活动带动全国群众文学工作共同繁荣

2009 年,天津市群艺馆首次通过全国各省、直辖市、计划单列市文化(群艺)馆发布全国征稿信,并举办全国性省际群众文学交流活动。笔者还记得,第一次举办交流研讨会时,各省馆文学工作负责人大都是一肚子苦水,感叹群众文学工作的举步维艰,惊讶于天津市群艺馆能把文学工作干得这么有声有色。最终仅有 9 个省级馆报送百篇作品参赛。

然而,随着省际群众文学交流活动的连续举办,天津市群艺馆采取"走出去推介赛事、请进来观摩颁奖"的办法,逐步打消了各省疑虑,用群众文学评选活动不间断地创新和进步,赢得了全国各省、直辖市、计划单列市文化(群艺)馆对本项赛事的大力支持。

2012 年"文化杯"更名"东丽杯",永久性落户天津市东丽区,由此得到了更大力度的资金支持;2013 年更获批成为首批国家公共文化服务体系示范项目;2018 年,全国参与报送作品的各省、直辖市、计划单列市文化(群艺)馆已达到 25 个,"东丽杯"群众文学评选活动累计参与人数多达 30000 余人次,参赛作品 50000 余篇(部),获奖人数达 4800 人次,吸引了全国包括各民族业余文学创作者及海外华人的积极参与。

更令人振奋的是,十年来在"东丽杯"群众文学评选活动的带动下,各省群众文学工作也积极拓宽思路,深圳、北京、四川等省市均设立了本地区的群众文学评选活动,甘肃、贵州、河南等省也从赛事中挖掘了一批本省的新鲜血液充实到群众文学创作骨干队伍。可以说,全国群众文学工作发展态势向好,精锐创作骨干回流群众文学创作队伍,这对于繁荣群众文艺创作具有十分积极的影响。

与此同时,天津市群艺馆又于 2015 年和 2017 年举办了两届全国文化(群艺馆)优秀群文期刊评选活动,促进交流、推动改版,为繁荣群众文艺创作园地献计献策。可以说,全国群文期刊日新月异的变革,真正为展示各地现代公共文化服务成果提供了优质平台。

二、以"金字塔"战略,打造天津市群众文学新生态

天津市群众文学工作,因"东丽杯"群众文学评选这一全国知名群众文化活动品牌活动而取得突出业绩,但从本地区可持续发展的角度,却渐渐显露出后劲不足。品牌活动盘活了全国群众文学创作资源,却也出让了一大部分本属于天津作者的获奖福利,这就导致了天津本土群众文学队伍的士气低迷,再加上天津市群众文学干部队伍新旧交替,基层期刊办刊思路僵化、创作骨干流失等问题都日益凸显。此时,重新整合现有资源,构建更为合理有效的可持续发展的天津市群众文学新生态,就显得刻不容缓。因此,笔者作为天津群众艺术馆文学工作负责人,依据现状,制定了"金字塔"发展战略。

(一)巩固"塔基",加大力度培养基层文化馆群众文学专业技术干部

天津市群众文学工作能够干得好,是因为拥有一批愿意扎根基层、服务基层的老群文干部。但近几年,随着老群文人的退休,一大批 80 后、90 后走上了工作岗位。他们虽然大多数受过文学专业教育,但对于如何辅导作者、办好刊物、组织基层团队开展文学活动等,实战能力还显稚嫩。

为了使这批新人迅速进入角色,天津市群艺馆连续 3 年举办了天津市群众文学干部培训,通过对他们进行职业辅导,加深其对群众文学工作的认识,使其快速掌握基层工作的方法技巧,推动基层刊物改革,有效实施文学活动。

现在,各区文化活动经费投入充裕,群文干部均可坚持普及与提高相结合,针对本区文学群体特点、需求开展文学讲座、辅导,并依靠本区群文期刊中的交流平台组织作者进行地域性文学创作活动,甚至举办跨区域文学交流。

(二)扩建"塔腰",不拘一格挖掘新人佳作,为群众文学骨干队伍提供更高水平文学服务

2016 年,在馆领导的支持下,笔者策划成立"一粒种子"文学沙龙。这是天津市群艺馆在打造"东丽杯"群众文学评选活动之后,第二个着力打造的天津市群众文学品牌,旨在多渠道多层次为群众文学爱好者尤其是群众文学创作骨干提供能够满足更高审美需求也更有针对性的公共文化服务。文学沙龙创立 3 年来,名家讲堂、全民创意写作等活动,最大限度调动了社会各阶层文学创作爱好者的参与积极性,骨干回流,新人辈出,更收获了一批来自社会上的充满朝气的青年创作力量。

笔者之前曾提及,由于"东丽杯"群众文学评选升级为全国性评选活动,天津市获奖数量的比重逐年缩小,甚至一部分本市作者产生了抵触情绪。但随着仅面向本市作者征稿的全民创意写作活动和其他一系列文学活动的深入开展,无论是一般作者还是创作骨干,都能够从不同的渠道寻找到适合自己参与的文学活动,于是天津市的群众文学作者群体,也渐渐转变了心态,愿意从作品质量入手,与全国文学创作者们公平竞争。

（三）打造新领军人物，为"塔尖"输送创作精英

群众文学团队建设，离不开创作骨干，更离不开领军人物。作为省级群艺馆，为基层培养和输送精英人才，也是《规划》对群文工作者提出的具体要求。为此，天津市群艺馆多次通过各区推荐优秀作品的方式，在全市范围内选拔创作骨干，以小班授课、一对一辅导的形式举办"种子小组"精品创作研讨活动，并通过群艺馆《海河文化》杂志和"一粒种子在天津"公众号展示推介优秀作品。

目前，多期研讨班已创作优秀作品百余篇，其中已有作品在省级报刊发表或在全国文学赛事中获奖，这些骨干也渐渐成长为新的基层领军人物，能够协助各区文学干部管理群文团队、辅导作者，或开展更多文学活动。

三、关于繁荣群众文学创作的两点思考和建议

（一）繁荣群众文学创作，应注重"绿色平原效应"，坚持为正能量创作者提供优质平台

当今社会，依然活跃在基层群众文学队伍中的创作者，无疑是中国最具理想主义和公益精神的一群人。这群人不以经济利益为驱动实施创作活动，大概分为三种类型：1. 为了充实老年生活，实践作家梦的离退休知识分子；2. 工作相对稳定，将文学创作当作兴趣爱好，并积极参与文学社交生活的中青年人；3. 因为喜欢阅读，开始尝试文学创作的未成年人。

从创作能力上看，这三类人群都拥有一定的文字基本功，但欠缺更具深度和广度的创作视角，具有强烈的创作欲望而不能有效实施。正因如此，他们也是最容易被激励和引导，能够以更纯粹的文学之心，在创作中弘扬社会主义核心价值观、传播正能量的一群人。甚至，我们也可以反过来说，如果不能引导好这些创作者，那么他们也将成为一大批庸俗低俗媚俗作品的创作者和传播者。

因此，在实践工作中，应注重引导作者从事"绿色"主题创作，切记避免概念化，应以更为具象的主题，直接引导活动开展。比如，天津市群艺馆每年举办全民创作写作活动，都有一个主题，在同一主题下可以不限文体自由创作。天津群艺馆关注过生态文明建设、天津地域文化，甚至引导作者改编新民间故事，都受到了作者的积极响应，作品内容鲜活、有地域特色，佳作频出。由此可见，鼓励和引导群众文学创作者打造正能量创作精品，应以鲜活多样的形式，潜移默化、深入人心，让创作者在创作活动中真正理解国家层面的奋斗目标、社会层面的价值取向和公民个人层面的道德准则，并将创作成果最大限度传播普及，在全社会形成正能量风潮。

另一方面，群众文学活动与专业文学创作活动不同，创作人员变动十分频繁，有些人坚持不久就放弃，也有些人常年积极参与活动但水平未能提升，甚至有些骨干在队伍里来去多次，但无论他们怎样，群艺馆都应该一视同仁、热烈欢迎。如果说，文学创作是一片原

野,群众文学就是平原上的丛丛绿草,文学骨干是草丛间苗壮成长的树苗,作家便是这原野上的大树。大部分群众文学创作者,终其一生也只能做一株小草,但如果没有他们,这片原野又哪来郁郁葱葱?

(二)繁荣群众文学创作,应注重激发和扶持群文干部的创新精神,推动探索"互联网＋群众文艺"创作与传播新模式

笔者注意到,《规划》中要求,"繁荣群众文艺创作要加强群众文艺宣传推广,运用现代科技推动群众文艺工作"。在实际工作中,笔者近年来也尝试探索使用"互联网＋群众文艺"创作与传播新模式开展工作,确实卓有成效。

在创作方面,针对小型培训,采取线上与线下培训相结合的方式。如"种子小组"精品创作研讨活动,先是在全市范围内征集并选拔优秀原创作品,为最终入选的 10 余人建立微信培训群,并邀请国内专家学者开展一次微信群内研讨活动,创作者再次修改稿件后,再进行第二次线下面对面研讨辅导活动。这些参与培训的文学骨干,白天各有工作,只能在业余时间参与培训,微信辅导课极大地为他们的学习提供了便利;与此同时,针对这种小型培训,微信群授课的方式也节省了资金投入,给异地教师的授课安排提供了便利。

在传播方面,"一粒种子"文学沙龙自成立之日起,就运营了独立公众号,作为发布天津市文学相关活动、文学动态消息,推介天津市优秀群众文学创作作品的即时互动平台。这种定向投放十分精准地锁定了目标人群,不仅使日渐松散的群众文学创作队伍再次紧密联系起来,也使许多独立于创作队伍之外的爱好者有了直接了解和参与各类文学活动的机会。尤其作为作品展示平台,其刊登作品的容量、传播的速度、转发的频率都是纸质群文期刊难以比拟的,因此极大地提高了作者参与创作活动的积极性。

当然,"互联网＋群众文艺"的创作与模式新模式还有很多,比如可以实施动静态跨界文学活动、创作展示活动、先锋诗文绘画展等,这都是天津群艺馆正在尝试的目标。但跨界融合活动,需要多部门配合,因此笔者建议各文化(群艺)馆可适度打破管理界限,从领导层面扶持青年群文干部创新活动思路,让群众文化真正朝气蓬勃起来。

上海部分基层公共文化单位的社会化实践

徐兵兵（上海市黄浦区文化馆）

一、研究背景与研究目的

2016 年 12 月 25 日，全国人大常委会审议通过了《中华人民共和国公共文化服务保障法》，这意味着我国的公共文化服务的发展取得了重大突破，从此以后，人民享受公共文化服务的权益将会得到明确的法律保障。这部法律的出台，使公共文化行政执法部门有了执法的依据，人民群众有了享受文化服务的法律保障。亚当·斯密认为"底层人民收到的教育越多，越不容易受到狂热和迷信的欺骗"，不会"造成最可怕的骚扰"；公共文化能使人们远离"大众迷信和狂热的哺育者"及"群众骚乱的疯狂煽动者"的影响。

本文力图通过增强社会力量与文化馆有效互动和提高参与主体专业能力两方面，探讨一系列的实现方式，为文化馆事业社会化建设献计献策，让文化馆成为市民群众心中的文化家园。

二、推进基层公共文化建设社会化发展的路径分析

社会力量方面，构建基层公共文化治理体制本质，要体现群众的主体地位，保障群众的基本文化权益。社会机构参与公共文化，除服务与管理主体转变为社会组织外，还具体表现在让群众自主管理与决策，为公共文化服务主体提供业务指导，培育合格主体，做到积极引导扶持社会主体有序介入公共文化建设。

（一）提高社会力量与文化馆有效互动

目前，仍有一定比例的社区群众不知晓当地的文化馆的活动。笔者参访了上海多个街道的文教干部，进一步了解社区居民对文化馆活动的了解程度。根据各区县居民居住条件及文化水平的不同，街道对居民的宣传方式也各有不同。例如静安区多数居民为新上海人和白领，居住房屋为高层住宅，邻里间相互沟通的渠道较少。针对这样的情况，静安的文教干部的宣传方式主要以在楼宇间张贴海报为主。又如黄浦区老城厢比较多，旧式里弄和石库门房屋占比较大，居民往来较频繁，老年人占比可观，他们不喜欢看海报，喜欢互相传话，居委干部主要以口口相传的方式进行宣传。再如闵行区，地域广、外来人员较多，街道的文教干部利用微信朋友圈来开展宣传工作。

虽然各区县的文教干部都努力想出了针对本区情况的宣传方式,但不管哪种方式,都只能将信息传送到一部分人手中。社区居民的公共文化信息全覆盖仍然难以完全实现,更难以实现群众与公共文化部门的双向交流。

近年来,上海市政府委托上海创图网络科技股份有限公司建设并运营以"互联网+"模式建设的数字公共文化平台"文化云"APP,各区县文化馆都先后创建了自己的微信公众号,以供市民查询公共文化节目。"文化云"在市民间的使用率及各区微信公众号的普及率仍有较大提升空间。

(二)提高社会力量参与主体的专业能力

基层文化中心专业管理、服务人才欠缺,专业人员缺口较大。目前仍有部分退休人员以志愿者的形式服务于社区文化中心。这些志愿者普遍有较高的工作热情,但缺少一定的公共文化管理水平。目前,仍有少数志愿者将社区文化中心理解为文娱活动室,主观上对文化中心的建设不够重视。长此以往,这就导致活动中心所举办的活动无法对社区居民产生吸引力,民众对其没有归属感。部分人员没有经过专门的培训,不利于积极推进公共文化工作。

文化中心要推进社会化管理,需要有热心公益事业、具有专业资质的社会组织,但目前真正符合要求的社会组织并不多。提高社会参与主体的业务能力,成为社会化发展的难点,需要文化馆等基层文化单位加以发掘与培育。

三、实现基层公共文化建设社会化发展的有效方式

(一)提供服务指导,培育合格主体

具体而言,培育和建立一支具有社区特色、素质较好、文化业务知识较为全面的人才队伍,是加强社区文化活动中心建设、进一步发展社区文化的迫切需求。文化馆在加强对现职人员的培训同时,需从政策上鼓励相关院校毕业生、文艺团体专业人员投身社区文化活动中心建设。建议文化馆有针对性地配备有利于社区文化活动中心事业发展的人才队伍,包括:文化领域专业人才,经营管理专业人才,熟悉本社区情况的社区干部等。并适当提高社区文化活动中心办事人员相应待遇,以稳定社区文化中心发展提供人才队伍。同时,扶持基层文化志愿者队伍或文化义工队伍。各区文化馆通过文化志愿者协会等形式对这支队伍进行组织、管理、协调和引导。

(二)推进基层公共文化建设的法人治理

2011年11月上海市委办公厅、市政府办公厅出台了《上海市关于加强社区文化活动中心建设与管理的指导意见》。该文件对确立社区文化活动中心的责任主体和法人地位给予了明确的指导性意见,社区文化活动中心的日常运行主体应是非营利的独立法人单

位,可以是街道内现有的事业单位、非正规就业组织、公助民办非企业机构、社会团体等。

同时,政府需要设计政策制度,营造良好法人治理环境。各区政府及区文化行政主管部门从制订规划方案、设计政策制度入手,为社会组织参与公共文化营造良好环境。

2019年5月,为贯彻落实构建现代公共文化服务体系的有关要求,全面推进黄浦区文化馆法人治理结构工作,让更多的社会公众参与文化馆的管理和监督,提升公共文化服务的质量和水平,上海市黄浦区文化馆(上海市雅庐书场)拟成立理事会,向社会发出招募公告,诚邀热心关注文化馆事业发展的社会人士加入,共谋文化馆发展。招募活动受到了黄浦区文化爱好者的广泛关注。

(三)引导社会资源介入方式多元化

基层文化建设应始终坚持公益性、便捷性原则。在基本功能项目上,要提供免费服务,杜绝趋利行为。同时,实行成本性收费与免费相结合的原则。社区文化活动中心要不要收费,是不是应该免费,这是人们一直争论不休的问题。社区文化活动中心主要由政府拨款,但也不能完全依赖政府,也应千方百计筹措资金以利发展。《上海市社区文化活动中心管理暂行办法》指出,公益性不等于无偿性、免费不等于免票、收费不等于赢利。因此目前而言,在免费基础上进行一定的成本性收费有其现实合理性。根据《关于本市贯彻推进基层综合性文化服务中心建设指导意见的实施意见》(沪府办〔2016〕27号),按照上海市中心城区10分钟公共文化服务圈的网络布局要求,可通过盘活存量、调整置换、整合利用等方式实现资源利用方式的多元化。如一些企业有拓展自己品牌和客户的需求,而社区文化活动中心是较好的场所。一些社区内企业有举办文体活动的需求,社区文化活动中心可以在年初制订工作计划之际,和社区内企业充分协商,争取企业参与。

(四)倡导群众自建、自治文化平台

优化基层公共文化建设还可以让群众直接参与策划、治理和监督的过程中去,建立规范的志愿者服务体系,提高群众参与的积极性。政府需要完善多层次的志愿服务体系,形成一批既能参与日常场所组织管理、又有基层文体活动能人的志愿者队伍,并加强基层文化志愿者队伍规范化、制度化建设。

从2016年8月开始,上海市黄浦区文化馆的公共文化资源配送中心新增了一支社区巡查员队伍,对市级配送项目进行巡查。为了进一步加强对区级配送项目的质量把控,黄浦区从2017年4月开始,正式对市级、区级的所有配送项目的开展情况、社区文化活动中心的承接情况进行巡查,并在每个月的10号召开巡查员例会。为期一年多的巡查了解,对提高配送工作的精准性起到了积极和促进的作用。该区公共文化资源配送中心又结合本区特点出台了《黄浦区各社区文化活动中心公共文化配送工作绩效考核标准(试行)》,年中和年末对各社区文化中心的资源配送承接工作进行评分。

笔者观察上海市公共文化内容配送平台,查阅全市市民巡查员志愿者资料,了解到上海东方公共文化配送中心2018年第3季度实际巡查配送项目725场,其中奉贤区49场、

浦东新区 108 场、崇明区 40 场、闵行区 58 场、嘉定区 72 场、松江区 58 场、宝山区 27 场、金山区 52 场、普陀区 50 场、徐汇区 44 场、杨浦区 42 场、黄浦区 27 场、青浦区 41 场、虹口区 28 场、长宁区 19 场、静安区 15 场。

第三季度市级公共文化配送内容分 5 大类:文艺演出、文化讲座、文艺指导、艺术教育活动(艺术导赏、特色活动、展览展示)、文化讲座。其中:文艺演出巡查 427 场,占比 58.90%;展览展示巡查 36 场,占比 4.97%;特色活动巡查 206 场,占比 28.41%;文化讲座 56 场,占比 7.72%。

具体数据如表 1、图 1 所示[①]:

表 1　2018 年第三季度上海市公共文化配送行政区分布

行政区	场 次	占 比	行政区	场 次	占 比
浦东新区	108	14.90%	杨浦区	42	5.79%
嘉定区	72	9.93%	青浦区	41	5.66%
松江区	58	8.00%	崇明区	40	5.52%
闵行区	53	7.31%	虹口区	28	3.86%
金山区	52	7.17%	黄浦区	27	3.72%
普陀区	50	6.90%	宝山区	27	3.72%
奉贤区	49	6.76%	长宁区	19	2.62%
徐汇区	44	6.07%	静安区	15	2.07%

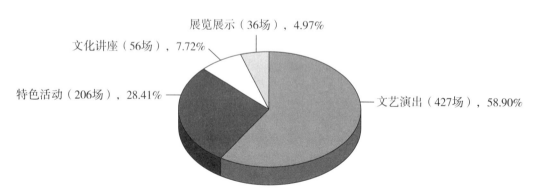

图 1　2018 年第三季度上海市公共文化配送服务类型分布图

本文讨论了在加快构建现代公共文化服务体系过程中,如何全面激发社会组织的主动性及文化活力,推动主体的多元化发展,组建政府、市场和社会多方一体的服务局面,提升服务品质,改善服务效能,为民众带来更为丰富的文化产品及贴切的公共文化服务。

笔者经过对上海部分街道社区文化中心的实地走访,调阅了上海市公共文化内容配

①　数据来源于上海市公共文化内容配送平台(http://www.shwhps.org.cn/)。

送平台相关资料,结合文化馆近年来社会化改革的步伐,探讨了如下实现方式:①培育合格主体;②推进法人治理;③社会资源介入方式多元化;④倡导群众自建、自治文化平台。

望此文抛砖引玉,引起学者及社会各界能人志士对我国公共文化服务建设的高度关注。艺术教育是美育的核心,文化馆(站)通过美育教育全面提升市民的素养,培养全面发展、独立思考、具有创造能力的社会公民,这也是我们公共文化工作者的奋斗方向。

参考文献

[1] 斯密. 国富论[M]. 杨敬年,译. 西安:陕西人民出版社,2001.

[2] 柳斌杰,雒树刚,袁曙宏. 中华人民共和国公共文化服务保障法解读[M]. 北京:中国法制出版社,2017.

[3] 傅才武. 中国公共文化政策研究实验基地观察报告[M]. 北京:社会科学文献出版社,2017.

[4] 王亚南. 中国公共文化投入增长测评报告(2017)[M]. 北京:社会科学文献出版社,2017.

[5] 荣跃明. 上海公共文化服务发展报告(2017)[M]. 上海:上海人民出版社,2017.

[6] 李思妍. 我国乡镇综合文化站发展问题与对策研究[D]. 西安:长安大学,2012.

[7] 吴绒. 陕西社会力量参与公共文化服务供给研究[D]. 西安:长安大学,2015.

[8] 汤利芳. 乡镇公共图书馆读者满意度研究[D]. 咸阳:西北农林科技大学,2017.

[9] 黄锴. 政府文化职能的公共性[D]. 上海:复旦大学,2009.

[10] 郑海鸥. 文化获得感,这样来保障[N]. 人民日报,2017-01-13(12).

[11] 李国新. 专家解读公共文化服务保障法主要条文[N]. 中国文化报,2017-01-04(2).

[12] 易昌松. "互联网+"时代社会力量参与公共文化服务的实践与探索[J]. 文化创新比较研究,2018(7):128-129.

试析新时代歌曲创作群众化发展的特点、问题及激励机制

李海燕（福建省艺术馆）

党的十九大报告指出,中国特色社会主义进入新时代,我国社会主要矛盾已经转化为人民日益增长的美好生活需要和不平衡不充分的发展之间的矛盾。正确认识和把握这个新的重大政治论断,对于群文工作者深刻理解新时代歌曲创作群众化发展的必然趋势有着重要意义。进入新时代,我国人民日益增长的美好生活需要的精神文化层面愈加凸显,人民追求更丰富的精神文化生活,更加注重生活的文化内涵和精神境界,以及由此衍生出获得感、幸福感、自豪感等更具主观色彩的"文化软需求"。歌曲创作群众化发展趋势正是新时代人民"文化软需求"升级化发展下的必然产物,是社会发展进步的必然结果,是人民文化自信的重要体现。从国家积极倡导"以人民为中心"的文艺创作这一层面上说,歌曲创作群众化发展不仅有利于广大社会基层良好艺术氛围的形成,也会有利于成为深入推广全民艺术普及的内在促进力,更有利于成为专业文艺创作者攀高峰、出精品的一种竞争推动力。

一、歌曲创作群众化发展特点

（一）创作主体多元化

进入新时代,随着全民艺术普及的推广发展,人民群众的音乐知识储备日渐丰富,艺术欣赏水平逐步提升,我国歌曲创作事业已经从原有集中在少数专业人士身上的"金字塔"事业,转变为人民群众广泛参与的一项"娱乐性"事业。《福建歌声》编辑部近四年收到的投稿情况数据显示,广大人民群众参与投稿的原创词曲作品数量呈逐年递增趋势,尤其是歌曲作品,数量增长尤为明显。这里提到的"人民群众"即现阶段的歌曲创作主体,涵盖了少年、青年、中年、老年不同年龄阶层,职业涉及电台编辑、节目主持、群文干部、院校教师、在校学生、文化站长、企业干事、退休职工、设计师、部队军人、法律顾问、医生护士等。他们当中也有不少是院校科班出身,但更多是非音乐专业的创作爱好者,他们尝试歌曲创作的目的也不尽相同,归纳起来可以分为兴趣爱好、职场副业两种类型。歌曲创作主体之所以有如此多元化的特点,原因是复杂多样的,但归根结底还是新时代物质文明和精神文明建设发展到一定阶段的必然产物。

(二)创作题材多元化

改革开放 40 年解放了人的思想、改变了人的观念、激发了人的创造力。随着中国特色社会主义进入新时代,流行音乐、现代音乐、影视音乐并驾齐驱、繁荣发展,中国音乐创作也随之迎来了百花齐放的春天,歌曲创作题材更是随着社会发展和创作主体多元化进一步呈现出了多姿多彩的画面,主要以围绕培育和践行社会主义核心价值观为中心的颂歌、进行曲、抒情歌曲、表演唱歌曲、青春励志歌曲、校园歌曲、军旅歌曲等歌曲体裁方式呈现,其中颂歌、抒情歌曲和进行曲的作品居多。如《福建歌声》编辑部近几年来收集到的来自全国各地的原创词曲投稿,不仅在数量上逐年递增,其中最多的题材为人民群众对祖国的热爱和对美好生活的向往,如《新时代　新征程》《声声唱给亲爱的祖国》《东方中国红》《幸福中国》《党旗下的中国》《我心如初》《大写的担当》《俊波情怀》;其次是对祖国风光的赞美和对乡音乡情的怀念,如《福建如你》《天下福地　最美福州》《土楼圆韵》《春天的站台》《一带一路彩云飞》《家乡的刺桐红》《雨落畲乡》;再次是时代主题性歌曲,如与扫黑除恶相关的《平安这一句话》《亮剑行动》《共享盛世太平》《合力出击正国风》等。

二、歌曲创作群众化发展存在的问题

(一)思想认识不足

歌曲创作群众化发展背后首先存在的最大问题就是思想认识不足的问题,这是最大的内因。之前我们说到了,这个群体绝大多数是非音乐专业人群,正因如此,当他们的热情高过认识时,就容易走进思想认识上的误区。第一个误区就是会说话唱歌就一定会词曲创作,有感觉就行。前阵子有一篇名为《你们再这么写歌词我就要报警了!》的文章在朋友圈刷屏,虽语言有点犀利,但观点不失道理。如果音乐创作完全跟着感觉走,就容易忽略基本章法,欠缺音乐形象和美的塑造。歌儿唱得好的人在歌曲创作上也许会有些感觉上的优势,但把"音乐感觉"落实到"音乐创作"还是要考虑到和声、结构、旋律、倒字等问题,不单是凭感觉就可以解决的。第二个误区是乐谱越复杂越显示作品水平。专业领域里面常说音乐创作要讲究简洁,朗朗上口,易于传唱。但在业余创作群体中常存在篇幅冗长、音程大跳、节奏复杂、音域太高、旋律不美等方面问题,其中也包括少儿歌曲写作。第三个误区是创作速度越快就越显示创作能力和水平。笔者曾见过个别业余词作家为了展示自己新作,鼓励圈中曲作家尝试现场谱曲,十几分钟后果真就晒出了曲谱。我们不提倡这样的快餐式创作,有速度不一定有质量,这也是群众业余音乐创作常见的误区之一。

(二)专业基础薄弱

歌曲创作群众化发展背后存在的另一个问题就是创作群体专业基础薄弱的问题。在非专业的音乐创作群体中,即便有人凭着创作热情,通过自学成才,最后真的走上了专业作词作曲的道路,但毕竟还是少数个例。大多数人由于专业、职业不尽相同,普遍都存在音乐创作基础薄弱的问题:首先是和声知识空白。现在的很多歌曲创作都是采用单旋律的简谱记谱法,编曲、伴奏和录音都是后期制作团队的事情,如此易导致立体音乐思维的缺位,进而出现和声功能单一、重复甚至紊乱的旋律写法。其次是歌曲写作技法不足。且不说多声部歌曲,就是单声部旋律写作,里面也涉及很多技法,如旋律的形态构造、发展手段、曲式结构、节奏律动、调式色彩、转调技法等知识点,作者如不掌握并融会贯通地运用,作品便很难富有生命力。第三是作品缺乏独特性、民族性和创新性。由于以上两种重要专业知识的缺失,所以不论业余创作群体怎么努力,作品大多是雷同或相似,都只会是"量"上的堆积变化,很难有"质"上的高峰出现。

三、歌曲创作群众化发展的激励机制

(一)深入推广全民艺术普及

举办系统、专业的词曲创作培训班是加强音乐创作人才队伍建设的重要手段之一,亦是音乐创作群众化发展有效的激励机制之一。随着全民艺术普及的开展,人民群众的艺术素养有了很大的提升,尤其是公益艺术培训、音乐会、惠民演出,对人民群众艺术欣赏水平的提升发挥了重要的作用,这也为歌曲创作群众化发展注入了丰富的养分,打下了一定的人才储备基础。但歌曲创作毕竟是高级艺术行为,需要全面而扎实的专业知识,所以应当在"艺术普及"的基础上,有侧重、有计划、有针对地深入开展与歌曲写作有关的培训班,提升创作队伍的专业技能水平。针对广大群众音乐创作爱好者,可以从连续举办多期的音乐基础知识培训班开始,配合优秀词曲作品赏析课程,进而辅以歌曲写作技巧、基础和声等课程,循序渐进地补充更加系统的专业基础知识;针对音乐基础知识稍好一些的创作群体,可举办一些提高性和全面性的培训班,比如音乐文学鉴赏、词曲作品改稿提升会、知名作曲家经验创作分享等。需要明确的是,不管是针对哪一种程度的业余音乐创作群体,长期、持续地坚持开展有针对性的词曲创作培训班,才是音乐创作队伍成长和打造的关键。歌曲写作是一个循序渐进的过程,是一个量变到质变的过程,绝非一时之事。

(二)打造歌曲征集文化活动品牌

主题歌曲征集是长久以来最常见的发动广大群众共同开展同一主题音乐创作的方式方法之一,具有覆盖面广、时间集中、主题鲜明、征集力度大等特点。省、市、区(县)文化馆可自上而下、全面铺开、联动开展。如果经费条件允许,可举办奖励性征歌,它是精神奖励和物质奖励双重结合的方式,征集力度更大,是非常行之有效的音乐创作激励机制之一。但要注意不能让活动充满了铜臭味,应当以鼓励为主,奖励为辅,分档设置奖金,保证底座基数,旨在鼓励更多的人民群众积极参与。歌曲征集的主要目的是发现反映时代正能量的优秀原创歌曲,但终极目的不是发现,而是推广和传唱,促进精神文明建设。因此在征歌的基础上广泛开展获奖歌曲展演展示和提升推广也是鼓励人民群众广泛参与音乐创作和歌曲征集的激励机制之一。歌曲展演展示有很多种方式,如举办原创歌曲音乐会、甄选优秀作品参加公共文化服务惠民演出、网络票选群众最喜爱的歌曲、推荐杂志刊登等。推广可以通过提升作品编曲质量、邀约明星演唱、制作 MV、推荐参加大型文艺活动展演、公共区域 LED 滚动播放、校园传唱等方式进行,还可以为更高一级征歌赛事的储备歌曲。

(三)打造有声电子杂志平台

大多数文化馆都有自己的官方纸质刊物,如工作简报、群文荟萃,主要内容都是紧紧围绕文化馆所开展的公共文化服务内容。虽然大部分都是内刊,不一定有刊号,但如若能在官方杂志开设专栏,为广大群众音乐创作爱好者提供作品展示的途径,那它将是一个很好的宣传展示平台。有刊号的杂志相比内刊,其受用性还是会略显优势。但总体而言,不管有没有刊号,对于创作者来说,作品的刊登都会使其收获一种被肯定的荣誉感,这也是非常有效的激励机制之一,它将成为促进群众音乐创作群体继续努力学习和创作的精神动力。在数字化服务尚未兴盛的年代里,纸媒曾是最受欢迎的阅读方式之一,能在杂志上发表一篇文章或词曲作品都是一种极高的荣誉。如今的纸媒的确受到数字技术的强大冲击,但对于创作者而言,自身作品能被采用的那种精神荣誉感却一直延续至今。事实是即便词曲刊登并不能作为职称评定的条件之一,但仍然受到广大群众音乐创作者的青睐。另一方面,文化馆刊物也可以充分利用数字文化馆现代信息技术,利用网站、微信公众号、数字云平台,积极打造有声电子杂志,为广大音乐创作群体提供作品展示的有声平台,充分拓展纸质刊物的服务外延,把优秀原创歌曲推广到更多的读者、听友和网友当中。

(四)提升创作群体内在人文素养

以上三点是文化机构推动群众音乐创作可行性发展的激励机制,但它只能是外在的推动力。内因决定外因的道理告诉我们,平台再好,如果创作主体不学习、不自省、不积极,那永远也不会生产出好作品。文化馆可通过举办优秀词曲作品赏析课程、音乐文学名家讲堂、中华优秀传统文化展演展示,提升“学习强国”学习氛围等方式方法,提高业余音乐创作群体的道德修养、人文素养和艺术涵养,进而提升他们的内在学习力和创造力。

歌曲创作群众化发展是根植于广大人民群众的、最接地气的文艺创作行为,虽然创作群体都是业余的,但却有数量庞大的基础优势,且业余的现状也只是暂时的。相信随着国家的繁荣昌盛,文化馆公共文化服务的深入开展,辅以歌曲创作群众化发展的各种激励机制,一大批业余音乐创作群体逐渐必将走向专业音乐创作的艺术道路,为中国文艺创作的繁荣和发展贡献力量。

"湖南农民工春晚"群众文化项目的分析与思考

彭惠惠（湖南省文化馆）

习近平总书记曾指出："要化解人与自然、人与人、人与社会的各种矛盾，必须依靠文化的熏陶、教化、激励作用，发挥先进文化的凝聚、润滑、整合作用。"

新时期新风气，随着时代的飞速发展，新生代农民工以其积极向上、时尚阳光的姿态参与城市生活的方方面面，为城市精神文明建设增添了一抹靓丽的色彩。群众文化活动品牌作为城市的特殊符号，承载着老百姓的美好愿景，肩负着为人民群众创造美好精神文化生活的神圣使命。笔者以"湖南农民工春晚"这一品牌为例，就文化馆群众文化项目建设做简要分析和思考。

一、群众文化是农民工融入城市的黏合剂

（一）新生代农民工产生的背景及特点

农民工是我国特有的城乡二元体制的产物，是我国在特殊的历史时期出现的一个特殊的社会群体。改革开放以来，大量农民进城务工的浪潮，为我国的城镇化建设、工业化发展做出了巨大贡献。40年过去，当农民工二代接过父辈的接力棒，成为新生代农民工时，他们不再是原来的模样，他们有知识、有文化、有思想、有技能、有能力、有创新，他们展现出更多的自信从容与奋斗不息，他们有更高的历史使命和人生追求，他们身上体现出新时代高素质农民工的勃勃生机。

新生代农民工与城市同呼吸、共命运，某种意义上说，他们已是城市人，他们期待有更为广阔的平台以施展个人才华，期待有更多的渠道助其体验优质的城市生活方式，期待创造更多的亮点以赢得城市的关注与认同。但又不得不承认，农民工在追随城市的脚步中很难找到归属感。根深蒂固的城乡文化差异成为横亘在农民工与城市之间绕不过的因素之一。

（二）文化部门为农民工量身创建文化项目

长期以来，各级文化部门不断加大对这一特殊群体的关注力度。随着群众文化活动的蓬勃发展，农民工公共文化服务项目不断涌现，每一个项目便是一扇窗，这一扇扇窗让农民工更深刻地了解城市精神文化状态，更深入地与城市互动，使他们开阔视野和

胸襟,提升精神愉悦与社会价值感。从某种意义上来说,群众文化活动成为农民工通向美好城市生活的一辆便车,同时农民工与群众文化活动的互动也为美好城市的精神文明建设注入了一股新活力。

二、农民工成功打造自己的文化品牌

(一)"湖南农民工春晚"基本情况

2011年11月20日,长沙汽车西站赫然出现"你在他乡还好吗? '农民工春晚'欢迎您!"的大幅海报和横幅。几天后,两场农民工春晚海选分别在浏阳和长沙举行。2012年1月14日晚冰雨袭人,"湖南省首届农民工春节联欢晚会"在浏阳一露天建筑工地举行。当晚,网上出现"史上最感人春晚"的视频和照片,网友对第二届农民工春晚的呼声此起彼伏。从此,"湖南农民工春晚"在三湘四水声名鹊起,一办就是八届。

这便是备受追捧的湖南群众文化品牌——"湖南农民工春晚"的"发家史"。"湖南农民工春晚"是由在湖南工作的农民工自发、自导、自演、自赏、自评的一项群众文化活动,自2011年启动以来,至今已成功地连续举办了八届。根据历届活动统计,活动海选、复赛、总决赛累计场次已达到119场,参演人员近两万人次,吸引观众10万余人,共产生节目1920个,其中自创节目约260个。"湖南农民工春晚"得到了各级文化部门的广泛关注与支持。2014年,"湖南农民工春晚"工作组被湖南省文化厅正式组建为"湖南省文化志愿服务总队务工文化分队"(现为"湖南省文化和旅游志愿服务总队务工文化分队"),并得到一定的政策、资金、场地、人力、物力的支持。各地文广局、文化馆也纷纷加入"湖南农民工春晚"的工作队伍,为其出谋划策,为其推广发动,为其提供业务指导,甚至与其联合举办。如湖南省文化馆与其联合主办2017年第六届农民工春晚、长沙市文广新局参与2019年第八届农民工春晚的协办等。除此之外,活动还先后得到了湖南省文明办、省人力资源和社会保障厅、省总工会、共青团湖南省委、省就业和农民工工作领导小组办公室以及各市州相关部门的大力支持。"湖南农民工春晚"现已成为湖南省文化志愿服务品牌,社会影响力广泛。

(二)"湖南农民工春晚"成功的偶然性与必然性

自发的草根春晚对于现今社会来说并不陌生,"农民工春晚"也不足为奇。但是,也正是由于"自发性"包含着太多不稳定因素,导致类似的草根春晚成功且长久的案例并不多见。而"湖南农民工春晚"却如顽强的"原上草",倔强地挺过了一年又一年,并愈显蓬勃生机,且以其"草根"身份得到了政府部门的极大肯定与鼎力支持。"湖南农民工春晚"用时间的跨度和影响力的深度有力地证明了它的巨大成功。分析其成功的原因,有其偶然性,也有其必然性。

从偶然性来讲,"湖南农民工春晚"的成功是其项目本身饱含的人文价值体现。

项目成功切中受众的共情点，擦出了心灵的火花。首先，我们来解读几句农民工春晚的海报广告语，"俺是农民工，俺也有梦想""俺是农民工俺骄傲，俺是'农'的传人"，以及在本文前段所提到的"你在他想还好吗？"的横幅广告，这些标语无一不触动这一特殊群体柔软的内心，无一不为他们的精神世界注入巨大的正能量与动力。更表达了这个群体勇于奋斗、积极乐观的精神状态，以及内心深处渴求社会关注、理解、关怀的情感诉求。

从受众情感出发，以社会主流价值引领群体新风尚，彰显人格尊严，激发群体自信，这样的策划文案有真情有温度。

从春晚选拔模式来看，从海选、复赛到省决赛，低门槛、零收费，只要愿意，舞台属于任何人。为让更多人有展示的机会，海选中几乎每一届都有场次节目超过30多个、时长超过三个小时。许多农民工朋友刚从工作岗位下来，穿着工服便直奔舞台，没有灯光和舞美，没有妆容与华服，却收获了真诚的掌声。舞台的低门槛激发了农民工的兴致，表演的自发性、自娱性引发了全场的真诚互动，一场表演展示了农民工的才情与精神面貌，同时也提升了参与群体的幸福指数。

说到这里，不得不提到项目策划人。朱良成，浏阳人，"湖南农民工春晚"创办人、总导演，"80后"农民，曾外出务工，期间加入义工联合会，2007年回到家乡后成立浏阳义工联合会。一次偶然的机会他参加农民工慰问演出，看到台下农民工朋友的欢乐笑容，他便萌发了办一场农民工自己的春晚的梦想。作为一个"80后"的农民工，他的梦想并非突发奇想，而是缘于他对农民工群体的深刻了解：这是一个长期以来疲于谋生、疲于奔波的特殊群体，他们的业余生活匮乏，文化娱乐更无从谈起，在举目无亲的城市，他们的社会存在无人关注，精神情感没有寄托；然而作为新时期的农民工群体，他们中间却不乏人才，也不乏激情，他们只是缺少一个展示自我、与人交流的舞台。朱良成这个偶然萌发的梦想赢得了农民工群体的一致响应，也是朱良成个人对这个社会群体所保有的特殊情怀与社会担当。

从必然性来说，"湖南农民工春晚"成功是时代发展的产物。

伴随着工业化和城镇化进程的加快，越来越多的农民涌入城市。国家统计局发布的《2018年农民工监测调查报告》显示，2018年农民工总量为2.8836亿人，从城市管理与发展来看，无论是经济建设还是精神文明建设，他们早已成为城市构建中不可忽视的一大群体。同时，根据《2018年农民工监测调查报告》，"80后"新生代农民工占全国农民工总量的51.5%。这一数据表明，相对于父辈，接受了九年义务制教育的"80后"新生代农民工的受教育程度更高，思想、观念、认知、追求以及对自我价值表现等方面都有着巨大的变化。此时，更多农民进城的动机已从"改善生活"转变为"体验生活"。

另一方面，改革开放之初农民工群体"离土不离乡"，形成劳动力的就地转移，近年来新生代农民工逐渐成为第三产业领域劳动力的主力军，这表明农民工结构正发生着改变。

农民工结构的改变，直接影响着农民工需求的变化，进而影响到公共文化服务领域向更多元方向发展的需要。为满足新生代农民工群体不断增长和提升的精神文化需求，各文化部门需要不断地拓展文化思路、创新文化项目、打造文化品牌、探索新的服务方式。

马克思指出"必须有时间满足精神需要和社会需要,这些需要的范围和数量由一般的文化状况决定"。"湖南农民工春晚"贴紧了时代脉搏,抓住了民心所向,应运而生,也必将获得成功。

三、"湖南农民工春晚"为文化馆项目建设带来的思考

然而,"湖南农民工春晚"这样一个纯"草根"的群众文化项目为何能有如此广泛的影响力和顽强的生命力?这一问题也给我们文化馆人带来深刻的思考。

(一)文化项目建设须立足人民需求,实行精准对接

分析"湖南农民工春晚"时我们不难发现,农民工群体的精神文化需求是它得以生存并蓬勃发展的土壤,立足农民工也是它取得成功的关键。

近些年来,各地文化馆的品牌项目层出不穷、琳琅满目,然而,最终让老百姓记得住、叫得响的项目却甚少。在文化馆实际工作中,为设立而设立的文化品牌项目不在少数,这种形式主义项目导致供需对象错位、供需内容不平衡、供需品质无保障、服务资源浪费、造成恶性口碑等后果。品牌项目的设立要立足群众文化需求,对于群众文化需求不能凭空想象,必须做足做实调研功课,充分利用基层田野走访调查等方式,充分利用互联网时代带来的便利,通过移动终端调研、大数据分析等手段,精准掌握不同群体的精神文化需求,有的放矢地进行供需对接与品牌创建。

新形势下,文化馆公共文化服务项目的多元化发展要求必将越来越高,以前的"大水漫灌"式服务已经不能满足各类人群的期待,提供个性化服务、满足个性化需求,将成为文化项目建设发展的一个方向。

(二)项目推进中,需保持群众本色

保持群众文化项目的群众本色是文化馆在文化项目建设中必须坚守的原则。"湖南农民工春晚"从项目创办至今,一直坚持由农民工自发、自导、自演、自赏、自评的"五自"原则。试想,如果"湖南农民工春晚"换作其他部门去办,想让其保持"五自"原则、体现个性特点怕是很难做到。丢失了"农民本色",这个项目便丢失了生命,想要长久地维系下去将成为空话。

朱良成和他的团队虽是湖南省文化和旅游厅管理下的一支文化志愿服务支队,但在"湖南农民工春晚"项目的运行过程中,各级文化部门并未过多干预,而是采取密切关注、大力扶持的态度,各级文化部门的做法为"湖南农民工春晚"营造了优质的生态环境。

(三)巧借社团力量推进群众文化项目发展

"湖南农民工春晚"的成功让我们不得不重视各群体所潜藏的文化活动力和社会影响力。随着社会人的群体化分支越来越丰富,不同的人群的特点越来越显现,不同的人群

对精神文化需求千差万别,文化馆借助文化馆社团建设,可以更多地了解各群体动态,对于创建和发展合适的文化项目大有益处。文化馆社团是群众根据各自的喜好与特长自由组合的群体,每个社团有各自共同的语言和共同的理想,具有文化需求的统一性,也具有为社会提供文化服务方向的一致性。他们代表了某一个群体的整体诉求与文化活动力。而他们所代表的群体基本上属于文化馆服务的人群范畴。通过整合社团力量加强社团建设,将为文化馆延伸群众文化服务的触角、加强文化服务项目的特色提供有力的依据和帮助。

新形势新要求,"湖南农民工春晚"的成功体现了新时代老百姓精神文化需求的新面貌。文化馆的群众文化项目设立必须牢牢把握时代脉搏,敏锐感知群众需求动态,全面而精准地把握群众需求,采取多元而有效的实施办法,有的放矢,才能真正做到高质量的文化惠民,才能真正完成用文化的力量为社会带来和谐幸福的使命。

参考文献

[1] 陆娅楠. 我国农民工月均收入稳定增长 [N]. 人民日报, 2019-05-20（2）.

[2] 乔金亮. 让新生代农民工在城乡进退有据 [N]. 经济日报, 2019-05-06（9）.

浅谈应通过专题文艺演出大力弘扬社会主义核心价值观

曹　鋆（天津市河东区文化馆）

随着天津市各区对宣传思想工作和群文工作的重视程度日益增强,随着各行各业在改革开放中经常要凝聚力量、鼓舞士气、表彰先进、总结经验、展示行业文化,市级、区级、行业级的专题文艺演出数量也在不断增加。以河东区为例,每年结合中心宣传工作、反腐倡廉工作和家庭艺术节等,区委、区政府都要举办专题文艺演出。无论区级专题文艺演出是什么专题,弘扬社会主义核心价值观都是必然的主题。如何通过搞好专题文艺演出弘扬社会主义核心价值观,也是群众文化工作者的一件大事,本文结合河东区近年来部分专题文艺演出活动,浅谈要通过区级专题演出弘扬社会主义核心价值观。

一、通过创作、改编充满正能量的节目诠释主题

习近平同志在党的十九大报告当中指出:要发挥社会主义核心价值观对国民教育、精神文明创建、精神文化产品创作生产传播的引领作用。由此可见,在群众文化工作当中弘扬社会主义核心价值观是我们的历史使命。

一场专题文艺演出的要素至少是:主题鲜明、内容丰富、形式多样、感人动人。主题鲜明是专题文艺演出的首要目标,而切合主题的重要手段就是搞好专题创作。在区级文艺演出的策划过程中,要结合全区政治经济发展的状况,结合区委、区政府近一段时期的重点工作部署和目标,紧扣主题,有针对性地进行新节目创作,此类节目要求信息量大,直观明了,通常为语言类和声乐类节目,以此来直接体现社会主义核心价值观的内容。以下举两个实例:

河东区已经连续五年举办了党风廉政建设专场演出,在 2015 年,区委、区政府首次提出了三点明确要求:"继续坚持正面教育、充分体现群众参与性、以廉政文化弘扬社会主义核心价值观。"根据上述要求,策划人员首先认真研究了廉政文化的内涵,理解了廉政文化由政治文化、社会文化、职业文化和组织文化构成,并确定了以社会文化和职业文化为突破口,创作语言类节目。按照策划方案,馆办曲艺团队东文说唱团创作了鼓曲说唱《夸夸咱的儿媳妇》,通过四位老大娘拉家常的方式,讲述了四位儿媳妇在工作岗位的事迹。这四个儿媳妇分别是银行信贷科的科长、派出所的副所长、医院的主刀医生和某大学舞蹈系的主任,都是在重要岗位任职的关键人物。四位婆婆在夸奖儿媳妇的同时,介绍了她们拒收红包、按规办事、不徇私情等事迹,达到了教育和引导全社会各职业阶层的从业人员

恪尽职守、爱岗敬业、克己奉公、遵纪守法的目的。这个节目强调了社会主义核心价值观当中社会层面的"公正、法治"以及公民层面的"爱国、敬业、诚信、友善",在现场演出中取得了较好的效果。

河东区"十大为民杰出人物"评选自 2003 年起每年举办表彰活动。多年来,策划者始终在新的表彰活动中更新对这项活动主题的理解,把握加强公民道德建设与提升全区群众文明素质相结合,务实为民,体现河东建设发展的主题。活动策划者陆续创作了歌颂公仆情怀的歌曲《红蜡烛》,并以此作为这项活动的主题曲;根据"十杰"事迹创作了诗朗诵《写给妻子的信》;利用大家耳熟能详的旋律,以歌曲《芦花》的旋律重新填词,创作歌曲《河东美》,全面歌颂了河东区的建设成果;根据河东区向阳楼街道社区工作科原科长袁守骞全力帮扶、改造刑满释放人员的一件真实事件创作了天津快板《老百姓的贴心人》,这个节目体现了各级国家机关处事公道正派,公正透明,诚实守信,廉洁高效,一心为民的公仆情怀,倡导全社会形成良好的风气。

以上两个例子,进一步说明了区级专题专场文艺演出,要通过创作、改编的节目最直接地来为晚会主题服务,弘扬社会主义核心价值观。当今,媒体发达,信息传播渠道广泛,人民群众在日常生活中,对于丑恶现象和反面典型深恶痛绝,区级专题演出不应对反面典型进一步放大,而是要让群众看到一片光明的未来,给予大家一个明确的"应该怎样做"的导向。我们举一个简单的例子,策划一场倡导家庭和谐的专场演出,如果创作的内容全部是揭露虐待老人、夫妻出轨、打骂孩子这样的节目,也可以说一定程度上如实还原了生活。表演之后,通过主持人告诉大家,"不能这样做,要好好过日子"。这样的节目创作,就没有能够完成弘扬社会主义核心价值观的使命任务,甚至起到了"负强化"的反面作用。因为"好好过日子"是怎么过?观众在这场演出当中没有找到答案,也没有看到榜样的力量。

由此可见,认真研究主题,理解透彻,精心创作、改编充满正能量的节目,为主题服务,给予群众明确的导向,以深入浅出的方式说明道理,杜绝"负强化",这是区级专场演出通过原创节目弘扬社会主义核心价值观的重要路径。

二、让精品团队和成品节目为主题服务

在认真完成创作改编节目的同时,区级专场演出应紧密围绕主题,结合群众的喜好,选择一些成熟完善、为大家喜爱的精品节目,让精品团队和成品节目为主题服务,从而构成一台完整、精彩的区级专场演出。

在保证原创节目的基础上,应选择能够充分展示党和国家的大政方针、治国理念、祖国的建设发展成就,体现人民全力建成小康社会的决心和精神状态的成品节目。同时,要注意节目的多样性和观赏性,区级专场文艺演出要以区内优秀文艺骨干、文艺团队为主体。出于对演出主题的需要或群众审美需要的考虑,也可根据实际情况,邀请专业院团或区域外的演员、团队参与其中。

以 2016 年河东区社区艺术节闭幕专场演出为例,演员队伍由文化馆业务干部、馆办团队、社区文艺骨干和受邀的专业院团文化服务志愿者构成。在节目结构方面,立足于选精品、用成品,采取板块结构。序曲部分是女声独唱《党旗飘飘》和《锦绣前程》,体现了习近平总书记提出的"要不断提高党的领导水平和执政水平、提高拒腐防变和抵御风险能力,确保党始终成为中国特色社会主义事业的坚强领导核心"的讲话精神;其后,通过社区合唱团的表演唱《绣红旗》、馆办舞蹈队表演的舞蹈《珊瑚颂》、文化馆业务干部表演的笛子独奏《扬鞭催马运粮忙》和文化志愿者演唱的歌曲《忠诚》,对战争年代和生产建设时期进行了回顾,表现了革命先烈和英雄模范坚定的共产主义信仰和他们的铮铮铁骨;然后,以京剧《赤桑镇》选段作为开始,通过少儿舞蹈《快乐宝贝》、原创天津时调《老来俏》、表演唱《孝敬父母莫要等》、独唱《祖国之恋》等节目,结合主持词,体现中华传统优秀文化对每个人思想道德水平的影响,以及在新时期,良好家风家教传承和普及的重要性;尾声部分由合唱《梦见茉莉花》和《天津我爱你》组成,用茉莉花代表的纯洁、质朴,来呼唤大家要以崇高的思想境界投身到工作和生活当中,《天津我爱你》鼓舞大家为建设美丽天津做出更大的贡献。节目整体主题鲜明,内容丰富,让观众有所感悟的同时,也让参与演出的人员对社会主义核心价值观有了更深层次的理解。

三、努力让节目接地气、聚人气,演出整体框架清晰

一场区级专题演出通常由语言类节目和歌舞类节目构成。语言类节目能够更直观、更具体、指向性更强地弘扬社会主义核心价值观,特别是公民层面的内容,容易形成亮点。歌舞类节目是构成主体的框架,能够更加宏观地反映时代主题,也就是反映社会主义核心价值观中的国家层面和社会层面的内容。因此,区级专题演出,应把节目安排得当,串联合理,做到接地气、聚人气,既亮点鲜明,又框架清晰。

以 2017 年 9 月举办的河东区"永远跟党走"喜迎党的十九大专场文艺演出为例。时间选定在党的十九大即将召开前夕和新中国六十八华诞之际。演出以赞颂中国共产党的领导、赞颂伟大祖国建设成就为主题,为天津取得的建设发展,为河东区推进活力之区、绿色之区、安全之区、文明之区建设加油鼓劲。节目框架大胆尝试以时间为脉络,通过主持词,全面回顾了党的十八大以来历次全会的重要精神为人民生活带来的变化。作为亮点,文化馆结合河东区的区情创作了诗朗诵《一条叫海的河》,并邀请了海政文工团、天津市曲艺团等专业院团的演员参与了专题演出。节目选取方面,序幕《红》,开场歌舞《美丽中国》,歌曲《咱老百姓的好心情》《好官是百姓的福》《你来了》,快板《天安门广场看升旗》等节目贴近生活、贴近群众;京东大鼓《白雪红心》、京剧《铡美案》等戏曲、曲艺节目弘扬了中华优秀传统文化,也深受观众的喜爱;原创诗朗诵《一条叫海的河》再现了习近平总书记两次考察天津工作并发表重要讲话的场景,体现了"三个着力"重要要求为天津、为河东带来的巨大变化;歌曲《我们的美好时代》《舒心的日子》《幸福中国》用优美的曲调,质朴的歌词唱出演员与观众们的爱国情怀,演出在歌伴舞《永远跟党走》中

落下帷幕。以上节目，通过主持词，有机串联了党的十八大以及十八届三中、四中、五中、六中全会的重要精神，节目整体亮点鲜明、框架清晰、艺术观赏性较强、爱国主义教育色彩浓郁，社会主义核心价值观的内容贯穿始终，让观众和演员深切感受到祖国在改革开放和社会主义现代化建设中取得的新的重大成就，激发了观众的自豪感和幸福感。

四、把握宏观，注重细节，将社会主义核心价值观的内容贯穿其中

区级文化部门要随时根据区委区政府的要求尝试组织新的专题演出形式。作为策划者，应与时俱进、创新思路，敢于尝试和探索，不应畏首畏尾、停滞不前。同时，应在探索中尊重艺术规律，将社会主义核心价值观的内容贯穿其中。

以 2018 年 6 月举行的"河东区艺术党课"为例。2018 年 5 月，河东区委决定举办艺术党课，这是前所未有的探索，政治意义不同于以往的专题演出。"艺术党课"对于文化馆策划团队来说是个新名词。在查阅大量的资料后，文化馆了解到在上海和安徽已经分别有过类似的尝试，并形成了一定的影响。同时也领会了区委的意图：艺术党课，是河东区党建工作在新形势下的新型载体，是丰富党员教育形式的创新实践和有益探索。于是文化馆开展了如下工作：

第一阶段，明确主题思想：以建党 97 周年和纪念改革开放 40 周年为大背景，弘扬社会主义核心价值观。进而确定了"创新竞进新时代，党建领航新河东"的主题。随后，进一步细化：以党史教育为开端，设立了"星火燎原""春风化语""不忘初心""逐梦前行"四个板块，重点介绍改革开放 40 年来，特别是党的十八大以来，我国、天津市、河东区取得的一系列建设成就。同时也希望通过这四个板块，带领党员干部一起重温党史，重温誓词，重温不忘初心、牢记使命的神圣诺言。

在第二阶段，根据主题填充相关内容，串联四个板块。根据需要，查阅河东区党史资料，创作了诗朗诵《盛世中国》，确定了情景表演、曲艺、朗诵、声乐、舞蹈等节目形式。为了保证专题演出的艺术性和严肃性，在近百首音乐和歌曲当中反复筛选，确定了《十送红军》《不忘初心》《领航新时代》等十余首歌曲，设立了区委书记带领全体党员重温入党誓词、老党员表彰、视频采访等重要环节，使党课既有理论支撑又有艺术魅力，努力把理论讲得亲切、朴实、生动，接地气。让党员干部坐得住、听得进、记得牢，达到"润物细无声"的效果。

在第三阶段，是精心组织实施排练以及演出的关键环节。由于涉及的演员较多，为了保证群众演员的参与热情，文化馆没有邀请专业院团的演员，而是以业务干部和馆办团队为班底，再从其他单位抽调部分人员。演员的非专业性和时间的不确定性给排练增加了难度。参与人员在排练中狠抓细节，节目达到理想的效果。与此同时，对艺术党课的主持词字斟句酌，对于各环节的串联反复推敲，对于节目涉及的大屏幕照片和视频素材的每一个镜头甚至每一张面孔都安排专人进行了认真审核。

2018 年 6 月 30 日，"河东区艺术党课"呈现在全区 700 多名党员面前，区委、区人大、

区政府、区政协的主要领导都以普通党员的身份参与其中。这次演出,是河东区对新的区级专题演出形式的大胆尝试和探索,也在宏观把握和细节操作方面对策划者和实施者的要求上升到了新的高度。

综上所述,在通过专题文艺演出大力弘扬社会主义核心价值观的过程中,群众文化工作者要明确努力方向,强化政治站位,要深入贯彻宣传习近平新时代中国特色社会主义思想和党的十九大精神,弘扬主旋律,弘扬中华传统优秀文化,归根结底,在日常工作中要做一个政治立场坚定,业务能力过硬的人。区级专题文艺演出不是商演、不能应合"三俗",应该起到传播先进文化的目的,文化馆有义务、有职责,用脑、用心去为人民群众提供良好的文化服务,在充分体现物质文明、政治文明、精神文明、生态文明、制度文明的前提下,把区域内的发展理念、先进人物、身边好人以及感人故事通过专题演出真正展现出来。同时,文化馆也要清醒地认识到,文化的熏陶是一个循序渐进的过程,不在一朝一夕,不可急于求成。文化馆人应加强学习,提高执行能力,勇于开拓创新,认真对待在每一场专题演出中弘扬社会主义核心价值观的策划和实施,成为合格的社会主义核心价值观的践行者和宣传员。

文化馆新员工培训方案设计与实施

——以北京市朝阳区文化馆为例

康继红（北京市朝阳区文化馆）

近年来，随着加快构建现代公共文化服务体系的步伐，每年都有来自不同院校、不同专业、不同学历的新员工带着理想进入文化馆工作，为群众文化事业注入新鲜血液，增添新的活动力。本文结合北京市朝阳区文化馆（以下简称朝阳区文化馆）新员工培训的实践，探讨文化馆新员工培训方案的设计和实施。

一、概念界定

"新员工"，目前对于新员工的界定还没有一致意见，通常按照员工的入职时间来界定新员工。本文按照新员工价值生命周期理论，将新员工界定为进入朝阳区文化馆两年以内（0—24 个月）的所有人员[1]。

"新员工培训"，是指从新员工入职起，为了使新员工胜任工作岗位、不断提高工作效率等，对新员工开展的一系列定期、不定期培训活动的总称[2]。

二、新员工特点分析

2016 年初至 2018 初的两年间，朝阳区文化馆新入职员工数量较多，占到了职工总数近 20%，这些新员工呈现出以下特点。一是学历高，新入职员工学历均为本科以上，其中不乏中央美术学院、中国音乐学院、中国传媒大学等国内一流大学毕业生，以及具有海外留学背景的海归人才。二是专业多元，以美术、舞蹈、音乐、历史、公共事业管理等文化艺术人才为主，辅以新闻、财务等人才。三是年龄低，新入职员工均为 80 后、90 后，时代特殊的社会背景造就了 80 后、90 后充满个性、善于学习、喜欢新事物、勇于创新的特点。

三、培训需求分析

新员工培训是一项具有战略意义的工作，朝阳区文化馆从价值认知、环境适应、岗位胜任、激发创新四个方面，满足新员工的培训需求。

1. 价值认知。朝阳区文化馆新入职员工以文化艺术人才为主，其中大多数长期接受美术、音乐、舞蹈等专业培养,在艺术创作上有一定的造诣。但他们基本没有接触过群众文化领域。在培训中,要让新员工了解群众文化,树立群众文化的事业心;要向新员工传播朝阳区文化馆令人振奋的成就,传播正向的文化和价值观。

2. 环境适应。陌生的环境通常会让新员工感觉到焦虑不安,只有融入文化馆之后,这种压力才能得到缓解。在培训中,要让文化馆新员工尽快适应环境融入集体。要促进新员工之间以及新员工与老员工之间的沟通交流,帮助他们建立起私人友谊及同事关系。要培养文化馆新员工的团队意识,使他们在今后的工作中齐心协力,提高工作效率。

3. 岗位胜任。朝阳区文化馆新员工受教育程度高,对职业发展的期望值也很高。作为知识型员工,他们追求自我实现,追求最大程度的发挥自己的潜能。要提升这些新入职的文化艺术人才的岗位胜任力,让他们认知岗位、胜任岗位,将自身的高端艺术素养和资源与基层群众文化需求对接,满足群众的基本文化需求。

4. 激发创新。创新创意是文化馆工作的灵魂。只有不断推出和提供有创意的活动和服务,文化馆才有人气、有活力和生命力[3]。朝阳区文化馆新员工都是 80 后、90 后,他们本身就具有喜欢新事物,勇于创新的特点。要将新员工的优势转化为创新成果,让新员工拥抱新观念,交换新思考,为新员工营造一个尊重创新、鼓励创新、宽容失败、迎难而上的学习成长氛围。

如何让新员工快速融入文化馆,增加认同感? 如何让新员工快速转变角色,掌握本职工作所需的技能? 如何将朝阳区文化馆新员工的优势转化为创新成果? 在这样的背景下,朝阳区文化馆于 2018 年 3 月启动了"新力量履职创新培训班"。

四、培训计划与实施

(一)培训课程设计

朝阳区文化馆"新力量履职创新培训班"课程内容体系围绕价值认知、环境适应、岗位胜任、创新激发四个模块开展。

价值认知模块的课程内容,主要包括两个方面,一是讲解文化馆人应具备的情感、情怀、情操,使新员工对文化馆人应具备的职业素养有一个基本的了解。二是由馆长介绍北京市朝阳区文化馆的发展历程、取得成就,使新员工了解朝阳区文化馆的过去和现在,激发他们作为一名朝阳区文化馆工作者的自豪感,更是激发他们接续朝阳区文化馆"开通明智、改良风俗"的使命,不断创造新的群众文化品牌。

环境适应模块的课程内容,以参与朝阳区文化馆的品牌活动为主,新员工作为项目成员,先后参与"春分朝阳"非遗群众文化活动、"大地芬芳"第 13 届潮流音乐节、馆刊《芳草地》复刊首发式等朝阳区文化馆品牌活动。通过参与活动,了解业务流程,实现新员工之间、新员工与老员工之间的相互了解和团结协作。在工作中适应环境,融入集体。

岗位胜任模块的课程内容,以朝阳区文化馆品牌项目案例的交流互动为主,由 10 位项目负责人介绍各自的项目情况并与新员工深入交流探讨。具体包括"农民上楼"文化平权问题思考、"漂亮的兵马俑"如何走向世界、"文化居委会"交流实例等。通过"文化馆案例"主题互动,使新员工初步掌握群众文化理论调研、群众文化活动的创意、策划和实施,基层文化活动实践的经验、名誉与品牌塑造等基本知识。

价值认知内容模块	1.文化馆从业者应具备的价值素养 2.朝阳区文化馆的发展历程和成就等
环境适应内容模块	1.选取3—5个朝阳区文化馆的大型品牌活动,让新员工参与其中,使新员工了解业务流程,实现新员工之间、新员工与老员工之间的相互了解
岗位胜任内容模块	1.群众文化理论调研 2.群众文化活动的创意、策划和实施 3.名誉与品牌塑造等基本知识
创新激发内容模块	1.公共文化行业发展前沿,如互联网视野下的文化事业等 2.相关领域发展前沿,如文化产业、文化园区、新型社区共享空间、国际视野的规划设计等

图1 朝阳区文化馆新员工培训课程体系

创新激发模块的课程内容,聚焦群众文化及相关领域发展前沿,例如互联网视野下的文化产业与文化事业、互联网思维与知识付费的关系、新型社区共享空间"地瓜社区"等,主要目的是开拓新员工的视野,激发新员工创新群众文化服务方式。

(二)培训方式

以专题讲座、实地走访、主题实践、交流讨论等方式开展培训。专题讲座的授课教师,既有业内知名专家,也有馆内资深项目负责人。实地走访了郎园 Vintage 文化创意园、朝阳区八里庄街道"地瓜社区"、得到公司(得到 APP)等多家领先的园区和企业。主题实践是指新员工作为项目成员,参与朝阳区文化馆的品牌活动。此外,朝阳区文化馆建立了新员工培训微信讨论群,便于线上随时交流讨论,研讨新模式、探讨新趋势、解析新实践,实现新员工之间的思想交流碰撞。

(三)培训质量控制

为了提高新员工培训的效率,朝阳区文化馆十分注重培训质量控制。

一是加强组织领导。设立培训工作小组,负责培训组织领导。由馆长和馆领导班子主要成员担任组长和副组长,并指导培训方案设计、作为讲师为新员工授课、亲自参与大多数的专题讲座和实地走访。馆领导的高度重视,是新员工培训顺利开展的重要保障。

此外,由人事部门负责人担任协调,保障日常沟通;由馆内资深项目负责人担任教务,参与课程内容设计和授课教师联系组织。

二是注重课前预习和课后交流研讨。始终倡导新员工带着问题学习,在学习过程中联系实践中的困惑,学习后还要不断反思,真正做到学有所得、学以致用。在课程前,要求新员工最好预习,每人提出3—5个问题,带着问题进课堂。在课程结束后,要求每位学员在新员工培训微信讨论群中谈感想感受。特别是在重点培训课程结束后,会由馆长组织召开交流会,每一位学员都从各自不同的角度出发讲了课后的感受、可借鉴的经验。

三是严格培训纪律。制定《朝阳区文化馆新入职人员履职创新培训班手册》,在手册中明确培训纪律,要求学员提前10分钟进入课堂,培训期间不得请假,如遇特殊情况需提交馆领导书面批复。要求学员积极与老师互动,保证课程质量。

五、下一步展望

(一)加强新员工培训效果评估

培训评估是培训效果跟踪与改进的重要手段。目前应用最广泛的培训评估方法是美国学者唐·柯克帕特里克提出的柯氏四级评估模型,简称"4R",分别是第一层反应评估,第二级学习评估、第三级行为评估、第四级结果评估[4]。按照柯氏四级评估法,如果培训的最终结果是为了实现增长知识、提升技能、转变态度这样的目的,只需要用到反应评估、学习评估这两个级别的评估。

未来,朝阳区文化馆将按照柯氏四级评估法,开展新员工培训的反应评估和学习评估。在反应评估方面,通过问卷的方式,参与新员工培训的全体学员进行满意度评估,评估的内容主要包括对课程内容、授课教师、组织安排、综合评价等方面的内容。根据满意度评估可以有针对性的改进和完善新员工培训。在学习评估方面,开展学员考核,可以通过理论考试、无领导小组讨论、项目策划等方式对新员工进行考试,以此将新员工的学习热情调动起来,也将他们的竞争欲望激发出来。

表1　新员工培训满意度测评

类型	内容	类型	内容
培训内容满意度	对课程目标的明确性是否满意	课堂讲授满意度	教学方法及表达能力
	对培训内容的实用性是否满意		课程气氛的调动及把控能力
	对培训内容的记忆程度		课程所使用的课件及讲义
	培训内容满足需求的程度		对工作的指导或观念的转变
组织安排满意度	时间安排是否满意	综合评价与期望	对本次培训的综合评价
	课程安排是否满意		下次期望获得哪方面的课程和培训
	服务保障是否满意		

（二）优化培训时间安排

为了保证新员工培训制度正常运行并发挥预期作用,朝阳区文化馆将进一步优化培训时间安排。按照新员工入职的时间,将培训课程分为三个阶段。第一阶段,新员工入职的1—2个月内,以价值认知课程为主;第二阶段,新员工入职的3—6个月内,以环境适应课程为主;第三阶段,新员工入职的6—24个月内,以岗位胜任课程和创新激发课程为主。

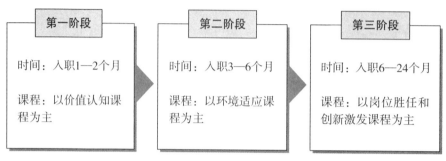

图 2　新员工培训流程

总之,文化馆新员工培训对员工个人的成长成才,对推动文化馆事业持续发展都有重要意义。文化馆新员工培训要遵循文化馆行业特有的新员工人力资源特点,满足新员工培训需求,从课程体系、培训方式、培训质量控制等方面精心设计和实施,帮助新员工成长为现代公共文化服务体系建设中的主力军。

参考文献

[1] 李芳 . 新员工培训需求分析及培训策略 [J]. 石油化工管理干部学院学报,2011（12）.

[2] 陈安奇 . C 公司研发中心新员工培训现状及策略探讨 [J]. 企业技术开发,2016（6）.

[3] 戴珩 . 创新、创意、创造:文化馆工作的关键词 [N]. 中国文化报,2019-02-27（6）.

[4] KIRKPATRICK D L,KIRKPATRICK J D. 如何做好培训评估:柯氏四级评估法 [M]. 林祝君,冯学东,译 . 北京:电子工业出版社,2015.

共建共享文化资源，引领倡导企业文化

——以海宁市为例

吴陈鑫（海宁市文化馆）

2019 年 1 月 9 日海宁市第十五届人民代表大会第三次会议上，海宁市长曹国良指出坚决扛起"干在实处永无止境，走在前列要谋新篇，勇立潮头方显担当"的新使命，以优异的成绩向建国 70 周年献礼。大力弘扬传承海宁文化，通过提升文化软实力，带动经济社会发展硬实力，让深厚的海宁文化扎根每个市民心中。

一、海宁市文化资源服务企业发展的现状

企业的和谐发展，离不开企业的文化建设，而企业的文化建设更离不开企业的文化活动。文化活动作为精神文化生活的载体，在促进员工对企业的感情，增强企业凝聚力方面起到了积极的作用。近年来，我市企业文化建设方面已经取得了较大进步，众多企业都确立了自己的经营理念和发展战略，相关的管理制度也日趋完善。文化活动在企业文化建设中发挥着桥梁和纽带的作用，能够激励职工的责任意识和创新意识，营造积极、健康、向上的企业文化氛围。

海宁市文化馆有效地利用自身文化资源为广大企业搭建平台，帮助企业组织不同类型的文化活动，比如对企业专职人员进行专业化培训，指导企业职工排练各级别参赛文艺节目，让有文化爱好和需求的企业员工都能参与其中，丰富他们的文化生活，提升文化素养。发挥其在组织、人才、阵地各方面的优势，助推企业文化建设，文化系统做出了很多努力，也取得了良好的成效，主要由以下几个方面：

1. 文化宣传，加大企业文化培育力

为推进企业文化建设，营造企业文化建设氛围，海宁市文化馆通过举办专题培训班、交流研讨会、业务指导等形式，对企业的管理者和负责指导企业文化建设的有关部门人员，进行企业文化

图 1　海宁皮影

建设方面的知识培训,引导他们全面把握企业文化建设的内涵和要求。市文化馆和相关企业结合本企业文化建设需求,引导企业开展"关爱员工"、"文化展演"以及创建"学习型、创新型、和谐型、诚信型"企业等活动,组织员工开展技能比赛、书画、摄影、朗诵等健康向上的业余文化活动,从而推进企业文化建设深入持久地开展。

例如:安正时尚集团是我市企业文化建设比较成熟的代表。2015年12月,公司搬迁至海宁文化创意产业园,集团采取了"文化是企业持续成长的内驱力,良好的价值标准和文化,能让每一个员工的行为有标准参照,做出适合安正价值观的选择"。因此,安正时尚集团结合自身的实际情况,增加文化建设方面的投入,开展各具特色的职工文化生活,激发企业广大员工的劳动热情,使企业与员工建立了和谐稳定的劳动关系。海宁市文化馆将传统艺术海宁皮影送进了安正,在公司内进行皮影戏影偶的展示,让广大安正员工特别是一些外来务工者能够更多地认识和了解海宁,推动海宁传统文化的普及与传承,营造全民共同参与保护非遗的良好氛围,也为企业文化的宣传提供了新的平台。

2.艺术课程,提高企业员工归属感

近年,海宁市文化馆成立"艺术一堂课"免费辅导团,辅导团由市文化馆具有专业特长的业务干部组成,根据基层实际需要制定相应的培训、辅导项目,除了对各镇(街道)文化管理员和业余骨干开展个性化辅导培训外,还深入企业开展免费培训和辅导工作,为安正集团、天通集团等企业提供指导和帮助。

例如:安正时尚集团为了让远在家乡的留守儿童能在安正园区与父母团聚,增加留守儿童与父母团聚的时间,弥补缺失的亲情,于暑期在安正海宁园区内开办了"小候鸟夏令营"。该活动至今已开办了3季。今年的夏令营课程安排的更加科学有序。海宁市文化馆结合"快乐艺站·关爱新居民子女"艺术一堂课进企业活动,为该夏令营提供书法、美术的专业培训。

表1 2018年"小候鸟"夏令营安排表(B班)

星期		星期一	星期二	星期三	星期四	星期五	星期六
上午中午	8:30—9:00	早读	早读	早读	早读	早读	爱国主义教育
	10:10—11:00	暑假作业辅导	暑假作业辅导	暑假作业辅导	暑假作业辅导	暑假作业辅导	
	12:00—13:30	午休	午休	午休	午休	午休	午休
下午	13:40—14:25	书法课	社工活动	书法课	社工活动	电影嘉年华	故事会
	14:35—15:20	班会活动	美术课	体育课	美术课		
	15:30—16:30	手工课	音乐课	电影嘉年华	手工课	音乐课	桌游活动
	16:40—17:30	阅读课	阅读课		阅读课	阅读课	
所需人员		老师2名;助教4名	老师2名;助教4名;社工机构人员	老师2名;助教4名	老师2名;助教4名;社工机构人员	老师2名;助教4名	工作人员若干名

3. 赛前辅导,增强企业团体凝聚力

职工是企业的活力之源,竞争力之本。以文化为内涵的企业核心竞争力需要通过文化活动来培育和推广,动员和鼓励职工把比赛中争取好成绩的品质带到工作中去。因此文化活动应当以团队竞赛为载体,以职工普遍参与为重点,营造团队奋进的氛围,增强职工的团队意识,增强员工的凝聚力和向心力。企业内、企业间在"五一""元旦"等重大节日组织形式多样、精彩纷呈的集体比赛。

海宁市文化馆的专职干部则应企业团体邀请在比赛前对各团体进行业务指导,帮助排练节目,提高节目质量和竞争力。这样的文化活动对于企业文化建设具有重要的影响和推动作用。

例如:海宁市文化馆干部指导海宁市农商银行排练的音乐快板《给咱浙江农信点个赞》节目。该节目代表嘉兴市农商银行参加"两美浙江,缤纷农信"——浙江农信第一届文艺会演,取得优异成绩。

4. 积极引导,加大舆论引导宣传力

市文化馆要引导企业和职工充分认识到文化辐射的有效性,认识到企业文化是企业的第一生产力,强化企业共同目标与职工众志成城的精神合力。企业要充分利用广播、电视、报刊等新闻媒体,大力宣传企业文化示范企业在系列筹划、程序设计等方面的经验做法和带动效应,树立企业文化品牌的典型。

海宁市文化馆在充分尊重企业意愿的前提下,由企业出资赞助举办活动、竞赛,扩大其社会影响力,叫响企业文化建设的理念,使企业文化建设更好地实现企业认同、职工赞同、社会协同,赢得更多的工作资源和手段,从更高层次凝聚职工人心。

例如:由海宁市文化馆、市教师进修学校、浙江得伟纺织科技有限公司主办的海宁市"得伟杯"少儿现场书画大赛自 2002 年 5 月至今已成功举办了十五届。该大赛今年共分为幼儿组、小学、初中书法美术七个组别,吸引了来自全市 87 所学校的 500 余名选手参赛,最终获奖作品将以作品集的形式出版,并举行获奖书画作品展。通过大赛的持续开展,"得伟杯"已成为海宁市少年儿童一年一度的文艺盛事,也成为发掘少儿书画人才,展示书画优秀作品的重要平台。

二、海宁市文化资源服务企业存在的问题

经过多年的努力,海宁市文化资源服务企业文化建设取得了一定的成效,形成了一批各具特色的优秀企业文化典型,为构建和谐劳动关系、提升企业软实力、促进企业发展发挥了不可替代的作用。但全市企业文化建设特别是民营企业文化建设总体上还存在一些问题需要各方通力合作解决。

1. 企业文化建设重视程度不足

不少企业忙于生产经营,没有长远战略目标,只注重扩大企业规模、产值,功利性强,缺乏对企业文化建设重要性的认识。以至于忽略自身文化建设的需要,甚至毫无文化建设概念。许多企业没有及时更新管理经营的理念,错过了创建企业文化的最好时机。

2. 企业文化建设特色不够鲜明

企业文化建设是基于企业管理经营基础上结合企业特色的产物。大多数企业都有自己的企业文化口号,但是许多口号关注点极其相似,以至于十家企业中有八家口号的关键词雷同,缺乏特色。各家企业的领导层没有深入领会企业文化建设的精髓,只注重表面功夫,也导致企业员工缺乏对企业文化的认同感和归属感,使得自身企业的特色无法被凸显。

3. 企业文化建设忽视员工主体地位

在企业中,中青年员工占大多数,平时他们就对文艺活动充满兴趣,而目前我们海宁大部分企业内部组织开展的各类活动有限。川洋家居行政负责人叶先生十分肯定企业文化建设的作用,但是他也认为,要搞好企业文化建设不是易事,如何得到职工的肯定,提高职工参与的热情。职工文化活动的开展,必须是立足于企业文化方面的人才储备、物力积累和场地设施等基础建设,如何不在增加企业经费负担的前提下让职工享受更加丰富多彩的文化资源。

三、海宁市文化资源服务企业的主要对策

作为海宁市政府与企业之间沟通和联系的一座桥梁,由政府主导的文化馆的主要职能是群众文化活动的组织和辅导等,应当协助政府宣传党的精神、政策和方针,对企业员工的文化观念进行正确引导,通过健康的文化节目以及丰富的文化活动来陶冶企业员工情操,抑制不良风气对社会以及企业员工的侵蚀。采取"走进去,请出来"等方式方法,积极构建文化交流对接平台,实现文化资源共享,服务企业文化建设,是我们文化系统各单位共同的责任。

文化馆结合已有的工作经验和平台,助力企业文化建设的主要对策如下:

1. 帮扶结对,开展培训。

海宁市文化馆组织文化志愿者,在企业中开展培训活动。对企业中的文化活动团队精心指导,用心扶持,提高职工文化活动团队的活动质量,在丰富群众文化生活的同时,挖掘更多的文化骨干。

2. 牵线搭桥,促进合作。

不同的企业,有着相同或不同的文化资源,一个企业要想建设多样化的文化资源并不容易,尽可能地让更多的企业文化资源进行整合和共享,让职工分享各具特色的文化活动,相互汲取文化资源,有助于增进职工情谊,构建和谐的社会环境。我们可以扮演媒人的角色,让文化活动四面开花、八方结果。

3. 发挥优势,提供支持。

海宁市文化馆作为地方公共文化窗口,应当充分发挥自有的文化资源优势,为企业文化活动提供平台、人力和物力的支持。一方面坚持公共文化场馆免费开放,让广大职工享受文化资源共享的成果。另一方面满足职工的需求,为不同群体、不同爱好的职工提供有

针对性的活动,积极推进文化设施、文化培训和文化赛事进企业,为群众文化工作打下扎实基础。

通过文化系统服务企业文化建设,明确相关单位、部门的企业文化建设职责、任务和要求以及各企业的文化建设责任。通过完善企业文化建设的运行机制,从而形成政府引导、企业老总挂帅、企业班子协力、企业全员参与的企业文化建设局面。

总之,作为海宁市政府与企业之间沟通和联系的桥梁,海宁市文化馆将不断改革创新实践,加强基层业余文艺骨干队伍的引导和培育,开展文化志愿服务进企业活动,助推企业的文化建设。通过资源共享,实现资源整合、资源共享,为海宁市的企业服务,实现文化资源利用最大化。

参考文献

[1] 刘鑫 . 新时期企业文化建设方向分析 [J]. 明日风尚,2019（1）:182.

[2] 富永军 . 提升服务能力和供给能力是现代公共文化服务体系建设的关键 [J]. 大众文艺,2018（16）: 9-10.

论少数民族地区文化馆对优秀传统文化的保护与传承

——以城步苗族自治县为例

易秀忠（城步苗族自治县文化馆）

易秀华（湖北师范大学音乐学院）

优秀的民族文化是一个民族的灵魂，是国家发展和民族振兴的主要力量。习近平总书记在文艺工作座谈会上的重要讲话指出，中华优秀传统文化是中华民族的精神命脉，是涵养社会主义核心价值观的重要源泉，也是我们在世界文化激荡中站稳脚跟的坚实根基。文化馆是县、市一级的群众文化事业单位，是开展群众文化活动，并给群众文娱活动提供场所。文化馆作为文化传承与推广的一线主力军，是艺术普及的先锋队，对帮助广大群众了解民族文化、学习民族文化起着重要的引领作用。中华民族是由多民族组成的国家，各民族丰富多彩文化资源是人类宝贵的文化遗产，少数民族地区民族文化丰富，地处边远地区，少数民族地方文化馆对地方文化建设与保护尤其凸显出重要的意义。文章以湘西城步苗族自治县文化馆对当地民族文化地方资源的传承与保护现状进行研究，分析其困境与不足，力图为少数民族地区文化馆建设找到发展方向。

一、城步苗族自治县文化馆对优秀传统文化和地方资源的挖掘与保护

城步苗族自治县地处湘西南边远山区，该县以苗族侗族居民居多。民族文化丰富多彩民族资源充裕。近年来大型民族庆典活动"六月六山歌节"成为城步县乃至湖南省的民族文化品牌，吸引了广大游客及学者的关注，也成为湖南省推广民族文化的品牌活动。城步县文化馆作为民族民间文化的主要宣传单位，在传统文化的保护与传承上主要从以下几个方面开展工作：

（一）收集、整理、研究非物质文化遗产

城步苗族自治县文化馆对地方资源的保护与推广途径主要借助非物质文化遗产平台。近年来申报了多项省级国家级非物质文化遗产项目：2009年"苗族油茶习俗"成功申报省级非物质文化遗产；2011年"吊龙舞"获批国家级非物质文化遗产；2012年"杨家将传说"获批省级非物质文化遗产；拟整理挖掘申报的非遗项目还有苗王烫伤药、苗款、苗药、三叶虫茶等。

（二）挖掘优秀民族文化并进行初加工

城步苗族自治县是一个以苗族、侗族为主的多民族杂居县,少数民族地区千百年来流传下来许多山歌,根据其功能及演唱场合的不同分婚嫁歌曲及劳动过程中演唱的山歌等。这些山歌都以世代口口相传为主要传播途径。为保护优秀民族艺术,城步县文化馆工作人员广泛开展深入普查工作,工作人员组成普查工作组,对苗族婚嫁歌曲"嫁女歌""贺郎调""苗族山歌"等发源地歌王、目前现存的主要传唱者进行长期跟踪、调查对其演唱进行录像摄影。整理出山歌的词牌根据现代审美进行二度创作。如邀请作曲家孟勇根据城步苗族婚嫁习俗歌创作的声乐作品《哩啦哩》组合在 2017 年"六月六山歌节"第三届山歌大赛中获优秀奖,《哩啦哩》山歌组并于 2018 年 2 月代表国家旅游局赴泰国参加"东盟国际旅游节开幕式展演"获国际同盟一致好评。近年来接待大批学者来城步县采风,并利用旅游开发的契机集社会力量征集反映苗族风貌的优秀作品,根据城步苗族风土人情创作的优秀作品还有吴碧霞演唱的《苗乡多美丽》、啊又朵演唱的《苗家美》等。许多作品已得到广泛传唱。还有根据苗族习俗创作的舞蹈《炭火舞》《挤油尖》等多次获各类比赛中获奖,在全国具一定影响力。

（三）培养民族文化传承人、保护传承民族工艺

传承人是民族艺术的重要承载者和传承者,传承人能否正常开展传承活动,能否有序的传承与接替,直接关系到非遗项目的存续与消亡。城步县文化馆对传承人的保护一方面是以非物遗为平台为传承人积极申请专项经费。另一方面是免费协助传承人开办"传承人培训班",每年培养新的接班人。"吊龙舞"传承人丁志凡已于 2008 年申报成功国家级传承人。"油茶习俗"传承人在城步县已得到广泛发展,大部分家庭的女性都会打油茶,城步苗乡喝油茶已经成为一种全民习俗。

二、城步苗族自治县文化馆对优秀传统文化和地方资源的传承及推广

（一）"请进来"积极组织开展大型文化活动

自 1997 年以来城步县文化馆协助县政府举办大型民族文化活动"六月六山歌节"已成功举办 21 届。"六月六山歌节"起源于城步,唱山歌是苗族、侗族等少数民族传承千年的古老风俗。由最初在发源地长安营乡由老百姓自发的唱山歌,到县文化馆县政府有规模有组织的文化庆典,发展到现在已成为具有"湖南特色、国家水平、世界影响力"的民族音乐品牌活动。2018 年"六月六山歌节"共包含六大活动:全国少数民族地区山歌邀请赛、城步山歌全民赛、十全十美·国家公园摄影展、百业富民·扶贫产业博览会、2018 湖南(南山)六月六山歌节开幕式、千里画廊·山歌唱响新长征活动。可见"六月六山歌节"已

由单一的民俗活动发展为综合民族文化推广,城步苗族自治县通过生态保护、文化搭台、产业融合、电商开路,推动全域旅游与精准扶贫融合发展。2017年接待游客超过150万人次,综合收入突破10亿元,较2016年均增长50%以上。现城步"六月六山歌节"已在全国产生了极大的影响,每年有来自全国各地少数民族地区的歌王来竞技表演,同时也将城步苗族山歌文化,民俗风情展现给各地来宾,实现各民族文化的交流与传播。

(二)"走出去"将地方民族文化呈现在各类舞台

近年来城步县文化馆大力开展非物质文化遗产的普查、展示、宣传活动,指导传承人开展传习活动。借助非物遗的影响成立了"油茶协会",并将苗乡油茶推广到外省城市。近年来苗族"吊龙舞"活跃在各重要舞台,在全国乃至世界都有广泛的影响。2002年10月代表邵阳市参加湖南省第五届少数民族传统运动会获表演特等奖;2003年2月参加湖南省首届龙狮舞精英赛获轧制一等奖、表演二等奖;2006年10月由中央电视台摄制组编录入苗族文艺剧目"天下城步",并在中央十一台连续播映一周。2007年5月获"珠江啤酒杯"邵阳市首届龙狮文化艺术节(舞龙)一等奖。2010年参加上海世博会湖南宣传周演出。2011年参加全国"第十届山花奖·舞龙大赛"获金奖。2013年参加广西龙胜"国际龙舞"邀请赛获表演奖。

(三)举办各类讲座、培训开展社会教育

城步县文化馆近年来开设了老年合唱班、器乐培训班、舞蹈培训班(广场舞)、山歌培训班、摄影培训班,为广大群众免费提供文化服务。以上文化培训极为有效地推动了优秀传统文化的传播传承。如山歌班的开设,随着规模的扩大,传唱的人数日益增加,已经在当地形成了广泛的影响力。一到傍晚广场上、河边等休闲场所随处可见群众自发组织的对山歌。甚至以山歌的地域为片区自发组建了各种山歌微信群。随着互联网的渗入"对山歌"已经不局限于面对面交流,而是通过手机随时随地可做到隔空交流,有效地促进优秀民族文化的传播。此外,城步县文化馆还与老年大学展开文化推广合作,大学开设山歌班,由文化馆对山歌进行整理、收集创作、谱曲,请山歌传承人教唱。近年来在文化及社会各界的推动下山歌在城步苗族自治县已得到广泛传唱。

(四)坚持送戏下乡,广泛开展群众文艺活动

自文化馆建馆以来坚持每年送戏下乡演出,遍布全县两百多个村寨,每年演出近60场。在各个乡设有文化站,培养文化宣传员,有大型演出任务时会从各个乡镇抽调文艺专干集中排练。送戏下乡的节目基本上是文化馆专业根据当地生活习俗、文化素材创作改编,都是老百姓喜闻乐见的形式。城步县文化馆还协助县政府承办了老百姓喜爱的县"春节联欢晚会"演出及每年正月十五组织狮龙表演。这些活动增加了节日喜庆气氛,也为少数民族优秀文化的传承与传播起到积极的推动作用,贴近民众的音乐舞蹈形式深受老百姓喜爱。

三、少数民族地区文化馆文化传承与保护中的困境分析

我国少数民族地区文化资源丰富,各民族民俗文化多姿多彩,但是由于少数民族多处于交通不便的边远山区,经济发展相对落后,以上原因对优秀地方文化传承与保护带来一定的困难,主要集中于以下几个方面。

1.人才缺乏。主要指有能力提炼本民族地方文化的综合创作型人才。从文化馆多年来在非物遗的挖掘工作来看,多年的采风田野工作收集了大量的地方文化素材,但是能以项目形式整理申报的太少,项目申报耗时长、推进慢,文化专干在项目申报上心有余而力不足。从近年来对苗族嫁女歌、贺郎歌、四句山歌的挖掘情况来看,苗族音乐素材丰富也很有地方特色,但是根据地方素材创作的作品太少。民族文化的传播恰恰最需要艺术作品作为载体。地方文化馆缺乏的是能扎根于民族文化的优秀创作人才、能承载当地优秀文化符合的文化载体。

2.资金缺乏。从已申报的传承人专项资金来看,国家级传承人每年可获得二万元资助,省级传承人每年有一万元资助。这些经费事实上难以维持传承人的正常生活所需,因此大部分的传承人只能在休息时间传授手艺,难以大规模地传承。此外,文化馆开展传承人培训班、下乡采风、资料的数字化管理设施等项目都需要一定的经费支持。从目前情况来看,针对市民的免费学习班报名情况并不踊跃,这与社会宣传、场地设施及师资力量也有一定的关系,文化馆的硬件设施要跟上市民精神文明的需求,以上均需经费做保障。

3.现代审美对传统文化的冲击。随着社会化进程各民族文化的交流日益密切。受外来文化的影响年轻人对审美的要求越来越高。传统单一的民族传统文化形式已经不能满足精神文明的需求。年轻人不喜欢唱山歌,不愿传承民族工艺,导致非物遗传承人年龄普遍偏大。这些都要求我们在文化要开拓创新,需要创作出既符合现代审美又有显著民族文化符号的优秀作品。同时也应从学校教育开始抓,加强中小学生对民族传统文化的传承教育。

四、少数民族地方文化馆打破文化传承壁垒策略

从城步苗族自治县文化馆在优秀民族文化传承上的工作调查情况来看,少数民族地区文化馆在地方文化传承与建设上虽然做出许多努力,但是由于人才资源的缺乏,民族文化融合对本民族文化传统的冲击,许多优秀的民族地方资源及传统文化面临失传甚至走向消失。对于如何摆脱少数民族地方文化传承困境,笔者从以下几个方面展开思考;

(一)深度展开校企合作,引进人才

地方文化馆可以主动与地方高校建立科研合作平台,加强校企业合作,与艺术院校建立深度合作建立高校定点采风基地。文化馆为业内专家提供地方特色素材,引进高校的优秀师资,创作各类文化作品。研究成果既可运用到高校教学,也可成为地方文化馆节目

素材并积极推广。地方文化馆还可以与高校建立实习基地,引进优秀毕业生到文化馆每年开设的各类培训班任教,既解决大学生实习就业问题,也解决了地方文化馆师资力量的缺乏。

(二)加强民族传统文化保护的宣传,强化意识

要保护传承好优秀民族文化仅仅靠基层文化工作者的努力远远不够,还应拓宽渠道,做好宣传与教育。要让广大群众意识到文化传承的意义,从心底热爱喜欢民族艺术。优秀传统文化的传承是增强民族自信、振奋民族精神增加民族凝聚力的重要力量。少数民族地方政府、新闻媒体、文化部门、教育部门都应加强民族文化传播意识,拓宽文化传播途径。例如建立特色少数民族学校,校服增加少数民族文化标识,中小学开设地方少数民族音乐课程、民族发展史学类课程等。提倡民族特有节目,增强民族的民族意识及民族自信。

(三)加强文化建设,坚持文化创新

文化是民族精神的土壤,十九大报告提出,要坚定文化自信,推动社会主义文化繁荣兴盛。文化自信是民族复兴的精神引领。优秀传统文化蕴含着丰厚的民族精神和道德理念,是新时代进行道德建设的重要思想养分,有利于塑造青少年的世界观、人生观和价值观。如何挖掘和利用传统文化中的精髓,积极寻找传统文化与新时代的结合点,赋予新的时代气息,是新时代加强文化建设的一项重要任务。少数民族地方的劳动号子、山歌等歌词内容蕴含着深厚的人生哲理有很强的教育意义,音乐素材及地方民俗是千百年来民族文化的集中体现。随着时代的变化人们的审美有了新的需求,导致出现传承危机。文艺工作者要创作出属于新时代的新作品,更好地捕捉与满足新时代人民的精神需求,让传统文化"老树发新枝",文艺创作要唱响时代精神推动文艺创作的繁荣兴盛,是时代课题,也是历史使命。

参考文献

[1] 王怡婧 . 强化文化馆非物质文化遗产管理职能的研究 [D]. 郑州 :河南财经政法大学,2016.

[2] 吴炜 . 县文化馆在民族民间文化遗产传承和保护中的特殊作用 [J]. 池州学院学报,2007(6):66-68.

新时代群众文化报刊工作的实践与思考

——以浙江为例

周　航（浙江省文化馆）

改革开放以来,尤其是进入新时代,浙江群众文化报刊(以下简称:群文报刊)无论在报刊类型,还是办刊形式上,都有新的突破和新的呈现。类型上,从以往较为单一的文学性类型,向文化综合性类型发展,纯文学性类型的报刊越来越少,文化综合性类型的报刊数量已占绝对优势。办刊形式上,由原来的上级行政部门主管或主办,文化馆和文化分馆具体主办或承办的形式,向上级行政部门主办,文化馆抽调人员负责编刊,或者上级行政部门主办,文化馆仅挂名等多种形式演变。思想性、艺术性两手都要硬的办刊思想,面向基层面向农村的办刊方向,以及多元化的办刊形式,使浙江的群文报刊不仅取得了良好的社会效益,也很好地体现了新时代群文报刊得以可持续发展的价值优势。

一、群文报刊的类型和形式

(一)群文报刊的类型

群文报刊的发展历程是一个曲折而不平凡的历程。从宽松到紧缩,再到宽松,又到紧缩,宽松和紧缩的态势始终伴随着群文报刊。宽松与紧缩也事关不少群文报刊的命运。上了一定年纪的群文工作者,脑子里都有不少有关群文报刊大起大落、辉煌与落寞、欢乐与忧伤的故事。有的报刊从一张小小的报纸发展成一期期厚厚的杂志,有的从一本像样的杂志,忽然变成了一张小报;有的一份办得好好的报刊,突然说不准办了,过了几年又复刊了;有的报刊一会让文化馆承办,一会儿又转给报业集团去办;有的群文报刊在特定的历史背景下,创下了几百万经济效益,而后又落入谷底,最后落得转让期刊号的结局。

经过多年的大浪淘沙,浙江的群文报刊尽管在数量上不及过去,但质量上有了很大提高,在报刊的类型上大体呈现两种形态。

1.综合性类型

综合性类型的群文报刊,其综合性主要体现在除群众文化理论、文艺作品内容之外,多出了群文工作、活动方面的文章和新闻类报道文章,如领导讲话、工作部署、工作总结、活动新闻稿、新闻图片等。综合性类型群文报刊数量在全省群文报刊中占绝对优势,这种优势也体现了群文报刊得以长足发展的价值优势,即各级文化主管局(部门)

和文化馆,以及广大人民群众从中都有不同程度的价值感的获得。这种价值感,或叫成就感,或叫满足感,或叫幸福感。

综合性类型的群文报刊或将成为群文报刊生存和发展的大趋势。

2. 文学性类型

文学性类型的群文报刊从字面上大家很容易理解,即纯群众文艺作品报刊。上了岁数的群文工作者,过去常见这类报刊,反而是这些年来很少或难得见到了。20世纪群文报刊类型相对比较单一,换句话说就是群文报刊专登文艺作品。文化工作和文化活动的工作讲话、部署、新闻报道都会用另外的书面形式,即文化简报的形式刊发。现在仍有地方延续过去的做法,定期印发文化简报,或者在保留原有的文学性类型的群文报刊的同时,再创办另一个文化信息类型的报刊。至今浙江不少文化馆仍办有两种群文报刊,如杭州市的《杭州群众文化》和《故事春秋》、温岭市的《温岭文化》和《海风》、绍兴市的《绍兴群文》和《青藤》等。有人说一个地方办两种群文报刊,是一种浪费,其实不然,我们静下心来想一想,第一种综合性类型的群文报刊是否给人以大杂烩的感觉。在餐饮上我们都知道,大杂烩的菜,绝不是一道有品位的菜。

文学性类型的群文报刊在文化馆越来越少,反而在乡镇(街道)文化分馆办的报刊里还存有一定数量,如慈溪周巷分馆的《梨风》、横河分馆的《七星桥》、宗汉分馆的《宗汉文学》,海宁硖石分馆的《紫微山》,平湖乍浦分馆的《杭州湾》、当湖分馆的《当湖桥》等。

(二)群文报刊的办刊形式

群文报刊办刊形式多种多样,归纳起来,大体有三种。

1. 上级行政部门主管或主办,文化业务单位具体主办或承办

这里说的上级行政部门无外乎指的是文化广电旅游局和乡镇(街道)人民政府或办事处,而文化业务单位指文化馆和乡镇文化分馆。这种办刊形式占据了浙江群文报刊的绝大多数。此种办刊形式下文化馆和乡镇分馆能独立主导办刊方向,用通俗的话来讲就是文化馆和乡镇分馆出了人、出了力、出了成果,也收获到了很好的社会效益。呈现出上级主管部门满意、具体操办单位满足、读者高兴的三赢局面。

2. 上级行政部门主办,从文化馆抽专门人员具体负责编辑刊物

这种形式绝不是个例,它常出现在文化行政部门,在乡镇(街道)很少见。这种办刊形式有利有弊,利在于总有文化馆的专业人员在具体负责或操持报刊的编辑事务,能保证群众文化内容在整期杂志容量的占比不会太小。

3. 上级行政部门主办,文化馆挂名

此种办刊形式尽管数量不多,但我们还是能偶见一二。我们对这类报刊的办刊形式不做好与不好的评价,只谈一些直观的感觉:一是文化馆对报刊无实际事务上的贡献;二是给文化馆系统报刊评奖工作造成尴尬。之前我们遇到了这类事例,一个这种办刊形式的群文刊物获得了全国性的群文报刊重要奖项,结果活动主办方邀请这家文化馆在颁奖活动研讨会上谈谈办刊体会,因为没有参与办刊,也就无从谈经验体会。

二、群文报刊呈现的亮点

（一）报刊名称多姿多彩

1. 以大区域或大区域文化取名

宁波市的《东亚文都》和衢州市的《中国儒城衢州》最具代表性，一个以东亚地区为主要关注区域，一个关注的是全球儒文化。

2. 以所属区域行政地名取名

这类报刊名，在群文报刊中占绝大多数。如《杭州群众文化》《温州文化》《湖州文化》《舟山文化》《温岭文化》《嘉兴文化》等。这种报刊名开宗明义，直观且直白地告知读者报刊的地点和类型，给人以质朴明了的感觉，正因如此，这也成为群文报刊的惯常取名方式。

3. 以名山名水名物取名

此类群文报刊名称比例也不小，如杭州余杭临平东湖街道的《临平山》、平湖新仓镇的《芦川》、慈溪横河镇的《七星桥》、玉环楚门镇的《曲桥》、海宁硖石镇的《紫微山》等，取此类名称的群文报刊，其用意可能是想借助厚重的历史文化，希冀当代文化不仅繁荣，也同样有厚度。

4. 以当地的特产或风物取名

此类报刊名称大体分两种类型。一种是以当地经济产业取名，比如温岭横峰街道的《鞋乡文化》、杭州江干区彭埠街道的《小白菜》。横峰街道是浙江著名的制鞋之乡，彭埠街道历史上就是杭州著名的蔬菜种植之乡。以特产取名给人以亲切且接地气之感。另一种以风物取名，比如温岭市的《海风》、海宁市的《潮声乡韵》、舟山定海区的《望潮》、台州黄岩区的《橘花》、慈溪周巷镇的《梨风》等。《海风》杂志不仅让读者知道温岭市地处东海之滨，似乎也让人感觉到温岭的文学也像轻柔的海风一般吹进人们的心田；《潮声乡韵》和《望潮》杂志都是来自大海的潮起潮落。潮声里回响的不仅有艰难、困境，也有幸福与舒心。还有比如《橘花》和《梨风》，以橘花和梨风风物，来让人感知闻名的橘乡和梨乡的风土人情。

5. 以新坐标新文化取名

这类群文报刊名称，以宁波北仑的《新北仑新文化》和平湖市乍浦镇的《杭州湾》最具代表性。《新北仑新文化》直白地亮出了一个"新"字，这个"新"有新时代和新坐标的双重含义。平湖市乍浦镇的《杭州湾》杂志名称，粗看起来好像无非是以所处地域范围取的名，其实细细去想，并不是那么简单的。首先，杭州湾是一个大的区域名称，从整个杭州湾经济发展的角度来看，小小的乍浦镇，乃至平湖市都排不上前列的位置。近些年来，宁波市成立了市政府直属的杭州湾新区，无论从现有的经济总量，还是未来的发展前景来看，宁波都略胜一筹。其次，宁波市的杭州湾新区以杭州湾为行政区划取名，乍浦的杂志取名《杭州湾》似乎给人一种要与宁波杭州湾新区比高低的感觉。其实不然，乍浦镇是想借《杭州湾》杂志名，以新坐标、新起点在新时代里取得新的文化建设业绩。

（二）文艺园地葱郁满园

1. 创作活动多管齐下

许多群文报刊多管齐下，多措并举地开展文艺创作活动，一是以开展笔会、采风、诗会、文艺创作讲座等活动，促进文艺作品的生产。如平阳县的《平阳文艺》杂志社，每年开展创作采风活动，作家们在轻松、愉悦的环境里，谈生活、聊想法、读艺术、聊构思，每年都能写出不少精品佳作。平湖市的《金平湖》杂志，每年举办一届八月诗会，至今已办了26届；二是不断用新的创意，推进文艺创作的繁荣。许多地方的群文报刊有计划、有目的、有目标、分阶段地开辟重点栏目，或是推出年轻作者的精品新作，或是集中推出某一体裁或题材的作品合集，或是推出本地区某位作家作品研讨会的合集，这种合集是文艺理论、作品研讨和文艺作品的结合。

2. 重点作者佳作频出

最近几年来，通过浙江群文报刊推荐参加全国东丽杯文学大赛活动的作品，都有不错的战绩。在小说、诗歌和散文三大文学体裁上，在获奖等级和获奖数量两个方面，都名列前茅。如慈溪市李金波的中篇小说获小说大赛大奖，大赛每届只设一个大奖。衢州市毛芦芦的散文集《为小鸟拐个弯》获散文大赛散文集一等奖，慈溪市陈成益的散文《艺术生活》获散文大赛散文单篇一等奖，衢州市汪芦川的散文《乡村的魅力》获散文大赛新秀奖。以上成绩的取得与全省各家群文报刊平时卓有成效的工作是密不可分的。也就是在抓好文艺创作普及工作的同时，应花大气力抓重点作者重点作品的创作。

（三）报刊装帧精美大方

1. 封面有了美学元素

过去文化馆对待群文报刊封面的设计，往往呈现两种态势：一种是过分重视，一种为太不重视。过分重视体现在行政首长亲自拍板定案，其结果就是强化了政务性或宣传性装饰风格，当然这种政务性和宣传性又没能与美很好的融合；太不重视表现为由具体负责办刊的人的意志而定，也就是以办刊人的意志为转移。但我们要知道，绝大多数人在这方面都是外行、门外汉，是不具备这方面专业素养的。所以将专业的事情交给专业的人士或者公司来做，是近几年浙江不少群文报刊有意为之的事情，并也结出可喜的青果。如慈溪市《慈溪文化》封面的农民画、永嘉县《永嘉文化》封面的徽派建筑马头墙的剪影、绍兴上虞区《虞文艺》封面的极简线描山水、平湖市《金平湖》封面的大面积留白等杂志封面图案，已不再是一幅农民画、一张马头墙照片、一帧钢笔画、一片无内容的底色色块配上报刊名称，再印上几家主承办单位那么简单的组合，它是一种符合美学原理的组合，是由多重美学元素所构成，比如说黄金分割、图文的排列与组合、报刊名称字体的选择、色彩的搭配与协调等。这些报刊封面的出现不仅提升了群文报刊美的高度，也提升读者阅读的兴趣。

2. 图文并茂利于悦读

有人说这是读图的时代，没图就没有阅读的兴趣。也有人说，读图时代是一个培养懒人的时代,是碎片化的时代,是让人不思进取的时代。但无论如何,读图时代已到来。浙江群文报刊不仅在新闻报道类文章里大幅度增加图片数量,在文艺类作品中也增添进一些与作品相融相关的插图插画,以丰富文艺作品的观赏性,提升文艺作品的艺术感染力。如改变以往报刊封二、封三或封底惯常刊登群文活动照片的做法,以"一书""一画""一照",即一幅书法作品、一张美术作品、一帧摄影作品来填补空白。当然这种版式设计也是极讲究艺术性的,首先作品一定要好,其次该作品要与杂志风格相协调。

3. 开本样式各取所长

浏览一遍浙江群文报刊的开本,大体有这么四种:16 开大开本、标准 16 开本、16 开小开本、32 开开本。16 开大开本是国际流行开本,其优点在文字和图片容量大,总体印刷成本低,这类开本比较适合刊登新闻类和理论类文章,它也有一个不足之处,绝大多数家庭的书架里是无法正常竖着放进这种开本杂志的,不利用找寻和保存;美学家们认为标准 16 开本和 16 开小开本从审美的角度看更符合人类的审美标准。32 开本与传统的图书书籍一般大小,常常给人一种似书非书,似杂志而又非杂志的别样亲近感,其最大的优点就是便于携带、便于阅读。从开本大小的角度来看,浙江群文报刊中小开本的基本都为文学类型,比如绍兴上虞的《虞文艺》,杭州的《故事春秋》《小白菜》《唐栖》,慈溪的《梨风》《七星桥》等。这一现象也暗合了文学艺术与美学更为亲近的原理。

三、群文报刊可持续发展的几点思考

当前,全国上下都在深入学习贯彻党的十九大精神,中央和浙江省委高度重视文化建设,文化不仅成为中国特色社会主义"五位一体"总体布局的重要内容,而且文化自信也成为中国特色社会主义"四个自信"的重要组成部分。浙江省委第十四次党代会提出建设"文化浙江"的战略部署,并将其作为统筹推进"六个浙江"建设的重要组成部分,为当前和今后一个时期浙江文化工作指明了方向。群文报刊要在巩固好原来取得的成绩的基础上,分析和研究当下面临的新形势、新问题、新情况和新要求,以适应时代发展的新需要。

(一)办刊思想要跟上时代新要求

"中国特色社会主义进入新时代,我国社会主要矛盾已经转化为人民日益增长的美好生活需要和不平衡不充分的发展之间的矛盾。"十九大报告提出的这一新论断就要求我们群众文化报刊的办刊思想要跟上新时代的新要求。在思想性和艺术性两方面,两手都要硬。在正确把握办刊思想的基础,如何将报刊办成集艺术性、知识性、趣味性为一体,深受广大群众喜爱的文化文艺类报刊,是文化馆需要认真研究的问题。

(二)办刊方向要面向基层面向农村

公共文化服务体系建设的日益完善和"文化浙江"建设工作的不断推进且向纵深发

展,这就要求公共文化服务更多面向基层、面向农村。而文化馆要做好这项工作就要依托群文报刊这一平台和载体。各级群文报刊都要各司其职,发挥出各自应有的作用。稿源要向基层、农村倾斜,活动要面向基层、农村,为基层、农村文艺人才的脱颖而出创造条件。

(三)运用现代数字传媒技术扩大影响力

互联网的普及、数字技术的推广,文化的传播手段和方式也早已迈入信息化阶段,群众文化报刊自然也上升到了这一新阶段。一方面传播方式的革命,为群文报刊的阅读提供更多的途径。浙江有一些群文报刊还能用微信公众号阅读。上述这些好处,无形中也对群文报刊提出了更高的办刊要求,这既是压力也是动力;另一方面数字技术的发展方便了群文报刊的选稿和编辑方面的工作,也扩大了群文报刊的社会影响,提高了报刊的社会效益。文化馆一定要充分利用这种技术和手段,搭建群文报刊的数字平台,以平台整合资源,形成全体联动、上下结合、左右互动的群文报刊发展的良性态势。建议由较强实力的某一家群文报刊牵头,搭建一个全省群文报刊交流平台,资源共享,互通有无,以期提升报刊水平和质量,并以此打造群文报刊的品牌。

(四)如何面对读者的批评和监督

群文报刊绝大多数属内部期刊,表面上看印数也不多,但一旦以电子版上网之后,其数量就不可低估了。随着读者人数的不断增加,影响力的不断扩大,读者的各种声音也会随之而来。如何面对不同的声音,如何面对读者的监督、批评都是对群文报刊的现实考验。

参考文献

[1]谈祖应.中国文化馆学概论[M].海口:海南出版社,2008.

[2]周小毛.探析人民群众文化需求的新走向[N].经济日报,2018-02-08(3).

[3]庄虹意.文化馆在现代公共文化服务体系建设中的重要作用分析[J].产业与科技论坛,2018(11).

文化馆公共文化服务效能研究

李晓婷（湖北省群众艺术馆）

一、文化馆公共文化服务建设的现状

近年来，文化馆的数量和活动都有显著的增加。根据文化和旅游部公布的数据显示，从2005年至2018年，我国群众文化机构数量由40088个上升至44550个。其中，四川、河南、广东、山东、湖南等区域拥有文化馆总量相对较多，占全国文化馆总数的27%。随着公共文化建设的不断深入，各个省份也在积极推进文化馆建设。

遍布各地的文化馆为我国人民带来切实的利益。以湖北省为例，2018年湖北省群众艺术馆共组织各类群文活动74场，其中"新时代·新成果"第三届湖北艺术节暨纪念改革开放40周年优秀群众文艺作品展演、展览活动面向的受众就高达378万人次。从惠民演出到公益讲座，从展览培训到普法宣传，活动类型丰富，覆盖面广。这些活动在一定程度上开阔了广大群众的视野，陶冶了情操。

全国文化馆的数量和活动的开展达到了一定的规模，取得了一定的成绩，但总的来说，文化馆在公共文化服务方面依然存在着一些问题，公共服务效能依旧不高，主要体现在以下几个方面：

（一）公共文化服务内容缺乏创新

目前，我国不少文化馆的职能定位还不清晰，局限于完成上级规定的任务，开展工作比较被动，对文化馆整体事业的发展与走向缺乏清晰科学的规划，使得其提供的服务内容也无法有效满足群众日益增长的文化需求。大多数文化馆虽然活动多、培训多，但主题相似，涉及覆盖的人群有限，内容呆板单调，缺乏新的尝试和探索，组织队伍有了不同程度的弱化。没有调研当地的群众文化需求，文化馆的活动虽然举办得热热闹闹，却不能有效吸引更多群众参与，现代的许多文化馆逐渐失去了群众业务文化活动的中心地位。

事实上，《2010年国务院政府工作报告》提出"推进美术馆、图书馆、文化馆、博物馆免费开放，丰富人民群众的精神文化生活"。2011年，文化部与财政部发布了《关于推进全国美术馆公共图书馆文化馆（站）免费开放工作的意见》，更是进一步推进了我国文化馆实现免费开放。但从服务内容来看，近十年来取得的突破并不大。通过笔者的基层走访、调研发现，多数文化馆（站）在免费开放上注重的是静态展览和固定的几个培训班，资源利用率低。有些文化馆的静态展览长时间难以更新,真正走进去参观展览的观众屈指可数。而在文化馆本身活动经费有限的条件下,文化馆举办了诸多内容重复的培训,且培训的对象较为固定、人数有限、覆盖面小、影响力小,使得文化发展不平衡不充分。

(二)公共文化服务模式过于陈旧

我国文化源远流长,但并不意味着文化馆的建设就应该传统而守旧。随着科学技术的不断发展,无论信息的传递还是获取表演活动内容都有多种实现方式。但是我国许多文化馆却固守着传统文化馆形式。有的文化馆多年来鲜少对服务形式进行过明显创新,不仅活动类型依然是艺术演出、展览、培训课以及公益讲座,连活动举办的形式、展览使用的场地器具、培训的方式等,几乎都遵循着过去的模式与方法。因此虽然许多文化馆服务种类多样,但并未顺应时代的发展合理利用技术,有所创新、有所突破。

(三)公共文化服务资源分配不均衡

公共文化的发展必须坚持公平性、均衡性、普惠性原则。目前,我国文化馆公共文化服务资源分配仍存在不均衡的现象。一方面,我国的数字文化馆建设不均衡。目前数字文化馆的建设主要集中在经济发达地区,数字化发展较快较好的文化馆遍布在我国东部地区如上海、杭州、深圳、苏州,省会城市如济南、成都、南京等。此外,地市级数字文化馆建设速度明显快于基层文化馆,甚至部分基层文化馆仍然不具备支撑数字文化馆建设的硬件设施与高素质人才。另一方面,文化馆的从业人员分布不均。主要表现为省级或地市级文化馆的从业人员整体素质及数量明显高于县级文化馆及乡镇综合文化站。如,目前湖北省群众艺术馆在职职工 70 人,其中正高级职称 9 人,副高级职称 15 人,专业技术人才分布在文学、音乐、舞蹈、美术、摄影、书法、戏剧、曲艺等众多艺术门类,而从湖北省文化和旅游厅《2016 年群众艺术馆、文化馆(站)基本情况综合年报》来看,湖北省县级文化馆专业技术人才仅 1526 人,中级以上 968 人;而文化站专业技术人才 851 人,平均 1 个文化站仅配有 2—3 个工作人员,且专业技术人才仅占总从业人数的 23.7%。由此可见,湖北省各县级文化馆及乡镇综合文化站不管是在职职工数量还是专业素质,都相对偏弱,且基层文化人员经常长时间抽调从事其他工作,导致了许多文化队伍名存实亡。

(四)社会力量参与度不高

随着时代不断发展,文化馆建设愈加需要社会力量支持。十八届三中全会要求"推动公共图书馆、博物馆、文化馆、科技馆等组建理事会,吸纳有关方面代表、专业人士、各界群众参与管理"。党的十九大报告中也指出,文化事业单位法人治理结构应该向"共同治理"推进,提升社会力量以及行业专家、公民参与公共文化事务的机会。因此在文化馆的发展建设中,社会力量的作用不可或缺。

但是更多的地区依然使用割裂的发展方式,将文化馆发展看作一条单线,与地方旅游特色、风俗人情、人文环境以及其他领域互不相关,未能吸纳优秀人才参与治理。这样使得地方文化馆既没有发挥引导文化发展创新的职能,也没有实现公共治理,同时还因为传统而单一的发展模式致使文化馆发展落后。仅仅依靠政府的拨款消极建设,形成一种传统而缓慢的发展路径,压缩了创新与进步的空间,无法有效结合本地资源特色,未能有效改进治理模式,让文化馆发展陷入停滞之中。

二、文化馆公共文化服务效能提升的路径

(一)明确职能定位,加强顶层设计

文化馆需要进一步明确自身定位,以定位谋发展,以定位建战略,统筹各方要素,不断加强顶层设计。对于文化馆而言,科学的定位不仅有助于文化馆在时代发展中找准自己的目标方向,更能依照定位与目标进行合理的未来发展规划,结合时代发展的特点促进自身发展,从而更好更有效地发挥出引领文化发展的作用,从而进一步推动我国五位一体总布局的实现。

具体说来,各个文化馆首先应该挖掘自身文化特点并融入产业发展,实现"文化促产业发展,产业促文化进步"的良性发展模式。如嵊州越剧小镇,将文化馆与地方越剧等文化特色、旅游特色融合,既促进文化馆建设,又带动旅游业进步,促进当地经济、文化的协同发展。其次要完善文化馆组织架构,提升文化馆治理效率。如果说定位给文化馆的发展进程指明了方向,那么合理的组织架构则是文化馆的躯体,决定了文化馆能否脚踏实地地在发展道路上稳步前进。因此文化馆在设置组织架构时,必须明确各个部门的职责。比如温州文化馆设立了培训、理论、管理、拓展等七个部门,同时印发相应的规章制度,明确部门职责范围以及奖惩措施,使得文化馆的所有员工相互有效配合,共同努力促进文化馆发展。

(二)加快数字文化馆建设,推动文化共享发展

随着时代不断发展,当前人们的文化需求提升不仅表现在希望活动数量的增加,更反映为希望活动质量提升,比如形式上的创新,内容丰富精彩度提升,传播途径更为便捷等,社会的任何部门都应该不断探索更好、更优、更有效率的生产途径或服务形式,文化馆也不例外。因此可以督促各个文化馆积极采用先进技术,向发展较好的文化馆学习取经,谋新求变,创新服务形式,积极与当前的人工智能技术、互联网大数据技术接轨,通过数字技术整合资源,建立线上服务平台,推进地方文化馆"两微一网一端"建设,不断优化公共文化服务,同时促进传统文化馆形式向数字文化馆形式转型升级。

事实上我国已有很多地区的文化馆在服务创新方面有了突破,如重庆文化馆在传统活动表演外,还承接了各类旅游节、运动会开幕式表演,由此增加了文化馆的知名度和影响力。湖北省群艺馆引入了线上慕课、文化共享以及线上阅览室等创新文化传播渠道,推进文化馆的数字化发展。

只有各方文化馆积极利用数字技术,才能让文化馆焕发新的活力。对于新时代文化馆而言,首先应该积极发展线上宣传渠道,促进线上文化馆建设,利用微信公众号、官方网站等渠道宣传文化馆。同时可以将文化相关的培训资料、文化馆的活动安排规划、部门及人员构成及文化馆的其他信息上传至线上渠道,方便群众通过线上渠道获得信息,也能让文化馆进一步融入群众的生活,提升文化馆的影响力。

(三)抓住文旅融合契机,调动社会力量参与

社会力量是文化建设的重要基础之一,因此各地文化馆发展过程中应该充分利用本地资源以及社会力量,共同谋求文化馆的进一步发展。对于社会的任何部门而言,单一部门力量始终比较薄弱,只有多方联动发展,才能相互配合,产生协同效应,实现互利共赢。而文化馆和地方的文化资源、旅游资源、人文风情等文旅产业资源息息相关,文化馆建设与旅游开发的融合可以深化当地文化,同时可以通过文化馆活动吸引更多游客,推进旅游业的发展,有利于地方的文化产业、文创产业、旅游产业以及其他经济产业的建设,更有利于地方居民文化生活丰富、精神层次提升,让文化与旅游融为一体共同进步。此外,积极调动社会力量,可以通过社会赞助进一步促进文化馆的发展进步,从而增加文化馆影响力,使其获得更多社会力量支持,形成良性正反馈机制。

我国目前也有不少文化馆积极挖掘地方社会力量并充分调动。嵊州文化馆充分利用越剧文化资源、旅游资源、地理优势,将文化馆建设与旅游业融合,最终打造出知名"越剧小镇"。四川文化馆则是按照固定频率邀请巴蜀地区的国家一级演员、知名声乐老师等艺术大家为群众讲解艺术专业知识,并提前将信息通过网络发布,吸引更多群众前往学习、了解相关文化。

其他区域的文化馆也应结合资源情况调动可利用社会力量,为文化馆建设添助力。比如邀请区域知名艺术家来举办讲座,与区域的文旅企业进行合作宣传,借助地方媒体及自媒体、互联网平台宣传自身及当地特色文化等。

从以上的分析以及案例中可以看到,文化馆数字化是一种必然的趋势,不仅顺应了社会的发展,也满足了群众日渐增长的需求。引进先进的统计技术实现文化馆管理精细化,上传各种形式的学习资源服务更多群众,通过数字信息化增强文化馆之间的联系,将成为文化馆的未来发展方向。

综上所述,文化馆肩负着丰富群众精神建设,引导我国传统文化发展,弘扬社会主义核心价值观的职能,必须同时代一起进步,不断开创新的服务形式,推动自身效率建设。

虽然目前我国文化馆发展还存在活动内容创新性不够、资源分配不均、社会力量参与性不够、服务形式传统等问题,但只要找准定位并合理利用先进信息科技资源,将地方文化特色与信息技术相结合,推动传统文化馆向数字文化馆转型,也能不断推进文化馆的公共服务效能提升,推进我国五位一体布局的实现。

参考文献

[1] 李宏 . 公共数字文化体系建设与服务 [J]. 图书馆研究与工作 ,2017（1）:5-11.

[2] 吴永强 . 数字文化馆的基本内涵和建设实践初探 [C]// 广东省民俗文化研究会 . 2015 年 07 月（下）民俗非遗研讨会论文集 . 广州 : 广东省民俗文化研究会 ,2015:67-69.

[3] 蔺宏阳 . 谈数字文化馆建设之我见 [J]. 参花 ,2017（23）:153.

[4] 成伟 . 浅谈文化馆的数字化建设与服务 [J]. 大众文艺 ,2014（24）:4-5.

从"未央区市民大舞台"谈群众文化品牌的建设

荆月洁（西安市未央区文化馆）

未央区,位于西安城区北郊,是丝绸之路的起点,常住人口 77.74 万人,辖区 10 个街道。随着经济的不断发展,人民美好生活需要日益广泛,不仅对物质生活提出了更高要求,文化方面的要求日益增长。党的十九大提出,中国特色社会主义进入新时代,我国社会主要矛盾已经转化为人民日益增长的美好生活需要和不平衡不充分的发展之间的矛盾。为此,本着"立足于群众、服务于群众、受益于群众""丰富市民文化生活,彰显未央群众的风采""打造未央人自己的星光大道"的活动理念,未央区群众自己的文化品牌——"未央区市民大舞台"应运而生。

"未央区市民大舞台"自 2013 年成功策划并举办以来,已成功举办 6 年,成为未央区一年一度的文化盛会。该活动深入基层,扎根百姓,不光参与面广、参与性强、群众参与热情高,还得到了社会各界的充分关注和广泛好评,已经成为西安市首屈一指的群众文化活动品牌。

本文以"未央区市民大舞台"的打造谈群众文化活动品牌的建设。

一、政府部门——基础保障

十七大报告曾要求"坚持把发展公益性文化事业作为保障人民基本文化权益的主要途径"。一个文化品牌的打造离不开政府部门的鼎力支持。首先,正因为文化活动的公益性、持续性,所以其必须有政府的专项资金以支持。在整个活动当中场地、后勤、上下级单位的协调都需政府部门出面沟通,为活动的顺利开展保驾护航。"未央区市民大舞台"主办单位为中共未央区委宣传部、未央区文明办、未央区文化和旅游体育局,承办单位为辖区 10 个街道办、文化馆,正因为各部门之间紧密协作、互相支持,形成联动机制,为活动的开展奠定了坚实的基础。

其次,政府要掌握"度",把控群众文化的发展方向,深入践行社会主义核心价值观,让人民群众享有更多更好的文化发展成果,激发未央区群众对文化活动参与热情,提升广大市民的人文素质,切实丰富地区精神文化生活,促进区域精神文明建设,繁荣辖区群众文化事业,弘扬社会主旋律,充分发挥政府的职能作用。例如在广场舞扰民事件频发的时期,在第二届未央区市民大舞台广场舞决赛之前,27 支代表队的 1000 多名跳广场舞的大妈们,在比赛前发出倡议:表示之后跳广场舞时要把时间控制在上午 7 时之后,晚间 9 时之前,音乐音量不超过 60 分贝,向噪音说"No",文明健身,共同建设美好家园。该倡议是全省首个广场舞自我规范,目的在于维护公共秩序,加强自律,不影响周围他人生产、生活和休息,用舞姿扮靓城市,大家一起共建美丽家园。此项举动获得全社会的一致好评,百余家主流媒体纷纷报道转载,为营造文明和谐的社会秩序起到了表率作用。

二、区文化馆——专业技术支持

文化馆作为公益性群众文化服务单位,坚持丰富群众业余文化生活,满足群众精神生活需求,提升文化水平和文化素养,以普及先进文化为己任,不断提升辖区内文化活动水平,不断提高业余文艺骨干的思想政治素质、相关业务素质和组织推动文化活动的能力,支持业余文艺骨干队伍建设。

未央区文化馆通过市民大舞台的举办,挖掘基层优秀业余文艺骨干,整合扶持优秀的基层文化活动队伍,不断培育和推出基层群众文化的新人新作,为未央区文化的繁荣发展注入新的活力,促进城北文化软实力的提升。同时也通过活动,发现短板与不足,在制订培训计划的时候根据群众的需求适时调整,力争做好群众的文化快递员,将群众所需的培训及时送达。

(1)举办文艺骨干提高班,聘请省市专业老师进行辅导,给予更专业系统的知识辅导,将市民大舞台中的优秀节目打磨拔高,精益求精,让节目更加专业、精彩。例如:2016年市民大舞台广场舞类获奖节目《老腔》代表未央区参加西安市广场舞大赛获得二等奖,精彩的表演夺得现场阵阵掌声;2017年市民大舞台广场舞类获奖节目《大老碗》代表未央区参加获得西安市广场舞大赛获得一等奖并多次被省、市调演,参加文化交流活动,为未央区赢得了荣誉。(2)举办艺术培训进社区,文化馆聘请大专院校、文艺院团的艺术专家直接走进社区面对面进行艺术培训活动,为群众艺术爱好者进行"菜单式"、零距离培训服务,将社区群众所需要的培训送到家,让群众在自己家门口就能享受到定制式培训。

两种培训双管齐下,齐头并进,群众通过培训不断提高自身艺术素质,不断推陈出新,催生了一大批优秀的群众文艺作品的诞生,提高了未央区整体文化实力,从整体上提高了辖区内基层文化队伍水平,提高了群众参与文化活动的热情和积极性,让文艺骨干带动辖区群众文化发展,让更多的群众受益,让基层群众在文化生活中得到精神享受、艺术熏陶、情操培养、情感交流、知识技能和身体锻炼。

三、群众——参与主体

2011 年《中共中央关于深化文化体制改革、推动社会主义文化大发展大繁荣若干重大问题的决定》中提出:"人民是推动社会主义文化大发展大繁荣最深厚的力量源泉。要牢固树立马克思主义群众观点,自觉贯彻党的群众路线,为广大群众成为社会主义文化建设者提供广阔舞台。广泛开展群众性文化活动,提高社区文化、村镇文化、企业文化、校园文化等建设水平,引导群众在文化建设中自我表现、自我教育、自我服务。"群众是一切活动的主体,脱离群众的实际需求而盲目发展的品牌文化是没有生命力、生存空间的。

群众文化的服务对象是广大人民群众,要努力满足群众的文化需求,遵循他们的意愿。所以活动的策划、制定、实施必须以群众的文化需求为基础。政府、文化部门不能包办、一刀切。群众对于活动的需求是多样的,这就要求文化活动的内容、形式是多样的。能否成为一个好的文化品牌,要从群众是否满意、是否乐在其中来作为标准衡量。

在"未央区市民大舞台"的比赛制定中,不断根据群众中需求调整比赛门类,从最初的声乐类、合唱类、舞蹈类、广场舞类到后面增加的综艺表演类、健身展示类、健美操专场、鼓舞专场、秦腔自乐班专场比赛等,充分地调动了群众的参与性和积极性,提升了活动的亲民性,掀起了群众文化活动的热潮,为广大群众搭建了展示自我、交流文化的平台,百姓自编、自导、自演,各展风采。

由此可见,政府、文化馆、群众三者紧密联系在一起,相辅相成。如果政府是材料供应者的话,文化馆就是制作文化大餐并配送给群众的快递员,群众是享受文化大餐的顾客,顾客满意给予好评,就是最终的目标。

四、文化活动品牌打造中遇到的问题及解决方法

截至 2018 年,未央区市民大舞台已经连续举办了 6 年,虽然得到了群众的一致赞扬,但也遇到些问题。

(1)参与群众以中老年人居多,受众面还是狭窄,年轻人参加的比重很少。每年活动中出现的老面孔多、新面孔少、年轻人少,缺乏新鲜血液的注入。说明这个赛事还不够吸引青年人,为此,政府应加大宣传力度,利用抖音、微博、微信公众号等媒介,将赛事推广出去,将辖区内的中老年人、青年人、异乡人召集起来,形成一个多方位、多元素的文化氛围。除去常规的比赛类别,设置更符合年轻人口味的比赛,如设置以家庭为单位的朗诵比赛、微视频大赛、街舞比赛、摇滚大赛等,让比赛成为老少皆宜,全民参与的活动。

(2)原创节目比重太少。虽已举办六届市民大舞台,但是原创节目的比重只占不到1%。很多比赛节目都是去年演过的节目,今年换一支队伍又来一遍,除了服饰不同、人员不同,剩下并没有什么改变;或者是从网上直接扒的视频,没有任何的改动和创新,容易引起视觉疲劳,影响最终的比赛成绩,因此,要鼓励原创节目的创作。首先,在比赛中,对于原创节目给予适当的加分。其次,文化馆在培训方面增加编排、创作的比重。

(3)赛制需不断创新。市民大舞台每年从过年后开始报名,赛事一直持续到国庆节前夕,按照常规的比赛方式,群众需参加初赛、复赛、决赛三次比赛,层层选拔,进入决赛的节目才能获奖。如果年年这样的话,群众会失去比赛的热情,所以,需要不断地完善和改变赛制,让群众觉得有新鲜感。在 2015 年的市民大舞台赛制出现了复活赛;2016 年赛制有 PK 赛等改变。既要保持比赛的公正,又要不断玩出新花样,这是活动策划者在策划活

动时应想到的。

（4）比赛与展演结合起来。只有比赛不行,也要适当地给群众时间去构思新作品,打磨新节目。因此可以采取今年比赛,来年展演的方式,让更多的群众看到优秀的文艺节目。

总而言之,一个群众文化品牌的打造离不开政府、文化部门、群众,需要三者的鼎力协作,才能互惠互利,携手共同营造良好的文化氛围,将文化盛宴提供给百姓,这个文化品牌才能成为"常青树",根植于群众中,实现中国梦。

传统集市的现代机制及发展趋向研究报告

——以青岛地区为例

戴玉婷（青岛市文化馆）

作为一个沿海开放城市，青岛的地理区位和城市定位共同决定了其城市化、现代化的进程尤为迅猛。城市化浪潮迅速席卷了城乡的每个角落，现代化进程直接冲击了本地的经济解构、文化空间和社会关系。非物质文化遗产扎根于民间，其生存发展与当地的社会经济、人文、自然等生态环境密切相关。立足于整体性保护理念的实施，过去三年里我们对青岛地区非遗有关的传统集市做了追踪式田野作业和历时比较研究，大致掌握了青岛地区传统集市的基本情况，追踪了解传统集市的变迁与发展对其本身和与之相关的非遗项目产生的影响，以从中探索传统集市在当代社会中应如何实现传统功能与现代需求的一致。

一、青岛市传统集市现状综述

"集市"，是依托乡村地域中心城镇进行定期从事商品交换的场所。"赶集"，是在中国传统农耕自然经济下民众生活的重要经济活动。有着悠久民间传统的集市，既是传统农村经济文化的载体，又是社区成员交流的文化空间，不仅满足了社会成员的经济生活需求，同时也关系到社区成员关系的构建，在人们的传统经济生活和文化生活中处于十分重要的地位。青岛地区的集市涵盖了不定期集市、定期集市、常市（每日集）以及庙会等不同类型，但最多的传统集市形式大多是每旬两集的定期集市，"这也是华北乡村最普遍、最主要的集市形态。"[①]

（一）传统集市仍然是青岛民间商贸的重要形式

"传统集市是过去人们物资交流和文化活动的中心，是农村最原始也是最基层的市场形式，发挥着重要的商业功能并承载着丰富的商业交易习俗文化；同时，它也是人们集会的重要场所，是农村社会、文化娱乐、信仰及社会关系的载体，是一个区域民俗风情、生活方式等的集中表现，发挥着不可或缺的文化娱乐和社交功能。"在青岛地区，传统集市作

---

① 郑清坡. 从基层集市演变透视农村发展路径——以民国以来定县为例[J]. 中国经济史研究，2018（3）：123-132.

为一种千百年来延续下来的传统商贸形势和民俗空间，即使是在被现代化浪潮席卷的今天，仍然在市场经济占据着重要地位。从附录中的表格一可以看到，据不完全统计，我市仍定期开集的传统集市有490处，在城乡人民生活中起着不可替代的作用。

虽然在现代化进程中，传统集市的传统核心价值被动摇，其基本的功能一直在缩减，因此提到传统集市，往往有人表达着对其生命力的担忧。但根据最近两年内，从我们对纳入市级非遗项目的传统集市及与非遗项目有关的传统集市的田野作业情况来看，大型的传统集市仍然保持着相对平稳的存续态势，在特殊的时间节点甚至爆发出极为旺盛的生命力：李村大集临近年关的最后几个"腊月集"、泊里大集农历十月二十四日的"山集"、沙子口的腊月集和开春鲅鱼上市的季节，每逢集日仍然万人毕集、人声鼎沸。而庙市及其他类型的集市，由于居民的文化生活需求和政府组织的参与，更是呈现着红火的传承场景。

（二）青岛传统集市的存续状态调查与分类

从时间来看，虽然可分为不定期集市、定期集市、常市（每日集）以及庙会等不同类型，但本次研究的主要对象是青岛市的集市基本是每旬两集的定期集市、庙会会集，同时我们也关注到了一些新生集市的现象。根据田野作业的实际情况，我们大致将青岛目前的传统集市分为重生、消亡、转型、传承、新生五个类型：

1. 重生

李村大集一直是青岛城区内的标志性传统集市。在青岛旧城区的改造过程中，具有标志性意义的李村大集始终是改造的重点和难点，同时，李村大集也是动迁较为成功的典范。李村大集可考始于明朝万历年间，发展至新中国成立前已跻身山东省四大乡村集市之一。原先，李村大集位于李村河河道两侧，由于李村河是该地区主要的泄洪同道，汛期对大集有着严重的影响。在政府主导下，搬入原青岛钢铁厂地块。搬迁后的大集的售货者分成了两类，一类是"商户"，他们固定经营着农贸市场区、文化交易市场区的2万平方米，也共享大集期间的人流量；一类是"摊贩"，他们依然逢二逢七，依时而来，除了占据了1.2万平方米的"赶集区"外，他们见缝插针地填满了建筑之间的缝隙、后侧的广场，环形的道路，甚至延伸至后山的土路。集日期间，物资的种类和数量都有大幅增加。赶集的人流构成也有了变化，平日的"天天市"，前来采购的主要是居住生活在附近的居民，而在"集日"，人们则从四面八方汇集于此，乘车甚至开车来赶集。

另一类重生的则是庙会伴生集市。从20世纪90年代起，在"文化搭台，经济唱戏"的思路指导下，一批庙会集市在政府的主导下蜕变重生。以"萝卜·元宵·糖球会"为例，在20世纪90年代，青岛市四方区人民政府宣布成立海云庵糖球会暨海云庵集市管理委员会，正式接手糖球会的主办工作，此项传统集会得以走上了发展的快车道。

2. 消亡

历史上存在过的传统集市随着经济发展、社会空间变化，已经不复存在。据记载，十九世纪初，青岛地区有名的集市有九，即李村集、流亭集、华阴集、浮山所集、沧口集、韩家庄集、肖家庄集、红石崖集、薛家岛集。目前，除了李村集、浮山所集、红石崖集、薛家岛集。其他五个传统集市已经没有固定的地址与会期。

3. 转型

以浮山所大集为例,浮山所是青岛市政府所在地,它的南面沿海一线有闻名遐迩的奥帆基地、五四广场、音乐广场,并有林立的写字楼及大商场,周围有众多的银行等金融机构,是目前青岛市政治、文化、经济、商贸和旅游中心。清代浮山所海防建成之处,设立了浮山所大集。民国时期浮山所大集已经发展为青岛地区规模仅次于李村大集的第二大集市。浮山所大集建立之后,经历了抗日战争的"炸集"、文革"抓集",但是始终存在。1999年9月后因浮山所的拆迁和回迁,浮山所大集也几经移址,2004年5月浮山所集退路进室,也就是现在的新贵都农贸市场。退路进室后,大集经营的门类品种减少,与其他大型农贸市场性质趋近。与此同时,浮山大集的知名度也大大下降了,年轻人和非周边居民往往不清楚集市的所在。

4. 传承

历史上泊里集,农历逢四逢九为集日,每年农历十月二十四日是山集。清中期设立集市,又称泊儿集。根据当地老人的口述,新中国成立前的泊里作为藏马县城,该集市一直是本地区规模最大的集市。集市原本位于泊里镇驻地中心街,后来迁至胶南二中河以西,占地70亩。2015年迁址到泊里南村南侧,占地150亩,并修建了500个车位的停车场。与李村大集不同的是,泊里大集屡次搬迁的重要原因,除了物品种类和摊位数量不断拓展带来的拥挤以外,主要是为了缓解农用车辆和私家车的增多所带来交通拥堵问题。随着停车场、进出车通道的建成,新的公交换乘枢纽也在一公里外投入使用,尽管由于人流量和购买力的关系,泊里大集没有形成固定摊位,但集日期间的赶集人地理辐射范围大大扩大了。

5. 新生

在现代城市环境中,仍有新的集市在不断形成。即墨古城年集和李沧湾头大集是新形成集市的两种不同类型。即墨古城年集是依托新开发的项目即墨古城在特定时段(腊月初七至腊月二十九)期间形成的集市,兼具了旅游和采买年画双重功能。湾头大集位于湾头社区以南,紧邻湾头民俗街,由于附近市民的生活需求,客观场地的可能性,大集于2016年形成,每月逢四逢九开集,大集上货物种类齐全、价格实惠,极大方便了周边居民的日常采购。

(三)现代化进程使传统集市原本负载的功能与价值被不断剥落

集市作为一种典型的文化空间,在过去的半个多世纪中,其变迁是全方位的,绝不仅仅是地理空间位置的变化这么简单。社会环境的变化、人际关系的重新整合、其他商业模式的兴起,使得集市原本负载的功能与价值在被不断剥落。

1. 乡土性的逐渐削弱

在传统的乡村集市中,由于贸易区域的固定和贸易周期的固定,赶集的人多来自四邻八乡,"作为农副产品集散地和乡村日常用品交换的集市,空间形态上有非农的特点,但它本质上却是乡土性的。"[①] 卖货的人即销售者大多自己便是生产者。集市上出售的是自家出产的农副产品及手工艺品。而买卖双方的身份往往是可随时互易的:卖产品得来的钱,又在集市上购买了需要的产品,在同一个时空中,通过货币的媒介,实现物品的交换。

而在当下,集市的面积越来越庞大,商品越来越齐全,部分城市集市,如李村大集,已经设立了固定化的摊位,收取摊位费用[②]。集市的销售者,往往是进货商,自产自销已经逐步让位于纯粹的商业交易。交易双方也往往并不存在于熟人社会关系内,是单纯的销售者与消费者之间的关系。而随着社会的进步,农贸市场,大型超市、网上购物,各类实体的、非实体的商业模式逐步兴盛。集市失去了在传统自然经济关系中形成的独一无二的商业地位。

2. 大集的复合功能在剥落

集市所承担的功能,绝不仅止于物资的买卖。多种文化遗产资源附生在"集市"这个文化空间之中,其中最重要的两类就是表演类(如传统戏剧、曲艺、传统体育游艺与竞技等)和传统手工艺类(如传统美术、传统技艺等)。目前集市的娱乐功能变得单薄了,无论是仅限于采购日常用品和餐饮消费,大集的实用性占主体地位,娱乐性和功能性逐渐消亡,"逛闲集"的人逐渐变少。

3. 由时空的有序走向时空的无序

城市化、现代化浪潮,对于"赶集"的行为模式最根本性的瓦解还是来自于当代人时空概念的重构。无论是"逢二逢七""逢四逢九"都是建立在中国传统历法基础上的,呼应着农耕文明的时序与节奏。对于已经完全接受日、周、月、年为周期的西方历法的当代中国民众来说,农历已经并非根植于人们生活里的固有的时序概念。这种破坏在城市大集中表现的尤为明显。

4. 互联网和物流网的兴起,对传统集市商业功能的削弱

由于互联网的兴起于物流网的发达,传统集市并不再是市民消费的唯一选择,集市的娱乐功能、小商品购买、日用品采购的功能被日益取代。城市居民对传统集市的需求并非必须性的,往往是用来填补休闲娱乐生活。由于物流的发达和基层商业生态链的逐步完整,农村居民蔬菜瓜果的购买也可以在村内的小型超市(小卖部、蔬果店)得到一定程度上的满足。传统集市在商业上的必要性有所减弱。

二、非遗保护与传统集市

集市所承担的功能,绝不仅止于物资的买卖。"如果说赶集是地方文化的时空存储

---

① 陈阿江,朱启彬. 未能随迁的乡土关系——锦镇搬迁对商贸活动影响的分析[J]. 中国农业大学学报(社会科学版),2016,(3):12-18.

② 《李村大集集市摊位缴费通知》(2018):市场一期工程安置的摊位(包括主要路口)按1000元/年/米,其他场地按600元/年/米收费。

体,那么乡村集市所依托的具体空间——街头则凝缩了该地方的过去和现在,风俗、习惯、方言、物产以及代表性的经济、文化和生活方式无不浓缩于此,历史的文化传统转化成共时的活动呈现出来。"① 因此,多种非物质文化遗产资源附生在"集市"这个文化空间之中。因此,随着对非遗整体性保护理念理解的深入,我们开始更加关注在传统集市中非遗项目的生存状态与两者的伴生关系。

(一)传统戏剧、曲艺与传统集市

青岛地区的传统戏剧、曲艺类项目很多是撂地演出逐步演变而来。传统集市的人流聚集效应和娱乐功能,使之成为最佳的演出场所。这一性质在据考,李村大集建成之初,集市上就有各种民间文艺活动与演出,国家级非遗柳腔、山东快书都曾在这里搭台长期演出,莲花落、传统魔术、传统武术等撂地演出的项目更比比皆是。岛城著名文史学者鲁海说:"当年德国人看到的李村大集并不单纯是一个交易场所,还是一个文艺场所,朋友们聚会、喝酒、欣赏演出,只是,现在这些都没有了。"② 根据近两年对李村大集、泊里大集的追踪调研,传统戏剧和曲艺形式基本已经在此类传统集市上绝迹了。这其中的因素有多方面:城市化进程造成的场地不足、非遗项目本身受众群体的减少、传统集市复合功能的丢失。

但是,在庙会型集市的场地上和特殊的集市文化空间中,传统戏剧、曲艺和民间舞蹈类项目则仍在扮演重要角色,并且从草台班子占据了中心舞台,成为文化交流和群众娱乐的主角。2018 年"萝卜·元宵·糖球会"在十五天会期期间共举办各类文化演出 20 余场,除了非物质文化遗产专项展演之外,非遗项目也作为重要的节庆文化元素,占据了舞台的主要戏份。在即墨古城举办的年集中,为了烘托年味,每天都会有非遗展演类项目的巡接或快闪,得到了大量的"赶集"人的参与。

(二)传统技艺、传统美术与传统集市

我们在对胶州剪纸(辛安大集)、泊里红席(泊里大集)、布老虎泥老虎(上马大集)等项目的传承人访谈中,都获得了这样的信息:早期在农村传承的手工艺项目,往往是通过集市实现商品价值的,手工艺者会随着大集的周期而进行集中生产,并到相应的集市上售卖。传统集市承担着买卖过程和实现经济价值和交易场所的功能。

总体而言,在传统集市上,传统手工艺品的生存状况比较令人担忧。泊里大集上最负盛名的产品省级传统技艺类项目泊里红席,根据田野作业情况,除了山集前后,基本已经很难在大集上找到成品,取而代之的是草席、亚麻席、塑胶制品等工业化成品,个别摊位可以接受预约订制红席。当然这种情况,也与泊里红席的季节原材料有关。更重要的是,由于红席的特殊制作工艺,造成价格偏高(200 至 300 元一平方米,订制整张席子约需

---

①　高丙中. 民俗文化与民俗生活[M]. 北京:中国社会科学文献出版社,1994.

②　百年李村大集的前世今生[N]. 齐鲁晚报,2017-01-22(9).

2000元），因此与工业成品相比，缺乏竞争力。事实上，在对价格更为敏感的农村市场，传统手工艺项目的各项产品均在被工业制成品所取代。在集市上仍能见到的非遗项目，比如果模（榼子）、草编竹编等，也缺乏当地特色，属于流水线制成品。面塑、泥塑之类的传统技艺，也成了新鲜玩意儿，难觅踪迹。

与展演类非遗项目相同的是，在特定的传统集市时空中，一些单价较低，复合娱乐功能和怀旧传统手工艺类非遗项目呈现出了销售和购买的井喷。因为平时难觅踪迹，在庙会等传统集市上，手工艺类型的非遗项目往往能吸引人们的眼球，引起人们的怀旧感和新奇感，从而展示出了极大的吸引力。

传统集市作为一种传统的公共文化空间，成为庙会和其他民俗形式的重要支撑。

三、传统集市的发展趋势与未来方向

传统集市的发展趋势历来受到公众的担心和专家的质疑。对其可能的走向，主流观点认为随着城市化进程的加快、交通的改善、互联网和物流网的完善，定期集市会逐渐消亡，或遵循集市—集镇—城镇—城市的演化路线，或转化为现代商贸市场。以施坚雅和费孝通为代表，影响最为深远[①]。但是，本文通过对青岛地区的传统集市调研发现，在很长一段历史进程内，传统集市仍将以原生或转型的方式存在于现代经济体系之内。且"传统集市在构建社会资本、促进现代农村经济发展、解决农村再就业困境等方面发挥了重要作用，居民对传统集市有很强的依赖性，甚至在某些区域传统集市已经成为一种文化风俗的象征，其存在有很强的现实必要性。"[②] 传统集市不仅是凝聚社会资本，形成社会公共空间的重要渠道，更是保存城市文化和经济的多样性的重要渠道。一座现代城市的魅力与气质，不仅来自于发达的经济，更来自于彰显自身文化特色的历史底蕴。

在这种环境下城市集市空间的发展既要体现传统功能，又要满足现代城市发展的需求，要适应城市环境的需求。通过对传统集市的调查与研究，有利于了解在商贸转型时期，传统集市如何融入新的城市空间，以促进城市的发展。

（一）传统集市与新农村建设

美丽乡村建设正在全国大范围推行，新型农村要融入现代元素，更要保护和弘扬传统优秀传统文化，发展有历史记忆、地域特色、城市特质的美丽乡村。

1. 在保障乡镇农村居民生活需求方面，传统集市有着不可取代的作用。"传统集市具有独特优势，不能被完全取代，特别是在生鲜商品供应上，传统集市有着其他业态无可比

---

① 郑清坡. 从基层集市演变透视农村发展路径——以民国以来定县为例[J]. 中国经济史研究，2018，137（3）：123-132.

② 王春宁，刘振山. 传统集市的现代价值及治理策略探析——基于青岛西海岸新区传统集市的调查[J]. 青岛职业技术学院学报，2018，119（3）：72-77.

拟的优越性,自由市场调节使得传统集市能在有限的空间内最大限度地满足市场需求,同时还可灵活地满足顾客个性化需求。"①

2. 传统集市是新型农村建设中不可缺失的公共空间,承担着社会交流的功能:"赶集作为一种乡村社会公共生活模式,一种传统文化的表现形式已经根深蒂固地生长在乡土之中。"②集市不仅是商品交易的场所,更是一个邻里之间感情交流的空间,无论对于情感交际淡漠的城市还是日趋城市化的乡镇来说,这一点都尤为重要。传统集市所具有的聚集性、交往性、人文性等特点应当予以充分的保留与鼓励。应引导鼓励非遗项目在传统集市上发挥更重要的作用,将传统集市复归为民众相约品美食、买特产、看表演、逛集会的休闲娱乐空间。

3. 传统集市的整治与治理。传统集市的产品管理应当在突出特色的同时,实行规范化管理,建立源头追溯机制。加强基础设施建设,选址迁址的同时注重区位给传统集市社会交流功能带来的影响。传统集市的社会文化功能在未来传统集市的空间设计上也应该得到充分的重视,尊重传统的市场区域,实行专业化的管理,同时注意保护空间的敞开,不用摊位把"卖家"与"买家"区分,更应关注空间的整体性和交流的便利性。

(二)传统集市与旅游

"集市作为地方文化的载体,其能够代表一个地方的风土人情,在这里我们能够观察到当地人民的日常生活,能够领略当地的民俗文化,感受当地的风土人情。这种淳朴的文化展示甚至可以吸引游客,成为当地旅游发展的动力。"③在旅游中,传统集市除了能够带给游客文化体验之外,也可以提供最佳的购买场所。事实上,青岛作为一个旅游城市,尚未能自主开发此类的旅游景点。作为紧邻景区的浮山大集,所处浮山所是青岛市政府所在地,紧邻闻名遐迩的奥帆基地、五四广场、音乐广场等景点,但是未能发挥自身区位优势,将传统集市变为城市旅游的一部分。相对来说,团岛早市尽管也进行了退路入市改造,但是却得到了游客的认同,成为网红市场。但是,均不是由旅游文化部门进行牵头打造的结果。如何能够打造传统集市的景点呢?应该注意以下几点:

1. 保留地方文化特色。在这方面,国内外已经给我们提供了不少可借鉴的思路:如台湾地区的士林夜市、伊斯坦布尔的大巴扎、泰国的水上市场。泰国水上市场的交易在河流上进行,村民采用当地特有的木材在水面上构建具有泰国特色的木屋和平台,同时附近居民将自家农产品放在船中划船进行买卖,这种特殊形式的传统集市吸引了来自世界各地

① 孙剑. 农村居民选择超市或集市购买的决定因素与比较来自全国28个县(市)1308名农村居民的调查[J]. 中国流通经济,2012,26(3).

② 马光亭. 赶集:再现于乡村生活的地方性时间——以苏北依村村集为例[J]. 广西民族大学学报(哲学社会科学版),2007(4):49-55.

③ 潘颖,丁奇. 城市集市空间的发展——传统功能与现代需求的统一[J]. 艺术与设计(理论),2015(12):67-69.

的游客前来观光,不仅促进当地经济发展,同时展示了当地独有的文化、传统集市与集体记忆。

2. 提升配套基础设施和信息发布。为了能够给居民和游客带来良好的体验,政府有关部门、社区以及承包者应形成合力,进一步完提升基础设施和卫生环境。这方面的工作可以包括而不限于修建棚架或货架、对大型集市还应规划建设停车场、对社会特别是游客提供必需的信息服务、雇佣专门管理人员和卫生清扫人员、注重保障买卖双方的人身财产安全等。

3. 突出土特产产品,注重宣传。在旅游中,"游吃住购"都是重要的组成部分。对于游客急需的土特产采购和旅游补给,传统集市恰恰能够予以充分的满足。游客希望避开均一化、一致化的工业旅游制成品,而购买一份带有当地特色的物品,并同时获得独特的旅游体验。因此,传统集市应当突出本地土特产产品,并且加以宣传,使之在游客中得到充分的认知,从而获得独特的旅游体验。比如青岛的团岛早市,尽管小港码头已经没有渔获,但是团岛早市的海产品售卖传统还是得到了很好的保留,因此受到了游客的认可。

4. 拓宽经营思路,方便游客参与。即墨古城年集在这方面已经做了很好的探索。即墨古城管委会与交运集团进行合作,每天定点从青岛市区发行循环班车,保证了游客的参与体验。传统集市的交易地址一般有较为发达的公共交通,应当发挥地理优势,保障停车车位和道路畅通,从而吸引游客前来观光。

传统集市作为一个传统文化与经济发展的结合体,其发展和保护不仅有利于传统文化的继承,更有利于城市保持文化多样化,增加城市魅力。通过对传统集市这一公共空间的研究,发掘其现状发展及存在问题,了解传统集市的特点,探寻其在当代乡村振兴和经济整合中起到的作用。有利于在保留传统集市现有功能的基础上,将现代城市的需求与传统集市的特点结合,营造出一个多功能的城市空间。不仅可以满足市民的基本生活需求,促进文化和旅游融合发展,也留住非物质文化遗产项目赖以生存的土壤和空间,使非物质文化遗产在其所属的社区及自然与人文环境之中得以完整的保存和延续。

乡村振兴背景下小城市文化建设的实践与思考

——以杭州市富阳区新登镇为例

江栗峰（杭州市富阳区新登镇综合文化站）

新登镇素有"千年古镇、罗隐故里"之称,历史悠久,人杰地灵。自 2010 年 12 月被列入全省 27 个小城市培育试点单位以来,新登镇党委、政府把构建公共文化服务体系作为重要任务来抓,充分发挥文化对经济社会的支撑和推动作用,整合资源,城乡统筹,用文化上的富提升经济上的富,用文化上的强促进经济上的强,真正实现"物质富裕、精神富有",建成了镇、村、户三级文化服务阵地和网络,小城市"10 分钟"文化圈初具规模。本文从主要做法、基本成效和经验启示等三方面来探讨小城市文化建设的基本规律。

一、主要做法

（一）领导重视,出台文化强镇实施方案

近年来,镇党委、政府对文化建设的重视日益凸显,在富阳市文化强市方案的基础上,结合自身实际出台了新登镇文化强镇实施方案,对未来五年的文化建设制定了规划、确定了目标。同时,更是以实际行动加以落实,镇党委、政府把文化工作纳入镇党政工作重要议事日程,确保每年召开 3 次以上文化工作专题会议;把文化工作纳入领导干部目标责任考核指标;新登镇综合文化站建设符合上级文件相关要求,具有事业单位法人资格;把乡镇综合文化站年度人员经费、业务活动经费和日常工作运行经费列入年度财政预算并按时拨付;近 3 年年人均文化活动经费 12 元以上,增幅不低于同期财政收入增幅。

（二）加大投入,公共文化设施设备齐全

新登镇党委、政府历来重视文化建设投入,不断完善基础设施,拓展文化活动的场所和内容,改善硬件条件,逐步形成了完善镇、村两级文化服务平台。2009 年,投资 2400 万元,占地面积 240 亩,建设了贤明山公园,恢复了登云钓月、舒啸亭、新登古城图等建筑。2012 年,投入 1500 万元,占地面积 30 亩,建设葛溪文化长廊。2018 年投资 6900 万元,新建占地面积约 5 万平方米城市阳台,该城市阳台集文化展示、运动休闲、生态保护为一体的 5 大功能区,为市民提供了一个休闲娱乐的好去处。新登镇综合文化站设有多功能活动室、文化信息资源共享服务室（公共电子阅览室）、教育培训室、文艺排练厅、综合展示

厅、影视播放室等。镇图书馆设有图书阅览室和电子阅览室,藏书15000册,每年新增图书1100册以上,并建有图书流动库,月平均流通600册,同时配备电脑20台,为当地群众免费提供期刊阅览、图书借阅、电子阅览、少儿阅览和共享工程资源等教学服务。

(三)全民参与,发展壮大乡村文体队伍

近年来,新登镇坚持"两为"方向和"双百"方针,传承发扬传统文化,发展壮大文体队伍。镇综合文化站有干部11人,专职文化管理人员3人;配备35名村(社)文化员,村村建有排舞队、太极拳队,音乐舞蹈协会、戏曲等民间艺术深入人心。新登镇文联组建了文学创作、音乐舞蹈、摄影、民间艺术、书画、戏剧曲艺、诗词创作共7个协会,有摄影、音舞、书画、作家等11个文艺团队,会员600余人,其中罗隐研究协会100余人。在体育方面,新登成立了象棋、太极拳剑、乒乓、篮球、门球、登山、棋类等协会38个。

(四)注重保护,促使文化遗产传承不绝

一是维修文物古迹。镇政府逐年加大文物保护投入力度,切实抓好重点文物古迹的维修工作。在做好罗隐碑林、联魁塔等文物古迹修缮保护的基础上,镇政府今年投入600多万元,维修郎壹古墓、众圃牌坊、周凯古墓、洪家众厅、松岭殿、湘溪王家祠堂、院士故居等7处古迹,并对全镇文物古迹进行全面普查,登记成册,进行管理。二是大力开展文化遗产普查。在第三次全国文物普查工作中,登记明万历年间联魁塔、清代众圃牌坊、古城墙、古城河、民国时期圣园碑林、新登战役烈士陵园、湘溪廊桥等文物292处,其中重点125处。晚唐诗人罗隐作为该镇的历史名人,在我国文学史上,被誉为"第一讽刺诗人",其故事传说广为流传。三是编制古城保护规划。目前,根据《新登古城保护规划》对全镇历史文化遗产进行全面、科学、系统的保护,做到保持古城的总体格局,保护好历史文化街区、文物古迹和乡土建筑,保护好非物质文化遗产,保持浓厚的地方特色文化氛围,保护好自然山水与历史文化遗产有机结合的整体环境。四是开发"古"线路。通过挖掘罗隐文化,展现古镇风貌,将昌东村古碑楼、双江村畲族家园、罗隐故里、新登古城墙和古城河、葛溪泛舟景点串成一条以"古"字为特色的线路,使新登历史文化与小城市建设有机结合起来,增强小城市的历史文化气息,并把历史文化元素融入小城市培育的项目之中,彰显新登古镇文化。

二、基本成效

近年来,新登镇公共文化事业得到了长足发展,文化兴镇和文旅融合成效明显。

(一)文化为媒全力促进乡村振兴

新登镇每年开展十多次有一定规模的和影响力的文化节庆活动,如"古城新韵"大型广场文艺演出、律动新城音乐会、大型灯会、"六合同春"书画联展、反邪教排舞大赛等,举

办一年一届的半山桃花节(共16届)、畲族"三月三"民族文化节(共六届)、湘溪杨梅节(共4届)、音乐小镇啤酒节、蚕桑文化节等。特别是创办于2004年的桃花节已经走过了16个年头,以花为媒、以节会友,通过桃花节,让大家了解了新登半山的乡土文化和山水风情,推广了生态休闲、农事节庆、乡村旅游品牌,充分挖掘出了半山村的乡村旅游资源;又是从2010年起每年举办双江"三月三"民族文化节,推出了才艺表演、拔河比赛、罗隐故里采风活动、畲族风情摄影活动、社戏等五大系列活动。民族文化节以节庆活动为舞台,旨在广交八方朋友,增进民族友谊,展示畲族特色,体验民族风情,培育和弘扬双江畲族文化。这些节庆活动的开展,不仅促进了乡镇文化的繁荣发展,更是以文化为媒,带动了乡村旅游的发展,助力新登镇乡村振兴建设。据统计,文化节庆活动每年可为新登镇带来几千万元的乡村旅游收入。

(二)文化遗产积极融入现代生活

新登镇传承和发扬罗隐文化,着力打造罗隐品牌,收集"罗隐传说"300多则,民间"罗隐的传说故事"为浙江省非物质文化遗产名录。同时,整理了145则编撰了有关罗隐传说历史上第一部《罗隐民间传说故事集》雏形本,在2010年由国家级出版社公开出版。还为撰写"济公式"《罗隐》电视剧本提供了十分广泛与丰富的喜剧性资料。据不完全统计,近年来,新登镇先后出版了《古城新登》《夜话新登查村》《新登遗逸》《笔耕杂集》《富阳市民间锣鼓经选编》《罗隐》《徐玉兰》等丛书。不仅如此,该镇"共和青狮"被列入杭州市非物质文化遗产保护名录,"新登双龙""畲族歌舞""十番锣鼓""工尺谱""锡器技艺""石刻"被列入富阳区非物质文化遗产名录。新登镇是我国著名越剧表演艺术家徐玉兰的故乡,越剧艺术在该镇广泛流传。该镇成功申报"浙江省民间文化艺术之乡"。新登古镇因越剧而更具文化气息。镇政府每年投入近100万元,用于民间文化艺术建设。通过广泛开展群众喜闻乐见、具有浓厚地域特色的民间文化艺术活动,让群众参与其中。

(三)文体活动丰富群众精神生活

在体育活动方面,以三年一届的全镇老年运动会、"圣园杯"象棋比赛和全民健身运动会影响最为深远。不仅如此,新登镇组织人员参加富阳市第七届全民运动会的田径、游泳等14个项目的角逐,取得乡镇(街道)组团体总分第二(508分)和金牌总数第二(15块)的好成绩;新登篮球队代表富阳市参加杭州市首届中心镇篮球赛荣获第三名;太极拳代表队代表富阳市参加浙江省国际传统武术比赛荣获团体第一名、单项21个第一名、2个第二名、1个第三名;新登健身球代表队在东阳横店参加浙江省首届"大成杯"中老年健身球操邀请赛上荣获金奖、体育道德风尚奖。新登镇涌现出了湘溪村、昌东村、塔山村、南津村等多个群众体育活动特色村。此外,新登镇还实施电影"2131"工程,2012年放映392次,并完成广播"村村通、数字兴农"等惠民工程。不断扩大文化参与面,使村民经常参加文化活动,参加人数达到常住人口的30%以上,文化活动的覆盖面达到常住人口的70%以上。

三、经验启示

城市是文化的载体,文化是城市的灵魂。在乡村振兴背景下,只有统筹城乡文化发展,才能解决乡村公共文化服务不平衡、不充分的问题。

(一)坚持文化自信与理念更新相结合

在乡村文化振兴战略实施中,要结合新的时代条件传承和弘扬中华优秀传统文化,要激发全社会共办文化的积极性,认真落实政府购买服务工作的意见,让群众不仅成为公共文化服务的享有者,更是公共文化服务体系的建设者。人民群众的主动参与,使文化服务主体更加多元化,也真正促使政府职能实现由"办文化"向"管文化"的过渡。同时,作为政府领导和从事文化工作的工作者都要更新理念,用新的视角看待今天的文化作用和文化地位,要重视文化事业的繁荣和发展,要热爱文化工作。作为政府和文化工作部门首先要从规划上、决策上确保了当地文化发展的延续性、科学性和合理性。

(二)立足当前与着眼长远相结合

公共文化发展规划具有连续性的特征,制定与实施规划是一个长期的系统工程。因此,在编制和实施小城市文化发展规划时必须注意做好中、长期规划和短期规划相衔接,实施中,既立足当前解决群众公共文化需求,又要着眼长远,从前瞻的视角去实现公共文化的持续发展。着眼长远是从宏观上解决公共文化发展的关键,立足当前是公共文化发展的具体实施计划,两者相辅相成,互相促进,时间上前后衔接、内容上相互补充,从而保证公共文化发展规划的先进性和连续性。在文化规划实施中,既有明确的发展远景,又有切合实际、立足当前的建设行动;在文化设施的建设上,既突出场馆的文化特色和文化底蕴,也要注重场馆作用的发挥。

(三)坚持功能定位与特色彰显相结合

小城市公共文化发展必须要明确定位,坚持公共文化与群众文化需求相结合的基本原则。文化为"魂",小城市公共文化规划既要有基础设施建设的"面子",更要有文化传承、文化建设的"里子",这样"内外兼修"方能避免"千镇一面"。有了历史风貌保护、文脉延续传承的"魂",小城市建设才不仅仅是一堆"水泥盒子"的堆砌。富阳新登镇制定《新登古城保护规划》,对全镇历史文化遗产进行全面、科学、系统的保护,做到保持古城的总体格局,保护好历史文化街区、文物古迹和乡土建筑,保护好非物质文化遗产,保持浓厚的地方特色文化氛围,保护好自然山水与历史文化遗产有机结合的整体环境,做好功能定位和个性特色相合,既实现公共文化服务体系的目标追求,又有利贴近群众,激发群众的文化创造激情。

(四)坚持硬件改善与软件提升相结合

首先要加强阵地建设。要改善文化设施和设备条件,为群众提供娱乐、教育、展示、休闲、养生、交流场所或平台。其次要增强文化工作的服务意识和组织、管理、协调能力。再是要提高文艺团队的艺术素养,发挥文艺团队的引领、组织、辅导作用。有了阵地,群众参与文化活动就有了去处。有了文化工作专职队伍,就有了文化活动的主心骨。有了文艺团队,就能营造文化氛围。当文化工作队伍和文艺团队抱成一团,群众文化活动就能丰富多彩。

"文化兴,经济兴"是文明之音、和谐之音,小城市正勃发出令人可喜的生机,新登镇也将以小城市培育为契机,继续加大文化设施建设的投入,规划在新登核心区块建造面积约 9500 余平方的全民健身中心和 13000 余平方米的文化中心,让生活在这片热土上的人们享受高品质全方位的文化盛宴。

参考文献

[1] 赵力平 . 城市文化建设 [M].北京:中国社会科学出版社,2005.

[2] 朱强 . 浙江小城市公共文化研究 [M]. 北京:团结出版社,2016.

[3] 李英豪,袁泽平 . 推进城市化进程中小城镇发展机制的研究——以浙江省富阳市新登镇为例 [J]. 小城镇建设,2000(10).

文化馆全民艺术普及的传播与推广途径及方式论要

姚国荣（贵州省文化馆）

一、文化馆的传播与推广以全民艺术普及为目的

全民艺术普及是公共文化服务的基本内容，是文化馆的主要职责与使命。全民艺术普及的目的就是以各类群众性的文化艺术活动方式让社会大众通过参与活动，向他们进行艺术知识的普及，并促进其艺术技能、艺术素养的提高。而普及只有通过传播并推广才能实现目的，那么对于文化馆开展全民艺术普及并进行推广而言，传播无疑是必不可少的实现方式。

文化馆通过其服务传播途径，以活动项目为载体，向社会大众进行艺术传播，让他们获得艺术知识、取得艺术技能，提高艺术素养。在传播过程中，多次不断的演出或展出的宣传（即向全民推广）可以让更多更广的群众了解、参与、享受到服务。

因此，据以上所述，文化馆的传播与推广必须以全民艺术普及为目的，才能保障社会大众的基本文化权益得以实现，满足需求。

二、全民艺术普及的传播与推广途径

在当今大数据背景下的现代公共文化服务，全民艺术普及的服务方式和传播途径也必然是多元的、现代的。文化馆开展全民艺术普及并进行推广的途径，其类型和功能包括以下几种，简要概述：

（一）舞台型途径

这一类型包括室内剧场舞台和室外搭建的舞台。主要适用于对音乐、舞蹈、戏剧、曲艺等动态艺术门类有关全民艺术普及的综合或单项艺术活动进行传播及推广。

文化馆通过动态艺术的表演功能，以舞台演出方式将音乐、舞蹈、戏剧、曲艺等门类的优秀节目（如各类文化艺术节演出、下基层慰问演出、"群星奖"的比赛或巡演）向社会大众传播及推广，以实现艺术普及。

（二）广场型途径

这一类型包括大中型广场和小型场坝。主要适用于对音乐、舞蹈、戏剧、曲艺等动态

艺术门类及美术、书法、摄影、工艺美术或民族民间文化艺术等静态艺术门类有关全民艺术普及的综合或单项艺术活动进行传播及推广。

文化馆通过动态艺术的表演功能，以广场演出、参与表演方式让参与者体验感受向社会大众传播及推广，从而实现艺术普及。

（三）展馆型途径

这一类型主要适用于对美术、书法、摄影、工艺美术、非物质文化遗产（民族民间文化艺术）等静态各艺术门类有关全民艺术普及的综合或单项艺术展览展示活动进行传播及推广。

静态各艺术门类通过展览展示功能，将美术、书法、摄影作品或工艺美术、非物质文化遗产（民族民间文化艺术）实物呈现在社会大众面前，向社会大众进行艺术传播及推广，让社会大众在欣赏作品或艺人介绍中，不仅获得对美术、书法、摄影、工艺美术、非物质文化遗产（民族民间文化艺术）等静态各艺术门类的相关知识、技能等的了解，进行审美、欣赏，还传承民族民间文化艺术，从而得以实现对静态各类艺术的普及。

（四）教室型途径

这一类型主要适用于对动态、静态各艺术门类的有关全民艺术普及培训、辅导、讲座等活动进行传播及推广。

1. 动、静态各艺术门类通过培训、辅导功能，由培训辅导者以亲身示范方法向受培训辅导者传授动、静态各艺术门类的知识及技能，进行艺术传播及推广，接受者以亲身体验学习方式予以接受，以实现艺术普及。

2. 各艺术门类通过宣传功能以讲座方式，配以播放 PPT 或数字影像资料（传统主要是口头宣讲）向社会大众普及传授各艺术门类的知识，进行艺术传播及推广，接受者以图文并茂的视听方式予以接受，从而达到艺术普及目的。

（五）媒体型途径

这一类型主要适用于通过报刊、图书、广播电视等媒体对各艺术门类有关全民艺术普及的文章、信息报道、开展活动等情况进行传播及推广。

在当前虽然进入了数字网络化、信息化时代，但传统的传播媒体仍然有其存在的空间，仍然有一定的受众，尤其在一些现代化程度不够发达的区域，仍需传统媒体的传播与推广。传统的传播与推广通过阅读、视听功能，以阅读文章、收听收看广播电视等方式向社会大众进行艺术传播及推广，使社会大众从传统媒体中能增知、博学、欣赏、益智，从而达到艺术普及目的。

（六）网络型途径

这一类型是综合性的，主要适用于通过以互联网为载体，利用数字技术对动、静态各艺术门类有关全民艺术普及的各种活动、文章、图片等形式进行传播及推广。

现代公共文化服务很重要的方式,就是注重"互联网+"的传播及推广,各艺术门类通过数字技术将全民艺术普及各类资源进行加工、制作,形成专题片、微视频、慕课、艺术教学视频、动漫、电子刊物等形式的数字文化艺术资源库,通过数字传播功能,建立数字文化馆平台,并与各级文化馆互联互通,通过平台将数字文化艺术资源进行网络传播,实现资源共享。同时也将线下活动进行网络直播或录制后上传网络传播,开展线上比赛、展览等各类网络文化艺术活动,并让社会大群众参与互动。这样,利用广阔的网络空间向向更广泛的社会大众进行艺术传播及推广,提高艺术素质,以实现艺术普及。

三、全民艺术普及传播与推广途径的服务方式

不同的艺术门类形式有着不同的传播与推广途径,其实现服务的方式也有所不同。

(一)传播与推广途径的传统服务方式

由于文化馆开展全民艺术普及传播和推广的空间有限,因而传播推广者(服务者)和接受者在一定的时间和空间内通过双方面对面的、直接的进行实体服务(包括阵地服务、流动服务)。

通过舞台或展厅、广场的途径,演展方面的传播与推广由动态的传播推广者(服务者)以演出的节目、静态的服务者以展出的作品为载体向接受者提供面对面的服务,而接受者通过观赏演出的节目或展出的作品而得以面对面的接受。

通过教室途径,培训辅导、宣传讲座方面的传播与推广由传播推广者(服务者)以讲解知识内容、传授技巧为载体向接受者进行面对面的服务,而接受者则在听讲、笔记、体验技能技巧中接受。

通过媒体的途径,文学和理论方面的传播与推广,传播推广者(服务者)以纸质书报刊为载体向接受者进行服务,而接受者则通过阅览纸质书报刊的文章加以接收。

这些传播与推广的途径虽然各异,但传统服务基本上都是直接的、面对面的,使全民艺术普及的方式显得较单一。

(二)传播与推广途径的现代服务方式

文化馆开展全民艺术普及现代服务方式的传播和推广时间空间得以拓展,不受时间、空间限制,传播推广者(服务者)和接受者可以在不同的时间空间进行传播和接受,并且是立体化的。

通过网络的途径,在演展活动方面,传播推广者(服务者)以互联网为载体,将传统实体的演展活动通过运用数字技术处理上传到网络,使其时间空间上得以延伸,或直接举办网上活动进行不见面的传播,覆盖空间更广泛,接受者在网上观看演展节目或作品,还可通过网络进行互动、参与。

通过教室途径,在培训、讲座方面,传播推广者(服务者)在讲授的同时,辅以播放PPT或数字影像资料,立体地传播与推广,使接受者可直观地接受。

通过媒体的途径,在文学和理论方面,传播推广者(服务者)以互联网为载体提供数字资源,接受者则在任何时间、任何地点通过电脑、电子阅览室等体固定渠道网络下载资源、手机等移动渠道网络载体(含报刊数字版)阅览数字资源进行接受。

不同的传播与推广途径,在现代服务中都可通过与互联网联结,达到更便捷实现全民艺术普及的目的和效果。

四、文化馆的全民艺术普及传播与推广途径应立体化

从以上所述可知,不同的动、静态艺术门类通过不同的传播途径向社会大众进行全民艺术普及的传播及推广。在当今新时代,必须适应新形势要求,因此文化馆开展现代公共文化服务的全民艺术普及,应将动、静态各艺术门类通过这些传播途径把传统的与现代的传播方式有机结合,使对全民艺术普及的传播与推广途径成为立体的。一方面,一些传统的线下全民艺术普及的传播与推广可以通过数字化技术拓展空间,如将一些展览、演出、培训等项目上传网上,在线上使之得到延伸,让更广泛的社会大众享受到。另一方面,一些项目线上线下结合进行,可以互动,更直接地让社会大众参与,更容易向全民推广普及各类艺术。这样便于提供更便捷的服务,使社会大众的基本文化权益能够得以更均等的保障,对美好精神文化的需求得到更丰富的满足。

对互联网时代下的数字文化馆建设的思考

董　娟（石家庄市群众艺术馆）

随着信息技术的日益发展,社会数字化的程度越来越高,已经渗入到群众文化生活的各个角落,俨然成为文化艺术展示的新形式。特别是互联网技术的加速发展,网络文学、网络游戏、网络主播等新的群众文化形式雨后春笋般地涌现出来,这也给文化服务行业提供了更多的机遇和挑战。作为公益文化服务机构的文化馆,我们要紧跟信息时代发展要求,善于借助现代互联网优势,提升群众文化服务的科技含量,更有效更广泛地做好文化艺术普及和服务工作。

一、互联网时代下数字文化馆的建设现状

步入 21 世纪以来,互联网技术的发展与普及速度超乎想象,特别是随着近年来平板电脑、智能手机等移动通信手段的网络化功能日益强大,人民群众的消费和娱乐方式也越来越依赖网络和数字媒介。就智能手机而言,集电话、语音、视频、购物等功能于一身,俨然已成为老百姓日常生活离不开的必需品。反而言之,这也充分反映了广大人民群众对多样化文化的强烈需求。现行的传统式的实体、固定的文化服务形式,比如书法美术展览、新年音乐会等,由于受时间和地点的限制,已远不能满足互联网时代人民日益增长的文化需求。特别是文化馆,作为满足人民群众文化需求的重要机构,如不能积极适应数字化、网络化的时代要求,就很难推动文化服务创新。加强数字化文化馆建设不仅可以弥补文化馆资源和数量的不足,还可以缩小城乡数字鸿沟,拓宽公共文化服务的受众范围,创新服务方式和手段,实现文化信息资源在全国范围的共建共享,更好地满足人民群众的基本文化需求。

虽然近年来,国家在加强公共文化服务上投入了大量的精力物力人力,并逐步显现出好的成效,总体发展形势是好的。但具体来看,也存在一些问题:一方面,由于各个省份区域经济发展基础参差不齐,政府对文化基础设施特别是在网络化数字化文化馆建设投入上也各不相同。经济发达地区如北上广,物质基础丰厚,信息技术先进,政府有能力也舍得投入大量资金进行文化建设。而经济欠发达地区如西部偏远地区只能在保证人民群众基本生活基础上在考虑文化建设的投入力度。另一方面,有些文化馆虽然也有一定数量的数字化设备,但由于人员思想观念滞后、人员信息素质低下,对信息化设备不重视甚至不会用,导致数字设备成了摆设,没有充分发挥出作用效能,使用率不高、群众参与力度

低,不能将群众的文化需求与数字设备有机地结合起来。还有的文化馆地域性很强,各自服务一方百姓,相互之间很少交流合作,而数字化的趋势是互联互通,需求是一方发出,多方响应。对此,应加快公共文化数字文化建设、着力解决技术人员缺乏、数字化基础薄弱、服务总量资源偏少问题。

二、互联网时代下数字文化馆的服务特征

在互联网、物联网、云计算等新技术的推动下,文化馆与互联网融合,呈现新的服务特征,平台、模式、效应都发生了改变。

(一)形式更加多样

文化馆不再局限于固定模式,由原来的阵地服务、流动服务转向阵地、流动、数字化三合一服务方式转变。利用科技手段,将文化馆的阵地、环境、活动、展览、演出、培训及教学等各服务移植到互联网,让视觉、听觉、触觉等广泛参与。广大人民群众足不出户就可以通过各种手机、电脑等电子产品进入文化馆网站,享受文化大餐。

(二)受众更加广泛

传统条件下的文化馆受空间、设备等各种条件制约,其服务范围一般都是辖区内的群众,很难满足更多人的广大需求。互联网无边界、零门槛的特点正好弥补了这一不足,群众通过互联网进入数字文化馆,需要什么就点什么,不存在资源相互占用的矛盾。且数字技术能有效将文化服务资源进行整合分类,并通过文字、视频、语音等多种形式展现出来,既方便了群众浏览,又提升了群众兴趣,扩大了文化服务受众范围。

(三)服务更加顺畅

数字文化馆的建立突破了时间、空间、地域的壁垒,文化传播速度更快、内容更多、范围更广。可以说,只要互联网覆盖的地方,人人可以第一时间获得文化馆的文化服务信息,而且在时空上给受众以充分的自由度,可以反复视听、共时视听、历时视听,享受 24 小时全天候服务,从而解决有限的教学资源与群众多样化艺术需求之间的矛盾。

(四)内容更加全面

在互联网时代的大背景下,传统的活动组织方式和运行模式已经不能完全满足当今群众多层次、多元化、覆盖多时段的需求。而数字文化馆的建设可以利用现代信息技术,通过互联网、广播电视网、移动通信网,展开跨网络、跨终端文化服务,为群众提供多层次、多样化、专业化、个性化的数字文化服务,比如网络课堂、在线培训、节目点播,等等。这样可以加强文化馆工作人员与人民群众的互动,将文化服务做得更精更细更好,实现精准服

务,最大限度地满足人民群众的多样化文化需求。

三、互联网时代下数字文化馆的建设思路

当前,互联网的发展给文化馆的服务创新带来了前所未有的机遇与挑战,文化馆的数字化建设虽然取得一定成绩,但依然存在许多不足,比如服务形式单一、内容陈旧,甚至一些贫困地区没有文化馆网站,数字化设施也是严重匮乏。为此,加强互联网时代下文化馆建设,不仅是文化馆工作重点,更是文化馆今后发展的方向。

(一)积极挖掘文化资源

完善信息发布网络,通过移动数字化平台、数字电视、手机终端等网络通道,实现信息发布的全区域覆盖;深挖文化服务题材,进行历史题材、民间题材、现实题材、农村题材、革命题材等文学、影视作品的创作,挖掘和利用民族优秀文化资源,丰富影视文学作品市场;加大艺术形式创新,特别是对相声、小品、戏曲等群众喜闻乐见的艺术形式,将之与互联网技术有机融合,进行艺术加工和数字化改造,使文化产品喜闻乐见,更加深入人民群众心中。

(二)大力加强人才培养

这里指的是数字化技术人才培养。要建立网络工作室,从社会招聘既懂群众文化服务、又懂网络信息技术的人才,专人负责建设、维护、更新文化馆数字网站。要组织网络技术培训,通过组织授课、相互交流、实践提升等途径,对文化馆工作人员进行系统的网络信息技术知识和技能培训,提高业务人员的业务素质和服务能力。加大交流力度,特别是文化部门内部要进行人力资源整合,将有利于文化馆数字化建设的人才引进来,实现优势互补,共同推进文化服务事业的繁荣。

(三)着力提升创新能力

作为公益性文化服务单位的文化馆,应利用先进的信息技术和文化成果不断对服务内容、手段、产品进行创新。极力开发数字化文化资源,紧贴人民群众的文化需求,增强文化资源的吸引力和实用性,重点建设一批主题鲜明、质量上乘、具备广度和深度的数字资源库。广泛引进高科技技术手段和多媒体设备,设立虚拟体验空间、网上艺术展厅等,让群众在虚拟互动体验中深入了解文学作品、艺术文化、非遗文化、历史场景等,并通过互联网随时进行文化学习和交流。科学设置专项服务,为热爱艺术创作的群众提供网上作品展示厅,发现和鼓励民间创造。此外,还可以运用微信、微博、微电影等数字手段,传播数字文化生活,吸引越来越多的市民参与和关注。

在互联网时代下,文化馆传统的服务方式和手段将发生一定的变化。数字文化馆的建设,既符合社会发展规律,又符合人民群众需要,是文化馆未来建设发展的必由之路。

作为一名群众文化工作者,我们要认真思考、解放思想,积极适应时代潮流,改变过去单一的服务模式,以时不我待的精神和精益求精的态度,借助互联网这个平台,加强文化馆的数字化建设,拓展文化服务功能,增加文化馆的科技含量、文化内涵和文化吸引力,引导人们建立正确的价值观和健康的生活方式,激发广大人民群众的文化创造活力。

社会文艺团队的发展现状及对策研究

——以湖北为例

林金霞（湖北省群众艺术馆）

社会文艺团队,主要是指群众文化工作者及业余文艺爱好者组织或参与的社会文化团体。他们来自于民间,成长于民间,服务于民间。近些年,随着公共文化事业的逐步推进,社会文艺团队的数量也越来越多,影响也越来越大。无论是在我国的城市社区,还是大山深处,都可见社会文艺团队活跃的身影。社会文艺团队的涌现,一方面填补了群众文化生活的空白,弥补了公共文化资源的不足,推动了群众文化事业的健康发展;另一方面也暴露了基层群众文化工作在场地、人才、辅导、培训等方面的不足,给基层群众文化活动的组织和开展提出了新的挑战。

社会文艺团队是我国群众文化事业的重要组成部分,是推动基层公共文化服务体系建设的生力军。2005年,文化部、财政部、人事部、国家税务总局联合公布《关于鼓励发展民营文艺表演团体的意见》。2009年,文化部发布《关于促进民营文艺表演团体发展的若干意见》,两大意见的出台明确了民营文艺表演团体在社会主义文化事业中的重要地位,也为社会文艺团队的发展指明了方向。为深入贯彻落实文件精神,进一步鼓励和扶持社会文艺团队的发展。2014年,湖北省文化厅制定《关于进一步加强全省社会文艺团队建设的意见》,在全省范围内评选出"百佳社会文艺团队",并组织开展全省社会文艺团队普查活动。2016年,湖北举办首届全省社会文艺团队展演,并规定每隔三年举办一届。

推动社会文艺团队的蓬勃发展是大势所趋,也是群文工作者的责任和使命。如何破解社会文艺团队发展过程中面临的种种难题,不断壮大民间文化力量,丰富群众文化生活,动员社会力量广泛参与公共文化建设,将是本文研究的重点。

一、湖北社会文艺团队的发展现状

（一）湖北社会文艺团队的规模

湖北社会文艺团队数量众多。截至2014年,湖北有3万多个村（社区）都有自己的社会文艺团队,许多村（社区）有多支社会文艺团队,小的团队参与人数三五人,多的达300余人。其中,在工商税务部门、各级民政部门、文化部门登记的民间文化团队达14703支,总参与人数达445415人。在社会文艺团队的数量上,武汉、荆州、襄阳排名前三,分别有 3491 支、1586 支、1526 支;在社会文艺团队的参与人数上,武汉、黄冈、襄阳排名前三,分别达 104813 人、45795 人、39093 人。这些数量众多的社会文艺团队以群众喜闻乐见的文艺活动受到了热烈的欢迎,逐渐成为满足群众文化需求,丰富群众文化生活,提升群众幸福指数的主力军。

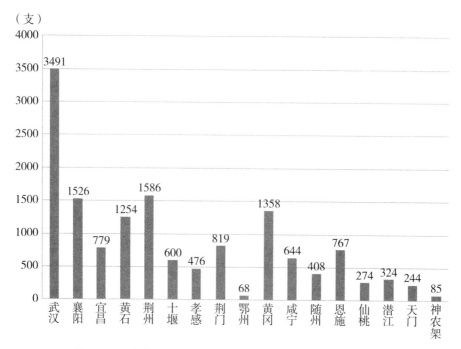

图 1 2014 年湖北省社会文艺团队(已登记备案)数量统计图

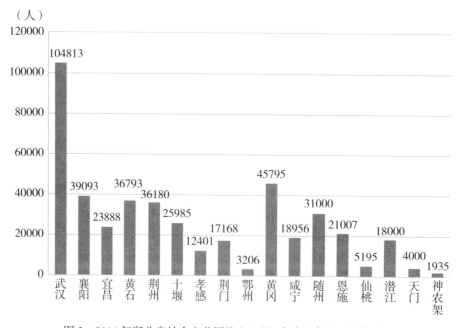

图 2 2014 年湖北省社会文艺团队(已登记备案)参与人数统计图

（二）湖北社会文艺团队的类别

湖北社会文艺团队涵盖音乐、舞蹈、美术、书法、摄影、文学等多个艺术门类。据2014年湖北社会文艺团队相关统计数据显示，音乐舞蹈类的有6249支，美术书法摄影类的有772支，文学类的有238支，综合类的有5213支，其他团队有2231支，各大艺术门类的分配存在不均衡的现象。按功能来划分，又可分为自娱型、公益型和经营型三大类别。三大类别中，自娱型的文艺团队最多，占比49%；公益型占比31%，经营型占比20%。

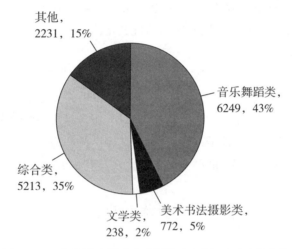

图3　2019年湖北省社会文艺团队（已登记备案）艺术类型

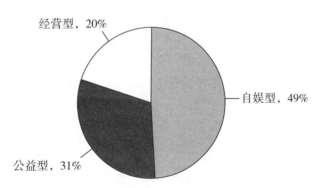

图4　2019年湖北省社会文艺团队（已登记备案）功能类型

（三）湖北社会文艺团队的社会影响

无论是自娱型、公益型还是经营型的社会文艺团队，他们在基层文化建设上均发挥着重要的作用。具体体现在以下几个方面：

一是对接群众文化需求，丰富群众文化生活。近年来，在新农村建设、新型城镇化、乡村振兴等重大战略的推进下，我国的城市和农村发生了翻天覆地的变化。城镇人口越来越多，对精神文化多元化的需求越来越大。农民也逐渐从对土地的依附关系中解脱出来，告别了原来"面朝黄土北朝天"的生活,对精神文化生活开始有了追求,广场舞等民间艺术形式在农村遍地开花,群众基于共同的兴趣爱好而组建起来的社会文艺团队比比皆是。这些群众自发组成的社会文艺团队或以自娱自乐为主,或积极参加公益性演出,配合相关部门开展群众性文化活动,极大地丰富了基层群众的文化生活。

二是弘扬民间文化传统,传承民间文化艺术。在重大的节庆里,社会文艺团队是开展传统民间活动的主力军。他们积极投入到春节、元宵、端午、中秋等重大节庆活动中,为民间文化的活态传承注入了新的力量。此外,不少社会文艺团队具有鲜明的地域特色和文化特色,如黄石市阳新采茶戏传承中心、荆门市京山县实验花鼓剧团、孝感市云梦父子兵皮影戏馆等,他们以传承和弘扬民族民间传统文化为己任,积极参与到惠民演出等活动中,让民间文艺绽放光彩。

三是激活基层文化资源,推动全民艺术普及。全民艺术普及是提升群众审美能力和幸福指数的重要内容,实现全民艺术普及,单靠政府和相关文化部门的努力是远不够的。"民间有力量,文化最精彩",社会文艺团队扎根基层,服务基层,是基层最稳定最丰富最活跃的文化资源要素。培养文艺骨干,调动社会文艺团队的积极性,充分吸纳社会力量广泛参与,对构建公共文化服务体系,推动全民艺术普及具有积极的意义。

二、湖北社会文艺团队发展面临的问题

(一)整体艺术水平偏低

湖北有众多的社会文艺团队,但在全国范围内知名的并不是很多。大多数的社会文艺团队都是自娱自乐型,几乎千篇一律都以从网上模仿的简单的广场舞为主,缺乏作品的原创性,缺乏鲜明的地域特色,很难形成品牌效应产生较大的社会影响。其他大部分省份,情况也大抵如此。社会文艺团队整体艺术水平偏低,概括起来有以下几个方面的原因:首先是社会文艺团队的覆盖面非常广,但在全省缺乏配套的系统的辅导培训体系。在基层,特别是农村,文艺骨干是相当缺乏的,要想提高整体艺术水平,必须形成自上而下的辅导培训体系。其次是成员的年龄普遍偏大,多是中老年妇女,她们大多数人没有任何的艺术基础,动作很难做到位,学起来也比较困难。最后,民间社会文艺团队之间的交流和展示还不够充分,宣传的力度还有待进一步加强。

(二)活动阵地有所欠缺

活动阵地具体包括活动场地及其相关的配套设施。近些年,湖北省文化事业经费持续加大,湖北狠抓落实基层"四馆三场"建设,活动阵地有所改善,但现有的场馆依然无法满足群众的日常活动所需。从设置上来看,湖北每个市、县(区)都有一个文化馆,每条街道(镇)都有一个文化站,部分村(社区)设有综合文化服务中心,客观上来讲,这些文化场馆只能解决少部分社会文艺团队的排练排演需要,大部分社会文艺团队还得另谋场地。

此外,一般文化场馆都是白天对外开放,而通常大部分的居民都是晚上结伴出来活动,且以跳广场舞为主,人们更乐意选择小区附近的空地。然而,这样的空地在很多小区却是非常有限,甚至即使是能找到也会因噪音太大而影响周边居民的生活。场地的不足是社会文艺团队开展日常活动的最大限制。

各大社区(村)的相关配套设施也需进一步完善。在规划方面,一些新建小区的开发商采取"化整为零"的方式,降低了公共文化设施的配套标准;一些老旧的小区由于原有格局的限制,公共文化设施的布局也存在着不合理的现象;在农村,很多地区的健身器材安装后没有指定专人进行定期维护和修缮,长期的日晒雨淋导致不少健身器材锈迹斑驳,坏掉的设备也无人修理,造成很大的资源浪费。

(三)活动资金较为短缺

通过调研我们发现,占比49%的自娱型社会文艺团队和占比20%的经营型社会文艺团队几乎是没有政府资金扶持的,他们大多是自筹资金,自行购买服装设备,甚至有时演出也是自掏路费。只有少部分挂靠于国有企业或文化事业单位的公益型社会文艺团队有少量的资金扶持。从整体上来看,社会文艺团队普遍存在着资金短缺、设备不齐等问题。资金的短缺使得不少的社会文艺团队运行起来非常困难,管理也难以执行到位,在一定程度上降低了社会文艺团队参与社会活动、创作文艺作品的积极性。

(四)组织管理还有待提升

湖北有三万多支社会文艺团队,但在相关部门登记备案的仅占二分之一左右,还有众多的民间社会文艺团队处于未登记状态。这种情况一方面会影响相关的部门对社会文艺团队的正常监管,个别无证经营的团队在一些公开表演中存在低俗的内容,缺乏引导,会有伤社会风化,造成不良的社会影响;另一方面,不利于相关扶持政策的贯彻与落实,未登记备案的社会文艺团队很可能会享受不到相关的扶持政策。

此外,部分社会文艺团队管理较为松散,队员可以随进随出,缺乏相关的规章制度。这在某种程度上也影响了社会文艺团队个体的稳定性和发展性。

三、推动社会文艺团队发展的对策研究

(一)阵地建设

一是想方设法提供活动场地,完善公共文化配套设施。在城市,对各大楼盘的开发商要进行有效监管,确保公共文化配套设施严格按相关标准执行,执行不到位的要求立即进行整改;一些老旧的小区公共文化配套设施建设要多方论证、合理规划、科学布局,确保居民使用的便利性;在现有资源比较紧张的情况下,在确保安全的前提下,可错开时间适度开放中小学的部分场地,方便附近居民开展文娱活动,使公共资源能得到最大限度的

利用。在广大农村,要逐步建立覆盖全省所有乡镇、村的综合文化服务中心和农村文化广场。

二是完善规章制度建设,为社会文艺团队的发展提供制度保障。对于全省的社会文艺团队,要定期进行普查,掌握全省社会文艺团队的发展动态;对于未在相关部门进行登记的社会文艺团队,要尽快督促其完成登记;对于缺乏规章制度、管理混乱的社会文艺团队,要给予引导,帮助其完成相关的制度建设。

三是积极搭建交流展示平台,为社会文艺团队的发展提供广大空间。各级文化部门可以重大节庆活动、爱国主题教育活动为契机,积极组织和开展各类文艺演出活动,广泛吸纳社会文艺团队参与其中,调动他们的积极性,充分发挥团队的社会价值。也可通过采取自下而上、逐级展演的方式积极组织举办全省范围内的社会文艺团队展演,打造活动品牌,挖掘人才,并努力将优秀的团队推向全国。

(二)资金保障

一是加大政府资金扶持力度。除完善基础设施外,政府及相关文化部门还可通过细致全面的调研,了解全省社会文艺团队的发展现状及实际需求,为社会文艺团队配备一些实用的设备,保障社会文艺团队的正常运行。

二是形成"以奖代补"的激励机制。建议还可制定相应的评价标准,结合团队的演出现状,通过自评和他评的方式确定社会文艺团队的等级,并根据相应的等级划拨资金,形成"以奖代补"的机制,激发社会文艺团队的参与热情,保障社会文艺团队的正常运行。

三是鼓励政府向社会力量购买公益性演出服务。对于文化领域的展演展示活动或惠民演出活动,除由政府组织、各级文化部门积极参与外,还可通过向社会力量购买公益演出服务来实现。这样,既弥补了公共文化资源的不足,也为社会文艺团队的发展提供了资金来源。

(三)人才培养

一是培训基层文艺骨干,带动全省。截至 2018 年,湖北共 1400 多个文化馆,750 多个上等级的乡镇综合文化站,而湖北的总人口是 5800 多万人,要想带动湖北全省群众文化事业的发展,单靠群文工作者的力量是远不够的,调动社会力量参与群众文化建设是最有效的途径。具体来说,可通过各级文化馆、乡镇综合文化站大力培养基层文艺骨干,然后由文艺骨干来带动社会文艺团队的发展,从而形成"少部分人带动大部分人"的良好局面。

二是评选民间文艺能人,树立榜样。通过材料报送、走访调研等途径确定民间文艺能人备选名单,结合专家评分、网络评选确定民间文艺能人人选,并对民间文艺能人进行表彰和宣传,"讲好中国故事",树立标杆,形成示范,推动全省社会文艺团队的良好发展。

三是鼓励民间文艺创作,形成特色。大部分社会文艺团队表演的节目都是以模仿为主,这既是社会文艺团队普遍存在的一个现象,也是制约社会文艺团队发展的一个重要因素。鼓励民间文艺创作要重视民间文艺创作人才的培养,一方面要鼓励社会文艺团队深入基层、扎根生活,努力创作贴近生活、反映时代、具有特色的优秀文艺作品,为社会主义文化建设添砖加瓦。另一方面,对于优秀的民间文艺剧本,可由政府出资购买版权,免费提供给社会文艺团队进行排演。

参考文献

[1] 何愿飞.基层文艺团队孵化基地建设初探 [N].中国文化报,2017-07-30(11).

顺应新时代发展潮流　创新开展文化馆培训工作

习近平总书记在党的十九大报告中指出："中国特色社会主义进入了新时代。"这是对我国发展新的历史方位的科学判断。时代是出卷人、我们是答卷人、人民是阅卷人。新时代是对经济、政治、社会、文化和生态文明等诸多方面全方位的描述，对这些方面新要求、新标准提出了全新的命题。文化馆按照新要求、新标准创新开展培训工作，自然是其中需要文化馆人作答的试题之一。

2017年3月1日起实施的《中华人民共和国公共文化服务保障法》赋予文化馆开展全民艺术普及的重要职责，采取多种方式广泛开展公益性艺术培训工作是各级文化馆实现全民艺术普及目标的不二之选。2011年国家文化部和财政部发布的《关于推进全国美术馆公共图书馆文化馆（站）免费开放工作的意见》（文财务发〔2011〕5号），为各级文化馆开展免费开放工作指明了方向，澄清了群文工作者过去许多模糊的认识。文化馆公益属性的进一步确立，使得全体文化馆人以形式多样的公益性艺术培训为手段、丰富免费开放形式、追求全民艺术普及的目的事业进一步明晰。该《意见》实施八年来，随着各级文化馆公益性艺术培训工作的深入开展，人民的业余文娱生活得到了极大改善，公共文化服务体系标准化、均等化得到了长足发展，进而带动了文化志愿服务的进一步提升。对各地打造的半小时或二十分钟、十分钟"公共文化服务圈"，打通公共文化服务"最后一公里"起到了不可替代的作用。

但是，一枚硬币总会是两个面。文化馆免费开放工作推进到今天，随着人民群众精神文化需求的进一步提升，公益性艺术培训开展过程当中，许多深层次的问题与矛盾逐渐浮出了水面。社会知悉度不高，文化馆的艺术培训工作仍停留在小打小闹的现象依旧普遍存在；充分发挥文化馆场馆优势和人才优势开展艺术培训工作，但是在实施过程当中教师缺乏激励，课讲得不好、老百姓不买账，"用脚投票"的现象依旧普遍存在；囿于免费开放专项经费所限，无法扩大公益性艺术培训规模的现象依旧普遍存在；由于场馆、经费、人力等限制，传统公益性艺术培训模式无法满足服务区域人民群众需求的问题依旧普遍存在。

虽然有诸多问题存在，但我们不能因它们而否定过去取得的成绩，而是要认识到它是新时代发展的必然产物。我国社会主要矛盾，已经由"人民日益增长的物质文化需要同落后的社会生产之间的矛盾"转化为"人民日益增长的美好生活需要和不平衡不充分的发展之间的矛盾"。"人民日益增长的美好生活需要"一方面是人民"需要"的内涵大大扩展，这当然包括精神文化生活领域；另一方面是人民"需要"的层次大大提升，这当然也包括精神文化生活领域。"不平衡不充分的发展",则既包括有效供给的不足方面,也包括发展能力和水平不高方面。体现在群众文化领域,面对人民日益增长的美好生活需要,文化馆人应当发挥聪明才智、采取有效手段,解决发展的不平衡不充分问题,破解现在面临的和即将产生的诸多问题,开展公益性艺术培训,推进免费开放,达成全民艺术普及。

一、加大宣传力度,提升文化馆影响力和知名度

宣传是推动工作创新的重要载体,是展示工作的有力平台,是提高工作者素质的有效途径。我党历来重视宣传工作,宣传工作可以说是工作的"喉舌"。文化馆宣传工作的重点在于,让文化馆的工作职能得到越来越多人的认知,让文化馆开展的品牌活动得到越来越多人的认可。提升文化馆在社会上的影响力和知名度,让越来越多的人民群众知道文化馆的职能是什么、提供的服务有什么,让越来越多的人民群众在有文艺需求的时候能在第一时间想到文化馆,当有意愿参加业余文娱活动的时候能来文化馆、有网络文艺信息资源需求的时候能够登录数字文化馆。

文化馆的宣传工作,一方面在于宣传工作本身。文化馆应当加大对外界宣传自身的力度。通过宣传,使文化馆所开展的工作、所举办的活动、所提供的服务等让更多的人民群众知悉、了解与充分利用。

另一方面,通过举办活动、擦亮品牌、发挥优势提升社会影响力和知名度。文化馆应当立足充分发挥阵地优势、网络优势、流动服务优势"三位一体"。加强阵地服务力度,丰富阵地服务项目,提升阵地服务质量;搭建数字文化馆平台,丰富数字文化服务资源,充分发挥网络优势;擦亮老品牌、赋予新内涵,精雕细琢、打磨培育新品牌,充分发挥当地中心馆作用,强化上下联动,开展流动服务。

二、赋予传统型公益性艺术培训新形式、新内涵

新时代各项事业发展的速度惊人,"互联网+"日益广泛植入各行各业的发展理念,面对面教学的传统型公益性艺术培训模式受到了前所未有的冲击。但正如虽然网上挂号已经很普遍医院仍需要保留挂号窗口、网购流行却仍有大量超市商场正常运转、手机银行和ATM机遍地银行却仍正常开展窗口现金业务等一样,传统型艺术培训模式的存在也具有一定的合理性,而这个合理性就是人民群众有需求。

新时代的传统型公益性艺术培训模式,应当被赋予新的形式与新的内涵,以避免成为一潭死水。文化馆要做的,一是要加强业务辅导人员思想政治工作以提升其事业心与使命感;实行岗位练兵,提升业务辅导人员教学质量;美化教学环境,增加艺术培训带给群众的舒适度。二是要丰富教学内容与形式,增强对人民群众的吸引力。三是要实施错时开放,就像马路上车多要限行、要拓宽马路,接受公益性艺术培训的人多则要求文化馆充分发挥场馆作用,提升培训场馆利用率,错时开放,以容纳更多受众参与文

馆的公益性艺术培训活动。四是要加强管理制度建设力度,避免免费开放资源的浪费。五是保留的传统教学模式,应包括但不应单单是传统教学模式本身,还应当拓展到传统的招生与报名方式,因为这也是合理的存在。

三、尝试适度收费,以非税收入解决免费开放经费不足难题

国家文化部和财政部发布的《关于推进全国美术馆公共图书馆文化馆(站)免费开放工作的意见》明确提出"文化馆(站)的高端艺术培训服务等,可以收取合理的费用","基本公共文化服务以外的公益性服务,要与市场价格有所区分,降低收费标准,按照成本价格为群众提供服务"。文化馆应当充分利用这些政策规定,更新服务理念,尝试适度收费,利用非税收入解决免费开放经费不足、制约事业发展瓶颈。这里面有三个层次。

第一个层次,文化馆以公益性艺术培训为主的免费开放项目的开展是不饱和的,不饱和的原因是经费不足带来的制约。

第二个层次,《中华人民共和国公共文化服务保障法》对文化馆的公益属性是给予明确认定的,利用非税收入弥补事业经费不足也是被政策所允许的,不能因为有了收费项目就否定了文化馆的公益属性。这个认识误区应当破除。

第三个层次,高端艺术培训服务和基本公共文化服务以外的公益性服务也是有广阔的市场需求的,如前所述,由于我国社会主要矛盾的转化,人民的需求内涵大大扩展、需求层次大大提升,文化馆增设收费服务项目是不愁没有市场销路的。而文化馆的场馆优势和人才优势,也恰恰能够承担这样的社会责任。

江苏省文化馆几十年来所开展的规模宏大的公益性艺术培训,利用非税收入补充事业经费的做法,堪称全国文化馆开展公益性艺术培训的楷模。文化馆提供的公益性艺术培训服务,只有满足更多层次人民群众的不同需求,才能把事业做活,达到良性循环的目的。这也是文化馆职责所系。

四、搭建数字资源平台,探索线上艺术培训新模式

一对一教学产生的是物理的传导效应,一对多现场教学产生的是化学的分解效应,师资培训产生的是数学的乘数效应,下基层骨干培训产生的是几何的倍增效应,而借助数字化网络手段开展的线上培训产生的则应该是核物理的裂变效应,其社会效益的产生是巨大的。

近年来,国家投入大量中央转移支付资金支持各省开展数字文化馆平台建设,各省也积极结合自身实际开展资源建设工作。借助网络平台,公共文化服务标准化、均等化的目标不再遥遥无期,实现全民艺术普及的目标也不再是一种奢望。

一个县级的文化馆,甚至一个乡镇综合文化站,如果单单依靠线下方式,是无法完成对其全部服务人口的公共文化服务的,更不要说地市一级的文化馆和省级文化馆了。但

是数字文化馆的建立、线上公共文化服务的有效供给，则完全可以实现这一目标。文化馆只要不断更新线上服务项目、不断补充线上服务资源，满足人民群众更多线上公共文化服务的多层次需求，有效维持存量资源、不断优化增量资源，增强公共文化服务弱项、补齐公共文化服务短板不再会是无解难题。公益性艺术培训数字化大有可为。

当然，新时代文化馆的公益性艺术培训工作有但不单单只有上述待破解的难题，随着新时代的逐步深入、改革进一步涉入深水区，也会不断有新的更艰巨的难题需要新时代文化馆人去运用自身的智慧予以破解。一个国家、一个社会、一个组织，生存和发展最主要的威胁，往往不是突如其来的重大灾难与变故，而恰恰是那些不易察觉、缓慢积累起来的倦怠与松懈。"智者见于未萌"，新时代文化馆人要做的只能是深谋远虑、治于未病，对已经看得清的方面，深入研究、早做谋划、从容应对；对暂时难以看清的方面，密切跟踪、未雨绸缪、灵活应对。

习近平总书记指出："创新是民族进步的灵魂，是一个国家兴旺发达的不竭源泉，也是中华民族最深沉的民族禀赋。""要跟上时代前进步伐，就不能身体已进入 21 世纪，而脑袋还停留在过去。"改善民生没有终点站，只有连续不断的新起点。新时代文化馆人只有秉持"天下事有利于民者，则当厚其本、深其源"的理念，时刻保持清醒头脑，强化忧患意识，想人民群众之所想、供人民群众之所需，对于出现的问题，运用新时代创新思维破解问题，方能开拓新时代公益艺术培训工作的一方蓝天。

武汉市数字文化馆建设的实践探索

王志武　王建忠（武汉市群众艺术馆）

一、武汉市数字文化馆建设模式的确立

武汉市群众艺术馆是文化部、财政部于 2016 年确定的第二批数字文化馆建设试点单位。在实施数字文化馆建设前，武汉市群艺馆已具备基本信息化服务的设施设备，馆内有网络及支撑网站、资源建设与管理、办公自动化等业务正常运转的保障人员与设施；门户网站两个，分别为"武汉群文网"和"武汉市非遗网"；另有微信公众号"武汉市群众艺术"。

国家数字文化馆建设试点单位的要求和 2017 年 4 月文化部下发文件《关于推动数字文化产业创新发展的指导意见》，要求"增强中华文化在数字化、信息化、网络化时代的国际竞争力和影响力"；2017 年 7 月 7 日，文化部再次印发《"十三五"时期公共数字文化建设规划》，要求到"十三五"期末，副省级以上文化馆普遍完成数字化建设，50% 以上市县级文化馆提供数字文化馆服务，全民艺术普及云服务基本形成。要"探索建立数字文化馆标准体系，重点开展数字文化馆基础硬件网络支撑环境、业务系统、线上应用服务平台、线下数字艺术体验馆建设"等一系列数字文化服务体系。经过精心规划，认真设计，反复论证，武汉市群众艺术馆最终确立数字文化馆建设模式为线上线下两个部分，其线上为"武汉群众文化云"，线下为武汉市群众艺术馆线下体验空间。通过线上服务与线下体验有机结合，静态展示与动态体验相结合，让公共数字文化服务更加高效、便捷、普及，让更广大人民群众受益。

二、武汉市数字文化馆建设的基本目标

数字文化馆是运用现代信息技术处理群众文化资源、提供全民艺术普及服务、管理文化馆业务的数字化服务系统的互动体验空间。它以全民艺术普及为重点，通过完善数字化服务设施设备，整合利用公共数字文化资源，搭建线上数字文化服务平台，打造实体数字体验空间，形成线上线下互动结合的文化馆数字文化服务新模式，开展群众文化艺术培训、创作、民族民间文化传承和远程辅导等数字文化活动。

（一）建设满足新时代要求的智慧型文化馆

新时代的现代公共文化服务需要更先进的服务理念和科技意识，科技在为文化注入

新的发展动力的同时,也为群众文化带来了前所未有的极致体验。服务与科技的融合优化了公共文化产品的生产供给,也培养并顺应了人们新的生活习惯,更智慧、更便捷的文化服务方式已经成为年轻一代的基本诉求。在"智慧城市""数字中国"等创新理念推动下,经济建设和社会事业正逐渐向智慧建设的方向发展。文化馆作为现代公共文化服务体系建设中的重要机构,要在发展建设理念上积极探索,不断创新,规划属于群众文化的智慧化建设,从线上平台到线下体验,再到全覆盖的远程微服务,使文化馆在场馆服务、流动服务的基础上,借"数字中国"的高速公路向智慧化的数字服务建设迈出重要的一大步。

(二)建设成为群众喜爱的体验型文化馆

文化馆的服务对象是广大的人民群众,要实现服务均等化,必须要考虑到各个职业和年龄层次的对象。因此,武汉市群众艺术馆站在群众的立场上去切实考虑如何建设一个能让所有群众喜爱的体验型文化馆。通过数字互动体验区、智慧教室的建设,融合科技体验和艺术普及教育的内容,在文化馆现有场馆服务的基础上又做了一次全面而系统的升级,向群众展示一个面貌全新的文化馆,能够让群众在数字文化馆的线下体验空间,找到自己感兴趣的文化资源,感受别样的文化新鲜体验,参与相关数字文化活动。

(三)建设高效服务的现代实用型文化馆

现代公共文化服务体系建设的基本要求是通过标准化实现均等化,公共文化服务标准化和均等化,给公共文化机构的发展注入了新的动力。武汉市数字文化馆根据馆内实际情况和群众需求反馈,进行更具针对性的建设,在公共文化领域通过数字文化馆总分馆建设,整合全市公共文化资源,在"两微一端"中实现全民艺术普及高效服务,形成线上线下互动结合的文化馆数字文化服务新模式,为群众提供实用性强的数字文化产品,真正将武汉市数字文化馆建设成群众的美好精神家园。

三、武汉群众文化云平台建设的路径

在具备基本的数字化架构和信息化服务的前提下,武汉市群众艺术馆数字文化馆建设以线上"武汉群众文化云"建设为网络信息平台,将原实体机构的群众文艺产品与科技融合,打造网络交互平台,旨在为网民用户提供线上公共数字文化服务,让市民足不出户即可享受平台所带来的数字文化服务。整个平台通过文化资讯、课程培训、活动预约、文化直播、在线教学、非遗保护、网上展厅、志愿服务八大版块建设,形成体系化地公共数字文化线上服务平台,提升武汉市群众艺术馆公共数字文化服务效能。

(一)文化资讯

对信息公开、信息动态、社会文化等进行管理维护。对每个模块的标志、标题、发布时间、主办单位以及内容信息进行维护管理。在活动开展前编辑数字化宣传资料分别在 PC 运营位、H5 运营位展示;活动结束后即时采编制作成数字化宣传报道资料上传到信息动态栏。这样,当群众看到数字文化馆中有关于自身参与的活动的报道时,就会对数字文化馆产生认可和支持,为数字文化的宣传推广提供有力支撑。在这之外,还需要对用户的评论信息进行审核筛选。

(二)培训课程

对培训课程的类型、地区进行管理维护。将群艺馆内各种类型的培训课程添加进网站中;同时,为了让用户更准确地了解每个培训课程所属的地区,必须对培训课程的地区及时更新。对课程培训展示的标志、标题、内容、报名起止时间(格式:年月日时分,例如:2018-06-27 11:23)以及培训的地点进行管理维护。根据培训课程的状态进行排序管理,统计用户对培训课程的报名量、收藏量、点赞数以及分享的情况并进行分析,最终可以出具相应的折线图或者柱状图分析培训课程的走势,清晰了解到哪类培训课程以及哪个区域的培训最受欢迎,便于以后组织培训时更加贴近群众需求。

(三)活动预约

对活动的类型、区域进行管理维护,若群艺馆开展了某一类型的活动,就要在网站类型中将此类型添加进去;对于活动的区域也是如此,为了让用户确切地了解到每个活动所属的区域,必须对区域的及时更新。对活动的标志、标题、内容、起止时间(格式:年月日,例如:2018-05-23)进行管理维护。根据活动的状态进行排序管理。另外还要统计用户对活动的报名量、收藏量、点赞数以及分享的情况进行统计分析。最终出具相应的折线图或者柱状图分析活动的走势,可以清晰地了解到哪类活动、哪个区域的活动最受欢迎,便于今后举办的活动更能满足群众的文化诉求。

活动预约也包括场馆预约,即对场馆的类型、区域以及展示列表进行管理维护。可预约类型包括展览、赛事、培训、演出、讲座等,当增加某一类型或者删除某一类型的场馆时,页面会实时更新;区域包括江汉区、江岸区、汉阳区、武昌区、硚口区、青山区和汉南区等分馆,当增加或者删减某一区域时,会及时更新页面的选项;可以对场馆的状态进行更新维护。另外对场馆预约列表进行管理,其中包括可使用场馆的起止时间,场馆地点以及场馆信息。

对预约场馆的用户进行实名认证,对场馆的收藏量、点赞量以及分享的情况进行统计分析。

(四)文化直播

对武汉市群艺馆文化直播平台进行管理,对活动专区,文化广角,少儿乐园的标题以及内容进行编辑审核管理。

（五）在线教学

对艺术类型、教学展示的标志、标题、教学视频以及内容描述等信息进行管理维护。实时进行更新数字资源，让用户第一时间学习到最新的文化知识和技艺。

（六）非遗保护

对非遗组织机构、非遗名录、非遗资讯、代表性传承人、非遗展厅、项目申报等内容进行管理维护。其中对组织机构信息，对非遗资讯的标题、时间、单位机构以及内容，对名录项目标题、标志、名录介绍，非遗图片以及代表性传承人等信息，对非遗项目申报标题、时间、申报附件等信息及时进行更新、管理、维护；对评论信息进行审核筛选。

（七）网上展厅

对展览项目、书画摄影、艺术鉴赏以及其他模块的网上展厅信息进行维护管理。对每种类型的信息标志、标题以及内容信息进行管理；对评论信息进行审核筛选。

（八）志愿服务

为了解决群艺馆、文化馆公共文化服务人员不足的问题，加强网站志愿者维护模块的管理维护。对志愿者报名信息、报名流程、场地服务以及文化义演等模块进行管理维护。报名志愿者时需要进行实名认证，要对用户的信息进行管理，例如用户的姓名、身份证号、电话号码等信息。对志愿者报名首页招募志愿者的信息进行管理维护，其中包括招募信息的标志、标题、时间（格式：年月日时分秒　例如：2018-06-11 10:32:12）、招募人数以及地址信息。如果时间和地址有变化，页面也会及时更新。另外还要对报名志愿者的用户与收藏招募信息的用户的信息进行统计分析。

四、武汉市群艺馆数字文化馆线下体验空间建设路径

尽管武汉市群艺馆数字文化服务信息化设施设备较为完善，但武汉市群众艺术馆作为一个群众性公益文化服务机构，在不断地满足广大群众的文化诉求同时，还需要与群众互动，融入群众中去；同时应用新技术，使用户在参与使用过程中不再仅仅只作为一个单纯的浏览者，而是真真正正能够利用新技术、新科技的群众文化活动参与者、体验者。让群众更深入更全面参与到文化活动体验之中，通过数字技术的"体验"服务，提供用户科技感超前的文化体验。

在新时代文化馆数字化建设背景要求下，武汉市群众艺术馆数字文化馆线下体验空间，结合本馆建设基础，以高效利用为原则，以现代公共文化服务为理念，以全民艺术普及为目标，以文化直录播、慕课学习等现代互联网信息技术为技术手段，以"亦真亦幻"文化直录播空间、"天籁随我"音乐馆、"舞动精彩"舞蹈馆为建设项目，与自助取票机一起，构

建武汉群众艺术馆线下数字化体验空间。

（一）"亦真亦幻"文化直录播空间

该空间配套硬件设备包括直录播主机、高清云台摄像机、提词器、调音台、高清监视器、补光灯箱、场景搭建等，是集直播、录影、拍摄等于一体的文化直录播体验空间。通过网络同步直录播高清、标清等视音频信号，支持≥6路高清数字视频的采集、直播、录制。对已有的音乐、书画、演出、讲座等视频资源进行收集和分类，以慕课的形式供广大群众系统化的学习。该直录播系统自带60套虚拟场景，可满足馆内的文化直播、表演、讲座等对于场景的需求。同时，支持馆内根据实际需求进行相关虚拟场景的添加。

该直录播系统以智能录播系统为核心，主要包括录播系统、跟踪系统、视频系统、音频系统和中控系统等，采用四机位拍摄方案，采集老师、学生、教室全景以及学生全景等多个景别的实景画面，完成采集、编码等录制功能。此外，在录播系统能够进行景别切换实现导播功能，能够添加字幕特技、片头片尾等，完成简单的编辑功能。

直录播空间配有纳米触控黑板，在尊重黑板原有特性保留黑色纯平外观，不改变师生对于黑板的传统认知的同时，还具有粉笔书写功能，给培训老师一块挥洒板书的空间。纳米触控黑板集纳米触控、液晶显示、电脑主机于一体，在功能上涵盖了触控互动、多媒体教学和粉笔书写，将传统教学黑板和可感知的互动黑板无缝对接。其表面采用防眩光纳米钢化玻璃，能有效过滤80%有害光，具备防尘、防水、抗暴、保护视力等特性。其特性与功能适应了教学环境高粉尘、高安全防护、高频率操作的特点与需求，实现了智慧互动教学设备的突破创新。用户可通过电脑端、手机端以及馆内终端设备接收、馆里直播的视音频各路画面，实时观看馆内组织的演出、讲座培训等活动，同步录制直播内容到一个文件中，便于后期的编辑。

（二）"天籁随我"数字化音乐空间

该空间对武汉市群众艺术馆原钢琴教室进行数字化升级，"科技＋音乐"相结合，为广大群众提供音乐赏析、学习、自检和互动交流的平台，真正做到因人施教，寓教于乐。

"天籁随我"数字化音乐空间的电子钢琴设备，采用音色采样技术，音频采样率达到48KHz，采样精度24位立体声，同时内置多重效果器，完美呈现钢琴纯真音色；具有真实钢琴手感的键盘，键盘能准确响应手指的弹奏动作，既能演奏柔美段落，亦能展现雄伟乐章，带来完美演奏体验。

该空间能系统提供对乐理、视唱、听音、练琴、赏析等各种专业学习模块的技术支持，所建设的智能钢琴教学系统支持老师统一教学、统一下放练习曲目，也支持群众自行进行钢琴曲目练习，其丰富的学习内容，可以满足公共数字文化服务多样化的培训方式。

（三）"舞动精彩"数字舞蹈空间

"舞动精彩"舞蹈馆的建设主要目的在于为群众打造全新的、交互的、智能化的舞蹈培训学习体验空间,根据武汉市群众艺术馆舞蹈培训等方面的具体要求,在充分考虑其实用性、体验性、智能性的前提下,将数字技术与舞蹈教学培训相结合,实现对武汉市群众艺术馆舞蹈馆的升级改造。将舞蹈场馆主体部分打造为群众舞蹈体验空间,在正面搭建舞蹈白箱,用作老师教学和舞蹈表演的舞台。在白箱上安装液晶拼接屏,结合慕课或直播平台学习,观看舞蹈基本动作或技巧,屏幕设计为隐藏式,满足在舞蹈空间的直录播需求。配备一套高标清兼容移动导播系统,既可以满足舞蹈空间的直录播需求,又可以进行户外活动、演出等需求。用户可通过大屏观看学习教学视频,观看录制、直播视频等。

(四)自助取票机

自助取票机是与网络线上预约活动相配套的线下体验空间设备,放置于场馆入口处。网民在网上预约后,只需通过手机扫描屏幕二维码或输入短信验证码即可打印票据。取票机还设有多级菜单显示窗口名称及公告等内容,方便快捷地为网络用户提供取票、订票和信息查找的终端设备。

五、提高数字文化馆服务效能的对策建议

(一)实现"一站式"文化云建设

借力国家公共文化云建设等重点公共数字文化工程和地方云,加强数字文化馆信息化设施设备配备的对接功能,以区县级文化行政部门为主体负责建立区县级文化云,整合资源,统筹推进数字图书馆、数字文化馆、数字美术馆、数字博物馆建设,开展线上服务,提高公共数字文化服务信息化、网络化水平,形成"文化超市"效应,实现"一站式"综合数字文化服务,打通公共文化服务"最后视距"。

利用已经建成的国家、省、市/县、乡镇/街道、村/社区五级数字文化服务网络,在文化行政部门统筹整合全国文化信息资源共享工程、数字图书馆推广工程、公共电子阅览室建设等公共数字文化工程的同时,把数字文化馆纳入这个重要平台,统一数字资源建设标准,结合群众文艺演出、展览、培训等群众文化活动,采集整合文化艺术普及数字资源,实现与国家公共文化数字支撑平台的资源对接,搭建集中统一的、满足不同层次用户需要的开放式公共数字服务运行平台,提升公共数字文化覆盖率。

结合区域内乡土文化特色和贫困群众实际需求,将数字文化馆网站以"两微(微信、微博)两端(PC端、公共文化服务一体机)"为服务路径,面向老少边穷地区等贫困地区和农村留守妇女儿童、流动务工人员、孤寡老人及残疾人等弱势群体,实行特事特办,把网站、微信、微博接进妇女儿童活动中心,接进福利院(敬老院),接进广场、接进矿场工地,接进网吧,有针对性地配送数字文化资源,开展特殊群体的公共数字文化服务。

（二）配备公共数字文化服务人员

目前,我国中高级电子文化科技人员均集中在电子产品生产企业和网络运营机构,文化馆在职在编、具有公共数字文化服务能力的电子科技与文化艺术相结合的复合型人员数量很少,加上文化馆的职称评聘多以群众文化系列的文化艺术专业为主,高素质的电子文化科技人员不愿意到文化馆就职。按文化部等有关部门的规定,近几年,文化馆的数字设备基本上配备到位,由于文化馆的公共数字文化服务人员严重缺乏,以至于文化馆有数字服务设备无适合群众文化数字化的人员去开发利用,阻碍了文化馆数字化服务的进程。因此,建议政府有关部门根据数字时代的特点和发展需要,在文化馆设置数字服务岗位,配备电子信息人员,在职称评聘上与其他专业一样,做到人尽其才,人尽其用;并不断地进行公共数字文化服务队伍培训,提高从业人员的信息化技能,全面提升群众文化的数字化水平,培养造就一批掌握现代信息技术和群众文化知识的管理人才和公共数字文化服务人才队伍。

同时,在文化馆内部,新设立一个专门的数字文化服务部,也可以称之为数字文化资源部、数字文化服务中心。它的职能是从事数字文化馆日常服务与管理,能综合馆内和社会上的群众文化活动信息,拍摄、制作或编审群众文化活动和讲座视频,及时上传到数字文化馆网络服务平台,收集群众的需求反馈,完成各类咨询服务,保障国家民族文化安全,等等。

（三）打造拳头产品促进数字文化服务转型发展

当前,文化馆的数字化设备基本配齐,文化站、文化室,也配置了电脑、数码相机等设备,开通了文化信息资源共享工程、数字图书馆工程和电子阅览室等服务。然而,人们宁可花钱到网吧去上网、到 KTV 去唱歌,很少愿意到文化馆网站去参加免费的公共数字文化活动,其原因是服务的方式方法不符合新时代青年人的需求。因此,建议文化馆组织群众性的数字文化艺术产品生产,并采取大手笔打造 1—2 个数字文化拳头产品,改变当前数字文化馆以信息发布、推送服务为主的现状,实行数字文化服务转型发展。

（四）建立公共数字文化服务标准规范

创新并逐渐完善数字文化馆的制度体系;建立数字文化馆总分馆协调联席会制度,解决数字文化馆总分馆建、管、用中的重大问题;建立数字文化馆资源整合共享共创制度,解决纵向资源、横向资源、社会资源、信息资源等各类资源整合共享问题和资源加工等资源建设问题;建立数字文化馆保障制度,解决数字文化馆总分馆建设和服务中的资金、设备、人才、技术、法规等保障问题。

（五）加强宣传扩大公共数字文化服务的社会影响力

要解决数字文化馆"重建设、轻管理、缺制度、低效能"的问题,除了创新机制、加强管理以外,扩大宣传、提高用户黏度是提升服务效能的有效途径。因此,在文化馆、站、室的公示栏、宣传橱窗、各个活动厅室,在各类公共文化活动中,都应以不同的方式张贴、宣传、推介文化馆网站和微信二维码,多途径建立数字文化馆的宣传推介通道,主动宣传推介数字文化馆的服务,引起更多人的关注和使用。

根据文化部《"十三五"时期公共数字文化建设规划》,要结合"宽带中国""智慧城市"等国家重大信息工程,依托国家公共数字文化工程服务平台,构建覆盖全国的公共数字文化服务网络,开展公共文化云服务,提升公共文化服务的数字化、网络化、智能化水平。数字文化馆建设重在线上文化云和与之配套的线下体验空间建设,并且要积极做好横向和纵向的服务对接,包括基于技术标准、资源标准和服务的对接,以全面提高数字文化馆的建设和服务水平。

参考文献

[1] 李国新,曹俊. 数字文化馆:网络平台与实体空间 [M]. 北京:国家图书馆出版社,2016.

[2] 肖正礼. 现代群众文化理论与实践 [M]. 武汉:湖北人民出版社,2017.

[3] 罗云川. 数字文化馆标准化初探 [C]. 全国"新时代文化馆理论体系构建"学术研讨会,2018.

文化馆要发挥好网络直播的作用

张　帅（天津市蓟州区文化馆）

近年来，随着经济生活的改善，人们对于精神生活的追求也越来越迫切。尤其是伴随着互联网的迅猛发展而产生的网络直播，以其平台的开放性、传播的真实性、互动的积极性获得了越来越多用户的推崇，成为群众文化建设中不可忽视的一部分，全民直播渐成趋势。在这样一种背景下，文化馆要牢牢把握住这一趋势，正确引导这一潮流，发挥好网络直播的作用，要把发挥网络直播在群众文化建设中的积极作用当作一项重点工作来抓，这不仅是实现群众文化服务方式创新的重要举措，更是新时代赋予文化工作者的使命。

一、文化馆要充分认识到网络直播的重要性

网络直播是新时期发展的产物，是通过利用网络终端通过传递价值观和生活态度来潜移默化地影响大众的一种文化现象，正随着人们生活质量的提高而不断扩展。在迅速发展的网络化时代，网络直播已经不仅仅只是一种大众娱乐方式，更是一种新的文化传播方式，文化馆干部作为群众文化的传播者，要牢牢把握网络直播带来的文化发展新机遇，充分认识到网络直播对群众文化发展的重要性，及时更新观念，积极变被动为主动，自觉将群众文化发展融入网络直播中，利用好这一全新的文化传播媒介，推进群众文化多渠道发展。

然而，由于网络直播伴随着高盈利的经济行为，在网络直播发展的过程中不可避免地存在很多问题，部分文化传播内容也饱受质疑。例如，部分直播平台为了吸人眼球，直播低俗、造假等内容，严重污染了网络直播的发展环境，影响了网民正常的网络文化生活。鉴于此，文化馆工作者要客观认识网络直播这一文化现象所产生的双面效应，加强对网络直播的积极引导，积极发挥网络直播的正面效应，促进引导网络直播的有序发展进而带动群众文化事业的发展，为网络文化的健康发展提供良好的示范。

二、文化馆要充分发挥网络直播的积极作用

网络直播既包括传统传播媒介的表现形式，又具备独特的互联网时代新媒介特点，同时因其形式多样、灵活性强、实时性、参与感强、参与成本低、易操作的特性，使得沟通和应用变得更加方便。

从文化传播的角度来看,网络直播产生的文化效应是强大的,具有很强的带动作用。网络直播以其成本低、开放性强、互动性强等优点和丰富多彩的表现形式,在丰富文化传播形式的同时大大促进了优秀文化的传播。例如:通过开通网络直播"互联网＋"的方式,开展教学直播,给偏远山区孩子通过多媒体教室观上一堂生动的传统文化课,让贫困地区孩子们可以通过网络直播的方式感受中华文化的博大精深,领略中华文化的魅力。

(一)形式多样、灵活性强

网络直播结合了讲、演、展等多种表现形式,综合运用影像、文字、视频等多种传播符号,创新性的传播新模式更容易让人接受,观众受画面上特定现场和气氛的影响在情绪上也比其他形式更强烈。网络直播过程中,人们可以随时随地将所见所闻进行拍摄传播,打破了传统广播电视媒体在单一的时间、空间上的局限性,变被动为主动,大大增强了传播的灵活性,更加贴近受众、贴近现实,更加接地气。

(二)实时性、参与感强

网络直播的出现创造了新的观演方式,实现了传授双方的实时互动,通过网络直播,将正在发生的影像生动地呈现在用户眼前,受众仅凭随身携带的设备就能获取最新、最直观的信息,直接参与到直播的各个环节,大大缩短了发布者与受众之间距离,大大增强参与者的参与感和新鲜感。例如,在众多直播节目中,某些文化直播平台通过邀请著名的专家、学者等做客网络直播间与受众做文化工作地探讨交流,实现普通大众与知名学者之间的直接交流互动,不仅大大提高了大众的参与感,也让优质的文化内容普惠到了更多的人。

(三)参与成本低、易操作

传统的媒体直播方式大多需要专业的设备或人员,通常需要耗费大量的人力、物力、财力,大众的参与成本相对较高。与传统的传播媒介不同,网络直播的参与成本较低,简单易学操作方便,需要的设备相对简单,一部手机或一台电脑就能满足直播需求,参与成本相对较低。凭借这一优势,文化馆工作者要想实现群众文化传播方式的创新,在其熟练掌握网络直播技巧的前提下,仅需要一部手机或者一台电脑,就能轻松地把优秀的文化作品通过直播平台呈献给广大群众。

三、文化馆进行网络直播应注意的几个问题

(一)更新观念,注重学习新知识,适应新形势

2016 年被称为"直播元年",由此可见,网络直播的影响是巨大的,网络直播文化的影响也可以说是空前的。在这一背景下,文化馆工作者要充分认识到网络直播发展的迅猛

趋势,一方面,要更新观念,充分认识到网络直播对群众文化发展的必要性,紧紧抓住互联网创新契机,为群众文化传播与发展开辟新的阵地;另一方面,文化馆工作者要注重学习新知识,通过自学、专业培训等方式进一步提高业务素质和技能水平,注重借鉴好的经验,更好地适应互联网时代群众文化发展需求,适应新的文化发展形势。

(二)提升网络直播文化内涵

文化新媒体传播平台要想持续发展就必须依托优秀传统文化,不断提升文化内涵,传播正能量的文化价值观。2018年,酷狗直播相继启动《非遗大师课》《国乐大师课》等直播内容,将戏曲名家大师、民乐大师等纷纷请进直播间,带来经典唱段与曲目,与网友线上互动,数十万粉丝领略了中华优秀文化之美。酷狗直播利用新兴网络直播平台实现了传统文化与新兴媒体的完美结合,在传承和发扬中华优秀传统文化的探索中走出了重要的一步,也大大提升了网络直播的内涵。基于此,文化馆工作者要自觉肩负起发扬中华优秀传统文化的责任,将现代文明与优秀传统文化相结合,借助更多类似于"直播 + 传统文化""直播 + 非遗""直播 + 国粹"等模式传播优秀传统文化,不断提升网络直播的文化内涵。

(三)加强宣传,扩大网络直播在群众中的积极影响

网络直播的快速发展在一定程度上推动了群众文化的传播与发展,然而,我们也应当看到直播过程中存在的问题。例如,某些直播平台只顾效益而忽视了直播内容质量的把关,致使许多低俗甚至违规违法的内容直播出去,混淆视听、误导大众,造成了很不好的影响。针对这种现象,群众文化工作者应该加强网络直播的正面宣传,勇于做积极向上的正能量"网红",改善群众对于网络直播的固有印象尤其是不好的印象,同时通过有针对性的指导与投入,提高网络直播在群众文化建设中的地位,让网络直播在宣传中发挥群众文化建设的载体的作用。

(四)多措并举,营造良好的网络直播环境

文化馆要想发挥好网络直播的优势作用,就要注重营造良好的网络直播环境,这往往需要多方面的共同努力。首先,从文化管理者角度来讲,包括文化馆在内的群众文化管理部门要加强对网络直播发展的正确引导和规范,对网络直播信息的发布严格"把关",通过净化直播内容来净化直播环境。其次,相关法律部门要尽快出台或者完善相应法律法规,加大打击违法违规信息的力度,用法律手段创造和维护良好的直播环境。最后,网络直播行业要加强行业自律,自觉提高网络直播开通门槛,对网络主播的素质、直播内容等严加把关,从直播平台入手加强管理,只有这样才能建立一个清洁的网络信息环境。

十九大报告中强调,"推动中华优秀传统文化创造性转化、创新性发展",网络直播的兴起无疑为文化的传播提供了新的平台和载体,网络直播是新时期文化传播工作的创新

性发展,它通过创新表达方式,将传统文化与现代互联网技术相融合,将群众文化需求与现代互联网技术相融合,大大推动了信息化时代文化的发展与传播。文化馆工作者要在准确把握文化发展新要求的同时,充分认识到网络直播的对文化发展的重要意义,抓住机遇,乘势而上,转变工作思路,创新工作方法,使传统文化通过网络直播越发"活起来",使群众文化生活通过网络直播越发"富起来",这对于提高国民素质,弘扬中华文化,推动社会主义文化大发展大繁荣具有十分重要的意义。

数字文化馆体系框架研究

潘陈宸（如皋市文体广电和旅游局）

2017年文化部印发《文化部"十三五"时期公共数字文化建设规划》，同年12月"国家公共文化云"线上平台上线。自此，全国公共文化发展中心每年在全国推行数字文化馆试点项目，并制作特色的数字文化资源给各数字馆应用，希望各地数字文化馆利用线上线下相结合方式，实现"文化惠民"的供需精准对接。线上数字文化平台"文化云"以公共文化服务作为切入点，整合海量文化资源和用户，集活动预约、场馆预订、空间展示、社团招募、竞赛互动、艺术鉴赏、艺术培训、智能搜索等功能为一体。线下通过各数字馆的互动空间来体验数字化内容的模式，通过线上大数据分析，为广大群众提供更精准高效的线下一站式数字公共文化服务。

各地数字文化馆建设是一项系统的工作，不仅包含基于线上平台建设，而且需要相应硬件设施、人才队伍的支撑。在数字文化馆线上建设方面，建议各地依托国家公共文化云平台或省级文化云平台里建设各自的线上平台，进行当地特色文化服务子站建设，这样就能与国家和省级数字平台大数据对接及数字资源的共享；线下建设方面，可以从数字体验空间建设、数字资源整合与利用、线上线下服务模式创新、线下数据采集分析上报、项目整体运营推广等方面开展项目建设运营推广工作。

一、搭建线上数字化服务

（一）线上数字化服务功能

线上数字化平台主要通过解决公共文化服务过程中的市民"我要知道""我要参与""我要评论""我要互动"等需求，帮助文化单位快速提升公共文化服务效能，实现文化消费的供需精准匹配，构建现代文化服务体系的科技支撑，其优势显而易见。通过对区域内公共文化服务单位的资源聚拢、服务聚拢，为用户提供如下公共文化服务：

"预约"：通过服务展示门户及平台的"活动预约服务模块"实现多终端在线约活动、约场馆、约配送。实现各级特色活动发布、多级联动、区域活动统筹调度。

"签到"：通过平台可以实现各场景签到功能（二维码签到、签到码签到、刷身份证签到、管理员手持设备签到），以及群众取票等线上线下相融合的服务场景，签到的作用是为了收集群众的文艺爱好，统计后形成大数据。

"艺培"：通过"艺术课堂、网络直播"等视频播放及管理模块。可以有效扩大艺术资源覆盖面,群众足不出户、随时随地可以参与实时的在线直播观赏,以及网上精品课程进阶式的学习。

"传承"：通过鉴赏、非遗资源库群建设,可以形成线上线下相结合的本区域特色文化资源库(活动资源库、场馆资源库、讲座资源库、扶贫资源库、艺陪资源库、非遗资源库等)、通过线上平台及线下空间全方位开展非遗文化、民俗文化、名人的保护与传承工作。

"共享"：通过数字化平台便于形成本区域数字化资源的建设和共享体系标准,不仅可以实现精品资源区域内各级单位共享,同时通过省级平台对接国家中心实现本省各级资源全国范围内有序共享,以及国家共享工程优秀资源的本地落地服务。

"推送"：能够聚合各级文化服务资源数据,对海量的、多结构的文化服务数据进行统计分析,形成服务管理决策,主动推荐公共数字文化资源或活动信息给特定的用户群体。

（二）线上数字平台建成后的运行和推广

1. 将原有场馆传统品牌活动与数字平台活动相结合

数字文化平台的宣传必须立足于区域内的群众,充分发挥现有的群众文化品牌活动,如在春节、端午、中秋、国庆等这些传统品牌活动中,结合数字化平台的特点,在传统活动的现场,及节目单、宣传单等活动资料上印发和数字平台有关的内容,在活动现场中主持人进行平台的报道,并在一些活动现场专设数字文化平台专区,同时进行平台的现场直播,借助传统活动的凝聚力和影响力,以逐步积累、潜移默化的方式逐渐引导参议活动的群众关注数字平台。同时在活动的组织和开展或评比的过程中,要充分利用数字文化平台的功能,引导群众积极参与了解和使用平台。如活动策划的民意征集、活动评比投票等,借助数字平台的组织举办品牌活动,可以吸引群众对数字文化平台逐步的了解和使用,增加数字平台的粉丝数。

2. 运用网络化思维进行推广

将传统的平台推广方式和互联网的推广方式相结合,使得效果最优化。在文艺爱好者QQ群、微信群发布数字平台的活动信息;写一些活动预告发在当地比较火爆的论坛上,附带介绍数字平台;在微博和微信号朋友圈让大家转发平台的活动信息;和各新媒体平台互动推广活动信息,并在活动的视频和照片上加上平台的标志和水印,这样不但防范了盗图现象,而且也是对平台知名度的推广。

线上数字文化平台的推广和应用要多元化全方面,不能局限在文化系统内部,我深入基层,贴近群众的文艺需求,在传统文艺爱好者范围的基础上,形成网格化、裂变式的扩散效应,吸引普通群众加入文艺爱好者的团队,如"上海市图书馆"在一些外地务工人员较多的地区进行免费数字阅读平台宣传,在车站、商场、社区等场所结合数字平台放置阅读亭等措施就值得我们借鉴。

3. 整合区域内各场馆的信息资源

数字平台可以作为整个区域内的资源整合平台,比如把文化馆、图书馆、博物馆、乡镇文化服务中心的活动信息资源都整合起来发布,这样就不但可以充实平台每天的内容,还可以让群众增加对平台的黏性,做到公共文化服务一站式预约。

4.开展云平台大数据分析

区域内单个平台的用户量和服务群体是十分有限的,统一平台后用户和服务群体会几何式地增加,更利于在平台上进行大数据统计和分析,大数据能智能分析出城市各区域群众的文化需求偏向,甚至可以细化到每个群众的文化爱好。通过了解群众的爱好,而有区别的推荐文艺活动给群众。

二、打造线下数字文化体验空间

必须结合线上数字平台打造线下数字文化体验空间。有数字平台的线上体验,自然就有线下的数字体验空间,线下数字体验空间是数字化实体互动体验交流空间,引入数字化的设备,实现群众自助式的互动体验式服务。结合线下各场馆的实际展示内容,运用VR、全息投影等技术手段,进行各功能区的划分,如文艺教学区、非遗民俗展示区、文艺活动欣赏区等。让平台线上的内容和线下的数字展区巧妙结合在一起,线下的数字体验空间并不需要多大,但是内容必须有特色,要吸引大部分群众参与体验。

文化馆线下数字空间的建设必须结合当地实际情况,在有限的资金投入下,达到实际效果的最大化,不因盲目投资购买数字设备。如有些文化馆建馆比较早,当初建馆的时候没有充分考虑到数字化的趋势,馆内一些功能室空间已经老化,我们可以先加入"国家公共文化云"这个平台,把所有传统的活动室和教室都接入了线上数字平台进行活动的预约和签到,文艺演出、公益电影放映也都进行了数字化的宣传和网上签到,并在馆内大厅出入口等醒目位置设计了一块数字化体验区,安装游客记录摄像头、数字化一体机等。这样通过很小的投入,就让传统的公共文化空间实现了"线上线下互动的结合",并接入了大数据时代。

1.数字互动体验空间,采用虚拟现实、3D渲染等技术手段,在文化馆内建设实体互动体验空间,VR体验套装,软硬件部分包括触控屏+主机+HTC头盔+控制手柄+书法互动体验软件,可以将国家公共文化发展中心及省级单位提供的VR资源进行导入,后续资金允许的情况下,适当增加文旅类VR资源的购置和本地特色VR资源建设,丰富VR体验空间的互动资源内容。

2.通过数字化平台开展线下艺术普及培训活动预约的方式,继续开展免费艺术课程培训服务,包括了声乐、舞蹈、主持、国画、朗诵、素描等,同时配合数字化资源采播设备,与线上网络直播、艺术课堂联合开展线上线下融合服务。

另外积极对接外部资源(艺术类高校)或自我创作全民艺术普及类的艺术课程(譬如非遗进校园,可以形成线下+线上专题艺术课程),可以有效提高用户参与度,以线上活动带动线下活动,推动线下活动参与转化为线上活动参与。

3.用线上数字平台集合线下文化馆分馆制度,开展总分馆联动服务建设,为有条件的乡镇提供数字文化服务一体机、客流统计设备、手持检票机等与线上平台配套展示及应用设备。

各式各样的数字平台给我们带来一种新型的服务形式,更加灵活、生动和便捷,让我们从传统的文化阵地活动拓展到数字化服务,从线下参与活动延伸到线上报名与线下互动,使得公共文化服务走向了一个更广阔的领域。推进数字文化建设不只是一句口号,需要每个群众文化工作者重视与思考,这样才能不断推进现代化技术与公共文化服务体系的深度融合,满足广大群众日益增长的精神文化需求。

参考文献

[1] 陈露. 我国公共数字文化服务体系研究 [D]. 南京:南京大学,2013.

群众文化活动品牌建设探讨

——兼谈"兴国山歌艺术节"品牌建设

肖远明（兴国县文化馆）

党的十九大胜利召开,标志着中国特色社会主义建设进入了一个崭新的时期。步入新时代后,人们的需求逐步由主要满足物质需求,向满足精神需求转化。正如习近平总书记所说,满足人民过上美好生活的新期待,必须提供丰富的精神食粮。发展群众文化,打造好群众文化活动品牌,是满足人们对美好生活的精神文化需求的重要途径。

江西省兴国县被文化部命名为"中国民间文化艺术（兴国山歌）之乡"。多年来,兴国县文化馆抓住兴国山歌之乡特色,努力打造兴国山歌艺术节品牌。2009 年"全国首届群众文化活动品牌"评选中,"兴国山歌艺术节"脱颖而出成为江西唯一获此殊荣的项目。2010 年兴国选送的"兴国山歌艺术节"获评十五届群星奖项目奖。2018 年 10 月在兴国召开了第十一届中国民间艺术节暨第十四届中国民间文艺山花奖·优秀民间艺术表演（民歌）初评、第十届兴国山歌艺术节、第二届"四星望月"美食旅游节。然而打造群众文化活动品牌,是一个不断认识、不断创新和不断实践的过程。笔者根据打造兴国山歌艺术节品牌的试验,对群众文化活动品牌建设作如下探讨。

一、打造群众文化活动品牌要强化品牌意识

群众文化活动是一种群众参与性高的活动,而文化活动品牌的建设是对文化活动的一种升级,要提高地区内公共文化基础设施的利用效率,并营造开放性、科学性、服务性的公共文化价值。群众文化活动品牌建设的优良与否,很大程度上取决于群众以及相关人员对活动品牌的建设意识是否强烈。如果群众对文化品牌活动的建设意识不强,将使得群众不太了解和认识文化品牌建设的概念和意义,从而极大地减缓群众文化活动品牌的建设进程,阻碍了社会文化品牌的发展。

多年来兴国县文化馆对群众文化活动品牌建设经历了无意识、浅意识和深意识三个阶段。兴国县出于试图扭兴国山歌颓势,重振兴国山歌之乡建设的目的,在 1986 至 1989 年举办了三届重阳歌会,反响强烈。由于经济相对落后,以及缺少品牌意识等原因,时隔 9 年后才于 1998 年举办第四届重阳歌会,又于 2001 年举办第五届重阳歌会。

2006 年兴国山歌列入国家首批非物质文化遗产保护名录,举办了赣粤闽桂四省客家山歌邀请赛暨第六届山歌艺术节。同时,召开了兴国山歌理论研讨会,兴国的群文理论工

作者达成了打造"兴国山歌艺术节品牌"的共识。兴国县文化馆吸取历史经验,创新品牌建设措施,以草根文化、群众参与为定位,以山歌演唱为主要内容,以常态化的民俗节庆活动为载体,以时代内涵、创新形式为追求目标,以每半月一次的"山歌情韵"广场文化为补充,以兴国山歌小分队下乡演唱为延伸,以各种客家山歌以及不同艺术门类的交流、融汇为推力,以文化部"山歌之乡"的命名和"国家非物质文化遗产保护名录"的入选为契机,初步完成了群众文化活动品牌的构架,并产生了良好的品牌效应,把兴国人民群众的山歌演唱热情重新点燃起来。

2012 年的第七届山歌艺术节以"喜庆十八大,永远跟党走"为主题,吸引了全县 600多人参加比赛,达到了"出新人、出新作、出新彩"的效果。

2014 年举行的第八届山歌艺术节,在参演规模、节目质量、举办水平和文化影响上均有所突破,可以称得上是有史以来最好的一届。活动第一次放在将军园广场举行。

2017 年深秋的兴国又迎来了第九届兴国山歌艺术节。在县委县政府的安排部署下,第九届兴国山歌艺术节和"四星望月"旅游节有机糅合在一起,山歌、旅游交相辉映,共同助力兴国振兴发展,喜迎八方来客。

2018 年,兴国山歌艺术又迎来前所未有的盛会:经中宣部批准、我县承办第十一届中国民间艺术节。而作为此次中国民间艺术节的系列活动之一,第十届兴国山歌艺术节也盛装登场。

由上所述,群众文化活动品牌意识的高低,影响到群众文化活动的影响力,影响到品牌建设的深化。

二、打造山歌艺术节品牌要突出地方特色

俗话说,一方水土养一方人。作为精神层面的文化艺术,在它的发生、形成、发展和成熟过程中,和当地的生存环境、经济发展、民风民俗、文化观念、价值取向密不可分,是民族文化的根。人类文化发展的历史表明,越是具有个性和特色的文化,其生命力和发展后劲就越大。即所谓要有地方性,才能有全国性;要有民族性,才能有世界性。显然,缺少地方特色文化,中华民族文化便成了无源之水,无根之木。

群众文化活动品牌的品质,首先在于它的独特艺术魅力和文化价值。一个群众文化活动品牌,就代表一种地方特色文化,而无数个群众文化活动品牌汇聚起来,就支撑起中华优秀民族文化的大厦。从这个意义上说,地方特色文化支撑着群众文化活动品牌的构建,是它的灵魂和核心;而群众文化活动品牌高品质、高质量地传承、传播着地方优秀民族文化。两者之间,存在着相互依存、相互促进,共生共荣、互利双赢的关系。

打造群众文化活动品牌,其实就是凸现地方特色文化。群众文化活动品牌打造是否成功,关键在于地方特色是否鲜明。只有充分发掘当地最富地方特色的民族艺术,才能站稳脚跟,彰显它的艺术魅力。

我们选择"兴国山歌艺术节"作为品牌来打造,而且取得成功,正得益于它突出了地

方特色。兴国有幸成为客家人最终端的栖息地之一,各种客家文化的精华得以在这块沃土上汇聚、展现、繁衍,如同涓涓溪流积聚的天池。兴国山歌正是从这样充沛养分的滋润下生根发芽,脱胎成形,加之兴国历代客家先民心血智慧的精心培育,使得它成为客家山歌中最富特色、最为浓情的一个歌种。它既具有客山歌的共同特性,又具有自己独特的鲜明艺术个性。兴国山歌深受兴国所有客家人喜爱,兴国城乡曾经处处闻歌声,人人是歌手。虽然一度衰落陷入困境,但依然具有顽强的生命力,依然"活"在许多山歌手之间、活在兴国客家人之间。此外,古时民间在重阳节有登高祈福、秋游赏菊、饮宴祈寿与庆丰收等习俗,兴国客家人则有在登高祈福、饮宴祈寿与庆丰收时唱和山歌的习俗。因此,我们选择在重阳节期间举办"兴国山歌艺术节",并将它作为群众文化艺术品牌来打造。

三、打造群众文化活动品牌要奠定群众基础

我们知道群众文化的主体是群众,反映的是人民群众的理想追求和喜怒哀乐;它的表现方式是群众喜闻乐见的自娱自乐的方式;它的涵盖范围应该是男女老少、各行各业,所以,群众文化品牌的建设必须兼顾民族性、地域性、行业性。一个群众文化活动品牌的形成,至少应具备以下几个方面的特质:

其一,它必须依附于某种相对固定的艺术载体。比方说,庙会,歌会,诗会,灯彩,等等,只有通过这些特定艺术形式,才能有个平台,一个支架。否则,皮之不存,毛将焉附?而这种艺术载体,还必须为群众所喜闻乐见,有深厚的文化根基和历史渊源。否则,便是纸上谈兵,成为无本之木,无源之水。

其二,它必须有一种打破常规、新颖独特的活动方式,使之具有独特的艺术魅力。也就是说,它既要有较高的文化品位和艺术价值,又要适应新时代人们求新求变的审美观念和娱乐情趣,甚至能引领时尚潮流,只有这样,才能得到社会的广泛认同,吸引尽可能多群众的积极参与。

兴国山歌艺术节中的"唱采",它通过与现场观众面对面、点对点的即兴演唱和互动交融,既充分展示了歌手才智、机敏的比拼,又让观(听)众每个人都能带着悬念,参与思索,在"唱采"与"被唱采"者之间处于一种紧张拉锯状态中,得到极大的精神满足和身心愉悦,因而这一环节能高潮迭起,长盛不衰。

其三,它的活动形态必须有可持续性、可延续性。举例来说,北京奥运会开幕式,从某种意义上说,也可以称之为一次群众文化盛会,尽管它非常成功,但绝不可能在下次运动会上重复再现,它只能是一个丰碑或标杆,不能成为一个品牌;而兴国的山歌艺术节,大多于每年重阳节前后召开,岁岁九九重阳,年年山歌盛会,循环往复,以至无穷。越办越大,越办越好,越办越精,形成一种常态化、节日化、民俗化的活动,也就有了一种持久的生命力。现每到重阳佳节,人们心里自然而然地产生一种对它的期盼和渴望,这样,它就在人们心里扎下了深深的根。就如同一个物质产品品牌,将引领风骚数十乃至数百年。

其四,它必须有广泛、深远的社会影响。所谓社会影响,从横向来说,就是辐射作用,

能引起社会的广泛关注和好评。从纵向来说，就是延伸和扩张，不断深化和创新。兴国山歌艺术节举办以来，在社会上引起了广泛的轰动效应。不仅江西电视台、江西日报等作了连续专题报道，甚至引起中央电视台、《人民日报》与广东、山东、湖南等地新闻媒体的广泛关注，影响波及赣、粤、闽、桂等周边省市，这些地方的客家歌手也纷纷加盟。2017年，中国首届"四星望月"旅游美食节开幕式放在兴国第九届兴国山歌艺术节活动中，2018年，中国文联把第十一届中国民间文化艺术节开幕式暨第十四届中国民间文艺"山花奖"初评活动放在了兴国第十届兴国山歌艺术活动中，这些说明，兴国山歌艺术节得到了社会的广泛赞同，大大提升了兴国的知名度。与此同时，兴国通过举办每半月一次的"山歌情韵"广场文化活动，作为一年一度山歌艺术节的拓展、延伸和补充。这样，既夯实了山歌艺术节的群众基础，培育了市场和观众，满足了更多观众的文化需求，又使山歌演唱活动得以向纵深延续和发展。

综上所述，打造群众文化活动品牌要重视群众的喜爱程度、参与度、满意度，及其社会影响和社会效益。

四、打造群众文化活动品牌要突出时代特色

当今社会，随着时代发展和科技进步，人们的生活环境、娱乐方式、审美情趣都日趋多样化，尤其是电视、影碟、互联网的普及，极大地拓展了人们精神文化生活的活动空间。在残酷的市场竞争面前，群众文化如果一成不变，不在活动方法、包装形式、文化内涵等诸多方面加以创新和变革，就无法吸引人民群众的广泛参与，换言之，就有可能在优胜劣汰的竞争法则中被时代抛弃、淘汰。试问，五六十年代的解放鞋，尽管穿着舒适，经久耐用，在当今社会上还有多少市场？同样，延续了千百年的文化庙会，除了小摊小贩的吆喝叫卖，又有几个人在欣赏戏台上咿咿呀呀的陈词老调？如果我们的群众文化能与时俱进，顺应时代发展，注入全新的时代内容，用当代人喜闻乐见的形式重新包装，也就是说，打造一个全新的群文"品牌"，给人耳目一新的感觉，就能独树一帜，把失去的观众重新聚集起来，在主流文化活动中占有一席之地，或者说，占有一定的市场份额。

伴随时代的发展，通俗歌曲流行，人们欣赏习惯随之改变，传统山歌其简单的旋律、直白的口语表现、单一的演唱形式，已不能满足人们审美的需求，因此所产生的影响实在有限。我们认识到，当前要振兴和繁荣兴国山歌，要打造"兴国山歌艺术节品牌"，应当走双管齐下的道路，既要整理和保存原腔原调的山歌资料，又要鼓励创作具有时代气息的新山歌。把传统和时代的东西融合在一起，使传统山歌焕发出新时代的艺术魅力。我们与时俱进打造与推出了一批新山歌，获得了广大群众的喜爱和专家的肯定。2013年，兴国县文化馆原创的兴国山歌《等着你》参加了文化部第十届中国艺术节暨第十六届"群星奖"决赛；2018年兴国山歌《打只山歌过横排》参加了中国文联、中国民协第十四届中国民间文艺"山花奖"初评活动，并成功入围。

由此推论，群众文化活动品牌的建设无疑是时代发展的客观要求和必然结果，打造群

众文化活动品牌必须重视突出时代特色。

　　当然，品牌建设不是一朝一夕可以成就的，它是一个不断积累、完善、提高的漫长过程，需要立足长远、通盘规划、持之以恒、精心打造。兴国已经入选的群众文化活动品牌，严格意义上来说，距离时代的要求，以及与兄弟省市的群众文化活动品牌相比较，仍有不小差距，甚至令人汗颜。然而，只要我们朝着既定目标一往无前，一个文化繁荣昌盛的、群文活动生机勃勃的动人图景，必将呈现在赣鄱大地。

推广全民艺术普及　打造群文活动品牌

李雅茗　卢　戎（新余市文化馆）

2015年1月中办、国办印发了《关于加快构建现代公共文化服务体系的意见》要求"积极开展全民艺术普及"。"开展全民艺术普及，这是党和政府在新时期交给文化馆的一项重要任务，也是文化馆不可推辞的重大责任和历史使命。"[1]

江西省新余市人口117万，是第二批创建国家公共文化服务体系示范区的城市。2016年10月，在安徽省铜陵市举行的中国图书馆年会上，第二批国家公共文化服务体系示范区创建城市被正式授牌，新余市作为江西唯一城市名列其中。作为示范区城市，新余市要进一步做好后续建设工作，巩固提升创建成果，充分发挥示范区引领带动作用，面向全体市民，以培训辅导、组织团队、开展活动、搭建平台等方式，吸引和带动广大人民群众学习艺术知识、欣赏艺术成果、掌握艺术技能、组建艺术社团、开展艺术创作、参与艺术活动，让普通百姓能接触艺术、理解艺术、学习艺术、掌握艺术，让艺术成为他们生活的组成部分，创建形式多样的群众文化活动品牌。

一、以丰富群众文化生活为导向，创建"百姓大舞台"广场活动品牌

"文化馆应广泛开展群众文化活动，推动文化艺术活动进社区、进校园、进农村、进企业、进机关。同时，结合传统节日和重大节日，组织开展群众性节日民俗活动、戏曲活动以及非物质文化遗产展示活动，丰富和活跃城乡人民文化生活。"[2]

围绕各大节假日，文化馆以广场为主阵地，组织学校、机关、部队、社区以歌舞、戏剧、器乐、相声、小品等形式进行展演，开展了主题鲜明的"百姓大舞台　大家一起来"系列群众文化活动，更好地丰富了群众的节日文化生活，营造了快乐祥和的节日气氛。2016年新余市文化馆开展"百姓大舞台"及"六进"品牌服务项目36场次，惠及群众11万余人次；"送戏下乡"演出160余场，惠及群众17万余人次。2017年共开展"百姓大舞台"及"六进"品牌服务项目42场次，惠及群众13万余人次；完成"送戏下乡"演出113场次，惠及群众12万余人次。2017年开展品牌服务34场次，惠及群众12万余人次；"送戏下乡"演出135场次，群众参演一千余人次，惠及群众14万余人次。

如今，"百姓大舞台　大家一起来""百姓幸福广场"文艺展演活动已成为新余市民休闲娱乐的一大品牌。

二、以文化惠民为根本,创建"新余文化艺术大学"免费服务品牌

文化部、财政部《关于推进全国美术馆、公共图书馆、文化馆(站)免费开放工作的意见》提出:"免费开放是实施民生工程的重要内容,是保障广大人民群众基本文化权益、提高公民鉴赏能力的重要举措。各级文化、财政部门要高度重视,加强领导,采取措施,加强管理和创新,保证这一惠民措施真正落到实处。"

江西省新余市文化馆占地面积 16420 平方米,馆房建筑面积 20443 平方米,室外活动场地使用面积 6000 余平方米。结合创建国家公共文化服务体系示范区工作打造群众文化亮点,在市委、市政府和市文广新局高度重视下,整合全市各类文化艺术资源,创办一所专门培养文艺爱好者和文艺骨干的公益性非学历教育社会大学——新余文化艺术大学,为全市广大市民和文艺爱好者提供不同层次、不同种类的文艺培训和服务。2015 年,文化艺术大学"免费课堂"开设了两期 25 个科目,接受报名两千余人次。2016 年开设了 26 个科目,五期共接受报名三千余人次,培训市民 2 万余人次,惠及百姓 36000 余人次。5 月 24 日,《中国文化报》第七版以《筑艺术殿堂 助百姓圆梦》为题,对新余文化艺术大学成效进行了报道[3]。2017 年共开展三期免费培训,累计开设 18 个艺术培训门类,培训人数达 9066 人次。2018 年开设了四期艺术大学培训,培训课程有瑜伽、戏曲、声乐、打击乐、古筝、化妆造型、少儿美术、少儿舞蹈、少儿朗读、少儿声乐、广场舞 11 门课程,总开展880 班次,培训 26400 人次。

多年来,通过文化艺术大学推广全民艺术普及,让广大群众真正享受到了"文化惠民"群众文化活动品牌服务。

三、以服务群众为抓手,创建"特色社区·百花工程"文化品牌

为完善国家公共文化服务体系示范区后续建设,进一步推进群众文化活动全面发展,满足人民群众对美好生活的向往,新余市着力创建"特色社区·百花工程"文化品牌。

文化馆抓好社区文化活动示范点工作,组织人员分人分片定期到各个社区进行辅导和免费培训。2014 年,文化馆下社区、到企业和进校园等开展美术书法摄影展览及非遗成果展览共 12 次,参观人数 2.6 万人次;组织开展全市理论研讨和讲座 5 场,参加总人次 1400 余人。组建的基层文化活动基地(含示范点)16 个,其中未成年人文化活动基地和外来工人员文化活动基地(示范点)各 2 个。举办社会各类文化艺术培训班 51 期,其中面向未成年人和外来务工人员免费培训 21 期,达到 41.2%。2015 年开展了"六进"为主题的活动,建立与社区的长效工作机制,有针对性地进行辅导和免费培训,抓好社区文化活动并重点打造了"百支竹笛"社区(长林和盛德社区)和"百把二胡"社区(康盛社区)。二胡齐奏《赛马》和竹笛齐奏《新年好》已在"2016 新余新年音乐会"上闪亮登场,从年逾古稀的老人到刚迈入学堂的 7 岁孩童,从零基础成长到为全市市民演奏表演。这一培训活动既活跃了社区文化氛围、提高了社区居民文化素质,又加强了社区文化阵地建设。

近年来,陆续开展"百人合唱、百人太极、百人朗诵"的培训工作,目标是以点带面,逐步形成一社区一特色,打造"特色社区·百花工程"品牌,让广大基层群众可以就近享受到公共文化服务成果。

四、以地方特色为重点,创建"戏曲惠民"服务品牌

通过多年努力,文化馆精心打造了具有浓郁地方特色的"戏曲惠民"文化服务品牌。

2014年举办新余市首届地方戏大赛,历时三天两晚上演了8台大戏2个小戏,参与人数300余人,观众人数2万余人。2015年在首届地方戏大赛的基础上,举办了"新余有爱·文化惠民"第二届文化活动月系列活动,"戏曲惠民·欢乐百姓"新余市地方戏展演共5天10场,场场爆满,观看人数达3万余人。2016年农历初十到十四接连五天,市文化馆承办了"戏曲惠民·欢乐百姓"采茶戏品牌服务,五场大型古装戏让广大市民大饱眼福耳福;正月十五接着举办"文化惠民·闹元宵"大型民俗游园活动。4月举办了"戏曲惠民·欢乐百姓"第三届采茶戏展演,三天三场大型古装采茶戏,进一步满足广大群众日益增长的精神文化生活需求。三届"戏曲惠民·欢乐百姓"地方戏大赛,参演人数1000余人,观众人数10余万人次。2017年"戏曲惠民·欢乐百姓"新春采茶戏展演在市会展中心不间断免费演出5天,演出节目有大型古装历史剧《娘娘回宫》《饮封宝剑》《哑女告状》,还有小戏《豆腐哥豆腐嫂》《调查》《打猪草》等,形式多种多样。"戏曲惠民·欢乐百姓"2018新余市新春采茶戏展演在正月初九开锣,大型古装戏《花好月圆》《春江月》《娘娘回宫》《凤冠梦》《白兔记》一连五天,内容丰富多彩,为广大市民带来了一场文化盛宴。

以地方特色为重点开展的"戏曲惠民·欢乐百姓"地方戏展演活动,普及了艺术精品,形成了具有浓郁新余特色的群众文化活动品牌。

五、以文化服务基层为核心,创建"文化志愿者"活动服务品牌

根据基层群众文化特点,文化馆依托公益性文化设施开展公共文化服务,招募文化志愿者,建立文化志愿者名单及资料库,创建"文化志愿者"活动服务品牌。

文化志愿者队伍2014登记在册84个,3077人,与文化馆职工人数比例为84%。文化志愿者深入社区、厂矿、学校参与群众文化活动组织、文化培训、文艺演出和非物质文化遗产活动等服务,发挥志愿者的文化艺术服务作用。结合"创建国家公共文化服务体系示范区"宣传活动,文化馆举办了"群众文化服务志愿者启动仪式",创作了歌曲《志愿者之歌》,组织文化志愿者参加"新余有爱"文艺演出。2015年组织文化志愿服务队编排文艺节目下基层,为社区、农民工等特殊群体演出13场,进军营演出4场。11月举行了新余市文化志愿者协会成立大会暨第一次会员代表大会,开展音乐、美术、舞蹈、戏曲、讲座等形式多样的文化志愿服务,培育服务品牌,丰富文化产品和服务供给,把文化志愿服务做到基层;承办了协会主席毛志诚的"二胡独奏音乐会",奏响了开展"专家系列活动"的

前奏曲。2016年组织文化志愿者积极参与群众文化活动和免费培训工作,下社区帮助社区舞蹈队进行规范性的训练,到暨阳学校开展"戏曲进校园"戏曲基本功培训活动,每星期一、三、五下午到老干部艺术团舞蹈辅导,对县、区农民剧团开展戏曲辅导活动等。

近年来,积极完善公共文化服务设施志愿服务站点,文化馆建立了"文化志愿者之家",推动文化志愿服务活动项目广泛开展,目前开展学雷锋志愿服务项目共18项,志愿服务工时长达3648小时。

六、以扶持民间文艺团体为基础,创建服务一方百姓的"品牌团队"

"群众业余文艺团队是文化活动自我参与的组织化形式,是群众文化活动的骨干力量和引领群体。"[4]

自实行免费开放以来,新余市文化馆整合各艺术门类人才、专家对民间文艺团体的指导和培训创办了群星艺术团、民族管弦乐团、同乐管乐团等文艺团队,通过全面培训后采取重点团队跟踪辅导,创作编排新节目等方式方法培育基础好的团队,搭建各类展示平台,组织团队参加市委宣传部、市文广新局主办的文艺会演和专场文艺演出。2014年馆办文艺团队下基层演出61场,其中农村演出22场,占全年下基层演出比例36%,既提高了团队的演出水平和能力,又让老百姓享受到文化惠民带来的成果。在创建国家公共文化服务体系示范区中,进一步推进群众文化活动全面发展,更加重视扶持社会文艺表演团队的发展,2015年市文化馆根据《关于印发〈新余市社会文艺表演团队"星级评定"实施方案〉的通知》精神,按照竞争择优等原则,通过自主申报、县区初审、领导小组办公室复审、专家评审组终审四个程序,对全市的79支社会文艺表演团队进行了"星级评定",评定三星级以上(含三星级)团队40支,其中五星级团队7支、四星级团队10支、三星级团队23支,发放一次性扶持资金10万元。文化馆完善机制,加强民间文艺团体的各项管理工作,将文艺团队分为品牌团队、特色团队、备案团队分级划管。

根据摸底调查,目前新余市进行了登记和备案的团队已有近500支。

七、以艺术精品生产为龙头,创建"少儿艺术"品牌

文化馆一直注重统筹抓好艺术精品创作,积极为市文化人才提供展示的平台,激发创新的活力,在省内外大赛中争金夺银。如:选送少儿歌曲《阳光男孩 阳光女孩》入选文化部2012年"中国少儿歌曲创作推广计划"第三批优秀少儿歌曲推荐曲目(30首)[5],这是新余市原创少儿歌曲目前参赛取得的最高级别的最好成绩。

新余市少儿艺术享誉全国,有"北有淮南,南有新余"之称,少儿舞蹈"三进北京""二进中南海",受到党和国家领导人的接见;远赴维也纳金色大厅演出并获金奖,引起世界的关注;在"小荷风采"全国少儿舞蹈大赛中5年共摘得15个金奖5个银奖;2010年、2013年由市文化馆分别选送的幼儿舞蹈《快乐奶仔》《我最棒》荣获第十五届、第十六届"群星

奖"舞蹈类群星奖,这是文化部设立的群众文化比赛最高奖,也是全国社会文化艺术政府奖。2016年幼儿舞蹈《箱子里的梦》在香港九龙湾国际展览中心参加"小荷风采"少儿舞蹈精品剧目全国巡演并在昂船洲海军军营进行了慰问演出。

抓好艺术精品生产,打造少儿艺术品牌。近年来,新余市的少儿艺术教育从一枝独秀到全市范围的百花齐放;从单独的少儿舞蹈到少儿声乐、少儿器乐、少儿小品、少儿舞蹈等多个艺术门类的全面丰收,走出了一条独具新余特色的"少儿艺术"发展之路,标志着新余"少儿艺术"品牌真正由"新余名片"华丽转身成为"中国名片"。

新时代开启新征程,新目标担负新使命。在"十三五"期间,文化馆要充分发挥在公共文化服务中的突出地位及作用,不断探索开展公共文化服务的新途径,不断丰富人民群众精神世界,引领基层公共文化服务建设,创建更多的"文化惠民"品牌,取得更多发展成果,真正实现好、维护好、发展好广大人民群众的基本文化权益,实现"人人共建、人人共享"的理想发展状态,到2018年,全面完成国家公共文化服务体系示范区后续建设工作任务,各项指标全部达到后续建设标准,到2020年,基本建成覆盖城乡、便捷高效、保基本、促公平的现代公共文化服务体系,为建设文化强国和实现中华民族伟大复兴的中国梦贡献我们的一分力量。

参考文献

[1][2]戴珩.全民艺术普及:文化馆的责任与使命[N].中国文化报,2015-11-06(7).

[3]筑艺术殿堂　助百姓圆梦——江西新余文化艺术大学搭建公共文化服务培训平台[N].中国文化报,2016-05-24(7).

[4]李国新.以人民为中心的实践样本[N].中国文化报,2013-12-13(8).

[5]文化部公共文化司关于公布优秀少儿歌曲征集评选结果的通知[N].中国文化报,2012-09-04(2).

浅谈新时代群众文化活动品牌建设

林雯旸（厦门市湖里区文化馆）

党的十九大报告提出,中国特色社会主义进入新时代,社会主要矛盾已经转化为人民日益增长的美好生活需要和不平衡不充分的发展之间的矛盾。人民群众对群众文化的多元需求和更高期望,是人民日益增长的美好生活需要之一,只有立足新时代,大力推动群众文化活动蓬勃开展,打造喜闻乐见的群众文化活动品牌,提高公共文化产品和服务的有效供给,才能更好满足人民群众精神文化新期待。

一、群众文化活动品牌建设的意义

（一）推动群众文化活动的纵深发展

群众文化活动的品牌化建设、体系化运行,不仅促进了区域内群众文化活动统筹安排、协调推进,还提升了群众文化活动的举办质量和参与积极度。群众文化活动品牌建设,加快了群众文化活动的推广进程,有利于群众文化活动在基层的全面覆盖。如湖里区社区文化艺术节,至今已举办十一年,综合文艺展演、书画摄影展、社区艺术团风采展示等活动以及由街道、社区举办的近千场文化活动贯穿全年,深入到全区的各个社区,每年参与群众达 20 万人次以上,极大地丰富了居民群众的业余文化生活。

（二）促进群众文化活动的价值引领

群众文化活动品牌建设,促使具有公益性、普惠性的群众文化活动有序发展。品牌的带动和集聚效应,让更多群众登上了"草根大舞台",共享改革开放的文化惠民成果。打造具有文化内涵的群众文化活动品牌,有利于守好基层文化阵地,夯实意识形态领域基层基础,在基层践行社会主义核心价值观,弘扬中华优秀传统文化,以优秀的群众文化活动和文化产品讲好中国故事,传递中国声音,引领向上向善的社会风尚。如湖里区社区文化艺术节、湖里区元宵民俗文化节、厦门（湖里）城市诵读节等群众文化活动品牌的建设和培育,挖掘培养了文艺骨干和文化团队,涌现了一批文艺精品,在省音乐舞蹈节、华东六省一市戏剧小品大赛中获奖,为居民群众提供了更加丰富、更有营养的精神食粮。

二、群众文化活动品牌建设的现状

（一）活动供给模式固化

现有群众文化品牌发挥了公共文化服务的有效平台和载体作用，丰富了基层群众的业余文化生活，但群众文化活动品牌连续举办多年，活动形式和活动内容依然延续原先模式，创新力度较小，整体缺乏新意，较难满足居民群众多样化、分众化的精神文化需求。

（二）文艺创作有待加强

随着社会美育逐渐发展，人民群众对文化艺术传播水平和文化修养与能力的提升有了更高的要求。好的群众文艺创作是群众文化活动品牌建设的重要因素，发挥优秀群众文艺作品的影响力和感召力，要从艺术质量上吸引群众的参与和关注。现有群众文化活动品牌建设中，群众文艺作品的创作质量上不仅需要有"高原"，更需要有"高峰"，让艺术本体融合时代审美和时代内涵，才能为群众文化活动品牌的培育与发展提供内生动力，才能为社会大众提供更多好的艺术作品与优质的服务。

（三）宣传方式较为单一

现有群众文化活动多利用平面媒体或者微信公众号进行信息报道，宣传形式和传播内容的艺术性、创造性都不强，内容同质、方式单一的群众文化活动宣传形式，较难凸显群众文化活动的品牌效应，不利于群众文化活动影响力扩大和群众文化活动品牌知晓度提高。

（四）供需对接不够精准

群众文化活动品牌建设，是在政府主导、社会力量参与下，以人民为主体的社会文化形态。群众文化活动品牌建设的打造必须得到群众的积极参与和高度认可，但在实践中，文化资源的配置和运行多由政府主导，同时由于需求表达机制不完善，群众较难对活动开展、品牌建设、服务效能进行评价，造成了服务供给与需求失衡，群众的自主参与度不高。

三、群众文化活动品牌建设的途径

（一）创新群众文化活动品牌的活动内涵

坚持政府主导的方针和原则，促进社会多元参与，打造内涵价值丰富、感知识别度高的适应新时代发展的群众文化活动品牌。湖里区在现有湖里区社区文化艺术节、湖里区元宵民俗文化节、厦门（湖里）城市诵读节等群众文化活动品牌基础上进行了充实提升。湖里区第十届社区文化艺术节，将艺术节开幕式办进了小区，进一步将优质文化资源延伸到最基层,同时这届社区文化艺术节深化区委关于小区建设工作的部署,有效融入小区文化治理,通过"小区舞台""小区艺人"两大抓手落实"文化进小区"工作,重点解决公共文化服务"最后一公里";湖里区第十五届元宵民俗文化节,利用"文化＋资本""政府＋企业"双核运作模式,广泛开展富有时代感和生命力的节日文化活动,把民俗文艺展演、扎花灯或剪纸手工坊等文化活动办进综合体商圈、社区等,同时在元宵民俗文化节启动仪式上,快闪表演《我和我的祖国》吸引了台上台下上千名群众自发参与,用歌声抒发了对伟大祖国的挚爱之情;第十届厦门(湖里)城市诵读节创新"1+N"活动模式,将城市诵读活动与社区书院、文化产业相结合,推动诵读节实现周周有活动、周周有新意,助力培育阅读风尚、提升群众文化素养。

三个群众文化活动品牌的创新发展,进一步推进了群众文化活动品牌的自身力量,发挥了文化融入治理、文化赋能经济、文化提升素养的重要作用。活动形式和内容推陈出新,活动组织和运作高效执行,既强化了活动主题,也提升了活动品质,文化惠民活动的精准开展增强了群众的参与感和幸福感,同时在活动中用群众喜闻乐见的活动形式弘扬了社会主义核心价值观,又达到了以文化人、成风化俗的目的。

(二)激发群众文化品牌的内生动力

群众文化活动品牌的打造需要有好的文艺作品和文艺演出做支撑,文化性浓厚、文化内涵丰富的群众文化活动品牌才有持续长久的生命力。在文艺创作上,鼓励文艺工作者坚持以人民为中心的创作导向,深入生活、扎根人民,创作一批体现时代价值、引领社会风尚、融入地域特色的精品力作。在文艺演出中,积极思考大众真正的审美取向和定位,感知情感共鸣、揣摩观赏心理,在基层经费有限的情况下,通过节目形式的巧妙编排和节目内容的精心设计,把思想性、艺术性、观赏性相结合,更加释放节目本身的艺术张力,提高作品的精神高度、文化内涵、艺术价值。

引导专业文化工作者深入基层,与群众进行面对面的直接交流,通过专业文化与群众文化的交流,促进基层文化的普及提高,提高群众的审美能力,激发群众的创作热情和水平。群众文艺创作要突出"群众演、演群众、演给群众看"的宗旨,增强群众在文艺创作中的获得感。同时,交流互鉴也为专业创作提供了更接地气、更有生机的素材,有了更深切的源头思考。民族民间文化根脉深远,现实题材的故事蓝本可能就是当下老百姓的身边事,只有文化创作者与群众互相交流沟通,才能创作出内容观照现实、表现手法创新、反映百姓生活、富有地域特色及风土人情的文艺作品,更好地贴近时代、贴近生活、贴近百姓。提升文艺原创力,推动文艺创新,高质量的文艺节目才能为群众文化品牌建设打下坚实基础。

在文艺演出内容创作、节目编排方面做了有益尝试。第九届厦门(湖里)城市诵读节暨湖里区社区文化艺术节闭幕式文艺晚会在闽南古镇节庆广场举行,节目一改以往主持人主持节目的传统模式,而是通过三位主持人以空间对话的形式表演,用合唱、说唱、舞蹈等形式将一系列文艺节目串接起来,讲述动人的湖里故事,同时将党的十九大精神宣讲融入节目当中,把新时代精神内涵以新形式的文艺演出进行传递,引起了近千名观众的强烈共鸣。

(三)提升群众文化活动品牌的宣传效能

在群众文化活动的举办过程中,注重媒体融合传播,突出融媒体优势,充分运用报纸、电视、网络和短视频等多种媒体进行全媒体推广,扩大群众文化品牌活动的影响力,让群众充分了解所举办的群众文化活动,吸引群众广泛参与。在群众文化活动品牌建设中,做好系列活动的整体宣传计划,利用全覆盖、多层次的各种渠道做好活动前的宣传预热、活动中的现场报道和活动后的总结推广,不断延伸宣传视角,扩展群众文化活动的传播范围。

大型合唱交响诗篇《门纳万顷涛》专场音乐会,作为湖里区第十届社区文化艺术节的系列活动之一,探索了"报、台、网"立体化传播模式,利用新媒体融合传播,提升了群众文化活动的互动性和影响力,增强了优秀文艺作品的感召力,将这台以改革开放为主题,包含《春来了,潮涨了》《嘱托》等11首原创作品的音乐会,呈现给更多的居民群众。平面媒体《厦门日报》《海西晨报》《厦门晚报》从演出现场情况、创作幕后故事、赏评短文欣赏三个反面对活动进行报道;利用厦门电视台移动电视对赏评短文进行征集;利用厦门日报网络直播平台对首演进行直播,首演当天点击量已近10.5万,人民网、新华网、腾讯网、优酷网等各大网站转载音乐会视频,湖里区文化馆官微开设专栏系列报道和赏评短文征集活动。群众文化活动的媒体融合传播,有助于利用新形式弘扬主旋律、传递正能量,深化活动内涵和活动效果。

(四)精准群众文化活动品牌的供需对接

畅通公共文化服务需求反馈机制,及时准确了解和掌握居民群众的文化需求,提供"点单式服务"。切实满足文化参与意愿,充分释放内在文化潜能,开展多层次、多渠道、多品种的群众文化活动,提高群众知晓率、认同率、参与率,拓展群众文化活动品牌区域影响和辐射带动。充分考虑区域特色,发掘本地文化资源,深化文化活动的地域传统文化内涵和特质,形成群众文化活动品牌的新特色、新亮点。

湖里区社区文化艺术节近年来响应群众需求,从早期举办音乐、舞蹈、曲艺、美术、书法、摄影等艺术门类的专项比赛,到如今改进活动规程,通过每个街道各承办一场艺术门类齐全、主体鲜明并有较高艺术质量的动态综合文艺展演和一场集书法、美术、摄影为一体的静态类综合展览以及优秀社区艺术团举办风采展示等方式,让更多的居民群众在这方舞台上展示文艺风采。同时,结合我区外来人口众多的特点,在社区文化艺术节融入"外来青年才艺大赛""家乡才艺秀"等文化活动,让外来务工人员在群众文化活动中提升归属感。

湖里区社区文化艺术节的举办,立足社区文化,有力推动"幸福湖里百姓乐"、"腾飞殿前　以文化人"、"江头同乐汇"、"禾山欢乐季"、爱尚金山"一街一品"群众文化活动品牌的形成与发展,更好地精准对接基层群众求新、求变、求乐的文化需求。其中"禾山欢乐季"是全市首个由街道推动的大型社区文化系列活动,2018年进行全新改版,打破往年的社区划分,推出四大主题专场,开创了基层文化新模式,让欢乐季的内涵与外延实现了再扩展、再丰富。在群众文化活动品牌建设的发展进程中,禾盛社区馨雅艺术团走出国门进行交流,是社区文化繁荣的有力见证。

只有创新文化理念和文艺创作,创新群众文化活动形式,创新传播渠道与手段,才能更好培育参与度高、影响面广、深受群众喜爱的群众文化活动品牌,进而更好地讲好故事、走进群众、服务基层。精准提供高质量的文化服务,与当下群众接受方式结合,与现实的社会生活结合,提升文化惠民力度和群众满意度,推动基层文化实现自我发展,才能深化新时代群众文化活动品牌建设的文化价值和文化意义。

文化馆（站）服务效能提升的路径方法

胡淑花（铜川市群众艺术馆）

文化馆（站）服务效能提升，是加强基层公共文化服务体系建设的重要内容，是时代赋予文化馆（站）的神圣使命，是促进全民艺术普及的有效途径。要求最大限度地满足群众日益增长的文化生活需求，实现政府公共文化服务体系的效益最大化。按照均等性、普惠性和公益性原则，要不断创新公共文化服务设施管理机制，深入推进公共文化空间设施场地和项目的免费开放，增强服务意识，完善管理制度，充实服务内容，拓宽服务思路，努力打造特色公共文化服务品牌，让老百姓享受实实在在的文化产品和服务。

当前，铜川市有市群众艺术馆 1 个，区县文化馆 4 个，乡镇（街办）综合文化站 38 个，承担着全市文化活动组织、辅导、培训及研究工作。免费开放工作实施以来，文化馆（站）面临的任务更加艰巨，如活动的组织与策划、免费开放项目的设置、文化活动展演展示等常规性内容，这些无时不在考验着文化馆（站）的能力与水平。特别是《中华人民共和国公共文化服务保障法》的出台，对文化馆站工作提出了更高的要求。

近年来，全市文化馆（站）工作紧紧围绕工作职责和免费开放要求，开展各项群众文化活动，按照菜单式和订单式完成文化供需的有效对接，免费培训，业务辅导和活动组织等工作都得到了广大群众的充分肯定。但在全市文化馆站效能提升调研检查中发现，当前还普遍存在文化服务供需不平衡、均等化程度较低、场馆使用率不高、经费投入不足等问题。具体表现如下：

首先，文化馆站供需不平衡，难以满足当下群众需求。文化馆站服务供给和需求的不协调，是制约文化馆站工作的重要因素。随着群众精神文化需求的进一步提升，人们对公共文化服务的要求也越来越高，而文化馆站有限的专业人员、滞后的设施设备、陈旧的图书报刊，根本满足不了群众多层次多样化文化需求。特别是一些村（社区）综合文化服务中心建设处于空壳状态，没有阵地、没有人员、没有经费，这些成为我市打通"最后一公里"建立全市四级网络服务体系的绊脚石。

其次，文化场馆设施滞后，服务均等化程度较低。当前，由于地理、经济等原因，城乡文化发展差异较大，文化馆站效能发挥受阻，达不到各层级全面覆盖和完全平衡。我市政府中心南移多年，到目前为止，新区还没有文化馆，群众文化活动缺乏组织引导、便利性、均等性无从谈起。市群众艺术馆是 20 世纪 80 年代修建的，其狭小的空间面积成为晋升国家一级馆的硬伤。各区县文化馆都存在空间狭小、设施陈旧的问题，很难适应当下飞速发展的时代。由于免费开放内容较为单一，服务人员观念陈旧、组织活动形式老套、信息化服务能力欠缺、主动性工作和科学化管理水平较低,文化馆站工作几乎都处于被动状态。

第三,经费投入方式单一,监督管理机制不健全。目前,我市文化场馆运行全部依靠政府财政支持,由于经费来源形式单一,资金投入有限,有些设施设备严重老化,没有能力更新换代。特别是面向少年儿童、老年人、残障人士等社会特殊群体和弱势群体的资源尤为不足。存在这些问题,文化馆很难推动群众性文化活动蓬勃开展,也很吸引广大群众的目光和兴趣。由于资金短缺,在配套设备购置及维护、资源建设、服务开展等方面捉襟见肘,资源难以合理高效流动,很难发挥综合效益。

要解决这些问题,文化馆(站)更应临危不惧,站立潮头,以"工匠精神"充实文化队伍的灵魂,强化责任意识和危机意识,实现文化馆建设、产品与服务的转型升级,提高文化馆整体服务效能,以"全民艺术普及"为使命,坚持"文化为民、文化惠民"理念,整合优化资源,加强阵地建设,丰富服务内容,打造文艺精品,由粗放型服务向标准化服务转变,由运行单一型向社会化多元化转变。以下是笔者关于这一问题的思考。

一、加强队伍建设,凝聚人心力量

(一)提升服务意识,牢固树立"群众第一"的服务理念

群众文化是与群众密切联系的文化,必须从群众中来,到群众中去。因此,要以群众需求为导向,关注百姓的精神需求,时刻关注群众的网上反馈及书面留言,有针对性、有目的性地开展各类培训内容。创建国家公共文化服务体系示范区期间,我市认真贯彻"全市统筹,上下贯通,共建共享,精准对接"的理念,切实加强文化队伍服务意识、服务能力和创新水平,把提升"扎根群众、服务群众"的自觉性和能动性作为文化队伍继续教育的重要内容来抓。

(二)加强业务培训,提升策划、组织能力

只有以过硬的专业素质做支撑,以全心全意的态度沉下来,帮群众实实在在地干些事情,才能让他们心服口服,有动力参与活动。伴随着各种媒介的普及,群众的文化需求越来越高,渴望自己登台展示的诉求越来越强烈。因此,只有给群众提供更好的专业服务,让大家学有所获,收获自信与阳光,文化馆的工作才会更值得大家期待。为了缓解培训压力,我市及时成立了文化志愿者服务中心,目前市级登记在册的文化志愿者634人。几年来,我们借助文化志愿者的力量,通过结对子、"文化走亲"、文化指导员下基层包抓培训等形式,用足用好区域资源,锻造了一批业务骨干精英,各区县文化活动开展有声有色。为了不断提升这些人员的专业水平,我们每年都会策划组织各类技术专业培训班,构筑理论与实践结合、专业基础与创新意识并兼的学习平台,通过举办、参加省市各类业务技能大赛,为文化馆(站)各项服务工作打造一支坚实有力的人才队伍。

二、加强阵地建设，营造现代文化氛围

（一）全市各馆空间不足的问题得以改善

创建期间，我市政府投入大量资金，改造提升文化场馆、更新陈旧设备、完善场馆配套设施，加强文化阵地建设。同时，各文化馆立足现实，收回各类挪用挤占、压缩办公用房，最大限度扩展群众活动用房，提供各类培训需要的排练厅、活动室、培训室等活动空间。近几年，我市在充分调研各基层综合文化中心的基础上，针对村（社区）文化室管理混乱等现状，经多方协调、论证，在全市范围内，整合村里的幸福院、村文化室、卫生室等资源，打造集党建领航、活动组织、科技培训、艺术辅导、棋牌娱乐与一体的村级（社区）综合性文化服务中心，这种共建共享的建设策略，有效破解了村级空间有限、资源紧张、人员短缺、管理混乱等现实问题。

（二）推广智能化服务，提升场馆服务水平

文化馆（站）是陶冶情操的地方，从内到外都应给人美的愉悦和享受。这种美外在环境氛围营造，内在信息化服务能力。创建期间，我市按照"改造提升一批、整合利用一批、规划新建一批"的思路，打造市、县、乡（镇）、村（社区）四级公共文化设施网络体系，实现各层级之间的有效互动。要求共享工程全覆盖，加快数字化应用，拓宽公共文化资源传输渠道，实现资源互通共享。铜川市借助"互联网+"，推动建设市级非遗及民间文化等地方特色数据资源库。以云共享服务为保障，实现图书馆办卡自助化，市馆与区县馆"一证通"，全市通借通还，形成市馆、区县馆、乡镇街办图书馆、村（社区）农家书屋一体化服务链。我们还推出"文化铜川"微信公众账号，宣传铜川文化，实现了"随时、随地、随身"的新媒体数字文化信息共享，有效拓展公共数字文化的传播空间，提高公共数字文化的辐射力与影响力；以耀州窑文化为依托，推动建立上线全国非物质文化遗产三维展示APP"耀州窑瓷艺"。这些数字化平台建立与应用，缩小了城市空间距离，将全市各级文化馆站有效连接起来，既方便了广大群众，又极大激发了创造性工作的能力。

三、加强机制建设，提升专业服务能力

（一）充实服务项目，规范服务体系

免费开放以来，各馆侧重于实施场馆免费使用、免费艺术培训、品牌活动、公益展览等4项服务活动。随着群众公共文化需求的不断增长，根据我市公共文化服务工作现状，2017年文化馆将免费开放服务项目增至9项，分别为：流动设备免费使用、灯光音响技术服务、业务辅导、品牌活动、公益展览、免费培训、公益讲座和研讨活动。同时在场馆醒目位置，公示服务时间、空间位置和负责人员，特别针对弱势群体进行志愿者定点服务，减少

弱势群体享受服务的不便,逐步建立一种平等、包容、全面、积极向上的公共文化空间场所。

(二)推行"错时"开放,形成常态服务

根据公共文化服务体系示范区创建要求,实施全年每天向群众免费开放的制度。实施"错时"开放服务,场馆设施免费开放时间为上午8点至12点、下午14点至18点、晚上20点至21点30分,充分满足上班人群的活动需求。同时,在免费艺术培训、公益讲座、演出等服务项目也尽可能实行"错时制",设置各门类的培训,照顾不同阶层、不同行业、不同层次人群的需求,在复杂多样的需求中寻求特色和微妙的平衡,让更多人享受免费培训的机会,并力争将这一形式常态化,最大化提升文化场馆的效能。

(三)建设区域联动机制,持续打造群众文化活动品牌

打造群众文化活动品牌,是凝聚城市老百姓精气神的有效方法,也是一个城市文化建设发展的内在动力。根据实际情况,我们创新"区县联动机制",实施错位发展、品牌发展、差异发展和竞争发展。在城区和远郊建立互相竞争又柔性的合作机制,坚持以中心城区发展带动远郊发展,鼓励区县间优势互补,联合、联动、联供、联推,助推公共文化场馆、服务、产品、活动、人才面向更广阔的人群。联动机制的建立,主要是想打造铜川特色文化品牌,找准优势准确定位铜川文化发展的"主打牌",实现文化活动系列化、常态化、特色化。依托陶瓷发祥地的"青色文化"、佛教兴盛地的"金色文化"、生态养生地的"绿色文化"、革命根据地的"红色文化"、煤炭富集地的"黑色文化",推动我市特色文化"走出去",参加全国、全省展览展示和各类交流活动,对内强化品牌锻造,对外提升品牌包装。采取市、区县联动、部门协作、文化单位联手、社会广泛参与的办法,推动"唱响铜川""舞动铜川""书香铜川""诗画铜川"品牌活动制度化、常态化。为此,各区县还打造"社会文化大广场""乡村文化大舞台"等特色品牌,成为市级群众文化活动品牌的有力支撑。市图书馆、市群艺馆还将网络信息服务和流动文化服务相结合,加大培训辅导力度,拓展免费开放服务范围,推动城乡文化交流。通过以城带乡,城乡联动,缩小城乡差距、区域差距,从而实现文化供给的均等化和良性供给。

(四)创新服务手段,拓展服务范围与空间

近年来,我市着眼全市统筹,在标准化、规范化建设的同时,尽可能缩小城乡差距、群体差距,切实做到服务重心下移,坚持公共文化产品供给"向基层倾斜、向偏远地区倾斜、向弱势群体倾斜"。创建以来,文化精准对接的新思路,不仅提升了公共文化服务效能和群众的获得感和归属感,而且极大促进城乡均衡发展,让公共文化均等化服务落地生根。例如,针对王益区城区基层文化设施不足、空间不够而又难以新建的实际情况,按照"一心多点"的工作思路,着力提升"一心"即社区综合文化服务中心的服务能力,不断拓展利用"多点"即辖区各文化活动站点(场所)、文化组织和文化中心户等社会文化资源的

方式和手段,开辟新的文化活动空间,优化服务半径,让群众就近选择活动场所,为群众提供了更多的选择权。这种创新方式,既方便了广大群众参与活动,也让区域内文化场所空间最大化的发挥作用,很快在全市乃至全省推广应用。

(五)建立科学的考评机制,实行规范化管理

实践证明,工作要干得好、干得有劲儿,就要求政府有一套科学、合理、标准的考核评价体系作支撑。我市相继出台了《铜川市公共文化服务评价办法》《关于促进文化发展的意见》《铜川市文艺创作重点项目扶持办法》《关于扶持群众业余文艺团队发展的指导意见》《关于加快推进贫困地区公共文化服务体系建设的实施意见》《铜川市公共文化服务群众满意度评价办法》,从设施建设、资金投入、对外培养、文艺创作等方面,初步形成了财政保障和政策支持体系。特别是群众评价和反馈机制的运行,对重大文化项目资金使用、实施效果、服务效能进行全程监督评估。此外,我们还建立了媒体观察员、社会监督员及第三方评价机制,从社会不同角度对公共文化服务的绩效进行全方位评价,确保公共文化服务评估的公正性、民主性与科学性。通过科学合理的建设指导标准和量化指标,对各级文化单位采取管理监控、监督检查与年终考核相结合的方式进行年终考核评价,成为今后工作的新方向。

文化馆(站)是一个区域内群众文化活动的影子,其功能的发挥、效能的高低,直接通过群众文化活动来体现。文化馆(站)效能提升不可能一蹴而就,它是一场"持久战",需要工作者把它作为一项实践性课题,持续开展基层公共文化服务长效机制建设探索研究。这就要求文化馆(站)要始终保持新的形象,以新的发展理念、新的管理体制、新的活动形式、新的服务手段,始终掌握文化的风向标,引领一方群众文化的走向。今后,我们还有很多的事要摸索研究。一要不断探索完善文化馆理事会制度,吸纳相关代表、专业人士及群众参与管理,使文化馆的管理多元化、人性化、规范化。二要积极探索文化馆站总分馆制建设路径,合理分配专业人员、科学定位总分馆制发展思路和目标。以群众需求为导向,以提供优质服务为核心,科学设置免费开放项目,吸纳更多的群众参与。三要创新公共文化产品的生产,使其形式、内容更符合人民群众的审美与精神诉求。四是要逐步推进数字文化馆建设,继续加强非物质文化遗产数据库、民间特色文化数据库及各级文化馆数据库的建设与管理,利用多媒体技术为群众提供更便捷、更高效、更贴心的服务,从而实现文化馆公共文化服务的转型与升级。

新时代新需求理念下数字文化馆的优化策略

何嗣平（全州县文化馆）

习近平总书记在十九大报告中指出："中国特色社会主义进入了新时代"，人民群众从原来的"物质文化需要"转变到了"美好生活需要。"[1]美好生活不只包括美好物质生活，也包括美好文化生活。"人民对美好生活的向往，就是我们的奋斗目标"。文化馆是新时代公共文化建设的中流砥柱，"人民对美好文化生活的向往"理所当然就成为文化馆的奋斗目标。

数字文化馆是一种完整的、数字化的文化服务模式，它具有传统文化馆无法比拟的先进性、便利性、开放性。从目前来看，它无疑是满足人民群众美好文化生活需求的最佳途径。由于我国数字化信息技术还处于探索发展阶段，数字文化馆建设还不够深入，因此新时代新需求理念下，如何将数字文化馆进一步优化，乃是我国文化馆界面临的一个现实课题。本文力图数字文化馆提出一些优化建议，使之进一步完善，以便更好地满足人民群众"美好文化生活"这一新需求。

一、进一步优化数字文化馆，切实满足人民群众美好文化生活的新需求

文化和旅游部全国公共文化发展中心于2015年启动第一批数字文化馆建设试点工作，以此带动全国各级数字文化馆的建设[2]。迄今，全国各地文化馆已完成了第一批和第二批数字文化馆建设示范项目，成绩斐然。由于我国数字化信息技术还处于探索发展阶段，数字文化馆建设亦是在探索中前行。从发展经验来看，数字文化馆的优化可从三个方面入手。

（一）坚持"以人为本"，优化数字文化馆建设

数字文化馆的基本功能是为人民群众服务，所以，为人民群众提供优质服务、满足人民群众对美好文化生活的新需求是数字文化馆的出发点和归宿[3]。所谓"以人为本"，就是要求数字文化馆建设要面向人民群众、方便人民群众，以人民群众为中心、尊重人民群众，千方百计地满足人民群众的美好文化生活新需求。为此，优化数字文化馆，必须坚持"以人为本"。

一是在建立的时候坚持"以人为本"。先面向大众进行调查，了解他们的各种需求，

然后有针对性地设置数字文化馆平台的各功能模块。如全国数字文化馆建设试点单位北京市数字文化馆共设置文化动态、线上课程、网上展厅、特色资源、场馆导航、现场直播、电子读物、志愿之家、文化配送九大功能模块,为人民群众提供全开放、不打烊、高品质的公共数字文化服务,最大限度满足人民群众美好文化生活的新需求。

二是在页面的设置上坚持"以人为本"。优化数字文化馆服务,应着力提升数字文化馆平台首页的吸引力,将数字文化馆各功能模块,特色及服务等重点信息以明了且美观的方式展现出来,使用户点击进入网站后能够方便轻松地寻找到所要寻找的内容,并产生愉悦享受感,且有继续访问的冲动,以避免用户由于网页枯燥而不想继续关注下去。如安徽省马鞍山市数字文化馆,它将线上服务模块简约地设置为"文化约""文化通""文化游""文化购"四大块,使之成为行业领先、设计科学、布局合理的全国首家数字文化馆。

三是在平台检索系统的设计上坚持"以人为本"。切实优化数字文化馆平台的检索系统,满足用户对于信息快速获取的需求,同时,开通平台服务功能,例如培训报名、场馆预约等,以提升系统服务效率及用户满意度。如北京市数字文化馆,民众可以通过北京数字文化馆网站、APP、微信公众号、微博等多种方式,快速搜索了解到最新的文化资讯,观看演出直播,预订参与文化活动、观看文艺演出、听讲座、参加培训等,使人民群众的参与感、获得感得到大大提升。运营一个多月以来,平台上线资源近一万五千条,注册用户突破千人,各端口总访问量9万余次,微信公众号用户增长率达150%。

(二)在文化和旅游融合的大背景下,优化数字文化馆建设

"诗与远方",是新时代人民群众对于文化旅游消费的新追求,文化与旅游融合发展形成的文化味十足的旅游产品日益受到大众的青睐。文化与旅游融合发展,就是要用文化的理念发展旅游,用旅游的方式传播文化[4]。国务院于2019年4月将文化部和旅游部合并,组建"中华人民共和国文化和旅游部",就是让文化与旅游融合在一切,让"诗与远方"成为现实的英明之举。基于此,未来的数字文化馆建设必须要在文化和旅游融合的大背景下来进行布局,切实探索文化和旅游融合的最佳模式。如全国首家数字文化馆安徽省马鞍山市数字文化馆,它在数字文化馆中设置了"文化游"板块,内容包括A级景区、美好乡村、农家乐、星级酒店、旅行社等,使"文化中有旅游,旅游中有文化",从而可有效满足人民群众"诗与远方"这一美好文化生活的新需求。

(三)适应移动互联网发展趋势,打造"指尖上的文化馆"

当今社会,手机、笔记本和iPad等移动终端是人们获取信息的主要途径[5]。人民群众享受美好文化生活的重心已从线下转移到了线上。为此,数字文化馆的优化应适应移动互联网发展趋势,构建起数字文化馆与手机、笔记本和iPad等移动终端连接的"高速公路",将数字文化馆优化成人民群众"指尖上的文化馆",从而让人民群众通过手机、笔记本和iPad等移动终端就能便捷快速地享受到数字文化馆提供的服务[6]。如在2017年12月8日开始的中国(深圳)文化科技周数字文化主题展上,只要通过手机关注深圳福田数

字文化馆的相关应用,即可马上拥有活动抢票、场馆预定、公益培训、文体地图、自助点单、文体资讯、直录播等文化服务,既方便又快捷,充分体现出移动互联网时代"指尖上的文化馆"优势。

二、丰富线上服务资源池内容,切实满足人民群众美好文化生活的新需求

随着生活水平的不断提高,人民群众对美好文化生活的要求越来越高。从目前已有数字文化馆来看,资源内容不够丰富是一个普遍问题。如果不下大力丰富资源池内容,数字文化馆将很难满足人民群众美好文化生活的新需求。新时代新需求理念下,对数字文化馆进行优化,必须在丰富数字文化馆的资源池内容上下功夫。

(一)不断整合资源,丰富数字文化馆资源池内容

数字文化馆的生存之道在于其内容质量,提供优质的资源于数字文化馆用户浏览是其根基!所谓整合资源,就是要根据数字文化馆的发展战略以及人民群众美好文化生活新需求对相关资源进行有效整合,以提高数字文化馆的核心竞争力,目的是为人民群众提供优质服务。因此,要对数字文化馆进行优化,满足人民群众美好文化生活的新需求,必须推崇"内容为王"的理念,不断丰富数字文化馆资源池内容。

首先,将群众文化活动进行整合发布。要丰富数字文化馆线上服务资源池内容,必须依托数字文化馆平台,将群众文化活动进行整合发布,比如,可将群众文艺演出、文艺扶贫、文艺培训等文化活动搬上数字文化馆,以丰富平台内容。同时,还可在数字文化馆平台播放人民群众喜闻乐见的节目内容,比如小品、益智类节目,在给人民群众带来欢乐的同时丰富他们的生活常识,从而在一定程度上提升数字文化馆的服务质量[7]。

其次,整合特色资源。丰富数字文化馆线上服务资源池内容,通过整合特色资源也是一个不错的选择。整合特色资源,就是充分发掘本地区的非遗资源、旅游资源和红色资源等,构建新颖独特的资源池内容,让数字文化馆在信息资源上具有一定的特色。此外,还可以向社会征集优美的风景图片来丰富线上服务资源池内容,提升文化馆线上服务的审美水准。

再次,整合互联网上的公共文化资源。如今,互联网上的公共文化数字资源越来越丰富,我们可依托云计算、大数据等信息技术对互联网上的公共文化资源进行有效收集,以充实数字文化馆线上服务资源池,为人民群众了解、学习、享受公共文化资源和服务提供可靠的资源渠道。此外,为加强数字文化馆线上服务资源池内容建设,还可通过购买优秀文化资源来播放的方式达到目的,从而满足人民群众美好文化生活的新需求。

(二)加强创作生产,丰富数字文化馆资源池内容

数字文化馆要提供优质文化服务,必须要有高质量的文化产品做保障。加强文化产

品创作生产,以更多文化产品丰富数字文化馆资源池内容,关键是要引导和激发文化工作者的热情,创作出更多老百姓喜闻乐见的文艺作品。同时,还可以通过开通"群众信箱"的方式向社会进行收稿,从"群众信箱"选出优秀的作品以充实数字文化馆资源池内容,如浙江省政府推出的"农民信箱",吸引了越来越多的人使用信箱参与活动,有效丰富了数字文化馆的内容。此外,还可以创新数字文化馆文化服务产品的供给模式,通过采购成品资源、委托市场定制、合作共建等方式不断拓宽社会力量参与文化产品生产的渠道,促进数字文化馆资源池内容的不断丰富。

(三)加强共建共享,丰富数字文化馆资源池内容

加强资源共建共享,是丰富数字文化馆资源池内容的一条有效途径。文化馆可依托互联网,实现各级各地数字文化馆之间的联网,共享彼此资源。同时,数字文化馆还可与数字图书馆、数字美术馆、数字博物馆等进行联网,实现不同类型资源的共建共享,一站式满足人民群众的各种信息需求。

三、优化线下数字文化体验区建设,切实满足人民群众美好文化生活的新需求

新时代新需求理念下,数字文化馆的优化目标无疑就是满足大众的美好文化生活新需求。优化线下数字文化体验区建设,积极推出优质的线下活动,让人民群众体验数字文化馆线下服务的无限魅力,亦是数字文化馆的优化策略之一。为此,我们应着力对数字文化馆线下数字文化体验区进行优化。

(一)优化线下数字文化体验区项目

优化数字文化馆线下数字文化体验区项目,可科学地打造一些实用性、知识性、趣味性、互动性的线下体验空间,设置一些形式新颖的体验项目,以高质量地服务大众。以安徽省马鞍山市数字文化体验馆为例,该体验馆设置了"文化驿站""渊源流传""大师指路""诗城漫步""指尖天籁""经典再现""远程辅导"等十一大区域,市民可用激光琴"演奏"乐曲、变装"参演"经典电影、虚拟"骑游"诗城的名胜古迹、触屏"临摹"大师书法,还可以体验到如裸眼 3D、全息投影、影像捕捉、微信分享等诸多高大上的现代技术手段,不能不说非常有趣。线下数字文化体验区让大众体验到了众多形式新颖的文化项目,感受到了科技的无限魅力,在一定程度上满足了人民群众美好文化生活的新需求。

(二)优化线下数字文化体验区设备

从国内外先进数字文化馆的设备配置来看,线下数字文化体验区的体验设备在数字文化馆中占着十分重要的位置,优化数字文化馆不能不对线下数字文化体验设备进行优化。因此,在未来的数字文化馆建设中,我们应充分考虑线下数字文化体验区设备的优

化。那么,如何进行优化呢？大体上来讲,应尽可能以设置小型化设备及快速化的设备为主。以小型化设备为主,则可以在场馆、场地有限的情况下放置更多元化的设备,从而使线下数字文化体验区功能更加全面;以快速化设备为主,则可在许多人排队等候体验的情况下减少人们的等待时间,使更多的群众能有机会得到体验。

(三)优化线下文化体验区设施

线下数字文化体验区场馆设施的优化,需要考虑人民群众便利开展文化活动的需求。例如在门禁建设方面,应通过数字化建设降低群众排队时间,在场馆内通过电子指示等方式便于群众寻找所需服务,为不同地区的群众设计到馆路线,等等。在细节上提高人民群众对于线下文化体验区设施的满意度,同时,提升人民群众美好文化生活新需求的获得感和幸福感。

参考文献

[1] 刘婧 . 新时代新需求理念下无障碍设施建设的现状思考——以南京站为例 [J]. 戏剧之家,2019（13）:234-235.

[2] 冷小严 . 新时代文化馆数字化建设的几点思考 [J]. 中国民族博览,2018（8）:54-55.

[3] 郎建鹏 . 浅析"互联网 +"时代下文化馆发展策略和机遇 [J]. 戏剧之家,2019（13）:245.

[4] 李永忠 . 文旅融合共赴诗与远方 [J]. 西部大开发,2018（7）:20-21.

[5] 罗东 . 互联网 + 背景下数字文化馆建设新思考 [J]. 文化创新比较研究,2018（9）:155-156.

[6] 肖贵中 . 互联网时代数字文化馆的建设现状及发展方向 [J]. 电子技术与软件工程,2018（16）:16-17.

[7] 刘华 . 县级数字文化馆网络建设研究 [J]. 戏剧之家,2018（17）:248.

地级市文化馆高质量发展的路径研究

曹　俊（苏州市公共文化中心）

文化馆是我国社会经济发展体系中不可或缺的重要一环,肩负着公众教育、开启民智、改造社会的重要功能。在中国特色社会主义文化建设特别是现代公共文化服务体系建设中,文化馆更是传播、培育和践行社会主义核心价值观的重要载体,是提高人民群众文化艺术素养和全体国民素质的重要文化阵地。而地市级文化馆,除自身的阵地服务之外,还肩负着加强全市域公共文化资源整合、促进优质资源向基层延伸、推进全市域公共文化资源共建共享和服务效能提升的重要责任。

习近平总书记在党的十九大报告中指出:"完善公共文化服务体系,深入实施文化惠民工程,丰富群众性文化活动。"这为文化馆工作者不忘初心、开启新征程指明了砥砺前行的方向。迈入新时代,更要坚持以习近平新时代中国特色社会主义思想为指导,紧密联系实际,深刻学习领会,自觉贯彻落实,牢牢把握高质量发展这个根本要求,在新时代进一步提高站位、找准定位、认清方位、巩固地位,努力展现探索性创新性引领性,让新时代的地级市文化馆焕发出前所未有的生机活力。

一、宗旨职能

自 2002 年以来,中央出台了一系列保障文化馆发展的政策措施。2005 年中共中央办公厅《关于进一步加强农村文化建设的意见》和 2007 年《中共中央办公厅、国务院办公厅关于加强公共文化服务体系建设的若干意见》,对文化馆公益性文化事业单位性质作了明确定位,由政府予以保障和支持。2011 年,财政部和文化部下发《关于推进全国美术馆、公共图书馆、文化馆(站)免费开放工作的意见》,我国文化馆全部实现免费开放,文化馆的人员、公用等基本支出由同级财政部门负担,开展基本公共文化服务项目支出由中央和地方财政共同负担。2015 年 1 月,中共中央办公厅、国务院办公厅印发《关于加快构建现代公共文化服务体系的意见》,明确提出"以县级文化馆、图书馆为中心推进总分馆制建设,加强对农家书屋的统筹管理,实现农村、城市社区公共文化服务资源整合和互联互通";并首次提出"积极开展全民艺术普及活动"的要求。2015 年 12 月,《公共文化服务保障法》颁布,强调了艺术普及的重要性。2016 年 12 月,文化部、新闻出版广电总局、体育总局、发改委、财政部经国务院同意,联合发布《关于推进县级文化馆图书馆总分馆制建设的指导意见》。综上所述,在现代公共文化服务体系建设的大背景下,文化馆主要承担通过繁荣群众文艺创作、组织群众文化活动、保护和利用民族民间文化等方式开展服务，满足群众基本文化需求，提高全民文化艺术素养等职能。

二、发展方向

全民艺术普及日益成为文化馆发展的责任和使命，这就需要把地级市文化馆放在全市域文化艺术事业发展的高度来审视，坚持改革创新，加强统筹管理，建立协同机制，优化资源配置，走共建共享之路，发挥各方优势，提升综合效益，走高质量发展之路。具体可从专业化、社会化、职业化三大途径加以推进。

（一）专业化发展

专业化发展是文化馆建设的基础和前提，其目的是提升服务水平，提供专业化、标准化的文化艺术活动和服务。文化馆的专业化发展，包括三个基本要素：一是按照专业标准提供产品和服务；二是由专业团队来实施和管理；三是达到专业服务水准。以文化馆馆内服务为例，专业化发展至少体现在六大方面：一是内外环境整洁有序；二是设施设备运转良好；三是阵地开放科学合理；四是项目设置丰富多样；五是公众服务热情周到；六是内部管理规范有序。

（二）社会化发展

当前所说的社会化发展，是在公共财政保障基本服务提供的前提下，为进一步丰富文化活动、满足个性化需求，提供优质化服务，通过政府向社会力量购买公共文化服务、公共文化设施托管运营等方式，统筹、整合各类社会资源，引导、鼓励社会力量协同参与。文化馆社会化发展，具体可从三大领域着手推进。一是着眼于文化馆自身发展。通过体制机制创新，与社会各类机构对接，挖掘文化馆特色资源，加强文化创意产品研发，创新文化产品和服务内容；通过流动服务、数字服务等手段实现资源配送，盘活文化馆自有资源，提高存量资源的服务效能。二是着眼于丰富艺术产品和服务供给。文化馆代行部分行政职能，通过政府购买等多种方式，完善公益性演出补贴制度，通过票价补贴、剧场运营补贴等方式，支持艺术表演团体提供公益性演出；鼓励在商业演出和电影放映中安排低价场次或门票，鼓励出版适应群众购买能力的图书报刊，鼓励网络文化运营商开发更多低收费业务，推动经营性文化设施、非物质文化遗产传习场所和传统民俗文化活动场所等向公众提供优惠或免费的公益性文化服务。三是着眼于文化事业培育壮大文化产业。积极发展与公共文化服务相关联的教育培训、体育健身、演艺会展、旅游休闲等产业，引导和支持各类文化企业开发公共文化产品和服务，满足人民群众多层次的文化消费需求，文化馆在其中可起到中介、组织、发动、引导等作用。

（三）职业化发展

文化馆职业化发展的内涵,就是以全民艺术普及的现实需求为牵引,以提升职业素养和业务能力为目标,加强文化馆从业人员的职业化建设。文化馆的职业化发展包含三个基本要素。一是职业发展理念、职业道德规范的确立。这是从业人员的理想与现实相结合,奋斗目标与自我约束相结合的基本内容。其中,职业道德规范是所有从业人员在职业活动中应该遵循的行为准则。二是业务岗位的基本职责与专业要求。包括入门专业资格要求、在岗服务专业素养要求等。三是职业成长支撑体系。如专业技能培训课程体系、行业协会等。

三、发展定位

地市级文化馆,一般地处市本级,不仅是市本级群众的公共文化提供场所,更是全市域群众的公共文化服务机构。它不仅组织馆内公共文化资源服务公众、满足基本需求,而且也需要组织全市域优质文化资源服务公众,满足个性化需求。

地市级文化馆在市、县、乡、村四级公共文化服务体系中,应当有三大方面的定位。第一,地市级文化馆作为全域全民艺术普及的龙头,需要为全市各县(区)文化馆、乡镇(街道)文化站、村(社区)文化室等公共文化机构,提供资源配送、整合利用等方面的组织协调,为全域内艺术普及建设提供联动服务。第二,地市级文化馆需要主动统筹、整合社会各类优质文化资源,利用市场机制和手段,建立起政府主导下的多元化提供的公共文化产品和服务供给体系。第三,地市级文化馆在提供普遍服务的同时,与县级文化馆功能错开,聚焦城市青年群体(包括务工人员),创新服务内容、丰富服务方式、提供现代产品与服务。

简言之,地级市文化馆具有三重定位,在体制上,是全市文化馆(站)的中心馆;在地域上,是全市文化类社会组织的中心馆;在功能上,是全城居民文化素养提升的中心馆。

四、发展路径

推动地级市文化馆高质量发展,离不开机制创新。从宏观层面上看,要更加注重市场在资源配置中发挥作用,构建互联互通、包容开放的大体系。从微观层面上看,要实行现代法人治理体系,促进职业化、专业化发展。具体而言,地级市文化馆高质量发展可以在六个重点领域予以加强。

（一）构建全域公共文化服务协同中心

协调各区(市)城乡文化资源调配,解决各地发展不均衡,促进全市域公共文化服务整体发展。一是成为师资调度中心。统筹全域教育师资资源,建立师资调度平台,集中对各县区从业人员培训,鼓励跨区人才辅导,实现优势互补和资源共享。二是成为改革创新研究中心。组织公共文化创新基础理论和相关课题研究,培养各类公共文化服务创新专门人才,提供政策咨询与信息服务,建立中外学术交流平台,承担政府部门文化创新课题研究任务。三是成为区域均衡发展中心。开展流动服务,利用数字平台与全市域文化馆(站)实行专线互联,定期、定点开展乡镇街道和社区文艺团队辅导,以城市辐射带动城镇和农村。四是成为文化资源调配中心。负责全域公共文化资源配送及公共文化资源日常运行情况的调查、管理与考核,指导和组织全域"农家书屋"、电影放映点、电子阅览室等的建设、使用和管理人员的培训,负责全区文化配送情况统计汇总工作以及管理和考核。五是成为地方文化保护中心。承担文化艺术遗产搜集、整理、研究工作并形成地方特色文献信息库,广泛开展优秀传统文化普及推广,结合节庆活动组织开展文化遗产主题活动。

(二)构建全域公共文化服务创新研究中心

承担公共文化服务理论研究,为未来高质量发展提供源源不断的理论支撑。一是统筹规划和指导全市文化馆(站)开展群众文化艺术需求调研与服务创新研究。二是组织公共文化服务创新理论研究和相关课题研究。三是对服务创新项目进行培育和孵化,并进行后期的指导、总结和推广。四是指导与协调全市文化馆(站)事业的发展,编制文化馆事业发展规划。五是挖掘地方特色文化资源,传承地方优秀文化,把最具特色、最有影响力的文化资源挖掘出来,培育成最具区域特色的文化精品。六是进行公共文化服务制度建设研究。七是开展文化馆(站)人才队伍建设的理论研究、方法研究和教材编写等。八是定期组织智库团队交流。

(三)构建群众文化艺术创作辅导中心

坚持以人民为中心的创作导向,扶持、引导群文创作,反映地方特色文化。以需求定师资,除文化馆内的业务干部,可以聘请馆外、本区域外、甚至是国外的专家或广泛招募社会上具有特长的文化服务志愿者。针对群文骨干,可以实施导师制与项目制。针对一般群众,可采取辅导员制和专家门诊制来扶持群文创作。在资源保障上,可以在市文化馆设立"创客空间",提供群文创作的器材设备支持,如独立的创作空间、专业的录音棚、相关的器材设备等。还要对器材设备进行统筹调度,短期借调器材设备给县、乡文化馆(站)使用。

(四)构建地方文化众创服务中心

充分鼓励、支持群众发挥创造力,并通过文化馆提供文创空间、平台,与老百姓日常生活风俗、地方优秀传统文化相结合,有计划、合理、高效地开展多层次的文创培育。一是开展面向群众的基础性文创培育扶持。充分挖掘本市优秀传统文化,转化成适应现代文化消费的多种载体(形式)的产品,推动优秀传统文化传承与传播。二是加强文化资源开放和共享,形成资源标准统一、明确可供开发资源,面向社会提供知识产权许可服务,促进文化资源社会共享和深度发掘利用。三是支持文化资源与创意设计、旅游等相关产业跨界深度融合,以文化提升旅游的内涵质量,以旅游扩大文化的传播消费。推动文化资源向旅游产品升级转化,打造一批叫得响、有特色、有影响的文化旅游精品。鼓励与重点旅游景区(点)合作,打造标志性的文化演艺产品和专场剧目,鼓励创作具有地方特色、水土风情、文化品位的旅游商品和纪念品。

(五)构建全民艺术普及教育中心

近年来,作为网络环境下的一种重要学习模式,慕课(MOOC)既有利于普通市民分享优质学习资源,个性化自主学习,又有利于群众开展文化活动、丰富群众文化生活、实现全民艺术普及。慕课不仅为文化馆带来了一种新的资源类型,也将带来文化馆(站)培训、辅导业务工作方式的变革。地级市文化馆通过慕课开展全市艺术普及网络教育,是全民艺术普及的题中之意。一是加强课程建设。选择能够发挥地方特色传统文化的主题;二是组建教学团队,以文化馆业务干部为主,适当吸收志愿者担任助教、技术辅助人员;三是发布课程发布,可选择与第三方技术公司合作,市文化馆负责设计规划平台各模块功能需求及平台日常运营,第三方技术公司则负责提供整体 IT 解决方案和平台上线、测试及维护;四是实行证书制度,对学习合格者进行网上认证、颁发证书。

(六)构建民间文化交流服务中心

组建民间文化服务平台,建立文化传播长效机制、开辟对外交流渠道,设置常态化和短期文化交流项目,传播优秀文化。在国际交流方面,一是构建合作交流机制。可以和海外文化机构,如图书馆、美术馆、博物馆等,结为友好合作机构,签订长期合作协议;可以借助姐妹城市或友好城市,从机构合作拓展到城市合作。二是集中展示与常态化相结合。利用中国驻海外文化机构,如海外中国文化中心、孔子学院等,开展常态化文化传播项目,包括静态的展览、宣传片展示和动态的演出、主题性论坛等;借助中国传统节日在友好城市举办文化节互动,以手工艺体验、文化表演、民俗展示、美食赏鉴等方式让外国朋友感受地方优秀传统文化。三是以人员交流起到促进和带动作用。建立馆员互派制度,本馆优秀馆员外派到国外文化机构,或担任文化展览讲解员,或组织策划文化活动;积极参与高层次国际文化艺术机构交流合作与对话或国际会议论坛。在国内联动推广方面,一是联手共建新型合作组织——公共文化联盟;二是以文化主题活动为纽带,突出跨区域系列特色活动互补性;三是借助文化旅游相融合传播地方优秀传统文化。

重点关注地级市文化馆高质量发展这一课题,仅仅是跬步初始,期待在专家和同行的大力帮助下,能够形成特色鲜明的理论成果和创新实践,为国内文化馆界提供借鉴和参考。

民族民间艺术的活态传承

——以福建省艺术馆农民漆画项目为例

刘凯羚（福建省艺术馆）

一、农民漆画的诞生：社会变迁中民间艺术的变革

（一）自然区位的选择

福建漆画的产生离不开福建独特的地理、自然环境特点。福建简称"闽"，因古为闽越族居住地而得名。地处祖国东南沿海，面对台湾，邻近港澳，与东南亚联系紧密，是台湾同胞主要祖籍地。山海资源丰富，陆域面积 12.4 万平方公里，山地、丘陵占陆域面积80% 以上。其丘陵、海洋比较单一性的自然区位环境使当地居民的生活方式和生活文化也具有明显的单向性。大漆的功能是防虫、防潮、防腐，这与福建沿海气候潮湿有着密切联系，为保证器物利于保存、清洗以及正常使用，常会使用大漆进行加工。此地区大漆艺术的流传、普及也依托此缘由。

（二）历史发展的积累

孕育于闽江流域的昙石山文化可与仰韶文化、河姆渡文化相媲美，闽南文化、客家文化、妈祖文化等也内涵深厚。漆画的发展也同社会生活紧密联系在一起，中国现代漆艺的创立者李芝卿东渡日本，回国后将日本漆艺技术应用到中国漆器生产与制作，成于系统的工艺样板教材。沈富文建立了现代漆艺的平面表现形式，拓展漆艺的范畴。这些手艺人为福建漆艺从古老的漆艺中汲取养分、提取精华并表现现代人的审美追求、社会生活方式提供了基础。

（三）当代社会的创新

乔十光先生说过："漆艺不仅能表现精美的器皿和图案，还可以表现从抒情小诗到壮阔的画面。"[①]20 世纪 60 年代起，漆画家开始注重用绘画去表现社会历史，而福建现当代的漆画已经突破传统的器物实用的功能性，用架上绘画去表述心中的美好生活。2016 年初，为响应中央提出的精准扶贫号召，福建省艺术馆将农民画与农民

---

① 乔十光.中国现代美术全集——漆画［M］.北京：人民美术出版社，1998：序.

漆画两个非遗项目相融合,保留农民画固有的图式语言基础上,结合大漆技法进行再创作,为传统文化添加了新的时代注解①。

二、社会的温度:农民漆画的创作、培训、展览方式

农民画家的主动、积极参与创作的作品,引起了学术界和社会各界的广泛关注,不仅当地《福建日报》对此有持续性报道,就连全国性媒体央视综合频道(CCTV1)、央视财经频道(CCTV2)对此也时有关注。而农民漆画的发展除了社会公众的关注度的提高外,究其内因是:画家倾力参与创作—农民漆画培训班实践—品牌展览公教活动推广,三位一体模式的活态传承、创新、发展。

(一)农民画家倾力参与创作

在福建省艺术馆的主持下,各地区农民画家们从 2016 年起,用大漆进行农民画的创作,以表现当地农民的生产、生活状态。迄今为止,参与的农民画家百余人,他们来自祖国各地,均对乡土民俗怀有深厚的感情,每个人都有意愿用农民漆画去创作出自己成长的乡土生活,也希望这些洋溢着泥土芬芳和乡愁情怀的农民漆画作品能够作为文化遗产传承下去。同时,这些农民漆画作品所描绘的农家生活也包含着祖先们的智慧和心血,也是这辈人对过往农村生活的见证。这些农民画家们对这种创作机会均很珍惜,来自新疆喀什地区麦盖提县的农民画家米娜瓦尔·木台力甫用大漆这种材质去创作麦盖提刀郎农民画这种原始艺术,使其焕发新的艺术生命力。浙江舟山的蒋朦炜一直创作渔民画,现将渔民画转化为漆画,从而提升渔民画的艺术价值和商业价值。大漆圆润深厚的质地与内敛浓烈的色感,洗去了农民画相对粗陋的质感。

(二)农民漆画技艺培训班专业化创作

在专家、学者指导下,农民画家的参与下,农民漆画的馆藏才有量的积累。福建省艺术馆创作部主任江书荣,曾长期致力于漆画的创作,并在培训班过程中给予创作专业性指导。培训班导师还包括福建省美术家协会漆画艺委会主任陈明光,漆艺术家许剑武等。此外,联合国教科文组织教育助理总干事唐虔、福建省文化和旅游厅党组书记石建平、中国农民书画研究会副会长兼秘书长宗锡侯、陕西省农民画协会会长雷新宏、福建师范大学教授徐东树等也曾先后来福建省艺术馆实地视察和指导培训工作,促进农民漆画的传承与发展。

农民漆画的技艺实验班通过整体培训、实物创作,将农民画与农民漆画相结合,使两项传统民族民间艺术相融合,是一种"活态化"的创新举措。福建省艺术馆迄今为止本馆共组织 4 期培训班,分别是:2016 年 6 月 28 日—8 月 6 日,福建省农民画创作群体漆画

---

① 石建平. 传承创新　实现福建文化发展改革新作为[M]//福建省文化厅. 乡野漆彩——中国农民漆画作品集. 福州:海峡文艺出版社,2018:序.

技艺实验班;2016 年 11 月 8 日—12 月 18 日,闽宁农民画创作群体漆画技艺实验班;2017 年 5 月 2 日—6 月 10 日,全国农民画创作群里漆画技艺实验班;2018 年 11 月 25 日—1 月 3 日,中国农民漆画高级研修班,参与培训班农民漆画家近百人,创作的农民漆画作品 160 余幅。

(三)农民漆画的典藏、展览和推广

农民漆画培训班是"物"的创作,而 160 余幅农民漆画后续的活用才是实现其艺术价值的根本。包括了作品图片整理、拍摄等后续规范化的典藏、展陈和推广工作。

下面介绍福建省艺术馆对农民漆画的整理、分类与记录的基本步骤与程序:

(1)签订典藏合同,将农民漆画作品统一装裱上框。

(2)将作品逐一运输整理到工作室予以拍摄、编号和建立卡片档案。需要给每一件农民漆画作品建立统一的卡片档案包括作者、作品名称、地区、尺寸等相关信息,以便日后信息检索、展品流动。

(3)定期整理农民漆画作品,包括除尘、换框、去污、修补残破朽坏部分,提交储存情况报告。

(4)农民漆画作品依据尺寸大小分门别类的进入到存储仓库,或予以公开陈列展示,并安排专人对展品流动进行统计和运输记录。

在农民漆画的展陈、推广主要体现在以下活动的参与:

(1)"守艺新生"——农民漆画文创展"喜迎十九大　漆彩绘乡野"固定陈列展。

(2)2016 年农民漆画作品参加哈萨克世博会、2016 年中共中央对外联络部举办"中国共产党的故事——绿色发展"专题宣介会、2017 年中国文化馆年会"中国农民漆画座谈会暨创作分享会——中国文化馆年会福建主题论坛"、2019 年国家艺术基金农民漆画海外巡展等。

通过系统的整理工作,160 余件农民漆画资料卡片、照片等构成的作品资料系统性很高,艺术价值和学术价值完整。这些作品涉及很多地区的生活风俗,能够反映出不同地域间的艺术交流,既是农民漆画的发展史,也是民众生活史、文化史的重要图像记录,铭刻着民间生产生活的痕迹,反映当地生活体验和民间智慧。当画作所反映的某些生产生活退出现实生活后,就会变成人们寄托乡情的载体。

四、农民漆画项目的"活态"化

综上而言,福建省艺术馆对于农民漆画变"废"为"宝"的活态传承主要体现在以下方面:

(一)农民漆画展览的前提是"深入""身入""心入"

农民漆画的保护、传承工作,重要的是实地的调研参观考察,获得大量农民漆画作品的第一手资料,比如西南地区、西北地区创作题材、创作方式的不同,才利于更全面的组织农民漆画的创作与后期的展陈、研究。想要展现"深入"的农民漆画项目资料,仅仅"身入"是远远不够的,至关重要是"心入",带领公众亲身体验农民漆画的制作过程,切身体会艺术创作的意义,用心感受福建艺术馆在农民漆画的保护、人才培养上所花费的心思。

(二)展览、研讨会的重点关注

作为文化单位所组织的展览,需由点到面,深入挖掘,遴选出可以表现新时代、新社会的农民漆画作品。同时,要站在农民漆画家的角度,去了解他们的创作背景、艺术语言、创作精神,这样的展览才能实施,公众才喜闻乐见。如:福建省艺术馆组织举办的固定陈列展"乡野漆彩——中国农民漆画展",对外的巡展"2019 年国家艺术基金农民漆画海外项目巡展"依据具体实例分别从农民漆画的推广、研究、展陈等视角探讨传承意义,把视野从当地的地域社会逐次扩展到中国各城市、亚洲乃至世界,从农民漆画展陈中反映人与自然的"协调"与"对话"的观点,讨论以农民漆画这种创作形式进行架上绘画创作的可能性和必然性,促进农民漆画更好的发展。

(三)建立信任感:传播者与传承人的认同感

一般来说,农民漆画家以做技艺出身,并不善于言辞,而他们的一言一行和介绍都是媒体报道的重要信息渠道。文化单位应该在当中不失时机地进行专业性的引导,让媒体和农民漆画家可以适当交流,减少陌生感,在愉快的氛围下进入宣传主题,并对农民漆画家所说的内容认真记录,补充相关知识。农民漆画家的口述也是一种文献记录的方式,后期应以调查了解的方式收集、整理、梳理口头资料。通过长期的资料记录、积累来获得之前农民画传承谱系的丰富证据,从而记述农民漆画自己的历史。

(四)农民漆画品牌展览:以"物质"展现"非物质"的文化精神

对于民族民间艺术的理解,不应过于执着地片面关注"非物质"的"无形"的侧面。把文化遗产区分为"有形""无形"或"物质""非物质",究其缘由还是文化行政的便利,绝非是具有什么可靠的学术依据。农民漆画这种有形的"物质"画作,其记述着农耕、畜牧、游牧、渔业等无形的生活方式,所承载的是非常丰富的无形文化,如农民漆画的制作技艺、艺术审美追求、图像寓意,这些又何尝不是无形文化遗产的组成部分呢?换言之,无形文化总有"物质"有形文化的载体,有形文化会有"非物质"的内涵。在做农民漆画品牌展览时,我们既要注意"物质性"的画作展陈,又需要展现出"非物质"的创作理念、时代精神,在展陈中我们配合大量图文介绍、公教讲解、专家讲座等社会活动,使公众更全面了解农民漆画的所表达的艺术精神、审美追求。

民族民间艺术与中国文明史俱生,原生态的民间美术历史久远,又与中国各社会发展阶段的生活如鱼水之情,要建设发展真正有中国特色的艺术与文化,决不可忽视这种文化的本原。正如中国艺术研究院研究员吕品田所说，"从意识形态和文化政策上积极调整，激活民俗，还民间艺术的汪洋活水，让人民群众自发的创造和发展真正属于他们的艺术和文化"；而实现这种文化战略，又"首先需要在基础理论层面取得对事理或规律的认识与把握"。而农民漆画项目的实施、推广，表明这方面的工作是需要"馆""学""民"的密切协作与配合，政府文化行政应该强力主导，学者积极参与，同时还需要动员社会民众。没有各位农民画家的实际参与，文化单位的组织、保护、传承和创新，最终都可能是一句空话。目前，很多民族民间艺术相关工作中存在政府缺乏经验、学者缺少调查、民间主体缺位等一系列问题，如何尽快在政府、学者、民间主体之间形成良性互动协作关系，这也是一个关键性课题。

吕品田先生曾言："随着民族机制的毁坏与失落，文化建设偏离了民族化发展轨道，这种文化上的'水土流失'，使得曾经生机活泼、花繁叶茂的民族民间文化植被日趋枯萎。"这些话是中国有良知的文化人的心声，体现了当代中国学者对国家和民族文化建设的崇高责任。政府实施"中国民族民间文化保护工程"之后，意味着中华民族的伟大复兴有了实质性的进展。而新的农民漆画相关工作即将开启，我们也将更好地领会文化和旅游部要求，吸取同行们的先进做法，不断总结提升，尽善尽美地做好相关工作。

文化馆系统老年大学建设途径探析

杨进勇（泰州市文化馆）

文化馆是国家设立的开展社会教育、政策宣传、普及艺术文化知识、组织辅导群众文化活动的综合性文化事业单位和活动场所，也是传播和弘扬中华优秀传统文化、培育社会主义核心价值观的重要阵地。《中华人民共和国公共文化服务保障法》更是明确要求，各级人民政府应当根据未成年人、老年人、残疾人和流动人口等群体的特点与需求，提供相应的公共文化服务，促进公共文化服务均衡协调发展。由此可见，成立和发展文化馆系统老年大学不仅是现代公共文化服务体系建设的重要内容之一，更是文化馆的职责所在。

一、文化馆老年大学建设的背景分析

当今中国最大的特征之一就是中国社会的老龄化，1999年中国就进入到老年型社会，截至2018年底，国家统计局最新发布的数据显示：60周岁及以上人口24949万人，占总人口的17.9%；65周岁及以上人口16658万人，占总人口的11.9%。预计在2020年，老年人口将会突破2.5亿人，届时60岁以上人口所占总人口的比重将会达到17.17%。预计在2025年，60岁以上的人口将会突破3亿人，中国也将成为超老年型国家。可以看出中国人口老龄化的问题已经迫在眉睫，老龄人口所占总人口的比重，已经远远超过了国际通用的老龄化标准[①]。

习近平总书记在《中共中央关于制定国民经济和社会发展第十三个五年规划的建议》中提到，老龄化问题涉及政治、经济、文化、社会等诸多领域，是关系国计民生和国家长治久安的重大社会问题，必须从改革、发展、稳定的大局出发，总览全局，提出相应政策，做出战略性选择。

面对老龄化人口的快速增长，想要服务广大老年人群，满足广大老年人终身学习的需求，最好的办法就是社会各方积极办好老年大学，普及老年教育，让老年人有学所乐，学有所得，学有所成。

从1983年山东省成立第一所老年大学以来，根据中国老年大学协会统计，截至2016

---

① 国际通用的老龄化标准来看，如果一个国家或地区60岁以上的老年人口，占到了该国家和地区人口总数的10%，或者是65岁以上的老年人口占到了该国家和地区人口总数的7%，就意味着这个国家和地区的人口整体处在老龄化的阶段。

年底,我国各类老年大学(学校)已经发展到约6万所,丰富了广大老年人的精神文化生活,已形成了一定的规模和体系,受到了广大老年人欢迎和好评。

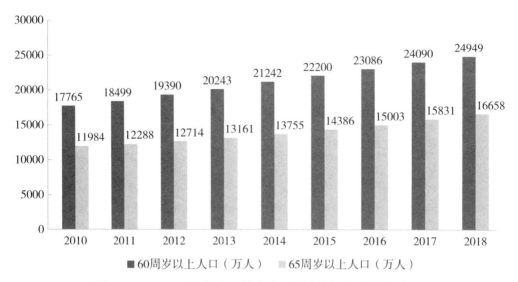

图1 2010—2018年中国60周岁及65周岁老年人口走势示意图

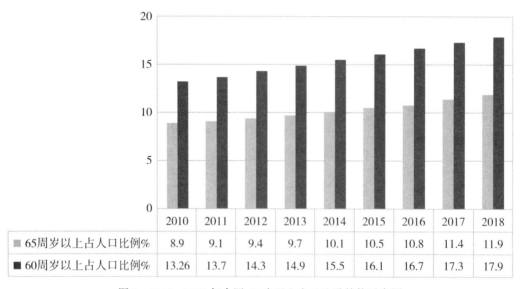

图2 2010—2018年全国65岁以上人口比重趋势示意图

随着我国政治经济不断发展壮大,我国从文化大国向文化强国迈进,文化馆、美术馆、图书馆、博物馆等公共文化机构实现了免费开放,现代公共文化服务体系正在形成和完善,为文化系统尤其以文化馆为代表公益性事业单位的开设老年大学提供时机和条件。由此可见,文化馆老年大学不仅是文化馆职责所在,还是我国社会发展的战略性选择,对于贯彻落实中华人民共和国公共文化服务保障法,构建现代公共文化服务体系,促进社会和谐稳定发展有着十分重要的意义。

二、文化馆老年大学是文化馆事业发展的必然选择

从目前看,文化馆是纳入公共文化服务体系构建范畴的为数不多的文化机构之一,其性质、职能、功能、特征、作用决定其成为现代公共文化服务体系的支柱性构件,同时也为文化馆系统创办老年大学提供了可能。

一方面,中国社会已步入老龄化,老年群体越来越受到社会各方面的关注。因此,如何让老年人安享晚年,活的精彩,做到老有所学、老有所乐,老有所为,已成为文化馆事业今后必须思考的问题了。群众文化事业中,文化馆系统拥有最广泛、完整、系统的群众文化工作网络。这个网络上连省、市文化馆,下连乡、镇、街道文化站以及乡村、社区基层文化室及各级社会文化组织。这些文化机构与文化网络纵横交错,覆盖整个社会,构成了现代公共文化服务服务脉络,具有强大的生命力,为文化馆系统创办老年大学提供了先天条件。

另一方面,文化馆体系是我国特色社会主义文化事业的一个重要标志,也是现代公共文化服务体系的重要组成部分,是大力推进基本公共文化服务均等化、标准化建设,切实实现和保障公民基本文化权益、满足公民基本文化需求的直接执行单位。因此,在新形势下,如何进一步打造文化馆免费开放的均等化、标准化服务,满足广大群众尤其是老年群体文化需求呢? 创办文化馆系统老年大学就是一个不错的选择。

由此可见,文化馆系统创办老年大学,不仅是文化馆免费开放的创新和延伸,也是对现代公共文化服务体系体系的进一步完善,是新时期文化馆事业发展的必然选择。

三、文化馆老年大学建设过程中的常见问题

近年来,文化馆老年大学得到各方面的关注和支持,保持着蓬勃发展的趋势,尤其是在全国、省、市文化馆老年大学规范化试点工作开展之后,文化馆系统老年大学在规范化建设、教务管理、教材建设等方面取得了一定教学经验,形成了一定的办学特点,取得不错成绩。但是在办学过程中,还有许多困难和问题是我们必须面对的。

(一)区域覆盖及发展还不平衡

几年来,全国文化馆老年大学虽然在办学数量、教学规模、培训人数上不断扩大和增长,但是不难发现,由于我国地域广,地区发展不平衡,文化馆老年大学发展在不同地区还存在地域差的特点。文化馆老年大学在办学理念还不够明确,办学条件上还存地区之间、城乡之间的许多不平衡,许多文化馆在创办老年大学上往往是"升级版"的培训,社会影响力有限。

(二)教学管理工作人员和经费还不充足

文化馆老年大学规范化建设需要投入大量的人力和物力。而文化馆系统的现状往往是事多人少,经费不足。所以在文化馆老年大学常态化开展教学的过程中,不可避免地遇到教师人员、管理人员、经费投入等诸问题。

（三）教师队伍还不够稳定

一方面文化馆老年大学聘用老师的报酬普遍较低，与社会上市场行情相比，讲课金标准相差甚远。他们完全是凭的是对老年教育的热情，靠的是奉献精神在为老年人上课；另一方面是由于文化馆相当部分的老师是外聘，而且基本上是兼职的，这种身份决定了他们不可能把全部的精力都投入到老年大学的教学中去；第三是由于老师聘用的来源参差不齐，素质和教学水平不一，加上缺乏必要的培训，致使在很大程度上影响了教学工作的开展，制约着文化馆老年大学教育的发展。

（四）标准化建设程度不高

文化馆系统老年大学是中国特色社会主义文化事业和现代公共文化服务体现建设中的一个重要组成部分，但由于其起步晚，没有足够的借鉴经验，只能是文化系统自身"摸着石头过河"不断地去自我探索，所以无论在教学管理规范上还是教师队伍的培养上，无论是在教材的选择上还是绩效评估的制定上，文化馆老年大学都还没有形成一个成熟的标准体系，制定出一套规范化的教学管理体系。

四、文化馆系统老年大学建设途径探析及思考

老年大学在我国仅有三十多年的历史，是一个新生事物，文化馆老年大学更是一个新生事物，没有统一的标准和途径，只能是摸着石头过河，到处充满着机遇和挑战。因此，只有在实践中摸索和积累经验，走出一条属于文化馆系统老年大学的新途径。

（一）形成正确的办学理念，满足老年人的精神文化需求

目前，文化馆系统老年大学大多是在公益性免费文艺培训和免费开放的基础上转型升级创办的。因此，文化馆老年大学一定要形成文化馆系统自身正确的办学理念。一是要坚持以社会主义核心价值观为引领，大力弘扬中华民族优秀传统文化和时代精神，秉承"老有所学、老有所乐、老有所为、文化惠民，文化养老"的办学理念，积极推进群众文化老年事业的稳步发展，引领广大老年人群追求积极向上的精神文明生活方式，满足老年人文化需求多样性。二是坚持文化馆老年大学建设与现代公共文化服务体系建设以及文化馆免费开放相结合的原则，坚持以人为本的特色办学，充分发挥文化馆在公共文化服务建设以及全民艺术普及中的重要作用，不断探索创新，拓展老年大学办学思路和办学内容，努力办出成效，让办学理念落到实处。

（二）整合利用文化馆资源，扩大办学规模和影响

文化馆系统创办老年大学有着自身的优势和特点，多年的文化馆免费开放和艺术培训为文化馆老年大学提供了丰富的经验；文化馆软硬件设施的建设则为其提供了坚实的

办学基础;文化馆专业技术人员力量为老年大学提供了优质的师资力量。所以文化馆应该充分利用自身资源,最大限度地为老年大学的创办提供方便,发挥文化馆在文化艺术培训、群众文化活动组织等方面的优势,不断拓展服务内容,提高服务效能,突出特色,紧贴老年人实际文化需求,扩大办学规模和社会影响。

（三）探索有效的教学途径,建立标准化的管理模式

1.强化教学管理,建立完善的教务体系

建立科学合理高效的教学管理体系是办好文化馆系统老年大学的前提和保障。根据文化和旅游部办公厅关于开展全国文化系统老年大学规范化建设试点工作的通知精神要求,文化馆老年大学需逐步建立起务实高效、科学规范、安全有序的教学管理体系。

（1）建立高效的教务管理机构

文化馆老年大学需加强老年大学的教务管理,根据各自情况成立以馆长为校长、分管副馆长为常务副校长、培训部主任担任教务办公室主任、其他部门科室负责人为教务办公室成员的教务管理架构。通过这样的教务管理架构,进一步夯实老年大学的办学基础,确保文化馆老年大学有一个高效的组织保障。每年都由馆长室制定老年大学发展目标和年度工作计划,并布置落实、检查考核。

（2）建立教学设施现代化建设

文化馆应该利用场馆优势,加大对老年大学软硬建设设施的投入和升级改造。各级文化馆应该根据自身实际条件和老年大学的需求,整合场馆资源,拿出足够的场地和教室用于文化馆老年大学的教学,并根据老年大学的学员情况和课程设置,照顾到老年人群的身体条件和生理特点,在教学环境、设施配置、教学时间等各个方面尽量做到设施现代化和教学人性化。

（3）建立经费长效投入机制

"巧媳妇难为无米之炊",没有必要的经费保障,文化馆老年大学难以发展和提升。尽管文化馆开办老年大学没有任何专项经费的支撑,但是为了保障文化馆老年大学的正常开展和发展,文化馆应该严格按照国家和各省、市文化系统老年大学规范化建设试点工作要求,不断加大老年大学的经费投入,明确文化馆老年大学经费的来源和渠道,建立稳定的教学经费长效投入机制,为老年大学可持续发展提供坚实的保障。

（4）建立快捷高效的数字网络平台

现代社会是一个快节奏,高效率的信息化社会,尤其是"互联网+"时代的到来,文化馆老年大学一定要紧跟时代步伐,建立快捷高效的宣传网络平台。一方面文化馆应加快数字文化馆建设步伐,提升文化馆数字化服务水平,提高数字文化馆服务老年大学的能力,加大信息公开力度,扩大信息公开速度和范围,及时向社会公布有关老年大学的招生培训计划,让广大群众对文化馆老年大学办学情况有第一时间的了解。另一方面,努力构建高效的数字网络管理模式,建立方便快捷的网上报名系统、慕课教学系统以及教学资源下载系统;依托传统的电台、报刊以及数字文化馆中的公共文化云、文化馆网站,以及文化馆微信公众号、地方自媒体以及班级微信、QQ群等信息发布平台,对文化馆老年大学办学情况进行全方位、多角度的报道和宣传,扩大老年大学的社会效益。

2.注重教师队伍建设,创立有效的教学方法

（1）建立相对稳定的教师队伍管理机制

注重教师队伍的建设,保证教师队伍的质量,是创办老年大学的重要前提。文化馆应该通过多方努力建设起一支专业强、素质高的教师队伍。文化馆老年大学教师队伍应该以文化馆业务骨干为主,同时也需要向社会访才纳贤,建立文化馆老年大学教师人才库,满足老年大学办学需求。对社会老师实行聘任制,发放聘任证书,签订聘任合同,增强受聘老师的责任心、使命感。

由于文化馆老年大学是非学历性,课程设置和安排要根据群众需求等实际情况而定,每年的课程和教师都会有变化。为此,文化馆应遵照"能者为师"的原则积极建立老年大学教师人才库。对机关、企事业单位、高校、文化志愿者中有一定专业水平,并愿意为老年大学服务的人士进行登记,充实文化馆老年大学教师后备力量。当然文化馆应对外聘的教师要发放一定的讲课金,让老师在付出辛勤劳动和志愿服务的同时,得到一定的回报。

（2）以人为本,加强教材建设

文化馆老年大学是老年人继续教育的一个载体,教材是体现老年大学教学内容和教学方法的知识载体的直接表现,是进行教学的基本工具,是提高教育水平、教育质量的基本条件。但从目前文化馆老年大学教材使用上来看,大多带有很大的随意性,没有形成统一的标准和要求。因此,文化馆老年大学应该以人为本,加大教材及教学实践研讨和论证。

一是理论与实际相结合。老年人有丰富的阅历和各种经验和技能,有很强的思维和分析能力,教材应当以实用技艺、方法为主,配以适当的理论基础知识。

二是简明与新颖相结合。教材应当简明扼要,宜浅不宜深,宜少不宜多,宜活不宜呆,便于老年人记忆掌握,要尽可能使老年人学得轻松、没有太大的压力。

三是静态与动态相结合。书本可以看,是静态的,但学习工具如配以音像等动态方面的教材,更能增加老年人学习兴趣,这样可以把知识性、趣味性、实用性、娱乐性融为一体。

四是统编与自编相结合。教材的编选在按照总的教学大纲的前提下,要围绕学员的需求,社会的需求,要知道学员需要什么,社会需要什么,在可能的情况下相应地设置一些课程,编选相应的教材,提高教材选择的实用性和灵活性。

（3）建立健全相关各类规章制度

俗话说:没有规矩,不成方圆。建立完善的、科学合理的教学管理制度,对提高学校的教学质量,提升学校的形象起着重要的作用。根据教务管理需要,文化馆老年大学应该建立起一套完善的规章制度,其中包括诸如文化馆老年大学馆务会议制度,老年大学教师聘用管理制度,教室管理制度、课堂教学要求、课程设置、教室使用制度、优秀老师、优秀学员评选方法、班级制度、教学安全管理制度、治安防火工作制度,等等。在老年大学开展的教学过程当中,严格按照各项规章制度有序规范地开展教学管理工作。特别是高度重视学

员的安全管理,防患于未然。

3.建立完善教学效果评价机制

通过建立文化馆老年大学教学效果评价机制,能有效地促进教学质量,提高教学水平。

（1）随堂听课

馆领导每学期都有针对性地进行随机听课和有针对性的听课。对学员评价不高的教师或评价高的教师都进行随堂听课。及时真实地了解教师的教学基本功教学水平,专业水平。

（2）定期抽查教师的备课本

定期了解教师的课前备课情况,抽查教师的备课笔记,促使教师课前充分准备,上优质高效的课。

（3）学员满意度调查

馆教务办公室每年都会教课情况,对开设课程及任课老师进行满意度调查,发放满意度调查表,满意度调查表作为教学质量的重要内容存档备案。

（4）建立奖惩并举的正负激励考核机制

老年大学通过优秀老师、优秀学员的评比,进一步提升教师、学员的积极性。对优秀老师和优秀学员进行适当的精神和物质的奖励;对满意度低的老师要进行谈话,对出勤率低的学员要进行提醒教育,对出勤率低于三分之一的将不予毕业,不发结业证书。

4.创建特色办学之路,促进老年大学持续发展

文化馆老年大学应坚持走有自己特色的办学之路,促进老年大学可持续发展,不断扩大社会影响力。

（1）坚持以人为本,共性和个性相结合

文化馆老年大学应秉承"老有所学、老有所乐、老有所为、文化惠民,文化养老"等办学理念,坚持以人为本,满足不同老年群体的多层次需求。办学过程中,应事前调研,事中跟踪,事后总结,不断了解老年人对老年大学的期望。在课程安排上,老年大学应有声乐、舞蹈、书法、绘画等传统的共性课程安排,也应有如空竹、编织、古琴、太极等个性课程,做到共性与个性相结合;在时间上,文化馆老年大学也应做到人性化安排,如针对有些老人白天没时间,晚上有时间的问题,开设老年大学夜班课程,满足不同层次人群对文化艺术的渴求。

（2）坚持老年教育与文化惠民相结合

文化馆老年大学是现代公共文化多服务体系建设的必然产物。因此,文化馆老年大学一开始就要把办好老年大学与构建现代公共文化服务体系结合起来,坚持全公益,全免费,让文化惠民与老年大学相互融合,可以把使更多的老年人享受到文化惠民带来的红利,促进公共文化均等化发展。为了满足市民"在家门口就能上老年大学"的愿望,文化馆老年大学可尽量利用社区的各种场地开展公共文化服务,扩展文化馆老年大学文化惠民的辐射范围。

（3）坚持学有所用与因人施教相结合

老年大学是老年人精神家园,是老年人追求知识,追求时尚的重要场所。因此,文化

馆老年大学在教学课程设置上,坚持学有所用与因人施教相结合的原则,不断优化课程设置,满足广大老年人的兴趣、审美、时尚的追求,让他们学有所乐、学有所用。

(4)坚持"请进来"与"走出去"相结合

在文化馆老年大学办学中应该注重创新发展,注重社会资源的整合利用。坚持走"请进来"与"走出去"相结合的发展思路。一方面,文化馆老年大学要对社会上热点有所关注,一旦出现老年人喜闻乐见的艺术课程,就花大力气请老师到老年大学来开班授课,让文化馆老年大学始终跟着时代潮流前进;另一方面,通过文化馆老年大学的培训,让学员中学有所成的文艺骨干成为艺术普及的"播种机",积极鼓励他们到所在社区去"传、帮、带",最终形成"点、线、面"的教学传播模式,最大限度地发挥文化馆老年大学的社会效果,推动现代公共文化服务体系的构建以及群众文化事业的大繁荣大发展。

(5)整合社会资源,探索建立文化馆老年大学"文化养老"公益联盟体系

文化馆老年大学办学过程中一定要注重创新发展,充分整合利用社会资源,探索走文化馆老年大学"文化养老"公益联盟体系。目前,老龄化已成为我国社会发展一大特点,"文化养老"已成为最大的"朝阳产业",许多机关、事业单位以及社会企业都很关注并积极开展了各类老年事业工作。文化馆要主动与民政部门、人力资源部门等和老年事业有关的机关事业单位以及社会一些从事老年医养事业的社会企业进行资源共享与合作,在地区内开展"文化养老"联盟体系建设,发挥文化馆在地区"文化养老"中的引领作用。

总之,在我国人口老龄化问题日益突出时代背景下,在构建现代公共文化服务体系的浩荡春风中,文化馆系统将以此为契机,积极探索,努力创新,锐意进取,开创一条"老有所学、老有所乐、老有所为、文化惠民、文化养老"的文化惠民新途径,把文化馆老年大学办好,为彻落实中华人民共和国公共文化服务保障法,构建现代公共文化服务体系,促进社会和谐稳定做出自己应有的贡献。

参考文献

[1]李其惠.在公共文化服务体系建设中如何发挥文化馆的作用[J].四川戏剧,2009(1):29-131.

[2]文化馆将在现代公共文化服务体系建设中发挥重要作用[EB/OL].[2014-03-17].http://www.fdi.gov.cn/1800000121_21_58494_0_7.html.

[3]王文超.我国老年大学发展探析[M]//中国教育研究论丛编委会.中国教育研究论丛.北京:中国言实出版社,2009:56-58.

[4]戴珩.公共文化服务体系200问[M].南京:南京师范大学出版社,2013.

[5]张都爱.构建公共文化服务体系 促进公共文化服务均等化[J].保定学院学报,2012(3):20-24.

[6]2018年中国人口老龄化现状分析及人口老龄化趋势预测[EB/OL].[2018-05-17].http://www.chyxx.com/industry/201805/641672.html.

[7]刘婧.基于我国"在宅养老"模式下的城市老年人居住环境设计研究[D].北京:北京交通大学,2011.

青岛市文化馆文化志愿服务的实践探索

李凤艳　孙文丽（青岛市文化馆）

　　随着青岛市公共文化服务体系的推进，以广场周周演、"微演艺"以及"艺术彩虹"走基层等形式开展的系列文化品牌活动，覆盖面和影响力持续增长，而文化志愿活动作为其中的重要一环，释放出巨大的能量。本文结合青岛市文化馆文化志愿服务基本情况，分析典型案例，探索建立文化志愿服务的创新机制，以期应对挑战，推动我市文化志愿服务工作的健康、快速发展。

一、青岛市文化馆文化志愿服务基本情况

（一）文化志愿者及分类

1. 文化志愿者与文化志愿服务

在 2016 年文化部印发的《文化志愿服务管理办法》中提到，"文化志愿者，是指利用自己的时间、知识、技能等，自愿、无偿为社会或他人提供公益性文化服务的个人。"[①] 文化志愿者自愿、无偿地服务他人和社会的公益性文化活动，可以统称为文化志愿服务。

2. 文化志愿者分类

"文化志愿服务组织单位应按照专业技能、服务对象等对文化志愿者进行分类管理。"[②] 在此基础上，我们将这文化志愿者分为服务型和技能型，即文化志愿者服务队和文化志愿者艺术团。前者主要从事各类公益文化活动的前期现场各项准备；活动期间引导、讲解、秩序维护；活动后期现场收尾、相关材料协助整理等。后者主要参与公益性群众文化活动、开展文艺技能培训、参加各种公益文艺演出及相关宣传文化工作，丰富群众精神文化生活。除此之外，后者更突出戏剧、曲艺、音乐等文艺特长。

（二）青岛市文化馆文化志愿者构成

1. 人员构成

结合文化馆工作实际，青岛市文化馆文化志愿者以专职骨干为主、社会兼职队伍为辅

---

① 《文化志愿服务管理办法》第一章第二条。
② 《文化志愿服务管理办法》第三章第十一条。

的原则,建成了二者相结合的立体服务体系。粗略估计文化志愿者有 6000 余人。除了文化系统在职和离退休人员,还有在青高校教师、学生、老年大学等文化活动积极分子,此外还大量吸纳在音乐、舞蹈、曲艺、表演、书法、美术、摄影等领域有一定特长的社会人员。

市文化馆联合各区市文化馆组建了 2500 余人的"艺术彩虹"群文辅导团,依托在全市建立的 20 个市级示范辅导点、100 多个区级示范辅导点,年培训群众和基层文化骨干 20 万余人次,带动了公共文化的蓬勃发展。同时,积极扶持优秀基层群众文艺表演团队参加演出和比赛。

吸收社会知名专家学者,组建专家库,通过老年艺术大学和非物质文化遗产中心、大规模比赛邀请评委等平台和渠道,已储备优秀和高级师资人员 500 余人。

青岛市文化馆社会文化志愿者,经过多年的积累,共有 1300 余人,包括大学生文化志愿者、其他在读学生、企事业宣传干部。

文化系统在职和退休人员,主要指不包含文化馆及区市文化馆在岗员工人员,粗略估计有 600 余人。这些或是文化馆退休员工或是其他文化战线上的在职员工,积极参与文化馆举办的各类活动和比赛,为我市文化志愿者储备了优秀人才,提升了公共文化服务的档次。

青岛市文化馆老年艺术大学 2017 年 9 月开办至今,录取学员 800 人,开设模特、古筝、书法、声乐、合唱、水彩、朗诵、舞蹈、拉丁舞、二胡等 15 个专业课程,并定期举办阶段性教学成果汇报展示。老年艺术大学坚持自身的艺术特色,聘任专业领域内的知名教师,通过艺术专精的办学思路,保证高品质的教学质量。

2. 招募途径

从招募途径来看,青岛市文化馆文化志愿者除了传统的群文辅导团,主要有馆办团体、专家学者、以赛推优、老年艺术大学优秀学员推荐及社会招募等途径。

表 1 青岛市文化馆馆办团体及数量

馆办团队	群星合唱团(少儿、青年、老年)	京剧票友社	民乐团	残疾人艺术团	儿童剧社	舞蹈团	模特队	《青岛群众文化》通讯员	合计
人数	150	60	80	30	10	150	60	100	640

为了不断满足岛城公共文化服务发展和人民美好生活的需要,青岛市文化馆充分发挥人才优势、资源优势和专业优势,积极扶持馆办团队建设,加强群众文化辅导队伍建设,积极构建覆盖全市的群文辅导网络。通过培训辅导,让流动服务常态化,满足公共文化服务体系的建设需要。

整合人力资源,把全市已退休和在职的专业、业余文艺骨干汇集到一起,建立了公共文化编外专家名录库和优秀节目资源信息库,形成一个庞大的艺术辅导人才体系,极大地促进了农村和基层文化建设。

向社会公开招募志愿者,在 2015 年进行了初步探索。青岛市非物质文化遗产保护中心成立了青岛市非物质文化遗产保护志愿者组织,40 位热心文化事业的市民成为首批青岛市"非遗"保护志愿者,这些志愿者集中在在校大学生、中青年、老年人等人群中。

以赛推优,激活文化志愿者服务。文化馆(站)虽然资源众多,但是过于分散,难于集中。青岛市文化馆通过举办"五王大赛""海燕奖"青岛市原创文艺大赛等比赛,选拔出优秀的文化人才和文艺节目,组建"艺术团"走基层进社区,把优秀节目送到老百姓身边,实现资源整合,激活了社会文艺活动的参与热情和影响力。

老年大学学员毕业后经引导进入艺术团体,成为青岛市文化馆的文化志愿者。一方面使老年人的价值诉求得到了充分的满足,另一方面满足了公众自发性开展文化活动的需求。

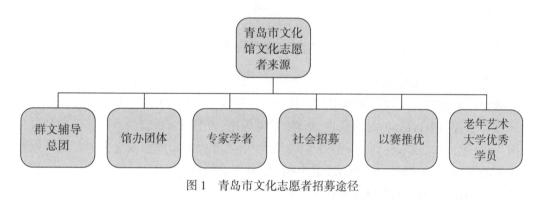

图1　青岛市文化志愿者招募途径

二、青岛市文化馆文化志愿服务的典型案例和创新模式

随着青岛市公共文化服务体系的转型和升级,公众对于公共文化的需求不仅仅限于唱歌跳舞等基本文化需求,对公共文化服务的内容和品种的丰富性提出了更高层次的要求。

青岛市文化馆积极整合资源,提升文化志愿服务水准,建立了一系列具有自身品牌特色的志愿服务项目。如近年兴起的传统曲艺剧场"群星书场"团队及入选了2016年基层文化志愿活动典型案例和文化志愿服务团队的青岛市文化馆五王艺术团文化志愿服务、群星儿童剧社。它们分别代表了青岛市文化志愿服务的两种新模式,即"以赛推优"和"搭平台创品牌"文化志愿服务新模式。

(一)"以赛推优"模式——"五王艺术团"文化志愿者

青岛市"五王大赛"自2014年底成功启动以来,在短短六年时间内,已经吸引十几万来自全国各地乃至世界各国的民间高手参与比赛。除了带动岛城基层文化因子的活跃与生长之外,更重要的是形成了一系列以"五王"命名的公共文化服务项目及产品。其中青岛市五王艺术团文化志愿服务团队,它以青岛市文化馆为总团,依托十区市文化馆为10个分团,团员不仅包括比赛中荣获歌王、舞王、秀王等优秀选手,也有各区市阶段赛选出的"王者",共同组成。"五王艺术团"文化志愿者在带动城市基层团队及社会优秀团队加入的同时,也触发了来自基层的群众文化力量,为文化志愿服务奠定了坚实的群众基础,成为青岛近年来公共文化服务的成功范例。

"以赛推优"的文化志愿者发展模式,弥补了市民文化需求提升和文化志愿者发展迟缓的短板。大规模的比赛,能在相对较短的时间,选拔出大众喜欢的优秀人才和节目,有利于文化馆合理配置资源,及时调整政策提升公共文化服务质量。青岛市文化馆按照服务内容高端化、服务方式多样化、活动安排常态化的要求,把"五王艺术团"文化志愿者组成演出小分队,深入社区、农村、商场等公共场所,深入省定200个贫困村,全年演出300余场,让更多的市民享受到优质文化资源。由青岛市"五王"大赛孕育而生的青岛市"五王艺术团"文化志愿者队伍,以"五王大赛"为驱动,上下联动,起到"带动一条线,激活一大片"的作用。

(二)"搭平台创品牌"模式——群星儿童剧社、群星书场

由青岛市文化馆打造的"群星"儿童剧社,成立于2015年,2016年荣获文化部文化志愿服务团队称号。其编排并演出的《丑小鸭》,连续4年都参加了"春雨工程"——全国文化志愿者边疆行活动,赴内蒙古、新疆、甘肃等地,为上万名边疆少数民族儿童举行公益演出,反响极为热烈,受到当地孩子们的极大欢迎,开创儿童剧加演之先河。儿童剧社志愿服务团队,每年携经典儿童剧《丑小鸭》下基层、进社区,先后走进城阳区、市南区多所幼儿园,为几千名小朋友以及该社区新市民儿童举行了多场公益演出。

"群星书场"是青岛市首个曲艺惠民演出场所,自2017年开始,在春节、端午节等节假日为岛城观众献上了多场曲艺专场演出,赢得了良好口碑。依托"青岛群星书场",将整个岛城曲艺力量形成合力,为非遗进校园、演出进社区、城际间交流等提供多种惠民服务方式。市民在这里不仅能近距离感受传统艺术的独特魅力,欣赏到久别舞台的老曲艺名家的精彩表演,更可以对新创作的曲艺作品先睹为快,同时也为岛城的曲艺爱好者搭建起一个交流表演的平台。

这两个志愿服务团队,以80后、90后年轻人为主,是青岛市文化馆为充分调动年轻同志工作热情,借助"春雨工程"、文化馆等平台创建的志愿服务品牌。不同于来自馆办团队和专家学者的文化志愿者,或是专业性欠缺或是年龄偏大等特点,这两个团队专业强、技能高,最主要是年轻有活力,他们自觉吸纳身边的同行或爱好者,汇集了一大批戏剧、曲艺爱好者,他们自己创作改编剧本,自导自演,为喜爱戏剧和曲艺的观众提供既好看又有吸引力的公益服务。

三、青岛市文化馆文化志愿服务的经验启示

(一)转变思维,创新文化志愿服务模式

青岛市文化馆文化志愿服务除了传统的培训辅导、社会招募等方式外,积极转变思维,利用自身平台和人才资源优势,从新时期文化馆的职能定位出发,扩大公共文化空间

意识,把固定场馆和流动服务相结合。

公共文化服务领域不局限于馆内阵地和城市核心广场,而是尽可能扩展至基层社区、养老院、火车站、汽车站、飞机场甚至农村的田间地头,特别重视偏远地区和贫困村,推动建立文化志愿服务的全覆盖。面对偏远地区甚至城市基层文化建设起步较晚的社区,由于基础性资源配置不到位,文化志愿服务重要性尤为凸显。以"五王艺术团""艺术彩虹"辅导团为代表的青岛市文化馆文化志愿者积极进社区、进贫困村,用新鲜、灵活的表演形式,把文艺表演送到市民百姓身边,成为岛城文化志愿服务的制胜法宝。

青岛市文化馆文化志愿服务团队的足迹已遍及岛城各个角落,从过去公共文化服务建设的有益补充逐步发展壮大为公共文化服务建设的重要力量,是繁荣全市文化工作的一支生力军。

(二)提升档次,优化文化志愿服务内容

随着公众对文化需求品种与水平的提升,单纯的唱歌跳舞已无法满足多样化的文化需求,这就要求文化馆在开展文化活动中,在源头上自我提档,多输出门类丰富、内容精彩的文化产品。近年来,青岛市文化馆文化志愿服务队伍,特别注重吸纳觉悟高、技能强、专业水准高的青年人,利用他们的专业和人气,组建拉丁舞、模特队等热门专业队伍,大力培训辅导文艺志愿者,同时也开展戏剧表演、曲艺演出等高精尖的"小众"文化活动。从大众到小众,两手一起抓,多面开花,用形式多样、内容丰富的文化志愿活动满足不同群体需求。

以"群星书场"志愿服务团队为例,为了打响知名度和影响力,最开始经常邀请国家级非物质文化遗产传承人、相声表演艺术家等众多曲艺名家表演经典曲艺作品,在这个舞台经常能见到岛城老中青三代同台献艺的盛景。通过几年的培养,观众越来越多,年轻的曲艺文化志愿者得到了很好的锻炼,"群星书场"开启了"周末喜相逢"专场,每周五固定时间和地点表演评书联播,青年志愿者们在把经典段子献给观众的同时,积极提高自身技艺,挑战长篇评书,优化服务内容。

(三)注重实效,发挥文化志愿活动的品牌效应

随着青岛市文化馆文化志愿服务队伍的不断壮大,多样化志愿服务活动的深入开展,文化馆志愿服务工作迈上了新台阶。2017年,青岛市文化馆、青岛市非物质文化遗产保护中心的传统的"非遗进校园"活动借助了"五王艺术团"的形式,将参与演出的十几位传承人吸纳进青岛市非遗保护志愿团。艺术院团、项目传承人的积极参与,使得传统文化进校园在青岛形成了品牌效应。

青岛市非遗保护志愿服务团吸纳的传承人,都是享有极高声誉的艺术家,让演出高度成熟,极具艺术能量。如胶东大鼓国家级代表性传承人梁金华,茂腔省级代表性传承人张梅香,柳腔省级代表性传承人袁玲,国家一级演员文华奖双料获得者京剧名家龚鲁阳等。在节目选择上,以曲艺类为主,包括胶东大鼓、山东快书、茂腔、坠琴、变脸、相声、京剧等多

种传统艺术形式。开展"非遗进校园"五年来,累计演出百余场,受益学生达 10 万人之多,助力了青岛非物质文化遗产的传承与发展,发挥了文化志愿活动的品牌效应。

为了加强文化志愿服务规范化管理,2019 年下半年,青岛市文化馆将出台《青岛市文化馆文化志愿者招募细则》及《青岛市文化馆文化志愿者管理细则》,并将依托数字化平台对文化志愿服务做好志愿者注册、招募、培训、表彰等事项,推动文化志愿服务规范化、常态化、数字化发展。而随着文化馆数字化平台建设的推进和智能手机的极大普及,未来的"互联网＋文化志愿服务"工作模式在为文化志愿服务提供便利的同时,必将对其服务方式、服务内容、服务效能提出更高要求。

参考文献

[1] 文化志愿服务管理办法 [EB/OL]. [2019-04-06]. http://www.sdwht.gov.cn/html/2016/llqy_0808/35830. html.

[2] 刘显世 . 山东省文化志愿服务探析 [J]. 学术论坛,2018（6）:20-24.

构建县域群众文化一体化辅导机制

马德良（绍兴市上虞区道墟街道文化站）

进入新时代，县级文化馆在物质层面上是一个地方的公共文化设施，在功能层面上更是县域的群众性文化组织辅导体系的龙头。因而，文化馆必须立足服务区域人民群众的基本文化需求，把全区域群众性文化活动"管"起来，重点推动优质资源和服务向基层延伸，实现全域群众文化均衡发展。然而，现行文化体制、机制、资源等难以下沉，城乡文化差异明显，为此，需要以县域文化馆为龙头，以镇村文化中心为支撑，借助互联网载体，建构县域群众文化辅导"资源统筹、信息互通、服务下沉、志愿参与"的一体化机制，不断提升文化馆服务农村的自觉性，实现县域群众文化一体化发展格局。

一、构建县域群众文化一体化辅导机制的必要性

群众文化辅导是基层文化馆的基本职能，文化馆通过辅导指导和引领基层群众的文化创造，提升群众文化技能，施展群众文化才能，实现新时代群众文化繁荣。构建县域群众文化一体化辅导机制有利于更好地落实文化馆的辅导职能，更好地实现全民艺术普及，更好地培育和践行社会主义核心价值观。

（一）有利于更好地落实文化馆辅导职能

文化馆是地方政府设立的群众文化事业单位，其宗旨是组织辅导群众文化活动，活跃群众文化生活。其主要职能包括举办各类展览、讲座、培训等，普及知识，开展教育，提高人民群众的综合素质，指导群众业余文艺团队，辅导和培训文艺骨干等。然而，近些年文化馆的辅导职能有所削弱，回望历史，我们不难发现，文化馆的社会认知度不高，文化馆的培训辅导面狭窄，很难看到文化馆干部深入到农村、农民之中开展工作。此外，乡镇文化站干部人员不足、专职不能专用，形成农村文化辅导鞭长莫及的局面。只有加快构建县域群众文化一体化辅导机制，资源统筹、服务下沉，才能更好承担政府赋予文化馆的工作职责，推进城乡均衡发展，不断满足农村农民日益增长的文化需求，实现县域群众文化共同繁荣，促进乡村振兴，提升文化馆的社会认知度。

（二）是实现全民艺术普及的关键所在

开展全民艺术普及是全面实现小康社会的重要内容，更是保障人民群众文化权益，

引领社会风尚,铸就中华民族伟大复兴的"中国梦"的灵魂所在。全民艺术普及从宏观看,在于公民艺术素养培训,开展面向所有人的审美教育,促进人的全面发展;从微观上看,全民艺术普及在于丰富个人生活内容,提升个人审美情趣和文化技能。由于城乡差异,城市开展艺术教育的条件优于农村,我们不难看出,全民艺术普及的重点在农村,关键在农民的艺术普及和素养提升。实现全民艺术普及是文化馆新时代的重要任务,群众文化辅导又是实现全民艺术普及的主要手段。因此,只有创新机制,探索文化辅导新路径,构建县域群众文化一体化辅导网络,运用好网络大数据,实现县域群众文化需求和文化辅导资源的精准对接,实现高效配送、高质量辅导、全网络推进,才能加快补齐农村文化艺术普及短板,更好地推进全民艺术普及进程。

(三)有利于践行社会主义核心价值观

习近平总书记精辟地指出:"核心价值观是文化软实力的灵魂、文化软实力建设的重点。这是决定文化性质和方向的最深层次要素。"新时代文化馆肩负文化建设的重任,必须自觉践行社会主义核心价值观,运用各种文化形式,生动具体地演绎社会主义核心价值观。群众文化辅导具有示范和引领风尚的导向作用,因此,构建县域群众文化一体化辅导机制有利于体现文化馆的主导作用。这要求我们正确把握辅导工作导向,用高水平的艺术作品告诉人们什么是"真善美",什么是"假恶丑",在辅导工作中增强识别、鉴赏能力,启发和引领群众自觉地开展寓教于乐的文化活动。

二、构建县域群众文化一体化辅导机制的可行性

随着农村公共文化服务体系的建设发展,日益完善的镇村文化设施为构建县域群众文化一体化辅导机制提供了物质基础,城乡大数据网络为其提供了信息支撑,区域文化资源融合发展为其提供了人才保障。

(一)镇村文化设施的完善为县域群众文化一体化辅导提供物质基础

近年来,各地积极推进农村公共文化服务体系建设,乡镇以"补齐短板、提升效能"为目标,加快文化站设施达标建设,乡镇综合文化站基本实现全覆盖;村级文化中心建设全面发力,逐渐普及,如浙江以标准化配置全面建设村级文化礼堂,自2013年试点推进,连续6年高标准建设,截至2018年底,全省建成文化礼堂1.1万家,到2022年有望实现全覆盖。镇村文化设施的不断完善,为县域群众文化一体化辅导提供了坚实的物质基础。镇村文化设施为当地群众开展文化活动提供场所,一方面可以凝聚文艺骨干,共同开展文化艺术创造和文化体验;另一方面也为文化馆开展基层辅导提供场所和设施,完善服务网络,便于文化辅导向基层有序推进。

（二）城乡大数据的快速发展为县域群众文化一体化辅导提供信息支撑

遍及城乡的互联网缩短了城乡距离,大数据为乡村治理提供了便捷的信息支撑。DT时代有了云计算基础,数据的开放、流动、共享成为可能。大数据成为服务大众,激发生产力的动力。当前,各地积极开展数字文化馆建设,利用互联网,开展各种线上线下活动,迅速便捷地把公共文化融入人民群众生活之中。在文化馆群众文化辅导中,融入互联网技术,及时掌握群众需求信息,开展网格化辅导,有利于提高辅导针对性、互动性和实效性。同时,利用"互联网+",可以探索开展网络辅导,以点带面,全面普及工作。如浙江文化馆积极探索DT时代文化辅导"慕课",高速高效开展文化技能普及,提升新时代文化辅导工作效能。

（三）县域文化资源的融合为县域群众文化一体化辅导提供人才保障

随着现代公共文化服务体系的不断推进,各地以"资源整合、服务下沉"为指导,积极构建文化馆总分馆制建设,实现区域文化资源共建共享、融合发展;同时,新时代群众文化的多样化发展,催生了遍及城乡的文化志愿者队伍的发展,各地纷纷建立文化志愿者队伍,组织各种文化志愿活动,实现文化服务经常化、规范化、网络化发展,仅浙江农村公共文化服务中就拥有文化志者3.5万人,弥补了文化馆专业队伍数量不足之短板。县域文化资源的融合,丰富了区域群众文化辅导资源,多样化的艺术门类、多层次的艺术人才为县域群众文化一体化辅导提供人才保障,他们以精湛的专业技能、热情的服务在农村文化辅导的绘画、音乐、表演、写作、舞蹈、曲艺、摄影、书法等多个艺术门类中服务基层群众。

三、构建县域一体化群众文化辅导的策略

构建县域群众文化一体化辅导是一项系统工程,必须以县域文化馆为龙头,镇村文化中心为支撑,借助互联网载体和各级文化人才队伍的积极配合,坚持以"资源统筹、信息互通、服务下沉、志愿参与"为指导,不断提升文化馆服务农村的自觉性,提升引领群众文化走向繁荣的能力。

（一）资源统筹,形成县域一体化辅导标准

构建县域群众文化一体化辅导机制,必须强化县域文化馆的主导地位,统筹好县域服务信息平台,建立统一工作机制,这样才能保证县镇村辅导服务有序运营。

首先,加强领导,建立统筹县域群众文化一体化辅导体系。构建县域群众文化一体化辅导体系,领导是关键,组织是保障。各地必须统一认识,以总分馆制体系为基础,拟由县文化馆成立领导小组,抽调相关专业人才组成专门工作班子,既要有组织领导,又要有不同文化专业和精通信息网络的技术人员,形成县域群众文化一体化辅导的需求征集、供给策划、资源储备、组织配送、信息反馈等全套程序,提高镇村文化辅导供给的执行和协调能

力,同时,资源整合中要统筹县域文化志愿者队伍,分类建成资源库,实现统一组织、统筹协调的工作机制,保障辅导一体化的系统性和高效实施。

其次,加大投入,建立文化需求信息征集的平台。信息化平台是一体化基础,加大投入,保障重点,建设县域群众文化信息征集反馈网络,依托数字文化馆平台,或借助其他网络平台,建立一个覆盖县域的县镇村信息对接点。浙江省于2016年初建成覆盖村级网格的"四个平台"网络,其功能包含了基层公共文化服务需求征集,各地文化馆要主动对接,发挥平台作用,广泛征集需求。

第三,加强协调,提高文化辅导工作效率。协调是构建县域群众文化一体化辅导体系重点。明确工作职责,集中人力优势、资源优势,可以确保重点,完成镇村范围内完不成的任务。从一体化系统整体看,乡镇文化站、村文化室是系统的信息点,要及时收集文化信息,逐级反馈,按级做好需求收集,发挥县级一体化的指挥体系,及时调动辅导资源,准确完成辅导任务。只有加强协调,发挥优势,才能提高一体化辅导机制的工作效率。

(二)统一管理,落实一体化辅导供给规范

构建县域群众文化一体化辅导体系要求我们充分认识文化供给的重要性,县域制定统一规范,统一服务配送,上下联动,实现精准辅导,这样才能使整个系统运行有序。

首先,统一标准,建立县域文化辅导供给菜单。文化辅导供给菜单是一体化供给的基础工作,县域内点多面广,需要统一标准,服务项目、内容、方式都要有明确标准,不能随心所欲。文化辅导供给菜单是县域文化馆服务能力的体现,反映一个区域的资源状况和服务水平,便于点单服务。因此,这个菜单制作,必须由县域提供标准,镇、村分类构建,文化馆汇总、协调、统筹组织、分类供给。

其次,统一服务,县域内实现资源共建共享。文化辅导一体化供给目的在于服务区域群众,使有限的文化资源在服务基层中发挥最大作用。用创新的思路和办法,加强资源整合,依托"智慧文化云"信息化平台征集需求,有序开放,服务社会。要按照艺术生产和管理要求,结合重大文化艺术活动,抓住公众的需求,组织专题文化艺术辅导,以供给侧结构调整为动力,丰富县域文化馆资源储备,充分发挥文化辅导的社会效益。

第三,创新服务,实现县域一体化辅导全覆盖。积极探索"互联网+"技术,实现文化辅导的"可复制",对于同一文化需求,可以利用互联网技术,实现网络辅导,以一点带全面,实现辅导方法全面普及,县域一体化辅导促进文化服务全域覆盖。

(三)明确责任,提升一体化辅导的工作效能

要提升工作效率就要提高执行力。提高一体化辅导的执行力,必须着眼落实责任,上下联动、绩效评估等方面工作。

首先,落实责任,各司其职抓落实。建立县域一体化辅导机制,必须明确文化馆、文化站、文化室及相关责任人的工作任务,例如,县级文化馆要全面统筹,部署工作,构建县域文化业务干部和文化志愿者组成的人才资源库,专人负责各艺术门类的人才资源配送,辅

导任务到人;乡镇站要精针对接协调配送,做好辖区文化礼堂的辅导,村级要落实需求征集、辅导工作的后勤保障等。

其次,上下互动,有机衔接促落实。一体化机制自上到下,就像一台机器的各个零部件,要想机器运行高效,必须确保各点位的正常协调运行。既有自下至上的信息征集反馈系统,又有自上而下的指挥系统,只有上下互动,保证辅导需求信息精确,实现无缝对接,确保一体化辅导机制的高效运作。

第三,强化考核,奖优罚劣提绩效。考核是检验工作效能最直接的方法,目标在前,监管其中,奖罚在后。建立一体化辅导机制,必须详细制定工作目标和规划,明确各工作职责和纪律,细化考核内容,落实奖惩措施,实施有效监管,促进文化辅导一体化机制步入科学化、法制化、专业化发展轨道。

参考文献

[1] 马国珍 . 新时期文化馆辅导培训职能建设之我见 [J]. 民族音乐,2014（3）:101-102.

[2] 郑永富 . 群众文化辅导学 [M]. 杭州:浙江人民出版社,1995（7）.

江南皮影融入都市文化　青春力量传承非遗艺术

——浅谈如何将传统皮影戏进行创造性转化和创新性发展

黄之琳（上海市长宁民俗文化中心）

党的十九大对于传承弘扬中华优秀传统文化有了重要论述,于是,如何推进中华优秀传统文化,尤其是如何对皮影戏这一人类非物质文化遗产进行创造性转化、创新性发展,对于上海市长宁民俗文化中心来说是一个重要课题。

2007年,长宁皮影被评定为非物质文化遗产区级保护项目,它由七宝传入长宁,属于海宁皮影的一脉。它偏重于彩绘,显得色彩斑斓,与西郊农民画、江南丝竹、沪剧等非遗项目曾一同走出国门,让世界人民感受江南文化特色,享誉海内外。然而,作为具有中原乡土气息的传统艺术,皮影在上海这个国际大都市中,近年来的发展屡屡受挫,演员队伍后继无人、剧目内容墨守成规、人偶造型刻板呆滞,这些问题严重阻碍了皮影艺术都市化发展的步伐。那么,如何将皮影艺术融入都市文化、融入民众生活,如何进行创新性转化和创造性发展,如何将该非遗项目活态传承下去? 我们在创排新剧、内容选择、组建团队、培育观众等方面,进行了一系列自我革新。

一、创新江南皮影,对接上海三大文化品牌建设

为了推动皮影艺术创造性转化、创新性发展,长宁民俗文化中心将其以皮影音乐剧的形式,采用普通话作为基础语言,选取现代通俗音乐为唱腔,创作"立得住、留得下、传得开"的优秀新作。

图1　原创皮影音乐剧《孔门弟子》剧中人物秦冉（右）和美女（左）的人偶造型

2017年,为了结合"城市空间艺术季"开幕式活动,青梦圆皮影团创编了新剧《当心不要拐高》,适度地加入了沪剧音乐和部分沪语,体现鲜明的上海地域特色,又将沪剧和皮影戏有机地结合起来,突出江南皮影特色。该剧最终在时间紧任务重的情况下,于2017年10月28日正式演出。

不仅在皮影戏语言上创新,长宁民俗文化中心更多地在皮影音乐上进行了

尝试。为了更方便推广,更贴近大众,长宁皮影一改传统皮影选用一整套固定唱腔的形式,而采用现代音乐剧的元素,用音乐对应人物形象的表现手法,让皮影音乐为塑造更丰富的人物形象而服务。因此,在新剧《孔门弟子》中,不仅有用于人物对白的歌曲音乐,有配合剧情发展的背景音乐,还有补充人物动作的仿声配乐,更有丰富剧情、穿插舞蹈的合唱音乐。正因为有如此众多的音乐素材,使整出皮影戏在听觉效果上丰富多彩、跌宕起伏。

除了语言和音乐这些艺术表现手段的创新,长宁皮影更在内容和题材上有所创新,更贴近上海国际大都市的文化内涵。结合上海市委 2018 年提出的打造"三大文化品牌"的发展目标,特别注重红色文化、海派文化、江南文化题材的作品,同时结合精神文明建设、家风家德家教建设、社会主义核心价值观建设等领域,开展了一系列的剧目创作。2019 年,将结合创世神话、新中国建立 70 周年等故事创作一批有质量、有深度、有温度的精品力作。

二、发展江南皮影,立足打造长宁文化名片

近代以来,上海逐渐形成丰厚的江南文化资源,而长宁依托开埠后繁华的水路窗口,吸引周边文化资源,已经成为长三角发展的据点之一。进入新时代,想要打响江南文化品牌,上海大有可为。纵观全上海,随着长三角一体化进程的加速,上海在长三角城市群中文化品牌的"高地"位置毋庸置疑,而长宁作为中心城区之一,在上海文化"高地"中的地位也日趋突显。

在这样的大文化格局背景下,长宁的江南皮影发展首先要顺势而为、迎头赶上,要以构建长三角合作机制为契机,借势借力,在长三角地区公共文化服务体系一体化发展的趋势下,服务公共文化服务体系示范区创建,参与公共文化领域的交流合作,讲好长宁故事,开展项目合作,加强互动交流,赋予皮影艺术新的时代内涵和现代表现形式,引导人们从对传统皮影艺术的认知,走向对江南皮影艺术的认同,在延续长宁文脉中开拓前进。

其次,将打造人文精神标识,有意识地融入皮影文化内涵,旨在通过皮影戏这一民间艺术表现形式,彰显上海国际文化大都市的独特魅力。人是城市的核心,是城市精神的落脚点,江南皮影必须结合社会主义核心价值观,将上海城市精神转化为皮影的艺术语言,去教化群众、引导群众,力图提高群众精神气质和文明素养,自觉当好新时代排头兵和先行者。精心打造江南皮影艺术,全面提供高品质演出服务,更好发挥文化引领风尚、教育群众、服务社会、推动发展的作用。

图 2　2006 年元宵节,长宁民俗文化中心皮影队为虹桥国际社区外籍居民小朋友表演皮影戏《闹龙宫》

三、推广江南皮影,丰富公共文化服务体系

党的十九大以来,"文旅融合"已成为提升公共文化服务能级的重要举措,因此,推广江南皮影戏就是要服务于"文旅融合",让江南皮影提升都市百姓的文化获得感。

随着文旅融合发展步伐的加快,以体验民间艺术乡土文化为主题的"传统文化体验游"正在长宁日趋升温,并越来越被年轻驴友们追捧。2019年4月13日,由长宁区文化和旅游局指导,上海长宁民俗文化中心、陕西省美术博物馆、深圳市罗湖区文化馆、上海长宁新虹桥文化艺术交流中心联合主办,陕西华县传统皮影表演团、长宁民俗中心"青梦圆"皮影团、深圳市罗湖皮影文化艺术团共同承办了"关中美影——三地民间皮影艺术交流活动",暨陕西省美术博物馆馆藏皮影展(国际巡展)。这是一场结合博物、非遗等文教元素,以展览、讲座、互动、巡演的形式开展的具有代表性的皮影艺术盛宴。此次三地皮影联袂演出,相互交流,南北共荣,使上海的都市观众同时能感受来自陕西皮影的原态传承、深圳皮影的异地传承、上海皮影的创新传承,立体地目睹、体验三种皮影艺术的特色与风采。

图3 2019年4月13日,"关中美影"——三地民间皮影艺术
交流活动,暨陕西省美术博物馆馆藏皮影展(国际巡展)在上海
长宁民俗文化中心举行

四、传承皮影艺术,注重演员和观众的年轻化培养

以"青梦圆皮影团"为契机,让更多的青年人参与皮影表演。为了更好地继承和发展皮影艺术,长宁民俗文化中心早在2008年就成立"青梦圆"皮影团。这是一支以年轻队员为主的皮影戏表演团体,以皮影艺术志愿者的形式组织起来,隶属于民俗中心党支部。成立至今,该团每年都受邀上海市各中小学校、幼儿园、外籍学校、民办学校等地演出。2018年6月,代表长宁区赴台湾省台北市松山区龙田里社区演出,参加台湾省锡口文化节为台湾市民演出;同年9月,受邀赴河北省邯郸市群艺馆,参加首届中原皮影艺术节交流演出,并荣获中原皮影艺术节优秀表演奖。为了扩大这支青年皮影表演团队,让皮影艺

术在上海大都市不断开出青春之花,长宁民俗文化中心于2018年11月向全社会招募青年皮影志愿者,同时开设为期3个月的皮影培训班,对报名皮影团的青年志愿者们进行定向培训。本次培训将皮影艺术与技艺传承并行,弘扬民俗文化,传承民间技艺。

图4　长宁民俗文化中心邀请陕西碗碗腔皮影艺术团来天山街道社区文化活动中心,为长宁实验幼儿园的小朋友演出

图5　2018年6月,长宁民俗文化中心"青梦圆"皮影团代表长宁区,赴台北市松山区龙田里社区演出

以"皮影进校园"为媒,让未成年人尽享皮影艺术之美。长宁的"皮影进校园"历来是"非遗进校园"工作的重要组成部分。长宁非遗进校园工作起步比较早,于2011起至今已坚持了整整8年。皮影虽然只是个区级非遗保护项目,但在未成年人中特别受欢迎。据初步统计,皮影团每年进学校演出场次不低于20场,服务未成年人近万人次。因此,在2016年,长宁民俗文化中心被评为上海市4A级青年中心,2019年,民俗中心又被上海市政府评为沪港澳青少年交流实习基地。

图6　2018年9月,长宁民俗文化中心"青梦圆"皮影队受邀赴河北省邯郸市群艺馆,参加首届中原皮影艺术节交流演出

图7　2019年4月,长宁民俗文化中心被上海市人民政府港澳事务办公室授予"沪港澳青少年交流实习基地"称号

怀着皮影的期许和梦想,沐浴着艺术的阳光和滋养。幸福是奋斗出来的,追求皮影艺术是一种独一无二的幸福,唯有努力者进、唯有奋斗者强,江南皮影艺术的未来才更有希望。

文旅融合背景下文化馆创新发展的路径探析

——以绍兴市上虞区为例

杜留阳（绍兴市上虞区文化馆）

党的十九大报告指出："文化兴国运兴,文化强民族强。没有高度的文化自信,没有文化的繁荣兴盛,就没有中华民族伟大复兴。"文化是旅游的灵魂,旅游是文化的载体。2018 年 3 月 13 日,十三届全国人大一次会议审议通过国务院机构改革方案,国家旅游局与文化部合并,组建文化和旅游部,不再保留原文化部、国家旅游局。截至目前,全国各省（直辖市）、市、区新一轮机构调整陆续完成,诗和远方终于走在了一起。文旅融合的时代背景赋予了文化馆新的使命和职能。对每一位文化馆工作者来说,任重而道远。

一、文旅融合背景下文化馆面临的背景、需求与自身特征

新的时代具有新的内涵和特征。文化馆人必须学会与时俱进,不断提高自身能力,不断满足人民大众对美好生活的向往。

（一）充分认识文旅融合的时代背景

21 世纪以来,社会经济高速发展,文化事业和文化产业日趋繁荣,文化旅游资源开发不断深化。因此,文化和旅游融合发展,切实增强文化自信,不断提升文化软实力,成为时代的命题。

文化是核心,旅游是平台。文化和旅游部主要职责是:贯彻落实党的宣传文化工作方针政策,研究拟订文化和旅游工作政策措施,统筹规划文化事业、文化产业、旅游业发展,深入实施文化惠民工程,组织实施文化资源普查、挖掘和保护工作,维护各类文化市场包括旅游市场秩序,加强对外文化交流,推动中华文化走出去等。文化和旅游可谓诗和远方,互为表里,需要有机统一,融合发展。文化的内涵丰富,类别众多,文化馆人需要充分认识当前时代背景,努力承担起自身的使命和责任,为文旅融合创新发展提供更多的动力支持。

（二）全面了解文旅融合的客观需求

十九大报告提出："我国社会主要矛盾已经转化为人民日益增长的美好生活需要和不平衡不充分的发展之间的矛盾。"当今社会,社会大众对精神文化生活的需求越来越大,

程度越来越高。

文旅融合背景下,文化馆公共文化服务的形式类别越来越多,质量要求越来越高。随着社会大众接受教育的程度不断提高,社会公平、正义、文明、和谐已成为主旋律,社会大众的艺术欣赏水平普遍提高,无论是动态艺术还是静态艺术,普及性的公共文化服务都已不能满足社会的客观需求。在享受文化馆的服务的过程中,社会大众更加注重自身的参与度、获得感和幸福感。同时,文化馆客观需求的差异化也越来越明显,不同的地域特征、不同的社会阶层、不同年龄层次的人群等,都有自身不同的文化服务需求。因此,新时代文化馆的创新发展,需要全面了解客观现实,积极融入,与时俱进,科学发展。

(三)正确把握文化馆的自身特征

文化馆是群众文化事业繁荣发展的主要阵地。作为致力于群文服务的公益性事业单位,国内各级文化馆的管理模式、工作职责和社会服务已发展到一定的阶段,形成了一套较为合理的工作流程。

新时代具有新的特征,新时代提出新的要求。我们必须清醒地认识到文化馆存在的客观问题和挑战。目前的问题主要有三个方面:一是文旅融合经验不足。在公共文化服务领域,文化和旅游如何有机融合,才能做到相辅相成,共同发展,这是一个新的课题。二是文化馆发展空间不断缩小。在数字化、高科技、社会化高速发展的时代,文化馆特色资源有限,核心竞争力不足,面临的竞争越来越激烈,发展形势严峻。三是文化馆自身建设存在短板。文化馆门类众多,需求多样,但是文化馆专业艺术人才普遍不足,文化服务水平发展不平衡和精品创作数量不足现象突出。正确认识文化馆的自身问题,对进一步提升自身公共文化服务水平、促进文旅融合创新发展至关重要。

二、文旅融合背景下文化馆的现状分析

文旅融合背景下文化馆的创新发展,在群众文化活动、优秀传统文化、特色旅游资源等方面存在一定的问题,需要重视和解决。

(一)群众文化活动的精品和服务意识需要进一步增强

围绕文化馆中心工作,组织开展丰富多彩的基层群众文化活动,是文化馆的重点工作职能之一。结合不同的地域文化和群众需求,文化馆组织的群众文化活动从内容上来讲,包括文艺活动、文艺辅导、艺术培训、艺术讲座、展览展示、民间资源调查、文艺团队培育、文艺精品创作等;从类别上来讲,包括表演艺术、视觉艺术、民族民间艺术、理论调查研究、数字化建设等;从层次上来讲,包括乡镇级、区县级、地市级、省部级等。可谓内容丰富,形式多样,层次分明。工作实践经验和相关分析数据表明,大多数文化馆基层群众文化活动的精品意识不够,服务意识不强,需要进一步增强。以上虞区为例,2018年文化馆组织全区青年歌手大赛,全区近80万人,但是不少乡镇(街道)发动宣传不到位,加上活动吸引

力不够,导致活动报名人数不足,个别乡镇甚至出现无人报名的情况,最终参赛人数仅仅100余人,比赛现场冷冷清清。同时,精品文艺创作水平普遍不高,好的群众文艺作品数量不多。再比如由于文化馆业务干部指导辅导的力度小,能力欠缺,导致不少乡镇一级的群众文化艺术节形式单一,质量不高,规模较小,参与人数不足100人。个别地方基层群众文化活动缺失严重,例如2018年的全区某次文化礼堂下乡演出,现场观众只有10多人。

(二)优秀传统文化的保护和传承力度需要进一步加强

优秀的民间传统文化是一个民族宝贵的文化遗产。文旅融合发展,必须高度重视优秀民间传统文化尤其是非物质文化遗产的保护和传承。2005年,国家第一次启动全国性的大规模非物质文化遗产普查工作,共走访民间艺人115万人次,普查文字记录量达20亿字,汇编普查资料14万册,收集珍贵实物和资料29万件,非遗资源总量近87万项。2011年6月1日,《中华人民共和国非物质文化遗产法》正式施行,这是为了继承和弘扬中华民族优秀传统文化,促进社会主义精神文明建设,加强非物质文化遗产保护工作而制定的专门法律。经过几年的努力,基本建立起非遗的国家、省、市、县四级保护传承体系,但仍存在不少的困难和弊端。比如传统文化的保护传承与开发利用之间存在一定的矛盾,需要建立长效机制;非遗保护载体和传承人的准入与退出机制不够合理,影响传统文化的有效保护和传承;传统文化保护传承的政府投入力度不够,需要引起足够的重视。以上虞区为例,在全区120余位非遗代表性传承人中,年近80岁的传承人超过三分之一,由于年龄或行业因素,大部分早已不再参与非遗活动;有些非遗传承基地参与活动的积极性也较低,缺乏有效的监督机制进行约束和完善。同时,由于年度非遗保护经费有限,导致不少濒危项目得不到有效的保护。文化馆在文旅融合创新发展的实践中,必须加强优秀传统文化的保护和传承力度。

(三)特色旅游资源的开发和利用水平需要进一步提高

"望得见山,看得见水,记得住乡愁"是现代人的理想和追求。不可否认,特色旅游资源是人类历史的沉淀,是大自然的馈赠。在文旅融合发展的伟大实践中,文化和旅游变得密不可分。文化要在旅游中保护传承,提升文化的社会价值,丰富旅游的文化内涵,让文化更有温度,让旅游更有特色。当前,特色旅游资源开发和利用的事例表明,文化元素符号和文化附加产品的旅游价值与经济效益之间仍存在一定矛盾,文化资源转化为旅游资源的程度仍不充分,文化活动在旅游开发中发挥的核心作用仍不全面,迫切需要进一步提高和完善。因此,文化馆的创新发展,在特色旅游资源开发利用方面大有可为,比如将现有的文化资源合理转化为旅游资源,在新开发的旅游资源中注重文化融入,将现有的文化产品有效转化为旅游产品等。例如上虞区的江南第一庙——曹娥庙,是为纪念孝女曹娥而建立的庙宇,其书法、楹联、壁画、雕刻并称"四绝",但除了每年的曹娥庙会期间,其他大部分时间对客人吸引力严重不足,在旅游开发和文创产品利用方面,仍有很多潜力可以挖掘。

三、文旅融合背景下文化馆创新发展的具体路径

文旅融合,贵在创新。文化馆要紧跟时代步伐,立足长远发展,充分发挥自身优势,笔者认为需要从以下四个方面努力。

(一)转变思路,创新理念,不断完善文化馆公益性体制机制

社会发展的不同时期,人民大众的物质文化和精神生活需求具有不同的时代特征。文化馆提供的文化服务是最接地气的文化形态,它应该从人民中来,到人民中去。在文化旅游融合发展的背景下,文化馆必须正确对待社会大众客观需求的变化,及时转变工作思路,努力创新工作理念,不断提高公共文化服务的质量和水平。在实际工作中,社会大众的文化需求就是文化馆的奋斗目标,人民群众需要什么类型的文化服务,就要努力提供什么类型的文化服务。文化馆的服务职能比以往任何时代都更加丰富和全面,要时刻牢记为人民服务的宗旨,牢记文旅融合发展的使命,不断完善文化馆公益性文化服务体制机制,确保文化服务落到实处,发挥实效,为普通群众真正所接受和喜欢。

(二)主动作为,积极行动,着力推进文化旅游有机融合发展

文化和旅游有机融合,协调发展,是时代赋予我们的历史责任。当今社会,是一个物质生活和精神文明双丰收的美好时代。文化不仅仅是琴棋书画,旅游也不仅仅是游山玩水;文化的传承需要旅游作为载体,旅游的开发需要文化作为内核;只有文化和旅游有机融合,文化才能发挥更大的价值,旅游才能迸发更足的活力。文化馆的创新发展,必须注重文化和旅游有机融合,不能偏离这个时代主题,更不能避重就轻,自扫门前雪,产生轻视文化或旅游其中某一个方面。因此,文化馆需要主动作为,积极行动,充分发挥公共文化服务自身优势,在努力做好传统文化保护传承和公共文化创新发展的同时,围绕旅游资源的开发和利用做足文章,想好办法,找准路子,踏踏实实走出一条具有鲜明区域特色的文旅融合崭新模式。

(三)打造品牌,注重效益,努力培育文化 + 商旅精品文化项目

文旅融合,核心是品牌,关键是效益。文化的社会和经济效益需要通过旅游来实现,旅游的内涵和品质需要通过文化植入来提升。文化旅游要做到深度融合,必须将文化元素、文化形式等文化资源有效转化为老百姓喜闻乐见的特色商旅资源,包括开发特色文化创意产品、打造经典文化演艺品牌、举办文化旅游主题活动等,以文化带动旅游,以旅游推介文化。比如围绕传统历史文化和新时期特色文化,以文化 + 商旅为核心,邀请专业团队,精心组织策划,在艺术形式、舞美效果、艺术品质上做足文章,力争呈现一场展示地域特色的经典演艺作品,有效地服务民生、服务招商、服务旅游。因此,文化馆的创新发展,需要紧跟时代潮流,提炼文化元素,打造文旅品牌,注重提升文旅融合的社会和经济效益,努力培育一批内涵丰富、形式多样的文化 + 商旅精品文化项目。

（四）立足长远，坚守阵地，大力弘扬优秀传统文化独特内涵

文化是一个民族的魂，是一个民族的根。优秀的传统文化遗产是民族情感的纽带，是民族智慧的结晶。大力保护、传承和弘扬优秀传统文化，能够进一步唤醒和激发社会大众强烈的民族自豪感、归属感和认同感。文旅融合背景下，文化不仅需要为社会大众服务，还需要为旅游资源开发服务，甚至在旅游资源开发中的作用越来越大。但是，在任何时候、任何情况下，都要牢牢把握保护和传承优秀传统文化核心不动摇，坚持长远发展，坚定文化自信，坚守文化命脉，绝不能急功近利而导致文化传承的停滞、隔断和消失。文化馆的创新发展，必须立足传统，放眼未来，大力传承和弘扬中华民族优秀的传统文化遗产，不断挖掘优秀传统文化独特的精神内涵。

综上所述，文旅融合是社会发展到新的历史时期的必然选择。总结过去的经验发现：文化馆的公共文化服务职能一直在探索中不断创新和发展。在文旅融合的时代背景下，在决胜全面建成小康社会的关键阶段，文化馆人要准确解读时代的需求特征，正确认识自身的客观现实，积极探索科学的发展路径。文旅融合背景下文化馆的创新和发展，使命光荣，责任重大。

参考文献

[1] 中共中央办公厅、国务院办公厅印发《关于加快构建现代公共文化服务体系的意见》[EB/OL].[2015-01-14]. http://www.gov.cn/xinwen/2015-01/14/content_2804250.htm

[2] 中华人民共和国公共文化服务保障法 [EB/OL].[2018-08-01]. http://www.npc.gov.cn/zgrdw/npc/xinwen/2016-12/25/content_2004880.htm.

[3] 中国共产党第十九次全国代表大会工作报告《决胜全面建成小康社会 夺取新时代中国特色社会主义伟大胜利》[R/OL].[2017-10-18]. http://www.xinhuanet.com//2017-10/27/c_1121867529.htm.

[4] 十三届全国人民代表大会第一次会议关于国务院机构改革方案的决定 [EB/OL].[2018-03-17]. http://www.xinhuanet.com//politics/2018lh/2018-03/17/c_1122551771.htm.

[5] 文刀.文旅融合更致远[EB/OL].[2018-06-26]. http://www.wenming.cn/wmpl_pd/whkj/201806/t20180625_4733519.shtml.

浅谈河东区家庭文化艺术建设

曹　鋆（天津市河东区文化馆）

河东区的家庭文化建设已经搞了40年了，随着党的十九大昭告的新使命，随着习近平总书记大力倡导良好家风、社风、民风的树立，随着公共文化服务体系的不断建设和完善，河东区的家庭文化建设必然要有新站位，承担新使命，让家庭文化闪耀新时代的光彩。我们这些与家庭文化一路同行的文化工作者，也一定要树立新的使命感，让家庭文化焕发新的生机，为共筑中国梦想书写好新的家庭故事。让家庭文化适应新的形势，走进新的时代，就要提升策划执行力，搞好河东区家庭文化艺术。

一、河东区家庭文化艺术的发展和艺术节的诞生

要搞好河东区家庭文化艺术，做好策划执行工作，首先要对它的发展历程有所了解。

家庭文化是社会文化的重要组成部分。新中国成立以来，家庭文化艺术活动在河东区孕育、起步并得到发展、延续，这与河东区原为老工业基地、工人聚居区有着密不可分的关系。那时各大工厂员工大多居住在河东区，加之工人新村、职工宿舍的集中建设，形成了很多家庭之间既是同事、又是邻居的关系特点，彼此间相互熟悉，和谐融洽，于是自发形成了相对固定的受众群体和表演群体，这是河东区形成家庭文化艺术的重要前提条件。

1978年党的十一届三中全会召开，改革开放不断深入，政治经济的大好形势为群众文化艺术的发展提供了一片沃土。在实现温饱的基础上，百姓对精神文化的需求开始日益增长，展示个人和家庭才艺的愿望日益强烈，人们希望通过文艺形式展现对美好生活的向往和渴望投身祖国建设的热情。这引起了河东区委、区政府的持续关注。

经过不断探索，最终，1984年河东区成立了家庭文化工作委员会，统一协调指挥全区各街道、各系统开展文化活动。1985年，河东区委宣传部和区文化局决定，在全区范围内广泛开展家庭文化活动，充分调动群众的参与热情，全面推动精神文明建设。1986年河东区举办了首届"河东之声"家庭音乐大赛，标志着由政府主导，群众参与的家庭文化艺术活动进入到了规模化、系统化的阶段，这次大赛也是此后家庭文化艺术节的雏形。在这样的基础上，1990年河东区首届家庭文化艺术节正式举办，从此，河东区的家庭文化艺术活动正式以艺术节的形式确定下来。

党的十八届六中全会提出：要注重家庭、家教、家风。习近平总书记在党的十九大报告当中指出："从家庭做起，从娃娃抓起，深入挖掘中华优秀传统文化蕴含的思想观念、人

文精神、道德规范,结合时代要求继承创新,让中华文化展现出永久魅力和时代风采。"由此,搞好家庭文化艺术建设,已经成为新时代群众文化工作的必然使命。

至今,家庭文化艺术活动的普及和推广工作在河东区开展了近四十年。河东区委、区政府作为主办单位,已成功举办了九届天津市家庭文化艺术节和十一届河东区家庭文化艺术节,这些市级家庭文化活动品牌,在河东区落地生根,开花结果。党的十九大召开以来,随着我国各项事业的蓬勃发展,以艺术节为契机,河东区的家庭文化艺术得到了进一步的提升,鲜明的特色也在逐步显现。当前,群众对美好生活的需求日益增长,审美品位不断提高,生活方式和节奏不断变化,在这样的大环境下,提升策划和执行能力,搞好家庭文化艺术,是赋予我们每一名群众文化工作者的全新课题。

二、家庭文化艺术节的提升和创新

从 1990 年开始,家庭文化艺术节顺利举办,群众参与度不断提高,每届艺术节都会涌现出一批高水平的文化家庭。在河东区范围内,家庭文化氛围日益浓厚,文化的力量在不断传递。1996 年,河东区被评为全国文化先进区,这对全区群众是一种鼓舞,也反映了家庭文化艺术的全面提升和影响力的加强。实践证明,家庭文化艺术活动能够使人民群众精神面貌、道德水准、文化品位得到显著的改善,历届艺术节也起到了汇聚力量、陶冶情操、促进和谐的作用,为精神文明建设贡献了巨大力量。

进入 21 世纪,"与时俱进、创新发展",成为河东区进一步打造家庭文化艺术节这一特色品牌的关键词。"家庭文化"的概念也被重新定义,不再是一家一户小家庭的文化艺术活动,而是重塑了"社会大家庭"的全新理念。"和谐河东"成为这一时期家庭艺术节的主旨,家庭文化艺术节也因势利导,进行了一系列的创新,如陆续开展了家庭鲜花盆景展、观赏鸟展、家庭民间手工艺展、家庭宠物大赛、家庭美景装饰大赛、家庭 DV 摄影大赛、家庭收藏展、家庭厨艺大赛、家庭手工编织创意展等项目。不断增强家庭文化活动的趣味性和实用性,也深化了家庭文化建设的思想性和导向性。

随着群众审美水平的提高,为了让更多的有才艺家庭走上正式的演出舞台,河东区探寻与区域内企业合作的模式,力求加大资金的投入。如 2013 年家庭文化艺术节,与红星美凯龙合作,举办了"红星好声音家庭"选拔赛、"缤纷夏日,七彩周末"社区嘉年华系列活动、天津市国际标准舞蹈公开赛等多项大型活动,很多群众第一次登上了华丽的舞台,实现了艺术梦想。

2015 年是家庭文化艺术节的第 30 年,恰逢天津市第八届暨河东区第十届家庭文化艺术节。开展了面向全国的"家有好故事"征文大赛、"新时期家庭文化建设"论文征集、家庭文化 30 年照片回顾展、全国家庭文化建设研讨会等多项活动。本届艺术节在地域范围、时间跨度、群众参与人数等多方面实现了新的跨越,例如"家有好故事"征文大赛收到北至黑龙江、南至云南的 800 余篇稿件,可见河东区家庭文化艺术的影响力辐射全国。

2017 年家庭文化艺术节,在迎庆党的十九大之际举办,结合喜庆氛围,继续加强跨地区交流,组织了全国范围的第二届"家有好故事"系列活动,"传承好家风"天津、内蒙古、贵州三地摄影展赛,首届京津冀戏曲曲艺大赛等活动。在年底,又结合党的十九大精神宣传组织了"基层百场公益文化"系列活动,组织特色家庭文化活动项目进机关、进社区、进企业、进校园、进军营,以具有广泛参与性的文化活动为推广方式,让人们在参与的过程中提高精神境界、培育文明风尚、促进和谐家庭建设。

2001年至2017年,河东区承办的历届天津市家庭文化艺术节,主题明确,密切配合党和国家宣传思想工作的需要,弘扬主旋律,突出多样化,既巩固了既有的特色,又尝试了创新的模式,提升了品牌影响,营造了良好的文化氛围。

三、提高策划执行力,搞好河东区群众文化艺术建设的几点思考

进入新时代,社会在不断进步,家庭结构、家庭环境、生活规律、家庭成员间的交流方式、信息获取的渠道也在随着时代发生变化,家庭文化活动的开展也遇到了前所未有的机遇和挑战。在回顾以往的同时,笔者也对如何提升策划执行力,搞好家庭文化进行了一些思考:

(一)提升执行力要明确导向,强化"中心"意识

首先要把习近平"以人民为中心"的思想贯穿于新时代的家庭文化建设,让家庭文化代表新时代中国特色社会主义文化的主流和发展方向。突出家庭文化贴近群众、贴近生活、贴近实际的特点,增强家庭文化活动的政治思想引领功能,从而为社会进步打下坚实的政治思想基础。

作为家庭文化艺术的策划执行者,首先应提高政治站位,坚持以人民为中心的发展理念,牢牢把握文化的特点,以树立良好家风为抓手,从细微处入手,充分发挥文化引领风尚、教育人民、服务社会、推动发展的作用,继承和发扬中华传统优秀文化,弘扬核心价值。

我们在策划今后家庭文化活动中要牢固把握"中心"思想,高度认识到文艺的地位和作用,开展"为人民抒怀"的主题活动,把为人民抒写、为人民抒情、为人民抒怀的思想贯穿于今后的活动中,通过开展丰富多彩的文化活动,倡导家庭和谐、促进邻里团结,从而不断增强群众的幸福感和获得感。

(二)注重家风家教,改善人文环境

"没有国家繁荣发展,就没有家庭幸福美满。同样,没有千千万万家庭幸福美满,就没有国家繁荣发展。"在2019年春节团拜会上,习近平总书记号召在全社会大力弘扬家国情怀。在天津市第十一次党代会上,市委书记李鸿忠强调:注重家庭家教家风,要在全社会形成崇德向善、见贤思齐、德行天下的浓厚氛围。因此,群众文化工作者应注重推进家风家教,努力改造人文环境,大致从以下几个方面着手:

1.应通过家庭文化活动促进良好家风的形成,以"立德树人"为要点,以家庭文化艺

术作为载体,大力开展以"立德树人"为主题的活动,从树立良好家风的高度来推动家庭文化建设,为家庭文化赋予家风家教这一历史命题,促进社会人文环境的改善。

2.家风家教有许多内涵,我们新的家庭文化也要增设新的内容。如在反腐倡廉活动中针对领导干部的"枕边风"和子女关,开展"好帮手""家庭小卫士"活动,让领导干部的家属成为反腐的第一道关。再有,我们河东区曾创作表演鼓曲说唱《夸夸咱的儿媳妇》等作品,我们要在今后的家庭文化中进一步把尊老爱幼、夫妻和睦、谦虚礼让、团结关爱、不离不弃等优良的人文价值观念提炼出来,并结合时代特征进行新的诠释、赋予新的意义,使家庭文化不止停留在才艺展现的层面,而是具有更加充盈的内涵和价值。

3.牢固树立"家国同构"的理念。如今河东区正在按照"金贸河东的"功能定位,努力打造活力之区、绿色之区、安全之区、文明之区,以河东之进为全市之进做贡献。我们要让家庭文化建设承载更多的任务和使命,通过对家庭这个小环境的不断改善,影响其他家庭,从而实现社会大环境的良性发展,让一家人影响一群人,一群人带动一个社区的人。我们要开展"走出小家为大家"活动,促进良好社会风气的形成。我们要依靠政府提供相应的支持,真正使家庭文化的"个体效应"扩展为"聚集效应"和"社会效应",形成独具河东特色的弘扬真善美、传播正能量的时代航标,为全区打造活力之区、绿色之区、安全之区、文明之区提供强大的思想保证、精神动力和道德支撑。

4.重视家庭文化艺术的传承,让子孙后代在良好家风的氛围中健康成长。家庭文化建设的最终目的,不是自娱自乐,也不是舞台的才艺展示,更不是奖牌奖杯的获得,而是在活动中培养一个家庭积极向上的心态和充满正能量的生活状态。我们应充分认识到传承的作用和力量,通过开展家庭文化活动,增进孩子对文化艺术知识的兴趣、培养孩子良好的道德情怀,增进孩子对家长的信任尊重,这些都是家庭文化建设的重任。家庭文化活动需要家庭成员间的相互交流,在这个过程中,通过家长的言传身教,通过对文艺作品的讲解,孩子耳濡目染,从而懂规矩、知礼仪、明事理,将家庭文化和优良家风薪火相传,让中华优秀传统文化发扬光大。

(三)拓宽创新载体,提升策划执行力

家庭文化艺术活动应具有鲜明的时代特征,因此,必须结合时代的步伐提升策划执行力,不断创新,让家庭文化始终充满活力。

河东的家庭文化活动从20世纪80、90年代的家庭文艺表演、家庭读书知识竞赛,到后来的家庭烹饪比赛、家庭DV摄影大赛,再到近年来的"好声音家庭"比赛、"家有好故事"大赛、京津冀戏曲曲艺大赛、家庭新老照片征集活动等,群众文化工作者应继续坚持并积极探索和群众日常生活联系紧密、与新时代要求相符的新项目,增强家庭文化活动的功能性、趣味性和实用性。

创新是保持河东区家庭文化活动旺盛生命力的重要途径。家庭文化建设在策划执行的过程中,应当以重大活动、节庆、纪念日、传统节日等为载体,让每一个家庭成员参与到特色鲜明、讴歌新时代的文化活动。也应注重常态化、规律性的群众文化建设,建

立并巩固群众文化活动的长效机制,通过不断地变化、创新,孕育出一些群众喜闻乐见、热心参与的文化活动形式。

"一花独放不是春",应进一步拓宽载体,建立家庭文化和社会文化连接的桥梁,与多种文化相结合,逐步形成独特的社区、街域、区域文化特色,形成"万紫千红春满园"。比如2017年家庭文化艺术节中举办的"一街一品"河东区街道品牌文化活动展示,就是以家庭文化为出发点,以社区、街道的文化建设成就为落脚点,带动全区多层次群众文化活动的繁荣发展。群文工作者在策划执行过程中,应进一步拓宽家庭文化载体,以区级、市级、京津冀文化联动为谋篇布局,使家庭文化的内涵不断升华,外延逐渐扩大。

拓宽载体的另一个方面,是充分运用新媒体、网络的优势,更好地促进家庭文化艺术活动的宣传和开展,特别是让更多的年轻人了解并参与到家庭文化活动当中,改变群众文化艺术活动参与者和受众群体的年龄结构,力争让家庭文化艺术成为"全家福""家家乐",努力引导各个家庭的所有成员积极践行社会公德和家庭美德,在热情的参与中接受启示,受到鼓舞,进一步提高家庭的参与率。全力营造新的家庭文化热潮,不断拓展家庭文化在全区的覆盖面。

经过近四十年的努力,河东区家庭文化在全市乃至全国形成了一定的影响,也为河东区的政治经济的发展起到了助力作用。我们在新时代的家庭文化建设中,更要提升文化馆和全馆干部的执行力,使每一名干部到基层时能成为文化指导员、党课辅导员、法制宣传员,也应进一步发挥群众文艺骨干和好家庭的传帮带作用。河东区群众文化工作的策划和执行者,应继承家庭文化的好传统好做法,坚定正确的政治导向,把树立良好的家风家教作为开展家庭文化艺术活动的努力方向,紧跟时代的步伐,创新思路,全面提升策划和执行能力,推动河东区家庭文化艺术的发展繁荣。

新形势下文化馆的培训与辅导工作高质量发展研究

黄爱文（成都市郫都区文化馆）

目前,随着我国国民经济的不断发展和进步,人们的物质生活水平不断地提升,人们对于群众文化培训工作和辅导工作的要求也在不断提高。文化馆是我国重要的公益文化事业单位,具有较强的群众文化辅导职能。文化馆的群众文化培训工作和辅导工作,可以使群众的文化需求得到满足,使群众的业余生活得到丰富,并且还可以有效提升我国国民文化素养。因此,文化馆需要结合实际情况,通过多种形式的手段,加强群众文化培训工作和辅导工作,进而促进文化馆良好发展。本文针对新形势下文化馆的培训与辅导工作高质量发展进行深入分析。

一、新形势下文化馆培训和辅导工作的核心内容

文化馆属于群众文化事业机构,其主要负责建设和壮大群众文化队伍、业务培训基层群文干部、研究和辅导业余创作、发挥社会文化指引作用、搜集和整理非物质文化民族民间艺术遗产、研究群众文化艺术发展规律,等等[1]。可以把这些工作总结成为三个要素:组织、辅导、研究,其中辅导工作是最为重要的一项内容。辅导和组织、研究是相辅相成的,可以促进普通群众文化素养的提升,并且在引导与帮助群众进行文化活动中发挥着重要的作用和价值。针对基层群文活动来讲,区（县）文化馆属于领头羊,其工作内容以研究为基础,组织为先导,辅导为中间环节,使文化馆具有传播、教授、普及等功能。辅导工作和群众文化活动的开展有着直接的联系。

二、新形势下文化馆的培训与辅导工作存在的问题

（一）培训与辅导方式较为单一

各个地区文化馆在培训和辅导基层群众文化工作中,普遍存在培训和辅导方式较为单一的问题,难以有效激起基层群众的积极主动性[2]。在基层群众文化培训和辅导的工作中,一般情况下文化馆都是利用讲座、活动等形式,这样的形式缺乏一定的趣味性,会使基层群众觉得枯燥无趣,以至于对培训和辅导失去兴趣,甚至会产生抗拒和厌烦的心理,这严重影响到了培训和辅导工作的质量。

（二）培训和辅导制度与运行机制不够完善

目前,文化馆在对基层群众进行文化培训和辅导时,在培训和辅导制度与运行机制方面存在不够完善的问题。我国文化馆属于事业单位,因此对基层群众进行文化培训与辅导工作具有公益性质,是根据我国行政单位的机制来实施管理与运行的,以至于存在以往行政单运行的不足之处,主要有以下几点表现:管理观念较为滞后、服务质量有待提升、辅导人员综合素养相对较低。这严重阻碍了文化馆的培训与辅导工作。

（三）过于注重文化活动,忽略了文化培训与辅导

目前,大部分文化馆在培训与辅导工作中,都过于注重开展文化活动,从而忽略了培训与辅导工作。开展文化活动尽管具有文化宣传的功能,但是不能很好地和群众进行直接交流,难以深入了解群众的文化取向和文化程度。在文化馆培训与辅导工作中,培训与辅导、活动之间属于并重的关系,文化馆的文化培训与辅导工作没有得到足够的重视,严重影响到我国群众文化交流与建设。

三、新形势下文化馆的培训与辅导工作高质量发展策略

（一）对培训与辅导制度进行创新

文化馆在对基层群众进行文化培训与辅导时,需要对相关制度与运行机制进行创新,这样才可以有效提升培训与辅导工作的质量[3]。首先,地方政府需要加强对文化馆的扶持力度,为其进行培训与辅导工作提供有利的支撑。地方政府可以适当设立专项扶持资金项目,并对社会资金进行吸纳,加强建设文化馆,给培训与辅导工作提供良好的条件和场所。其次,需要创建相关制度,进而使文化馆培训与辅导工作可以顺利开展和进行。通过对相关制度的创建和完善,建立问责制度、权责一致制度,注重文化馆的内部运行制度,进而更好地监督文化馆培训与辅导工作,提升培训与辅导工作的质量,促进文化馆培训与辅导工作的良好发展。

（二）充分利用网络进行培训与辅导工作

在以往文化馆培训与辅导工作中,都是采用单一的培训与辅导形式,很难充分调动基层群众的热情和积极主动性。因此,文化馆需要对培训与辅导方式进行丰富和创新,充分利用网络进行培训与辅导工作,进而使培训与辅导工作可以更好地发展与进步。在培训与辅导基层群众文化时,想要有效创新培训与辅导方式、调动群众的热情,文化馆需要结合实际情况,通过多种形式的手段,提升群众的参与程度[4]。例如,文化馆可以利用互联网的丰富文化资源进行培训与辅导,如以视频培训的形式吸引基层群众的注意力,调动他们的积极性,促进培训与辅导质量的提高。例如,宁波的"全民艺术知识普及"活动通过

慕课,让市民更多地亲近艺术、了解艺术。2016年4月,宁波市文化馆作为行业唯一代表,列入国家首批(7个)公共文化服务大数据应用文化部重点实验室实践基地。6月2日,宁波"一人一艺"云平台正式上线。"一人一艺"云平台的目标是依托"互联网＋公共文化"服务理念,打造"一站式"服务管家、打通"多渠道"服务路径、整合"海量化"服务内容,搭建集管理、服务、产品供给、资源建设等为一体的综合性公共文化"超市"。宁波的"一人一艺"云平台开设有文化活动、场馆预订、艺术培训、非遗传承、精品赏析、预约点单六大板块。

(三)加强对辅导员的培训与辅导工作力度

在新形势下,文化馆想要有效提升培训与辅导工作质量,就需要注重培训辅导员,使辅导员的综合素养和能力得到提升,使其可以更好地为基层群众服务。在文化馆的群众文化培训与辅导工作中,辅导员的综合素养对培训与辅导的质量有着直接的影响。因此,文化馆需要加强建设辅导员队伍。首先,文化馆需要加强对辅导员的思想政治教育,使辅导员可以给予基层群众文化足够的重视,提升辅导员的思想境界。其次,文化馆需要加强内部专业培训,丰富辅导员专业知识,提升辅导员专业技能和水平。例如,文化馆可以鼓励辅导员和其他文化馆辅导员进行交流和沟通,丰富辅导员的培训与辅导经验。

(四)对文化培训工作内容进行不断丰富

想要有效提升培训与辅导工作质量,文化馆需要不断丰富工作内容,突出培训与辅导的地域特点。部分文化馆在培训与辅导基层群众文化时,由于内容较为单一,导致群众失去了兴趣,并且由于培训辅导内容和群众的实际需求不相符,进而导致培训与辅导工作质量难以得到有效提升。因此,文化馆需要对培训与辅导内容进行丰富,利用专业培训、上门培训、开展兴趣班等形式,吸引更多的基层群众参与进来。此外,文化馆需要结合区域历史文化特点,突出培训与辅导内容的地域特点,进而调动基层群众的积极主动性。例如,在2019年,上海市民文化节暨文化服务日于全市范围内启动,以"市民美育在行动"为主题,近千场活动在文化场馆、商圈、公园、广场、校园里同步展开。

(五)注重对社团的建设和培训,实现全面融合

文化馆可以加强对社团的建设,构建文化馆的特别产品[5]。文化馆可以向社会进行招募,组建各种优秀的社团,例如合唱团、民乐团、曲艺团、戏曲团等,并给这些社团提供排练的场地、师资、资金等。社团需要根据要求,下到基层和社区开展艺术演出与文化艺术宣讲。此外,文化馆需要定期组织社团进行比赛和演出以及交流活动,进而有效提升社团的艺术水平,使社团的品质得到有效提升,为群众基层文化培训与辅导工作奠定良好基础。例如,"一人一艺"优秀社团—宁波市文化馆群星流行舞团蝉联2017年八一篮球宝贝选拔赛冠军;中华梨园经典"赏戏团"也开启了新的征程,京剧院一级演员赵群与市民分享京剧的国粹美学,阐释儒家、道家、楚文化和禅宗在京剧艺术中的呈现。

（六）对培训与辅导阵地进行拓宽，实施总分结合

在新形势下，文化馆培训与辅导工作的形式可以利用场馆阵地化和社区基层化相融合的形式。一般情况下，文化馆的主阵地只能对周边六千米以内的居民文化需求进行满足，受到场地的影响，大部分培训与辅导都很难在某一单场馆来实现。因此，文化馆可以充分利用联动效应，积极主动地下到基层社区和文体站，对资源进行有效整合，实现互惠互利。基层场地和专业干部使培训场所和队伍变得更加优质，进而有效提升文化馆培训与辅导工作的质量。例如，锦江区"艺术特色分馆"，已分别与成都明伦书院、川剧研究院、子曰书院、大慈雅韵茶堂、锦官驿小学合作，建成"国学馆""川剧馆""文学馆""曲艺馆"和"非遗馆"5个艺术特色分馆。

总而言之，在新形势下，文化馆的培训与辅导工作高质量发展是非常重要的，不仅可以促进社会主义精神文明建设，还可以提升基层群众的意识。因此，文化馆在建设过程中，需要把公共文化服务体系作为核心内容，把为人民服务和为社会服务作为建设方向，贯彻落实百花齐放和百家争鸣的方针，坚定文化自信，加强建设群众文化。只有这样，文化馆才可以充分发挥出自身的价值和作用，为促进我国社会主义精神文明建设发展奠定坚实基础。

参考文献

[1] 封霓. 浅析新形势下文化馆的培训与辅导工作高质量发展 [J]. 文化创新比较研究，2018（17）:156-157.

[2] 陶环. 文化馆管理如何才能顺应数据时代发展之我见 [J]. 东西南北:教育，2018（1）:6-7.

[3] 艾力木汗. 试析各地文化馆对基层群众文化的辅导培训 [J]. 明日风尚，2018（13）:346-347.

[4] 韦江滨. 文化馆应怎样加强基层群众文化辅导工作 [J]. 中国新通信，2018（14）:247.

[5] 田佳. 浅析免费开放环境下的群众文化辅导工作 [J]. 参花（下），2018（1）.

浅谈如何让"西岸文化"成为文化创意创新的载体

王　淮（天津市河西区文化馆）

"西岸文化"是河西区的文化品牌。笔者来天津并在河西区文化馆文艺部工作,时间虽然不长,但有幸成为"西岸文化"的直接参与者,我为拥有和参与"西岸文化"这个品牌而自豪,更愿为西岸文化的发展繁荣贡献出自己全部的热情、智慧和汗水。在西岸文化活动的具体操作中,笔者总会在心里自问,西岸文化到底是什么？西岸文化怎样为河西区"首善之区"的建设做出贡献？西岸文化大讲堂、西岸艺术节等以西岸命名的文化惠民活动等与其他地方的文化大讲堂、艺术节、文化惠民活动有什么区别？西岸文化活动与河西区文化活动到底有什么不同？笔者认为,西岸文化之所以名称不同,是因为其内涵也不同,相比起来或是档次更高,或是特色更鲜明。结合习近平总书记多次对文艺工作的讲话内容,结合北京故宫影响全国的全方位创意创新战略,笔者认为,要想保持"西岸文化"的先进性,必须要挖掘它的独特性,让"西岸文化"首先成为文化创意创新的载体。

一、河西区是一个文化大区,应该建设成文化强区

在天津河西区,有一个非常独特的现象。天津市的十大文艺院团,包括天津歌舞剧院、河北梆子剧院、天津交响乐团、天津青年京剧团、杂技团、曲艺团、天津市京剧院以及天津人民艺术剧院等专业院团都坐落在河西,有市博物馆、自然博物馆、科技馆等天津市的大型博物馆,有天津大礼堂、中华戏院、滨湖剧场、光华剧场、华夏未来少儿艺术中心、青少年活动中心等文化场所,是集博物馆、美术馆、图书馆、大剧院于一体的天津市文化中心;河西区还有24座不同风格的公园,60个不同规模的文化广场。像这样全部市级重要文化设施、文化资源都坐落在一个区的情况,在全国,甚至在世界都是十分鲜见的。有些坐落于河西的市级文化场所,如何能为我河西所用,如何改小用为大用,如何在创意开发中实现双赢和多赢,这是笔者近些年来一直思考的问题。

河西区除了专业文化,就其群众文化来说,也是有优势的。例如,河西区的群众曲艺在很多年前就十分有名气;河西区在全国较早建设起社区文化,举办过全国首期社区文化理论研讨会。河西文化中心的建成为河西区的民众提供了更宽敞的活动阵地。在文化中心前面有文化广场,临近有市群众艺术馆和光华剧院,这就更使得我们文化中心开展的各种活动有了更多可选择的场地。最近几年,河西区又亮出了"西岸文化"这面旗帜,亮出了这个在全市叫响、辐射华北、影响全国的城市文化名片。我们推出了"西岸之声"合

唱艺术展演、西岸文化庙会、西岸中小学生藏书票等活动，让西岸文化深入人心；我们组织的"西岸风"文化惠民系列活动常年开展；我们的西岸文化讲坛每年举办50多期；我们西岸社区文化擂台赛成为常设活动；我们的西岸打开悦读之门、西岸图书漂流、西岸文化志愿服务成为贯穿全区全年的"走进社区、机关、学校"的活动；我们的西岸公共文化人才培训开设了舞蹈、声乐、曲艺等项目，取得了丰硕成果；我们举办了中国天津2014西岸剪纸艺术展、2014天津西岸图书展、西岸艺术节等多场国家和市级大型文化活动，有力提升了西岸文化品牌的影响力。"西岸文化"旗下还有西岸艺术馆、西岸相声剧场、西岸金逸国际影城、西岸三联书屋、西岸艺术团等项目，使得"西岸"品牌越来越具有影响力和市场价值。

从目前来讲，河西区是天津的文化大区，这是毋庸置疑的，但要把文化大区打造成文化强区，还需要我们做很多工作。我们应该在文化大区的基础上，进一步把河西区建设成文化强区。建设文化强区，应该有自己的文化特色，应该在文化建设中既有别于其他地区，又高于其他地区，应该建设有自己特色的文化品种、文化形态或文化品牌，应该让河西现有的文化优势得到充分利用、充分彰显，进一步为全区和全市的文化建设服务。只有这样才无愧于我们的时代、我们文化工作者应该担当的使命，也无愧于河西有这么好的文化底盘。

二、故宫文创给"西岸"的启示

党的十八大以来，党中央国务院出台了关于文化繁荣的一系列文件，习近平总书记也发表了一系列关于文化繁荣的讲话。在文件和讲话中几乎都提到了文化创新和文化产业。而文化创新和文化产业怎么搞？这成了全国都在探索的话题和方向。近几年来，古老的北京故宫博物院掀起了一波文创的热潮，轰动了全国和世界。在单霁翔馆长的带领下，故宫面貌一新，产生出一系列文创产品，让故宫的景观、文物藏品和典藏里面的文字"活起来""走出来""火起来"。故宫博物院为了让蕴含在古老的物质文化中的非物质文化形态以活灵活现方式展示出来，在不同时间推出不同的历史皇家园林、街景动漫长卷展以及由大学生创作的展示故宫全貌的三维游戏《观宫》等。故宫还面向社会，通过QQ和微信，推出了"历代皇帝表情设计大赛"、游戏创意大赛和条漫大赛，为年轻人和大学生提供了用创意活化传统文化的舞台。故宫提供多种文化创意，让参赛者以故宫经典元素为素材，创作出风格各异、题材不同的萌趣表情，如"皇帝很忙""门海""Q版韩熙载"等。全国上百支高校游戏团队报名游戏创意大赛，创作出一大批优质作品。对古老的故宫来说，这些文创产品的开发不仅仅为故宫增加了产业收入，也推动了包括故宫文化在内的中国传统文化的传播和传承。众多参观者和参与者因为故宫的"卖萌"，对它又有了新的认识，也对它的文创产品有了更大的购买欲。除了这些，故宫还推出了一系列有趣味性、知识性和纪念性的文化产品，凡是来故宫参观的人基本都会购买一款或多款。如"朝珠耳机""朕就是这样汉子"折扇，超酷的御批文字系列万能刺绣布贴，有故宫文物纹饰等的鼠标垫、服饰、冰箱贴、手机盖、钱包等,还有《点染紫禁城》图书、《故宫日历》等特色产品,都显得很有文化品位,从中能够长知识,因此格外受到追捧。特别是最近在北京电视台热播的《上新了,故宫》,请当今的演员走进故宫,在故宫殿堂里说当年故事,让故宫历史上的皇帝、妃子、大臣、太监和他们的故事重新演绎,还让故宫的建筑艺术、餐饮文化,文物修复等活态展示出来,这种解密故宫的综艺节目与故宫文创开发相结合,又一次让古老的故宫故事"火"了一把。

故宫的文创活动给了人们很大的震动和启示。首先,他们善于利用当今高科技和大众传媒以及当代民众,特别是大学生群体,让更多文物典藏"活起来"。各地大学生的参与,使得古老的故宫充满活力;他们还让有故宫藏品意义的文物经过加工变为小物件,流传于大众之中。估计在单霁翔馆长的眼里,故宫的每一件文物都可以创新,每一处文化遗产都有可以成为活态传承的非物质文化遗产。有了这样脑洞大开的创意,古老的故宫又怎能不充满新鲜的活力呢? 再有,文化创新的基础是文化自信,站在故宫这个世界最大、典藏最丰富的皇家宫殿面前,站在最丰富的中国传统文化典藏面前,拥有强烈的文化自信是必然的。有了文化自信就有了文化创新的基础。笔者认为,这种文化自信和由此带来的文化创新创意动能,在故宫有,在我们河西也有。

三、"西岸文化"应该着手品牌建设

法国巴黎塞纳河的左岸,是个世界闻名的艺术之地——左岸。由于这个地区历史上是大学聚集区,因此常有些高级知识分子来这里的咖啡馆小聚,也有众多艺术大师前来光顾。现在如果来到这里喝咖啡,说不定你就坐在了当年海明威或毕加索曾坐过的椅子上。左岸曾经给过河西人以西岸的灵感和努力方向。但就目前来说,我们西岸模仿或者照搬左岸,这既不可能也没必要。左岸成为艺术之区,不是靠交响乐、芭蕾舞和剧院,只是靠一些岸边的咖啡馆,但就这一项,它成了世界级的艺术之区。笔者认为,我们的西岸文化不必要太冗杂,不一定要包含民族音乐、戏曲、非遗、交响乐、曲艺、美术书法等,什么都要着,什么都占着。我们应该好好选择,去探究西岸文化到底要什么,推什么? 目前在我们河西区,冠以"西岸"名称的文化项目多,文化活动多,文化设施多,但有铺开得过多、过滥的情况。笔者认为,与其过多过滥,不如从中找出拳头产品,让拳头产品成为文化品牌的有力支撑。"西岸文化"这个品牌很好,非常有必要,但不能什么活动什么项目都装在"西岸"这个篮筐里。西岸文化应该着手品牌建设。所谓品牌,一定要有品牌特点、品牌价值、品牌影响。就像"劳斯莱斯""欧米伽""耐克""沃尔玛""飞利浦""狗不理包子""老美华鞋"一样,它们是该类商品中的佼佼者,经得起时间、地域和消费者的检验,但不能什么包子都叫"狗不理",什么鞋都叫"老美华",什么鞋都叫"耐克"吧! 过多过滥就使得品牌没有了号召力和影响力。笔者认为,"西岸文化"虽然是个文化品牌,但不能等同、囊括或者取代河西区文化。"西岸文化"应该是独立的文化品种,有独立的文化内容和文化品质。群众文化属于大众文化,在辅导、培训、普及和提高等方面应该有其相对固定的方式,其形态应该和其他地方大致一样，也能与其他地区相互合作协作、联系。所以，"西岸文化"应该与河西区的群众文化区分开来，二者各有其形态和任务，各有各的着力点，这样既有利于西岸文化的建设，也有利于群众文化的建设。如果是一般的带有普及性质的群众文化活动，如培训辅导、社区文化、歌手比赛等等，就应该冠以"河西区"的名义。当前最要紧的事情是，我们应该以独立思考的方式，动员上至精英、下至百姓，共同思考如何利用好河西区的文化优势，打造好"西岸文化"这个品牌。

四、如何打造好"西岸文化"这个品牌

文化是一个城区的灵魂，是一个城区发展的精神基础。城区是一个文化品牌的重要载体，文化品牌是一个城区的亮点。我们打造的"西岸"文化与群众文化相同之处在于，它是由百姓创造并参与的，是亲民、利民的，是有利于建设文化强区和传承优秀文化的，这一点毋庸置疑。但它也有区别于群众文化的地方。

改革开放前的河西是很大的工业区，有像棉四宿舍这样的大片平房区。改革开放40年来，河西区变了大模样，不仅楼高路宽，百姓的生活水平提高，河西区的文化建设也都是大动作大手笔，现在，河西区的房价已经与和平区等同了，居住在河西区的人，从心底有种别样的自豪。在河西区政治经济形势大好的形势下，河西区的文化建设也紧锣密鼓，先声夺人，成果丰硕，而到了如今，河西区到了该打造好独特的河西文化的地步了，应该着手重新审视宣传打造"西岸文化"这个品牌。笔者认为重要的是做到以下两点：

第一，应该由区党委和区文化主管部门牵头，组织专门人才，特别是文化专家、新媒体行家，由他们集中梳理河西区文化建设中的成绩和不足，确定好打造"西岸"文化品牌的目的、任务、方向。

第二，我们可以借鉴故宫单霁翔馆长搞创意创新故宫典藏的方式，把创意河西作为河西文化的发展的主攻方向，将坐落于我区的市博物馆、自然博物馆、科技馆等馆的馆藏，以及散布在河西的已经确定的文化形态，借助现代科技的力量，结合大众特别是当代大学生的力量，使他们"活起来""火起来""走出来"。我们还可以把京剧、评剧、河北梆子、杂技、交响乐等艺术形式从舞台深入幕后，让老百姓通过新媒体看看这些艺术幕后的故事。我们可以向我市高等院校发出邀请，邀请当今学子参与到河西的创意文化中来，再通过网络公布河西区现有文化"家底"，由大学生亲自出谋划策，带来新鲜创意。此举如果成功，我们就首先把文化创意创新作为西岸文化的特征之一。有了创意，可以让现有的文艺院团有了更大的出路，可以让我们的文化变得更加惠民便民，可以让保存在各个博物馆的典藏活起来，走进百姓家，走出津门、走出国门。

笔者认为，无论过去西岸文化的活动有多么多、项目有多么多、设施有多么多、它的覆盖面有多么广，但西岸文化涉及创意文化的不算多，借助新媒体产生文化新形态的不算多，这不能不说是个缺憾。无论今后西岸文化向什么方向发展，产生什么样的定位，创意文化是少不了的，是大势所趋，时不我待。所以我们当前应该抓紧的是启动创意文化，为

西岸文化品牌找到新的内涵和支撑点。北京故宫的文创成果为我们搞好创意文化提供了很多灵感和经验,我们觉得,西岸文化既然有这么大的优势,搞好创意文化只能是为虎添翼。如同北京故宫搞了大量文创产品后使得故宫面貌一新一样,我们搞好文创河西也会使河西的面貌为之一新的。

天津市河西区在发展文化事业上有着得天独厚的优势,有着巨大的资源,我们有理由把河西区的文化建设搞好,搞出名堂、搞出特色。笔者希望,西岸文化能解放思想,开阔思路,大胆创新,打造出名副其实的优秀品牌来。

说说我的农民戏

——新时代乡村题材黄梅小戏创作初探

何凤转（怀宁县文化馆）

作为一个戏曲创作门外汉，最近一年我的农民戏《张三借礼》《李四养鸭》《王二读书》先后问世，让我慢慢靠近黄梅小戏的大门。这些创作给我带来了很深的感受。

一、创作动机的产生

（一）戏乡基层文化工作者身份

首先庆幸我的工作在文化馆，这使我能够深入了解基层，耳濡目染地方文化特色。我又庆幸生活在戏曲之乡，在社区或公园的一角，随处可见唱戏听戏的场景。我们的群众、我们的戏迷投入地演唱着、表演着，他们把黄梅戏的传统小戏都唱到了极致。

我看到了群众的心声，一方水土一方人，他们在乡音乡戏中成长，在成长中一天天变老，当他们闲下来的时候，最想找寻的还是成长记忆，因此表现出群众对于黄梅小戏的青睐。我想，为什么不能创作一点用黄梅讲述新生活的现代小戏，满足群众文化需求？我产生了要创作黄梅小戏的念头——唱身边人，演身边事，让文化深入生活，用传统文化形式表现现代人民生活。

我是群众文化基层工作者。大小民营剧团在基层常年送戏进万村，他们的经营和生存都有诸多不易。民营剧团成本低，他们很难投资大额在剧本的创作上，自然最缺好剧本。这是我创作剧本念头的第二个原因。

（二）乡村情结

乡村情结是我想写农村的深层原因。我是一个农民的孩子，从小目睹农民的幸福和烦恼，我看到我的父辈为生活为儿女奋斗经历了许多坎坷，也看到和我同辈的农民兄弟不断努力的情形，我为他们点赞。因此我有强烈的责任感，希望抓住农民的性格特点，通过农民的生活压力，表现农民的善良和纯朴。

（三）新时代乡村振兴政策

贯彻习近平总书记重要讲话精神，深化对乡村振兴战略的理解，按照产业兴旺、生态宜居、乡风文明、治理有效、生活富裕的总要求,建立健全城乡融合发展体制机制和政策体系,加快推进农业农村现代化。在这一发展机遇下,探讨乡村振兴战略的阶段性特征。在这样的时代背景下,农村正在经历着翻天覆地的变化,在变化的过程中发生着许多可歌可泣的故事,这些故事是鲜活的,是正能量的。这是我创作的源泉和动力。

二、创作素材的捕捉

(一)传统小戏

这些黄梅戏传统小戏剧目,也就是通常说的 72 本小戏。许多小戏很有生活气息,尤其是传统小戏,个个都散发着田野的芬芳。主要有《打猪草》《夫妻观灯》《打豆腐》《春香闹学》《戏牡丹》《喜荣归》《补背褡》《游春》《瞧相》《讨学俸》《打纸牌》等,至今还有许多小戏仍活跃在舞台上,久演不衰。这些传统小戏,大多数都是过去由民间艺人创作并在口头上流传下来,具有浓郁的地方色彩。

(二)新素材的捕捉与定位

按照戏曲冲突的特征,如何在学习传统小戏的基础上寻找新素材,表现当下的生活,创作出新的农民戏,这是我一直在思考的问题。我思考戏曲的诞生、发展与繁荣,以及在当今现实生活中的变化。生活每一天都是新的,时代环境和背景也在发生变化,戏曲的功能和自身的元素还是不变的。我们需要基层中把传统和现代结合,来补充戏曲的新生活、新内容。

艺术来源于生活,高于生活。在我们的生活中,每天发生了许许多多有趣的事情,有些事情非常巧合,具有戏剧性。这些事情中有家庭的、工作的、爱情的、学习的等等,有激人振奋的,有催人泪下的,有让人气愤的,有皆大欢喜的。主人公有公务员,事业单位技术人员、工人、个体、农民等。这些生活中身边的事情身边的人都是我们创作的素材。其中一个特殊的群体,最让我产生想写他们的念头,那就是新时代乡村的农民。

三、创作角色的定位

(一)主角都是憨厚型农民

我所创作的《张三借礼》《李四养鸭》《王二读书》中的主角张三、李四、王二都是新时代乡村农民,他们是农村的三个农民典型,被赋予了新时代农民特有的东西。张三因贫困而借礼,李四的致富靠养鸭,王二的幸福靠读书。他们都是地地道道的农民,憨厚老实,而且是坚守在乡村的真正农民,有自己的家庭理想,有美好生活的向往和追求,纯朴善良是天性,也有一些农民的自身弱点,在现实生活中、在党的政策下他们不断成长。

（二）配角都是泼辣型村妇

《张三借礼》《李四养鸭》《王二读书》中的配角辣姐、黑姑、大脸都是泼辣型的村妇，在剧中是推动情节发展的重要人物。热心善良是本性，吃苦耐劳是习惯，心直口快，里里外外几把刷子的风格，矛盾冲突由她掀起，由她平复。

（三）地点都是农村

农村的场地和背景有强烈的生活气息，泥土的芬芳、广袤的原野都是滋养孕育艺术的摇篮。农村是新时代放的政策落实点，它们的面貌直接反映了新生活。在城镇化进程中，农村一度冷清，但如今农村的建设、农田的生产、农民的精神生活都在发生变化。国家的新政策在振兴乡村脱贫致富上投入了大量的人力物力，从教育、卫生、文化、交通、法治等方面努力打造新农村，一系列工作给乡村带来的新变化。这些新变化直接让生活在这个环境中的人发生了许多有趣的事情。

（四）事件都是农民奋斗的故事

当下的农村，留守在村里生活的中年农民很少很少。在一个正常的村子里，平时能找出十个中年男人都很难。那么，这些留守在村里生活为之奋斗的中年人，他们身边会发生许多与奋斗有关的故事，这些故事最能表现乡村生活、国家政策、个体成长，也能看出农村面临的现实问题。

四、创作人物原型的加工

"张三、李四、王二"在生活中有原型，但绝不是完全是某一个人。他们身上集合了多个农民朋友的特征和性格，他们是可爱的人，我发自内心希望他们生活得幸福。他们有我父辈的影子，为家庭为生活，他们拼搏，他们奋斗。他们也有现代人的影子，新时代农民是有知识，有理想，懂现代信息技术，不甘心贫穷落后的农民，他们是实现农村现代化的主力军。他们努力跟上时代变化脚步，不断前行。

（一）"张三"诞生

张三在现实中有原型。他没有手艺，没有外出打工，没有多少赚钱能力，年年把生活勉强过的这样一家，往往家里还有残疾人。可是生活还要往前走，往前奔。乡村里的礼情重，面对急需婚娶的儿子，借礼把儿子婚事打发过去是不得已而为之。适逢党的好政策，扶贫到户，精准扶贫，上级来调查扶贫对象的真伪，张三借来的礼成了张三假冒贫困的证据。张三是可爱的，也是可笑的，也是可怜的，所以引起乡里乡亲和社会的关注和帮助。

（二）"李四"成型

李四不像张三，他不需要借礼做大事，他已经通过养鸭致富了，但是致富的他法律意识淡薄，不懂法不学法，以至于冒险违法。在各项工作日益规范的今天，无论干哪项工作都要懂规矩，才会越走越远。如果只图眼前利益，就会葬送了自身。李四是我最希望他走正路的典型。在物欲的驱使下，人们最容易迷失自我。我们需要静下来思考，反应自我，警示自我。我倾注于李四身上的是依法致富的愿望。

（三）"王二"其人

王二又不同李四，也不同张三。他不穷，也不富。他不喜欢跟风，也不喜欢时尚，始终一身旧中山装。他有活就干，没活就歇着，做自己喜欢的事情。他没有在城里买房买车，也没把孩子买到城里读书。表面看起来，周围的城镇化对他来说没有什么影响。但恰恰相反，王二内心深处有着新时代农民的强烈创新精神，这与他的外表形成对比。事实证明，王二读书在"复兴一家亲"村民微信群中新创了一个栏目，为乡村振兴做了宣传，引来了社会各界和媒体的关注，为振兴乡村实实在在做了大事。

五、创作矛盾冲突的提炼

小戏的故事矛盾冲突要尖锐、扣人心弦，这是小戏的重要要求。在短短的折子戏内，通过唱词和道白把人物性格刻画，在冲突中表现人性美、人情美。这要求创作者提炼故事，设计合情合理的矛盾冲突。我的农民戏的矛盾冲突都是农民生活中的事情，让人笑让人惊让人乐的故事。

总之，新时代的乡村题材黄梅戏让我创作产生了兴趣，农民与农民戏时时在触动我。可戏曲是多重艺术的文化，我才开始摸索在小戏的门口。我想陪着农民朋友一起叩响戏曲之门，探索戏曲奥秘，欣赏沿途风景，品味戏曲艺术。

浅谈湖南省文化志愿服务工作及品牌建设

姚　倩（湖南省文化馆）

随着我国社会的飞速发展与改革的持续深入，人民群众的生活水平不断提高，文化需求也日益迫切，这进一步加快了文化志愿服务工作的新发展。而文化志愿服务工作被纳入公共文化服务体系建设并融入国家文化发展总体战略，使其成为一种新的生活方式和社会风尚，并推动了我国文化事业的进一步发展。

文化馆作为公益性文化事业单位，在全民艺术普及中发挥着主阵地和主力军的作用，以其自身的文化影响力与艺术优势引领文化风尚，推动艺术的普及，提升群众的艺术欣赏品位和水平，全面推进现代公共文化服务均等化的进程。湖南省文化馆根据中共中央办公厅、国务院办公厅《关于加快建构现代公共文化服务体系的意见》精神，从实现公共文化服务的均等化、标准化出发，通过长期的实地考察与调研，围绕"我们的中国梦"这个主题，深入开展了"文化志愿服务"系列活动。进一步整合了我省公共文化资源，不断搭建完善文化志愿服务平台和组织网络体系，建立健全了文化志愿服务的长效机制，引导社会力量参与公共文化服务建设，从而很好的树立了我省文化志愿服务品牌。

一、文化志愿活动的保证措施

（一）组建文化志愿队伍，培育文化志愿人才

文化志愿者是全民艺术普及活动的主持者和参与者，文化志愿队伍水平的高低，决定了全民艺术普及活动的成效。一支高素质的文化志愿队伍，是全民艺术普及活动取得显著成效的关键。因此，我们必须要重视文化志愿队伍建设，培育高素养的文化志愿服务人才。

1. 加强文化志愿队伍建设

组建教学文化志愿小分队和文化志愿文艺轻骑队，并培训一批优秀的教练员，打造一支规范性、专业性的文化志愿队伍。以市带县，以县带乡，形成层层联动的精准性服务环境，让基层群众能够亲身参与到全省大型活动和赛事当中去，实现全民艺术普及与原创艺术精品的有效结合。整合社会资源，特别是整合全省群文系统、大学院校、文化志愿者资源，打造公共文化服务品牌，创新现代公共文化服务机制。

2. 定期开展公共文化服务培训课程

针对组织策划、活动创新、节目指导、专业技能等内容开展培训,通过多种形式充分发挥专业特长,积极投身精神扶贫,用爱心传承文化、用真情奉献社会。吸收各个群体的文艺骨干加入到文化志愿服务的行列中来,让他们切实体会中华文化的力量和社会主义的人文关怀。

3. 热心帮扶特殊群体、关爱底层人群

以不抛弃、不放弃为教育原则,吸纳热爱艺术、有艺术特长的服刑人员,让他们出狱后加入到文化志愿者行列。以正确引导为方向,强化道德与法制教育,营造积极向上、热爱生活、珍爱生命的正确价值观。

(二)建立领导督导小组

任何一项活动,没有领导的重视,就难以保证顺利的执行。尤其是文化志愿活动,这是一项长期而艰巨的社会任务,只有政府的重视和支持,才能为此项工作的开展奠定了更坚实的基础和动力。

为保证我省文化志愿者服务活动的顺利开展,我馆领导对此予以高度重视,对整体策划、组织与实施的每项公共文化服务活动给予严格的监督,确保每项活动都能落到实处、顺利进行。始终将政府文化工作和精准文化扶贫结合起来,通过认真组织、精心策划相关活动,提升公众文化品位,引领文化创新模式的高站位和高标准。

二、文化志愿服务的具体实施情况

(一)专兼结合,构筑完善的服务体系

1. 构建"专兼结合"的立体服务队伍体系

为吸引更多的文化工作者参与到公共文化服务中来,我们按照"专职骨干 + 兼职队伍"的结构,形成了"专兼结合"的立体服务体系。面对文化志愿服务者招募活动,我省各行各业的优秀人才踊跃报名,热情高涨,包括教师、高校学生、离退休人员、热心公益的社会人士以及文化活动积极分子等。他们在文化、艺术、体育、绘画、音乐、舞蹈等艺术门类和领域中有一定的特长,很大程度上丰富了文化志愿队伍的层次和内涵。文化志愿者们纷纷表示,要专兼结合、携手并进,为公共文化服务贡献力量。

2. 建立并完善了省、市、县、乡四级联动的文化传播与文化服务网络,初步形成了"纵横交错"的文化志愿服务体系

将"湖南原创广场舞""播撒艺术的种子""文化进高墙""到群众需要的地方去"一系列品牌活动推广并辐射到各地、市、县,形成文化网格布局,深入群众、精准服务、提速增效。实现公共文化服务的持续性、长效性,真正提升文化服务的影响力和辐射力。

3. 建立了面向"特殊群体公共文化服务"的理论研究机制和协调机制

湖南省文化馆从理论和政策层面上对文化志愿活动给予支持和关注,使活动能够保

持规范化和长效性。其次,将有意向的省市文化馆联合组成一个平台,定期开展各类交流活动,构建特殊群体的文化网格,让特殊群体在全民艺术普及中享受到文化服务与文化保障,确定可行性的长效机制,打造特殊群体的文化资源共享局面。

(二)树立文化志愿服务品牌,发挥典型示范作用

从2008年起,湖南省文化馆依托文化志愿者平台,重点打造了多个文化服务品牌,建立健全文化公益服务的长效机制,进一步发挥文化志愿服务的示范引领作用。以大讲堂、大舞台、大展台为主要形式,面向基层、贴近生活、服务群众,广泛开展了文艺演出、文化讲座、艺术培训等多种载体和形式的文化艺术活动,给群众普及文化艺术知识,辅导各项专业技能等。开展了包括"湖南原创广场舞""播撒艺术的种子""到群众需要的地方去""文化进高墙""声乐大课堂""情系农民工·文艺送春风"等"文化志愿服务"系列活动。深入实施了文化惠民工程,培育了新型文化业态。同时也形成了艺术园地,扩大文化阵地,紧密贴近群众,关注特殊群体。

截至目前,湖南省文化馆开展的一系列文化志愿服务活动共计2000余场,服务群众达400多万人。通过老百姓喜闻乐见的文化形式,这些活动不仅为他们提供了丰富的精神食粮,更重要的是以高质量的文化供给不断提升了他们的文化获得感和幸福感。

1. 构建文化服务品牌,通过培训推广、队伍组建、开展活动促进公共文化艺术的创新与共享

(1)"社会主义核心价值观——湖南原创广场舞系列活动"

该活动从2015年开始启动,将社会主义核心价值观24个字融入老百姓喜闻乐见的广场舞之中,面向全国征集歌词、歌曲,组织省内优秀舞蹈编导进行创作。截至目前,通过省市县乡滚动培训的形式培训文化志愿者教练员共计8000多人。在全省范围内开展了一系列培训、辅导、编创和赛事活动。这些志愿者教练员深入农村、社区、山村小学、留守儿童学校,为普通老百姓提供特殊的公共文化服务。平均每年在全省举办一次广场舞大赛,惠及人民群众300多万人。

此项活动围绕贯彻落实《公共文化服务保障法》,用文化艺术搭建桥梁,大力推广了社会主义核心价值观的深刻意义。"社会主义核心价值观——湖南原创广场舞"教材已上传主流媒体和网络平台,形成了有象征性符号的代表湖南地域特色的全国推广品牌。目前,学习湖南省原创广场舞的群众达400多万人,《湖南省原创广场舞》教材网络点击率达到780多万人次。

(2)"声乐大课堂"公益讲座

为普及声乐专业知识,提高我省声乐专业水平,满足广大声乐爱好者的精神文化需求,发挥我省声乐人才荟萃、知识密集的优势,开设公益讲座,弘扬传统优秀民族民间声乐文化。此课堂是一档专家和观众面对面讲解、互动、交流,内容涵盖声乐理论、声乐教学、声乐表演、合唱指挥、即兴伴奏、声乐创作,是具有一定艺术水准与思想深度的学术型交流培训。每期邀请国内著名声乐艺术专家和业界领军人物前来我馆进行免费讲座,大大提

升了文化馆在公众心目中的专业形象和地位。众多音乐爱好者通过讲座以艺会友,组建音乐沙龙、合唱团,更好的活跃了群众文化的动源。此公益讲座至今已开展 50 期,听课人数达 6 万多人次,受到来自各行各业的广大声乐爱好者的追捧与赞赏。

2. 关注特殊群体,为实现公共文化服务的均等化、标准化,不断创新、拓展、延伸公共文化服务范畴

党的十九大报告指出,当前我国社会的主要矛盾是人民日益增长的美好生活需要和不平衡不充分的发展之间的矛盾。随着脱贫攻坚进入了最后的关键期,文化扶贫工作也有了更深层次的要求。文化馆要以农民工、留守儿童、监狱服刑人员等特殊群体为服务对象,创新文化服务形式,提升精准扶贫领域中文化扶贫的工作实效。湖南省文化馆不断探索特殊群体公共文化服务活动的新模式、新做法,让更多的特殊群体享受到公共文化服务的渠道更便捷,并形成有象征性符号的代表湖南地域特色的全国推广品牌,让各市州、县区、村镇甚至全国都能共享文化资源。

(1)"情系农民工·文艺送春风"系列活动

该活动从 2008 年启动,是专门针对农民工这个弱势群体的文化服务,每年的中秋节、春节等重大节日,为农民工演出、送对联,假期举办农民工子弟艺术培训班,以及"农民工才艺展示""农民工周末电影"等活动。同时,把农民工吸引到文化志愿服务中来,让农民工参与其中,感受文化的力量。截至目前,此项活动已连续举办 10 年,开展各类文艺演出活动 50 多场,赠送对联 6000 多幅,放映"农民工周末电影"500 多场。

(2)精准文化扶贫计划"播撒艺术的种子——留守儿童艺术帮扶文化志愿行动"

此活动从 2014 年开始启动,把精准文化扶贫与山区留守儿童艺术培训结合起来,为国家级贫困县的山区留守儿童提供专门的文化志愿服务。文化志愿者走进山区文化站、村小学等地举办贫困山区留守儿童免费艺术培训班,免费发放学习用品、赠送书籍。培训课程既有当地独具特色的民族民间艺术,也有当代流行的艺术形式。通过丰富多彩的课程设置、新颖的教学模式,点燃孩子们对艺术的热爱与激情,在他们的心灵深处种下艺术的种子。此外,我们将学习过程拍成花絮并展示在网络上,让广大网友更多的了解和关注山区留守儿童。同时,举办成果展演和展览,为孩子们提供艺术平台,对老师们进行表彰,激发他们的艺术潜能和积极性。

该活动创立了农村公共文化服务的新模式,弘扬了文化志愿服务精神,给孩子们提供一个艺术学习和交流的机会。该项目获 2018 年第六届湖南省艺术节"三湘群星奖"、2018 年湖南省"基层文化志愿服务示范项目奖"。

(3)"文化进高墙"特殊群体文化志愿服务活动

此项活动从 2015 年 3 月起开展,至今已有四年。活动紧密围绕社会主义核心价值观,以艺术辅导、文艺演出、教学互动、展示展览为载体,以湖南省未成年犯管教所和湖南女子监狱服刑人员为文化志愿服务群体,针对每个群体的特殊性和实际情况,结合本馆公共文化服务的优势和特点,采取了不同的文化志愿帮扶形式。

其一,在女子监狱定期为服刑人员教授社会主义核心价值观原创广场舞,并组织女子

监狱广场舞大赛，让服刑人员通过艺术的形式体会社会主义核心价值观的深刻内容。

其二，组建湖南女子监狱服刑人员艺术团。拟派音乐、舞蹈、戏剧等门类的专家担任艺术顾问，各类艺术老师定期到艺术团辅导排练，打磨和提升原创作品，重点打造创作与服刑人员相关题材的艺术作品。

其三，在帮扶中采取寓教于乐的形式，把民间传统文化知识，如手工棕编、木偶等带入高墙内，通过传承与鉴赏来提升民间传统文化的吸引力。设立图书阅读流动点等多项文化志愿服务，通过"以文化人"的方式为服刑人员传授文化艺术。

这些举措在全省乃至全国司法系统系首创。该项文化志愿服务取得了良好的成效，并荣获2017年省文化厅颁发的"基层文化志愿服务示范项目奖"。

以上是湖南省文化馆公共文化服务建设的项目品牌，也是文化志愿服务的品牌名片。紧紧围绕社会主义核心价值观体系，根据"我们的中国梦"这个主题制定的个性化服务方案，切实保证和引导广大群众良好向上的思想与精神风貌。针对每个群体的特殊性和实际情况，结合本馆文化服务的优势和特点，为其传送知识、举办特色讲座、组建文化队伍、创作文艺精品等形式，全面立体的创建精神文明建设，将文化关怀和文化产品深入每一个群体。通过努力和坚持，这些文化志愿服务活动获得了极大的成功，形成了兼具专业性和公益性的公共文化服务建设活动品牌。

多年来，我省文化志愿工作在管领导的高度重视以及全体文化志愿服务者的努力和坚持下，取得了辉煌的成就，对于构建和谐社会和社会主义精神文明建设起到了巨大的推动作用。我省文化馆在其中扮演了主持者和组织者的关键角色，是该活动不可或缺的重要力量。

我们将持续不断探索现代公共文化服务工作的新思路、新模式，加强其机制、体制建设，建立可行的长效机制。探索出更多的工作方式，加强交流和沟通，创新与共享，与各省互通共源，合力推动公共文化服务的发展，加强文化内涵与文化活力，提升文化含量与文化动力，构建自强、自信、文明的和谐社会。

江西"赣鄱文艺大家谈"培训工程的实践与探索

江丽君(江西省群众艺术馆)

"赣鄱文艺大家谈"是江西省群众艺术馆为策应新时代群众文化工作的新任务、新要求,有效提高各级文化馆(站)行政人员的管理水平和业务人员的专业水平而推出的一个大规模的文化品牌培训工程。

自2017年1月启动以来,此培训工程"赣鄱文艺大家谈"共开设了艺术专业门类25个,聘请授课专家学者78人,累计培训人数达3376人,总投入经费350余万元。

通过近三年时间的有计划、有步骤、有针对性的专业培训,如今全省各级文化馆站的行政管理水平和专业人员的创作与辅导水平,通过实践检验,均有了大幅度提高,全省各级群文工作,有了明显进展。

一、现实价值与时代意义

(一)从新时代的文化工作层面

文化是民族的血脉,是国民的精神家园。于人民而言,物质生活一旦富足,将会更加渴望精神上的饱满、心灵上的充实;于国家而言,我们不仅要在物质上强大起来,更要在文化和精神上强大起来。

党的十九大报告指出,中国特色社会主义进入新时代,我国社会主要矛盾已经转化为人民日益增长的美好生活需要和不平衡不充分的发展之间的矛盾。

那么,如何做好新时代文化工作,如何满足人民群众对于美好精神文化生活日益增长的迫切需求,则是我们群文工作者的重要职责所在。作为一名称职的文化工作者,我们要有坚定的文化自信,要把握时代的脉搏,聆听时代的声音,努力提高服务人民群众的能力和水平,与此同时,通过"赣鄱文艺大家谈"这个大力度大规模的培训工程及平台,不断提升大家的文艺鉴赏力,文艺想象力,文化创造力,最终使人民群众的文化获得感、幸福感、安全感持续增强,并通过各种形式的群众文化活动的成功举办,达到以文化人,不断凝聚和积蓄社会的正能量。

(二)从基层文化人才培养层面

"十年树木,百年树人",可见人才是最稀缺的资源。事实上,我们各级群众文化部门,都需要大量的文化艺术人才,尤其是县以下的基层文化单位,它们对于文化艺术人才的渴望,远远超出了我们的想象。因此,为确保各级群文工作的规范化、常态化、优质化,作为省级群众艺术馆,应责无旁贷地担负起全省群众文化艺术人才的培训重任。

其实,从广泛接触广大人民群众的工作特点来说,培养培训和定期培养培训基层文化人才工作,一直以来都是我们群文工作的重中之重。不仅如此,我们在培养县市乡村馆(站、室)人才的同时,也注重自身业务水准和专业水平的不断提高。但问题的关键是,过去我们所有的培养培训,无论是针对基层还是自身,它在规模上、时间上、对象范围上、专业的选择以及经费的投入上,都是十分有限的,且这个问题,一直没有得到很好的解决。

习近平总书记在全国文艺座谈会上的讲话中指出:"文艺事业是党和人民的重要事业,文艺战线是党和人民的重要战线。文艺是时代的号角,最能代表一个时代的风貌,最能引领一个时代的风气。实现'两个一百年'奋斗目标、实现中华民族伟大复兴的中国梦,文艺的作用不可替代,文艺工作者大有可为"。

江西省文化和旅游厅深入领会总书记的讲话精神,并以讲话精神指导全省的文化工作。在文化和旅游厅的关心指导下,省群众艺术馆集思广益、群策群力,成功地创办了如今已成为一面文化品牌旗帜的"赣鄱文艺大家谈"培训工程,这既是主动适应新时代要求的体现,也是满足群众精神文化需要的具体实践,最重要的是它终于帮助我们破解了长期困扰群文工作需要培养大量人才的一大难题。

该培训工程,针对全省文化馆站各类业务干部进行专业的指导和科学的培训,倾尽全力为全省各级馆站,包括社会群众团体培养打造出一支支业务能力强、服务水平高的专业人才队伍。

培训项目启动以来,从全省各地蜂拥而至的广大学员,他们在"赣鄱文艺大家谈"的大家庭中一起学习交流,共同进步提高,不仅增进了各区域间的相互了解和友谊,更有效地促进了各地的经验交流。最终学员们都带着"赣鄱文艺大家谈"给予的满满的收获,回到自己的工作岗位,专业底气更足了,文化自信更强了,并且他们级级相授,薪火相传,形成了省、市、县、村四级文化联动的良好局面。

二、社会效应和丰硕成果

(一)项目效应

1. 课程项目充实丰富

"赣鄱文艺大家谈"培训开设的25个专题课程,内容十分丰富,涉及舞蹈、文学、小品、曲艺、小戏、书法、美术、摄影、音乐等艺术专题等多个类别。

各类别的专题培训针对性都很强,以舞蹈为例,其细分为舞台舞蹈编创、少儿舞蹈编创和广场舞编创等;以书法为例,其在原来的基础上不断开设隶书、篆体等系列新课程;音乐方面,不仅有声乐培训、作曲培训,还有合唱指挥培训等,较好地满足了基层文化干部和群众文化活动的各种需求。此外,为了保持专业培训的延续性和系统性,其中一些课题课程邀请的授课专家,都保持了相对的固定状态。

"赣鄱文艺大家谈"的专家授课,都特别注重其实用性,许多案例的引用生动形象,深入浅出,通俗易懂,十分精彩,很接地气,非常受欢迎。因此,"赣鄱文艺大家谈"也被许多学员誉为我省群文工作者的"好老师""好平台"。

广大学员们在"赣鄱文艺大家谈"良好的培训和创作平台上,向优秀的专家学者老师们学习知识,极大地激发了大家的学习欲望和创作热情,不断提升大家的群众文化工作兴趣,开拓创作视野,使学员们相互鼓励,博采众长,共同促进。重要的是,学员们学成之后都很好地发挥了群文工作的示范引领作用,提高了管理水平,带动了本地的创作,特别是为培育和生产更多的原创作品,提供了数量及品质的保证。

2. 项目内容不断更新

2018 年根据省厅统一部署,江西省群众艺术馆还组织开展了全省乡镇(街道)基层综合文化服务中心(文化站)情况的普查统计工作,针对全省超过 1557 个乡镇(街道)基层文化服务中心的具体情况进行了认真细致的调查摸底。与此同时,针对普查工作中发现的一些问题,省群众艺术馆在"赣鄱文艺大家谈"培训工程中,又启动了对于基层文化服务中心主任、文化站站长的培训,并拟在 2018—2019 年完成对全省 1500 多个乡镇综合文化服务中心主任、站长的全覆盖培训;2018 年已举办了 5 期,共培训 860 人,预计在 2019 年完成所有中心主任、文化站站长的培训。

为此,"赣鄱文艺大家谈"一直在前进中探索,在探索中创新,在创新中不断有收获。2018 年,"赣鄱文艺大家谈"走进了南昌监狱,并主动参与监区文化共建;之后,又走进了戒毒所,以文艺的方式达到了感化人心的作用。让文化艺术走近特殊群体,这也为维护社会的和谐稳定,做出了我们应有的贡献。

"赣鄱文艺大家谈"还坚持连续两年在宁都、于都、修水、石城等地举办"三区"文化、书法艺术培训活动,产生了良好的社会反响,省群众艺术馆正高、副高职称的各专业干部都纷纷报名、积极参与,他们耐心细致地对当地热爱文化和书法艺术的学员们进行了专业的辅导培训,受到广大群众普遍的赞誉。

近三年来,"赣鄱文艺大家谈"所有的培训科目类别及课程,都建立了学员反馈机制,通过口头采集和问卷调查的方式,收集整理学员们的意见和建议,以便吸取经验教训,不断充实、改进和完善培训的内容、方式和方法。

(二)师资效应

自 2017 年"赣鄱文艺大家谈"培训项目开办以来,我们邀请到的 78 位授课教师,大都是全国各专业领域最优秀的专家学者。其中,教授、研究馆员 30 人,副教授、副研究馆员 34 人,前二者占师资队伍总体比重的 86%,其中不少还兼任文联主席、副主席以及各艺术门类的协会主席等职务。

在针对我省文化艺术业务骨干人才的培训上,"赣鄱文艺大家谈"既主张放眼全国,紧随最新艺术研究成果的脚步,又坚持立足江西,脚踏实地,重视本土地域文化特色的培训方向。因此,受邀教师既有在国内享有盛誉、多次获得国家级大奖的专家,如《春天的故事》作曲王佑贵,《相约九八》的作曲肖白,著名指挥家、作曲家陈国权,"文化奖"舞剧编导获得者黄蕾,CCTV 舞蹈金奖获得者朱东黎,等等;也有长期从事群众文化工作、熟悉江西地域文化和题材创作的本土专家,如创作了《在路上》《贵人遗香》等优秀剧目的著名剧作家姜朝皋,如创作了《八子参军》《永远的歌谣》等优秀剧目的著名戏剧家温何根,以及擅长红色题材音乐创作的刘安华,等等。

在针对我省文化馆站工作人员行政管理水平的培训上,省群众艺术馆就多次邀请了国家公共文化服务体系建设的专家委员会委员来赣授课,也曾邀请兄弟省市的专家学者授课与交流;考虑到基层文化站的具体实践与操作,还多次邀请基层优秀文化站站长为学员们宣讲授课,其培训可谓上接天线,下接地气,真正做到了理论和实践的紧密结合。

(三)成果效应

每年,省文化和旅游厅、省群众艺术馆,都会围绕时代主题及省委省政府的中心工作,以及群众文化的精神需求,开展和举办各种艺术门类的省级赛事或展演活动。

以 2018 年庆祝改革开放 40 周年为例,先后有"为了庄严的承诺"全省小戏小品曲艺大赛、"歌唱美好新时代"全省村歌原创歌曲大赛、"厉害了,我的国"之江西篇全省手机摄影大赛等,且专门为原创作品搭建参赛平台。在江西省广场舞集中展演等群众文化活动中,以设置"创作奖""编导奖"等方式激励、扶植原创精品。

通过上述活动优中选优,涌现出许多原创精品:64 件小品小戏曲艺作品,500 多首优秀村歌,560 张摄影作品等。十分可喜的是"赣鄱文艺大家谈"为上述活动的成功举办提供了强有力的人才保障。这些优秀的群众文化艺术作品超过半数,是在"赣鄱文艺大家谈"长期坚持参加培训的学员中产生的,真正实现了"赣鄱文艺大家谈"培养优秀人才,生产优秀原创作品的初衷。

三、"赣鄱文艺大家谈"的一点启示

作为省一级的群众艺术馆,它承担和履行的责任与义务有很多,但如何为全省培养更多德才兼备、多才多艺复合型的基层文化工作者,这种思考一直要继续,这份责任始终不能松懈!

人才,是最稀缺的资源,是第一生产力。尤其从事群众文化工作这个较为特殊领域里的人才,不仅需要热情、激情、耐心、恒心,更需要扎实而丰富的文化自信和文艺才情。那么"赣鄱文艺大家谈"就是为了更好地做好全省的群众文化工作,不断地发现、发掘和培养培训这方面优秀的人才而搭建的一个多功能、综合性的文化工作平台。

在这个平台上,全省的群众文化艺术工作者都有机会到这里接受不同文化科目、艺术门类的业务学习,以及使思想交流及专业水平迅速提高的各种培训与实践。

人是群文活动的主体,我们通过搭建这样一个有利于全面推动群众文化工作的专业平台,努力把基础打牢了、夯实了,坚持把符合习近平新时代建设中国特色社会主义思想的群众文化活动办得有声有色了,我们的民族复兴之梦,文化强国之梦,就会和我们越走越近。

文化馆品牌活动的设计与策划

——韩城市文化馆开展群众文化活动的经验与做法

张　欣　杨晓燕（韩城市文化馆）

　　文化馆的工作职责之一就是组织和开展丰富多彩的群众文化活动。在众多大大小小的活动中如何扩大当地群众参与度、打造文化品牌优势，让不同兴趣爱好、不同行业群体、不同年龄组别的市民活跃其间，形成有特色、发展好、影响大的文化活动拳头产品，最关键且最具决定性因素的一环就是要从文化活动源头上定准方向把好脉，做好前期的设计与策划。

　　作为地处三秦东府、黄河西岸的陕西省韩城市文化馆，我们立足自身定位，挖掘本土文化，创新服务模式，激发群众潜力。经过多年的探索实践，在组织开展当地群众文化活动、丰富群众文化生活、提高公共文化品质、增强城市活力等方面取得了较大成绩，形成了诸多渐成品牌的群众性文化活动，为振兴一方乡村文化、建设文明城市与智慧城市提供了有力的文化支持。

一、品牌活动产生背景

　　群众文化活动作为一个地区整体文化生活指数，反映着该区域文化发展运行状况，其中具有代表性的品牌文化活动彰显出整个城市生机勃勃的文化活力。韩城市作为陕西省唯一的计划单列市，有着国家历史文化名城、中国民间艺术之乡的美誉。在韩城市将自身经济社会发展战略主动融入"一带一路"国家发展大格局、着力打造黄河沿岸区域性中心城市建设过程中，努力营造积极健康的城市发展氛围。特别是在关键的城市转型期当口，按照全市"月月有主题，周周有活动，天天在升温"的工作部署，相继推出众多文化活动，集中打响了城市文化品牌，为全面引爆全市旅游大发展、加大对外宣传推广奠定了坚实的基础。国际灯光艺术节、国际黄河沙滩风筝节、黄河沙滩国际露营节、国际摄影节等国际性的赛事，黄河沙滩音乐节、黄河金三角民间社火大赛、"司马迁杯"全国锣鼓大赛、全国楹联大赛等国内大型比赛，全市广场舞大赛、民间社火展演等市级活动，多类型、多级别、跨域大的群众文化活动的举办，为城市发展搭建起对内蜕变提速、对外形象提升的大舞台。其中，韩城市文化馆立足本职，充分发挥培训、辅导、组织职责，积极开展各类群众文化活动，组织和举办了一系列品牌文化活动，取得了社会各方认可，为韩城市充分发挥文化底蕴深厚的区位优势提供了重要支撑。

二、品牌活动具备要素

（一）品牌意识

文化馆的功能是通过组织开展各类群众文化活动，达到"以文化人"的社会功效，而文化本身"润物细无声"的绵密厚泽的特性决定了文化工作不是上高速、求短平快，而是讲究文化魅力浸润的深度、追求群众参与活动的广度。我们在组织举办各类活动时，根据时代要求、地方特色、专业特性、群众基础、人脉资源等，考虑确定主题方向、规模大小之分、时效长短之别。其中地方特色鲜明、生命力旺盛、包容性强、持久发展且颇具影响的大型品牌文化活动经过长期打磨，犹如巨浪，一波接一波，一浪高过一浪，所及之处会掀起层层的文化潮。品牌的力量如磁石般吸引着每个参与者，连续不断地强化活动品牌认知程度，形成一种对品牌的认可、肯定和信任，促使参与者以更大的热情投入其中，由此形成良性循环。商业链条中的品牌，具有唯一性和排他性，延展至文化馆的品牌活动，同样具有此种属性。因此，以更深广的文化力量提升一个区域的群众文化整体素养，品牌活动具有其不可替代且难以超越的特性，树立品牌意识当属首要任务。

（二）站位要高

品牌着眼的是长期的发展，是在一个统一理念下构建起来的立体框架，是战略行为，因而要具备高屋建瓴的大局观。群众文化品牌活动要结合国家大政方针、地方发展规划，顺应时代前进、合拍主流思想，遵循文化发展的整体前行思路，这就要求品牌活动设计与策划站位要高、要有宏观的思维和视野。

中国·韩城"司马迁杯"全国锣鼓大赛是韩城本土文化活动的一个代表性品牌。设计理念基于传承和发展中国优秀传统文化，旨在把锣鼓文化发扬光大，立足中国民间文化艺术之乡，依托全域三大鼓种，尤其是国家级非物质文化遗产代表项目——韩城行鼓，挖掘和发挥地方文化优势资源，力邀国内众多国家及省级非遗项目、精选鼓队、优秀鼓手、业界顶级评委来韩参加民间鼓乐大赛。韩城市政府相继投入千万余元巨资，以博大开放的胸怀为中华鼓乐的传承与发扬贡献自身力量，受到来自全国各地朋友的好评。先后三届，届届精彩，各方鼓乐精英汇聚韩城，同台竞技，相互交流。从第一届大众皆知的广场表演形式提升到第三届要求更高的舞台表演，是广度及高度的并行，这无论是对全国鼓乐的发扬还是对韩城锣鼓这一非遗项目的保护与发展都起到举足轻重的推动作用。三届的打磨，已让该项活动成长为国内业界的一项盛会，成为中国打击乐界最大规模、最有影响、最具权威的"品牌"赛事。

（三）定位要准

设计和策划靠的不是"灵光一现"，而是通过严谨的分析、创新的思维对活动相关资源进行调研诊断、规划定位，针对性地精准挖掘、整合配置，找到实现目标最契合的方式，将优势放大、特色突出、影响扩大。

连续举办六届的韩城全市广场舞大赛，让广场舞从小众席卷韩原，现今已成为全市各部门、镇村、社区人们健身方式的一大选择。根据国家级非遗项目——韩城秧歌独有的音乐及动作元素创编而成的《舞动韩城》《故乡韩城》《椒乡欢歌》《韩城嗨起来》《韩城美呔呔》五套极具韩城地方艺术特色的广场舞，其优美的旋律、明快的节奏、久违的亲切感深受市民青睐，一年一曲、曲曲风靡韩原。《椒乡欢歌》荣获 2015 年陕西省新编广场舞大赛铜奖；《韩城嗨起来》入选 2017 年陕西省群众优秀广场舞集，获得陕西省广场舞公开赛总决赛青年组表演一等奖，入选文化部全国公共文化发展中心与中国文化馆协会联合开展的"欢跃四季"百姓广场舞普及推广活动优秀案例名单；《韩城美呔呔》掀起了"万人齐舞美韩原"热潮，助推我市"我爱韩城 情暖古城"系列文化活动，为韩城古城旅游增添新的活力。这一系列的创新改编，将处于濒危状态的非遗项目——韩城秧歌迅速拉回人们的关注圈，进行活态传承，使韩城秧歌成为韩城文化对外推广的又一突出符号，引领文化风向标。

连续六届的广场舞大赛从镇村延及社区，又扩大到部门单位；人员从"大妈"发展到年轻的女孩子，众多二十出头的小伙在 2018 年的赛场也崭露头角；从村子的广场排练到旅游景区的演出，从时下的快闪到大赛千人齐跳；从万人现场观看到二十六万的广场舞大赛视频点击，这一次次数字的变化，足以证明了活动受众面之广、关注度之高。这不仅让每个参赛选手强身健体、美化心灵，家家户户也都积极向上、和谐共处，同时为韩城的文化旅游城市转型注入了纯正时尚的"韩城风"，使外地游客感受到韩城人扑面而来的昂扬向上、热情洋溢的城市精神风貌。

广场舞大赛不仅仅是舞蹈赛事，更是我市非遗项目普及、传承与推广的新探索新融合新举措。这一步步的尝试不是盲目跟风，而是结合流行元素对传承优秀传统文化的创新与实践，所以说，理性定位的设计与策划对区域文化的发展方向起着不可低估的引导作用。

（四）持续要长

公共文化服务体系是一项大的系统工程，群众文化活动作为其中一部分，兼具整体性和延续性。品牌文化活动犹如一个人的成长，是一个累积的过程，经过年复一年的成长历练才能形成鲜明的个性，深入人心，取得长久的支持信任，这样品牌才具有更旺盛的生命力。

"欢乐送基层"项目是我馆举办的服务基层的品牌文化活动，开展已九个年头。每年结合国家政策和地方发展，确定相应的文化主题，如"鼓舞中国梦""广场舞激情""群星耀东府""扶贫文化行"等。我馆走进乡村、走进社区、走进学校、走进企业，进行多门类的艺术培训、普及、演出等，让基层群众在享受文化快乐同时，投身文化传承、全方位多角度地感受国家的文化惠民政策，传递正能量，传递文化关怀。

"欢乐送基层"主要演职人员是我馆的业务干部，同时吸纳城乡业余文艺骨干、文化志愿者、民间文艺团体参与其中。演出节目以体现韩城地域特色、展示韩城非物质文化遗产保护项目为主,融合舞蹈、戏曲、器乐、声乐、曲艺等多种艺术表达形式,内容丰富,地方气息浓郁,深受基层老百姓喜爱。非遗文化来自民间,其传承与保护也离不开民间土壤,我们的"欢乐送基层"把韩城优秀的非遗项目表演带给了基层群众,民间艺人的加入更丰富了我们的表演。经常是演出队到了村子,热情的村民或组成鼓队为演出助威加油,或有民间艺人拿出自己的绝活加入表演。如此一来,不仅储备了一大批民间文艺人才,韩城的非遗项目在传承中得到了发展,在发展中得以活态保护。

通过多年的坚持,"欢乐送基层"活动在对外送培训、送演出同时,对内强业务、提素质,锻炼了我馆一批年轻的优秀业务干部。当文化馆总分馆制在我市实施后,这些业务干部挑起了分馆重任,协调各方力量、联系表演队伍、策划活动方案、撰写主持词、登台做主持人、培训广场舞等,一人身兼数职,业务能力得到了激发并迅速提升,成为如今群文战线上的一支排头兵,活跃在我市大大小小群众文化活动的前沿。

"欢乐送基层"活动经过连年的进镇入村深入基层,虽不同主题却长送欢乐,其"低门槛、零距离、接地气、互动强"的表演模式,持久的吸引着愈来愈多的老百姓投身其中,现已成为韩城市民知晓率最高、参与最广、示范性最强的文化活动项目,2018年荣获第四批国家公共文化服务体系示范项目创建资格。这意味着我市的公共文化服务体系建设进入了一个新的征程。

(五)观念要新

"不忘初心",是品牌恒久坚守的内核;"创新思维",是品牌长久坚挺的法宝。品牌、设计、策划,三者密不可分,其共性即以"新"致胜。在坚持大方向主旨不变的情况下,要有突破固有思维的创新、不同的举措时变时新,才能不被淘汰。

中国·韩城"司马迁杯"全国锣鼓大赛届届有亮点、届届皆精彩。第二届国外特邀表演队伍的加入,使上万观众欣赏到异国鼓乐不同的魅力风情,第三届比赛形式的拓展新颖、大赛服务的有序周到将公共文化服务落地于实际,以考虑周全、细节到位的服务理念让选手、观众轻松享受大赛的愉悦;六届广场舞大赛在创编作品、推广方式、大赛风格、人员结构、比赛形式、激励政策、传播媒介等等环节,年年有变化,届届有惊喜,以独有的魅力吸引着更多的人主动投身其中,期待着自己的团队在新的变化中孕育新突破创造新辉煌;"欢乐送基层"活动根据每年大环境确立新主题,围绕新主题编排新节目,将最新国家政策以文艺节目的形式快速传播至村镇社区,带动各镇办村社以更积极的精神面貌建设新韩城。

群众文化活动开展,关乎一个区域的长治久安、可持续发展,关乎当地民众的文化走向、精神维系。文化工作,任重而道远!文化活动,需雅俗共赏!韩城市文化馆新馆将于今年启用,届时将有条件通过数字化服务平台,进一步加强各服务端口的高质量沟通与联动,开展更为广泛更有活力的群众文化活动,让品牌文化活动在社会各界全方位的倾心打造下走得更稳健、更长远。

以综合文化站评估为契机 促公共文化基石效能提升

——第二次内蒙古自治区苏木乡镇综合文化站评估定级工作报告

魏国清（内蒙古自治区文化馆） 庞 潇（内蒙古自治区文化和旅游厅）

2016年中国文化馆年会——优秀文化站的颁奖词,至今仍在耳畔回荡:"文化站集多种功能于一体。它们连接着群众和政府,连接着乡村和城市,连接着传统和现代,连接着现在和未来。它们敞开大门,以优美的环境、丰富的资源和特色服务项目吸引人们走进,以多彩的活动和数字化服务让人们广泛、便捷地参与,以'菜单式'服务、错时服务更好地适应和满足基层群众的需求。它们承接着丰富的文化资源,又把资源与服务进一步下移,延伸到'最后一公里'的尽头。它们促进了基层文化的生长,活跃了群众精神文化生活,提高了群众的科学文化素质,提升了人们的生活品质和心灵品质。它们是基层百姓温暖的精神家园和幸福的文化乐园!"

这是对集文化馆、博物馆、图书馆、文化执法、文保督查等各类功能于一体的文化站,这一党和政府联系群众、服务群众、宣传群众纽带和桥梁的最好褒奖,这也是对工作在"最后一公里"的所有基层公共文化同仁们的最高赞誉!为了向优秀文化站目标迈进,为更好地落实《自治区推进基层综合性文化服务中心建设的实施意见》《自治区基层综合性文化服务中心管理办法(试行)》要求,加强基层公共文化服务体系建设,提高苏木(乡、镇、街道)综合文化站科学化、规范化管理水平,内蒙古自治区文化和旅游厅于2018年组织开展了第二次全区苏木乡镇综合文化站评估定级工作。在各地自查自评基础上,自治区文化和旅游厅组成3个实地评估组对11个盟(市)、25个旗(县、市、区)的45个苏木(乡、镇、街道)综合文化站进行了实地抽查。结合各地自查自评和实地抽查情况,严格按照评估定级标准、必备条件以及意识形态责任制落实情况,笔者将本次评估情况总结如下:

一、基本情况

（一）参评情况

据统计,目前全区有苏木(乡、镇、街道)综合文化站1111个。此次参加评估的有909个,参评率81.82%;其中苏木(乡、镇)722个,街道141个,农(林、牧、种畜)场37个、区域服务中心4个,园区管委会3个,矿区工作部2个。

（二）评估结果

按照一级文化站（900分以上）、二级文化站（800—899分）、三级文化站（650—799分）标准，达到三级以上标准的312个，占参评总数33.26%。其中一级68个、二级107个、三级137个，分别占上等级文化站总数的21.79%、34.29%、43.91%。上等级文化站中，有苏木（乡、镇）文化站264个，街道文化站41个，农林牧场、区域服务中心、园区管委会文化站7个，分别占上等级文化站的84.62%、13.14%、2.24%。

二、取得的成绩

（一）各地高度重视评估定级工作

各盟（市）均成立了综合文化站评估定级工作组，制定了实施方案，按照评估定级标准，指导、推进所辖旗（县、市、区）自评自查工作。呼和浩特市举办了评估定级工作研习班，邀请专家集中授课，对全市相关工作人员进行培训，多数文化站按照评估标准将文化站简介、办站条件、设施设备、队伍建设、活动开展等情况编印成册，内容全面翔实，反映了文化站整体工作情况。各盟市评估组对所辖旗（县、市、区）文化站自评进行的核查，为评估工作扎实开展奠定了基础。

（二）基础设施建设不断完善

第一次全区苏木乡镇综合文化站评估工作开展以来，各地不断加大投入，改善文化站条件，设施达标率持续提高。鄂尔多斯市综合文化站建筑面积全部达到500平方米以上。经济相对落后的巴彦淖尔市综合文化站建筑面积全部达标，600平方米以上的文化站有42个，占全市的57.53%。包头市部分文化站配备有"大屏幕""触摸屏"等现代科技设备；土默特右旗苏波盖乡文化站，内设1800平方米的剧场和800平方米的民俗馆，都是其中的典型事例。

（三）设备配备率持续提高

除自治区统一配发文化共享工程设备外，各地积极为文化站配备适用文化活动器材。全区多数文化站配有音响、调音台、灯光、照相机、摄像机、计算机、乒乓球、健身器材等文化活动设备，站外建有篮球场、排球场、老年门球场、小广场等，较好满足了当地群众参与文体活动需要。达尔罕茂明安联合旗结合"数字文化走进蒙古包"工程，实现了苏木（乡、镇、街道）文化站公共数字文化全覆盖，有效解决了边境牧区农牧民群众获取文化信息、享受公共文化服务难的问题。

（四）经费保障日益充足

各地在保障国家免费开放经费足额拨付的同时,积极加大地方经费投入。准格尔旗薛家湾镇文化站 2017 年地方拨付经费 40 余万元,阿拉善盟 90% 以上的综合文化站地方财政年度下拨业务经费都在 2 万元以上,巴彦浩特镇等 4 个镇超过了 10 万元,为文化活动开展提供了充足经费保障。

（五）工作人员素质明显提升

目前,全区近一半综合文化站工作人员都有本科以上学历。鄂尔多斯市所属旗（区）、苏木（乡、镇、街道）两级政府将文化队伍培训纳入地方规划,此次参评的文化站 90% 以上工作人员为 2 至 5 人。阿拉善盟参评的 29 个文化站总计有专职工作人员 95 人,平均3.28 人;巴彦淖尔市参评的 73 个文化站总计有专职工作人员 149 名,平均 2.04 人;工作人员最多的伊金霍洛旗伊金霍洛镇、阿拉善右旗巴丹吉林镇工作人员分别达到 10 人和12 人,为文化站作用发挥提供了人员保障。

（六）文化活动丰富多样

从此次评估情况看,除 48 个站开放时间低于 40 小时（牧区为 32 小时）规定时间外,95% 的参评文化站都较好地保证了开放时间。各文化站除开展传统的元旦、春节、元宵节、那达慕等传统节庆文化活动外,充分利用设施设备,举办图书阅览、文艺演出、书画、棋牌、球类比赛,部分苏木（乡、镇）文化站还结合实际开展了羊羔赛跑、骆驼选美、挤奶比赛等。包头市发挥综合文化站特点,推进公共文化和旅游融合发展,打造了土默特右旗美岱召镇"公共文化 + 传统文化 + 七彩大地风情"等文化旅游服务项目;科尔沁左翼后旗阿古拉镇文化站组建的 54 支团队,也极大地丰富了农牧民的文化生活。

（七）管理能力不断提高

多数旗（县、市、区）、苏木（乡、镇、街道）将文化工作纳入年度考核目标,与当地中心工作同部署、同落实、同考核。各苏木（乡、镇、街道）文化站结合实际,建立了岗位责任、财务管理、考勤考绩等工作制度。图书借阅有登记,设备坏损有维护,基本做到了设备使用、图书借阅、开展活动、人员岗位责任等制度上墙,规范化、制度化管理能力提升。

（八）严格落实意识形态责任制

此次评估将综合文化站意识形态责任制落实情况作为定级必备条件之一,未落实意识形态责任制或者落实不力的一律不予定级并责令立即整改。评估发现全区综合文化站在场所管理、制度制定、设施网络、活动开展、重大文化惠民工程等各方面都严格落实意识形态责任制,严守意识形态基层文化阵地。此次参评的综合文化站没有发现意识形态落实不力、把控不严等问题。

三、存在的问题

本次评估中,也发现了存在的一些问题,主要表现在:

(一)对评估标准理解不准确、把关不严格、自评不客观

一些地区对评估标准理解有偏差、把握不准确,一是参评文化站数量把握不准确。此次综合文化站参评范围是"截至 2017 年 12 月 31 日,建成并正常开放的苏木乡镇综合文化站,包括列入国家建设规划的农(林、牧、羊、种畜、渔)场、矿区、乡级开发区、乡级管理区综合文化站"。各地对此项要求理解有错误,某些地方撤乡并镇已变为行政村,但依然按乡(镇)文化站上报参评。二是填报信息年份把握不准确。如此次评估要求填报 2017 年度数据,在举办综合性大型文体活动、单项性文化活动等栏目,商都县一些乡(镇)同时上报了 2015、2016、2017 三年的数据,导致自评分虚高。三是自评打分分数把握不准确。扎兰屯市等 17 个旗(县)共 63 个文化站自评分数出现了小数点,有的不按规定赋分打分等;陈巴尔虎旗巴彦库仁镇文化广播电视服务中心理解失误,自评分居然达到 951,复核仅为 692 分。四是填报不认真。部分地方没有按照评估定级必备条件报表、评估结果报表填写,如正蓝旗、太仆寺旗等地填报信息不全面、不完整情况严重。包头市稀土高新区民馨路街道将整体办公场所面积 6995 平方米报为文化站面积。五是审核把关不认真。文化站、室混淆,如乌海市乌达区等 17 个旗(县)上报 29 个嘎查(村、社区)文化室参加评估,占上报文化站总数的 3.10%。参评文化站的材料中普遍出现阿镇、达镇、巴苏木等简写的情况,没有规范书写苏木(乡、镇、街道)全称。察哈尔右翼中旗有 8 个文化站自评都是 830 分,各站填报内容高度"雷同"。扎鲁特旗巨日合镇和乌日根塔拉农场汇总表信息"完全一致"。此外,各地自评分数把握标准不一、评分差距较大。如巴彦淖尔市参评的 71 个文化站只有 2 个自评分数低于 700 分,而锡林郭勒盟参评的 78 个文化站有半数自评分数低于 500 分,除盟(市)之间文化站发展现实差距外,主因是自评分数把握不准、不严、不一致。文化站整体建设水平较低的乌兰察布市自评成绩为全区最好,自评 800 分以上文化站总数超过了全国政协调研组给予高度评价的鄂尔多斯市。

(二)管理亟待加强,服务水平有待提高

一是文化站和文化馆一样:名称极不统一、不规范。文化站、综合文化站、文化综合服务站、综合文化活动站、文化活动中心、综合文化服务中心、文化广播综合服务站、文化体育广播电视服务中心等多种名称均有出现。所谓名不正则言不顺,言不顺则事不成,更不利于文化站品牌的形成。二是基础设施不完善、不达标。全区现有 68 个文化站建筑面积低于 300 平方米,其中锡林郭勒盟有 22 个,说明硬件设仍需完善。全区还有 51 个综合文化站建在苏木(乡、镇、街道)政府办公楼内,也不利于服务效能提升,更有相当数量苏木(乡、镇、街道)文化站冬季无法取暖,其时恰为北方地区农闲之际,服务效能可想而知。三是设备管理维护不到位。自 2014 年第一次文化站评估以来,各地文化共享工程设备如

计算机、服务器、投影机、音响、卫星接收系统等缺失严重,1/3 文化站共享工程不达标或有缺项。四是经费保障能力不强。有 245 个文化站地方财政没有下拨业务经费,导致设备无法及时更新维护,日常活动难以开展。五是整体服务能力不高。部分综合文化站活动内容单一、形式单调,文化活动主要是扭秧歌、打扑克、下象棋等,品牌活动缺乏,吸引力不强,效能不高。

(三)档案材料不齐全

实地抽查发现多数文化站活动"留痕"、材料保全、档案管理意识较弱,活动开展、经费使用、人员配备、管理制度等方面资料不全,个别文化站甚至基本没有档案材料。文化站日常管理和活动文件、照片、视频等建档工作亟待加强。

(四)发展水平不平衡

盟市之间发展水平不一,鄂尔多斯市下辖旗(区)综合文化站建筑面积都在 500 平方米以上,地方财政拨付经费、专职人员配备等均处于全区领先水平,有半数文化站达到三级以上标准,一级站占全区的 26.47%。而乌兰察布市、锡林郭勒盟、兴安盟下辖旗(区、县)中一级文化站总计只有 9 个。盟(市)内各旗(县、市、区)之间不平衡,包头市昆都仑区、土默特右旗文化站被评为三级以上的有 18 个,石拐区、固阳县没有上等级文化站。全区有 26 个旗(县、市、区)没有上等级文化站,占全区旗(县、市、区)总数的 25.24%。

四、对策建议

(一)提高思想认识,强化责任落实

一是从思想上高度重视。此次文化站评估定级工作中各地出现的参评综合文化站中混有嘎查(村、社区)文化室、苏木(乡、镇、街道)地名简写不规范、参评文化站汇总表同自评表数量不一致、填报内容高度"雷同"等问题,根源是开展工作不够认真,本质上是对评估定级工作不够重视。各级文化行政主管部门和苏木(乡、镇、街道)综合文化站工作人员要充分认识到文化站评估的重要意义,切实提高思想认识,认真领会理解评估要求,借鉴有益经验,纠正缺点与不足,扎实做好综合文化站以及公共文化服务各项工作。二是加强培训学习。专兼职工作人员文化素质不高、不懂业务知识、思想观念不新等一定程度上制约了综合文化站发展和群众文化活动开展,要按年举办培训班,持续加大对各级文化管理人员特别是苏木(乡、镇、街道)综合文化站工作人员的业务培训,逐步提升基层文化工作人员工作能力、服务水平和政策执行、工作落实力度,有效杜绝数据上报不客观、落实工作不认真、执行政策不严谨等问题。三是强化责任担当。各级政府要严格落实综合文化站建设、管理的主体责任,要充分认识到苏木(乡、镇、街道)综合文化站是公共文化服务体系建设的重要组成,是实施乡村振兴战略、传承中华传统文化、建设基层社会主义先

进文化的重要载体,做到守土有责、守土负责、守土尽责,不断加大综合文化站人财物保障力度。

（二）加大财政投入,强化资金保障

一是确保地方经费拨付到位。各级政府要全面落实自治区关于将综合文化站业务经费纳入地方财政预算的要求,确保地方政府拨付综合文化站的年度经费不少于 20000 元,切实落实综合文化站所需资金。鼓励经济基础好、财政实力强的地区持续加大投入,不断强化综合文化站经费保障力度,为丰富综合文化站服务产品供给、提升服务效能提供充足财政支持。二是确保免费开放资金发放到位。各级政府要严格确保国家匹配的综合文化站 45000 元免费开放经费足额发放到位。对地方政府私自截留国家免费开放经费的,一经发现,及时通报和整改。三是严把经费使用。进一步完善综合文化站经费投入、使用、管理机制,推动综合文化站设立独立银行账户,建立科学、规范的综合文化站经费管理、审查、考核制度,确保综合文化站经费专款专用、严格规范使用。

（三）加强队伍建设,强化人才保障

一是落实人员编制、配齐工作人员。各地文化行政主管部门要积极协调人事、编制等部门,为没有按规定落实人员编制的综合文化站落实 1 名事业编制专职工作人员,鼓励有条件的地方逐步增加综合文化站编制和专兼职工作人员配备,全面形成综合文化站"专人专用、专人专管、专人专抓"的工作格局。二是加强教育培训、强化人才保障。综合文化站工作具有较强专业性,应将文化站管理人员培训纳入各地人才队伍建设规划,建立管理人员队伍的培养与培训机制。发挥自治区文化馆、盟（市）、旗（县、市、区）文化馆的教育培训功能,加大对苏木（乡、镇、街道）文化干部、文化骨干的培训力度,确保综合文化站工作人员年度参加业务培训不少于 1 次,不断提高服务能力和工作水平,着力培育一批具有现代意识、创新意识的公共文化管理者和综合文化站管理、服务队伍。三是加强文化志愿者、辅导员队伍建设。结合实施"阳光工程"中西部农村文化志愿服务计划,完善基层文化志愿者队伍培育制度,鼓励和聘请有一定专长的大学生、老干部、老专家、老教师以及专业文艺院团退休演艺人员等深入基层,作为文化站的文化志愿者和基层文化辅导员参与管理服务工作,推动建立文化辅导员制度,发挥其引导和带动作用。

（四）加强场所管理,强化设施保障

一是优化设施建设。对综合文化站建筑面积不达标的苏木（乡、镇、街道）,结合当地实际分情况加以解决。挪用场地的要限期退还;占用场地的要限期腾出;与苏木（乡、镇、街道）政府建在一起的改建在人口集中的居民区,确保独门独户,方便群众参与。公办有困难且不具备新建和扩建条件的苏木（乡、镇、街道）,可采取"站室合一"的方式,将综合文化站同就近基层综合性文化服务中心建在一起,集约利用资源,有效发挥作用。二是加强设施管理维护。结合综合文化站评估定级工作,自治区每年组织 1 次对综合文化站设备使用、管理、维护等情况的专项普查,对各地文化共享工程设备丢失、损坏情况进行调查统计,探索形成符合各地实际、便于落实落地的设备管理制度,全面加强综合文化站设备管理、维护,确保文化设备得到及时更新维护,有效发挥作用。三是规范统一名称。针对综合文化站名称不一致、不统一问题,结合各地综合文化站发展实际,逐步推动实现旗(县、市、区)、盟(市)直至全区综合文化站名称统一、规范,提升管理、服务的标准化、规范化水平。

(五)结合地方实际,促进均等发展

一是分类制定标准。内蒙古自治区各苏木(乡、镇、街道)自然环境、经济条件、服务人口、服务半径存在较大差异,有的农区乡镇常住人口数万人,有的牧区苏木常住人口不足10户,要以发挥作用、服务群众为目的,因地制宜、分类指导,区别不同情况制定综合文化站建设管理、资金使用、政策扶持和监督考评标准,以更好发挥综合文化站服务功能。二是规范档案管理。将档案制作、保存、管理作为综合文化站考核考评的重要内容,组织开展基层文化阵地档案管理工作培训,提升综合文化站工作人员档案管理意识和工作水平,以健全档案材料、规范档案管理作为推进综合文化站规范化、标准化管理的重要内容,为日益丰富的基层群众文化生活留下"记忆"。三是推进均衡发展。充分考量各地经济社会发展水平、群众文化活动差异,扶持基础差、底子薄的综合文化站发展,在资金拨付、设备配发、活动开展等方面向国贫、区贫和边境旗县、偏远牧区文化站倾斜,有效扩大相关地区农牧民文化活动的参与面,不断提高当地农牧民的文化生活质量,推进基层群众文化活动均等化。

(六)整合文化资源,提高服务能力

一是丰富活动内容。坚持以社会主义核心价值观为引领,以满足基层群众文化需求为目的,在保证综合文化站按时免费开放的基础上,不断探索创新文化服务方式、丰富文化活动内容,鼓励苏木(乡、镇、街道)结合地方实际经常组织开展涵盖民族文化、草原文化、传统文化、红色文化等弘扬主旋律、传播正能量的群众文化活动。持续推进戏曲进乡村、"百团千场下基层"等系列惠民、为民、乐民文化活动,进一步丰富群众文化生活、满足群众文化需要。二是鼓励扶持文化能人、文化户、文化大院、文化协会,促进他们发挥作用。鼓励扶持各苏木(乡、镇、街道)文化能人、文化户、文化大院、文化协会等基层文化力量发展,指导各文化力量积极开展文化惠民活动,继续开展"十佳文化户""十佳文化大院"评选,发挥各基层文化力量的示范带动作用,引导农牧民群众自觉形成健康文明的生活方式和道德风尚。三是解决冬季文化活动取暖问题。各级政府和文化行政主管部门要对综合文化站冬季取暖问题高度重视,积极协调宣传、住建等部门,拿出具体办法和措施,确保综合文化站冬季取暖问题从根本上得到解决,保障群众文化活动正常开展,确保综合文化站设施设备发挥应有作用,丰富活动内容,提升服务水平,促进综合文化站均衡发展。

（七）健全规章制度,强化监督考核

一是完善规章制度。抓紧制定自治区综合文化站评估办法,推进综合文化站规范化、制度化管理。探索建立综合文化站考评考核标准,以考促建、以考促管,提升综合文化站建设管理水平。二是开展专题调研。定期组织开展综合文化站专题调研,针对发现的问题提出针对性、建设性意见,形成高质量调研报告,供相关领导参阅决策。三是强化督导检查。每年组织至少一次明察与暗访相结合的综合文化站督导检查活动,重点督查检查综合文化站意识形态责任制落实情况并推进解决政府履职不力、设施利用率偏低、服务效益不高等问题,持续推进综合文化站建设管理。

（八）其他建议

一是要将评估结果与考核奖惩相挂钩,以达到以考促评的目的;二是文化站评估标准要及时修订更新,例如图书借阅电子化;三是将总分馆制、理事会制中的作用发挥好;四是要合理运用现代化科技成果,比如适应数字化趋势,统一装免费 WiFi;五是借助群星奖遴选,并与全区农牧民文艺会演、全区广场舞竞赛、全区合唱节举办等相结合,进一步调动文化站积极性,丰富群众文化活动的内容,进而将"举旗帜、聚民心、育新人、兴文化、展形象"的作用在潜移默化中予以贯彻落实。

文化自信视域下现代文化馆的文化引导职能探析

吕建凤(嘉兴市文化馆)

党的十九大报告中向全党和全国人民发出了"坚定文化自信,推动社会主义文化繁荣兴盛"的伟大号召,这充分肯定了文化工作的重要性,也给文化传播机构和文化工作者提出了更高的要求。分析文化馆在群众文化引领中的重要作用,查找文化馆文化引领作用发挥存在的问题,研究探索文化馆加强群众文化引领的途径,是推动现代文化馆建设可持续发展的内在要求,也是提升群众文化自信现实需要。

一、文化馆在推进群众文化自信建设中的引导作用和重要意义

(一)文化馆是社会主义先进文化的传播基地

现代文化馆是政府设立的群众文化事业机构,文化馆的性质决定了文化馆必须坚持马克思主义的指导地位和践行弘扬社会主义核心价值观;必须坚持社会主义先进文化的前进方向,不断地引领其他的文化快速发展,在推进文化自信建设基础上切实担负起文化引导的使命。长期以来,文化馆坚持以人民为中心的价值导向,围绕弘扬中国特色社会主义文化组织开展工作,不断提升人民群众思想道德素养和精神文化水平,促进广大人民群众树立起正确的文化观、价值观养成,为社会精神文明建设和丰富人民群众精神文化生活做出了重要贡献,达到潜移默化的教化作用,从而推进文化自信建设,已经成为社会主义先进文化不可或缺的传播基地。

(二)文化馆是群众文化活动的重要载体

文化馆的文化引导、文化传播等职能大多是通过群众文化活动开展的方式实现的,并且帮助群众更好地理解和进行示范性的辅导,帮助人民群众更好地掌握文化内涵。当前,人民群众刚从信息时代的弊端中解放出来,已经不仅仅局限于在家里通过手机、电视等获取文化给养,越来越多的人愿意走出去,通过丰富的交流形式和展览形态达到文化需要的目的。文化馆作为公共文化服务体系的重要组成部分,是人民群众开展文化活动的重要载体,也是引导群众文化观的有利平台。

（三）文化馆是满足群众日益增长的精神文化需求的主要阵地

进入新时代，我国社会主要矛盾已经转化为人民日益增长的美好生活需要和不平衡不充分的发展之间的矛盾。习近平总书记在十九大报告中这一重要论断既准确表达出了人民对美好生活需要变得日益广泛，也对满足人民群众文化生活提出了更高要求。文化馆作为群众文化的主阵地，已经成为人们日常文化生活中不可或缺的一部分，要在满足人民群众文化生活需求上"首当其冲"，更是要当仁不让地响应国家积极号召，充当满足群众日益增长的精神文化需求的排头兵，更好地推动文化的全面发展和社会全面进步。

二、文化馆在推进群众文化自信建设中还存在的问题

现代文化馆在社会主义先进文化建设发展中，特别是人民群众文化引导中发挥了不可替代的作用，做出了不可磨灭的突出贡献。但是，随着时代的发展，文化馆的职能也有了新的变化，党和国家对文化馆的要求也有了新的标准。对照新要求核心标准，笔者发现，现代文化馆在履行职能过程中还存在以下不足。

（一）文化馆的政治引导性还存在薄弱环节

政治文化影响着公民的政治心理、政治态度、政治信仰，支配着公民的政治行为、政治选择。前文中笔者提到，文化馆的性质决定了文化馆工作具有鲜明的政治性。文化馆开展工作，首要前提就是要有高度的政治站位，并引导广大人民群众坚定正确的政治方向。但是，笔者通过对20余家基层文化馆开展的活动进行跟踪了解的情况看，部分文化馆往往只注重工作的形式，而不注重工作的内涵；部分文化馆只重视活动的趣味性，而不注重活动的政治性；部分文化馆只注重活动的数量，不注重活动的质量，出现了表面工作开展热闹非凡、实则政治引导收获甚微的现象。因此，文化馆活动的开展亟须与时代政治相结合，充分发挥文化活动的政治引导作用。

（二）文化馆活动参与的广泛性还有待拓展

这些年来，我国文化馆工作卓有成效，群众的参与面越来越广。但是，笔者调查发现，有的文化馆开展活动，参加的永远是固定的小部分人群；有的文化馆举办活动，打一枪换一个地方；有的文化馆宣传不够有力，活动举办了只有少部分人知道；有的文化馆不做调查研究，不深入了解群众，举办的活动不符合群众需求，等等。总之，无论从群众参与的广度还是参与的深度都还没有达到应有的效果。

（三）文化馆的服务创新性还有待加强

创新是发展的第一动力。文化馆创新服务形式是适应新时代发展要求和繁荣群众文化生活的客观需要，也是自身发展的内在要求。当前，文化馆开展文化活动主要有展览、

表演、培训等形式,这些传统的服务形式确实对群众文化工作开展发挥着很大作用,但是在这个信息化时代,传统形式也难免有局限。如果服务方式不得当,活动的效益就会大打折扣,如何进一步创新服务形式和载体,使之更贴近群众、走进群众、感染群众,将决定现代文化馆发展和未来。

三、增强现代文化馆在推进群众文化自信建设中引导力的途径探析

文化自信视野下,针对现代文化馆在文化引导作用发挥中存在的问题,结合笔者采访多位文化馆负责人听取的意见建议,提出以下三点思考。

(一)文化馆工作要弘扬主旋律

"中国特色社会主义文化,源自于中华民族五千多年文明历史所孕育的中华优秀文化,熔铸于党领导人民在革命、建设、改革中创造的革命文化和社会主义先进文化。"文化馆要坚持围绕传播中国特色社会主义文化来构建话语体系,一是要把社会主义先进文化作为工作主旋律,坚持文化自信,引导人民树立正确的民族观、国家观、文化观,要将社会主义先进文化和群众文化有机融合,潜移默化中达到以文育人。二是要弘扬中国传统文化。传统文化积淀着中华民族最深沉的精神追求,代表着中华民族独特的精神标识,对人类文明的发展发挥着重要作用,正是基于五千年的中国传统文化,我们才有文化自信。要深入挖掘传统文化资源,增强群众对中国传统文化认同,进而推进群众文化自信建设。

(二)文化馆工作要提高参与度

一是文化馆工作要加强调研、因地制宜,要加强当地调查研究,没有调查研究就没有发言权。深入当地基层人民群众,了解和掌握群众对文化的真正需求点,从而有组织有计划地开展人民群众喜闻乐见的文化活动,这样会提高群众参与的积极性,达到事半功倍的效果,实现群众文化发展与繁荣。二是文化工作要扩大宣传,要加大文化馆工作的社会宣传力度,紧密结合文化活动和宣传工作实际,进一步扩大宣传覆盖面,形成人人知晓、人人关注的浓厚文化氛围;三是文化馆要加强基础设施建设。文化设施是开展工作的物质载体和依托,文化馆必须有适宜群众活动的场所,加大文化设施建设力度,推进文化资源共育共享,才能够吸引更多群众参与。

(三)文化馆工作要增强创新力

一是创新服务的形式,加强总结以往经验,结合工作实际,积极思考摸索,努力开创群众文化普及的新形式。充分借助网站、微信公众号等新媒介举办微展览、微演出、微课堂等活动,以更加亲民、更加人性化、更加近距离的服务方式,满足群众文化需求。二是创新服务的内容,不断丰富文化活动内涵,要综合分析当地的民风民俗、社会发展、时代要求等因素,寻找群众文化需求与文化服务开展的结合点,不断创新服务的内容,实现服务提供

与民众需求的无缝对接,提升工作实效。三是打造文化服务品牌。在文化多元化的时代,除了坚定文化自信,还必须形成独有的文化服务品牌,扩大文化品牌影响力,这样文化工作才更具有竞争力和感染力。

新时代,文化馆要实现健康、快速、可持续发展,就必须坚定文化自信,不断提高站位、开拓创新、贴近群众,切实承担起传播发展中国特色社会主义文化的使命,切实承担起在传承弘扬中华传统文化中的使命,切实承担起在推动人民群众文化自信建设中的使命,为把我国建设成为社会主义文化强国不懈奋斗。

参考文献

[1] 刘野萍. 浅谈文化馆的性质和职能 [J]. 戏剧之家,2010（2）:82.

[2] 王秀平. 政治文化视域下村民自治有效性弱化的原因及增进模式 [J]. 湖北经济学院学报,2016（7）:18-19.

[3] 李芳. 浅析现代公共文化服务体系建设与文化馆的发展 [J]. 大众文艺,2017（12）:9-10.

浅析文化馆如何"有态度"地开展培训辅导工作

——以梧州市群众艺术馆为例

傅雯欣（梧州市群众艺术馆）

随着我国经济的高速发展,群众生活质量的大步提高,人们在追求物质生活的同时,精神层面也呈现出了多样化、多层次的需求。人们对于文化活动的兴趣和欣赏态度变化的频率不断增加,鉴赏水平不断提高,政府为满足老百姓前所未有的精神文化需求,不断地予以政策支持。先是 2011 年《关于推进全国美术馆、公共图书馆、文化馆（站）免费开放工作的意见》的印发,到 2014 年文艺工作座谈会上的讲话,再到 2016 年建党 95 周年庆祝大会上"文化自信"的提出,无一例外地体现了国家对文化事业的重视和积极践行。在这种新形势和文化环境下,文化馆如何提升培训辅导工作的质量以及发挥好传承和弘扬传统文化的职能,是我们必须面对和认真思考的问题。本文将以梧州市群众艺术馆为例,分析其在新形势下如何"有态度"地开展培训辅导工作。

一、文化馆培训辅导工作的定位

方向重于努力,定位先于职能。文化馆只有在明确自身工作定位的前提下,才能充分发挥好群众文化主阵地的优势,履行好群众文化辅导教育职能,肩负起文化繁荣兴盛的重任。习近平总书记在党的十九大报告中指出:"没有高度的文化自信,没有文化的繁荣兴盛,就没有中华民族的伟大复兴。"这是党和国家对文化事业发展的总要求,同时也为文化馆准确把握自身工作定位提供了正确的指引。那么,新形势下文化馆的培训辅导工作该如何定位?

（一）公益性

文化馆作为政府举办的公益性事业单位,其根本目的在于让广大人民群众更加方便地参与文化活动,保障群众的基本文化权益。因此,公益性是文化馆与社会培训机构最本质的区别,也是文化馆开展各类培训辅导工作的前提。

（二）服务性

文化馆一直以来都是一个为群众提供文化服务的单位,它提供的服务有异于主打实物类商品的商店。商店侧重的是商品的质量以及服务态度,而文化馆则更为仰仗的是精神层面的满足,说白了就是让群众收获快乐。随着人们对求乐、求美欲望的增加,许多群众对文化活动的心态已由"欣赏型"向"参与型"转变,这就意味着文化馆的服务方式更多了,评价服务质量的标准更高了。所以,提供高质量的文化服务是文化馆的立足点。

(三)使命性

文化是在特定的历史人文环境中形成的,是人类社会一次次跃进、人类文明一次次升华的见证。中华历史上下五千年,老祖先给我们留下了许多优秀的传统文化,这些传统文化是中华民族最根本的文化基因,是中国人最独特的精神世界,是我们"文化自信"的底气所在。它们虽来源于过去,却需要传承、发展于当下。天下兴亡匹夫有责,文化繁荣发展是实现中华民族伟大复兴中国梦的重要组成部分,因此,文化馆作为群众文化的领头人,当之无愧地要肩负起文化传承和弘扬的使命,这是它的出发点。

二、新形势下文化馆培训辅导工作的新常态

何为新常态? "新常态"是2014年5月习近平总书记在考察河南的行程中首次提出的,之后有众多中国学者在经济、政治以及文化等方面进行拓展认识理解。笔者理解的文化馆培训辅导工作的新常态是一种基于上述三点定位而长期呈现出的新常态。

(一)新即创新

创新是一切事物发展的动力,是新旧事物碰撞、结合的过程。如今,越来越多的艺术培训机构如雨后春笋般崛起,为了营利和吸引顾客,他们能提供更为精细和全面的培训服务。在这样的大环境下,文化馆只有挖掘出除公益性以外的其他优势才能够吸引更多群众积极参与到培训活动当中。快捷酒店、便利超市等便民设施遍布大街小巷,可见"便捷"是当前人们所追求的生活方式。如果文化馆的培训辅导工作也能做到便捷,那么"便捷"将成为文化馆继"公益性"以外的第二个独有优势。以梧州市群艺馆暑期公益培训班为例,作为我馆的品牌公益活动,每年暑期面向市内青少年儿童开办舞蹈、书法、粤剧、国画、声乐等类别的培训班,学生和家长的参与热情高涨。在以前,人们需要通过电话或者携纸质报名表前来报名,时间、距离成本较高,而且工作人员后期要对报名人员进行统计和核对,过程繁杂、耗时。但自从梧州市群众艺术馆抓住微信这个联结万物的接口,创新了服务形式以后,情况就不一样了。2018年的暑期公益培训班首次采用了微信报名的形式,在不到一周的时间内,近700名学员报名参加,微信报名的形式备受欢迎。新的报名形式不仅让群众更加便捷地完成了培训班的报名,降低了时间和距离成本,而且也提高了工作人员的工作效率,简化工作流程,一举两得。在微信报名取得如此良好反响的情况下,同年举办的庆祝广西壮族自治区成立60周年少儿摄影培训、比赛活动也采用了同样的报名形式。

梧州市群众艺术馆提供的另一个便捷服务是主动将文化辅导"送"到群众身边。打破文化供给被动模式,通过创新文化服务输送渠道,在充分利用自身场馆进行公益培训的

同时,积极走进基层,将专业的文化辅导送到群众家门口,使社区居民在家门口就能享受到高质量的文化辅导服务。据统计,2018年梧州市群众艺术馆共派出17名业务骨干对35个社区开展结对共建工作,服务社区居民逾3万人次。除此以外,梧州市群众艺术馆还经常将书法、剪纸等公益培训"送"到较为偏远的贫困村(镇)小学,打破文化馆原有的场地限制,实现了文化培训的"零距离"。

(二)常即常态

如果把学习效果作为检验培训辅导质量高低的标准,那么培训辅导工作的开展离不开高质量的课程支撑。由于培训内容、场地、辅导人员等要素又是构成高质量课程的必备元素,因此,"有与没有"是评判学习效果的第一层次。这些要素是开展培训辅导工作的物质基础,缺一不可,否则将无效果可言。"好与不好"是第二层次,它是学习效果反馈的直接指标。在国家积极推进公共文化服务体系建设的背景下,文化馆基本已经具备了第一层次的物质基础,因此培训辅导工作的开展应该着重于追求第二层次的"好"的常态。

粤剧作为国家的非物质文化遗产,是岭南地区的文化瑰宝,在两广、港澳地区以及东南亚的文化市场占据一席之地。20世纪80年代以前,梧州粤剧更是有着辉煌的成绩,优秀剧目、本土粤剧名伶享誉粤港澳,可谓是梧州的一张亮丽名片,承载着老一辈人的记忆。但随着电影、电视的普及,粤剧的影响力受到了严重的冲击,逐渐被年轻一代冷落。为了增强传统戏剧的影响力,推广传承本土戏剧文化,梧州市群众艺术馆从2017年起开展戏曲进校园活动,至今已有3年,培训采取馆办人员、聘请粤曲名家、学校师资三方合力共同辅导的形式,深入学校进行手把手教学,推动本土传统戏剧文化的普及和传承。为开展常态化培训,梧州市群众艺术馆采取骨干带骨干的方式,2017、2018年连续两年聘请了我市知名粤剧演员,对全市七个县市区的60多名音乐教师进行培训,希望通过培养具有传统戏曲文化素养的文艺骨干教师,建立学生与粤剧亲密接触的渠道,进一步推动戏曲进校园活动的深入开展。经过努力,粤剧终于赢得了年轻观众的喜爱,重新"活"在当下。在广西第五届中小学生艺术展演活动中,梧州市中学组代表队带来的粤剧折子戏《七月七日长生殿》在全区戏剧类节目比赛中脱颖而出,荣获戏曲类第一名。

(三)态即态度

俗话说"态度决定一切"。文化馆作为群众文化服务的提供者,如果把它比作一个人,那么馆内所有文化辅导干部就是这个人的灵魂。只有他们对自身工作有足够的热情和了解,才能根据群众的需求为他们提供更好的文化服务,提升文化馆的"个人"魅力。那么如何运用已有的资源为群众提供更好的文化培训辅导体验,这就要看文化馆的"态度"。梧州市群艺馆作为梧州市群众文化活动的基层阵地,考虑到不同年龄、层次人群对文化需求的差异性,细分服务群体,积极开展各类群众文化培训辅导活动。面向中老年业余团队,常年开放排练场地,让团队到场馆内进行排练并予以辅导;面向各县(市、区)文化馆业务骨干,不定期开办业务培训班,提高业务人员业务能力;面向青少年儿童,开办暑期公益培训班、"七彩假日"公益培训班以及戏曲进校园活动;面向在职人员,开展"文化进企业"系列培训活动。培训层面涵盖了老中青少各个年龄段,培训内容根据需求而定,可谓面面俱到。通过深入基层开展辅导,加强了与群众的沟通交流,从而把握广大人民群众的文化取向,文化工作者才能更有"态度"地开展各类培训辅导工作,提升文化凝聚力。

建湖杂技传承保护及文创产品开发研究

吴　迪（江苏艺术基金管理中心）

江苏盐城建湖是中国杂技之乡，与河北吴桥、山东聊城齐名，是中国杂技三大发祥地之一。建湖杂技历经 2000 多年的传承与发展，至今已根深叶茂，形成了"婉约、隽永、优雅"的南派杂技艺术的鲜明特色。

目前，建湖杂技已成为对外文化交流的名片和品牌。自 2008 年被列为国家非遗项目以来，建湖杂技服务于国家、省、市、县经贸、文化和政治活动 200 多场次，先后赴亚欧非美 80 多个国家和地区对外交流演出 280 余场次，为促进省、市、县经济社会发展发挥了桥梁纽带作用，做出了积极贡献。自 2016 年开始，建湖县实施了"建湖杂技村村到校校到"和"建湖杂技周末剧场"文化惠民工程，每年完成惠民演出 300 余场次，受众达 40 余万人次，不断满足人民群众日益增长的美好文化生活需要。同时，县内各民营杂技团演遍祖国大江南北，建湖杂技已成为江苏乃至全国一张靓丽的文化名片。

一、建湖杂技的艺术风格

（一）艺术类型

建湖杂技相较于北方的杂技技艺，更加注重演员的技巧和柔韧。这种演出特点也和江淮人民的生活紧密联系，江南地区特色的民风在很多建湖杂技节目中得到展现。例如《耍花坛》《顶碗》《抛球》《蹬技》等，很多节目都是从群众生产生活中提炼出来的。以《顶碗》为例，最早时期是一些青年人在闲暇时将碗顶在头上作耍的简单模仿，后来从单人表演转变为双人甚至多人同时叠罗汉顶，顶碗的数量也越来越多，脚、手、口等多个部位都可以进行顶碗。《顶碗》创作后，演出人员不断研究，又创作出了《滚杯》，将原本使用的碗换成装水的杯子，同时融合了柔术的部分技艺。这些节目具有高难度的技巧，又贴近生活，深受观众欢迎。

（二）表演风格

建湖杂技细腻柔美，既有表现高、准、险的钢丝节目《惊风荡》，又有南派细腻柔美风格的柔技节目《春江花月》。近年来，随着建湖县杂技团升格挂牌江苏省杂技团，建湖杂技的表演更加纯熟。该团致力于打造精品剧目，不断融合创新，将原有单个小的技巧节目进行融合，创排了多部优秀的杂技剧目。江苏省杂技团创排的杂技剧《小桥流水人家》更是将江南水韵、江南人家男耕女织的生活、民风民俗用杂技舞蹈音乐多元素融合的方式充分展现。

（三）综合艺术

建湖杂技在不断发展过程中，不仅仅注重技艺的打磨，更融合了舞台声光电的效果，还在演出中加入了部分舞蹈元素，更加贴近当下社会观众的审美和观赏需求。建湖杂技十分重视服装、道具的设计与运用，例如《车技》节目在过去只有独轮、双轮、高车等单项表演，建湖杂技重新对《车技》做了编排与设计，新创了《孔雀开屏》的节目。节目表演过程中，演员身穿孔雀样式的绿色服饰，在音乐伴奏下，一个接一个登上飞速绕圈的单车，她们在车上张开双臂，如同一只正在开屏的孔雀。舞台效果因此得到增彩，更加绚丽多姿，带给观众新的艺术感受。

二、建湖杂技传承保护的对策分析

（一）树立精品意识，打造精品节目、剧目

打造精品，以精品力作创塑品牌。坚持不懈地谋划打造艺术精品，凭借作品在国内外赛场亮相获奖，在央视等主流媒体献技展演，包装杂技名角，以成功范例来宣传推广杂技艺术，能够进一步吸引人们进入杂技行业，增强现有从业人员信心。同时，也以精品节目、剧目赢得市场，赚取利润效益，以市场收益反哺杂技事业。

江苏省杂技团植根于建湖县，为差额拨款事业单位，是国家文化和旅游部指定的国家非遗项目——建湖杂技保护传承的责任单位。近年来，该团打造的一系列剧目，为建湖杂技的传承保护提供了有效途径。江苏省杂技团的音乐杂技剧《猴·西游记》项目的运作、投入和生产制作，在传承和保护非遗项目上是一个科学创举。一是充分利用了地方文化资源，同时使中国传统文化与西方文化有机结合，把保护和传承提高到一个新的水平。二是开创了新的保护思维，打破了杂技传承地域、民族和意识形态的束缚。三是拓展了保护传承非遗的途径。大型音乐杂技剧《猴·西游记》项目解决了江苏杂技保护传承难题，通过打造精品工程而拓展了传承之路。

（二）强化创新思维，改变工作模式

过去传统的杂技院团总是局限在本地区内招生，不接受外省学员。现今出于杂技艺术的传承需要，建湖杂技需要在全国范围内寻找生源，要深入中西部贫困县乡招收学员。主要方式有：一是在当地类似马戏团、武术队等机构中寻找具有杂技潜力的学员。二是在一些偏僻的乡村指定委托人，由其作为招生中介，通过他在当地的声望信誉招收学员。三是吸纳一批"跑场"演员。在城市夜场中有很多来自各地的民间演员，他们或擅长一项技

艺或可同时表演几个节目,这类人根据其技艺水平也可选择性地予以吸纳。一来可以把这些演员本有的一些固定节目融入剧团现有的小节目中;二来可以根据这些演员的个人所长,通过专业训练后,进一步打磨形成精品;三来借助他们的人脉及影响吸引一帮与其有类似经历的人员。

(三)加强艺术理论知识学习

组织杂技演职员积极参加杂技论坛,听取各方专家在杂技艺术的传承保护发展、技巧练习、舞台呈现创新等发明的前沿想法;通过观看其他各地的杂技节目,学习优秀经验,加以融会贯通。同时着力邀请相关专家来盐城授课教学、指导创作及项目合作。加强杂技艺术理论建设,一方面通过视频、文字等方式将剧团现有的保留剧目、技巧方法整理下来;另一方面参考国内外杂技研究方面学术成果,将建湖杂技的特点与这些知识相融。进一步提升杂技从业者的专业素养,提倡将杂技技巧学习与文化学习结合,同时还需要培养一批适应当前演出市场的经营管理人才,让他们能够将建湖杂技推介出去。

三、建湖杂技文创产品开发

(一)建湖杂技文创产品开发遵循原则

1. 具有创新思维

传统民间艺术文创产品开发目前容易陷入"雷同化"。明信片、书签、印有相关图案的抱枕等文创产品已经逐渐成为当前文创市场上的主流。缺乏创新思维的文创开发,只会让消费者难以把握对该传统艺术的记忆点。建湖杂技文创产品的开发必须将建湖的地域文化符号与当代人审美需求相结合,通过产品外观设计、文化资源的融合、产品材质的选择、外围包装各个方面的创新,将建湖杂技文化元素进一步放大,避免同质化的设计和大众化的构思,激发消费者的购买欲望。

2. 具有艺术思维

文创产品的内核不仅仅只是一个简单的工业产品,产品是否具有一定艺术内涵,将直接影响消费者在购买时的欲望。当前文创产品开发几乎占据了各大博物馆、美术馆及旅游场所,传统民间艺术文创产品开发也是很多地域都在尝试的课题。民间艺术本身往往具有丰富的文化内涵,如果在开发过程中,仅仅将艺术形象生硬附着在商品上,令人十分容易产生突兀的感受。以南通蓝印花布为例,南通蓝印花布博物馆官方网站公布的文创产品不仅品类繁多,更是贴心得对每件产品后附加了官方注解,通过注释将设计师的艺术理念及产品背后的文化内涵充分展示,让消费者在购买同时也对该传统文化加深了理解。

图 1　南通蓝印花布博物馆文创产品图例

3. 具有一定实用性

文创产品开发不能停留在"开发完之后投入生产,生产完后放入柜台橱窗"的流程之中。当前很多传统民间艺术的文创产品开发完后,就成了展示品,真正能够卖出去、让消费者主动掏腰包的产品其实不多。文创产品的开发并不是设计师闭门造车、埋头设计的简单过程,更重要的是要让产品本身具有一定的实用性。文创产品大到朋友间迎来送往的工艺品摆件、着装服饰,小到书签、扑克牌、明信片,只有对地域环境、受众人群与开发条件等多方面因素充分考虑,才能确保文创产品开发上架后,能够真正进入消费者的生活,而不是仅仅充当橱窗中的展示品。

(二)受众购买群体分析

1. 热爱杂技艺术的固定群体

这类人群相对集中于固定地区范围内,人数不多,对杂技艺术有一定了解。主要以盐城地区建湖本地的群众为主,这类人群往往年龄偏大。建湖杂技的相关文创产品因为本身具有一定文化内涵,可以被他们用作保存收藏和纪念。

2. 观光游览的游客

主要是以建湖当地旅游参观的外来游客为主。建湖杂技具有鲜明的地方特色,能够作为建湖地方文化的特色代表。相关文创产品如果能够在旅游景区等地点进行售卖,可以对该类群体产生一定吸引。

3. 参加商务及政府活动的群体

这类群体主要是来盐城建湖参加各类商务或政务会议,包括社会中的不同来访人员。杂技艺术的文创产品能够体现地方特色,可以作为官方纪念品赠予这类商务政务会议游客群。

4. 学生和年轻的白领群体

近几年,一部《我在故宫修文物》纪录片播出后,在网络上立马吸引了一大批年轻人的目光。随着《国宝档案》等各类文化节目的播出,年轻群体对传统民间文化和相关文创产品的热情迅速增长。故宫文创产品也为迎合消费者的兴趣,推出了类似故宫口红、彩妆、首饰等相关文创产品。这类文化创意产品本身具有很强的创意性,十分符合年轻人追求潮流又注重对于传统文化保护的心理特征。

(三)文创产品开发方向

1. 打造建湖杂技特色文创品牌

第一,通过对消费者受众群体分析,分析建湖杂技特色文创产品的开发方式、核心产品、推介渠道及价格定位。明确文创产品的开发必须建立在杂技艺术文化内核的基础之上。第二,以设计开发的目标产品为建湖杂技设计出标志性的文创产品。结合建湖杂技某个动作或某个作品,设计出具有鲜明特征的产品标志。第三,依托杂技剧目带动建湖杂技文创品牌塑造。文创品牌的打造不能仅仅是闭门造车,更重要的是让更多观众看到建湖杂技的特殊文化内涵。中国舞蹈"荷花奖"获奖剧目,广州歌舞剧院创作演出的大型民族舞剧《醒·狮》在舞蹈编排、舞美道具的设计上都充分把南粤民间文化很多内涵融入其中,在演出现场演出团队还特别制作了相应的文创产品进行销售,包括邀请漫画《风云》团队为该剧专门创作的漫画图册、醒狮特色挂件等,完全做到了地域文化传播和文创产品的推介充分融合。

图 2　舞剧《醒·狮》剧照

2. 增加体验场所和营销方式

第一，可以在建湖县内城市展览馆、九龙口等旅游景区、高速服务区等地点开设文创产品销售点。在建湖县即将落成的建湖杂技传承基地设立体验馆。通过引导消费者实地体验，观看杂技艺术创牌、杂技道具制作的过程，调动受众群体的文化认同和情感认同。

第二，利用数字多媒体等手段宣传建湖杂技品牌。建湖杂技不同于吴桥杂技和中国其他地方的杂技，有着自己的独特色彩。利用网络媒体、微信公众号、数字纪录片等方式，推介建湖杂技文创产品，利用多样的互动体验，满足消费者的内心需求。

3. 拓展品牌应用渠道

建湖杂技文创产品开发可以应用的地方包括旅游纪念品、创意生活用品、文房用品、日常服饰等。杂技艺术的特点在于其复杂惊险的动作和轻重并举、灵巧和力量结合的相辅相成。通过时尚化的设计，结合时代语境，选择具有建湖杂技特色的动作符号来打造文创产品，使产品蕴含的文化内涵和本身举办的产品效能能够被消费者理解和接受。

杂技承载着人民大众生活的记忆，研究杂技艺术的传承保护和文创产品开发是盐城建湖地域文化建设的重要课题。科学有效地传承和保护建湖杂技文化，通过文创产品的形式让更多人了解建湖杂技，能够为这项传承多年的技艺创新发展注入新的活力。

参考文献

[1] 张春燕，夏国栋. 从地域特色的角度谈旅游纪念品包装设计 [J]. 艺术科技，2013（9）：193.

[2] 沈琦. 功能设计在旅游纪念品开发中的应用与研究 [D]. 西安：西安工程大学，2015.

[3] 林明华，杨永忠. 创意产品：文化、技术与经济的融合物 [J]. 科技进步与对策，2013（7）：1-5.

试论群众文艺活动的品牌建设

苏云龙（铜川市群众艺术馆）

群众文艺活动是政府保障广大群众基本文化权利的重要形式。作为公共文化服务的有机组成部分，群众文艺活动被天然赋予了公益属性、文化属性和群众参与属性。而"品牌"所蕴含的强大吸引力、号召力、影响力，则要求品牌本身具备良好的形象和持续稳定性。可见，一个品牌化的群众文艺活动，势必会融合群众文艺活动与品牌的双面属性，即公益性、文化性、参与性、形象性和持续性。以下，笔者将围绕品牌群众文艺活动的这五项属性，谈谈群众文艺活动的品牌建设思路与基本措施。

一、公益性思路

（一）政府重视，政策护航

习近平总书记说："中华民族伟大复兴需要以中华文化发展繁荣为条件。"近年来，国家公共文化服务和文化产业迅猛发展，文化事业和产业已逐步走上国家综合实力竞争的前台。在这种背景下，许多地方积极转变思路，搭乘文化发展顺风车，以提升地方形象与实力。品牌群众文艺活动作为地方文化综合发展水平和公共文化服务水平的重要标志，必须得到当地政府的充分重视和政策性支持保障。

（二）硬件达标，助力品牌

要创建品牌，硬件设施就要达到一定标准。品牌活动实施的标准应该高于国家和省、市基本保障标准，以实现其示范性、引领性作用。由于品牌群众文艺活动的公益性属性，保证硬件提档升级，适应品牌分量，符合品牌活动开展标准，就成为政府的题中之义。如大型的舞台场地，现代化的舞美灯光设施，大型展厅和剧场，政府都应予以保障。

（三）多元渠道，资金保障

品牌群众文艺活动属于公共文化服务范畴，其运行资金一般都来源于财政拨款，这就需要活动组织机构向上级部门随时汇报，及时沟通活动的筹备开展状况，尽早明确预算，保证活动开展稳定有序，从而建立稳定、高效的财政保障机制。另外，吸纳社会资金注入品牌活动建设，建立以政府投资为主的多元投资机制，引导社会资金参与公共文化服务，也是许多地方正在探索的做法。

二、形象性思路

(一)品牌形象,定位精准

品牌形象的定位,就是要主打什么牌,在群众中塑造什么样的形象,形成活动的主导性和倾向性。这种主导性和倾向性以后会发展为强大的号召力和品牌影响力。所以形象定位既不能模糊不清,也不能左右摇摆。这张牌的选择,一定要符合当地的实际情况,比如文化资源、人才资源、群众基础等,而且长期保持一致。贵州省打造的"多彩贵州",其形象定位就是打民族文化牌,将多姿多彩的当地世居民族文化逐一展示在群众面前,既使不同民族间得以交流民族文化,又借机宣传了贵州文化[①]。

(二)突出特色,有识别性

《印象·刘三姐》和《云南映象》虽然不属于群众文艺活动范畴,但其显著的识别性,鲜明的地方特色,也能为我们建设品牌群众文艺活动提供思路借鉴。《云南映象》原生态的歌舞荟萃,体现的是独特的云南民族风情和地方特色;而《印象·刘三姐》借助广西民族文化和刘三姐传说,加之桂林阳朔的山水之美,特色之美,无法复制。要在品牌建设中突出特色,就要充分挖掘本地的特色资源。如北京的"卢沟晓月·中秋传情"节庆活动,就将中秋赏月传统和"卢沟晓月"地方特色紧紧结合,又将北京民间请兔儿爷、供奉兔儿爷的民俗融入其中,极大提高了活动的特色和识别度。

(三)提质扩容,丰富呈现

既然建设的是品牌活动,那么就要具备品牌特质,不能小打小闹,而要从活动的质量、容量、呈现形式上全面升级,符合品牌姿态。北京"卢沟晓月·中秋传情"节庆活动,在同一时空里呈现观景、互动、兔儿爷民俗、联欢会、故事会、灯谜会、书画交流会等诸多文化形式,市民和游客可以随意选择,可谓质量高、容量大,形式丰富。陕西省渭南市"正月里·文化大庙会",将大舞台滚动演出、社火巡游、灯谜和非遗项目展示共同纳为一体,在文化庙会上呈现,群众的选择自由度和参与热情更高[②]。

(四)形式内容,勇于创新

陕西省铜川市印台区在组织"百姓大舞台"时,由政府牵头,充分发挥各乡镇街道、各部门、各单位的能动性,各机关、单位分别组织自己的专场演出,既惠及群众,又能展示自

---

① 陆吉星,方延厚.对群众文化活动品牌建设的思考[J].电影评介,2012(13):105-107,110.
② 秦毅,田建,刘莹.陕西渭南:让节日更有文化内涵[N].中国文化报,2015-03-24(4).

身精神风貌、行业风尚,还通过活动宣传了单位形象,拉近了与百姓的距离。这种全区联动机制是品牌活动组织形式创新的有力举措,很值得推广借鉴。浙江衢州的"文化加油站"是国内较为领先的流动文化服务品牌,它利用"升级版的文化大篷车"形式,将文化送到偏远地区,而节目质量、舞美条件、表演条件基本不会受到影响,真正做到了让偏远地区群众享受到和城市群众相同的文化大餐,成为品牌群众文艺活动形式内容创新的典范。

三、持续性思路

(一)做好策划,稳定机制

要重视品牌群众文艺活动的早期策划,确定"政府主导、群众主体、品牌运作"的发展模式不动摇,确定活动的品牌形象定位和主打特色,确定活动的资金保障渠道和内容呈现形式。要确立稳定的发展机制,以机制促发展。避免因人废事,因主管领导的变换而改变活动发展思路,或者终止活动,另起炉灶。我们应该确保的,是在运行机制基础上对具体问题进行持续优化改善。

(二)持续开展,稳步提升

确定活动的开展周期后,严格按照策划和运行机制开展活动,绝不能随意改动活动周期和具体时间。这样可以给群众留下稳定厚重的印象,有助于品牌影响力和号召力的延伸。持续开展的另外一个内涵是稳步提升。不能多年如一日地原地踏步,持续就意味着提升,活动的组织、硬件、资金、形式、人才、创作、表演等要素均应稳步提升,积极创新,获得群众认可。这样才可以保证活动的持续性开展。

四、参与性思路

(一)做好调研,定位需求

品牌群众文艺活动开展必须提前做好调研,明确群众真正的文化需求。电话调研、问卷调研、群众代表座谈会、深入基层实地调研,群众需求调研的形式很多,关键是要落到实处。建议各活动组织机构建立一支强有力的调研队伍,人不必多,但调研必须落在实处,形成有效数据,尤其是要多做实地调研,这对品牌群众文艺活动建设益处极大。

(二)保障创作,推出精品

了解了群众文化需求,就需要有针对性地提供产品。活动组织方必须具备强有力的创作团队,并积极激发他们的服务热情和创作热情,激励他们持续创作,让他们以调研成果为导向,多出精品力作。在调研基础上创作的精品力作,无疑会受到群众的欢迎,成为品牌影响力的一个绝佳保障。而一批创作人才和作品的崛起，无疑又为打造相应的"创作品牌"提供了保证。

（三）重视评价，积极改进

在活动中、活动后，还要重视群众评价，及时对群众不满意的环节、形式、内容实施改进。可利用现场问卷调查、网络平台评价问卷调查、电话调查、群众代表座谈会、群众意见征求会等形式广泛征求群众评价和建议，及时梳理总结，促进活动改进。陕西省铜川市"群众文艺接着讲"座谈活动，在活动的前、中、后期都会组织主创人员、演职人员、群众代表和专家一起来围绕策划和作品"接着讲"，讲思路、经验、教训、措施。"接着讲"能够促进活动创作者、表演者和群众的交流，及时听取群众代表的评价和想法，是重视群众评价、促进活动改进的创新性举措。

（四）宣传推广，扩大影响

品牌的打造和推动，离不开宣传。"酒香也怕巷子深"，必须加强宣传，扩大品牌活动知晓率和影响力，提升文化活动群众参与率，进一步促进群众文艺活动发展繁荣。要以当地报纸、电视台、电台为基本宣传阵地，同时积极争取把上一级媒体、《中国文化报》等作为常规宣传阵地。当前，还必须重视相关网站、微博、微信、头条、抖音等新媒体的宣传作用，宣传方式也要做到更鲜活，更接地气，易于被群众接受。

（五）加强辅导，优化团队

群众文艺团队是建设品牌群众文艺活动的有生力量。要建设品牌，就必须重视对各级各类群众文艺团队的引导、辅导，使它们成长壮大，担负起应有的文化责任。目前，全国各地虽有群众艺术馆、文化馆业务干部面向基层文艺团队的辅导，但这些力量还需要进一步提高要求、优化整合，以建立起目标性、职责性更强，辅导服务更为规范、高效的优秀辅导队伍。

（六）社会力量，有效介入

社会力量的介入，能够有效促进品牌群众文艺活动建设，缓解文化部门、文化单位精力不足的窘况。一方面，文化志愿服务队伍建设需着力加强，另一方面，有偿服务模式也需要逐步探索。深圳市宝安区的"黄马甲"文化义工属于文化志愿者范畴，政府通过一些非财政福利吸引他们参与活动，已形成了一定规模。而"文化钟点工"则不同，文化单位与他们签订钟点工合同，每天购买他们两个小时的服务，属于有偿服务。同样性质的还有"文化辅导员"，通过财政补贴支持其辅导服务 [①]。深圳市宝安区积极发动社会力量，以多

---

① 边思纬. 文化春雨润泽百姓[N]. 中国文化报，2015-05-05（1）.

渠道多形式介入公共文化服务和品牌活动建设的做法,值得我们借鉴。

五、文化性思路

(一)挖掘文化,突显文化

群众文艺活动的性质决定了它不可能成为高雅文化,但是文化属性和宣教功用又要求它不能沦为纯娱乐或沉浸于低俗、庸俗的文化氛围之中。因此要充分挖掘本地群众熟悉的文化题材,挖掘本地特色鲜明的文化元素,挖掘本地群众喜闻乐见的文艺形式,呈现出通俗而又能够引发群众兴趣、展示群众文艺本质的作品。山西省长治市是"神话之乡",长治市就在品牌活动中大量创作和上演相关神话题材剧目,既突出了"神话之乡"的特色,又紧密联系当地群众的文化聚焦点,还突显了当地文化的魅力①。

(二)产业事业,互促互进

文化事业和文化产业不是隔绝的,不是互不相干的。有人认为在公共文化服务工作中涉及产业发展、经济效益是违背公共文化服务工作的公益性的,其实不然。文化产业的发展无疑可以促进文化事业的发展,而在公共文化服务工作中,我们也可以孵化相关产业,引导相关产业的发展。四川省将成都大庙会、金沙太阳节、绵竹年画节等品牌群众文化活动与当地旅游业捆绑呈现,既丰富了群众的文化生活,还促进了文化消费②。陕西省铜川市宜君县"文化旅游节暨中国美丽田园·宜君梯田摄影写生季"也是借用的这个思路,将"生态宜君——避暑名城摄影大展""中国最美梯田写生""养生龙山 太极健身"等文化活动与旅游产业相结合,主打"文化旅游"概念。

总之,品牌群众文艺活动是当前公共文化服务中广受群众欢迎、服务效能最为显著的一种方式。本文尝试对品牌群众文艺活动建设的基本思路和举措予以梳理分析,希望对当前各地品牌群众文艺活动建设有所助益。

参考文献

[1] 陆吉星,方延厚.对群众文化活动品牌建设的思考[J].电影评介,2012(13):105-107,110.

[2] 金德仁.论群众文化活动品牌的打造[J].青年文学家,2012(2):222.

[3] 程艺.对群众文化活动品牌建设的思考[J].文艺生活·文艺理论,2014(2):208.

[4] 张树宝,刘金玲.浅谈新时期群众文化活动品牌建设[J].文艺生活·文艺理论,2014(5):217.

---

① 山西省长治市公共文化服务滋养百姓精神家园[N].中国文化报,2015-04-09(5).

② 付远书.四川:用惠民举措引导文化消费[N].中国文化报,2015-03-05(2).

融合　聚力　共赢

——论文联会员与公共文化服务相融合

陈　俭（江西省群众艺术馆）

一、公共文化服务人才短缺是贯彻实施《公共文化服务保障法》的短板

党的十九大报告指出：完善公共文化服务体系，深入实施文化惠民工程，丰富群众性文化活动。

习近平总书记说："人民对美好生活的向往，就是我们的奋斗目标。"

优质的公共文化服务是人民美好生活的重要组成部分。党的十八大以来，以习近平同志为核心的党中央将加快构建现代公共文化服务体系纳入"四个全面"战略布局，明确提出到 2020 年公共文化服务体系基本建成，现代公共文化服务体系建设步入发展快车道。

2017 年 3 月 1 日施行的《中华人民共和国公共文化服务保障法》（以下简称《保障法》）第一章总则的第一条：为了加强公共文化服务体系建设，丰富人民群众精神文化生活，传承中华优秀传统文化，弘扬社会主义核心价值观，增强文化自信，促进中国特色社会主义文化繁荣发展，提高全民族文明素质，制定本法。

第一条是明确指出实施《保障法》的任务。第二条又明确指出了：本法所称公共文化服务，是指由政府主导、社会力量参与，以满足公民基本文化需求为主要目的而提供的公共文化设施、文化产品、文化活动以及其他相关服务。

党的十八大以来，全国公共文化服务机构深入贯彻中央关于构建现代公共文化服务体系的决策部署，推动《保障法》的实施，坚持政府主导、社会参与、重心下移、共建共享，完善覆盖城乡的六级公共文化设施网络，稳步推进公共文化机构法人治理结构改革、县级文化馆图书馆总分馆制建设等重大改革，基本公共文化服务标准化均等化取得新突破，公共文化服务效能得到新提升。

然而近 14 亿人口的大国，仅仅依靠 66 万全国文化部门从业人员来实行落实《保障法》，显然是杯水车薪。大力倡导和实施文化志愿服务是势在必行、切实可行的唯一捷径。

文化志愿服务是志愿服务的一个重要分支，肩负着满足公民基本文化需求，提高公民科学文化素质和社会文明程度的神圣使命，是志愿服务中具有鲜明文化艺术特色的一道亮丽风景线。

在公共文化服务方向上,文化志愿服务是重要的组成部分。以政府投入为主要支撑,社会力量广泛参与,初步形成内容丰富、形式多样、机制健全的志愿服务体系,全国有注册文化志愿者近百万人。

文化志愿服务与一般志愿服务的不同之处在于,文化志愿服务的专业性更强,主要提供的是公益文化艺术服务。文化志愿服务的主要场所为图书馆、博物馆、美术馆、文化馆、文化站、文化活动中心、影剧院、音乐厅、社区服务中心、城乡文化广场等公益性文化场馆。

二、各级文联会员是提升公共文化服务效能的优质人才库

《保障法》第四十三条:国家倡导和鼓励公民、法人和其他组织参与文化志愿服务。公共文化设施管理单位应当建立文化志愿服务机制,组织开展文化志愿服务活动;县级以上地方人民政府有关部门应当对文化志愿活动给予必要的指导和支持,并建立管理评价、教育培训和激励保障机制。

为破解公共文化服务领域人才短缺的难题,使各级文联会员服务社会,根据《保障法》相关条文,江西省文化和旅游厅与江西省文联在全国率先提出并实施各级文化馆与各级文联相融合,文联会员与公共文化服务相结合,会员自愿参与公共文化服务的举措。这一举措,有效破解了长期困扰各级文化馆服务效能不高的难题,各级文联会员的加盟,为推动基本公共文化服务的均等化、标准化建设提供了各类专业艺术人才保障。其主要优势有以下几个方面:

其一,政治上有坚强的保障。文联组织是党领导下的文艺界人民团体,是党和政府联系广大文艺工作者的桥梁和纽带,是繁荣社会主义文艺事业、建设社会主义先进文化的重要力量。进一步加强和改进新时代的文联工作,对于深入推进社会主义核心价值观建设,培育和践行社会主义核心价值观,丰富人民群众精神文化生活,推动江西省文化强省建设,实现全面小康社会目标,具有重要意义。

其二,人才济济。各级文联拥有众多并热心参与公共文化服务的各方面艺术人才,且数量质量远远超过公共文化服务机构从业人员。据悉,江西省文联现有 12 个文艺家协会,大的协会省级会员数量以万计,比如江西省摄影家协会、江西省书法家协会,小的协会会员也在几百人以上。此外,市级协会会员、县级协会会员,数量也相当客观。江西省文化和旅游厅与江西省文联积极推动各级文联会员与公共文化服务相融合活动,倡导文联会员参加文化志愿服务,用自己的艺术专长,服务群众,服务社会,积极发挥文联会员的作用。

江西省文化和旅游厅与江西省文联共同出台了《"千乡万村行动计划"——江西省文联协会会员开展文化志愿服务工作方案》,号召文联各级协会会员加入文化志愿者队伍,倡导文联会员与公共文化服务相融合,发扬"奉献、友爱、互助、进步"的志愿精神,秉持"奉献他人,提升自己"的志愿服务理念,带头践行"人人都是文化强省的建设者"的精神。

在江西省文化和旅游厅与江西省文联的大力推动下,在各地市的配合下,人才难题得到了有效破解。国家级协会会员、省级协会会员、市级协会会员、县级协会会员汇聚成磅礴力量,为公共文化服务提供优质的人才库。

2018年4月23日下午,江西省宁都县各级文联会员与文化馆(站)合作共建调研会在宁都饭店举行。宁都县文联10个协会的负责人以及会员和文化馆(站)50余人参加了座谈会。

宁都县书协主席郑春明激动地说:"这个合作好,可以发挥出文联会员的社会作用,文化馆有阵地有场地,我们会员有艺术才能,两者结合,可以更多更好地为百姓服务。"他认为,要把此项工作落实到实处,就是要真抓实干,成立文联会员和文化馆的共建办公室。他的发言,赢得了大家的掌声,与会人员非常赞同他的建议。

宁都县文广新旅局副局长廖桂花说:"这个座谈会开得及时,县文化馆专业人员缺乏,招人又受编制限制,如果能让各级文联会员和文化馆合作起来,必将提升全县的公共文化服务水平。"

该县舞协会员谢丽说:"太好了,只要文化馆提供场地、组织好舞蹈爱好者,我马上可以去辅导,其实这么多年来文联会员只是个名称,现在有发挥我们专长的地方,为群众服务的机会,我真的会珍惜,率先加入到文化志愿者行列,服务群众,回报社会。"

三、各级文联会员是公共文化服务的生力军

(一)万载县"万千百十"工程

2018年6月11日,江西省万载县气贯长虹的得胜鼓声响彻云霄,祈福纳祥的傩舞跳起来,独具地方特色的各类文化展演闹起来……开展农村文化"万千百十"工程启动仪式暨2018年"文化和自然遗产日"展演展示活动正式启动,吹响坚定文化自信、打造文化强县、促进文化振兴的强劲号角。此次活动现场吸引观众1万余人,开展网络手机直播吸粉引流近40万人次。

得益于文联会员与公共文化服务相融合的利好,万载县突出农村文化建设,大手笔规划实施"万千百十"工程,其立足于丰富的本土文化资源、深厚的特色文化底蕴,致力到2020年完成组建文化志愿者10000名、评选文化中心户1000户、建成基层综合文化服务中心示范点100家、评选培植基层优秀文艺团体30家。该工程的实施将让文化惠民的春风更好地惠及千家万户,促进农村和谐稳定,为乡村振兴注入发展活力。

为保障工程顺利推进,该县明确财政每年设立农村文化"万千百十"工程专项资金240万元,更是为各级文联会员文化志愿者进入千家万户搭建起了桥梁。

万载县文化馆馆长刘晓晨感慨地说:"这真是得助于各级文联会员的加盟,否则我县哪敢提出'万千百十'工程,现在加入文化志愿者的文联会员热情高涨,按他们说法,总算有了用武之地。"据悉,万载县文化馆专门设立了与文联会员的"共建办",实行常态化办

公机制。

（二）萍乡市文化志愿活动的开展

江西省萍乡市文联下属协会8个，他们利用文化馆场地开展各类文艺活动，萍乡市音乐家协会组建了萍乡市合唱团，协会会员利用萍乡市文化馆场地对合唱团进行训练。在2019年春节前夕，萍乡市文联与市文化馆组织协会会员举办文艺下基层活动。开展文艺惠民"百千万工程"（百场公益性演出，千张全家福送千家，万幅春联送万福进万家），有千余人次参加活动。比如：组织音乐家协会、舞蹈家协会、戏剧家协会会员下基层——后村社区，开展"迎新春、送欢乐"慰问演出活动；组织书法家协会会员开展送春联进万家活动；组织摄影家协会会员开展"我们的中国梦·摄影文化"进村庄进农家公益活动。市文化馆建立了桐田村、大义村、界头村乡村书法苑，市文联派会员长期教授农民书法，推进农村文化建设。萍乡市文广新旅局副局长李小虎说道："萍乡市是江西省第四批公共文化示范区创建单位，按照创建验收标准，如果离开了文联的文化志愿者，的确很难通过验收，来自文联会员的文化志愿者（开展活动时），都是项目到人，责任到人。"

四、加强规范管理，促进文化志愿服务健康发展

一年多来，文联与文化馆相融合、文联会员与公共文化服务相结合取得了可喜成绩，同时也出现了不同声音，暴露出一些在创造性转化、创新性发展方面的问题。例如，赣州市县文化馆和文联共同协作举办开展了一些活动，取得一定成效，但双方融合、双赢共建存在的问题和困难有：

一是部门资源不能完全整合。文联的人才、作品资源和文化馆的场所资源不能完全无缝对接。

二是双方双赢的局面比较少。合作共赢，双方才能行得更远。合作开展活动时打着各自的"小九九"，期望另一方多出力出人，存在单赢思想，甚至只图冠名合作。

三是融合共建机制还待完善。如，宜春市县文化馆和文联资源利用不充分，优势发挥不充分，是双方双赢共建存在的主要问题，其根源在于合作力度不够，发展动力不足，机制活力不强。

文联与文化馆相融合、文联会员与公共文化服务相结合是江西推进公共文化服务体系建设的创新性发展模式，更是实现文化强省建设的"变道超车"的实际举措。笔者以为，在发展中出现的问题，究其本源，应该用制度来实现长效性管理。具体措施如下：

（一）以制度为前提，高位推动，上下联动

1. 江西省文学艺术家联合会和江西省文化和旅游厅成立工作领导小组，统筹推进文化志愿服务工作。下设共建办公室，办公室设在江西省群众艺术馆，负责全省文联与文化馆相融合、文联会员与公共文化服务相结合工作的指导和推进。

2. 各设区市文联、文化主管部门相应成立领导小组，在市文化馆设立"共建办"，负责市本级并指导所辖各县（市、区）做好志愿服务和管理相关工作。

3. 各县（市、区）文联和文化主管部门设立相应工作小组并将执行办公室设在县级文化馆，负责文化志愿者的组织、培训、管理等各项工作。

4. 文联对会员建立考评机制，一改粗放管理模式，实行年审制，年终对参与志愿服务情况实行打分，评先评优。

（二）制定具体服务内容，责任到人

明确文联文化志愿者应在同级文联和文化主管部门的领导下，在县级文化馆的指导下，协助乡、村两级综合性文化服务中心开展文化志愿服务。服务内容包括：

1. 根据本地的实际情况和村民文化需求，指导服务乡、村两级综合性文化服务中心制定文化建设规划并组织实施；

2. 宣传党的路线、方针、政策，弘扬社会主义核心价值观，用社会主义先进文化占领广袤的基层阵地，组织开展移风易俗等精神文明创建活动；

3. 组织开展村民喜闻乐见的演出、摄影、书画、阅读、讲座等文化活动；

4. 辅导和培训本乡或者村群众文艺骨干和文艺爱好者；

5. 协助乡、村两级综合性文化服务中心做好各项农村文化工作；

6. 每位文化志愿者每个月为定点服务的乡或村开展不少于 4 次辅导培训或活动，每次不少于 1 小时，培训或活动内容根据服务对象实际情况确定。

（三）提供充足的活动经费

志愿者提供服务是公益性的，无收入的，文化志愿者亦是如此。但是，任何公益服务都有成本，各级文化馆要在免费开放经费中设立专门的经费，用于文联会员参与公共文化服务的活动成本，比如支付必要的交通费等。

推动公共文化服务体系建设，实现公共文化服务的公益性、基本性、均等性、便利性，打通公共文化服务最后一公里，推进文化强省建设。融合、聚力、共赢，江西在实践。

参考文献

[1] 决胜全面建成小康社会　夺取新时代中国特色社会主义伟大胜利——在中国共产党第十九次全国代表大会上的报告 [EB/OL]. [2017-10-27]. http://www.gov.cn/zhuanti/2017-10/27content_5234876.htm.

[2] 中华人民共和国公共文化服务保障法 [EB/OL]. [2016-12-26]. http://www.gov.cn/xinwen/2016-12/26/content_5152772.htm.